中國青銅器研究

馬承源 著

The Study of Chinese Bronzes

圖書在版編目（CIP）數據

中國青銅器研究 / 馬承源著 . — 上海：上海古籍
出版社，2023.5（2024.6重印）

ISBN 978－7－5732－0657－2

Ⅰ . ①中… Ⅱ . ①馬… Ⅲ . ①青銅器（考古）—研究—
中國 Ⅳ . ① K876.414

中國國家版本館 CIP 數據核字（2023）第 054170 號

中國青銅器研究

馬承源

上海古籍出版社出版發行

（上海市閔行區號景路 159 弄 A 座 5F　郵政編碼 201101）

（1）網址：www.guji.com.cn

（2）E-mail：guji1@guji.com.cn

上海天地海設計印刷有限公司印刷

開本 787×1092　1/16　印張 35.25　插頁 9　字數 712,000

2023 年 5 月第 1 版　2024 年 6 月第 2 次印刷

ISBN 978－7－5732－0657－2

K·3349　定價：198.00 元

如有質量問題，請與承印公司聯繫

往昔的歲月裏有各種各樣的挫折，
但不論在何種條件下，
我都不會放棄
求索青銅器各種知識的初衷。

——馬承源

一 何尊

二 墙盘

三 永康元年群神禽獸鏡

四 德方鼎

五 龏父丁卣

六 翏生盨

七 者減鐘

八 小臣單觶

九 保卣

十 保員簋

十一 冒鼎

十七 刻紋燕樂畫像橢桮

十八 神面紋卣

二十 漢代青銅蒸餾器

十九 商鞅方升

自　　序

　　本集收録有關青銅器的各種論文是我在上海博物館擔任業務行政工作之餘所寫的一些體會或心得。系統性的東西，我已經在《中國青銅器》及其修訂本和《中國青銅器全集》、《商周青銅禮器》等書中有所論述。作爲博物館的一員，想在從事繁瑣的業務行政工作的同時做系統的學院式研究，可能性很小，我們曾多次計劃要給做業務行政工作的人員留出固定的研究時間，以便充實各人的專業，但是收效甚微。選録在本集中的文章大都是業餘時間的作品，只有幾篇文物實驗考古方面的文章，主要利用了工作時間。當然，我的經驗和看法，主要還是來自於工作實踐，但寫成文字，就只能利用業餘時間了。往昔的歲月裏有各種各樣的挫折，但不論在何種條件下，我都不會放棄求索青銅器各種知識的初衷。可是博物館新館的建設使這個追索目標滯後了四五年，那是一項事先限定三年內建成並指定開放日期、具有軍令狀性質的工程。但我負責新館建設期間也不是無所作爲，由於工作關係，我抓緊時間從當時的境外和海外收回了不少極其重要的流散青銅器，這在本集中也有所反映。要指出的是，我的作爲與同仁們和領導的支援是分不開的，沒有這種支援，什麼事也做不成。

　　1999年脫離行政崗位以後，飄然一身，人在此山，應該完成我未了的心願。剩下的時間我要做兩件事，一是盡可能寫完我對中國青銅器的思索，二是陸續完成上海博物館藏戰國楚竹書的整理和發表。這雖是一個有限的目標，却也樂在其中。

　　非常感謝上海古籍出版社張曉敏先生在上博建館五十周年之際大力支持出版了這本文集。極其感謝陳佩芬先生爲文集出版所做細緻的各項準備工作。衷心感謝上博保管部同仁和其他各位先生一貫給予的幫助和合作。

馬承源

目　録

自序 ·· 1

概　論

中國青銅器的發展階段 ·· 3

中國古代的青銅藝術 ·· 13

中國青銅藝術總論 ··· 37

銘　文　考　釋

商周青銅器銘文選集——西周·方國征伐 ····································· 67

商和西周的金文 ··· 106

西周金文和周曆的研究 ··· 122

西周金文中一月四分月相再證 ·· 172

關於商周貴族使用日干稱謂問題的探討 ····································· 187

説賸 ·· 201

西周金文中有關貯字辭語的若干解釋 ·· 207

何尊銘文初釋 ·· 221

何尊銘文和周初史實 ··· 225

有關周初史實的幾個問題 ·· 238

墙盤銘文別解 ·· 249

越王劍、永康元年羣神禽獸鏡 ·· 259

德方鼎銘文管見 ··· 264

記上海博物館新收集的青銅器·······································268

關於翏生盨和者減鐘的幾點意見·······························281

小臣單觶···289

保卣···292

新獲西周青銅器研究二則··296

晉侯靮盨···303

商代勾兵中的瑰寶···308

晉侯穌編鐘··313

戎生鐘銘文的探討···332

亢鼎銘文——西周早期用貝幣交易玉器的記錄···············343

論牆伯卣···348

形 制 和 紋 樣

商周青銅器紋飾綜述···355

商代青銅器紋樣屬性溯源··396

商周時代火的圖像及有關問題的探討·····························413

漫談戰國青銅器上的畫像··433

關於"大武戚"的銘文及圖像···440

再論"大武舞戚"的圖像···443

長江下游土墩墓出土青銅器的研究·································447

吳越文化青銅器的研究——兼論大洋洲出土的青銅器·······475

爵和斝的口沿爲什麼要設一對柱····································495

關於神面紋卣···501

實 驗 考 古

商鞅方升和戰國量制···507

商周青銅雙音鐘··514

新莽無射律管對黃鐘十二律研究的啓示·························536

漢代青銅蒸餾器的考古考察和實驗·································547

概　　論

中國青銅器的發展階段

青銅器是我國文化藝術遺產的重要組成部分,它反映了我國奴隸社會和初期封建社會物質文化的面貌。從它的產生到結合繪畫、圖案、雕刻而形成爲青銅器藝術。

根據文獻記載,夏代已經鑄作銅器。解放後在河南偃師二里頭的洛達廟類型遺址中發現了青銅小刀,洛達廟類型的遺址早於商代二里崗期,晚於河南龍山文化。這一發現説明夏代已經有冶鑄銅器手工業的可能性不是不存在的。但作爲青銅器藝術的形成則應在商代早期,即公元前 17 世紀至公元前 14 世紀。以後經歷了商代晚期、西周、春秋、戰國及秦約 1 200 年左右,是青銅器藝術達到高度繁榮的時期,在工藝美術史上佔有顯赫的地位。如果把漢代 300 餘年的青銅器最後延續階段也計算在内,則青銅器藝術的歷史繼續了大約有 1 900 年之久。

科學的考古發掘、古器物的形態考察和系統的銘文研究,對於解決青銅器的斷代分期問題,作出了很大貢獻。雖然在某些發展環節上的問題,至今還沒有研究得很透徹,但總的體系已經確立了。按照青銅器藝術發展的歷史,大致可以劃分爲五個時期:育成期,即商代早期,是青銅器藝術形成和開始發展的時期;鼎盛期,包括商代晚期至西周康昭之間,是青銅器藝術蓬勃發展時期;轉變期,包括西周穆恭至春秋早期,這時期由於奴隸社會經濟的逐漸衰弱,周王朝政治權力的旁落,諸侯國家的經濟有較大的發展,列國的銅器大量出現,這些銅器從器形紋飾及銘文書體都出現顯著的變革;更新期,包括春秋中晚期、戰國及秦代,這時由於經濟的發展,特別是社會性質改變後新興地主階級需要的刺激,使青銅器藝術出現了新的高漲;因爲漆器、早期青瓷和釉陶的廣泛使用,於是漢代便成爲青銅藝術的衰退期。

一

育成期:商代盤庚遷殷以前是青銅器藝術形成和開始發展的時期。

　　1952—1955 年河南省鄭州二里崗及人民公園商代遺址的發掘,發現了商代早期遺址與晚期遺址的層位關係,二里崗上下兩層屬於商代早期。在鄭州白家莊,發現了相當於二里崗期的墓葬及隨葬的青銅器,這些青銅器已經具有相當的藝術成就。

　　屬於此期的青銅器的形制特徵,按現有資料可表述如下:扁體的平底爵,狹流,有釘椎形柱。有菌形柱或釘椎形柱的三足中空平底斝。鼎、鬲的立耳尚未發達,通常爲半環式,有一足與一耳成直綫,形成不平衡狀。鼎、鬲的三足多椎形中空,開始出現扁足鼎。尊、觚、盤等圈足有寬大的十字孔。紋飾有如下的要素:獸面紋即所謂"饕餮紋"的結構已經出現。雷紋已開始行用,但不作地紋。有兩側斜三角的目紋;有成形或不成形的動物軀體紋。紋飾爲普遍的羽毛狀的陰陽綫刻平雕等等。由於當時的採礦工業和冶鑄生產的規模還不夠發達,因此青銅器的器類和數量並不很多,但是青銅器已經具備了烹飪器、酒器、水器及武器等各類器物。雖然藝術裝飾比較單調和樸素,却也粲然可觀。那種以獸面爲主體的象徵性的神秘譎奇的藝術風格,一開頭已具有明顯的特徵。這個時期的青銅器,是此後 1 000 餘年青銅器藝術發展的一個良好的開端。

二

　　鼎盛期:是青銅器藝術的第一次高漲,時間自商代晚期至西周昭王爲止。

　　商代自盤庚遷殷迄於帝辛,約有 273 年的漫長時間,遺址在今河南安陽殷墟。這段時間內,青銅器藝術應該有一個前後的發展過程。但目前考古界對這一時期青銅器藝術的分期問題,還未能獲得最後的解決。

　　安陽小屯的發掘,曾發現了商代晚期灰坑打破墓葬的例證①。歷年來發表的材料表明,安陽殷墟所出的青銅器,確實具有早晚不同的特點,至少可以粗略地劃分爲前後兩段。

　　前段青銅器形制及紋飾特點,一方面和育成期青銅器相同或近似,如食器的扁足鼎、空椎足鼎、小耳大袋足鬲等。酒器如扁體平底爵、三足中空的分段斝、小口折肩罍等。圈足器如觚、罍、盤之屬,通常都有很大的或較大的十字孔或方孔,且圈足都較高。另一方面,器物的種類也增多了,如柱形空足鼎、甗部極發達的甗、丁字形足分段斝、橢扁形的壺及其他等等。這些器物的某些部位上帶有早期的做法,但是有了更多的新的發展。

　　與形制一樣,這一時期紋飾也有類似的特徵,即育成期或近似育成期的紋飾和一些新穎的紋飾同時並存,種類比較豐富。那種排列整齊的,以雷紋和羽毛狀綫條構成的獸面,是當時的典型紋飾,絕大部分的獸面紋都是平雕,一般地比早期的精細複雜些,如果用浮雕,也較圓渾,不像晚商的那樣方折峻挺,獸面紋的主紋及底紋的綫條,兩者往往沒有像晚期區別得那樣清楚,如圖五、六獸面紋鬲、圖一二羊首百乳雷紋罍、圖一八獸面紋斝等皆是。這些情況,説明了安陽前段的青銅器,多少帶有商代早期向晚商過渡的痕跡。

安陽後段的青銅器出土標本以西北岡諸墓所出最爲集中,解放後發掘的主要是武官大墓[2]。其次還有一些鑄銘的晚商銅器可作爲判斷時代的標準。西北岡的青銅器絶無二里岡期形制紋飾特點的遺存,出現了不少新的形制。安陽後段鼎的耳部都極發達,分檔鼎、雙耳簋、低體不分段的斝、袋足斝、大口筒形尊、鴞卣等等都較流行。樂器中的組鐃也出現了。紋飾大量採用浮雕和平雕相結合的方法,種類極多,器上的立體附飾尤爲發達。牛方鼎、鹿方鼎、司母戊方鼎等體制特別巨大,祇有當時發達的鑄銅工業,纔能臻此境地。這些都是在商代安陽時期前段所未能達到的成就。西北岡諸墓及武官大墓的青銅器形制和紋飾,還遠不能包括商代晚期後段全部器類和紋飾,而且也不是後段最晚的鑄品,不過作爲一代風尚的標準來看,還是很有價值的。

西周早期青銅器繼承商代遺制,在器類上和造型設計上略有增損和改進。某些器物也具有獨特的時代風貌,如方座簋、四耳簋、大口垂腹尊、垂腹卣、曲壁的方彝、刀形寬足爵等等。

商代晚期的前後段和西周早期的青銅器雖然各有特點,但却具有較多的共同點。

鼎盛期青銅器的藝術成就,最突出的表現在器物的造型設計上,有些器物的本身已成爲一件完整的立體的雕塑,如那時的卣、觥、尊等器形中均不乏這種實例。這種雕刻和實用相結合的創造性的風格,一直延續到青銅藝術的衰退期。

此外,那時青銅器的藝術裝飾也非常複雜,在那莊嚴而瑰異紛繁的紋飾中,最能概括當時一般裝飾的相貌和風格的,是常見的獸面形紋飾,傳統稱之爲"饕餮紋"。它的要素是巨目、裂口、額鼻部分成直綫突起,大多數有一對利爪,兩旁有對稱的張開的身軀,這些都是定型化的。它最富於變化的部分是角的形狀,通常所見的有内捲角、外捲角、平置角、曲折角、分枝角等。這種獸面形紋飾與角部的變化,和當時各種動物形玉飾與青銅器上立體的動物附飾相對照,則是龍、牛、羊、鹿等頭部形象誇張的表現。有一些獸面是無角的,然而頂側有耳,據其形象,則爲虎豹之屬。

這種物象頭部特殊的表現方法實質上是爲了追求這些"動物"形象最注目的部分,而對其餘部分則從簡或省略,一方面也是由於構圖上的需要。因此,獸面形紋飾在不同程度上都採取了誇張的象徵手法,而不是寫實的。除了獸面紋以外,其他如蛇紋、蟬紋、龜紋以及各種怪獸紋等等,也採用了同樣的表現方法。

鼎盛期青銅器紋飾的另一特點,則是在一個圖案單位上除了主題之外,常常以各種"動物"形象作爲配置,一器少者二三種,多者可達七八種,有的甚至更多,使器上無空隙處。紋飾的物象形態猙獰可畏,既莊嚴神秘,又富有生氣,形成了一個獨特的時代風格。

這種物象構成了我國古代禮器裝飾的傳統特點,《淮南子·俶真篇》云:"百圍之木,斬而爲犧尊,鏤之以剞劂,雜之以青黄,華藻鎛鮮,龍蛇虎豹,曲成文章。"所謂"龍蛇虎豹,曲成文章",就是指上述物象所構成的裝飾。

鼎盛期各種器物上的裝飾是統一的,不僅施之於青銅器,而且遍及當時所使用的玉、石、木、骨和陶器等一切可以裝飾的物體上。

最後,必須提到,用綠松石爲質料的青銅器鑲嵌工藝也在此時出現了,它爲以後的金銀鑲嵌器打下了良好基礎。在整個鼎盛期,各種裝飾藝術都有着高度的繁榮,青銅器是其最輝煌的典範。

鼎盛期青銅器的銘文書體是我國書法藝術發展中的重要階段,書體或清勁雋美,或淳樸嚴峻,有些書體結構尚未脱盡圖形文字的形態。文字筆畫中有以細筆和粗筆相間的,書寫者已注意行款章法的聯繫。銘文中載有許多氏族的徽記,則是研究當時氏族方國誌的重要資料。由此可知,我國早期的文字,不僅是作爲記録思想和語言的工具,而且很早就當作獨特的藝術形式來處理的。

三

西周穆王以後至春秋早期,是青銅器藝術的轉變期。

確定穆王時代爲轉變期的上限,這是以當時標準器爲依據的。穆王時的標準器像遹簋,以及 1954 年西安普渡村出土的長由諸器主要的形制紋飾和銘文風格,都是西周早期所不曾具備的。遹簋弇口環耳、圈足下另承三足,渾身施平行溝紋,這種形制和裝飾是西周中晚期簋類中的主要形式之一。長由諸器的某些形制,尤其是一整套變形的獸紋,即所謂"竊曲紋"及退化的獸面紋等等,也都是西周早期紋飾所不曾具備的式樣。恭王時代的師虎簋器體形制與遹簋基本相同,師遽簋蓋亦爲平行溝紋。與長由諸器紋飾相類似的,有恭王時代師遽方彝獸面紋及"竊曲紋",這種方彝有雙耳,爲前所未見,是轉變期方彝的特徵。因此,從穆王開始,出現了一系列的變革愈來愈强烈的因素,構成了與西周早期的青銅器的顯著分界。

穆、恭及懿王時期,有不少青銅器傳世,而孝、夷時期却缺乏王位紀年或鑄有王名的標準器。對於這一階段的青銅器,説法紛紜,情況還不易弄得很清楚。但是,屬王時代的青銅器,有着更進一步的發展。根據實物資料,可以説西周中期,即穆—夷時期的青銅器,獨立地構成了一個新階段。這個新階段的特點是:它一方面出現了轉變期所特有的因素,像上述的"竊曲紋"、退化的獸面紋、平行溝紋,及趙曹鼎、免簋、遹簋、師虎簋、師遽方彝等新形制;一方面也保留了相當一部分的西周早期遺風,如刺鼎、長由簋、趞尊、免尊、守宮盤等形制及某些紋飾。這就表現了一個新舊交替的過程，具有過渡的性質。

西周晚期青銅器存世者以屬王時爲大宗。這時如大克鼎、史頌鼎、頌簋、頌壺等新形制相繼産生。紋飾亦是如此，像波曲形帶紋的流行，進一步簡化和變形的"竊曲紋"、變形的獸面紋，以及鱗帶紋即所謂"重環紋"等等的紋飾，而有西周早期遺風的青銅器則頗爲少見。西周後期青銅器的一切特徵，都在這時形成。這説明了青銅器的變化和改革，已經進入了成熟的階段。

春秋早期的青銅器同西周晚期沒有很多區別。1956—1957 年在河南省三門峽上村嶺虢國墓葬羣中出土的及其他春秋初年的青銅器，都證明了這一點。目前認爲的春秋早期器有一部分也可能是西周晚期的。由於缺乏標準器，春秋早期的下限至今還不十分清楚。虢國葬地的下限是魯僖公五年，即公元前 655 年，從這時期青銅器還沒有突出變化的情形來看，則春秋早期的下限有可能在魯僖之後。這一問題的徹底解決，尚有待於考古發掘工作的開展。

總起來説，轉變期青銅器在舊有的基礎上改進了許多器物的形制，如鼎、簋、壺等大類都有很多的改革。創造了一些新的器類，如簠、盨、匜、鑷、鎛之屬及某些武器。立體鳥獸形尊有新的發展，如盠駒尊。有一些器類逐漸失去作用，如前一時期大部分的酒器。但是也創造了新的器組，如成套的列鼎、盤匜、編鐘及武器等等。這種情況在某種程度上説明了西周中晚期的禮制和貴族階級生活風尚與西周早期相比較，已有很多變化。

轉變期最典型的紋飾當推波曲形帶紋、兩頭獸紋、變形獸紋、變形獸面紋及橫列的鱗紋等等。鳥紋、雷紋逐漸退化。與鼎盛期比較，轉變期的紋飾要單純得多，立體的動物附飾也不很發達，大致是龍虎之類的形狀。

此期紋飾經歷了一次劇烈變形的過程，絕大部分動物圖案愈來愈抽象，甚至完全失去了原來的面貌。這種變化並不是一下子完成的，從西周中期起至厲宣止，能夠找出大多數紋飾變形的序列。這種變形和紋飾題材日益抽象的結果，形成了轉變期藝術的特有風格，它不以工細凝重見長，但刻畫粗壯有力和流轉舒暢爲其優點，在許多宏偉的作品中，特別明顯地具有樸實渾厚的美感。

轉變期青銅器的銘文書體向着書寫便捷的方向進展，其格局和氣度雖未似鼎盛期的謹嚴精到，但結構之豪邁奔放和渾柔圓熟卻是前所未有的。筆勢之和諧渾厚及行列的對稱相應，是這一時期銘文中一些偉大篇章的共同特點。本集中圖四七大克鼎銘、圖四九頌鼎銘、圖五一師虎簋銘等是西周晚期銘文中最有代表性的書體。與此同時，轉變期的銘文也出現了一種結構鬆懈和文字隨意減筆的現象，有一些不是刻意經營的銘文則較爲粗率渙散。

四

春秋中期至戰國、秦，是青銅器藝術的更新期。

春秋中期的青銅器缺乏標準器。根據秦景公（一說桓公）的秦公簋、秦公鐘，宋平公的宋公戍鎛，魯襄時代的邾公牼鐘，以及其後的邾公華鐘的形制和裝飾來看，雖未脫盡轉變期的格局，却都有較多的新紋飾和新風格。從魯昭後期的青銅器如徐鎀兒鐘、吳王光鑑、徐王義楚耑、宋公差戈、宋公欒鼎、宋公欒戈等器觀察，無論其形制、紋飾及銘文書體，都出現了很多的變化，而與前大不相同。所以相當於成、襄之際的青銅器，很可能劃入春秋中期的下限。

春秋晚期至戰國早期，青銅器的形制方面表現了兩個特點，一是對傳統形制的改革，二是積極創新，尤其在創新方面值得注意。渾源的銅器羣是北方地區代表的一個典型；而近年來出土的蔡侯墓銅器羣，則是南方地區的一個典型；新鄭銅器羣是中原地區的一個典型。這幾個銅器羣基本上都是春秋晚期的產物，其形制的豐富多彩、新穎譎奇的情形是很驚人的。有許多形制，至今還不能確切地指出其真實的器名。春秋戰國時代的鳥獸尊，式樣極爲新穎，如本集圖七二之犧尊。

在這一時期的紋飾方面，出現了細密的蟠螭紋、蟠蛇紋及軀體飾以雷紋的蟠繞的帶翼龍紋。狩獵紋也出現了，類似《山海經》中所説的神話圖案開始產生，錯金、銀、赤銅及綠松石的華麗紋飾也發展起來。戰國初期還發明了鎏金銀的裝飾。

解放後發掘的戰國墓葬不在少數，分期的情形較爲清楚③，但是青銅器的藝術分期却缺乏明顯的界限，其原因爲戰國青銅器有銘文者甚少，缺乏有絕對年代的標準器，同時墓葬中發現的銅器還未能找出清楚的序列。從大體上論，戰國中期青銅器的形制和紋飾，已發生漸進的變化，這個變化的大概輪廓：一方面仍然行用春秋晚期和戰國初期的形制紋飾，特別是形制是比較固定，並且出現了新的器物，像方壺之類；另一方面是大量的出現了龍、鳳之類變形的幾何形紋飾，這就是方塊的或三角形的連續“雲紋”，還出現了寬闊的金銀錯流利的紋飾。這類紋飾特別顯得絢麗和工巧。戰國中期的齊陳璋壺，是當時具備變形的動物幾何紋的標準器之一。

戰國中晚期，與出現飾有細密華麗的器物同時，也出現了許多素淨不施紋飾的器物，如陳侯午敦、陳侯因資敦等諸侯之器即是。安徽朱家集李三孤堆出土的楚王墓銅器羣，也絕大多數不施紋飾。不施紋飾的青銅器，早在商末西周時已產生，如召卣、召尊，恭王七年的趞曹鼎等，到戰國晚期這種素飾傾向雖然逐漸普遍起來，但它畢竟還不能形成那時青銅藝術風格的主流，在整個戰國時代，青銅鏡的紋飾仍是非常的發達。

　　短短 15 年的秦代,雖然在歷史和文化的發展上起了重要的影響和作用,但是目前可以確指爲秦代的青銅器藝術品却極爲稀少。1950 年洛陽西宮出土的 4 件刻銘的秦代青銅器,花紋特點與戰國接近。另外,從咸陽秦始皇陵附近出土的某些陶器紋飾來看,基本上還是戰國的格調。自然,15 年中要來一個藝術風格的大轉變,在當時是不可能的,所以我們將秦代附在更新期之末。

　　更新期青銅器的藝術裝飾種類之紛繁多彩,紋飾之精細富麗,超越了以前任何一個時期。代表這一時期紋飾特徵之一的是所謂"蟠螭紋"或"蟠虺紋"。這種紋飾以極小的蟠曲形獸體組成,在一個器上,通常有幾百個這種小的單位,如圖六八蟠蛇紋鼎。這種小單位實質上是前期所謂的"竊曲紋"的縮影和變化,有的具有首尾,若龍蛇之類的體形,有的僅存簡單的綫條而不辨首尾。與此相類似的還有上下左右纏繞交結的精緻的蟠龍圖案,細察其形象,各有簡繁不同,如圖九一鑲嵌兩頭獸紋扁壺,這類圖案極爲細膩精麗。新發明的模板連續翻印法,促進了這種圖案的大大發展。模板連續翻印法的發明,與當時青銅器日益商品化有關,這種鑄作方法,可以使複雜的製範階段簡化,加速青銅器的生產,以便爲市場提供更多的商品。

　　這時期紋飾的另一典型是"蟠龍紋",約可分爲兩類,一類是糾纏交結的連續式"蟠龍紋",如圖八八蟠龍紋鼎;一類是以獸面爲中心的向兩翼展開的"蟠龍紋",如圖七三鳥獸龍紋壺。後者的獸面上常常附飾着微小的龍蛇,展開的蟠龍自獸面的口中穿過,龍的軀體作帶狀,中間飾以雷紋或鱗紋,有的並帶有翅膀。這種透迤曲折的紋飾,就是"飛龍在天"的飛龍,而有翼的繞纏交結的蛇類,則就是傳説中之"騰蛇"了。圖案極力表現物象運動的動態和姿勢,是此期最爲顯著的特點。即使是一個單獨的動物,也是採取飛躍騰拏的情勢,這在圖案的表現能力上和表現方法上,與以前幾個時期相較,無疑是有決定性的提高。

　　鳥紋的種類在此期表現得特別複雜,華麗的鳳鳥仍然在鳥紋中佔有重要的地位,其他的各種水禽,如鳧、鴨等都被用來裝飾青銅器,飛禽有鶴、雁、天鵝等,雁與天鵝的圖案見之於北方地區的銅器上。有濃厚神話味的如鳥蛇搏鬥紋是此期常見的圖案。一種戴冠或不戴冠的鷙鳥類,其鳥皆作口啄蛇爪踐蛇形,按鷙鳥能擊蛇,《山海經·海內西經》:"開明西有鳳凰鸞鳥,皆戴蛇踐蛇,膺有赤蛇。"則圖像中的鷙鳥,當時是鳳、鸞之屬,這全然是神話傳説的題材了。

　　由鳥獸體變形的三角雲紋和長方塊狀的連續雲紋,是圖案設計幾何形化更高水平的發展,它完全以虛實相間的直綫和弧綫蟠曲交織構成,具有絢麗變幻的特色,如圖八九鑲嵌三角雲紋敦,這種圖案都用赤銅、金、銀、綠松石等物質鑲嵌的,其華美程度,是非常驚人的。

　　更新期青銅器紋飾具有創造性發展的是描繪當時貴族們戰鬥、宴樂生活實況的畫像,這是以繪畫爲底子的刻鑄或鑲嵌的紋飾,諸如建築、園林、人物的活動,宴會、舞樂、車獵、鳥射、攻戰,乃至採桑等錯綜複雜的場面,以當時的水平而忠實地繪描出來,有的更是精細入微,如圖九〇刻紋燕射畫像橢桮。在北方地區,"狩獵紋"尤其盛行,在佈局結構上充分體現了繪畫的特色。因此,戰國青銅器上的畫像,可視爲漢代畫像藝術的先驅。

生産技能的發展,冶鍊術的精純,使得青銅器質量獲得極大的提高。輕巧、質薄而均勻,是當時青銅器鑄造上的顯著優點,無論是巨大的或小巧的器形,大都是遵循極其嚴格的要求鑄造的。近年來山西侯馬晉國鑄銅遺址出土的大批精美的陶模和陶範,説明了這一點。金銀鑲嵌技術的進步,使得青銅器的藝術裝飾益臻優美、精麗,玉、石、琉璃也都是鑲嵌的材料,這是我國鑲嵌工藝上的一大發展,但最重要的還是鎏金術的發明④,它不僅標幟着人們對理化科學的進一步理解與掌握,而且在青銅器的鑄作上進入了一個全新的階段。

由於一些地區的風尚關係,青銅器的製作各有其自己的特點,如北方的燕、趙等國和西方的巴、蜀等國,南方的徐、楚等國,除了所共有的因素之外,都具有不同的特色,儘管各地區文化不斷地進行相互交流和相互補充,但在一些器物上的地區特徵,並未因此而完全消失。

更新期的書法藝術具有明顯的時代風格。自春秋中期開始,由於各大國文化的急劇發展,在青銅器銘文的書體上出現前所不同的面貌,文字的變異達到了激烈的程度。西部秦國沿襲了宗周的書體逐步地加以改進和提高,秦景公時代的秦公簋銘文書體,是大篆成熟期的優美典型,與此同時,東土齊魯的書體字形略偏長,清新規矩,具有一種革新精神,如叔夷鐘和鏞鎛銘文。南方長江和淮河流域徐楚吳越諸國,則着重以字體的裝飾性爲要素,流行一種流利修長而富於變化的書體,如越國的者沪鐘和徐國的儠兒鐘銘文。春秋後期在這種字體上進一步裝飾性的加強就出現了以鳥蟲形爲文字結構基本賦形的書體,即所謂鳥篆、鳥蟲書。然而文字地域特徵不是絕對一成不變的,彼此間都有些交流和影響,如北方晉地的銘文,出現各區域間交糅的情況。當時是一個文字上大變動、大嘗試、大發展的時代,異體字和繁體字陸續增加,戰國以後,此種趨向更其加深,因而産生了戰國文字極其複雜的局面。在書法藝術上尤其是字形結構上差距過大的結果,反而要影響到使用的實際意義和其存在的價值,使社會上感到不便,這就産生了矛盾,但是這一大變動、大發展過程中的矛盾,却促進了中國書法藝術走向新的階段。最後秦始皇統一六國文字推行小篆,就成爲必然的歷史使命了。

這時期的銅器銘文,春秋晚期和戰國前期多範鑄,戰國中晚期由於銅器商品化程度的加强,銘文多刀刻,較爲奔放,但很少有長篇巨製,大都物勒工名,或僅有作器的簡略記載,晚周楚器的刻銘,是典型例子。

五

漢代立國後,大約經過 70 年左右的時間,至漢武帝時是西漢的政治經濟和文化發展的全盛時代,一切手工藝部門都有很大的發展,青銅器不再成爲生活中主要的用器,像蜀郡、廣漢郡等漆器工藝的崛然興起,有力地迫使青銅器製作的衰退,青釉陶和早期青瓷的發展,在這方面也起了不小的作用。在兵器方面,鋼鐵製品幾乎排斥了並最後完全代替了銅兵器的位置。這樣,兩漢青銅器藝術,便不能不趨向於逐漸衰退,唯有銅鏡製作,却異彩紛呈而方興未艾。

這時青銅器上的紋飾,大約可分以下幾個類型,一是幾何形圖案,通常有三種,即菱紋、叠瓣紋和三角紋,是西漢後期產生的,這些圖案常常配置在一個器上。其次是雲氣、龍、虎、朱雀、玄武等紋飾,有的並飾以山川、羽人、神仙等紋樣,青龍、白虎、朱雀、玄武是漢人所崇拜的四靈,也是星宿之象。東王公、西王母等是漢代最流行神話傳說中的神。再次爲歷史故事的畫像,這在漢代壁畫和畫像藝術中佔有很重要的地位,它爲維護封建秩序道德倫常所不可缺少的手段,這方面在青銅器上因限於圖像所表現的地位的局限性,故不甚多,常見的有伍子胥等歷史人物的畫像鏡。最後則是吉瑞隱喻的圖像,如羊喻吉祥、魚喻豐穰等等。

漢代地主階級崇尚儒術,又融合陰陽五行說,更流行神仙思想,漢代的藝術,正是這種意識的具體表現,青銅器紋飾,祇是其中的一部分。

漢代青銅器的裝飾,除銅鏡、洗、鉇、爐等器外,極少模製,而多爲刻紋。但其刻畫技術的純熟精湛,所表現的題材的廣泛性,却有獨到之處,而銅鏡的範鑄技藝和鮮明的裝飾題材與風格,也取得了新的成就。銅器中鎏金鎏銀的紋飾,顯示了富麗的效果。漢代青銅鑲嵌工藝是戰國的沿襲。整個說來,當時青銅器的造型和裝飾作爲一個重要的藝術門類業已失去了它的地位,在兩漢的偉大藝術園林中,它雖不甚顯著引人,却也頗爲優美。

當漢代的青銅器藝術正在日漸下降的時候,而其他一些兄弟民族的部落國家的青銅器製作,却有着很高的成就,北方草原民族的以鬥獸爲特徵的青銅飾物,自戰國以來,一直在蓬勃發展。在南方,近年來所發現的雲南晉寧石寨山滇國的青銅器,其高度的寫實手法和優美的造型,具有獨創的地方性和民族風格,與中原任何一期青銅藝術品相比較,並不遜色,對於這一支青銅藝術的發生發展的淵源和過程,目前因限於材料,還難於作進一步論述。但是,這個地區的兄弟民族的文化藝術和歷史,一直淹没了 1 000 餘年,今天唯有社會主義的考古事業,才能重見古代勞動人民的創造性的天才光輝。當時西南和南方地區的其他兄弟民族的青銅工藝品,如銅鼓之類,歷來時有發現,但是由於缺乏系統的發掘,一時也難於作具體的論述。

　　總的說來，經過了 1 900 年的時間，青銅器藝術的發展，至漢代基本結束了它的歷史的道路。這一份豐富的藝術遺産，在中國藝術史上，猶如青銅本身的金色光澤，永遠燦爛輝煌。

　　歸根結蒂，青銅器藝術是奴隸主和封建主所佔有的藝術。它是按照統治階級的意圖進行鑄作的，所謂"鑄鼎象物""使民知神姦"。青銅器主要是禮、樂之器，是統治階級用作表現身份、等級、鞏固階級統治和宣傳宗教信仰、道德倫理的手段，但它的直接創造者却是默默無聞的勞動人民，因此我們可以看到，體現在青銅器上的主要是勞動人民智慧的光輝，是無數創造性勞動所積累起來的精華。

　　青銅器藝術是結合了繪畫、書法、雕刻和圖案而成的實用美術，它的發生、發展、演變、衰落的過程，在一定程度上反映了人們各個時期社會生活的面貌，反映了人們的審美觀念，由於其自身發展歷史的悠久及其卓越成就，爲形成我國民族美術的風格與氣派奠定了基礎，對以後藝術的發展起了極爲深遠的影響。

　　至於在青銅器上所遺存的許多銘文，反映了當時經濟制度、政治制度、生活風尚和意識形態，是極珍貴的歷史資料，爲我國古代史研究者所分外重視的。

　　我國青銅器藝術在 1 900 年中的發展過程，是一個有系統的、連續的、完整的發展過程。它的規模之浩大，分佈地區之寬廣，器別門類之繁富，藝術風格之多彩，都是空前的。至今爲止，我們所知道的世界各古國的青銅器，都沒有能够達到如此長足的發展程度，因而它在世界藝術史中，也有重要的地位。

------

　　①《記小屯出土之青銅器》，《中國考古學報》第 3 册，商務印書館 1948 年版。

　　② 郭寶鈞：《1950 年春殷墟發掘報告》二洹北發掘之甲、武官大墓，《中國考古學報》第 5 册，科學出版社 1951 年版。又，陳夢家：《殷代銅器》第一篇《安陽西北岡陵墓區的銅器》，《考古學報》第 7 册，科學出版社 1954 年版。

　　③ 見《洛陽中州路》(西工段)，科學出版社 1959 年版，第五章結語之五。

　　④《新中國的考古收獲》，文物出版社 1961 年版，頁 65。《輝縣發掘報告》，科學出版社 1956 年版，頁 80，固圍村大墓所出大玉璜之鎏金舖首。

　　（原載《上海博物館藏青銅器》，上海人民美術出版社，1964 年）

中國古代的青銅藝術

古代世界的文明，曾經創造了許多偉大的奇跡、留存於今舉世聞名的宏大遺址遺跡以及珍貴無比的文物，表明人類在擺脫原始社會的野蠻狀態之後，是如何償付巨大的勞動和犧牲，使人的智慧空前地開發出來；人在創造自己文明史的過程中，各古代國家所追求的目標、所採用的方式方法以及所獲得的文明成果是如此豐富和卓絕，真是人類創造能力的光輝體現。中國的青銅藝術，就是中國古代文明最爲燦爛的文化遺存。

中國新石器時代青銅鑄造技術起源的有關資料，通過廣泛的考古工作，正在不斷的發現之中，但是作爲進入文明時代初期青銅文化的形成，一般認爲是在公元前 20 世紀前後，也就是中國第一個奴隸制王朝——夏的開始，經過商、西周到公元前 5 世紀春秋戰國之際進入鐵器時代結束，之後，青銅藝術尚有一段絢麗的歷史，至漢代還有餘輝。

中國古代青銅藝術的主體，是禮器的藝術，禮是奴隸主貴族政治生活和社會生活的準則及其有關制度和儀式的綜合概念，青銅禮器就是使用於以上場合的標誌意義的器物或道具，這些器物的造型和裝飾形成了獨特的藝術體系，各個朝代又顯示了不同的風格。在青銅時代的興盛時期，宗教崇拜觀念和藝術的結合顯現出明顯的特徵，商周的天道觀既是禮的支配思想，也是藝術的支配思想，青銅禮器藝術就是在這樣的背景之下獲得了高度發展。至於青銅藝術的其他方面，如生活用具和作戰兵器等等，其成就也是極其可觀的。

一、中國古代社會的黎明

中國青銅時代的準備時期是金石並用時代，30 餘年的考古發掘已經證實了這個時代的存在。在新石器時代晚期，擁有一定規模、具備相當鑄造技術的青銅手工業，出現在以甘肅青海地區爲中心的齊家文化。不少齊家文化的遺址出土有銅刀、鑿、錐、鑽頭、斧、匕、指環以及小飾件和鏡子等等。這些器物的質地以青銅爲主，有的是紅銅。製造方法有冶鑄的，也有冷鍛的。同出的許多發掘品表明,齊家文化是新石器時代發展程度相當高的銅石並用時期的一種文化,它的晚期,也可能已進入青銅時代。齊家文化年代上限是公元前 2200 年,下限是公元前 1600 年。齊家文化大體上反映了遠古時代的先民如何從新石器時代走向用人工化合金屬,這一技術革命的新階段,爲青銅時代的到來作出了非凡的努力。齊家文化的青銅器雖然是一些比較簡單的生產品,但是也出現了藝術裝飾的萌芽,例如出土的齊家文化青銅鏡的鏡背,就有七角星和條紋的圖像。

中國初期的青銅文化是二里頭文化。這一考古文化因最初有計劃的發掘地點是在河南偃師二里頭村而得名。二里頭文化遺址發掘出具有一定規模的宮殿遺址和墓地,墓内陪葬的青銅器有酒具爵、斝和樂器鈴、飾物、兵器等,此外還出土了一批很有特點的二里頭類型玉器。二里頭類型的文化遺址廣泛分佈在河南西部和山西南部一帶。

這一地區發現的有獨特面貌的早期青銅文化,與中國歷史記載的夏王朝統治的範圍大致相合,從夏人的一些史事中,表明夏代早已進入冶鑄銅器的時代,有關夏代的第一位國王鑄九鼎和禹的兒子夏后啓採礦冶銅的記載是有其物質和技術發展爲背景的。但是二里頭文化是否能和夏代對應起來,在中國考古學家中有着不同的看法,一些學者論斷,二里頭文化應屬於夏人的文化,某些學者則認爲二里頭文化的早期是夏文化,晚期是早商文化。也有這樣的看法,即二里頭文化都是商代文化。以上學者所據討論的材料是完全相同的,但是他們的結論卻差距很大。推論二里頭文化是否屬於夏文化,主要是依靠商湯立國以前,夏人統治時期的物質遺存,是有其一定的客觀依據的。當然夏文化的最後定論,還要做很多工作。

遙遠的中國古代從史前時期進入歷史時期,夏是第一個王國。對於這一點,所有中國古代歷史著作都非常重視。夏是以私有制爲基礎的第一個奴隸制王國,它擁有首都和城邑,具有一定規模的宮殿,有各種手工業,尤其突出的是青銅工業,夏代的文字在大口陶尊和陶片中已經有所發現。夏人的活動以伊水洛水地區爲中心,其統治的範圍並不大,但是他們創造的物質文化的水準比較高,從多方面來看,已經進入了中國古代文明的黎明時期,中國歷史上習稱的"三代",就是從夏代開始的。中國青銅禮器的體制雛形,也開始於夏代。

作爲夏人物質文明重要例證的青銅禮器的最初體制,是隨着二里頭遺址的發掘而逐漸展示出來的。二里頭文化出土的青銅器大都在二里頭二期和三期,青銅容器主要有兩種,比較多的是爵,近來也有青銅斝的出土,還發現了殘存的圈足器。此外出土的有戈、戚、矢鏃等兵器。小件的出土物有生產工具和飾牌等。二里頭文化的青銅器是用陶質塊範鑄造的,用陶範鑄作青銅器須有豐富的經驗和熟練的技巧,像青銅爵等造型複雜的器物,陶範的分型誠非易事,二里頭文化期出現的這種技術,必定是經過長期經驗的積累而形成的。二里頭文化的青銅爵大體上有兩種類型,一類是原始型的,即爵的式樣基本上是模倣陶爵的,本集内所收的夏代細腰平底爵就屬於這一類。它的外形和二里頭遺址中出土的手製陶爵有着相似的特徵,細腰、平底、短足,呈荷葉狀的邊口部和流從口部的延伸不甚規整,外觀頗像用手捏成的陶器。另一類造型是比較精緻的(圖一),器壁勻薄,流狹長而綫條優美精確,雖然同是細腰平底,顯然是在陶範上事先作過細緻修整的,三足細長而微呈曲綫形。這兩器的工藝水平,似有明顯的差別,它們可能顯示夏代青銅鑄造工藝發展水平的進程。

二里頭文化期類型的青銅異形角和遺址中出土的陶角,也是相同的,二者都有兩翼,一翼下裝置一斜插的管狀流,角體瘦長。早期的青銅器和陶器的形制有着緊密的聯繫。

二里頭出土的青銅斝,至今仍屬於個別的現象。但是商代早期的斝出土較多,絕大部分造型已很成熟,其中有個別的斝,高頸淺腹而扁圓,其形制同於二里頭文化的陶斝。它在頸上所施的很不規距的圓點紋,和僅見於二里頭文化的爵同類紋飾完全相同,應該歸入二里頭文化斝的原始型。它是前代的遺留物,至於二里頭的高頸扁腹直壁斝。顯然是屬於較爲進步的設計,鑄作水平已近於二里岡期了。

夏代二里頭文化期的人們用貴金屬和當時最先進的生產技術來鑄造酒器,説明爵、斝等這類器物在夏代的禮器中有重要地位。目前發現的二里頭文化期青銅器都是酒器。表明酒和飲酒的儀式在夏禮中突出的作用,中國古代複雜的青銅禮器體制是從鑄造酒器開始的。禮器是在禮儀中使用的成套器物,用來表明使用者的身份和等級尊卑的,二里頭文化期青銅禮器的發現,説明禮始於飲食,而獨尊酒器。夏代貴族這種生活方式的一瞥,在商代獲得了空前的發展。

二、商王朝青銅藝術的形成和發展

和二里頭文化基本相連接的下一時代的文化,是鄭州二里岡期的早商文化,這個文化和二里頭文化在某些物質遺存的形制有一定的聯繫,發掘出有宮殿和居住遺址,有城牆殘跡,並有鑄銅、製陶和製骨器的相當規模的作坊遺址。現在中國考古學家們比較一致的意見是,二里岡文化期的上限在公元前 16 世紀,其性質爲商代早期的遺存。商代傳國共 17 世,史書比較可靠的記載是接近 500 年,從公元前 11 世紀周武王滅商紂王起,上溯到商湯立國時期近 500 年,也是公元前 16 世紀。取代夏王朝的商族首領湯踐天子之位,史家多認爲是在公元前 16 世紀,從此,開始了近 500 年的中國歷史上著稱的商奴隸制王朝。但是歷史上對商代積年另一説法有 600 年,如果是這樣,那末夏商之際是在公元前 17 世紀。

從商湯到第八世商王盤庚,共有過 5 次遷都的記錄,頻繁的遷都,表明商代的政治環境在相當時期內是不穩定的,或者是地理環境欠佳,在這種條件下,商王朝不可能建立起足够強大的國家。盤庚爲擺脱民無定處的局面,最後遷都至殷,故址在今河南安陽市西部殷墟。

遷殷以後,商王朝復興,此後 273 年,更不遷都。商王朝的歷史,很自然地以遷殷前後爲界限,劃分爲早期和晚期兩個大的歷史階段。

商代早期的都城位置,考古上有的缺乏實際資料,有的尚無定論。不過,鄭州的商城規模極大,作爲商都是沒有問題的。鄭州的商城是商湯的都城,還是仲丁所遷的隞都,學術界存在着不同的看法。不過鄭州商城遺存的各種手工業,遠比二里頭時期發達,青銅器鑄造高度發展,二者很不相同。鄭州商城在經濟和文化方面所達到的成就,和二里頭晚期相比,在整體水平上似乎還有缺環,它是商代早期興盛時代的一個大的都邑,因而鄭州商城是仲丁所遷之隞都,不無可能。1983 年,在偃師縣西尸鄉溝發現另一規模較大的商城,其中宮殿基址很大。此處埋有商代二里岡上層的墓葬。宮殿基址有的比二里岡下層文化爲早。這個商代早期的城址有人認爲就是商湯的都城西亳。

商代早期的青銅文化分佈範圍很廣,大體包括了河南全省,山東省的大部,安徽省西南部和河北省中南部。這些地區內商早期青銅文化覆蓋的密度是很高的。此外在湖北黄陂盤龍城也發現了商代早期的城址和墓葬,由此向東沿着長江延伸到江西省的西北部。在陝西周原地區,也有商代早期青銅文化的發現。只有商族建立起統治以後,其影響和文化覆蓋面積纔能有如此之廣大。

商代早期的青銅器,以前有人把它一概看作商代中期,因爲鄭州商城已被認定爲相當於公元前 16 世紀以後,所以從商王朝的整個積年來看,鄭州二里岡型的青銅器已無必要在商代中期,目前許多學者已認定二里岡型的青銅器,是商代早期的產物,當然這個問題還可作進一步討論。

鄭州商代早期青銅鑄造業,經過相當時期的發展,呈現出前所未有的景象。以酒器爲中心的青銅禮器體制全面建立,和青銅酒器相配合的還有青銅飪食器和水器。在加強國家機器方面,兵器大量鑄造,並有新的形式。青銅生產工具,也有較多的鑄造。一個成長發育富有生命力的青銅器時代已經來臨。

商代早期青銅酒器最基本的器形是爵和觚,它是一組飲酒器,前者是有三足的扁形酒杯,後者是喇叭器型的圈足酒杯。扁形酒杯是很有特色的,因爲器體相當扁,三支足不牢固,容易傾倒,但是固有的習俗難改,自二里頭開始的這類扁體爵,延續至整個商代早期,但二里岡早期的扁體爵大多頸腹顯著分段,雙柱發達成菌形。到了二里岡晚期,才有圓體分段爵的出現。青銅觚的使用,在二里岡期普遍的程度僅次於爵。在墓葬中如果出土酒器,常常是爵,如果出土兩件成組酒器,則就有觚。二里岡時期斝的使用,有相當大的發展,它的出土數量,不在青銅觚之下。斝是容量較大的容酒器,是灌獻鬯酒的,用來祭神,也可以用於宴饗賓客灌飲酒。商代早期的斝也是貴族所用酒器的組成部分。斝是用來灌酌的酒器,即將斝中的酒,灌於飲器之中。通常的斝具有三條錐足,但是商代早期較晚的斝有作三個拼合在一起作豐滿的袋形足。相對而言，袋足斝數量少得多。圖 29 的獸面紋斝，就形制和紋飾而言，像這樣全器滿施獸面紋，而與造型有着高度的適應性，在商代早期的袋足斝中，是屬於最豪華的一例。

商代早期酒器還有壺、尊、罍等容酒器。壺是小口長頸寬肩圓腹的酒具，在壺的肩上，有一對紐用以穿提梁以便提携，有用二次鑄造法鑄成活絡的青銅提梁，有的把這種小口提梁壺稱之爲卣。圖 10 的獸面紋壺的頸子更長而細，肩上的兩系是用以穿繩索的，即軟的提梁。這壺的獸面紋作牛頭形，此通常抽象的紋飾較爲具象和有威嚴感，以面部爲中，用粗獷和繁複的條紋向兩側展開，這種圖像結構，在少數的同類器中是極爲成功的。大型的容酒器，在商代早期最初出現的是直口高頸或翻口高頸，廣肩並具有龐大器體的稱之爲罍的圈足器，因爲當時器物造型還不可能規範化，所以這一類器的式樣除基本特徵外，常有一些局部的不同。後來這一類器逐漸變化，到了二里岡晚期就轉化爲有肩大口尊，即這種容器的大口直徑，往往超過廣肩的直徑。

這樣，商代的青銅酒具，就有了飲器爵、觚之類，灌酌酒的專用器斝、中小型容酒器壺和大型的容酒器尊等，構成了完整的組合。至於調和酒味的，則有袋足形的頸端有斜流和有一大鋬的盉，盉是盛玄酒即水來調和酒味濃淡的。因此在商代早期，飲酒時各個過程的用具已經相當齊備了。一般小墓陪葬的只有觚、爵，其他的或者以陶器來代替，爵、觚、斝成組陪葬的，在中等貴族墓中不乏實例，至於除爵、觚、斝以外包括中型或大型容酒器的，則是高級貴族的厚葬了。二里岡期系統青銅酒具的出現，表明商族早在建國的前期，對於酒在日常禮儀中的特殊作用，對於酒具的鑄造，是從來不吝惜當時至爲貴重的青銅的。

從商代二里岡期開始，出現了青銅飪食器。最初出現的是鼎、鬲。鼎、鬲是中國遠古文化中最有特色的器物，分佈的地域很廣。鼎是鍋形或罐形的三足器，新石器時代的夾砂陶鼎是用來烹煮食物的，因爲這種陶質耐火，少數細泥的陶鼎，則是食物的容器。商代早期的青銅鼎上有的有火燒過的烟炱，鼎的足部或腹部常常有反覆修補的痕跡。但是也有一些裝飾性比較強的鼎，圖 11 中的扁足鼎有着精美的紋飾，就没有任何烟炱的痕跡，顯然一部份鼎從炊器中分化出來，成爲專用的飪食器。鬲也本是專用的炊器，商代早期青銅鬲同樣可分爲可炊烹的和只用於盛食的兩類，圖 14 的獸面紋鬲是用作盛食的，這鬲三個豐滿的袋足滿飾了極其優美的花紋，因而就没有置於烈火中烹煮的可能。從陶器轉化爲用青銅鑄作鼎和鬲出現，使得以酒器爲中心的商代青銅禮器體制，以前所未有的規模，全面地建立起來。禮器是顯示人們禮儀規範最重要的器物，這標誌了商代早期的文明，較之夏代有了顯著的進步。

商代二里岡期的食器中還有專門陳設於宗廟之中的大方鼎，最大的青銅方鼎高度可達一米，這類大方鼎可能是分塊接鑄的，器壁勻薄。不僅是大方鼎，而且商代早期還具有鑄造大圓鼎的技術。當然，大鼎祇是極少數，它並不是生活實用器，而是盛放牛、羊等牲體的祭器。這類大型的青銅祭器體現了對於祭祀上帝神鬼和祖先的極爲嚴肅的態度,並以他們最高的物質文化的成就,來奉獻他們極其熱烈的崇敬之意。

酒這種飲料,在商代社會生活中有特殊的需要,先商遺址中,就有很多陶質的酒器發現,許多大口尊以其容量來説,非常適宜於釀酒。而斂口的瓮、甒之類,也宜於貯存酒漿,從商代需要大量的飲料來看,必須有這類大型的釀酒或貯酒器。所有商代的酒類,因爲都是稻、粱、粟、稷釀造後或過濾或不過濾去滓,且不進行蒸餾,所以一般的度數甚低。按照甲骨文的記載,有鬯、新鬯、酒和、醴等名稱。這些大都是屬於祭祀的酒,按照古代文獻記載,祭神的酒往往是不去滓過濾的薄味酒。商代消費的酒數量極大,周代的祭酒和飲酒可以作爲了解商代造酒業的參考。商代酒器品種的大量發展,不僅和商族的嗜酒習俗有關,而且和祭祀鬼神的風俗愈來愈熾盛直接有關。這就是商代青銅酒器大量發展的背景。這種情形,從商代二里岡期的酒器比之二里頭文化期的酒器呈現出完全不同的面貌可以看出,它是繼承了二里頭期的某些禮制,而有新的發展和補充。但是這種情形比之商代晚期的殷墟時代,它的發展勢頭不過祇是序幕而已。

商代早期青銅器的紋飾通常採用的是對稱的獸面紋和橫向連續的各種獸形結構,其紋飾單位中的綫條簡繁可有相當大的差別,因此這類紋飾在器物上就有較大的適應性,即紋飾的設計者可以相當自由地馳騁他的想像力。同一種紋飾可以設計得很簡單,也可以表現得相當複雜。不過商代早期青銅器紋飾總的風格是屬於粗獷剛健的一類,即使是複雜的圖像,也是以質樸勁利見長。

以紋飾的内容而言,商代早期青銅器的紋飾和二里頭文化期似乎缺乏繼承關係,二里頭的青銅容器上没有施動物紋飾的習慣,至今爲止二里頭容器紋飾只是粗疏的圓釘紋。這兩者的不同反映了各自文化發展的差異。在二里岡時期,青銅紋飾在禮器上是突然涌現出來的,從形態學的角度來看,這二者之間在文化的現象上似乎還不能直接相銜接。人們在青銅器上施紋飾不是單純爲了裝飾美,而首先出於宗教的目的。按照古籍記載,據説夏朝道德興盛的時候,鑄造了鼎,上面有花紋,以象徵鬼神,各種鬼神怪物都很完備,使得一般百姓能辨明什麼是善神和惡鬼的形狀,因此人們渡過河川和進入山林中去,就不會遇到不吉利的事,山魈鬼怪,不致加害,因此能使上下和協太平,承受上天所賜的福分。如果夏代有這種鼎,那可能是畫的,而不是鑄的,因爲夏人的青銅鑄造技術没有達到這樣能鑄萬物的水平,但是二里頭的陶器上,是有動物或鬼怪一類紋飾的。商因於夏禮,在青銅器上鑄各種動物紋樣,也當是出於同樣的或類似的目的。在當時,人們對紋飾的精神作用遠比形象的具體作用來得重視。商代早期的青銅器紋飾都是一些抽象的或基本上抽象的紋樣,紋樣的内容絶大部份是動物紋,少量是幾何紋。動物紋的徵象是一對不大的獸目和雙角,獸目大體是相同的,雙角則各具形態,此外是一些不表示物象具體部位,而又粗闊的末端勾曲的條紋,因而這種動物基本上是抽象的圖案，有的抽象的程度連作爲獸目的動物紋基本特徵也省略了，如圖 14 獸面紋鬲頸部的圖像就是如此。圖 8 獸面紋斝僅存一組主紋可見爲動物紋樣，它的兩旁就只剩一些類似軀幹的條紋了。這種抽象的紋飾到了商代早期的後段，獸面的特徵有開始具體的傾向，如圖 10 獸面紋壺的獸面咧口中表現出有齒紋。獸額上角的形狀比往常突出，整體紋飾的刻畫，也比較複雜。

商代青銅器上表現動物頭像爲主的展開紋飾，自宋代以來，稱之爲饕餮紋，所謂饕餮是遠古時代對一種特定凶神的稱謂，它的形象是有首無身，食人未咽，害及其身，蒙受懲罰的四凶之一。而青銅器上動物正視的紋樣，只不過是一種表現的模式而已，無論牛、羊、龍、虎及其他神怪圖像，都是同一種方法或簡或繁的表現。因此，稱之爲獸面紋比較接近實際，寬容度較饕餮紋爲好。

三、商王朝青銅藝術的空前繁榮

公元前 14 世紀，商王盤庚遷都至殷，就在今河南省安陽市西郊，後來稱爲殷墟。殷墟的範圍很大，經查明約有 24 平方公里，其中發現了宮殿區、王陵區、中小墓葬區、各種手工業作坊等遺址。殷墟的科學考古發掘至今已有 60 年，各類遺物發現極爲豐富。根據文化層堆積，可以分爲四個時期。第一期文化包括青銅器在內，和商代早期晚段的性質比較接近，被認爲是包括盤庚遷殷時期在內的殷墟初期文化；第二期是相當於商王武丁時期，即公元前 14、13 世紀之間起至前 13 世紀下半期；第三期約爲公元前 13 世紀末至前 12 世紀；第四期約爲前 11 世紀。殷墟文化的繁榮大約始於武丁朝。武丁是一位武功顯赫和獲得 59 年相對穩定統治時期的商王。殷墟文化在此期打下基礎，並由此發展到青銅時代的最高峰。

殷墟青銅藝術的繁榮過程雖然和殷墟文化總的發展趨勢是一致的，但不一定是亦步亦趨的。青銅禮器在殷墟時期按照歷史的順序，經歷了幾次變化。這些變化在器形的組合、紋飾的演進和銘文的發展等方面，有着相對的同一性。按器形組合這個較爲突出的因素來看，殷墟青銅禮器的發展可以從以大口有肩尊和瓿、瓮爲主組合時期，進而以扁壺爲主的組合時期，最後爲以卣和觚形尊爲主的組合時期等三個大的時期，各個時期之間可能有所交替，但是禮器演變的各自組合，是自然成階段的。

盤庚是從商湯的舊都亳遷到殷地的。自此以後 273 年更不遷都。商亳在什麼地方，史書上歷來有不同的説法。一説在南亳，今河南商丘東南；一説西亳，即今偃師。中國的歷史地理學家則取南亳説。不論南亳或西亳，都没有找到盤庚之都的直接證據。目前偃師尸鄉溝商城的發掘，要提供是湯都和後來又爲盤庚之都的雙重證明，但至今還缺乏可信的證據。

就殷墟而言,所發現的公元前 14 世紀左右,即殷墟文化第一期的青銅器,鑄造水平極為成熟,既和商代早期不同,也和殷墟全盛期的青銅器不同。這實際上是一個承前啓後的階段。殷墟以外這一時期的器物,如安徽阜南出土的著名的龍虎尊和獸面紋尊,則是比殷墟同期水準更佳的鑄作。此外,安徽泊崗和河北藁城的某些器物,也是屬於同一時期的。有理由相信,這一承前啓後的時期,青銅器的鑄造中心是在盤庚遷殷之前的都城。這批器物的花紋比商代早期複雜得多,但是在藝術裝飾手法中還沒有形成以細雷紋為地的、晚期所習見的圖像,器物圈足都相當高,並有大十字孔或大方孔。

殷墟時期是青銅藝術第一次呈現繁榮的時期,器物的發展即器制的變化出現了新的面貌。首先,巨型和大型的有肩尊、寬肩大瓿或大瓮以其雄偉的姿態出現,而且不是個別的。圖 16 的獸面紋大瓿和圖 17 的獸面紋大尊,乃是這一時期的典型器物。目前發現安陽殷墟早期同類器的形體相對較小,但這類器型有更大或巨型的,圈足不僅很高,而且有極高的,與以往的大口尊有頗大的區別。瓿或瓮這類器,是這一時期新出現的,以前則未見。瓿口斂而肩很廣,有折肩形和圓肩形兩類,在肩上常常飾有高浮雕的牛首和羊首,也偶有虎首。這類器物也有中型的,但沒有甚小的瓿發現。它的大量出現,表明殷墟早期祭祀和燕享的禮制在某些方面已有引人注目的變化。

當時的裝飾手法,就獸面紋而言,仍有一定的抽象性,並且加強了象徵的神秘意味。如圖 39 獸面紋斝,紋樣一變早期粗獷的風格而為一種密集的條紋,並由早期的勾曲形細條發展為細密的雷紋。雷紋可以組成各種動物紋樣,但是雷紋和動物紋樣的主幹還沒有清楚地區分開來,即變為純粹的地紋,如圖 40 的獸面紋斝和圖 18 的獸面紋大尊及圖 19 的凡尊是其典型。和早期獸面紋相比,紋樣具有濃重的神秘感,有的器物的獸目尤其顯得突出,炯炯有神,這是同一時期獸面紋的共有特點。

這是一個產生大型容酒器的時代,產生一整批新型青銅器的時代。從這個時候開始,青銅藝術面目一新,迅速地走向高潮。顯然盤庚遷殷的短時期內,社會經濟剛剛開始穩定,不可能立臻這樣的效果。經濟文化的繁榮首先有賴於政治的穩定。青銅藝術發展的這個新的局面,估計只有在商王武丁統治進入穩定的時代才有可能出現。

商代晚期的禮制似乎是在不斷的豐富之中,這是物質文明愈益發達的一種反射。殷墟時代青銅禮器的第二變化是酒器中以扁壺、鳥獸觥、鳥獸尊、鳥獸卣以及罍和方彝的出現,食器中以槽形方鼎和鬲鼎的出現為代表,前期的瓿和有肩大口尊等逐漸退化甚至消失。這是青銅禮器一次非常突出的劃時代的變化。它幾乎徹底改變了青銅禮器的舊體制,在藝術裝飾方面進入了商代的最高境界。

扁壺是這一時期最有特徵性的器物。這是一種較高大的寬口橢扁體的深腹壺,這種壺在殷墟早期和殷墟晚期都沒有出現,因此這相對的界限比較明確。不僅器形如此,就是它的裝飾紋樣也和以前的手法不同而顯示出新的風格。不過,這種扁壺也有一個發展過程,可以根據紋樣特徵來分析其時代先後。

不論在二里岡期或殷墟較早時期的器物中,從未發現過以鳥形或獸形爲器物基本造型的酒器,這是融雕塑和容器於一體的特別珍貴的酒具。大約有三類,一類即鳥獸形觥,是瓢形有鋬帶蓋的容酒器,蓋的前後端是動物的形象,有的整體設計成牛、羊、龍等具四足的走獸或鴞、鷹等具兩足的禽形,或者是鳥獸的結合型。其二是鳥獸形尊,多是立體的鳥獸形狀而帶有容器的特點,如象尊、羊爵、虎尊、豕尊等等,這是更加形象的容酒器。另有一種具有提梁的、稱之爲卣的鳥獸形或兼帶鳥獸形的容器。這些器物在青銅禮器中最富於藝術價值,鳥獸形各種容酒器的出現,使商代的青銅器大放異彩。

酒器中新出現的高體斂口圓肩小底的罍,也是這一時期的新穎器物,以前有把瓿、瓮一類器物也稱之爲罍的,其實造型的基本特徵完全不同。罍這種大型容酒器的出現使酒器體制大爲增色。最早出現的罍是做照陶器鑄造的,底平而小,不久就有了具圈足的罍,罍是當時主要的大型容酒器,其中的酒可以分裝於其他的容酒器中,《詩》云:"瓶之罄兮,維罍之恥",它和瓿、瓮等器物有少量的交叉存在,而後成爲大容量盛酒的主器。

方彝在這個時期流行,但比扁壺出現的時間爲晚。這是一種微呈長方形、器蓋如屋頂的容酒器,往往成對使用。較晚的方彝配備有枓可挹酒。這種容器一經出現之後,就成爲酒器的重要組成部分。從後期方彝所鑄的銘文內容可以知道,這是地位頗高的貴族纔有資格使用,而絕非一般人使用的酒器。

長方槽形的方鼎和器腹分檔的鬲鼎,大體上也是這一時期出現的。在此之前,有過商代二里岡時期的斗形方鼎,此後即未發現。此期出現的方鼎,大體上成爲以後方鼎鑄造的定式。方鼎是成偶數使用的,大小頗多不同,一般貴族使用的都是中小型的。方鼎有一專用的器名,稱之爲"齋"。

鬲鼎,即腹部分隔爲三個淺圓形體的鼎,實際上是鬲和鼎的結合體,或者是鬲的變體,這是和鼎配合使用的一種食器。鬲鼎出現之後,曾經行用很久。

食器先是行用無耳簋,而後出現了雙耳簋。但是作爲蒸煮食物的甗,雖有鑄造,却並不普遍。

在商代晚期200餘年之中,青銅器在這一期的變化和充實,反映商殷在武丁之後禮制有重大發展。青銅禮器急劇地出現一大批前所未有的新器物。就是出於商殷中央政權獲得長期相對的鞏固和經濟上迅速發展,從而加強禮制的需要,商在遷都於殷之後,作爲入主中原號令諸侯的雄強的地位,纔顯示出來,商殷王族們獲得的前所未有的特權必定要有特定的禮制來保證。殷墟時期青銅禮器所出現的盛況,正是當時奴隸制經濟和政治所達到的高度發展在物質文化上絢麗的反映。

這時期的部分青銅器上,已經鑄有銘文。銘文的內容都是器物所有者氏族的名稱。至於表明器主爲着某種特定的目的而所鑄的銘文,則主要是殷墟晚期的事。

殷墟時期青銅器的藝術裝飾,在這時已趨於完備,以獸面紋爲主體的紋樣,精麗瑰異,表現的技巧豐富多樣,但是風格却頗爲一致。從二里岡晚期之後至殷都的建成時期,紋飾的內容都比二里岡期有所進步,工藝的質量大有提高,如上述的龍虎尊之類,就難於歸入二里岡期,這類器物是二里岡至殷墟興盛期之際的一個過渡階段。大致在武丁統治的後期,經濟和文化上孕育青銅藝術興盛的條件應已成熟,青銅器獸面紋逐漸顯示工藝的高峰,但這中間也有一個發展的過程。先是出現了凡尊這樣的獸面紋,即比過渡階段的獸面紋綫條較爲複雜,但是紋樣的基本構造和條紋特徵仍有前期模式的遺痕。進一步的改變如圖39的獸面紋斝,出現了明顯的變化,即轉而採用極其精確細緻的密集型綫條,用列旗的羽狀紋和雷紋組成細麗茂密的抽象獸面紋,這種紋樣沒有條紋和面塊的對比,所象徵者只有一對獸目。與此相似的,紋飾結構出現了上述模式的改進型,即既保存了精緻的格局,又有面塊組合的獸體主幹,紋飾依稀可以看出動物紋主要部位的特徵。殷墟早期青銅藝術存在着與二里岡晚期的某種相似性,則上述的變化,大致只能武丁後期完成。接着是以雷紋爲地或作爲背襯的實體獸面紋的出現,不過這種紋飾採用的是平雕的手法。至於出現以雷紋爲地,紋飾的主體部分表現爲多層次的浮雕,這種商代晚期最華麗的紋飾在發展的序列上則更晚。這類紋樣的成熟時期,大約在武丁之後。獸面紋及其配屬的其他動物紋樣等,也都在這個時期內出現。

商代晚期青銅器雄奇神秘的風格,在此時最爲强烈。獸面紋的各種特徵非常之突出,以往這種具有對稱模式的紋樣,最引人注目的往往是一對圓睜的眼睛,現在除獸目之外,還有大咧口、獠牙和有力的銳利爪子,往往有一段蜷曲的體軀,可以看出,設計鑄造者竭力使紋飾具有威武猛烈的鎮懾感。爲使青銅器紋飾具有不可思議的魅力,獸面紋的雙角特別誇張,其極端的做法,是將雙角單獨製成龍的形象,而使紋飾更加富有神秘感。商代晚期青銅器獸面紋這種凶野地凝視着的態勢愈益加强,其背景是鬼神崇拜。所謂鬼神是對自然力幻想的産物。這在商代王室的甲骨卜辭內容中已有大量的非常清楚的體現。所以,在全部的商代青銅器紋飾中,衹是大量塑造了代表自然力的各種怪誕的神怪,這種奇異的風格反映了人對這些崇拜對象的敬畏心理,人對於神祇有要求,没有支配自然力的能力,自認爲是自然力的屈從者。基於天道觀的支配,所以夏商以來人們通過禮器上的各種紋樣對於鬼神、祖先表達意願的題材,從來不直接描繪人們自身的活動,這是青銅器藝術一個非常突出的現象。這種現象臻於高峰,主要是在公元前13世紀。

從青銅藝術的發展來看,上述的這種題材和風格,一直沿襲至商末。但是在青銅禮器作用於禮制方面,却也有所變化,這種變化的出現大約在商代晚期後半段的近百年之內。商末由於缺乏準確的紀年資料,其社稷傾覆的年份不很清楚,有的認爲是前11世紀,有的認爲是前12世紀末，不管商王朝終結的年份如何，其最後的近百年之內，青銅禮器中的容酒器扁壺逐漸爲卣所替代。卣是一種有蓋的、器腹扁圓的容器，器頸兩側連鑄有一活絡的提梁，卣的使用是成對的，或者成一稍大、一略小的組合。其次是大口有肩尊逐漸衰退，偶有存在，形體也有相當的變化。代之而起的是喇叭口高圈足的圓筒形尊，因爲這種尊的形制似觚而筒體甚粗腴，所以也稱之爲觚形尊。觚形尊一經出現，在禮制上就被很快地接受而盛行起來。在飲酒器方面，除了爵以外，又增添了一種稱之爲觶的圓形或橢扁形酒杯。卣和尊是青銅禮器中的主要器物，同時又使用了新的飲酒器。這些器物的普遍行用，説明殷墟時期最後階段的青銅禮器組合有頗大的改變。

　　青銅器作爲祭祀的主要用途，即禮器的性質，在商末的銘文中逐漸顯示出來。銘文的通常格式有祭祀者的氏族名稱和被祭祀人的名號，比較具體的還有一些促使鑄器祭祀緣由的記録。青銅禮器的共名稱之爲"尊彝"，也在這一時期銘文中出現。凡此都表現了青銅器作爲禮器性質的加強。

　　祭祀和征伐，是古代社會基本的宗教和政治生活的内容。中國古代社會除了用大量的青銅器鑄造禮器以祭祀爲主要目的之外，還鑄造了許多作戰用的兵器，其中包括部分與戰爭儀式有關的儀仗或道具性質的兵器。

　　最主要的有代表一方諸侯或最高軍事將領具有統兵征戰的軍權的鉞，鉞是大斧，是商王授予邊遠諸侯和高級軍事統帥的軍權信物。如圖66的卉紋方鉞即是此類。戚是小斧，是砍殺兵器。在中國古代文獻中，多處提及戚是與干成套的表現戰爭舞蹈的道具，干就是防禦進攻的盾。發掘和傳世的少數青銅戚，有的紋飾極精，不是實用的作戰兵器，有可能是儀仗或表現作戰舞蹈的特定道具。商代有的青銅戈矛等鑄有非常美好的紋飾，或有精工的綠松石鑲嵌，凡此等類，也不可能是實戰使用的兵器，而是統兵者所設的象徵性兵器或儀仗用，例如圖70的具有長胡的雷紋戈，戈援較薄而鑄造極爲精工，可以説明其爲非實用的兵器，而是優美的儀仗。

　　現存的鉞、戚、戈、矛、刀、矢鏃等青銅兵器，大都是整件兵器中的青銅利器部分，其餘部分都已腐朽無存。但是，在商代青銅器的銘文中，就有一些表現這類兵器的完整形狀和使用狀態的，如鉞斷首形、人執戈盾之形、人執刀之形等字形，有助於對這些兵器使用的理解。

四、西周王朝時期青銅藝術的演變

　　公元前11世紀，統治着中國西部涇水、渭水流域的周族首領西伯姬昌，集合許多對商王朝不滿的國族，組織强大的聯軍，在商郊牧野會戰，一夜之間，就擊敗了商王朝衆多的武裝，紂王自焚,姬昌自號武王,立國號爲周。分封同姓和異姓有功的諸侯,君臨天下,建立了中國歷史上著名的西周王朝。西周由於採取了以王室爲中心的分封制度,周天子和諸侯是君臣關係,中國第一次出現了政令統一的奴隸制王朝,它所統治的疆土,遠比商王朝廣袤。

西周政權以分封制作爲基本政治制度,其目的在於鞏固周天子的絕對權威,周圍的諸侯祇是起"藩屏周"的作用。這種控制政權的模式曾經長時期地被以後各個王朝以不同的程度相模倣,這就是中國歷史上在數千年之後仍被譽爲文武周公之治的極高的政治楷模。周人對於伐商建國的歷史,極爲重視,至今傳下來少數的西周文獻,多數是與周初建國有關的政治文告,而在遺存西周初期的青銅器中,也不乏這方面的重要材料。

西周初期的青銅器上,就鑄有大篇銘文,從各種不同角度反映這一時期的歷史。利簋(圖四)銘文記周武王征商,在甲子日之朝,火星當前,戰勝了昏亂的商朝。和歷史記載,完全相同。利簋是方座簋,這種方座連鑄的簋是周人所特有的新形式。著名記載武王克殷後舉行祭天典禮的大豐簋(圖五),同樣也是方座簋。這種帶方座的簋在商代是沒有的。這兩件器不僅銘文有高度的史料價值,而且作爲方座簋出現的新形制,也是頗可注意的。因爲武王克商時宣佈商紂王的罪狀之一是殷的大小官員都沉湎於酒,嚴禁周的官吏"羣飲",因此他們對主要的食器簋作了造型的改進,突出了食器在禮器中的地位,相對貶低了酒器的地位,這也是當時歷史背景下,克商後周人在禮器方面變化的明顯跡象。

周人力圖鞏固自己的軍事和政治的勝利成果,當時諸侯還沒有完全臣服於周,而武王在即位之後的第二年就因病死亡,當時殷的殘餘貴族和周王室的分裂者管叔、蔡叔聯合東方諸國,進行叛亂,他的年輕的兒子成王和著名政治家周公、召公全力鎮壓並加以徹底的消滅。這是關係周王朝的存亡問題,也是周初建國時期的大事。記載這一段重要歷史的青銅器有圖91小臣單觶和圖93保卣。小臣單觶是一比較樸質的橢圓形酒杯,內底銘文記載成王再次克滅商的殘餘勢力,即商王之子武庚的叛亂,勝利後,軍隊駐於成周屯兵之所。另一件器保卣,記載王命保速滅殷和東國五侯,並參預周王大祀,時當四方諸侯來周助祭,這是平叛後著名的一次規模極大的祭天活動,四方諸侯助祭,表示天下已定。這件卣的銘文未署作器者名,只是錄了一段王命保參與伐東國的命令,器主顯然是保本人。保是武王、成王時的重臣之一,大保即燕召公。器的紋飾是兩頭龍紋,器形也有晚殷的特點,只是銘文是周人格式,字畫波磔生動。另一件何尊(圖六)屬於成王五年之器,銘文記載周武王克商後曾營建成周,"宅此中國",顯示了武王立國的圖謀。何尊是圓口方尊,獸面紋的雙角聳出器表,形態極爲雄奇。

以上幾件重要的周初青銅器,除了大豐簋、利簋有方座外,簋的本身形制還是商器的體制,其他器物也是如此。紋飾除大豐簋的蝸體獸紋之外,其餘也都是商代的舊有紋樣。可以看到周初的青銅器是因襲了商的模式,但是摻和了本民族的內容。而作爲青銅器的主要作用的銘文,則從西周立國開始,就顯示了其本民族的特點,即青銅器作爲禮器的特性,通過銘文内容的記叙,而受到了非凡的重視。西周的青銅器銘文記錄的是器主家族得到周天子和王室賦予的恩寵和殊榮,於是青銅器就成了貴族們引以驕傲的宗廟和宮室中最高貴的陳設品,這樣,在短期内迅速形成頗具特色的周代禮器的藝術。

基於神權的天道觀,政權的統治形式以嫡長子爲中心的祖先崇拜、嚴格的等級制度,以及爲實行這些觀念和制度所採取的方法和特定儀式,這就是周禮的主要方面。西周青銅器藝術,就是爲維護、體現上述觀念和制度的禮器。

從宗教的觀念來看,商周都是以維護神權爲核心的天道觀或天命論所支配,商代對鬼神的崇敬達到了狂熱的程度。周人也敬鬼事神,但是比較偏重於世俗的實用。周初的青銅禮器藝術的形式和内容,與商代的青銅禮器藝術是一脈相承的,但是,那種猙獰適奇的紋飾,不再產生更怪異的式樣,而是趨向於保守並進而簡化和變形;但是造型的渾樸和厚重,則勝於前者。

周室的重臣貴族,對於宣揚其世家的尊榮和王室寵賜的特權,極其重視,往往以鑄造氣勢磅礴的重器來記載爲王家效勞的勛績和所獲得的殊榮,康王時代的大盂鼎,就是重要的實例。大盂鼎高 101.9 釐米,以其雄偉的造型而體現廟堂的尊嚴,器内的大篇銘文載有康王之誥,誥文主要是訓示文王武王受天命,統治四方的疆土,他的大臣們崇敬祭祀,節酒,得到了上天的佑護。殷的邊遠諸侯和百官們大都肆恣地酗酒,故而遭受喪師亡國之災。令盂助榮以德爲政事的準則,朝夕納諫,勤勞官位。在命辭中記錄康王賜盂奴隸兩批共 1 226 人,體現了西周奴隸制度的興盛。盂祖南公在武王時代大有勛勞,故康王令盂要效法他的祖先,盂因而作鼎記銘,用來祭祀南公。此器造型特別雄偉,三足極爲壯實,雙耳之厚大更襯托出鼎的造型的優點。這是爲了適應廟堂祭祀的堂皇場面的需要,而產生的新的改進形式。類似造型的陝西淳化史家塬龍紋大鼎(圖七),高 122 釐米,周壁沿足線更鑄有三個獸首大鋬,此鋬爲二次鑄造,不能承重,設置三個大獸頭鋬完全是爲了增强器體的莊嚴感。

對於祭器中鼎的造型力求增强厚重的氣勢,和食器中簋的連鑄方座借以强調這類器物在祭器中的重要地位的情形是相仿佛的。爲了使器物具有更加莊嚴的形體,西周鼎的下腹部都明顯地大於上口,即最大的腹徑在近底的部位,這使鼎具有良好的穩重感和端莊的形象。圖 74 交鼎等形制,也是同樣的特徵。西周初期精巧的弄器很少見,追求禮器端正莊嚴和厚重的造型,成爲一時風氣。

西周初期青銅禮器形體中等的三足器和四足器,一般都偏高,即足的長度的比例普遍比同類的商器偏高,交鼎、德方鼎,或父癸方鼎和圖 76 的獸面紋鼎等,都是這個特點,有的器竟是非常之高,其中包括部分圈足器如簋等。西周早期出現的器物造型的變化,更是體現了當時的欣賞風尚,也反映了商、周生活習慣的某些差異。

　　西周初期的酒器有爵、觚、斝、觶、尊、壺、方彝、罍、觥、卣、盉等基本器類,品種還是相當多,但周政府是主張節酒和嚴禁酗酒的,因此這不能不影響酒器的鑄造,表現在青銅酒器的整體生產逐漸趨向於品種的減少。周初的容酒器如尊、卣等較爲常見,但是灌器斝基本上已不被採用,灌器是酒器中很主要的器物,周人不採用斝,説明商周禮制的區别。飲酒器如觚、爵等有大量減少的現象,這種減少和青銅容器的常見現象不能構成相應的比例,周人大約是較多地用其他物質來鑄造飲器,如考古工作者已發現西周早期已有製造漆觚的實例。進一步變化的現象是常見的容酒器也趨向於單一,尊和卣大幅度減少,而以壺爲主要的容酒器。灌器斝在周初不久就絶跡了。這是青銅酒器變化爲簡單羣合的情形。在西周昭王時代,曾有一番使之蕃盛的努力,在出現頗爲樸素的器物同時,也鑄造一些相當華麗的器物,前者如召卣召尊,後者如厚趠方鼎和鳳紋簋等,這些西周昭王時代華麗的器物,大約是商周青銅器興盛時期的最後一瞥。

　　周是一個農業民族,實行井田制,糧食生產相當豐富,基於農業收獲的釀酒業,就品種而言,不在商代的釀酒業的産品之下,甚至可能有所發展。凡是商代甲骨刻辭中的酒名在西周金文中都出現過。《周禮》中記載當時官方釀造供祭祀的酒,有五種不同的米麴配方,有"泛齊"、"醴齊"、"盎齊"、"緹齊"和"沈齊"等。以上是未經過濾的五種不同程度的薄酒。人飲的有事酒,即有事臨時釀造供用的;有昔酒,冬釀春熟的酒;有清酒,即冬釀夏熟的酒。以上祭祀的五種酒經過過濾可作爲飲料。此外,有的酒在飲用時還要以芳香的鬱金草汁配和,這是很重要的配製酒的方法。所以,西周釀酒業的技術和規模都相當可觀。

　　西周早期通常的容酒器是一尊二卣,卣一大、一略小,是爲三器成組,可以盛三種酒。壺和卣是同類器,方彝成對使用。罍是大型容酒器,用斗挹酒於其他小的容器之中。斝和觥,據形狀作爲灌器使用,盉則用來調酒。因而西周早期酒器的組合和商代晚期一般的情形是一致的,在成、康時代還没有大的變化,以後各類青銅酒器減少以卣、壺和尊作爲主體,青銅的飲器急遽退化,顯然有了其他的代用品。大體上,西周青銅器經過兩個階段,第一階段是禁止酗酒,這時青銅酒器仍是沿用商代的體系,只是鑄造的數量上相對減少,這中間也可能還有銅料的來源問題。第二階段是商式青銅酒器逐漸淘汰,形成了周人自己的祭祀用酒的制度和生活飲酒的習慣,與之相應的形成了組合簡略的酒器體制。

　　西周的青銅食器有着相當的發展,在整個殷墟時期,除了發現王室的幾件重器以外,青銅食器發現的數量遠不能和酒器相比。在西周早期,這一現象剛好顛倒過來,鼎、簋等飪食器的數量超過酒器發現的數量。作爲農業民族,重視農産品及其豢養的畜類奉獻於神明和祖先之靈,是理所當然的,周的高祖后稷,就是農業大神。在西周早期以後終於出現了列鼎制度,即是大小相次的鼎以奇數組成系列,其成組數量的多寡,按使用者的等級地位而定。這是周貴族的生活方式直接與社會的政治地位相聯繫的一種制度,列鼎就是這種制度產生的產物。與此相適應的其他食器如簋的使用的偶數成組合。於是青銅禮器成爲貴族的身份、地位必不可少的金光燦爛的標幟。

　　周人繼承殷禮而有所變化，以青銅禮器而言，比較明顯的更改，大約開始於周穆王時代。當時，出現了部分新的器形和新的紋飾，青銅銘文的内容，也逐漸産生了王家公文程式的規範體裁。穆王在位 45 年（一説 55 年），在西周歷史發展過程中，這是一個承前啓後的時代。西周禮器藝術的變革，或者説徹底消除商代禮器藝術影響的過程，始於穆王時期，而在恭王、懿王時代加快了進程，最後完成周人青銅禮器具有獨立風貌的新體制。這一加快變革過程所完成的時間，總在半個世紀以上。

　　自前 16 世紀開始流行了 7 個世紀之久，在青銅藝術上佔統治地位的母題獸面紋，終於變形消失，恭王時代五祀衛鼎（圖八）的獸面紋，已經無法辨認其威嚴神秘的原貌，而面目全非，更有甚者，如圖 115 師遽方彝上的獸面紋，已經完全喪失了作爲獸面紋所必須具有的特徵，獸目退化成小點，犄角、咧口、雙爪、卷尾等因素均不復存在。所表現的是一些無意義的體解的對稱條紋。圖 116 貫仲壺的紋飾也是如此。圖 106 著名的大克鼎口沿下的一圈帶狀紋，也是展開了的變形獸面紋樣。

　　這種變形體解了的獸面紋的産生，是很有意義的，這不僅意味着藝術欣賞和審美觀點的顯著改變，更重要的是自周初起沿用了百年的基於宗教目的、以鬼神崇拜爲核心的這類獸面紋體系已完全崩潰，説明周人並沒有憑藉禮器上神秘的紋飾，企求入山林川澤時不逢不吉和以此類動物交通神明、祈求佑護。周人的天道觀和藝術觀，與商代是很不相同，但是爲了在禮器藝術上體現這樣的轉變，差不多經歷了一個世紀之久。周人對商代的藝術，先是全盤繼承，而後在此基礎上消除，在改革商人舊模式的同時，積極、漸進的創造自己藝術的面貌。

　　在變形獸面紋出現不久，取其構圖中的局部綫條，作進一步變形而更加抽象的，則是傳統稱之爲“竊曲紋”一類的紋樣，如圖 121 梁其鉦和圖 119 師寰簋上變形的動物紋。

　　在變形紋樣流行的同時，出現了全新的設計，即寬闊而自由舒轉的波曲紋，大克鼎上的母題就是這類紋飾的典型。這類紋飾接近幾何形構圖，不表示某種宗教崇拜的特定含義，而純粹是造成透迤婉轉的旋律感。這一紋飾，在西周乃至春秋時代相當盛行。

　　器形的變化，在食器方面突出的是弇口寬體圈足簋的産生，這類簋的整體都是寬道的橫條棱脊紋，有的器有蓋，蓋和器合成渾然一體，從蓋頂俯視，形成闊環狀的同心圓。有兩耳，耳中或套鑄雙環。較晚的式樣蓋緣有一圈平切的狹邊，使蓋具有厚度，而起棱脊橫條紋如常。這兩類器形，前者自穆王時代起，後者自夷王、孝王時代起，成爲西周的簋的主要形式。

　　新穎的食器出現有盨和簠。盨實際是簋的長方形設計，這種長方形圓角的食器，有的自銘爲簋。盨是區別於簋的通常形狀的特稱，它的使用組合也和簋一樣。另一種長方形方角斜平器壁、上下對稱、容量一致的新流行的食器，稱之爲簠，實際上使用時是可以一分爲二。

這種器頗受歡迎,後來流行的時間相當長,直至戰國時代仍有鑄造。

鼎類器中,盛行深圜底獸蹄足形的鼎,在西周夷王、厲王時期出現,之後就盛行不衰,直至春秋時代。深圜底獸蹄足鼎流行之後,原來鼎類中佔主要地位的寬體垂腹形鼎就逐漸銷歇了。這類鼎更加重實而不重裝飾,如仲義父鼎只裝飾一條帶狀的鱗紋,極爲粗疏。宣王的重器如毛公厝鼎也僅施類似的紋飾,也有素地不施紋飾的,如銘文書體最爲優美的圖 118 頌鼎,素面不施主題紋飾,只有兩道使鼎壁起強筋作用的箍條。

酒器的壺爲大類,早期的罍業已消失,轉化爲小口廣肩平底的罐,罐是當時最爲新穎的容酒器。

古人在許多生活禮節中常須盥洗,盥洗的用具,在西周早期以前大抵爲盉與盤的組合。盉是酒器,也用作盛水,方法是執盉注水於手盥洗,以盤承廢水。至西周恭王、懿王時期,出現了以匜盤爲組合的一套盥洗器,匜這種瓢形有鋬的注水器,大約是從早期的觥轉化的,周人在穆王時期之後,將觥排除在酒器之外,並變爲專用注水的盥器,自此以後,盤匜成爲盥器的定式。盤上常飾有龍紋和水生動物,匜的鋬常鑄成龍的形狀,龍是水中靈物,這是紋飾和器物用途相應的實例。

青銅器銘文,作爲禮器藝術的要素,在西周時代,顯得更爲重要。禮器是憑藉銘文體現它的性質,當時已成爲貴族的通例,作器記銘,頌揚先人之美,表示子孫型儀若祖若考,遵行孝道,而傳之後世。由於青銅器銘文的發展,中國的書法藝術,乃得以孕育。西周穆、恭時代的銘文,和西周早期用筆縱橫恣肆的字形,已大有不同,形體秀美,起訖用筆含蓄,排列得宜,間架的疏密,已有相當的法度。昭王時代的厚趠方鼎、恭王時代的牆盤、懿王時代的師虎簋等銘文,都是這一時期大篆秀美型的代表之作,至於大克鼎、頌鼎和毛公鼎等銘文,則是大篆渾樸型的最佳書法,中國上古的書法藝術,至此達到了充分成熟的境界。

公元前 9 世紀,西周王朝經歷厲王時代的政變,雖然前 8 世紀前半葉宣王中興圖治,但是 200 餘年的統治,西周社會已盛極而衰,王室和各族之間的矛盾接踵而來,北方的獫狁和東南方的淮夷,終西周之世,臣叛無常,到了最後的百年之間,不乏有專以記載征獫狁和伐淮夷的重要青銅器。近年出土的厲王時代的多友鼎,記載多友率師向西進擊獫狁的幾次戰役及殘殺。著名的虢季子白盤銘文,記載宣王時虢季子白統帥軍隊伐獫狁獲勝班師,至周廟行獻俘禮,其形制之壯偉和紋飾之瑰麗,充分反映周王室對獫狁用兵的重視。圖 123 厲王時代的翏生盨,銘文記載了周厲王親率大軍伐淮夷的事。宣王時代的師袁簋銘文記載淮夷反叛,影響到東方南方,師袁受王命率領齊國和山東地區紀、萊等小國的聯軍及王室的宿衛軍征伐淮夷,俘獲了淮夷四個城邦的首領,勝利班師,師袁簋形體在西周晚期的簋中屬於最爲瑰偉的一類,器主師袁即周王的卿士方叔。這簋端莊厚重的形制和方叔作爲軍事統帥的崇高地位是一致的。華貴的青銅器所鑄的銘文祇能是勝利的記錄。一切王室的事務,王室不任命,仍皆率由舊章，但事實上西周幽王時期的政局如江河日下，最後以申侯聯合繒侯犬戎攻幽王，而殺於驪山之下。於是，以王室爲中心的傳世 12 代的西周王朝，遂致覆亡，社會生產力大爲衰退，作爲中國古代文明的青銅時代，亦由此而進入尾聲。

五、周室的衰微和諸侯國青銅禮器藝術的興起

公元前 771 年，開始了大國諸侯爭霸中原的春秋時代。周平王自宗周東遷洛邑，這裏曾是文王、武王建立的控制中國東部的政治經濟中心。在這裏所駐的宿衛軍，稱爲成周八師，對東夷和南淮夷起鎮撫作用。但是平王是晉、鄭等諸侯護送之下東遷的，平王已不再有天子的權威，中國的政局由大國諸侯操縱，即所謂挾天子以令諸侯。而且在大國爭霸中發生了周王兵敗被射傷的事，周室的衰微，已不可逆轉。

西周時代遺存的青銅器，絕大多數是王臣之器，諸侯之器也有所發現，但爲數甚少。目前遺存的東周器，絕大部分是諸侯和其卿大夫的器物，任職洛邑的王臣之器極爲罕見。這兩種截然不同的情形反映了王室禮制的衰退和諸侯國青銅禮器藝術的繁盛。

春秋時代的大國諸侯，因爲有足够的經濟條件建立起各自的手工業，其中包括青銅鑄造業，各國的通都大邑經濟文化都相當繁榮，而小國則成爲他們的附庸。當然，春秋初世的青銅器，祇能是西周後期的延續，形制和紋飾還是原來的式樣，只是部分器物具有地方性的特點。春秋初世不僅大國，而且一些小國也遺存有不少青銅。經過這一次社會大變故之後，青銅禮器藝術在中國的覆蓋面迅速地鋪張開來，爲以後青銅器在更大範圍內的發展，創造了條件。

春秋初期，即公元前 771 年以後的近百年之內，遺存的青銅器屬於大小諸侯約有 20 餘國，淮水流域北部諸國，及江漢地區的楚國和其他小國，個別的還有燕、晉等國。以上這些地區雖有良好的經濟條件，但原來的一些小國處於落後狀態，青銅鑄造技術的引進，也不是短期能完成的。因而某些大國的青銅器有相當高的鑄作水準，而一些小國的鑄器就比較粗率，有的就像習作品。因爲文化水準不高，這些青銅器的銘文也有疏陋的現象。

春秋時期各地的經濟和文化發展不平衡，青銅藝術的發展也不盡一致，大體上，春秋早期禮器發展比較集中的是中原地區和山東地區諸國。圖 129 鄭伯盤的器主鄭伯，是鄭國的國君，鄭武公曾護送平王東遷，國都在今河南省新鄭。在春秋初世，鄭是中原地區有影響的侯國，軍事地位一度比較強大。鄭伯盤形制比一般盤富麗，雙耳及圈足的做法都是特別加工的，在春秋早期，這是高水平的鑄作了。圖 128 商丘叔簠是宋國器，商丘是商的故都，宋爲商後，其地是宋的大邑，宋在春秋時是大國，宋襄公曾稱霸諸侯。商丘叔簠的形制非常標準，完

全是西周的舊制。圖126波曲紋鼎是春秋秦器,其形制和紋飾與陝西寶雞地區秦墓出土的完全一致,此紋飾不同於春秋初世的風格,而是春秋早期中略晚的變化式樣,具有某種程度的地方性特點。秦襄公護送平王東遷,平王命其取犬戎所奪岐周之地封之,於是秦爲諸侯。中原諸侯視秦爲蠻邦,秦封諸侯之後,改革風俗,輸入華夏文化,此鼎是春秋早期秦吸收華夏文化之後的產物。圖127魯伯愈父鬲之伯愈父是魯國的貴族,魯國用的是周禮,所以其舊貴族所尊用的禮器也是周制,魯伯愈父鬲銘文已有春秋初期的風格,但其形制仍是嚴格的西周晚期式樣。杞也是山東半島上的小國,爲周武王所封的夏禹之苗裔,《史記》以爲“杞微小,其事不足稱述”,但是從遺存的杞伯敏亡諸器來看,杞所鑄器形,完全合於西周的制度,圖130杞伯敏亡壺,其制度與西周晚期器極爲相似。春秋早期各國器之精鑄者,形體大略如此,鑄作水平雖有良莠之別,但是青銅器的鑄造技術已爲各諸侯國所掌握,同時社會生產力也在逐步提高,這實際上已使青銅器的鑄造業處於復興的前夜。

六、春秋晚期至戰國青銅禮器藝術的全面更新

　　春秋晚期,作爲中國古代文明的青銅時代,走向結束,代之而起的是鐵器時代。考古發掘資料多處發現了春秋晚期的鐵器,河南洛陽、江蘇六合和湖南長沙等地,自北至南,都有發現,根據情況現在不能排除發現更早時期鐵器的可能。但是,有意義的不僅是發現幾件鐵鑄品,更重要的是在生產技術上所起的重要作用。現在一般認爲春秋戰國之際,中國已進入鐵器時代。春秋中期開始,社會的生產力有着顯著的提高,各國諸侯開發大片土地,牛耕和鐵農具的開始使用,農田水利大工程的建設,各種手工業相繼繁盛,商業的發達表現在產品的豐富和金屬貨幣的大量運用,專營商業的商人階層出現等等,社會完全呈現了一種新的面貌。從考古遺存而言,春秋中晚期物質文化的遺存的質量和數量都遠遠地勝於早期,其技術水準的進步,亦是兩者不能比擬的,表現在青銅器的鑄作上也是如此。當然,技術的普遍進步,並不是促進青銅器飛躍式進步的唯一因素,更主要的還是觀念的改變。原來定於一尊的天道觀,已成爲陳舊的過去,春秋的思想界日益活躍,奴隸制統治舊有森嚴的等級制度,也爲封建諸侯的新的等級制度所逐漸替代;城市商業經濟的普遍興盛,一部分青銅器也列入商品的範疇,等等。所有這些因素,改變了奴隸制支配下的青銅禮器及其藝術的體系,並且在較短的時間內,出現了整體更新的面貌。

　　一個明顯的改變是禮器的性質有所不同,以前青銅禮器是表現等級和地位的特殊器具,各種器物的組合和數量都有嚴格的規定,並且約定俗成地受到尊重和履行。春秋時代的青銅禮器,首先是諸侯們不再接受在禮器使用方面和周天子的區別,有的公開僭越,使用天子

之禮。自然，有勢力的卿大夫，同樣可以效法，久而久之，這方面的約束就很鬆散。禮器並不是從政治意味上表示固定的等級制度的道具，更多的是表示儀禮上的排場。

基於上述的原因，禮器的形制也不需遵守陳陳相因的格式，爲青銅器形制的多樣化，地區特征的體現，創造了條件。因而春秋中晚期青銅禮器的形制，産生了非常大的變化。

由於禮器早已不再是交通神明的巫師們的道具，經過了西周中晚期和春秋早期蛻變的抽象圖綫的發展過程，春秋中晚期的青銅器紋飾，宗教的氣息非常淡薄，藝術裝飾欣賞的意趣大大地加強了。就是説，青銅禮器的藝術和宗教的作用基本上是分離了。這是春秋中晚期青銅藝術的一個很大的特點。

春秋戰國時代，楚始終是大國，但是在西周晚期或春秋早期，楚國的青銅器完全是典型的西周式樣，看不出楚國青銅器有着鮮明的自己的特色。但是到了公元前515年，即楚昭王即位後，楚國的青銅器至少一部分已形成本民族的藝術特點。圖135的楚昭王爲其母親所鑄的方座簋，形制非常新穎，和同一時期蔡侯墓出土的新式簋很接近，但是兩者的紋飾極不相同，蔡侯器的紋飾採用中原系統的變化式樣，而昭王簋的器上紋飾則是密集型變形獸紋和繁縟的回紋所組成獸紋，其風格和中原地區及附近的徐蔡等地很不相同，是真正楚民族的藝術。但是楚文化的藝術也並非都是細密繁縟的。圖160戰國晚期的鑄客鼎，是安徽壽縣李三孤堆楚幽王陵所出土，它的壯實的器形，尤其是鼎足承鼎腹部分的獸首裝飾，極爲雄健，鼎腹則樸素不施紋飾，這是楚鼎的後期流行式樣。

圖142的盉，是典型的徐、吳、越一帶的器。這種盉的形制，在春秋中期以前没有出現過，形式的設計是全新的，以後在戰國時期的長江下游地區陸續有所發現。因爲吳的王族是姬姓，所以它採用的紋飾是中原系統的新式紋樣，不採用本地區的民族紋樣。但是余姚的一座春秋晚期越國的墓，出土同類的盉上，却有特徵明顯的地區性紋樣，盉蓋周圍是熊、虎、犀、象、鹿、犬等山野的動物，蓋中心有七條龍在吃人，每一條龍都已吞食大半個人，人的下肢還在龍口之外。這是表現蛟龍之害的題材。中國古籍多次記載越人斷發以避蛟龍之害。在禮器上表現的圖像是蛟龍的威力，對斷發文身的越人來説是有積極意義的。整個蓋頂是一組生動而有趣的微型雕塑。

圖137—140是一組山西渾源縣李峪村出土的春秋晚期晉國的青銅器，其中豆、敦和犧尊等都是當時流行的嶄新器形，尤其是敦這種器物，是以前青銅禮器組合中所没有的。作爲温酒的祭器犧尊造型，是爲鳥獸尊中所僅見成對的鳥獸龍紋壺，是傳統的酒器組合，器腹如豐滿弧形的造型，也是當時壺類中新出的式樣，在晉和鄰近地區内，相當流行。流行於中原諸國，隨後遍及江漢江淮流域的寬口短頸腹部龐大的尊缶，也是前所未見的新型容酒器，它的器名爲“尊缶”，是儒家禮書中没有的。

春秋戰國各地經濟有顯著的發展，這樣就使得封建諸侯的享樂主義和厚葬相沿成風。

湖北隨縣擂鼓墩曾侯乙墓陪葬的奢侈是十分驚人的。全套禮器形體巨大,其中曲尺形鐘架
懸鐘有 65 個,全部青銅器鑄件的總重量約達 10 噸左右。所有禮器的式樣,絶大多數是全新
的,與春秋中期的禮器相比,已有相當的不同。以食器和酒器相比較,後者鑄造的奢華,甚至
勝於前者,不僅曾侯墓如此,圖 147 鑲嵌鳥獸紋壺,圖 148 的變形獸紋壺,圖 149 的厗氏扁
壺,都有相當豪華的紋飾,就鑄造技術而言,在冶金史上是無可比擬的。這些禮器的享用者,
其生活程度,已遠遠地超過西周和春秋初世大貴族的水準了。

　　隨着青銅禮器全部改革舊形式的同時,青銅器的藝術裝飾才有了根本的變化,原有的紋
飾一部分被淘汰,一部分被縮微成極小的紋樣單位,從而集合成細密精緻的新圖案。當時最
爲通行的是所謂的蟠螭紋、蟠龍紋和蟠虺紋之類。所謂蟠螭、蟠龍實際上都是龍的圖案,蟠
虺紋則是上述紋飾的微型化。在春秋戰國之際,地無分南北東西,凡使用青銅器之處都流行
龍紋。所謂蟠龍紋,本質上是"兩龍"的形象或是兩龍相交的形象,也可以稱爲交龍紋。

　　對春秋戰國的人們來説,龍也已經是極其悠久的傳統了。這個時候其他紋飾都一度冷
落而獨尊龍紋,絶大多數龍紋都是採取兩龍相交的形狀,圖 136 交龍紋簠、圖 146 交龍紋鼎、
圖 150 交龍紋尊缶上的交龍紋都是兩龍或兩種不同形狀龍的交纏的紋樣。古人關於龍的概
念都是雌雄相配,兩龍形象在商代青銅器上已經存在,西周青銅器也有兩龍的紋樣。至東周
王室分崩離析,天道觀解體,這時各國、各族的思想凝聚力就在於祖先崇拜。諸夏融合的結
果,便以祖神龍作爲族類的象徵,於是一切以龍爲紋飾,表明其自身或族類屬於華夏族,是龍
的後代。當舊時代的一切紋飾都已淘汰,這一最富生命力的龍的圖像在青銅藝術並包括其
他工藝中,佔有突出優勢地位,而爲諸夏的一切國族所接受,影響所及,範圍更加擴大。與此
同時,在春秋戰國的思想領域內,道家的學説興起,由此而孳生的神仙傳説,也興盛起來,龍
被道家認爲是神仙駕御的神獸,是神仙升天的象徵,由於道家思想的影響,龍作爲裝飾題材
的範圍就更加廣泛了。龍的傳説還滲透到一些神話之中,楚民族崇拜天神,有許多駕飛龍的
美麗傳説,楚器上龍的紋飾也很多。龍的題材在青銅器紋飾中大量的集中、持久的出現,是
有其歷史、民族和民俗學的背景的。

　　春秋戰國之際青銅器紋飾的又一變革,是描繪人的活動的圖像出現。1 000 多年以來,
人類自身在青銅禮器的裝飾中,從未佔有一席之地,人創造了以天和鬼神爲中心的天命論,
把自己降低到非常卑下的地位。等到這類觀念一旦被拋棄,用藝術來表現人類自身,就是理
所當然的了。春秋戰國之際的青銅器上,出現了繪描戰爭勇武題材的水陸攻戰畫像,出現了
繪描封建貴族禮儀和生活情趣的燕樂畫像、狩獵畫像等等。

　　由於是早期的人物畫像,有的具有岩畫般的優美感。圖 138 狩獵畫像豆表現在奔騰追
逐的巨獸之中,獵者投矛和射中猛獸的情景,獵者形象被描繪得很小,而猛獸則相當巨大,用
這種對比的手法,來反襯獵者的矯健勇武和以弱勝强的構思。獵者和猛獸的單個形象,似圖

案畫的某個組成部分,並不生動。人和獸的輪廓形象,富有特點而且誇張,從畫像的整體來看,則是充滿了凶險和搏殺的氣氛。圖151刻紋燕樂畫像杯的構圖是燕樂及其相關禮儀活動的全面展開圖,可以從中想像到戰國貴族的實際生活情景,畫像及其表現技巧顯然處於幼稚的階段,但是燕飲、舞樂和射箭等禮儀顯得更具體和生動。人物畫像的兩種製作技巧,鑲嵌的畫像比錐點鏨刻的畫像早出,根據發現的資料,後者似比前者流行的地區更廣。這些畫像的出現具有劃時代的意義,即藝術的表現從圖案發展到了圖畫,從此開始了繪畫發展的歷史。戰國的壁畫已不可見,從青銅器的畫像上可以推想到當時大致的情形,漢代的石刻畫像完全是從這類繪畫形式發展而來的。

在人物畫像出現的同時,青銅器上獸紋變形極端抽象的幾何形圖案也出現了。這種圖案完全拋棄了紋飾母題的實際象徵意義,在追求裝飾豪華風氣的支配下,幾何紋圖案一時竟發展得極其精麗複雜,各種不同的幾何形構圖集於一器,其構思的巧妙和技巧的精湛,再加上鑲嵌多種材料的色彩配合,使圖案的整體具有極爲絢麗的變幻效果。這的確是戰國青銅器紋飾發展的一大特色。春秋戰國之際所出現的幾何形圖案,很快就達到豪華精美的極限,隨之而起的是大批動物變形和流雲紋的出現,流雲紋多是金銀鑲嵌紋飾,一直流行到公元前1世紀。

春秋中期以後,青銅器上銘文的字體有相當大的變化。黃河流域諸國多數仍是傳統的字體,長江流域諸國銘文較早地發展爲美術字的形體,一般都偏於修長,有的字形甚至追求圖案形的效果,把文字的筆劃和鳥形圖像結合的稱之爲鳥書,和獸形或龍形圖像結合的,稱之爲蟲書,還有把文字設計爲人形或肢體形的,則是古文奇字了。春秋戰國青銅器銘文追求圖案般的藝術效果,和當時極爲崇尚品物的裝飾美的風尚是一致的。

春秋戰國時期大國諸侯爭霸,戰爭頻繁,這些戰爭總是朝向中國統一的方嚮進展的,而爭霸和統一戰爭又是生產力發展要求的間接反映。因此,整個春秋戰國時代,兵器工業很發達,甚至出現了大的兵器商。圖145的蔡公子加戈是春秋晚期蔡侯的公子加之家族武裝的兵器,春秋戈的援部多狹長而銳利,便於進擊,上有黃金鑲嵌的銘文。春秋戰國之際,越國是鑄劍的名邦,圖153越王者旨瘄劍,鑄作鋒利精湛,劍格上有用美術篆字鳥書嵌綠松石的越王之名,極其優美,這類劍是劍類中最爲豪華的鑄作。把王名鑄在劍格上是越國王室用劍的一種制度,目前自越王勾踐以下,發現了連續四個王世鑄有王名的劍。齊國在戰國時也是爭霸的大國諸侯之一,造青銅兵器亦居於前列,圖158齊威王因咨戟,造型瘦銳,後內亦有鋒刃,實際裝配時上端另有戟刺,是以三面皆能追擊,戰國戈戟的作用,改進至此,已相當完善了。圖157是楚國透雕輪紋戈,此戈援部透雕,含錫量高,激戰鈎啄時極易折斷,後內也有同樣的輪紋,裝飾性很強,不宜作戰,是舞蹈所用的道具。

古代中國邊遠地區各族,也有自己的青銅工藝。除了北方草原的匈奴、鮮卑、東胡等族都是小件的兵器和飾物,四川的巴蜀,也主要是兵器。近年於四川廣漢三星堆發現蜀國早期的祭祀遺址,有許多商周時代的遺存物,其中人物大型雕塑的青銅鑄件,是典型的古蜀國藝術品,其臉型具有鮮明的特徵。

就鑄造青銅禮器和生活實用器而言,則以江蘇、浙江的吳越地區和湖南的揚越等地區最有特色。越族是世居於長江下游、分支繁衍的古代部族。它的共同的文化特徵一直達到嶺南的廣東、廣西地區。古代的吳國基本上是一個政治地理概念,其風俗習慣與越無異。吳越上層貴族,到春秋晚期,因爲欲争霸中原,他們奉行的禮樂制度有强烈的中原文化系統的影響。其土著文化都是越文化的範疇。

越的青銅文化,可能很早,但它的繁盛時期則在春秋時代至公元前 3 世紀楚滅越爲止。考古學上發現的越人很成熟的青銅文化,因爲其中有西周的青銅器共存,遂以爲在周初之時,越人已有極高的青銅文化。後來資料愈多,發現越人極其仰慕周文化。做鑄了許多西周的禮器,如卣、尊等等。上面所施的紋飾内容和風格,則有濃重的土著部族的特點,和中原的顔不相同。但是,越人的確收集了某些西周的器物作爲做效的模式,或者純粹是出於仰慕的收藏物,與本部族的禮器共同隨葬。在共同隨葬品中,同時也有東周的典型器物,這就是越人青銅文化的一個頗有意味的現象,從一個側面提供了越族吸收融合周文化的實例。

圖 131 龍耳尊,大口廣肩,取自大口有肩尊的模式,肩以下至圈足,爲做效西周中期以後簋上所常見的橫條棱脊紋飾。龍耳形狀及體軀上的紋飾,都屬於春秋早期以後,中原系統有肩尊上没有雙耳,因而龍耳尊是越人所鑄的不同時代青銅器因素的混合體。同類的龍耳尊出土於皖南地區。圖 141 鑲嵌變形獸紋尊,器形爲不甚準確的做鑄西周尊的式樣,腹部尤其扁而突出,而器上的紋飾,全是風格鮮明的越族紋飾。尊體鑄造之精且薄,也是春秋中晚期青銅器鑄造技術的共同特徵。圖 133 獸面紋龍流盉也是以西周盉爲藍本而鑄作的,盉採用龍流則是全新的構思,爲西周所未有。龍的式樣與西周也有很大的區别。至於獸面紋上旋轉狀的突出物,是春秋中期以後動物紋上常見的紋飾手法。這盉造型似乎很古老,實質上是東周時期越族的一件成功的做鑄品,因而不能不帶上其本族的某些特徵。類似的盉,曾發現於廣東信宜。古代的儒家説,禮教喪失,應該到邊遠的地方去尋找。東周越族的青銅器採用大量的西周式樣,反映了古代儒家的説法是有一定依據的。

七、青銅藝術的餘輝

經過秦漢之戰以後,五六十年的時間,西漢的社會生産力才獲得恢復,至西漢中期已相當可觀。西漢的一切工藝品都是在戰國的生産技術基礎上發展起來的,而青銅禮器已轉變爲生活日用器物的生産。西漢中山靖王劉勝夫妻墓中出土的青銅藝術品如長信宮燈、博山爐和鎏金薰爐是同一時期的鑄品，以雕刻簡潔的蟠旋矯健的蛟龍形作爲燈座，把鏤雕複雜的雙層爐體懸空托起，形成了典雅的對比，光潔厚重的鎏金，使器物帶有幾分富麗感。圖162的魚形扁壺，把魚的豐腴形體和器物實用要求完美地結合在一起。圖164的羊燈也具有同樣的特點而富於生活實用的情趣。

但是從全過程來看，作爲生活日用的漢代青銅器的鑄造，終歸趨向於衰退了，只有青銅鏡的鑄造，却方興未艾，有着蓬勃發展的趨勢。青銅鏡工藝的優越性在於它的質地是不可替代的。鏡需要的是金屬硬度和耐腐蝕性，而這在當時只有青銅的適當成分配比才具有上述的條件。在而後的年代裏，青銅鏡鑄造的歷史，差不多要延續到18世紀，然而它的最爲輝煌的時期，是在漢代和唐代。

早期青銅鏡初見於齊家文化，殷墟亦有少量的發現，以後所出土的都爲個別。圖165的四虎鏡，屬於春秋戰國之際，紋飾是晉國青銅器風格，已屬少見。青銅鏡的初次盛行，在戰國中、晚期，中原地區出土的戰國鏡如薄片，紐小。圖166鏡背紋飾爲特殊設計，以大小三個菱形爲一組的連續紋樣，其精細的程度，甚難形諸筆墨。在此地紋上再施以綫條簡括的飛龍紋，使紋樣構成一個優美的對比。山東地區出土過戰國鑲嵌紋鏡，鏡體較爲厚重。大約由於習俗的緣故，黃河流域出土的戰國青銅鏡並不很多。相比之下，長江流域的楚國，則大量鑄造青銅鏡，目前發現的戰國鏡，以楚鏡居多。楚鏡鑄作技術之精，實難倫比。一般楚鏡鏡心過於薄，其周緣必有相當厚度，鏡紐極小，晚期有所改進。楚鏡有四"山"紋、五"山"紋乃至六"山"紋等"山"字形鏡，這"山"形實際上是鈎連雷紋主體結構所移植，而常以細密的羽狀紋爲地。另一類龍紋鏡則以纖密的鈎連紋爲地紋，其上有軀如菱形的變形龍紋。大約戰國晚期青銅鏡紋飾都有極爲細密如錦緞的地紋，然後在此地紋上鋪陳對比強烈的、寬條紋的各種母題。這種裝飾手法，也影響到西漢初年青銅鏡的鑄作。

按技巧而言，西漢初期青銅鏡與戰國没有根本的區別，但是當時的傾向是精密的地紋逐漸退化，成爲單層的紋飾，圖170西漢連弧變形四龍紋鏡和戰國式已有較大的差別，主題紋飾繁縟而地紋則有所退化。圖169大樂富貴蟠龍紋鏡地紋基本退化，龍紋蟠繞穿插，異常複雜，成爲西漢早期所特有的變形紋樣了。

西漢晚期，流行以贊揚鏡的質量爲内容的銘文，如"内清"鏡和"見日之光"鏡等，但是藝術較強的，則爲四靈鏡的出現，所謂四靈鏡是指代表宇宙東西南北各七宿的景象，即東方青龍、西方白虎、南方朱雀、北方玄武等四靈獸，共二十八宿，象徵周天。又鏡紐座外方框有十二支名，十二支象徵地。四靈二十八宿和十二支，是古代中國普遍存在的天圓地方概念的反映，有的十二支以十二個圓點來表示，如圖172的内清四靈鏡。同時存在的還有所謂星雲鏡，紋飾也是使鏡分爲東南西北四個星宿區，亦即象徵周天二十八宿。這類青銅鏡紋飾的産生,和漢代道家思想的流行有一定關係。四靈十二支鏡的紋飾中至西漢末新莽時期,有的有與六博盤上相似的界標,作規矩形,西方學者稱之爲 TLV 鏡。漢人樂六博之戲,圖173 鏡銘文云"常樂貴富",也有六博界標,又"長樂未央"爲漢人常語,鏡上著六博盤紋,是漢人世俗的長樂、常樂思想的反映。

東漢鏡紋飾多爲神人瑞獸,或神人御獸等母題,又有神話傳說和歷史人物故事等畫像鏡,多爲浮雕或高浮雕,雖然圖像很小,有的甚至達到微觀的程度,其人物情態之生動和塑鑄的細巧,甚至有漢畫像所不及者。圖174 的中平四年神人神獸畫像鏡,紋飾爲東王公、西王母、神人御獸,伯牙彈琴,外緣細密的紋飾一組以日御爲主,相背的另一組以月御爲主。這類題材是漢人流行的神仙思想及其崇尚的形象。圖176 鏡圖像是越王勾踐及其謀臣范蠡、吳王夫差及其侍女,以及爲吳國效忠的伍子胥爲吳王迫令自刎之狀,這一組紋飾內容也是漢人所樂道的歷史故事,突出地歌頌了"忠臣伍子胥"。

三國兩晉南北朝,鑄鏡技術隨着生產的凋疲而有所衰退,紋飾題材,頗多因襲陳舊。鑄鏡業的進一步興起,須有新的社會條件和新的思想激勵因素。從社會條件而言,隋代社會生產力有一定的發展。唐初社會相對安定,經濟繁榮。從思想因素而言,佛教及其藝術的興起,無論從宗教、哲學和藝術,都是對傳統激烈的沖擊。在藝術領域內,使上古時代舊的形式和內容,走向中古的革新時期,寫實主義的手法起了支配的作用,從而形成藝術史的新篇章。作爲青銅鏡的藝術,當然也受到了影響。隋代和唐初的團花鏡,其動物形象的寫實表現手法,是以往所沒有的。尤其是騎獵菱花鏡,其表現馳騁狩獵的情景,寫實的手法,極其高超。

當時流行的寶相花鏡,是佛教藝術的直接移植,特別在初唐至盛唐,寶相花鏡極爲風行,當時也正是佛教藝術大爲興盛的年代,它已經深入到生活的角落之中了。

海獸葡萄鏡或狻猊葡萄鏡基本上也是佛教藝術的範疇,所謂海獸,實際上就是獅子,而狻猊是獅子的別稱,它是佛的守護神,在佛教傳入中國以前,獅子從未進入藝術的領域。葡萄自新疆輸入,釀葡萄酒法來自高昌,作爲青銅鏡上的紋飾,體現了唐代與西域文明的聯繫。

（日譯文本原載《上海博物館：中國·美的名寶》第一卷,上海人民美術出版社、日本放送出版協會,1991 年,翻譯時有所刪節）

中國青銅藝術總論

中國商周青銅藝術是非常輝煌的，但中國青銅器起源於何時，目前還没有確切的考古發掘資料足以説明問題。公元前 2000 年左右的黄河上游銅石並用時期的齊家文化遺址中，發現了用紅銅鍛打、青銅澆注的小型飾件和一些手工工具。早於齊家文化的黄河中游的仰韶文化、黄河上游的馬家窑文化和黄河下游的龍山文化遺址中，間或發現過銅或銅合金的工具和殘片，這些資料對於探索中國青銅器起源是很重要的，但是距問題的明晰解決還有相當距離。

青銅器作爲中國古代社會文明的標誌性成就，是在夏代出現的。河南偃師二里頭文化遺址和山西夏縣東下馮二里頭文化遺址中，發現了一些青銅酒器、兵器和樂器，還有鑲嵌緑松石獸面紋的牌飾等等。目前的考古發現爲夏代晚期的青銅器，早於此的器物還不大清楚，但二里頭文化遺址中出土的青銅器已採用塊範鑄造技術，器壁匀稱，有數種多寡不同的青銅禮器發現，其中鑄作較精的器物表明，夏代晚期的青銅器已不是原始的青銅鑄件。

對二里頭文化的認識有一個相當長的過程，早期討論中認爲二里頭文化四個堆積層次全部是早商文化的傾向性見解，今已不被採用。和商代早期文化對比研究，器物存在明顯差異，二里頭文化地域分布和夏代版圖相符合，二里頭文化的碳 14 年代測定都在夏積年的範圍之中，這就自然地導致了許多學者對二里頭文化爲夏文化的共識，並將由此進一步引導對夏代青銅文化更深入的研究。

史載夏王朝積年 471 年。現代史家均以公元前 21 世紀至前 16 世紀爲夏王朝存在的時間。商周時代已有夏禹鑄九鼎的傳説，史料中更有夏禹之子夏后啓煉銅的記載，這是夏王朝冶銅業的背景資料。文化分布、出土實物和背景資料這些基本因素的組合，構成了一幅黄河中游兩岸早期青銅時代簡約的畫圖。可以推定，夏人在公元前 2000 年以前必已是擁有初步冶銅業的先進氏族了。到公元前 18、17 世紀，就掌握了相當的鑄作技術，生產出諸如爵、斝、盉、鼎等青銅禮器以及青銅兵器。夏代青銅器一開始就出現禮器和兵器兩大類，這是很值得注意的。夏代青銅器鑄造業的產生和發展不可低估，因爲它導致了此後商代和西周時代青銅器鑄造業的持續發展。從此禮器和兵器的鑄造一直是青銅器的主要部分,青銅藝術也主要是禮器和兵器的藝術,並成爲千餘年間物質文化最重要的構架。

大體上,青銅時代的下限,在西周晚期和春秋早期之際。從技術上看,鐵工具發明和有效使用應該是標誌了青銅時代的終結。以往這一界限列在春秋戰國之交,即公元前 5 世紀。隨着考古工作的開展和物質文化發現的進展,顯示西周晚期已有鐵器的使用。新發現的 16 枚晉侯穌編鐘,全部銘文 300 餘字,都是用鋒利的鐵工具鏤刻的,刀痕清晰可辨,如果沒有滲碳的鐵工具,難以臻此效果。這種用鐵工具刻銘的西周晚期青銅器已發現了數起。其次,春秋早期已經出現了一些經科學分析爲人工鍛造的銅鐵合鑄的兵器,上海博物館所藏春秋中期的鐵刃銅戈的内部,經分析爲鍛打的人工鐵,不含鎳的成分。這種先進的技術,當然不是短期内能够形成。但是鐵兵器和鐵工具的運用,即春秋鐵器時代的到來,不僅沒有降低或壓抑青銅鑄造業,反而在更大規模和更高的技術水準上發展了青銅器的生產,從而使青銅藝術呈現出嶄新的面貌。“國之大事,在祀與戎”,青銅禮器用之於祭祀,而青銅兵器用之於戎事。國事如此,家事也是遵循了這個原則,並不因爲鐵器的生產,而降低了對青銅器的需要。春秋戰國時代在祭祀和戎事的同時,更發展了對生活實用青銅器的需求,並隨着東周諸侯國統治階層的擴展而大大增加了產量。出土和傳世的春秋戰國青銅器的數量以空前規模擴展,而成爲歷史的壯觀。春秋戰國雖然進入早期的鐵器時代,但青銅器鑄造的規模仍然很大,隨着冶鑄科學技術的提高,在新的生產力和生產關係作用下,青銅器不僅沒有衰退,反而以嶄新的器類組合和全然相異的藝術風格,呈現於諸侯紛爭的歷史舞臺上。

青銅禮器是商周社會統治階級等級制度的產物,並且是其頗爲輝煌的標誌。這是青銅器存在的主要社會條件。春秋戰國諸侯及統治階層競效奢侈,青銅器更是炫耀地位、權勢和財富必要的陳設。及至秦統一六國,建立起中央集權制的統治,社會條件起了很大的改變,青銅器體制及其藝術也失去了存在的土壤,於是迅速走向衰退。到了漢代青銅器則成爲日常生活中的實用器物,雖然也有一些精緻的工藝品出現,但與往昔光輝燦爛的黄金時代相比較,只是星星點點的餘輝了。

一、夏

夏代的青銅器已發現的有禮器、兵器以及鈴和牌飾等,發掘品所獲不多,流散的器物頗爲罕見。凡所知資料,都已蒐歸在本集之内。

最早發現的夏代青銅器是蒐集的而不是發掘所得,這是一件有管狀流的爵,上口爲前後尖瓣,前瓣上翹,後瓣的爵尾較平。體扁而狹,下腹膨大部分是有孔的裙邊,前瓣下置管流,流上有二道脊飾,裙邊下擺三足原有缺損。這件爵(或稱爲角,功用和爵一樣)是 1956 年上海博物館自廢銅中所得的,由於器形特徵和二里頭文化的陶管流爵相似,因此定爲商代鄭州二里崗期之前的青銅爵,這是最早認識的夏代青銅器。

本集内所録的夏代青銅器至少有以下幾個特徵。

第一,青銅器的形體往往有同時期陶器形體的或多或少的影響。尤其是爵、斝和盉等器形的整體或局部表現得很明顯,有的青銅爵很像陶爵,三條尖足附於器底的外側,和同類的陶爵做法完全一樣等等。可以認爲,夏代遺存的部分青銅器尚處在祖型於陶器的階段,和商代早期的器形很不相同。

第二,夏代的少數青銅禮器做得比較精巧。如偃師二里頭出土的一件爵,流特別細長,三足尖端呈彎弧狀,造形準確。這個瘦小、優美的爵,已經没有陶器的特點,和一般夏代爵不同,和商代早期爵也不同,是新穎的設計。個別斝也有這種創造性的設計,式樣較爲新穎,器物的壁比較薄。這可能反映的是技術上的精粗之别,更可能反映了夏代早期和晚期産品的差别,夏代晚期處理器壁匀薄的技巧,在商代早期的器物上得到普遍的採用。青銅是珍貴金屬,早期器傳之後代,並不足奇。

第三,夏代青銅禮器的裝飾除了圓點、圓塊和幾何紋以外,還没有其他具體的資料,但是傳世和出土的多件由緑松石鑲嵌而成的動物頭部的牌飾,似乎已經形成了基本的模式。牌上的動物頭部除兩眼之外,其他部分是抽象而不寫實的。二里頭遺址出土一件戈的内部也有抽象的動物紋樣。商代早期的紋樣都不是具體表現實樣的。由此可以知道,夏代青銅器上的動物紋裝飾,實爲商代同類青銅器紋樣的濫觴。

第四,蒐集和發掘所得夏代青銅禮器有爵、斝、盉、鼎等器類。爵是酌酒或注酒器,斝是裸器,盉是酒器或水器,鼎是飪食器,雖然材料還不全面,但是以酒器爲主體的商代青銅禮器的特點,在夏代的遺存中已經有了初步的體現。商代早期的青銅器體制,並不是獨自建立起來的,夏代的青銅器已經提供了雛形。

二、商

(一) 早　　期

史載商王朝傳世 600 載,是中國古代積年最長的王朝之一。據説商的始祖契"佐禹治水有功",商族和夏族是並存的兩個部族。强大的夏王朝統治着中原,但商族並不强大,自契至商湯十四世八遷其都。商湯取代了夏的統治建立商王朝,至盤庚約 300 年間又五遷其都,可見，商部族是在不太穩定的情形之下，渡過了漫長的歲月。在地理和社會條件方面商部族不如夏部族優越。成湯以前商代青銅鑄造業有何等規模，產品如何，至今還没有具體的資料可言。盤庚以前五遷，除河南鄭州發掘的商城可能爲隞都之外，其餘遺址都不能確定爲商都。隞都爲仲丁所遷，自成湯至仲丁爲六世十王。成湯至盤庚爲十一世十九王，仲丁適居其中。商代早期青銅器的發現以鄭州二里崗商城及其周圍的南關外、紫荆山、白家莊、杜嶺街等地最爲集中，然而鄭州發現的商代早期青銅器很可能大部分已非商湯之後數世最早的器物了。相對而言，多數青銅器仍可當作是商代早期的產品。

商代早期青銅器已建立起較爲完整的體制，尤其是禮器的體制相當有系統。飪食器有大方鼎、圓鼎、扁足鼎、簋和瓿，酒器有爵、觚、斝、提梁壺、小口壺、盉、提梁盉、大口尊等，水器有盤等等。此外，兵器戈、戚和工具鑿、斧等發現了不同的數量。

商代早期的青銅器一般都比較匀薄，這體現了當時陶質塊範的合範技巧有較高水平，當時在追求器壁匀薄方面是分外努力的。很多爵和鼎、鬲的口緣往往有一圈加厚層，顯然是爲了防止過薄產生破裂。這個現象也可能和銅料的來源有一定關係，就是説開礦提供的銅料不够需求，只能採用省料做出薄壁器物的辦法。早期青銅器鑄作水準較高的另一方面是紋飾的綫條邊緣極其清晰峻深，有的甚至相當勁利。這反映了製範技術甚爲成熟，有着很好的鏤刻控制能力。同時，這一點也和早期青銅器的銅錫合金成分中含鉛量較高有着一定關係。此時青銅器含鉛量高的器物外觀效果很好，但是對於實際使用是不利的，這一點當時的人們未必瞭解。早期青銅器特别是二里崗上層的某些器物，已經出現分鑄的技術，壺和盉的提梁，能够提繫擺動。從渾然一體的合範鑄造，到能掌握分鑄技術，從而生產比較複雜的器形，無疑是一顯著的進步。

商代早期青銅器的某些特徵應該予以注意，如鼎、鬲之類除扁足鼎是實足以外，其餘都是圓錐形款足，鄭州出土的大方鼎則是採用空的平根柱足。但是錐形款足和鼎鬲的腹底是相通的，如果鑄件的内範清理乾净，則鼎、鬲腹底有三個大孔和足相通，這對使用不便，於是有的器足内範鑄到和器底平，使食物不致漏入孔内。這對器物的美觀無疑也是一個問題。這一情形説明，商代早期的製範技術雖然已相當進步，但是不能解决器足内範浮懸的固定方法，造成了鑄件的缺陷，從而反映了它不够成熟的一面。

商代早期青銅器普遍施有紋飾，不施紋飾的器物極少。某些工具也有一些象徵性的紋樣。這是商代早期青銅器很顯著的一個特徵，和夏代的器物多數不施紋飾形成了對比。

商代早期青銅器紋飾大都採用獸面紋，所謂獸面紋是指紋飾所表現的都是各種獸頭的正視圖像，這類紋飾舊稱饕餮紋，但古代神話中的饕餮是指有首無身的食人凶神。青銅器上的獸面紋種類很多，形象彼此頗有出入，稱它爲饕餮紋，只不過是當作符號的稱謂而已，其實它是許多獸類固定模式的正面圖像。獸面的兩側，是平行的簡單而粗獷的條紋，圖像從橫向中間分開，末端作魚尾狀。橫向的條紋近乎動物的軀幹，軀幹上一般都有短鈎狀的綫條，上下都有。除了雙目以外，大都没有具體的或局部的寫實形象。雖然簡單的寫實描繪對任何的藝匠都不會有技術上的問題，但奇怪的是却没有任何的寫實意味。在禮器的動物紋圖案上鈎曲形綫條刻劃得粗獷勁利，鈎尖處則尤其規矩。這類有鈎曲條紋的變形動物紋和龍山文化陶器上刻劃的紋樣有類似之處。良渚文化玉器上的動物紋樣也是用極細的鈎曲形和回形的紋飾來表現，而不是用其他的幾何紋或别的紋飾來表現。鈎曲形條紋稍爲縝密一點就是雷紋，商代早期後段一些青銅器的獸面紋全面向構圖精緻方面發展，鈎曲形條紋就以雷紋的形式出現，這樣鈎曲條紋和雷紋成爲器上諸種靈物崇仰的共同的特殊徵象，可能有其特殊含義。

　　商代早期的動物紋樣，基本上是變形的，或者是象徵和含蓄的，構圖形象不採取誇張的手法，獸目和獸角應該是最能顯示物象特性的部分，然而早期紋樣的獸目都没有任何特意强調之處，只是一對圓點而已。獸角的部位甚至採取了難以引人注意的小的鈎曲狀條紋。由於所有圖像的表現没有確定的實體對象可以作爲構形的憑藉，因此想像或幻想的成分很多。風格比較怪異和帶有某種神秘感結構圖案使人覺得它的藝術形象尚在萌發的階段。商代鳥類紋樣在青銅器上的出現大約在早、中期之際。早期的後段出現了以獸面紋爲主，兩側配置有物象的圖案，配置的圖形有小獸，也有鳥的頭部。特別是鳥的配置形式和良渚文化玉琮上神人兩側配置的鳥紋圖案極其相似，差别是良渚文化玉琮上神人兩側配置的鳥頭嚮是相背的，商代早期配置的鳥形頭嚮有相背和相嚮兩種，而以相嚮的爲主。考慮到良渚玉禮器有相當部分在商文化中被繼承下來，商代早、中期之際鳥紋作爲主體獸形配置這一特殊圖像的出現，應該和良渚文化玉琮紋樣主題有一定聯繫。

（二）中　　期

　　商代中期的青銅器，至今没有大量的或系統的發現，大都散見於各地出土的資料。原因可能是遷殷以前的幾座商代都邑，至今除鄭州商城外，其他還没有發現，因而表現這一時期商代青銅文明的遺存也就難於窺視全豹。值得注意的是，以前安陽發掘的 232 號墓、331 號墓、333 號墓、388 號墓等墓葬，在地層上屬於殷墟頗早時期遺存，墓中出土的青銅器，對比各地出土的資料來看，有一些是屬於商代中期或中、晚期之際的器物，對於瞭解商代中期的青銅器有着重要的意義。出土這一時期青銅器的地點有：河北藁城臺西村、北京平谷劉家河、河南鄭州向陽回族食品廠、陝西洋縣和城固縣、湖北黄陂盤龍城和安徽阜南等地。這些地方出土青銅器的情況各有不同，如河北的藁城臺西村、北京平谷劉家河和湖北黄陂盤龍城出土於墓葬，河南鄭州向陽回族食品廠、陝西洋縣、城固縣等地的發現主要是窖藏，没有其他的伴存物。此外,江西新干(舊作淦)大洋洲出土的商代中期青銅器上,後代改鑄的遺痕極其清楚,它的埋存年代當須進一步研究,因爲以後歷史時期改造的器物不可能埋在商代的地層中。新干青銅器的情形和黄陂盤龍城不同,不能相提並論。

商代中期的器物大致有以下的特徵:

(1) 器物比早期厚重,尤其是口部。

(2) 器物品類增加,出現了四足鬲、扁體提梁壺、廣肩斂口罍、小口長頸空錐足提梁壺,等等。

(3) 斝和爵的柱有充分的發育,圓筒體的圜底爵開始出現。形體不穩定的扁體平底爵逐漸退出禮器行列。

(4) 與寬體觚流行的同時,出現了細長的喇叭狀觚。

這些器物造型的變化和新的器類的出現,説明青銅禮器造型向着較爲成熟的方向進展。

商代中期青銅器紋飾的變化比較顯著,首先是紋樣裝飾特點加强,那種闊綫條的獸面紋,被條紋比較繁密的圖像所替代,綫條勾勒精工。早期獸面紋本來很抽象,屬性特點不明顯,中期獸面紋包括其他紋飾在内,常見的現象是獸面額頂的角大大地擴展了,顯現出一定的威嚴感。

在一些大型器物如尊、罍等肩上裝飾犧首或羊首等浮雕,最突出的如阜南的龍虎尊、獸面紋尊,黄陂盤龍城的獸面紋罍,城固的獸面紋罍等。説明在藝術裝飾和表現手法上都有進步。在一些器上動物紋樣的主幹部分也呈浮雕狀突出,相應的器體内壁也嚮外突出。獸面紋的吻部出現了值得注意的變化,即吻沿上出現了細小的齒紋,但没有形成晚期的獠牙。這個變化雖小,但是一個值得注意的現象。

除了獸吻之外,雙目的改變也值得注意。早期的獸目,一類爲有眼角型,瞳仁圓而大,眼角尖而小;另一類爲無眼角型,僅有圓形或橢方形的瞳仁。這兩類獸目在中期仍然使用,但是有眼角型的獸目在比例上更爲大一些,而且内側的眼角有明顯擴大的現象,本來眼角兩側比較匀稱,擴大了的内眼角和擴大了的瞳仁使得眼神具有凶奇之感。外眼角越來越小成爲微小的三角形,進一步的發展是内眼角的角尖往下垂。獸眼在中期的變化,值得重視,這種變化乃至形成了時代風貌。

(三) 晚　　期

盤庚遷殷,商代 600 年的歷史進入强盛的後期階段。盤庚遷殷不是青銅器發展的界限,商代青銅器的晚期大約在殷墟成爲政治、經濟、文化的强大中心之後出現的,很可能是在商王武丁時期。殷墟由於長期的發掘,研究工作成果卓著,但是學者們在殷墟青銅器的斷代問題上，仍然未能取得一致的意見。1976 年發掘的殷墟婦好墓，一些學者認爲是武丁配偶之墓，墓中出土的青銅器便斷定爲武丁時期器，即殷墟第一期時器。一些學者則認爲婦好在甲骨文中是商王内宫的官職，並非只存在武丁時代。此婦好究竟屬於哪一個時期，還要看相應的器物而定。婦好墓中出土的青銅器精美絶倫，其鑄作水準和藝術成就標誌着殷墟青銅文明最爲成熟時期的到來。遷殷後 273 年，武丁屬於前期，在甲骨刻辭的分期中，武丁屬於第一期，而上述的小屯 331 號墓、388 號墓、232 號墓、333 號墓等墓在殷墟爲最早，假使這批墓葬大體上屬於同一時期，那麼接下去應是武丁之世，但是婦好墓出土的青銅器，無論是形制或紋飾，與此不僅不相連續，而且有相當距離。顯然，婦好墓這批成就最爲卓越的青銅器斷於殷墟早期，過於勉强。對商代晚期的青銅器，應該有切合於實際發展情形的評估。

商代晚期青銅器的發展有着長時期的過程，一般考古學家把它分爲幾個發展時期，通常爲三期或四期。其分期的依據主要是按陶器的地層排隊，地層的早晚決定共存青銅器的先後，這些自然是科學的和必要的，在相當程度上解決了青銅器斷代的有關問題。但是青銅器畢竟有其自身的獨特情況，如青銅器可以傳子孫，甚至可以傳許多代：如商墓中出土夏代青銅器，西周墓中出土商代青銅器，周武王時代的利簋出土於西周晚期的窖藏中，而陶器不會有這樣情形。中原青銅器在周邊地區可以產生長期的影響，如巴蜀的某些戰國兵器還存在着商代的形式，在陶器上也不存在這種現象。所以對青銅器應參考地層關係按照自身變化的規律來觀察它的發展軌跡。商代晚期青銅器除了一般的器形外，器物新形制的次第出現，也可以作爲青銅器發展的軌跡來看。裝飾內容、手法和技巧的次第出現，也是青銅器另一發展軌跡。至於青銅器的銘文內容更是判斷其所屬年代的主要資料。

商代早中期的青銅禮器以酒器爲重，商代晚期更是如此，酒器品種之多是商族朝野嗜酒習俗的反映。周康王時代的大盂鼎銘文説："唯殷邊侯甸與殷正百辟，率肆于酒"，對照晚期青銅酒器大量遺存，周康王的誥詞並非只是敵對的政治宣言。青銅酒器的發展和變化是觀察商代青銅禮器歷史軌跡的重要方面。

商代晚期除了尋常的酒器，較早的時期流行大口尊，它是中期的繼續，不過到了商晚期有更多的變化。大口尊在殷墟較早時期具有標誌意義，一般器形較大，比較雄偉；現存的大口尊，不少是殷墟以外地區所出，製作瑰麗，在殷墟的發掘品中頗不多見。斝在這一時期也是它發展最壯麗的階段，發達的雙柱和魁偉的形體，配以丁字形寬大的三足，使斝的造型臻於完善。

在殷墟時期，繼大口尊和瓿等大型器物基本消失之後，除了一般的器物以外，出現具有時代特徵的器形是扁壺和罍。扁壺是新出現的大中型酒器，整體呈扁形，壺頸寬長，腹部逐漸膨大。扁壺形體可施紋飾的面比較大，因此不少是鋪滿紋飾的，有的非常壯麗。和扁壺差不多時間出現的是小口寬肩高體罍。個別的或少量的立卵形罍在殷墟稍早時已經出現，但是形成爲寬肩高體平底的形狀,並有較多的發現,則在殷墟中期。此時容酒器還有具屋頂形蓋的方彝,婦好墓出土如長形建築的偶方彝,是特殊器形。裸酒的觥也在此時出現。最爲精緻富麗的鳥獸形觥和鳥獸形尊等酒器,如婦好墓所出的鴞鳥尊、怪獸形尊等,整體都作鳥獸形,但恰當地結合了器物的實際用途。也有一類以容器的造型爲主,在某些部位作鳥獸形的裝飾,如四羊方尊、雙羊尊等等。這些藝術造型特別傑出的青銅器的出現,標誌着殷墟青銅器已進入興盛的高峰。

在殷墟中期,食器鼎和簋出土的數量漸多,婦好墓有一批形制較大的圓鼎和方鼎。司母戊大方鼎是迄今爲止殷墟發現鼎類中最大的器,以前 1001 號大墓中發現的牛鼎和鹿鼎是中等形制。商代極其重視對鬼神和祖先的祭祀。重大的祭典有的需用牲,或大牢或少牢。這些雄偉的鼎是專用於祭祀的。婦好墓中銘"婦好"的器可兼用於宴飲的各類圓鼎有七種,甗有三種,還有三聯甗一大具。除了實牲和肉食的鼎之外,簋也較多地出現,婦好墓出現了一批無耳簋,這是殷墟中期簋很流行的式樣。考古發現和傳世的實物證明,殷墟中期青銅食器的鑄造有了頗大的進展,顯示了飪食器在當時禮器中的重要位置,商王室青銅祭器中少量食器的形體甚至大大地超過同出的酒器。

殷墟晚期酒器的鑄造很興盛,在最後一個階段具有標誌意義的青銅酒器是扁體提梁卣和喇叭形口尊的出現。扁體卣的用途大約是取代扁壺的,至今還沒有發現卣和扁壺共同組合的實例。傳世的扁壺和卣形制特徵也有不同,如扁壺的圈足多有穿孔,圈足器穿孔的做法大體上只到殷墟中期爲止,殷墟晚期圈足器幾乎都不穿孔。提梁卣是和扁壺交遞的產物。喇叭口形尊和廣肩大口尊也是如此,當殷墟晚期喇叭口形尊流行之時,廣肩的大口尊幾乎絕跡。

殷墟晚期飪食器中鼎類也有所變化。腹部呈膨大下垂之勢的鼎已開始出現,如戍嗣子鼎。還出現了曲壁的中部稍有收束的圜底鼎。方鼎流行直壁槽形的式樣,之外還出現了中部收束曲壁的器形;鬲鼎相當盛行,成爲鼎類中主要的形制之一。殷墟晚期飪食器門類和品種的擴大,成爲當時青銅器鑄造方面新的趨勢。

殷墟時期青銅器紋飾有着更大的進展。早期主要是用平整光潔的繁密綫條來表現各種動物紋飾,浮雕只是用在附飾上。大量是細緻縝密極其精麗的紋樣,這類圖像最引人注意的是動物的雙目極其誇張,有的內側眼角甚至擴展延長到極限,相當突出的圓睛,平整長條形很闊的眼角和獸體精細的雷紋具有強烈對比,形成了極其怪異神秘的風格。這擴展得很長的眼角有的前端下垂彎曲成鈎形,獸類如虎、豹之類內眼角向下有一塊滲淚水之處少毛的皮層,獸面的目紋是將這一部分誇張並與圓睛連成一體,而成爲非常奇怪的獸目。獸面的口部也有着誇張的描寫,殷墟早期器上獸面紋鼻的中綫不通到底欄,表現爲大咧口,口中出現大小疏落的齒,獸面踞伏式的利爪開始形成。獸面紋作爲威懾形態特徵的各類雙角,更擴大其所佔位置，差不多佔了橫切面的一半。

　　獸面紋的主幹部分出現較多的浮雕是在殷墟中期。有的突出得有相當厚度，像獸角之類甚至雕刻成周邊次第堆高的層次，舊日古董商稱爲"三層花"。還出現了一些軀幹展開不多，或完全沒有軀幹，即所謂有首無身的饕餮紋。其實有首無身是圖案本身的便化規律作用的結果。

　　獸面紋的種類很多，但目、鼻、口之類的形狀彼此大體相似，所不同的是各種角型，角型大概是區分不同獸面紋的主要標誌。獸面紋的題材有牛、羊、虎、熊、獸角人面、龍角人面以及其他的怪獸等等。同一件器上有幾種相似或形象完全相同的獸面，而角型則彼此不同，有的角甚至表現爲龍蛇的形狀，構思極爲怪異。商代晚期獸面紋的角型遠比中期豐富。鼻翼直通下欄，幾乎沒有例外，咧口很闊，口中的獸牙不再成爲鋸齒狀，而是成爲上下交錯的獠牙。

　　此一時期獸面紋兩側配置的動物沿用中期的鳥紋和龍紋，還出現了鳥紋和龍紋成組配置的紋樣。這種商代主體物象兩側配置鳥紋的同類圖像在較大的青銅器上常可見到。獸面紋上這樣奇特的配置鳥類的紋樣，有何獨特意義呢？這首先要從紋飾的性質來看。商周青銅器上的動物形主題紋飾，都不是世俗間的真實動物形象，而是人們幻想中的超自然神。那時人要祭祀百神，祈求天帝們的保護，爲了對神的虔敬，於是在禮器上出現了這類神。幻想中的形象是從自然的物象中提煉凝聚而成的，所以它似牛，又不是牛，似羊又不是羊，它比《山海經》中所描述的天神地祇更爲奇特，把動物凶野強悍的因素集合起來，形成各種不同的物象。良渚文化的玉器上半人半獸和獸面紋所體現的，就是青銅器上這類紋飾的濫觴。最奇怪的是良渚文化玉器上半人半獸和獸面紋的主體紋兩側都有鳥紋配置，商代的青銅器上獸形主體紋飾的兩側同樣有鳥紋配置，而且很普遍，這不是偶然的相似，而是遠古神話和信仰的繼承現象。商代的玉器也吸收了良渚玉器的不少因素，史前文化中的玉器，以良渚文化最有成就，經過文化的傳遞，若干因素爲商文化所吸收，採用是合理的歷史現象，不過商代青銅器紋飾中有更多更爲豐富的主題。配置的不僅有各種鳥類，而且還有龍，想像力更爲豐富。鳥是這些獸形物象的使者，甲骨卜辭有"于帝史鳳二犬"，有理由相信，古代神話中的鳳鳥是帝使，也是風神，負有向世俗傳達信息的使命。青銅器上的獸面紋的作用是向帝和神人即上天表達世俗的願望，簡言之，就是希冀天人相通。天人相通的思想在西周青銅器銘文中有進一步的表現。西周時代許多銘文之中，都説到這種天人關係。如虢叔旅鐘："皇考嚴在上，翼在下，數數象象，降旅多福。"井人鐘："前文人其嚴在上，數數象象，降余厚多福亡疆。"㝬鐘："先王其嚴在上，象數數，降余多福。""在上"是指帝或上帝，鞍狄鐘："先王其嚴在帝左右"，這就説得非常清楚了，這是強烈希冀人天相通、降福子孫的願望。在商代人們企求諸帝通過鳳來示意於下民。在青銅器紋樣上有廣泛的更爲豐富的表現。從這個角度看，獸面紋的主題是神、是帝，而不是普通的牛羊之屬。它是商代人文方面很值得注意的習俗。

商代晚期不僅獸面紋和走獸形狀的紋飾有極大的發展，而且鳥紋的種類也多了起來。它的構圖也有正視展開和側視佇立的兩種。正面展開的方鼎的四角是鳥身，兩翼嚮左右的鼎腹展開，如鷺鳥紋、鳳紋和鴞紋等，也有對稱佇立的形式。鳥的形狀有長羽冠的、短羽冠的；有長尾也有短尾。比較商代中期以鳥頭代表鳥的形象，的確有了很大的進展。殷墟晚期出現的鳥紋都作威猛的形狀，殷墟有以鳥形作爲器物的重要部位，如斝柱之鳳形裝飾，鳥形爲扁足鼎之足等。殷墟晚期有以鳥紋爲裝飾母題者，如鳥紋方尊。一種提梁縱嚮裝置的卣，大垂腹，其母題紋飾爲對稱之鳳紋，鳳尾下更有一雛鳥。同類器也有以八鳥相對構成紋樣的。母題鳥紋起於商末，西周沿用。

除了各種動物和怪獸的紋樣，晚期的幾何形紋飾同樣也有長足的發展，如鈎連雷紋、乳釘雷紋、或仰或覆的三角形雷紋和並列的直條紋等等，這些幾何紋的採用對於整體紋飾構造的配置和變化，起了不少的作用。全部青銅藝術裝飾的歷史，也衹有以這個時期由幾何紋和其他主題紋樣綜合組成的豐富多彩的圖案最具時代特色。

商代晚期的青銅器裝飾，有許多有共性，也有其特殊性。如獸面紋在不同的器物上普遍出現，但是有的紋飾只裝飾在某一類或者幾類的器物上。如乳釘雷紋，在鼎上和簋上普遍出現，而不見於尊、卣、觚、爵、斝、觥等器上，因此可以知道，乳釘雷紋只相應於食器的裝飾。少數稱之爲瓿或罍的器上也施有乳釘紋，可推測這類器也是食器而不是酒器和水器。又如蟬紋可施於鼎和卣的提梁上，但不施於簋、尊、斝等器上。再如火龍紋即囧紋和龍紋的組合紋飾，常施於鼎、簋等器上，而不施於尊、扁壺、卣、方彝等器上。又如甗下部的鬲無例外地都是牛頭紋。這種器和紋飾相應的現象不是偶然的，圖像的性質可能和器物的功用有一定的關聯，這是應予繼續探索的問題。

商代晚期青銅器紋飾到了最後階段，發生了一些值得注意的變化。如殷墟中期出現的多層次浮雕的紋樣至此趨於簡化，除地紋外，普遍爲一個層次，當然有極少數的例外。其次，主題紋飾的軀幹多趨向簡便，原應配置的紋飾有一些被省略了。以前行用的一些紋飾有的被淘汰，紋飾的種類沒有以往複雜，紋飾的構形和配置等也比較簡單。總之出現了某些盛極而衰的迹象。

商代晚期青銅藝術覆蓋的面相當廣，除了以殷墟爲中心的畿內地區，還發現了一些殷邊侯甸和殷商方國的青銅器，這些方國北至今河北、山西及陝中一帶，東到山東半島，西面大約到橫斷山脈以東，南面到長江，這是青銅文化主要影響所及的範圍。這些方國除殷的同姓外，更多的是異姓。史載殷盛衰反復多次，興時諸侯歸之，衰時諸侯不朝。以上地區內出土的商代青銅器，大都是組合器群，不論這些地區當時是否爲殷商的與國，這些器群都是殷商青銅文化直接影響之下的產物。但是有一些地區出土的青銅器却並非如此，最突出的如湖南洞庭湖以南的寧鄉、湘潭至衡陽的廣大地區內曾出了四羊方尊、豕尊、牛觥、人面方鼎等等極其精美的商代青銅器,這些器的工藝水準與殷墟出土最精美的青銅器相比,有的也是有過之而無不及。又如傳世的現在日本泉屋博物館展出的巨型夔神鼓以及虎食人卣等不少器物,也都出土於這一地區。這類特殊的青銅器還散見於江西、浙江等地。浙江温嶺一個被沖壞的土嶺中竟發現了一件碩大無比的商代蟠龍紋盤,其鑄作之雄渾莊嚴,是爲商代青銅盤之最。以上這些器物大都單獨埋於土層中,當然更沒有組合使用的現象發現,從工藝卓越的水平而言,決不是當地所能鑄造。這些器物中有的還鑄上所有者的人名或族名,其中某些族名和中原商代青銅器上的完全相同,但是,可以推知,商代的這些名門豪族,是不可能跑到雲夢澤以南很遙遠的地方去發展經濟和文化的。如果説這些精美絶倫的青銅器是代表了當地商代高度的青銅文化,那麼古代的史學家對史跡的記載再疏忽,也不至於對如此輝煌的青銅文化片紙無録。由此可見,這些商代青銅器中的精華,顯然是經過特別選擇和特殊途徑有意保存下來的,有一件提梁卣中盛滿了小玉件,這是作爲財富而不是當作禮器來保存的。它們或埋存於山岳之嶺、或掩藏於河川之濱,很可能和祭祀自然神的禮儀活動有關,但這麼衆多的器物發現,或者也有財富窖藏的意圖。總之江南許多嘆爲觀止的商器發現,並不能説明就是商人在這些地區的遺跡,也不是商文化的獨立的現象。這些器物,只能權當古代流散的器物來認識。

　　在湖南、廣西、廣東、江西、江蘇、浙江、福建等地發現過不少被稱爲鐃的青銅器,它們的甬和共鳴箱相通,根據紋飾的位置,鐃是以甬植在座上敲擊的。鐃有巨型的,也有大型、中型和小型的。它們的紋飾以模倣商周間獸面紋居多,但細看則徒具形式,實非真正的獸面紋,重要部位是變形的,綫條的處理也很不一樣。除此之外,還有用雷紋組成的似是而非的獸面紋以及鈎連紋等等。諸如此類的紋樣中還夾有越文化青銅器上的特殊紋樣。美國大都會博物館收藏的一件大鐃,表面施結構複雜的擬似獸面紋,共鳴箱内腔則滿布極其細密的近似楚人風格的流動變幻的雲紋。以往有的學者主張大鐃是商器延至周,甚至認爲是西周青銅鐘的前身,大鐃標誌着商代青銅文化在江南的輝煌發展。如果真是如此,那麼和大鐃同樣紋飾和風格的商代青銅器,在江南應有大量的發現,可是除了浙江長興發現的大鐃腹腔中有一越式風格的簋共出以外,其餘不見踪跡,根本沒有一件與大鐃相似裝飾紋樣的器物發現。大鐃出土地點都在越文化乃至吳文化的分布區域内,而在吳越青銅文化中,發現有不少是倣造商周青銅器的,同時也確實有部分的商周青銅器。大鐃是越文化一定程度上倣造商周樂器和紋樣的產品,不過這種樂器不用於隨葬,而只用於某些宗教儀式,埋在高山之顛、峻嶺之上。和湖南一些精美商周器的埋存有其相似之處。因此,大鐃不可能是商代和西周江南興盛時期青銅文化的產物。對大鐃不應該孤立地來看,而是應和江南的歷史文化背景結合起來作進一步的探討。

至於江西新干發現的青銅器和玉器等大規模埋存是什麽性質，學術上有各種不同的估計，有墓葬説，有祭祀堆積説等等。最奇怪的是新干主要青銅器都被打穿大洞而後再埋存起來，作爲青銅禮器來説，按中原禮制標準完全不成系列。埋藏的玉器基本上也是有意打碎的。由於没有先例可以對照，新干的埋存是什麽現象這一問題短期内不可能得到解決。新干埋存中原生産的青銅器的年限，從商代中期到晚期都有，有些商代的器物經過後人改造，有的器物經過後人修配，有一些做造古式鼎的紋飾與湖南省出土越族青銅器紋飾相同。值得注意的是，同時出土的三件鏡的紋飾和伴存青銅器紋飾完全不是同一系統，鏡上的紋飾有着和土墩墓青銅器紋飾同樣的圖像，此類紋飾都有其時代的特徵。因此，新干發現的遺存尚須作深入的研究，而不宜簡單地得出是商代大墓的論斷。新干出土屬於中原系統的器物和湖南及其他地區的發現相同，即鑄作水準很高，工藝極爲精湛，而本地所鑄的器物，則工藝粗獷、簡率，兩者有顯然的區别。在没有弄清問題以前，仍按原發掘報告的意見收録入本集，並作以上的説明。對於江南地區青銅文化的考古，如把中原系統的模式直接套用上去，那將難以作出符合實際的評估。

關於四川廣漢三星堆發現蜀文化青銅器的時代，也按原發掘單位的意見收録入本集。三星堆器物的鑄造年代，學術界有着顯然不同的意見。青銅器的鑄造工藝非常進步，範鑄的分型水準異常之高，尤其是動物鑄像更是如此，個别器飾有簡單的波曲紋（即環帶紋）。黄金杖的工藝更是商周時代的金器所不能比擬的。如果作爲商器或更早的器物來看待，那麽在漫長的歷史時期内，蜀國這樣比較封閉的地區，何以突然出現遠遠勝過商代而且没有前後繼承關係的青銅器？因此問題並不容易簡單地説得清楚，還有待於進一步深入的研究。

三、西　　　周

（一）早　　　期

西周的青銅器及其藝術，有一個不能不繼承前朝而又要清除商代影響建立周人自己體制的時期，這在周人取代殷商立國之初即公元前 11 世紀到公元前 10 世紀近百年之内，通常稱爲西周早期。從藝術造型和器物的形制來看，西周早期和商末的青銅器有不少共同之處。人們常常將西周早期與商晚期的青銅器劃分爲同一個藝術發展時期，這是青銅時代的高峰期，或稱爲鼎盛期。在另一方面也應該看到西周早期青銅器的特殊性，如周人有計劃有目的地改變殷人禮器重酒的習俗，而建立起重食的禮器體制。周人禁止酗酒，將此當作改變社會陋習來貫徹，對殷人"群飲"則很放鬆，這就使重食禮器體制的建立帶有一定程度的政治意味。對此,《尚書·酒誥》中有清楚的記載。周康王時代的大盂鼎銘文,明載康王的誥詞,云:"我聞殷墜令(命),唯殷邊侯甸與殷正百辟,率肆于酒,故喪師。"酗酒的因果關係説得很清楚,這也就是殷鑒。西周青銅器與商晚期另一個顯著不同之點是長篇銘文的盛行,銘文的内容與器主及其家族的尊貴和榮譽有密切關係,銘文成爲宣揚祖先功烈和自身業績,藉以傳之後世的文告。許多銘文記載了周初立國和建國的極其重要的資料,諸如商紂的消滅,諸侯的分封,方國的征伐,職官的任命,土地和奴隸的賞賜,王室的祭典,王臣的各種活動等等,不少銘文内容可以補充史書記載的不足。這種情形在商器的銘文中就很少。周器上出現作器記事的現象,表明了禮器作用的加强和國事家事密切地結合。青銅禮器成爲陳列於宗廟中的寶器和重器,與商代相比較,是一個重大的變化。

西周早期青銅器重食體制的建立,最有特徵性的器物是鼎和簋。一種口部截面略呈圓角三角形和下腹碩大的鼎(如大盂鼎),成了鼎類器中的支柱,西周早期一些形制雄偉的大鼎,大都在這一時期出現。另一種腹部相應柱足突出似鬲的鼎,也極爲盛行。西周早期扁足鼎較多。蒸食器甗的數量有相當的增加,從此,青銅甗在禮器中的使用成爲常制。方座簋是最先出現的新形式,簋體和方形器座連鑄在西周青銅器中是一個大類。現存的實物表明,在周武王克商後,周人就開始鑄造這種方座的食器。此外,簋的形制在雙耳和圈足方面加强了藝術裝飾,耳上的獸頭做得特別雄强,圈足有增高的趨向;僅僅提高圈足會顯得單調,因此在圈足之下又接出來一段短足,做成小的虎形、象鼻形等作爲襯托,使得器物頓時添加了意趣。商代的簋很少帶有青銅蓋,西周有蓋簋逐漸流行起來。這些都可説明周人對簋的形制設計比較重視。

西周王室雖然禁止貴族群飲酗酒,但是合乎禮儀場合的用酒不在禁止之列。西周主要的酒具是卣,已發現的西周早期卣總數大體上倍於商晚期的總數。卣變化的式樣比較多,西周早期百餘年時間内,有清楚的發展序列。西周初卣形體有偏高的特點,稍後偏低,成爲圓角矮胖的式樣。寶雞西周早期墓葬發掘表明,此時的卣以大小二器成組合,小卣容量大約爲大卣的三分之二。可以推斷,這兩卣大小之不同,應是分別盛兩種不同的酒。和卣相配合的容酒器是尊,它也是西周很主要的酒器,整體寬大呈喇叭形口的尊是商晚期形制的延續,數量很多,從中變化出體圓口的新式樣。如著名的何尊;至於圓口深腹的袋形尊,則是周人獨創的式樣。西周早期的青銅爵,仍然用得很多,但是它的形體逐漸起了蜕化,杯體縮小,鋬部收小,或僅可容一指,有的連一指也容納不下,甚至出現了没有鋬的爵。流的前口厚而高,兩柱略嚮外側傾斜,三足分張角度不大,呈刀形者居多。但是也出現少數特別的式樣,如四足無柱的索諆爵、有蓋無柱爵等。和爵相應的斝,在西周早期,已逐漸被淘汰,可以確指爲西周早期的斝存世甚少,和同時期的爵完全不成比例。但是在西周早期稍晚,周人新造一種中段極細的斝,只有圈足可施紋飾,器壁極薄,造型簡潔而優美。這種斝只發現數件,没有前驅和後續,這無疑是西周青銅禮器制度改革中新式樣的嘗試。但觚是飲酒器,發現的數量如此之少,很可能周人還採用了漆木觚等其他的代用品。到後期,觚變為杯狀的器物,有的兩側裝有把手。

盉在西周早期頗為流行,原是水器,也作酒器的角色。玄酒本是水,酒味太濃須摻和水,於是水器的盉有時就擔負了調和酒味的角色。所以盉的作用有兩重性,在盉的銘文中有時以盤盉合稱為一組水器,有的遙稱尊彝,使用比商代普遍,這是西周青銅禮器體制方面的特徵。常見的有流柱足盉有圜腹形和分襠形兩種,分襠形又區別為三足和四足兩種。圜腹的形體較矮,分襠形三柱足盉形體以偏高的居多。淺分襠四柱足是西周早期最流行的式樣,方體圓角富有生氣的蟠龍狀蓋,乃是時尚中的最佳之作。

商代最重要的裸器斝,到周人建國之後不再流行,這是周人在禮器上一個重要的改革措舉。目前發現的西周的斝只是個別之器。斝的使用與否,是商周禮器的分野。因為在商器中斝是裸器,在祭祀中必不可少,顯然,周人的裸酒器不沿用商代的斝。

周人的青銅裸酒器,主要用兕觥。觥這類器物,在西周中期以前相當流行,它雖是珍貴裸酒器,但相對的數量還是不少。觥大都作鳥獸形狀或取鳥獸的部分特點來設計器形。所有觥都有獸頭形蓋,西周觥更配有一柄斗,用以挹酒。個別觥前端為一封閉的獸頭,自頸以下有蓋,容器分為二室。西周早期的觥,形體設計重視實用性,容酒的部分更像是器物,而商觥大都整體像一具動物的形象。有的觥還設有方禁以為座。觥是西周最主要的裸酒器。

西周早期青銅器雖然繼承了殷商遺制,但是器用的鑄造側重於食器,而對酒器也作了相當的改變。儘管如此,以上這些對舊制的改變還只是漸進的和部分的。商文化的影響還保留着相當濃厚的成分。但是周人的歷史、政治、經濟、文化的背景不同,持續的改革終究會產生周人自己的青銅禮器體制。

西周早期青銅器裝飾也是商代模式的繼續和發展,以雷紋為地的獸面紋作主題的動物紋樣仍然佔有主導地位。凡是商末的主要紋樣,西周早期青銅器上一般都出現過,但是改變也是明顯的。武王、成王時代曾經出現了新穎的如蝸牛狀卷體大頭有觸角和咧口的怪獸紋,其下部有一爪伸出。銘文記載武王伐商的利簋和記載武王祭天的大豐簋,涇陽高家堡出土的方座簋、尊、卣,以及西周早期的一批雙耳簋,都飾有這樣的獸紋,但流行的時間並不長,現今所知康王時代的青銅器上即已少見,這是一個很奇特的現象。另一新構形的紋飾是兩尾龍紋的出現。所謂兩尾,是龍的身軀向兩側展開,這大約是圖案展示的需要。這種展開的龍在其他器物如玉器上是沒有的。兩尾龍和火紋組成圖案,卷體龍和火紋相間也構成圖案。另一可注意之處是牛頭、牛紋或有牛角的獸面紋在青銅器上出現的相當頻繁,有的簋上甚至布有二十四個牛頭,甗的鬲上幾乎是清一色的牛頭紋。有水牛頭狀的圖像在西周早期的青銅器上，遠比商代的多，這是周人所格外崇信的神像標幟，周人是農耕部族，牛頭應是所崇敬的標誌。當西周統治告終之時，青銅器上的牛紋也就銷聲匿跡了。顯然，這是周人所特別崇仰的農業之神的標誌。

西周早期鳥紋逐漸增多，而且常爲主題紋樣，如成王時期塑方鼎全器都是鳥紋，康王時代的庚嬴卣也是如此。又如小臣單觶、父庚觶、夨觥等也都是鳥紋。另一種情況是主體紋飾爲獸面紋或火龍紋之類，但其上下欄的帶狀紋樣或圈足上的紋樣爲前視和後顧的鳥紋，此種情形極其普遍。固然，鳥紋在商代的青銅器上已有裝飾，但西周的器上更多。

華麗的鳳鳥紋是成、康、昭時代最著稱的紋飾，尤以康、昭時代爲最，甚至有稱之爲鳳鳥紋時代。周人在青銅器上酷愛飾鳳紋和鳳族的鳥紋，自然和周人開國有鳳鳴於岐山之上的祥瑞傳說有關。距開國時期愈遠，傳說的現實意義顯得愈淡，青銅器上的鳳鳥紋也愈益稀少，到了晚期，差不多真成鳳毛麟角了。西周青銅器紋飾到昭王時代，出現了一批極其華麗的構圖，主題紋飾上如龍類的角、軀幹，鳥類的冠等做得非常華美，在這些部位增飾了很多齒狀或鉤狀精緻的邊沿，使紋樣在莊嚴神秘風格中更添幾分富麗的氣派，工藝上成就比商末更勝一籌。但是，延續的時間並不長，昭王之後，飾有上述紋樣的器物就非常少見了。這些器物如令簋、令方彝、旂觥、旂方彝、旟鼎等等。

青銅器上的棱脊或稱之爲扉棱，是爲改善和美化器上的範綫痕跡而設計的，商器棱脊多呈長條形。其上有簡單的綫條，西周早期常見爲鏤雕的齒棱狀，典型的如何尊、士上尊、庚嬴卣（乙器）、成王方鼎、大保方鼎、康侯豐鼎等棱脊，和商器的做法很不相同。

西周青銅器作爲禮儀道具即所謂禮器的最重要特徵，是在器物上鑄有記事體的銘文。當然，鑄作器人名和被祭人名在商晚期的器上早已存在。已發現的商末青銅器有關征伐、祭祀和賞賜等內容的銘文只有十幾篇，西周早期長篇的記事體銘文則有大量的發現。武王時代的利簋銘文記載甲子朝消滅商國的史實；大豐簋銘文記載武王克商後在天室祭天，以文王配享，頌揚功烈；小臣單觶銘文記載成王和周公平滅武庚叛亂的事件；小盂鼎銘文記載康王大規模伐鬼方的戰爭；何尊銘文記載成王的誥詞，云武王克商後營建成周以爲統治天下的中心；康侯簋銘文記載周王命康侯伐商都邑後改封到衛的事；大盂鼎銘文記康王誥戒盂以殷亡和周興的歷史教訓與經驗，以及封盂的錫命，命盂效法他的嗣祖南公輔佐戎事，敏於朝夕納諫，佑助王統治天下。諸凡對上帝的崇拜、建國的功烈、諸侯的分封、拜官錫命、征伐記功、獻俘大典等等，皆鑄之於銘文，以榮耀於當世、傳之於子孫，作爲世家寵榮的護身符。這樣，銘文的意義不僅是記錄一家一室的特權和榮譽，而是涉及到王家的重大政治活動和重大歷史事件，因而青銅禮器就成爲帶有顯示等級、地位、特權的標誌，陳設於宗廟宮室的重器了。青銅禮器在周初有聲有色的歷史舞臺上成爲金光燦爛的道具。在周人的眼中，銘文的重要性大約超過它的藝術欣賞價值。所以，有些長篇銘文的青銅器是不施紋飾的。

（二）中　晚　期

　　經過西周早期近百年的時間，到西周中期，周人的青銅器表現得更爲成熟，形成非常有個性的器物體制和藝術風格。應該説，周人要建設起新的青銅器體制是頗不容易的，它不像經過一場朝代更換的革命可以發表許多政治性的誥文和宣言、推行强制性的政治制度和行政體系。物質文化的改變和提高，不能單靠政治手段就能奏效，它有着經濟基礎、思想體系、宗教崇拜乃至風俗習慣等各方面的制約。周革殷命在軍事上可一夜之間完成政權的遞變，但周初的青銅器比之晚商雖然已經有所變化，譬如有少量的新器類和新紋飾，這仍不能改變商文化的深遠和巨大影響。西周早期青銅器最大的變化是禮器作用的進一步增强，尤其體現在銘文方面。這主要是政治方面的因素，和周初立國鞏固統治有直接的關係。在藝術方面，仍是獸面紋爲主體的裝飾，這是商殷幾百年形成的藝術體制，不可能在短時期內消亡。經過近一個世紀鑄造青銅器經驗的積累，周人終於找到適合自己體制和文化需要的新模式，這就是青銅器組合的規範化，藝術裝飾方面的删繁就簡，更加强調鑄銘對於禮制的作用。西周中晚期的青銅器非常充分地體現了周文化的特色。

　　禮器中的重食禮制更爲完整，鼎、簋、鬲等器相應於等級制度的組合業已規範化。西周中期鼎主要表現爲器體比例更寬，口内斂，器壁斜直或微凸，整體呈下垂之勢，形體穩重。這類鼎起於穆王至西周末而不衰。另一類是圜底鼎，口徑最大，器壁逐漸向下收縮，圜底下有三獸蹄形足。在簋類中，新出現一批斂口鼓腹簋，大都有蓋。早期簋有蓋的極少，至西周中期各式有蓋的簋比較流行。簋蓋鑄造增加單件的用銅數量，耗費比較大。這一時期新出現的食器是盨和簠。盨是長方形圓角，圈足，蓋小器大的飯器，是簋的變體，有的盨銘直接自稱爲簋。簠是長方形，口大底小，有圈足，蓋、器相等的飯器。盨的流行面不及簠廣，至西周晚期，仍爲數不多，簠則比較多一些。

　　西周中晚期的酒器穆、恭、懿三世最後結束了觥、卣等使用歷史，孝、夷時期的遺存中已極少見觥這類器物。大型的容酒器主要是長頸鼓腹雙耳壺，成對組合。傳統的罍也終於被淘汰，代之而起的是罐，罐是罍的變形，口唇外侈，長頸廣肩，中期體較高，晚期則偏矮。壺的新形式是方壺的出現，所謂方壺就是把長頸圓壺改造成略呈方形的器。這類壺主要爲容酒器。此外還出現了一種長體中段稍爲鼓出的壺，有蓋，蓋反置就是一飲酒的小觶杯，貫耳可提携，個別有提梁。圈足上有小孔，蓋頂捉手上也有小孔和兩貫耳相應，這是一種行旅中可提携的實用器。飲酒器主要是觶，也出現了尊形有兩耳的飲壺。酌酒器的爵，尚有極少數發現，新出的是形制如斗而有圈足的長柄器，自銘爲金爵，如白公父爵等，成爲晚期爵的新穎式樣,但舊式的雙柱爵仍有個別發現,上村嶺虢國墓地發現的爵,已經完全蛻化,有如明清孔廟祭器中的式樣。

周穆王時期的青銅器雖然有一部分仍具有濃重的早期風貌,但是代表西周中晚期弇口雙耳有平行橫條溝脊紋的簋在此時出現,這是一種很有時代風格的器物,如逋簋的橫條溝脊紋,這簡便的設計使繁縟的紋樣一掃而空,出現了新意,它是西周青銅器裝飾風格轉變的第一個信號。平行橫條溝脊紋一直行用到春秋早期。西周早期個別器上已經出現的密集直條紋在這一時期大量行用,甚至整個器上都飾這種極有旋律感的紋樣。删繁就簡,大量發展了這一簡略的紋飾,使之適合於時代的審美要求。一些著名的簋,如恭王時代的佣生簋、孝王時代的大師虘簋、癲簋以及厲王所鑄的㝬簋,都飾直條紋,這些器物之主都是西周最高層的貴族,這些富於旋律感的密集而規整的直條紋,可以説是公元前 10 世紀之後青銅禮器裝飾的流行式樣,但這種紋樣只施之簋上,不見施於其他的器物。橫條溝脊紋和直條紋已經成爲時尚,獸面紋被壓縮到口沿,降爲附屬的紋飾,它完全失去了往昔威嚴神奇、雄踞器物中心的資格,獸面的各個部位也解體變形。這種獸面紋按圖案的便化規律發展,肢解其中的一段,變爲竊曲紋或變形獸紋,到了西周晚期,進一步便化成 S 形條紋,在獸的體軀分解過程中組成了新的紋樣。

中期重要的新紋飾是波曲紋的出現。波曲紋舊稱爲環帶紋,因爲波曲是帶形的,雙波相間有圓環,無以名之,遂稱爲環帶紋。這是一種以波幅很大的曲帶爲主導,上下波峰內飾有對稱的獸紋,或有環狀鱗瓣配合一對角狀的條紋組成的特殊圖像,波峰內的紋樣可以是一致的,也可以是兩種式樣間隔的。波曲條紋和波峰內的紋樣一般都相當闊,並且中間常常做成凹陷的淺槽狀,但也有比較平整的,西周晚期波曲紋有做成凸起的條紋。根據已發現的資料,周原扶風莊白一號窖藏的 103 件青銅器中的懿王三年癲壺上已出現了非常成熟的波曲紋。之後孝王時代的大克鼎和小克鼎都是雄偉的波曲紋。波曲紋一經出現,就有了黃河九曲雄渾磅礴的氣勢,徹底改變以前那些動物紋飾神秘的細麗繁縟的風氣,耳目爲之一新,可以説這是西周青銅器紋飾上的一次革命,並產生了久遠的影響。直到春秋晚期,波曲紋才退出古代裝飾紋樣的行列。波曲紋是動物紋樣的幾何變形,波峰的相連處有的還殘存有獸目。這個紋飾顯示設計的成熟,籌劃者充分掌握了圖案的規律而能變化自如。由此可以推測,西周中期變形紋飾代替以往老式紋樣,一部分是圖案的便化規律作用所致,更主要是經過高水準的匠師們有意識精心設計的創作。

西周中期開始轉化的青銅器紋樣,基本上都是變形的和抽象的,但也有少量是象生的裝飾,那是僅限於一些器物上突出的附件或部件,如壺上的龍耳和匜上的龍形鋬等。西周中期以後的龍形附飾或部件大體表現爲兩類龍,一類龍具有螺旋狀的錐形角,另一類則是曲枝狀角,西周早期具長頸鹿角狀的龍類已不再出現。龍是幻想的物象,根據想像可以衍生出不同的形象,但從西周中期以後的器上看,當時龍紋的類別似乎已有一定的模式和規範。但是無論是商代或西周的龍形,也無論是象生的或抽象的,仍然是採取静止的態勢,除波曲紋之外。所有青銅器紋樣都是静止的。這種情形到了西周晚期出現了新的徵兆,一種從未出現的龍狀紋被採用並且流行起來,這就是具有蜿蜒游動狀態的交龍紋的出現。交龍紋首先見之於頌壺,在頌壺的腹部,中央是雙體龍,軀幹分別向兩側垂下至近器底處向壺兩旁迴游連接另一龍頭,腹上主題龍頭之下,置一對相背的小龍,角型不同於雙體龍,主題龍的軀幹上纏繞有C字形的物象。壺腹側面下部是另一雙體龍,軀幹分別連接在主題雙體龍的頸部。側面雙體龍的軀幹上分別交纏一卷體小龍。整個圖像有飛騰糾纏態勢,商周以來八九百年,青銅器上静態紋樣至此有了基本的轉變,這是一個頗可注意的現象。從散失的出土於甘肅天水的秦公大墓的兩對秦公方壺來看,都和頌鼎的雙身交龍紋相同,而在其他地區出土的西周青銅器上還沒有發現這樣的紋飾。和中期產生的波曲紋一樣,交龍紋也是特別設計的,而且結構安排合理,流綫形體軀勾畫得相當成熟,它爲以後春秋早期關中地區青銅器出現的糾結交纏、結構複雜的交龍紋發展開闢了一條道路,以後春秋的青銅器紋樣基本上大量採用交龍紋,頌壺是周宣王三年時器,交龍紋的率先採用,表明西周晚期紋樣不是一成不變的。

四 、 春 秋 戰 國

　　西周、東周之際考古發掘的重要發現是河南三門峽虢國墓地,此墓的時代約爲公元前 8 世紀上半葉至前 7 世紀下半葉,所出土的青銅器無論形制和紋飾基本上屬於同一風格。山西曲沃晉國墓中屬於西周和東周之際的青銅器,除小有變化之外,基本上是西周晚期的體制。曲阜魯故城發掘的西周、東周之際的墓葬,東周早期的器除個別具有地方特徵,絕大部分也都有濃厚的西周風格。因此可以説至公元前 6、7 世紀之際,除秦國青銅器稍有新的紋樣變革之外,其他地域出土的青銅禮器上還沒有出現重大的改變,無論器物的形式和紋樣大都如此。

　　春秋時期青銅器全面更新的進程是從公元前 6 世紀較晚時開始的,它的進展,是和當時城市社會經濟的迅猛發展,如玉器、絲織品、漆器、鐵器等等手工業的進一步開發大體上平行。青銅藝術在社會經濟新高漲的條件下,展示其日益更新的璀璨精麗的風貌。

　　器物的形制,隨着禮器特性的淡化而後逐漸放鬆其習慣性的規範。同時由於諸侯國政治勢力的擴展和大國之間的爭霸,各自需要改善其一整套的行政機構和軍事機構,商業的發展也需要有專業的商品生產和交易的管理部門,因此各國的領導層相應擴大,卿大夫的勢力對維護正常的統治秩序有着重要的作用,青銅器無論是禮儀的和生活實用的,在各統治階層中,有愈來愈多的需求。在大大刺激青銅器生產的同時,逐漸產生了許多適應新需求的器形。這一變化,大體上始於春秋中期,即公元前 6 世紀至前 5 世紀。舊式的禮器已改變得面貌一新,各種新的器形不斷出現,把青銅器的歷史推進到一個空前發展的新時期。西周時代許多小國國君沒有條件擁有自己豪華的青銅器,至今遺存的這個時期的小國青銅器很少。到了春秋中期,中原諸國的青銅器就有了相當規模,典型的如河南光山黃君夫婦墓隨葬的青銅器。地域在今山東的一些小國,如邾、曹等及江漢地區的一些小國大都擁有一定規模的青銅器。春秋中期青銅器有着如此廣泛的發展基礎,促使鑄造青銅工藝達到了前所未有的水準。

春秋時期的青銅器形制,從發展的橫斷面觀察,各個地區的共同點是主要的。基本的器物,如食器中的鼎、鬲、甗、豆,酒器中的壺,樂器中的鐘,水器中的盤、匜等,各個地區大體上相同或相似,到了春秋晚期和戰國,這些器物的形式就出現了或多或少的地域性特色。

三晉地區出現了兩種鼎,一種鼎足較高,鼎腹比例偏圓;另一種鼎足偏矮或甚矮,鼎腹比例較扁,蓋頂上設有三個矩形、鳥形或虎形的裝置,使用却置時就成爲三個支點。這兩種鼎都有青銅蓋,以往的鼎大多沒有。鼎中食品用時放在禁上切割,而鼎蓋則可以成爲輔助的盛物盤。長江中下游春秋中期的徐器鼎和中原的常規式樣沒有大的區別。楚文化或受楚文化影響較深的地區如江漢地區到東部蔡的青銅器,流行器腹較深,三足略呈弧形外撇的鼎。徐國庚兒鼎形體比例扁而寬,底稍圜。這種寬形鼎是長江下游和東部地區的特色。晚於此的曾侯乙墓的鼎,蓋、耳、足都具有楚式鼎的特點,鼎腹容器部分較寬,器壁不高而較直,器物形制受楚文化的影響很深,從鼎的形體上可見一斑。到了戰國晚期,楚式鼎的地區特色更爲明顯,鼎足較高,鼎足上段大都有獸頭裝飾,似附於鼎腹外壁,使整體造型有昂然上出之勢,明顯地有別其他地區鼎的形象。春秋晚期,鬻鼎和專用於祭祀禮儀的鼎,在形體上已經有清楚的區分,前者在長江流域諸國稱之爲鬻,這是實牲體的大型鼎。蔡國、曾國以及淅川大墓等都出現過類似的器形,其特徵是兩耳厚大,鼎足粗壯,有的蓋腹外壁常設棱脊。南北大致的區別是:南方出土的數例都是平蓋、平底,三晉和鄭國的大鼎形體爲圜底,蓋作圓弧形鼓起。

春秋中期和鼎組合的甗,上甑下鬲合鑄的連體式讓位於上下分鑄的式樣。方體的漸少,圓體又成爲流行的式樣。戰國時期,曾侯乙墓的鬲仍爲款足,而安徽壽縣朱家集李三孤堆楚王陵出土的大甗其下部已不再是鬲形,而是斂口圓腹,配置鼎足,肩上雙耳傾斜,甑則沒有大的變化。陝西鳳翔高王寺出土的蟠龍紋甗,甑部也頗相似,但鬲的口沿則有非常寬的唇邊,頗爲特殊。而河南陝縣後川出土的獸紋甗,其上部的甑成爲矮足的球體了。甗在春秋時代形制變化緩慢,到戰國時代則出現了較多的式樣。

春秋戰國三晉食器簋的發現甚少,基本上是敦和豆。敦初形與簋相近,大口,折沿,淺腹下有三小足,圈耳,有蓋,蓋頂捉手可却置。春秋晚期演變成爲合鉢形上下對稱的形體,或具圈足或具三足。上海博物館藏有一蓋器不對稱的敦,式樣屬晉國系統,將銹蝕的蓋打開,發現其中有乾燥了的糰形物數個,外面粘着穀殼,經科學分析,其爲澱粉質成分,由此可知敦的用途。長江流域楚、蔡和東方齊國的敦多爲上下對稱的球形體,各有彎曲的獸形三足。墜侯因脊敦器名作"鐟",鐟與敦是古今字。南北共同行用的另一食器爲盆,大口小底,唇平。具雙耳,有蓋,上置獸形鈕或圓形捉手,此器名隨地而異,或稱盞或稱盆,如晉公盞和曾大保盆爲同一器形,但一在山西、一在湖北隨縣境内出土,中原地區亦有同類器物。

豆的式樣有深淺高低之別,多有蓋。江漢地區流行的方形豆,則是春秋晚期新穎的式樣。青銅豆雖然普遍出現,但以三晉地區和楚地發現的較多。春秋禮崩樂壞,但不會徹底,齊國的青銅器就頗有這樣的特點,齊洹子孟姜壺,舊稱齊侯罍,銘中的洹子就是田齊桓子,田氏代齊始於田桓子,這是公元前 5 世紀下半葉之事。壺爲桓子和齊侯之女名雷夫婦同鑄,這件壺從形制到紋飾都有濃厚的西周遺風,和同時代的器很不協調,這是故意採取倣古的式樣。另一田和所作的禾簋,承有方座,形制雄大,周身施波曲紋,除了龍耳稍爲新式之外,也有濃重的古式遺風。春秋、戰國之際青銅的復古,以田齊之器最爲突出,當田氏代齊以後,這種有古風的器物就不再被發現了。

酒器形式變化也很多。西周時代長頸雙耳鼓腹壺和與此相應的方壺,至春秋時代除在形體高矮、肥瘦方面稍有更動之外,基本上仍保持這一格局。在蓋飾、脊飾等方面則有較顯著的增加,有的達到了繁複的程度,甚至在壺的圈足下也置有威猛的怪獸,總之在一切可以增飾的部位,都盡可能堆疊上去。如蓮鶴方壺、曾侯乙壺等都是極盡增飾的典型,如果把所有的增飾去掉,基本形體没有很大的改變。其他如短頸卵形壺、寬體的鼓腹壺,北至三晉南至荆楚,大同小異而已。至於各種的提鍊壺、八角形壺和方壺,是戰國中晚期出現的新形式。有些地域性的如齊魯地區的小口大腹汲壺,和北方地區與大草原活動有一定影響而產生的曲頸有鍊壺,黃河中游地區普遍行用的各種扁壺等等,都是新改進和新出現的完全不同於往昔的式樣。

罍的形式從西周的有頸廣肩深腹的形式,到春秋中晚期變爲短頸廣肩低腹的器形,深腹罍的式樣被完全淘汰。罍一般都比較大,用途和尊、缶相倣。酒器除壺類之外,長江中下游諸國流行一種小口球體形狀頗大的尊缶,是春秋戰國之際出現的新穎酒器。

飲器有幾種式樣,有橢圓形杯,器形深淺的不同,深者體側置一耳,或稱爲鉶;稍淺者兩側設耳,多爲春秋晚期、戰國時之器。此種器的内壁刻有精緻的紋飾,内底則刻有龍紋,故此當爲飲器,戰國及秦漢漆耳杯在相同的部位也繪有圖像。這類器可能是耳杯的濫觴。

盤、匜爲常見之器,除了三足獸頭匜之外,還有平底封頂流匜的出現。春秋戰國之際的大型水器是鑑,南北都比較流行,尤以南方盛極一時。如智君子鑑、吳王夫差鑑、吳王光鑑、曾侯乙鑑等等,與鑑同時的還有浴缶,形體近似尊缶,但比較大,有鍊,可供兩人提繫。至於曾侯乙墓出土的一對大缶，壯麗雄偉，居於一切水器之冠，爲正統禮制下的水器所不能比擬和不可想像的。

　　青銅樂器在春秋時期有很大的發展。基本形式分爲甬鐘和紐鐘兩類。共鳴箱的下部分爲有於和平整的兩類。共鳴箱平整的鐘，只有紐鐘一類。絶大部分的共鳴箱爲扁形，側面尖銳，由於鐘體構造的特點，敲擊時有兩種振動模式，敲擊鼓部中心時形成振幅，産生一個音高，鼓近側的部位則形成振節。擊鼓近側時，所擊處形成振幅，産生另一音高，而鼓中心部位則形成振節。從而一個鐘能産生兩個音高，這兩個不同的音高成編有一定規律，形成音階，這就是青銅雙音鐘。相傳古代爲宮商角徵羽五聲音階，但是陝西地區西周和春秋早期的一些鐘經測量，沒有商音，寶鷄太公廟出土的秦公鐘經測量也還沒有商音。山西晉侯穌編鐘，則有商音，可見不同地區的樂音不完全一樣。但春秋晚期的鐘不僅已具商音，而且增加了好幾個半音音程，演奏的功能大大提高。䚡篙鐘是楚鐘，從音階的發展情形，説明楚國的音樂文化已相當發達。隨縣出土的曾侯乙墓編鐘其中甬鐘 45 件、紐鐘 19 件，有一件楚王酓章所贈的大鐘，是另一組編鐘中的一件。銘文共 3 700 百餘字，主要内容爲標音和樂律，如律名、音名、變化音名及在他國樂音中稱謂的對應關係。曾侯乙編鐘頻率實測跨五個八度音程，中心音域内十二半音齊備，是世界古代音樂發展史上的奇跡。曾侯乙編鐘反映了春秋晚期到戰國早期中國的音樂文化有着飛躍的進步。另一類紐鐘共鳴箱鼓部平整，形體微呈橢圓形，實測僅有一個音高，只有一種振動模式，它的用途是打擊音樂節奏的，也自銘爲鐘。紐鐘中除傳世叔夷鐘銘文自銘爲鎛一例之外，其餘出土的紐鐘銘文都自銘爲鐘，不稱鎛。鎛是特大的鐘，實物僅有鱗鎛一例。當前有點混亂的是連一些自銘爲鐘的紐鐘如克鐘也被冠以克鎛之名。這是完全不必要的。戰國鐘還有地方性變體，如四川、湖北境内有甬編鐘，列枚上縮，形體特扁，這是受到中原系統樂器的影響而産生的變化式樣。此外，南方的樂器，還有錞于和句鑃等，錞于作懸鈕式直筒形，但江蘇鎮江諫壁王家山出土三器成一組的錞于，作曲筒形，爲前所未見。相傳錞于爲軍樂，庚午錞于銘文有"用享用孝"的記載，則表明錞于亦是宗廟之器。而此時出現的有柄可執有舌可振的青銅鐸，則應是軍樂。這一時期青銅樂器發現數量之多和分布地區的廣泛，實爲前所未有。

　　春秋戰國征戰頻繁，青銅兵器業的發展是空前的。各諸侯國都有嚴格的監造兵器的官員和相應制度。戈戟的内部常鑄刻銘文，記載鑄造的年月、地點、各監造職官和人名。吳越是天下鑄劍的名邦，長江流域出土的吳越青銅劍，前鋒狹，兩刃較寬，劍格寬厚，鑄紋飾或銘文，莖圓有箍，劍首有同心圓，劍刃磨製精厲，鋒芒逼人。出土的吳王光劍、吳王夫差劍、越王句踐劍、越王者旨於賜劍、越王州句劍等都是當時最高水平的鑄件。這些劍有些是同銘同制的，一制可能有若干柄，有的鑲嵌緑松石和金銀，它應是吳越諸王近衛御士的兵器。吳越兵器行銷天下，在長江流域諸國更廣泛行用。工藝造型方面吳越兵器也是極爲精湛的，尤其是表面處理技術如淺層填充金屬的菱紋劍、幾何紋劍以及劍格和莖箍的細工綠松石鑲嵌等技術,天下莫可倫比。一種以高錫合金做成幾何塊狀熔鑄在兵器的基體上,形成各種幾何紋樣的亮斑,則多見於楚和巴族地區,也是一種獨特的表面處理技術。巴族更有一種虎皮斑狀的表面技術。可以説當時金屬的表面處理增强裝飾外觀效果的技術,大都在長江中游諸國和吳越地區。

　　春秋戰國時期周邊少數民族的青銅器工藝臻於成熟,但容器較少,多數是具有本民族特色的兵器。如蒙古草原的馬上民族匈奴、鮮卑、東胡等的各種短劍,以實用爲主,劍柄上有羊、鹿、馬等簡單的動物或人形裝飾。此外各種小刀的刀柄上也有類似的裝飾。純粹屬於藝術裝飾的是所謂鄂爾多斯式的各種動物搏鬥牌飾,紋飾粗獷生動,爲草原藝術的本色。

　　春秋戰國時代巴蜀青銅兵器可分爲兩類。一類是做中原的古兵式樣,如商式的三角形戈、商式或西周式的無胡戈、周初的戟等。紋飾亦做古式,頗多獸面紋、虎紋等。據考古發掘記録,多爲戰國時期巴人做商、西周時器。另一類是時新的一部分,和中原春秋戰國兵器略同,更多有本族特色,如扁莖劍和柳葉形矛等。四川東部所發現巴人墓葬中的青銅器,據其形制風格和鑄作技術等特徵,大都是楚人的器物,如涪陵小田溪出土的編鐘等。

　　中國南部廣大的吳越地區,其東部正式建立吳國、越國。吳國統治者是姬姓,先周時自西北奔於荆蠻,從當地人民的習俗。越是土生土長的部族,越族分布的範圍極大,文化遺存有其基本的同一性,也有部分地域性。春秋時代,這一廣大地區内的青銅文化有所發展,首先是吳國。吳遺存的者減編鐘爲公元前 6 世紀中期器,是爲有銘文記載最早的吳國青銅器。越國之興在允常時代,早於吳王夫差一世而已。從現有的發掘品來看,吳越青銅器鑄造進入發達的時期,不會早於春秋中期。50 年代後期以來,安徽屯溪發現的具有越文化特點的土墩墓有大量的青銅器存在,以後在鎮江丹徒等地亦有土墩墓及窖藏發現,同樣有大量的青銅器出土,其共存的現象比較一致。首先是少量的西周早期或中期的青銅器,這是直接的西周遺物,但不成組合,有的有銘文。第二部分是大致上做西周模式的器物,這類器物有的做造得較爲逼真,更多的是經過土著匠師的重新設計,因而多有明顯的地方型特色。第三部分純屬地域特性,都是生活實用品,有的和當地印紋陶器的形式有相當的聯繫。第四部分是戈、矛、劍之類的兵器,這些兵器的形式全屬春秋晚期乃至戰國初期的形式,如屯溪出土的有青銅器的土墩墓,都有這類兵器。由於各種原因,這些兵器沒有全面發表,其實它是正確判斷墓葬的標幟性器物。很顯然,這些土墩墓屬春秋戰國是無可争辯的事實。但是過去因爲墓中出有西周器,都把墓葬和青銅器定在西周早期或中期,並且錯誤地得出在西周早期吳越地區早已進入發達青銅時代的結論。這一吳越文化考古的誤導甚至影響到其他的考古領域。

　　越文化青銅器分布的地域頗大,主要是長江中下游以南廣大地區。湖南的常德、益陽、長沙、湘鄉、衡山、衡陽、資興等地發現了典型的越文化青銅器。如果把古式和新穎的鏡發現地計算在內，則分布範圍更廣。

廣西越文化的青銅器發現地點有灌陽、興安、恭城、武鳴、賓陽、忻城、賀縣等處。廣東西部信宜和廣西恭城、武鳴等地出土的青銅器比較相似，都有商、西周精美青銅器出土，並且以此類青銅器爲基本器形模式，用本地變化了的富有特徵的紋樣作爲裝飾，形成越文化所特有的風格，這種情況和洞庭湖以南的遺存非常相似。值得注意的是，與武鳴商代獸面紋卣同時出土的一殘戈，其形制和紋飾爲戰國式樣，證明此卣和戈爲同一時期的埋存，雖是這一地區僅見的一例，但其提示的意義非同一般。因爲它可能引證出湖南寧鄉等地許多精美絕倫商器和西周器所埋藏的年代。很可能越人是古代商文化和西周文化的景仰者、器物最熱心的收藏者。在一定程度上模倣商周禮器的越人青銅器的出現，成爲吳越文化的重要特徵。

雲南、貴州的西南夷青銅器，以滇文化的器物最有特色。滇文化青銅器的發展，至戰國晚期到西漢臻於鼎盛。晉寧石寨山的滇王墓地和江川李家山的滇貴族墓地是滇文化青銅器的主要發現地。滇族酷好藝術品和工藝雕塑，所出現的貯貝器，銅鼓和人物舞蹈、剽牛等飾件上有各種極其真實的形象，所表現的祭祀、戰鬥、集市、紡織、生產等場面，無不栩栩如生，其藝術表現技法之嫻熟是極爲驚人的。除了人物形象之外，許多獨特的青銅兵器、生活用器上的動物形象的雕刻也是無與倫比的，滇文化的青銅藝術是西南夷中最絢麗的花叢。其他西南夷的青銅藝術不如滇文化的發達，但也各具特色。西南夷青銅藝術主要的成就在兩漢，早在戰國時代已很可觀，它和巴族、越族等少數民族的藝術品更多地受商周青銅文化的影響，在器用方面的影響不顯著，在青銅兵器方面，則有較多的商周兵器形式移植的徵象。

春秋中期以後，青銅器紋飾呈現出全新的格局。一方面鑄造質量的迅速提高，當然要求器物上的紋樣和藝術裝飾也相應地呈現精緻的效果，其次是裝飾內容也不同於以往大量採用變形的紋飾。春秋戰國青銅器紋飾一個極其有特色的現象是紋樣主題比較單一，大都是龍和龍的族類，但是構形都相當複雜。龍和龍類的紋樣是商周以來天道觀和神話世界在青銅器上表現的新形象。與此同時，出現了以描寫貴族社會某些禮儀和戰鬥活動爲內容的畫像。一千多年來，人們到了這個時候才有機會來表現自身的活動。這是一個非常重要的現象，說明觀念形態有了很大的改變，這是由當時思想文化和社會條件所催發出來的。它的意義在於裝飾紋樣從以獸面紋爲主的神話世界進展到現實的人的社會，這是質的變化。從藝術上看，純粹爲圖案規律所嚴格支配紋樣，即對稱、兩方連續、四方連續和放射、散點等等，進步到創作任意構形的各種畫圖。這種情形不限於青銅器，在建築上有壁畫，還有漆畫和帛畫等等。在青銅器上的畫像，只是東周文化藝術演進的一個側面。商和西周青銅器紋飾，動物或動物形象都是靜態的肅穆的，春秋中、晚期以後的紋樣以動態爲主，有的構圖具有複雜的旋律感，表現技巧有了很大提高。這些改變，從根本上動搖了商和兩周青銅藝術的傳統，從而形成了鮮明的時代風格。

　　龍紋是當時佔主導地位的紋樣，它是幻想的神物，所以對龍的描繪有相當大的可變性。而不同國度的鑄造匠師是世代相襲，龍的工藝模式也會產生差別，龍的形象便没有一致可遵循的規範。還有春秋戰國時代神話中記載的一些神人形象也有龍的特徵，如人面龍身之類，這也會反映到青銅器的紋樣上。這樣，春秋中期以後的紋樣以龍和龍類的紋飾爲大類，而且變化很多。但是從基本結構來看，無非是三種，即爬行龍、卷龍和交龍。所有三晉、中原、南方、東方、西方諸國青銅器的紋飾都是如此，所不同的只是構圖和刻畫的綫條上有具體的差異。這是由於各國都有通都大邑，彼此可以交通往來，某地區的名産可以輸達各國，隨之而來是文化上的交流和融合。因此，青銅器裝飾藝術上的共性是主要的，但是仍然保留了地區性某些特徵。至今爲止，考古發現仍很不平衡，對春秋戰國青銅器的瞭解仍然是不够充分的，要徹底梳理清楚地域特徵及其相互的關係，是長時期的研究工作。

　　晉。晉和戰國早期三晉的裝飾，最有特徵的是以一獸頭爲中心，卷體龍和交龍從獸口中穿銜而過，龍軀幹上飾有細密的圓形和三角形的雷紋。卷龍都是單體作扭曲狀卷體和橫向的卧形卷體，尾上卷或下卷。交龍是兩龍或兩龍以上的軀幹蜿蜒交纏在一起，形成了複雜多變的紋樣，兩龍通常是長角和短角不同頭形龍的相交，這大約是希冀或顯示龍族類的繁衍。大量使用還有密集的羽翅紋和細點構成的獸首組合。紋樣的邊飾多爲各種絢紋和絡紋，貝紋也是有特點的常見紋樣。晉和三晉器上的主體紋飾大都極其精細。侯馬發現的陶範和器上鑄造的迹象表明，當時已使用單個母模來壓印出外範，然後拼接成爲整體，經陰乾、焙燒成陶質外範，合範灌注銅液。使用母模壓印，製成可以按需要拼接的各種外範，雖然印模非常精細規整，但難免有繁縟重復之感。侯馬出土的鑄銅遺址中，已經發現了表現人物活動畫像的陶範，三晉應是最早出現青銅畫像的地域之一。

　　秦。三晉的青銅器紋飾對秦國的影響至今還没有確切的資料可以討論，反過來也是如此。早期的秦公鐘及其紋飾是西周晚期的自然延續，春秋中晚期之際的秦公簋紋飾爲方折而較繁密的交龍紋形成網絡狀結構，圈足爲兩行波曲紋，製作粗糙。這類紋飾的青銅器，多出土於關中地區。近年來流出海外的秦器，也是這類紋飾。由此可知，秦器藝術裝飾有其特殊的地方性風格。

　　中原。這一區域以鄭國爲大，新鄭出土的青銅器主要是鐘、鼎、鬲、簋和壺，還有以怪獸爲座的燎爐等。其中部分器物如鬲、簋等可能是春秋早期器，其他大致上爲春秋中、晚期器。大而精緻、覆蓋細密的交龍紋，大約是各地都通行的紋飾，三晉、曾、楚、徐、蔡等國器物皆有發現。新鄭的鼎上頗多此類紋飾，但是具有特色的是蓮瓣壺上一種體軀較寬的 S 形獸紋和交龍紋等，以雙鈎方法表現，中間爲凹陷，淅川下寺楚墓和新近發現的鄭太子與兵壺，也有這類紋飾。蔡侯墓出土的壺上也是如此。魯大司徒厚氏鋪上，全是這樣的龍紋或獸紋。現在知道這種紋樣的濫觴,始見於曾仲斿父壺等一類器上,所飾的波曲紋、S形獸紋等都是採用中間凹陷的雙鈎法。此類紋樣雖然分布的面較廣,但是侯馬陶範和三晉的器上基本上難見它的踪跡,由此可以知道它主要是楚、曾、蔡、鄭等地區流行的式樣,浸潤及於東魯。很可能這是春秋時期楚文化紋樣中的顯凸的因素。不僅紋飾,即器物的藝術造型如雙耳和圈足下的負獸也是如此。至於鄭、蔡等是其影響所及的地域。

　　楚。春秋中晚期青銅器紋飾最典型的當推淅川下寺楚墓的青銅器群,當時的紋樣是普遍採用交龍紋,以二方連續的雙龍交纏的紋樣作上下左右連續排列。和晉器不同的是主題紋飾不採取獸面銜龍的圖像,在晉器中有着同樣組織的交龍紋,要施於一些小型的器物上,淅川下寺楚墓的大型禮器上細密的交龍紋是爲楚器紋樣。楚文化覆蓋的地區,淅川楚墓中的鐘和徐沇兒鐘、許子璋鐘等皆出於同一風格,有的紋飾如出一範,都爲春秋中晚期器。曾侯乙墓青銅器表現爲戰國早、中期的楚器影響,曾侯乙墓的青銅器紋飾爲三類。一類是以大小的圓突點或羽翅組合的各種動物紋,這些圓突點彼此緊密地靠在一起,甚至很難看出它的基本構造。還有是用密集的翹出器表的小羽翅狀的變形動物紋,盡可能地鋪蓋器面,紋飾複雜而且精細。在一些器座上的龍紋更是緊密地交纏糾結,追逐這種繁密而具有某種旋律感的紋樣似乎是一種風氣。楚惠王酓章五十六年(公元前433年)鑄上的紋樣和曾侯乙編鐘的紋樣是相同的:曾侯乙墓有一類較平整的紋樣都是橫豎轉折交連的構造,條紋較爲規整,基本上不用弧線;還有一類是用活潑的弧線組成各種龍、鹿和雲紋等的變形物象,和上述紋樣形成了風格不同的對比。後者在戰國楚器中是重要的紋樣。楚國的青銅器紋樣比北方系統更帶有濃重的怪異氣氛。楚器的這種紋樣圖像是後來流雲紋的濫觴。

　　齊。春秋早期器是正統的西周早期青銅器的繼續,齊昭、懿之際的藝術裝飾看不出有任何地方性風格的體現。至春秋中期的欒鎛、屬氏鐘以及春秋中、晚期之際的叔夷鐘等皆和宗周的克鐘形制相似,鐘體四面皆有鏤空的棱脊,所不同的是篆部爲豎列的S形變形獸紋。但是欒鎛已採用卷龍紋,龍鬚尤其突出,龍目爲一較大的圓圈,軀幹上多處有扁形的突出物,不同於楚器羽翅狀突出。軀幹上有較細的雷紋,龍紋排列不留任何空隙,這是典型的齊國紋樣。但是田齊的器,有相當部分是保留舊體制的式樣,如田和的禾簋、墜肪簋等,都採用了時尚所棄置的寬大的波曲紋,包括洹子孟姜壺在內,都是很古老的紋樣。禮器具有某種政治涵義,採用西周的波曲紋,也許爲了表明政治姿態。所以在春秋晚期到戰國早期新舊兩種紋飾體制並見於當時各國的禮器上,這是一個很特殊的現象。但過百餘年,墜侯午敦、墜侯因脊敦等,都是質樸無華的素器了。田齊青銅器紋樣的衰退現象,好像開始得相當早。

　　在春秋中晚期,青銅器紋樣以北方的晉最爲繁盛,東方爲齊,南方則是楚國,覆蓋及於徐、蔡、吳等國,西戎主要是秦式紋樣。今魯西南的滕、邾、小邾,河南的黃、陳等都有局部的地域徵象。戰國早期,飾幾何紋樣的青銅器在各國大量出現,圖樣極富變幻的效果,而且嵌小塊的緑松石及間錯金銀、紅銅。在一些球形的敦上有不少幾何紋樣,鑒於球形敦是長江流域爲主的器物,豪華的幾何紋樣很可能主要是楚國的工藝,其産品行銷到其他地區,包括三晉在内。

在北方地區,三晉的青銅器紋飾是春秋晚期的繼續,以各種龍紋爲主的紋飾仍然很精緻,有意義的是出現了一批細刻紋樣盤、匜之類的青銅器。輝縣、潞城等地出現了用極鋒利的鋼刀刻鑿很細的建築、狩獵、戰鬥等圖像,在盤、匜、橢梧等器物上時有發現。橢梧這類以前稱爲舟的器物,屬晉和三晉系統,盤、匜的形式,也是屬於三晉地區的。可以説這是刻紋流行的主要地區。這種細刻紋青銅器,在山東長島、江蘇北部等地也有發現。

戰國中山王墓出土鑲金銀飛龍、虎噬鹿器座及龍鳳案座等極其精美的物件。在這些器上,有的用大片金銀片鑲嵌,有的錯工更爲細巧,兩者異趣,可能來源有所不同。要之,皆爲北方鑲嵌的風格。和南方更爲繁密精湛有規律的幾何金銀鑲嵌器件相比較,迥然有別。

戰國時代各國交通和商業往來極爲暢達,所以不能簡單地看器物在某地出土就是某國的器物。如秦國聚斂天下的珍寶,不能都看作是秦器,而是應該從器物紋飾的地區性特點,去分析該國工藝紋樣的發展趨勢。

戰國青銅禮器已轉變爲生活實用器,作爲等級制度的産物,基本上改變了性質。大約到了戰國晚期,已很少見到鑄造精湛且裝飾豪華的青銅器了。如安徽壽縣李三孤堆楚幽王陵出土的大量青銅器,除了若干器物的造型仍保留着王者雄偉的氣魄之外,多數器物呈現出粗率、衰疲的現象,裝飾已非器皿製造所必需。新的器類和品種已不再發展,如三晉流行過不少式樣的鼎,到戰國晚期基本上採用有蓋立耳、圜底短足的鼎式,並成爲後來漢鼎的固定模式了。盛食器流行青銅豆,盛酒器則是壺和鈁,壺有圓壺和扁壺數種,鈁是方壺的專名。鼎、豆、壺是最主要的生活器用,起於史前時期,直到青銅器發展的終結。各個時代都淘汰了前代繁衍的令人眼花繚亂的各種器物,剩下的仍然是生活實用的基本器物。這些器物由秦過渡到漢代,直到漢末,方才在社會生活中消失了它的作用和遺踪。

春秋戰國時代銘文和西周時代銘文有較大的不同。春秋戰國絶大多數是諸侯國的器,銘文記載了諸侯們的活動,王臣之器極其稀見,和西周銘文形成不同的對比。西秦的秦公鐘、秦公簋,晉的晉公牷盨、晉姜鼎,中山王嚳鼎和好盜壺,吳的吳王光鑑、吳王夫差鑑,蔡的蔡侯䚄尊、盤和鐘;楚的楚王領鐘、楚王酓章鎛等等,皆是有長篇銘文的諸侯之器,内容重要,有的甚至有補於史籍的遺佚。與此同時存在的還有相當多的國卿和上大夫的器,著名的如晉的邵黛編鐘,齊的鎛鎛、洹子孟姜壺,徐的沇兒鐘,楚的王子午鼎、王孫遺者鐘,吳的者減鐘,越的者沪鐘等等的銘文,大多是表明身份的崇高和世家尊榮之作。再就是一大批國君和國卿鑄兵器刻名的銘文,如越王鳩淺(句踐)劍、吳王夫差劍、蔡侯産劍、宋公得戈、吕不韋戈等等。這種情形,在西周時代是没有的。再有是諸侯、卿大夫們鑄銘媵女之器,如齊侯虢孟姬良女匜，徐的義楚鍴、盤、庚兒鐘及陳侯壺、陳侯簠、薛侯匜。還有是各國諸侯自作用器，鑄有銘文者甚多。其他如節、傳、兵符等等。戰國晚期商周禮器的概念已不爲社會所接受，器物上的刻銘只是記錄各國督造和冶造機構官員的官名、人名或器物的重量等内容，即所謂"物勒工名，以考其誠"之意。這樣，青銅器銘文，也就發展到了最後的階段。

春秋早期銘文仍是西周時代的繼續，而且有所退步，這主要是一些剛露頭角的小國，文化基礎薄弱，故銘文字劃草率，缺筆反書者皆有之。從春秋中期開始，和青銅藝術發展同步，對字形美化的追求支配了當時的銘文世界。在此基礎上出現了以鳥形增飾的銘文，特別在吳、越、蔡、楚等國的兵器上極其流行。如吳王光劍、王子于戈、越王鳩淺劍、越王者旨於賜劍、越王州句劍、楚王酓章劍、楚王孫漁戈、蔡侯産劍、蔡公子加戈等上的文字，通常稱爲鳥書。和鳥書同時出現的以獸形或獸頭爲銘文主要增飾的部分，如宋公戀戈、宋公得戈等銘文只有獸形而没有鳥形，這種文字稱之爲蟲書，合之或稱爲鳥蟲書。更有一種文字，增飾極其怪異，如楚王子午鼎銘文，既有鳥形的，也有人形正立或踞坐的，更有筆畫演變成肢體，其譎奇怪異，莫可名狀，這是字形藝術化走向極端的表現，不求辨認解讀，但求字形之美術裝飾效果，通篇文字可以當作圖案或藝術作品看。但是作爲文字的性質和應有的功用却缺乏生命力，因而這類古文奇字，傳之甚少。

鑄鏡工藝是商周絢麗青銅藝術的餘輝。

公元前 221 年秦王政盡兼並六國諸侯統一天下，建立强大的中央集權制的封建帝國。歷史條件的改變，社會生活的不同需求，使青銅藝術失去了滋長的養料。轉化成爲日常生活中的用器。漢帝所封的諸侯王仍擁有奢侈的青銅器，但那也是生活用具。此後，青銅作爲人們長期運用的一種金屬合金而存在。

青銅鑄造的日常用具有廣泛作用的是鏡。鏡在史前時期的齊家文化中已經出現，甘肅廣河齊家坪和青海貴南尕馬臺都出土過銅鏡，尕馬臺鏡並有七角紋樣。以後商周時代也有青銅鏡發現，但爲數不多，説明青銅鏡的鑄造仍然是個别現象。春秋晚期出現了可以大面積照容的鑑，晉智伯鑑銘文稱爲"智君子之弄鑑"，説明這鑑不是平常的水器，可能是主要用來照鑒容顏的。此時的青銅鏡還未大量推行到日常生活中去，它的廣泛流行是在戰國中、晚期，並且形成了以晉文化和楚文化不同型式和不同裝飾紋樣的兩大系統。三晉系統鏡，體似薄片，紐甚小，紋飾精細，佳品直如錦緞，紋樣有動物紋、動物變形和幾何紋等多種，鏡的邊飾有絢紋等，有明顯的地域性特徵。在初行時的晉鏡有個别厚邊的，這可以看作是嘗試性設計。楚文化系統的鏡體也很薄，通常有一周加厚的鏡邊，背面有五山紋、六山紋等鈎連紋的變化式樣，還有羽翅紋，或以羽翅紋爲地的各種動物紋，紋樣綫條活潑流暢。

兩漢鑄鏡業極其發達，考古發現的隨葬品甚多，在斷代研究方面有不少成就。漢鏡的紋樣豐富多彩，尤其是早期簡單的祐福之詞發展爲系統的鏡銘，並且出現了有紀年的銘文。漢人關注天象,重視道家的神仙故事,在青銅鏡的紋飾中有不少表述。東漢的畫像鏡是漢鏡中很重要的組成部分,不僅内容豐富,而且雕刻技法質樸、純熟,畫像充滿着想像力。兩漢的鑄鏡技術達於頂峰,對合金和鏡表面處理技術有着傑出的成就,有一些漢鏡至今仍精光湛然,具有抗腐蝕的極佳性能。漢鏡使用熟練的失蠟法鑄造,而製作蠟胎的範型是用滑石一類的石質製成的,因而紋飾能刻劃自如,靈巧生動,最好的漢鏡圖像,説它能做到纖毫分明,没有過分之處。

唐鏡是古代鏡史中的又一高峰。從技術角度看,唐鏡全部繼承了漢鏡的鑄造技術,没有更多的發展。所不同的是唐鏡的藝術形象極其豐富,首先,唐鏡不再是單件渾圓的模式,出現了葵花鏡、菱花鏡、方鏡等極爲新穎悦目的式樣。在紋樣内容方面也全然是新的,尤其是隋唐之際佛教藝術中的寶相花,普遍成爲鏡的紋樣。這是佛教藝術的浸潤作用,使青銅鏡産生了根本不同於以往的清雅優美的效果。海獸葡萄鏡是最典型的唐鏡,這富麗而有生趣的圖像,乃是與西域文明交流的産物。常見的還有舞鸞鏡、蟠龍鏡、神仙鏡、騎狩鏡、打馬球鏡等等,表現了更廣闊的題材。唐鏡的紋樣大都寫實,表現相當生動傳真。鏡背更發展了加工工藝,出現了金銀平脱鏡、嵌螺鈿鏡、金背鏡和銀背鏡等。中國的青銅鏡工藝,至唐代而集大成。

(原載《中國青銅器全集》(一),文物出版社,1996 年)

銘文考釋

商周青銅器銘文選集
——西周·方國征伐

一、伐 東 國 東 夷

保卣^①西周成王

乙卯,王令保及殷東或(國)五侯^②,征兄(荒)六品^③,蔑曆于保^④,易(錫)賓^⑤,用乍(作)文父癸宗寶尊彝^⑥。遘(遘)于四方迨(會)王大祀,祓(祐)于周^⑦,才(在)二月既望(望)^⑧。

① 傳河南洛陽出土。

高 25.8、口縱 9.4、口橫 12.2、底縱 11.3、底橫 13.8 釐米。

上海博物館藏。

② 王令保及殷東國五侯。　　保,召公奭的官名。《史記·周本紀》:"召公爲保",保也稱大保,見大保簋及大保方鼎,大保即召公奭。保卣銘記載的是周初召公保受命伐殷之東國五侯的史實,與《史記·周本紀》"召公爲保,周公爲師,東伐淮夷,殘奄,遷其君薄姑"的記載相合。《説文》又部:"及,逮也,從又從人",義爲追捕,逮捕。　　殷,指父庚禄父。周武王克商後,封紂王之子武庚禄父以續殷祀。史載武王死後,周公攝政。《史記·周本紀》:"管叔、蔡叔羣弟疑周公,與武庚作亂,畔周。周公奉成王命,伐誅武庚、管叔……"當時,東國廣大地區國族都曾參預了叛亂。《逸周書·作雒》:"周公立,相天子,三叔及殷東徐奄及熊盈以略";塑方鼎銘:"佳周公于伐東尸(夷),豐伯、尃古(薄姑)咸戈。"　　東國,成周以東的地域,國的本字爲或,即地域。　　五侯,東國主要的五個諸侯。薄古是其中之一。《漢書·地理志》:"殷末有薄姑氏,皆爲諸侯,國此地,至周成王時,薄姑氏與四國共作亂,成王滅之,以封師尚

父."此五國當皆五侯,五侯助殷叛周,是東國叛亂的一個主要方面。五侯之稱也見於史書,《史記·齊太公世家》:"五侯九伯,實得征之。"此五侯即殷之東國五侯。

③ 征兄六品。　　征,語詞。　　兄,讀爲荒,義爲廢亡。《尚書·微子》:"天毒降災荒殷邦。"又《尚書·盤庚中》:"無荒失朕命",僞孔《傳》:"荒,廢。"

六品之品指種族而言。周公簋銘:"錫臣三品:州人、重人、辱人。"古人以氏族爲社會組織之紐帶,族之所聚亦稱爲國,六品即六國。六國除東國五侯以外,尚包括殘殷,因爲東國畢定,殷人失去了叛變的同盟,也就消除了周人最大的禍患。

④ 蔑曆于保。　　明功曆于保,即王稱美保的功曆。　　蔑曆是表揚功績的褒義詞。《説文》首部:"蔑,勞目無精也,从首,人勞則蔑然。"此義與金文詞意絶不相諧。金文蔑字像伐字,而所從人旁有大目,作𦧏。伐是以戈擊人的會意字,蔑字像以戈擊一面目特別強調的人形,從造字的規律來看,它和伐字的意義應相類似。蔑伐在古音中是聲轉同部字。戰争表現爲征伐,所以伐是戰功。《荀子·臣道》:"功伐足以成國之大利",楊倞《注》:"戰功曰伐。"《史記·高祖功臣侯者年表》:"明其等曰伐,積日曰閲。"據此,伐是表明功的等第,這是客觀上的明功等。也有主觀上的明功,《論語·憲問》:"克伐怨欲不行焉,可以爲仁矣。"何晏《集解》引馬融《注》:"伐,自伐其功。"金文的蔑字就是功伐的伐字,蔑曆也有他蔑和自蔑之區分,這和功伐的伐字用法相同。後來,蔑字本義泯没而統用爲伐字了。曆,就是閲歷的歷。閲、歷的涵義相同。歷與厤通,《爾雅·釋詁》:厤,"數也"。《廣雅·釋詁四》:閲,"數也"。數就是歷數的意思。表現在功伐問題上,閲是功勞的時間積累,即《史記·高祖功臣侯者年表》"積日曰閲"之意,歷也是同樣的意思。蔑是動詞,歷是賓語,金文中都如此,其本義是明功,當作動詞有稱美的用意。《小爾雅·廣詁》:"伐,美也。"故蔑歷是稱美功歷,蔑某歷是稱美某的功歷,某蔑歷是某自美其功歷,即自伐其功。蔑歷于某是稱美功歷於某。蔑歷後來轉化爲名詞"伐閲",《漢書·車千秋傳》:"無伐閲功勞。"顏師古《注》:"伐,積功也;閲,經歷也。"蔑歷的不同解釋很多,還有某些有益的見解,兹不再引徵。

⑤ 錫賓。　　賓,錫的賓格,指所贈的品物。覺卣銘:"王姜令作册覺安夷伯,夷伯賓覺貝布",是貝布爲賓之一種。　　錫賓,是説王賞賜給保以某種物品。

⑥ 文父癸宗寶尊彝。　　文,美,美稱父癸。　　宗寶尊彝,意思是宗廟裏的祭器。

銘詞是説保因受到王的賞賜而作父廟的祭器。此器銘文比較特殊,整篇只是記載王的命詞,器主本人無對揚之詞,所以只有官名而無私名。

⑦ 遘于四方迨王大祀,祓于周。　　這是殷周之際銘文中叙述當年發生的大事作爲記年的一種習慣。　　遘,遇。　　迨,會的古文。　　四方,泛指王國以外的四方諸侯。祓,即祐,在這裏義爲助祭。祐于周,指成王平亂後在宗周大祀,四方諸侯都與會助祭。平亂在成王的第三年,成周洛邑的建成在五年,故此大祀疑在五年之後。

⑧ 在二月既望。　　既望,日月既相望,即十五及其後數日。這是周人紀日的一種特定方法,以記月相來縮小日期的範圍,然後繫以干支日名。據近人王國維研究,周人一月四分月相,即初吉、既生霸、既望、既死霸,每一月相分配七八天,視大小月而定。今按:初吉不能算月相,因此日與月的運行無關,而四分月相說與金文校驗,頗多抵牾。後來董作賓有定點月相說,即把月相的幅度縮小爲二三日,但也不能完全解決問題,故月相如何解釋尚需作進一步研究。

參考書目　陳夢家:《西周銅器斷代》(《考古學報》第 9 册第 157 頁);黃盛璋:《保卣銘的時代與史實》(《考古學報》1957 年第 3 期第 51 頁);郭沫若:《保卣銘釋文》(《考古學報》1958 年第 1 期第 1 頁);蔣大沂:《保卣銘考釋》(《中華文史論叢》第 5 輯第 93 頁);上海博物館:《上海博物館藏青銅器》第 36 器。

塱方鼎①西周成王

佳周公于征伐東尸(夷)②,豐白(伯)、尃古(薄姑)咸戈③。公歸纂于周廟④。戊辰,酓秦酓⑤,公賞(賞)塱貝百朋⑥,用乍(作)尊彝。

① 傳 1924 年陝西鳳翔靈山出土。

高 26.8、口縱 16、口橫 21.1 釐米。

② 佳周公于征伐東夷。　　佳即唯,句首語詞,無特殊意義,爲古語所習用,金文中常見。　　于征伐,義爲往征伐,《詩·大雅·棫樸》:"周王于邁",鄭玄《箋》:"于,往。"于征伐東夷即往征伐東夷。《尚書·大誥》:"予惟以爾庶邦,于伐殷逋播臣。"僞孔《傳》:"用汝衆國往伐逋亡之臣。"關於周公征東夷,史書上有明確記載,《史記·周本紀》:"成王既遷殷遺民,周公以王命告,作《多士》、《無佚》。召公爲保,周公爲師,東伐淮夷,殘奄,遷其君薄姑。成王自奄歸,在宗周,作《多方》。"據《尚書大傳》周公攝政後行事的次序是:"一年救亂,二年克殷,三年踐奄,四年建侯衛,五年營成周。"則伐東夷爲武王死後的第三年。

③ 豐伯、尃古咸戈。　　豐伯,東夷豐國的君長,豐國故址在今山東益都縣境。　　蒲姑,或作亳姑、薄姑,國名,其地在今山東省博興縣東北。豐國與蒲姑屬於東夷諸國之强者。《說文》戈部:"戈,傷也,從戈才聲。"咸戈,全部平滅。

④ 公歸纂于周廟。　　纂,祭名。　　周廟,周王室的宗廟。　　銘詞言周公歸祭於宗廟以告成功。

⑤ 酓秦酓。　　前一酓讀爲飲字,後一酓字指酒漿。秦酓是酒名。酓秦酓是說周公告廟後,舉行宴飲,所飲之酒名秦酓。《左傳》桓公二年:"凡公行,告於宗廟,反行飲至,舍爵策

勳焉,禮也。"

⑥ 貝百朋。　　貝,古代的貨幣,也作爲貴重的飾物。　　朋,貝幣的單位,舊説,五貝爲一串,兩串爲一朋。百朋是金文中所見最高賞賜。

參考書目　于省吾:《雙劍誃吉金文選》(卷上 2 第 1 頁);陳夢家:《西周銅器斷代》(《考古學報》第 9 册第 168 頁);譚戒甫:《西周塑鼎銘研究》(《考古》1963 年第 12 期第 671 頁)。

禽簋①西周成王

王伐埶(奄)侯②,周公某(謀)禽祝③,禽又(有)殷(脤)祝④。王易(錫)金百寽⑤。禽用乍(作)寶彝。

① 高 13.7、口徑 18.8、底徑 15.5 釐米。
中國歷史博物館藏。

② 王伐埶侯。　　埶侯,埶國的君長。埶從去得聲,讀爲蓋,即奄國。奄、蓋同聲字。《韓非子·説林》的"商蓋"即商奄。奄國故址在今山東曲阜縣境。王伐埶侯,即成王伐奄。史籍中曾有意識地强調周公攝政的作用。説成王即位時尚在孩提或襁褓之時。甚至説周公攝政稱王。較多的説法是周公攝政七年後歸政於成王,成王乃正式稱王。以上諸説與本器銘皆不合。銘中説王伐奄侯,周公教其子伯禽脤祝以社祭。故王必是成王而不是周公。史載東征踐奄時周公爲師,召公爲保,則所師所保者當然是成王。《書序》:"成王東伐淮夷,遂踐奄",則銘詞之"王伐埶侯"就是成王"踐奄"。

③ 周公謀禽祝。　　周公,即周公旦,武王之弟,周初著名的政治家,曾輔佐武王滅商。史載武王死後,成王年輕,周公攝政,繼續輔佐成王,平武庚管蔡之亂,伐東夷,營造成周,策劃了許多鞏固周王朝統治的重要措施。　　謀,借爲誨,義爲教誨,訓導。　　禽,周公旦長子,字伯禽。成王踐奄後,以奄國及其人民分封給周公,國號魯,但周公不就封,於是以伯禽爲魯國第一代國君。　　祝,即大祝,伯禽未封魯侯之前的官名,職司神事,地位很高。

④ 禽有殷祝。　　殷,從支辰聲。辰字形和臣辰父乙鼎、臣辰父癸鼎及臣辰父辛尊等銘文的辰字相似。假藉爲裖或脤字。《左傳》閔公二年:"受脤于社。"孔穎達《疏》:"出兵必祭社","今言受脤于社,明是社祭之肉盛以脤器。"銘詞爲伐奄侯而以脤器祝之,正與用兵祭社的習尚相合。

⑤ 金百寽。　　寽,青銅的重量單位,其絕對量值今不詳。

參考書目　郭沫若:《兩周金文辭大系圖録考釋》(釋第 11 頁);吳闓生:《吉金文録》(卷 2 第 15 頁);陳夢家:《西周銅器斷代》(《考古學報》第 10 册第 73 頁)。

犅刧尊①西周成王

　　王征蓋(奄)②易(錫)犅刧貝朋③,用乍(作)□蒼且(祖)缶(寶)尊彝④。

① 大小未詳。有卣同銘。

② 王征蓋。　　蓋即奄。征奄,係成王踐奄。見禽簋注。

③ 錫犅刧貝朋。　　貝朋,貨貝一朋,犅刧從征受賜。

④ 用作□蒼祖缶尊彝。　　第三字拓本不清楚,不能隸定,或釋朕。　　蒼,有人以爲高字的異文。　　缶,寶字之省。

參考書目　吳闓生:《吉金文錄》(卷 3 第 23 頁);陳夢家:《西周銅器斷代》(《考古學報》第 10 册第 76 頁)。

旅鼎①西周康王

　　佳公大保來伐反尸(夷)年②,才(在)十又一月庚申,公才(在)盩自③,公易(錫)旅貝十朋。旅用乍(作)父尊彝。卉④。

① 高 22、口徑 16.9 釐米。

傳 1896 年山東黃縣萊陰出土,舊稱大保鼎。

中國歷史博物館藏。

② 佳公大保來伐反夷年。　　大保,召公奭的官名。　　反夷,反叛的夷人,即東夷。

③ 公在盩自。　　盩,地名;盩自,召公伐東夷的師旅駐地,地望不詳。

④ 卉、芔的本字,像草木華葉重纍,器主旅的族名。

參考書目　劉心源:《奇觚室吉金文述》(卷 16 第 4 頁);郭沫若:《兩周金文辭大系圖錄考釋》(釋第 27 頁);吳闓生:《吉金文錄》(卷 1 第 11 頁);陳夢家:《西周銅器斷代》(《考古學報》第 9 册第 170 頁)。

小臣謎簋①西周康王

　　�!東尸(夷)大反②,白(伯)懋父吕(以)殷八自征東尸③。佳十又一月,趞

（遣）自曧自④，述東陕⑤，伐海眉⑥。雩厇（厥）復歸才（在）牧自⑦。白懋父丮（承）王令（命）易（錫）自達征自五齵貝⑧。小臣諌蔑厤，采易貝，用乍（作）寶尊彝。

① 傳 1930 年河南汲縣出土。

高 24.5、口徑 20、底徑 15.3 釐米。

臺灣省"中央博物院"藏。二器，銘同。

② 戲！東夷大反。　　戲，嘆詞，與古籍中的嘆詞"嗟"相同。　　東夷，商周時代山東地區一些少數民族邦國的通稱。康王時代東夷大反事現存史籍中没有記録。

③ 伯懋父以殷八自征東夷。　　伯懋父，衞康叔之子康伯懋，也叫王孫牟，事周康王。伯懋父之名尚見於小臣宅簋、衞簋、吕行壺、師旂鼎及召尊、召卣等銘文中。小臣宅簋銘"同公在豐，命宅事伯懋父"。則同公與伯懋父爲同時。同公也見於沈子它簋銘"沈子作緟於周公宗，陟二公，不敢不緟休同公，克成妥吾考目於顯顯受命"。則同公與它父爲同時。沈子之考是魯煬公（詳見沈子它簋），魯煬公之立在康王二十年，事見《史記·魯周公世家》。可知伯懋父、同公都是康王時人。　　自，孳乳爲師。《説文》自部官字云："从宀从自，自猶衆也，此與師同意。"章炳麟《文始》："《説文》自，小自也，象形。引伸爲衆聚之義，近轉脂，孳乳爲師。"大師吏良父簋銘，大師作"大自"。金文中的殷八自、西六自，即殷八師、西六師。下稱牧自，是殷八師的駐在地，牧就是牧野。酈道元《水經注·清水》："自朝歌以南南暨清水，土地平衍，據皋跨澤，悉埖野矣。"又《史記·衞康叔世家》："以武庚殷餘民封康叔爲衞君，居河、淇間故商墟。"淇縣即古朝歌，在衞康叔封國範圍之内，故統率殷八師的伯懋父應是衞康叔子康伯懋，懋、髦是同聲字。康伯髦在文獻中也稱王孫牟。《左傳》昭公十二年："昔我先王熊繹與吕級、王孫牟、燮父、禽父並事康王。"杜預《注》：王孫牟是"衞康叔子康伯"。牟、髦是同聲音假字。這樣不論從人物、地點、史實幾方面來看，都説明伯懋父是康王時人。"以殷八師征東夷"是率領殷八師征東夷。《左傳》僖公二十六年："凡師，能左右之曰'以'。"能左右師旅就是師旅之長。康伯髦或伯懋父統率駐於牧野的殷八師，和周室建衞國以監殷民的作用是一致的。

④ 趞自曧自。　　趞，指殷八師出發。趞即遣，金文中的遣都從走。《説文》辵部："遣，縱也。"引伸爲放、發。銘詞是説殷八師從曧自出發。

⑤ 述東陕。　　述，順。《説文》辵部："述，循也。""循，行順也。"猶如現代語"順着"。東陕，東夷的地名，地望不詳。　　述東陕是説殷八師順着東陕進軍。

⑥ 伐海眉。　　海眉，東夷的濱海地區。《廣雅·釋邱》："澳、濱、湄，"厓也"。海眉即海厓。《吕氏春秋·有始覽》有"齊之海隅"，高誘《注》云："隅猶崖也"，是以海湄、海厓和海隅的意思相同。

⑦ 雫厥復歸在牧自。　　雫,史籍作粤,語首助詞,没有特殊意義。　　厥,其,指伯懋父及其所率師旅。伯懋父率領殷八師征東夷後仍然返回牧自。

⑧ 錫自達征自五齵貝。　　錫自,賞賜在牧自的部隊。　　達,句中語詞。　　征,《廣雅·釋詁》:征,"税也。"又《周禮·地官·閭師》:"以時征其賦。"征自五齵貝是從東夷五齵地方征收來的貝。或説齵即海隅的隅,從鹵,説明其地産鹽鹵,又産海貝。

參考書目　郭沫若:《金文叢考》(第 330 頁)、《兩周金文辭大系圖録考釋》(釋第 23 頁);于省吾:《雙劍誃吉金文選》(卷上 3 第 3 頁);吳闓生:《吉金文録》(卷 3 第 2 頁);陳夢家:《西周銅器斷代》(《考古學報》第 9 册第 170 頁);楊樹達:《積微居金文説》(第 122 頁);丁山:《𣄰敢跋》(《歷史語言研究所集刊》第 2 本第 4 分册第 416 頁)。

𥴩鼎① 西周康王

佳王伐東尸(夷),溓公令(命)𥴩眔史旟(旅)②曰:"吕師氏眔有嗣(司)遂(後)或(國)裁伐腺③。"𥴩孚(俘)貝。𥴩用乍(作)𠤳公④寶尊彝。

① 大小不詳,共二器。

② 溓公命𥴩眔史旟。　　溓公,人名,征伐東夷的軍事首長之一。溓公名又見於厚趠方鼎,嗣鼎等器。　　史旟,人名,史是旟的官名。旟鼎銘:"王姜易旟田三於徣劇",王姜是康王的后,所以這次伐東夷和小臣謎鼎記康王時東夷大反、伯懋父以殷八師征東夷是同一次戰役。

③ 吕師氏眔有嗣遂或裁伐腺。　　師氏,統兵之官,西周金文中常見。又《周禮·地官·師氏》:"師氏掌以媺詔王,以三德教國子。"師氏也是教國子之官。　　有司,泛指官員,古代設官分職,事各有其專司,所以稱爲有司。　　遂或即後國,義爲從征在後之方國,即溓公所率的小邦國。　　裁,不識,字從戈,有殺傷之義,"裁伐"當是一動詞詞組。　　腺,被征伐的東夷國名,地望不詳。下文云俘貝,或與海相近。

④ 𥴩用作𠤳公寶尊彝。　　𠤳公,𥴩之先人。

參考書目　郭沫若:《兩周金文辭大系圖録考釋》(釋第 28 頁);吳闓生:《吉金文録》(卷 1 第 29 頁);陳夢家:《西周銅器斷代》(《考古學報》第 9 册第 174 頁)。

魯侯尊① 西周康王

唯王令(命)明公遣(遣)三族伐東或(國)②,才(在)𣄰③。魯侯又(有)𠃊工

（功）④，用乍（作）薹（旅）彝。

① 舊稱明公簋。

高 22.2、口徑 20.7、底縱 11.8、底橫 12.7 釐米。

上海博物館藏。

② 明公遣三族伐東國。　　明公之名又見於令方彝，另有一夨令簋與令方彝爲同一人之器。夨令簋銘：“佳王於伐楚伯在炎，佳九月既死霸丁丑，作册夨令尊宜于王姜。”則王姜、夨令、明公乃是同一時代的人。據令方彝銘明公就是周公子明保。王姜是康王之后，則明公伐東國也應在康王時。史載成康之際天下安寧，刑措四十餘年不用。這雖然不免有所誇大，但總是反映成康時代一段較長的相對安定的時期。康王時小盂鼎銘記伐畎方爲廿五年。這是康王在位最後第二年。小臣謎簋之伯懋父征東夷爲康王十八年事（見小臣謎簋注），這次征伐是大規模動員的。另據旂方彝銘，十九年時康王至五月還在近東國的斥地等巡視，則在往後的數年之間當不會有東夷大反的事。所以明公的伐東國可能與伐東夷是同一次征伐。前者東國指地域，後者東夷指處於此地域的種族。明公出征東國所遣的三族當是三個氏族。班簋銘也記載穆王命令吕伯吴伯率領其族人從征。

③ 在𣄼　　𣄼，東國地名，地望不詳。

④ 魯侯有𠙽功。　　康王時魯侯更易三世，即伯禽、考公酉、煬公熙。如果史載伯禽卒年不錯，則此魯侯可能是其子考公酉，可由以下器銘來推斷。𧽊鼎銘：“王命𧽊𣄼東反夷”，而𧽊尊銘：“十有三月辛卯，王在斥，錫采。”又據𤼈卣銘載王在斥是十九年，則𧽊尊當是王十八年。旂尊銘王在斥，五月有戊子，則同年十三月不能有辛卯，而前一年的十三月可以有辛卯。所以伐東國可能是康王十八年事。小臣謎簋銘，伯懋父伐東夷以十一月率殷八師還歸牧野。十三月庚寅王才寒𣐺（次）錫中亳土爲采邑（中方鼎銘），次日辛卯王在斥錫𧽊旆爲采邑。這種賜予王臣的采邑，乃是獎勵軍功。如果斥是漢代的斥丘（今安成縣境），則從斥到寒次僅有一天的路程，《左傳》定公十年：“衛侯伐邯鄲午于寒氏。”寒次或即此地，與斥丘大體上相隔一天的路程。𧽊、中等以將兵的首領隨從王，當然是爲了武備，所以十一月伐東夷之役結束，十三月𧽊等人即受采邑之錫。爲了安定東夷，康王在斥近東國之地至少逗留到五月戊子（旂尊）。康王十八年是伯禽之子魯考公酉二年。　　𠙽，冎字，當讀爲過，過工就是過甚之功或過度之功，是魯侯自栩其戰功之詞。

　　參考書目　郭沫若：《西周金文辭大系圖録考釋》（釋第 10 頁）；吴闓生：《吉金文録》（卷 2 第 15 頁）；陳夢家：《西周銅器斷代》（《考古學報》10 册第 69 頁）；黄盛璋：《西周微家族窖藏銅器羣初步研究》（《社會科學戰綫》1978 年第 3 期第 194 頁）。

叀鼎① 西周康王

王令（命）趞戩（捷）東反尸（夷）②，叀肇從趞征③，攻鬨（譎）無啻（敵）④，省㢸（于）氒（厥）身⑤，孚（俘）戈，用乍（作）寶尊彝。子子孫孫其迷（永）寶。

① 大小未詳。叀傳世的器尚有叀卣、叀尊、叀甗等。

② 趞戩東反夷。　趞，與趞尊的器主爲一人。　戩，捷之古文，魏三體石經作戩，義爲克、制勝。此次克東反夷，當與伯懋父征東夷爲同一戰役。

③ 叀肇從趞征。　肇，開始，説明叀首次參加征伐。

④ 攻鬨無敵。　鬨即龠字，金文龠字及從龠之字皆作鬨。龠借爲譎。《廣雅・釋詁三》譎，"拔也"。攻譎無敵，義爲攻城拔邑而無敵。

⑤ 省于厥身。　省訓善。《禮記・大傳》："大夫士有大事，省于其君"，鄭玄《注》："大事，寇戎之事也。省，善也。善於其君，謂免於大難也。"省于厥身當是善于叀身，即叀身在攻戰中無所傷損。

參考書目　阮元：《積古齋鐘鼎彝器款識》（卷4第22頁）；孫詒讓：《古籀拾遺》（卷中第12頁）；劉心源：《奇觚室吉金文述》（卷16第5頁）；郭沫若：《兩周金文辭大系圖録考釋》（釋第20頁）；于省吾：《雙劍誃吉金文選》（卷下1第9頁）；吳闓生：《吉金文録》（卷1第12頁）；陳夢家：《西周銅器斷代》（《考古學報》第9册第173頁）；楊樹達：《積微居金文説》（第130、230頁）。

班簋① 西周穆王

佳（惟）八月初吉，才（在）宗周②。甲戌，王令（命）毛白（伯）更虢（城）公服③，𡧊（屏）王立（位）④，乍（作）四方亟⑤，秉緐、蜀、巢令（命）⑥，易（錫）鈴、鏊，咸⑦。

① 1972年北京市文管處自舊銅中揀出。

高27.7、口徑26、底徑23.7釐米。

北京市文管處藏。

② 在宗周。　宗周是西周的都城，即鎬京，故址在今陝西省西安市西南，灃河東岸。

③ 毛伯更虢䣛公服。　更,繼續、繼承。《國語·晉語》:"姓利相更",韋昭《注》:"更,續也。"　虢䣛公,人名。䣛,城字的初文,借爲成字,城公即成公,虢成公是西虢的統治者。西周地方諸侯常有在宗周爲王官的。　服,官位的泛稱,《詩·大雅·蕩》:"曾是在服",毛亨《傳》:"服,服政事也。"《尚書·酒誥》:"越在外服,侯、甸、男、衛、邦伯;越在内服,百僚庶尹。"　銘詞意爲王命毛伯繼承虢成公的官位。

④ 甹王位。　甹,甹的繁體,假爲屏字,義如屏蔽,保衛。《左傳》僖公二十四年:"昔周公吊二叔之不咸,故封建親戚以蕃屏周。"屏王位,即保衛王位。

⑤ 作四方亟。　古代京都之外的王畿稱四國,四國之外的統治區域稱四方。四方或稱多方。　亟字篆文像以支擊人,而置於上下有欄的隘中,從口是驚呼之意,亟之原誼當爲殛。銘文作工,筆劃稍有簡略,而隘中之形未改。亟通極,義爲則、法則、效法。《詩·商頌·殷武》:"商邑翼翼,四方之極。"鄭玄《箋》:"商邑之禮俗翼翼然可則傚,乃四方之中正也。"《後漢書·樊準傳》引《韓詩》作"京師翼翼,四方是則。"又《詩·大雅·卷阿》:"豈弟君子,四方爲則。"此云"作四方極",係言毛伯藩屏王室,以爲四方之效法。

⑥ 秉緐、蜀、巢命。　緐、蜀、巢,都是地名。　緐即緐湯,曾伯霥簠銘:"克狄淮夷,印燮繁湯",當爲同一地名。《左傳》襄公四年:"楚師爲陳叛故,猶在繁陽。"繁陽即繁湯。杜預《注》:"繁陽,楚地,在汝南鮦陽縣南。"其地在今河南新蔡縣北,爲當時運輸銅錫的要道。蜀,非巴蜀之蜀,可能是魯國之蜀。《春秋》成公二年:"十有一月,公會楚公子嬰齊于蜀。丙申,公及楚人……曹人、邾人、薛人、鄫人盟於蜀。"此地名也見於《國語·楚語》:"靈王爲章華之臺……願得諸侯與始升焉,諸侯皆距無有至者,而後使大宰啓彊請於魯侯,懼之以蜀之役。"韋昭《注》:"蜀,魯地。"　巢,《尚書·仲虺之誥》:"成湯放桀南巢",孔穎達《疏》:"《傳》言'南巢地名',不知地之所在,《周書序》有'巢伯來朝',《傳》云'南方遠國'。鄭玄云:'巢,南方之國,世一見者。'"疑此巢即安徽六縣之巢國。《春秋》文公十二年:"夏,楚人圍巢。"杜預《注》:"巢,吴、楚間小國。廬江六縣東,有居巢城。"　秉,即《管子·小匡》"治國不失秉"之秉。班的任務是分管繁、蜀、巢等三個地區。

⑦ 錫鈴、鋚,咸。　鈴,旗上的銅鈴,毛公鼎銘"朱旗二鈴",鈴即代表旗。　鋚,馬頭絡銜。字從金以示其爲銅製。咸,完畢,表示這一段王命告一段落。

王令(命)毛公吕(以)邦冢君、土(徒)馭、𢦚人伐東或(國)痟(厭)戎①,咸。王令吴白(伯)曰:②"吕乃自(師)左比毛父!"王令吕白(伯)曰:"吕乃自右比毛父③!"遣令(命)曰④:"吕乃族從父征⑤,徣(出)䣛(城)⑥,衛父身⑦,"三年静(靖)東或(國)⑧!亡不成,眖天畏(威)⑨,否(不)畀(俾)屯純陟⑩。

① 王命毛公以邦冢君、徒馭、戗人伐東國痟戎。　　毛公即班，原稱毛伯，班爲其名，更號成公服後則稱公。　　邦冢君是各同盟部落的首領，《尚書·牧誓》：“我友邦冢君。”徒馭爲步兵和車兵，馭是車馭，統指車兵而言。　　戗人，族名，傳世有戗伯鼎、戗者鼎，叔夷鐘銘有戗徒，都是同一族名。　　痟戎，不詳，東國的一個邦族。或以爲是厭字的別體，厭古音與偃姓之同爲寒部，徐爲偃姓，徐戎在東國，伐厭戎或即伐徐偃王。

② 王令吳白。　　吳伯與下文的呂伯及班共同在場，接受王命。《尚書·呂刑》：“吕命，穆王訓夏贖刑作呂刑。”僞孔《傳》：“吕侯以穆王命作書，訓暢夏禹贖刑之法”，單稱呂，呂伯之器傳世的尚有呂鼑，也僅稱呂。呂伯之名爲剛，吳伯之名爲旂，見靜簋銘。呂方鼎和靜簋，都是穆王時器。

③ 以乃師左比毛父。　　乃，第二人稱代名詞領格。　　比，相次。　　以乃師左比毛父，意爲你的軍隊次於毛伯的左首，即吳伯爲左師，呂伯爲右師，班自率中師。　　毛父，王對班的稱呼，說明班的行輩比王高。

④ 遣命。　　《說文》辵部：“遣，縱也”，又系部：“縱，緩也，一曰舍也。”遣命就是捨命，克鐘銘“捨命于成周遹正八師”，是對成周八師發出命令。

⑤ 以乃族從父征。　　周人作戰，將兵首領宗族中的成年人有戰鬥力的要參加作戰，作爲軍隊的骨幹。銘詞是王命令吳伯和呂伯的族人隨從毛父出征。

⑥ 出城。　　對部隊開拔出城的命令。

⑦ 衛父身。　　說明毛父是主帥，以左右兩翼衛護中軍。

⑧ 三年静東國。　　靜，安靜，又通作靖。《廣雅·釋詁》：靖，“安也。”《左傳》僖公九年：“君務靖亂。”“三年靖東國”，必須在三年內完成對東國的靖亂任務。

⑨ 亡不成，眊天威。　　亡，否定詞，即不許不成。　　眊字從目從爪。金文爪和丑同一字形，像手有長甲，所以叉也是爪字。《說文》目部：“眊，掐目也，從目叉。”掐目成盲人，故其字引伸有剚掐義。眊天威，義爲損毀天威。詞意是不許不成功，而有損天威。

⑩ 不俾純陟。　　此句意謂天之不助將愈來愈甚。《尚書·多方》：“惟天不畀純”，僞孔《傳》：“惟天不與桀亦已大。”不畀即不與，與有助義。　　純，大。　　陟，升。

公告厤（厥）事于上①□：“隹（惟）民亡（氓）偖（拙）才（哉）②！彝悉（昧）天令（命），故亡③。允才（哉）顯④，隹苟（敬）德⑤，亡逌（攸）達⑥。”

① 公告厥事于上。　　公指毛公班。　　厥事，毛公征東國之事。　　此句銘辭是東征勝利，毛公班告成功於王。

② 惟民氓拙哉。　　氓，庶人、野人。銘詞意爲頑民們真愚蠢。

③ 彝昧天命,故亡。　　彝,常。《詩·大雅·烝民》:"民之秉彝",毛亨《傳》:"彝,常。"昧,不明。　　詞意爲常不明上天之意,故而自取滅亡。

④ 允哉顯。　　信而明顯。

⑤ 隹敬德。　　敬德,周人的習慣語,意爲虔敬修德。

⑥ 亡攸違。　　攸,語中助詞,無特殊涵義。　　此句是説無違於天命。

班拜頴首曰:烏虖(呼)！不柸䡄(揚)皇公受京宗懿釐①,毓(育)文王王姒(姒)聖孫②,隥(登)于大服③,廣成氒工④。文王孫亡弗襃(懷)井(型)⑤,亡克竟氒剌(烈)⑥。

① 不柸䡄皇公受京宗懿釐。　　不柸,義近丕顯,襃揚之辭。師遽簋銘:"敢對揚天子不柸休",录伯簋銘:"對揚天子丕顯休",語例相似。　　䡄,揚字之省,小子省壺及揚簋之揚都從䡄從王,像人捧玉奉揚狀。此字漏鑄玉字,仍應讀揚。　　皇公,班的父考。《廣雅·釋親》:公,"父也"。　　京,《爾雅·釋詁》:"大也",京宗就是大宗,家族中嫡長子繼承的世系稱爲大宗,這裏指的是周王朝宗室。　　懿,美好。　　釐,《説文》里部:"家福也。"受京宗懿釐,意爲蒙受王室美好的福蔭。

② 育文王王姒(姒)聖孫。　　班的皇公即昭考,是文王王姒之聖孫所育。因爲毛叔鄭是始封之君,他是文王之子。所以班的父考是毛叔鄭的兒子所育,也就是文王王姒的孫子,是班的父考。班是文王的玄孫,毛叔鄭的曾孫。按宗廟的昭穆制度,毛叔鄭之子是昭,孫是穆,曾孫又是昭,所以班稱父爲昭考。在行輩上,昭王是文王玄孫,但在時代上自然可以相接。器主班研究者多以爲即是《穆天子傳》中的毛班。此書卷四:"命毛班,逢固先至於周以待天之命。"郭璞《注》:"毛班,毛伯衛之先也。"又卷五:"毛公舉幣玉。"郭璞《注》:"毛公即毛班也。"

③ 登于大服。　　《爾雅·釋詁》:登,"陞也"。　　大服即大官,高官。

④ 廣成厥工。　　廣,大。　　成猶立,建立,詞意是大大地建立了他的功業。

⑤ 文王孫亡弗懷型。　　懷型,懷先人之德以爲型儀。　　以上登于大服,厥功及懷型都是班稱頌父考。

⑥ 亡克竟厥烈。　　意思是没有誰能和他競比功業。

班非敢覓①,隹(惟)乍(作)邵(昭)考爽②,益(謚)曰大政③。子子孫多世其永寶。

① 班非敢覓。　　覓,求。意即班不敢有所企求。

② 惟作昭考爽。　　昭考,周宗廟中祖考排列的制度。太祖居中,二四六世居左稱昭,三五七世居右稱穆,爽其名。

③ 謚曰大政。　　謚,尊號。

參考書目　劉心源:《古文審》(卷5第1頁);郭沫若:《兩周金文辭大系圖錄考釋》(釋第20頁);于省吾:《雙劍誃吉金文選》(卷上2第24頁);吳闓生:《吉金文錄》(卷2第12頁);陳夢家:《西周銅器斷代》(《考古學報》第10冊第70頁);楊樹達:《積微居金文説》(第122、255頁);丁山:《班簋銘跋》(《史學集刊》第4期第69頁);徐炳昶:《班簋銘跋書後》(《史學集刊》第4期第76頁);郭沫若:《班簋的再發現》(《文物》1972年第9期第2頁)。

二、伐荆楚南國

令簋[①]西周昭王

佳王于伐楚白(伯)[②],才(在)炎[③]。佳九月既死霸丁丑[④],乍(作)册矢令尊圄(宜)于王姜[⑤],姜商(賞)令貝十朋、臣十家、鬲百人[⑥]。公尹白丁父兄(貺)于戍,戍冀,嗣(司)乞(訖)[⑦]。令敢䵼(揚)皇王宣[⑧],丁公文報[⑨],用顨(稽)後人享[⑩],佳丁公報。令用奔展于皇王[⑪],令敢䵼(揚)皇王宣,用乍丁公寶簋,用尊史于皇宗[⑫],用卿(饗)王逆迮(造)[⑬],用廄(飤)寮人[⑭],婦子後人永寶。雋册[⑮]。

① 傳1929年河南洛陽邙山馬坡出土。

高25、口徑17、方座每邊寬19.1釐米。

法國巴黎D. David Weill藏。

② 伐楚白。　　周伐楚在昭王時,墙盤銘:"弘魯邵王(昭王),廣骳楚荆,唯宾南行",明白指出昭王的功績是大大地鞭笞荆楚。《左傳》僖公四年:"昭王南征而不復",狀馭簋銘:"狀馭從王南征,伐楚荆",蕭簋銘:"蕭從王伐荆",都是記載昭王伐荆楚之器。

③ 才炎。　　炎是地名,昭王往伐楚伯的中途駐地。召尊銘:"唯九月,在炎自",和令簋記載的時地相同。炎是伐荆楚途中周王屯兵之地,當近南國,具體位置不詳。

④ 既死霸。　　周人曆法中的月相。周人習慣,記日先表明月相,然後記干支。據近人王國維《生霸死霸考》,認爲周人每月四分月相,即:初吉、既生霸、既望、既死霸。每一月

相小月六、七日，大月七、八日。既生霸爲初八日後至十三、四日。既死霸爲每月的二十三、四日至月盡。王國維此説與金文校驗有不可盡合者，且初吉之日與月的運行無關，不能視爲月相處理。後來董作賓有“定點月相”説，以爲既死霸是月之“先霸死盡”，既初一，也就是朔。既生霸是“先霸生滿”，既望日，就是十五。董説與金文校驗，也頗有不能相合者。所以對周人月相的解釋，尚須作進一步研究。

⑤ 作册矢令尊宜于王姜。　　作册，王室史官的官名。此職商代已有設置，甲骨卜辭及西周金文中常見，又稱作册内史，或單稱内史，指的都是同一官職。矢令，器主名，矢是其國族，令是名，這令可能是畿内矢國的貴族，而爲周室王官。　　《廣雅·釋詁一》：尊，“敬也”。宜，飲酒之肴，《爾雅·釋言》：“宜，肴也。”郭璞《注》：“《詩》曰‘與子宜之’。”邢昺《疏》：“釋曰，謂肴饌也。李巡曰，飲酒之肴也。”　　尊宜于王姜，意爲敬王姜以酒肴。一説宜是俎字，像房俎之形。這種解釋也和宜義相近，而音讀不可通。　　王姜，康王之后，也就是昭王的太后。

⑥ 臣十家、鬲百人。　　臣，奴隸。十家，十個成家的奴隸，此以成家的奴隸作爲賞賜的一個單位。　　鬲也是奴隸的名稱，或以爲是農業奴隸。鬲的計算以人爲單位。這些奴隸是王姜賜給矢令的。

⑦ 公尹白丁父眂于戍，戍冀，司誋。　　公尹，白丁父的官名。尹在西周時地位很高，爲輔弼之官。　　戍，指伐楚的征戍。　　冀，征戍中的地名。　　司誋，因眂于戍是王姜之令，執行此令的是白丁父，在冀地完成了眂錫之命，所以説是司誋。《説文》司部：“司，臣司事于外者。”

⑧ 敢揚皇王宦。　　敢，表敬助詞，金文中常見的西周貴族習用詞。《儀禮·士虞禮》：“敢用絜牲剛鬣”，鄭玄《注》：“敢，冒昧之辭。”賈公彦《疏》：“凡言敢者，皆是以卑觸尊，不自明之意。”　　揚，稱頌贊揚。　　皇有大義，皇王，等於説大王。　　宦，《説文》無此字，在銘辭中用法與休義相類似。

⑨ 丁公文報。　　丁公，人名，當爲矢令之父。　　報是祭名，這是令稱揚皇王之休而報祭於丁公。一説“文報”義爲美好的福蔭。文，美善；報，借爲保，有庇護、庇蔭之義。

⑩ 用稽後人享。　　《説文》稽部：“稽，留止也。”《管子·君臣上》：“是以令出而不稽”，尹知章《注》：“稽，留也。”用稽後人享，即用留後人享。

⑪ 奔展于皇王。　　展奔，當爲褒揚之辭，文義未能確知。

⑫ 尊史于皇宗。　　尊史，史借爲事，指祭祀之事。　　皇宗，即大宗，大宗是嫡長子承繼的宗族體系。

⑬ 饗王逆造。　　饗，即宴饗；造通假爲造。《説文》辵部：“逆，迎也。”“關東曰逆，關西曰迎。”造有至義。逆造（造）是迎至賓客。辭意爲用以饗王和迎至賓客。

⑭ 用鈄寮人。　　《説文》勹部："鈄，飽也，从勹㱃聲。民祭，祝曰厭鈄。"　　寮人，即寮屬、僚友之意。

⑮ 雋。　　雋，作器者的族名，同出的令彝、令尊及作册大鼎銘文均有此徽記。

參考書目　郭沫若：《金文叢考》(第 367 頁)；于省吾：《雙劍誃吉金文選》(卷上 3 第 4 頁)；郭沫若：《兩周金文辭大系圖録考釋》(釋第 3 頁)；吳闓生：《吉金文録》(卷 3 第 5 頁)；孫海波：《河南吉金圖志賸稿》(考釋圖 12)；陳夢家：《西周銅器斷代》(《考古學報》第 10 册第 76 頁)；楊樹達：《積微居金文説》(第 187 頁)；譚戒甫：《周初矢器銘文綜合研究》(《武漢大學學報》1956 年第 1 期第 163 頁)。

召尊①西周昭王

唯九月才(在)炎𠂤②，甲午，白懋父錫(錫)召白馬③，每(脢)黃髮微(徽)④，用𠦪不杯⑤。召多用追于炎不𧯷白懋父友⑥，召萬年永光⑦，用作團宫旅彝⑧。

① 傳河南洛陽出土，一卣與之同銘。

高 20.3、口徑 19、底徑 14 釐米。

上海博物館藏。

② 在炎𠂤。　　炎𠂤，地名，見令簋註釋。

③ 白懋父錫召白馬。　　白懋父，衛康叔封的長子康伯髦，見小臣謎簋註。

④ 每黃髮微。　　𠧤，一作𡉏，每字的或體。《説文》屮部："每，艸盛上出也。从屮母聲"，《左傳》僖公二十八年，"原田每每"，杜預《注》："喻晉軍美盛，若原田之草每每然。"金文每字，實像人頭飾美盛之貌。每借爲脢，《説文》肉部："脢，背肉也"，脢黃，指馬背色黃。髮，馬鬃。　　微借爲徽，義爲黑斑點，《説文》黑部："徽，中久雨青黑，从黑微省聲。"是説馬色黃背黑鬃。

⑤ 用𠦪不杯。　　𠦪字不識。　　杯字，《説文》所無。不杯，與它器校勘，義近丕顯，褒揚之辭。

⑥ 召多用追于炎不𧯷白懋父友。　　多，有重義。　　追，追遡。　　不𧯷。𧯷是肆的古文，此增甘爲異體。按天亡簋銘丕顯王與不𧯷王爲對文，可見不𧯷也是褒義詞。與丕顯之丕爲語詞一樣，丕𧯷之丕也當無特殊意義。《爾雅·釋言》："肆，力也。"《東京賦》："厥庸孔肆"，薛綜《注》："肆，勤也。"勤、力都是同義的贊美詞。　　友，借爲賄，《左傳》文公十二年："厚賄之。"杜預《注》："賄，贈送也。"　　此句意謂召追遡在炎地時白懋父賜白馬的事。

⑦ 召萬年永光。　　光，光榮。　　萬年，言永久壽老之意。　　這句是説召對白懋

父之賜至壽老仍以爲榮。

⑧ 團宮。　　召的祖廟。

參考書目　陳夢家：《西周銅器斷代》（《考古學報》第 10 册第 79 頁）；上海博物館：《上海博物館藏青銅器》第 37 器。

過伯簋①西周昭王

過白（伯）從王伐反荆②，孚（俘）金③，用乍（作）宗室寶尊彝④。

① 高 18.4、口徑 16.4、方座每邊長 15.1 釐米。

旅順博物館藏。

② 過伯從王伐反荆。　　過伯，過國的君長。舊説過國即《左傳》襄公四年“處澆于過，處豷于戈”的過國，杜預《注》：“過、戈皆國名，東萊掖縣北有過鄉。”據此，則過是東夷之國，在山東半島的極北面，距楚至少在 1 600 里以上，其國君率師從昭王伐楚可能性甚少。此過當是渦。《説文》水部：“渦，水受淮陽扶溝浪湯渠東入淮，从水過聲。”《漢書·地理志》淮陽國扶溝縣注：“渦水首受浪湯渠，東至向入淮，過郡三，行千里。”渦水得名，當是由於水道曲折由遠處過越而來。渦水所經後來有不少稱渦或稱渦的地名。因爲渦水最曲迂的部分在淮陽郡，所以過國當在古淮陽郡内。此郡内東晉時有和城縣，在扶溝之南，過從咼聲，咼、和兩字可通假，《淮南子·説山》：“咼氏之璧”，即和氏之璧，所以這扶溝以南的和城縣或即古代的過國。過國地望在淮陽郡扶溝以南，這和伐楚的地理位置也很相宜。

③ 俘金。　　俘金，是説打敗敵國後獲得青銅。

④ 用作宗室寶尊彝。　　宗室，大宗的廟，即家族中嫡系所涵承的宗廟。《詩·召南·采蘋》：“于以奠之，宗室牖下。”毛亨《傳》：“宗室，大宗之廟也。大夫、士祭于宗廟，奠于牖下。”

參考書目　于省吾：《雙劍誃吉金文選》（卷下 2 第 10 頁）；郭沫若：《兩周金文辭大系圖錄考釋》（釋第 54 頁）。

狀馭簋①西周昭王

狀駭（馭）從王南征②，伐楚荆③，又（有）得④，用乍（作）父戊寶尊彝。𢦏⑤。

① 大小未詳。

② 狀馭從王南征。   狀馭,人名。1971 年冬陝西扶風法門寺出土的狀馭觥與此爲同一人所作之器。馭是《説文》彳部御字的古文。

③ 伐楚荊。   楚荊,即楚國。《左傳》昭公十二年:"昔我先王熊繹,辟在荊山。"楚開國在荊山,故別稱爲荊。昭王南征伐楚荊事,見令簋註。

④ 有得。   指狀馭因從王南征有功而得到王的賞賜。

⑤ 𠈃   像人形頭傾向一側,从口,狀馭觥作𠈃,應是吳字。吳爲國族名。周初吳氏稱北吳,《漢書·地理志》:"太伯初奔荊蠻……號曰句吳。太伯卒,仲雍立。至曾孫周章而武王克殷,因而封之。又封周章弟中于河北,是爲北吳,後世謂之虞。"周初還有嫣姓的虞。此吳氏不知何姓,未能確指其地望。

參考書目   郭沫若:《兩周金文辭大系圖録考釋》(釋第 53 頁);吳闓生:《吉金文録》(卷 3 第 23 頁)。

小子生尊①西周昭王

佳(唯)王南征,在□②。王令(命)生辨事□公宗③。小子生易(錫)金、鬱鬯④,用乍(作)簋,寶尊彝,用對揚王休。其萬年永寶,用鄉出内(入)事(使)人⑤。

① 據《西清古鑑》高爲一尺二寸、口徑九寸四分。據清營造尺長度折合高 38.4、口徑 30.08 釐米。

② 王南征,在□。   此器體近麥尊而有象鼻形的雙耳。這種雙耳的尊和方彝通行於昭、穆、恭之際,此是其較早的形式。南征應是伐荊楚。此王當爲昭王。   在□,王南征時駐在地名。

③ 辨事□公宗。   《荀子·議兵》:"城郭不辨",楊倞《注》:"辨,治也。"這是王在南征的某駐地命令小子生往治事於某公的宗廟。

④ 小子生錫金、鬱鬯。   小子生被錫以金和鬱鬯。鬱鬯是黑黍所釀的鬯酒而摻以鬱金香草汁。這是一種貴重的祭神之酒。

⑤ 用鄉出入使人。   出入,即出傳王命,入達下情,負有這種任務的人是王的近臣。

參考書目   劉心源:《古文審》(卷 3 第 16 頁);梁詩正等:《西清古鑑》(卷 8 第 43 頁);吳闓生:《吉金文録》(卷 4 第 8 頁);陳夢家:《西周銅器斷代》(《考古學報》1956 年第 1 期第 77 頁)。

𪘲簋[①]西周昭王

𪘲從王伐荆[②]，孚(俘)[③]，用乍(作)餴簋[④]。

① 高17、口徑17.9、底徑14.8釐米。

中國歷史博物館藏。

② 𪘲從王伐荆。 𪘲即𪘲之繁文。 伐荆，即伐楚荆，見㝬馭簋註。

③ 俘。 俘，獲。俘下應有賓詞金或貝，此省。

④ 用作餴簋。 餴，《説文》食部："餴，滫飯也"，或體作饙、餴。《詩・大雅・泂酌》："可以餴饎。"陸德明《經典釋文》：餴"又作饙，字書云蒸米也"。餴簋即飯簋。在青銅器銘文中餴字常冠於飪食器名之前，如餴鼎、餴簋等。

參考書目 郭沫若：《兩周金文辭大系圖録考釋》(釋第54頁)；吴闓生：《吉金文録》(卷3第23頁)；石志廉：《𪘲簋》(《文物》1959年第12期第59頁)。

中方鼎[①]西周昭王

隹王令(命)南宫伐反虎方之年[②]，王令中先[③]，省南或(國)𣫹行[④]，𠂤王应在夔𧤝真山[⑤]。中乎歸生鳳于王[⑥]，𠂤于寶彝[⑦]。

① 1118年湖北孝感縣出土，同出的有方鼎三(二器銘同)，中鼎一，中甗一(原稱父乙甗)，中觶一(原誤稱鼎)等六器。

② 南宫伐反虎方之年。 南宫，人名，昭王時伐荆楚的將領。 虎方，周室南疆的一個方國，當在淮水流域，具體地望不詳。

③ 王令中先。 先，先導。《楚辭・離騷》："吾道夫先路。"《周禮・大司馬》："右秉鉞以先。"鄭玄《注》："先，猶道也。"

④ 省南國𣫹行。 省，循省。 𣫹即貫，像二貝貫穿。一説，此字即《説文》患之古文患所从之毌，即串，貫是毌的後起字。行，甲骨文作卄，像十字交叉道，本意爲道路。《詩・小雅・鹿鳴》："示我周行"，毛亨《傳》："行，道也。"省南國貫行，謂循省南國而貫通其道路。古人作戰用戰車，必須使道路貫通，戰車始能發揮作用，故征南國必先打通道路。𤿞鼎銘："師雍父衜道至于𦎧"，衜道亦即指此，見注。

⑤ 扴王应在爨䵣真山。　　扴,從廾從坴,像人植木於土狀,即樹蓺之蓺,引伸爲樹立,建樹。　　应,居字的古文,西周金文中常見。居與都義相近,皆指周王所在地。　　爨䵣真山,山名,地望不詳,在南國。　　此句是説令中在爨䵣真山設立王駐在之所。

⑥ 中乎歸生鳳于王。　　歸,借作饋。這句是被動辭,謂王呼饋中以生鳳。生鳳當係周人稱鳳的方言。

⑦ 扴于寶彝。　　樹立其事於寶彝,即銘此事於寶彝。

參考書目　劉心源:《古文審》(卷 1 第 16 頁);劉心源:《奇觚室吉金文述》(卷 16 第 9 頁);于省吾:《雙劍誃吉金文選》(卷上 2 第 1 頁);郭沫若:《兩周金文辭大系圖録考釋》(釋第 17 頁);吳闓生:《吉金文録》(卷 1 第 8 頁);楊樹達:《積微居金文説》(第 129 頁)。

三、伐 南 淮 夷

录戜卣[①] 西周穆王

王令(命)戜曰[②]:"戫! 淮尸(夷)敢伐内國[③],女(汝)其吕(以)成周師氏戍于𦎣𠂤[④]。"白雄(雍)父蔑录歷,易(錫)貝十朋。录拜、頴首[⑤],對揚(揚)白(伯)休,用乍(作)文考乙公寶尊彝。

① 據《陶齋吉金録》載,按建初尺爲高八寸七分、口徑長四寸八分、闊三寸八分,今折合爲高 20.6、口縱 9、口横 11.4 釐米。

② 王命戜曰。　　戜,下稱录,另器有合稱录伯戜的。录爲國族,戜爲其名。

③ 淮夷敢伐内國。　　敢,敢於,膽敢,冒昧之辭。　　國,地域。内國,猶内地。《逸周書·鄭謀》:"邊不侵内。"這裏説淮夷敢伐内國,有鄙視的口氣。录戜諸器銘中無紀年或王命,據器制、花紋及銘文字體,與穆王時青銅器相類。《後漢書·東夷傳》:"徐夷僭號,乃率九夷以伐宗周,西至河。"説明穆王時與徐淮夷的關係比較緊張,录戜卣銘文應是反映了這一段史實。

④ 汝其以成周師氏戍于𦎣𠂤。　　以,通與。師氏是高級的統兵長官,成周師氏是成周八師的高級長官。　　戍,守邊。　　𦎣𠂤,成周師氏戍守以禦淮夷之地,一作古𠂤。

⑤ 拜、頴首。　　拜是跪下後雙手合抱在胸前,頭低到手上;頴首是雙手合抱按地,頭伏在手前邊的地方停留一會。這是古人的一種最恭敬的禮拜。

參考書目　郭沫若:《兩周金文辭大系圖録考釋》(釋第 61 頁);吳闓生:《吉金文録》(卷

4 第 16 頁）。

敔方鼎①西周穆王

敔曰：“烏虖（嗚呼）！王唯念敔辟剌（烈）考甲公②，王用肈吏（使）乃子敔達（率）虎臣御（禦）潅（淮）戎③。”敔曰：“烏虖（嗚呼）！朕文考甲公文母日庚，弋（式）休剒（則）尚④，安永宕乃子敔心，安永襲（襲）敔身⑤，氒（厥）復亯（享）于天子⑥，唯氒（厥）吏（使）乃子敔萬年辟事天子⑦，母（毋）又睍于氒身⑧。”敔拜頔首，對馭（揚）王令（命），用乍（作）文母日庚寶尊鬸彝⑨，用穆穆夙（夙）夜尊亯（享）孝妥（綏）福⑩，其子子孫孫永寶茲剌。

① 1975 年 3 月陝西扶風法門公社莊白大隊出土。敔方鼎共出土兩器，此爲其二。

高 22.5、口縱 21.2、口橫 16 釐米。

扶風縣文化館藏。

② 王唯念敔辟烈考甲公。　　录敔卣銘記載，穆王時淮夷侵伐内國而命敔戍甶自，本銘記載王命敔禦淮夷，當同是穆王時事。　　念，思念。　　《爾雅·釋詁》：辟，“君也”。《詩·周頌·雝》：“既右烈考”，鄭玄《箋》：“烈，光也。”又《左傳》哀公二年：“烈祖康叔”，杜預《注》：“烈，顯也。”光與顯皆所以尊美先人的盛德。此處敔稱其父考爲甲公，录敔卣則稱乙公，可見周穆王時周人尚有祭祀諸祖諸父的習俗，參見另一敔方鼎銘。

③ 王用肈使乃子敔率虎臣禦淮戎。　　用，介詞，如現代語因此。　　虎臣，在宗周服役的諸夷族武士，屬於師氏所管轄。《尚書·顧命》記載成王將崩前召集太保奭、芮伯等大臣，還有“師氏、虎臣、百尹、御事”囑咐國事。御事爲百尹的僚屬，虎臣則爲師氏所管轄。詢簋銘云：“今余令女（汝）啻（嫡）官嗣邑人，先虎臣後庸：西門夷、秦夷、京夷、䵼夷……戍秦人、降人、服夷。”則虎臣實爲在宗周服役的夷族武士。詢也稱師詢，師氏是他的武職。《周禮·地官·師氏》之職有“使其屬帥四夷之隸，各以其兵服守王之門外且蹕”。所記當非無據。虎臣的作用是捍衛王宮，並受命調遣出征。　　潅即淮字，曾伯霥簠銘“克狄潅夷”的淮字與之相同。淮夷稱淮戎，僅見於此器。古代東方異族稱戎者有班簋銘之“東國痛戎”。見於文獻的有《尚書·費誓》“徂兹淮夷，徐戎並興”，是戎字起始並非特指西方少數民族。此銘詞意爲周王思念敔的父考甲公的功烈，從而授敔以率虎臣抵禦淮戎的重要軍職。

④ 弋休則尚。　　弋字，借爲式。《説文》工部：“式，法也，从工弋聲。”式休，是説法度之美。《爾雅·釋詁》：休，“美也”。　　《爾雅·釋詁》：“則，法也。”尚孳乳爲經常的常。式

休和則尚二語相對,都是贊美甲公日庚的話。則尚和式休爲對語。則與法義近,《爾雅·釋詁》:法,"常也"。尚孳乳爲常,則常是效則爲常。

⑤ 安永宕乃子裁心,安永襲(襲)裁身。　　安,承接連辭,義爲乃。《呂氏春秋·執一》:"今日置質爲臣,其主安重;今日釋璽辭官,其主安輕。"安重安輕即乃重乃輕。"安永宕乃子裁心",是説裁由於父母美德的薰陶乃使其心懷永遠寬廣。宕字在文獻中都作蕩,《左傳》襄公二十九年:"美哉蕩乎",孔穎達《疏》:"蕩蕩,寬大之意。"　　襲,襲字的古文。《廣雅·釋詁》:襲,"及也。""安永襲裁身",意謂先人美德的薰陶乃永遠及於裁身。以上兩句是説裁在身心兩方面都受到父母美好品德的庇廕。

⑥ 厥復享于天子。　　《尚書·洛誥》:"汝其敬識百辟享",僞孔《傳》:"奉上謂之享。"復義爲更、爲又,係承上文而言。此辭意謂裁既承父母的美德,又能上奉事於周天子。

⑦ 唯厥使乃子裁萬年辟事天子。　　辟,君。辟事天子,即君事天子。

⑧ 毋又馭于厥身。　　馭字見班簋註,義爲損。繁卣銘:"衣事亡馭。""亡馭"當是周人的吉語。"毋有馭"也同樣是吉語。"毋有馭于厥身",就是無損於裁自身。這是就出征而言的吉語。

⑨ 寶尊彝彝。　　據另一裁方鼎銘應爲"寶彝障彝"。彝,通將。《詩·周頌·我將》:"我將我享",毛亨《傳》:"將,大享獻也。"鄭玄《箋》:"將,猶奉也。"

⑩ 用穆穆夙夜尊享孝綏福。　　穆穆,肅敬之貌。妥福即綏福。《詩·周南·樛木》:"福履綏之。"

參考書目　唐蘭:《用青銅器銘文來研究西周史·附錄:伯裁三器銘文的譯文和考釋》(《文物》1976年第6期第38頁);羅西章:《陝西扶風出土西周伯裁諸器》(《文物》1976年第6期第51頁)。

裁簋① 西周穆王

佳六月初吉乙酉,才(在)𣲷𠂤②,戎伐䣛③,裁達(率)有嗣(司)、師氏徥(奔)追卸(禦)戎于𣴎林④,博(搏)戎默⑤。朕文母競敏啟行⑥,休宕㡴(厥)心⑦,永襲(襲)㡴身,卑(俾)克㡴啻(敵)⑧,隻(獲)馘百,執𤙄(訊)二夫⑨,孚(俘)戎兵:𣦸(盾)、矛、戈、弓、備(箙)、矢、裹(褌)、胄,凡百又(有)卅又五叔(款)⑩;孚(捋)戎孚(俘)人百又(有)十又三(四)人⑪。衣(卒)博(搏),無馭于裁身⑫,乃子裁揲(拜)頴(稽)首,對𤱲(揚)文母福剌(烈),用乍(作)文母日庚寶尊簋。卑(俾)乃子裁萬年,用夙(夙)夜尊亯(享)孝于㡴文母,其子子孫孫永寶。

① 1975 年 3 月陝西扶風法門公社莊白大隊出土。

高 21、口徑 22 釐米。

陝西省扶風縣文化館藏。

② 在坓自。　　坓自,彧伐淮戎的駐屯之地。

③ 戎伐敼。　　戎,即彧方鼎所稱淮戎之省,也就是淮夷,見彧方鼎註。　　敼,地名,地望未詳。

④ 桼追禦戎于臧林。　　俵,即奔,奔本字。《説文》夭部:“奔,走也,从夭賁省聲。”奔走疾行,疾趨以赴,這裏解釋爲急行軍。　　追禦,不娶簋作禦追,也作羞追,意義相同,都是進擊驅逐之義。　　臧林,地名,地望不詳。或説即棫林,《左傳》襄公十四年記晉國伐秦,“濟涇而次……至于棫林”,但其地在涇水之西,從地理位置看,淮夷不可能到達宗周如此深遠的腹地,當是另一地名。

⑤ 搏戎猷。　　猷即胡,西周時小國,地處淮水上游,今阜陽境內。詞意是説與胡地之戎進行搏擊。

⑥ 朕文母競敏窲行。　　競,强幹。《左傳》宣公元年:“故不競于楚”,杜預《注》:“競,强也。”　　敏,敏捷。　　窲行,義不詳。　　大意是彧稱美其母强幹敏捷。

⑦ 休宕厥心。　　宕,寬廣。　　詞句意謂使彧的心地美好而寬廣。

⑧ 卑克厥啻。　　卑通俾,啻,借作敵。意謂以便能戰勝他的敵人。

⑨ 執訊二夫。　　訊,指戰俘,嘛字像執繋之人,從口表示訊問,會意字。　　執訊二夫,即捕獲了戰俘二人。

⑩ 俘戎兵:㦸、矛、戈、弓、備、矢、裹、胄,凡百又卅又五叙。　　戎兵,兵器的總稱。

㦸,從十豚聲。　　十,古丗字,音貫,較早的寫法作✚,即盾形,這裏是意符。豚與盾古音相通,《釋名·釋兵》:“盾,遯也。”㦸即盾,單人防禦武器。　　備,讀如箙,即箭袋。本作葡,經傳都作箙。毛公鼎銘:“簟弼魚葡。”　　裸。《説文》艸部:“革,雨衣,一曰蓑衣。”古甲用皮片連綴,形似蓑衣,所以稱裸。　　胄,戰盔,防禦兵刃之冠。下從月從目,目在金文中往往代表頭部,像戰盔蔽覆於頭上。　　叙,甲骨文常見,《説文》又部作敘。又欠部欵字的或體作欵,此當讀如款。　　凡百又卅又五叙,即總計爲一百三十五件。　　銘辭是説俘獲的兵器有盾、矛、戈、弓、箙、矢、甲、盔等共計一百三十五件。

⑪ 捋戎俘人百又十又四人。　　捋,像兩手取物,有奪取之義。　　捋戎孚人百又十又四人,即奪回被淮戎所俘的一百一十四人。

⑫ 衣搏,無斁于彧身。　　衣,即卒字。鄔王戠戈萃字作衣,又寡子卣誶字作詠。卒搏,搏鬥告終。

參考書目　唐蘭:《用青銅器銘文來研究西周史·附錄:伯彧三器銘文的譯文和考釋》

《《文物》1976 年第 6 期第 38 頁）；羅西章等：《陝西扶風出土西周伯㦰諸器》《文物》1976 年第 6 期第 51 頁）。

遇甗①西周穆王

佳六月既死霸丙寅，師雄（雍）父戍才（在）古𠂤②，遇從③。師雄父肩史（使）遇事于𣱱侯④，侯蔑遇曆，易（錫）遇金，用乍（作）旅甗。

① 傳 1896 年山東黃縣萊陰出土。

高 40.8、口徑 27.6 釐米。

日本泉屋博物館藏。

② 師雍父戍在古𠂤。　　師雍父，戍守在古地的高級軍事統領，見录㦰卣注。古，地名。臤尊銘："臤從師雍父戍于㛚𠂤之年"，㛚𠂤即此古𠂤。

③ 遇從。　　指遇從師雍父戍在古𠂤。

④ 師雍父肩使遇事于𣱱侯。　　肩，不識。或說古代月與夕無別，尸與巳同意，肩字即夗字之異文，讀作爰。　　𣱱侯，𣱱國即胡國，𣱱、胡同音字。屬王名胡，金文中作𣱱。胡在今安徽省阜陽縣附近。戍守在古𠂤的師雍父遭遇事於𣱱侯，當是軍事上的聯絡，因胡（𣱱）國扼淮夷西翼，戰略地位重要。此爲六月間事，同年十一月，伯雍父曾親自巡省至於胡國。

參考書目　郭沫若：《兩周金文辭大系圖録考釋》（釋第 60 頁）；吳闓生：《吉金文録》（卷 4 第 23 頁）；陳夢家：《西周銅器斷代》《考古學報》1956 年第 3 期第 107 頁）。

窴鼎①西周穆王

佳十又一月，師雄（雍）父徇道至于𣱱②，窴從。其父蔑窴曆③，易（錫）金。對𥫏（揚）其父休，用乍（作）寶鼎。

① 大小未詳。

② 師雍父徇道至于𣱱。　　徇，省的繁寫，本義是察視。宜侯矢簋銘："……珷王成王伐商圖，遂省東國圖。"此省即察視之義。道，道路。徇道，巡視通道。古代戰爭使用戰車，故作戰須察看戰車馳騁的通道。《左傳》成公七年載晉巫臣請使於吳，"教吳乘車，教之戰陣"，足見在壽夢之前吳國還不會車戰，故車道亦無從建立。與吳相鄰的淮夷諸邦，車戰或亦不甚

發達,否則吳之乘車,就近輸入即可,何必巫臣遠道來教。　　　敔即胡,見遇甗注。　　　本器銘文説明師雍父巡省通道至於胡國。遣使爲六月,巡省是十一月,中間相距五月。

③ 其父蔑嘏曆。　　　其父,人名。　　　銘詞以穎從師雍父巡視至敔,而受其父之賜,則其父可能是敔地的戍守官。

參考書目　于省吾:《雙劍誃吉金文選》(卷下 1 第 11 頁);郭沫若:《兩周金文辭大系圖錄考釋》(釋第 59 頁);吳闓生:《吉金文録》(卷 1 第 29 頁)。

录簋①西周穆王

　　白雄(雍)父來自敔②,蔑录曆,易(錫)赤金。對觐(揚)白(伯)休,用乍(作)文且(祖)辛公寶齍簋③,其子子孫孫永寶。

① 高 19.4、口徑 18.9 釐米。
日本泉屋博物館藏。

② 白雍父來自敔。　　　白雍父,人名,亦見於录蔑卣銘。　　　录蔑卣的古自與敔當爲軍事上之犄角,其地或在淮夷之北。要之,兩城相距不應過遠。

③ 文祖辛公寶齍簋。　　　文祖,文德之先祖。周人一般都喜對亡故之先人冠以"文"字,如"前文人"等。　　　齍字見蔑方鼎注。齍簋,即主要用於供奉享祭之簋。

參考書目　劉心源:《奇觚室吉金文述》(卷 3 第 28 頁);于省吾:《雙劍誃吉金文選》(卷下 2 第 17 頁);郭沫若:《兩周金文辭大系圖錄考釋》(釋第 62 頁);吳闓生:《吉金文録》(卷 3 第 28 頁)。

穡卣①西周穆王

　　穡從師椎(雍)父戍於古自②,蔑曆,易(錫)貝卅乎。穡拜頴首,對觐(揚)師椎父休,用乍(作)文考日乙寶尊彝。其子子孫孫永寗(福)。戊。

① 大小未詳。

② 穡從師雍父戍於古自。　　　穡,器主名,師雍父的下屬。師雍父戍守古自以禦淮夷的事見录蔑卣注。

參考書目　于省吾:《雙劍誃吉金文選》(卷下 3 第 11 頁);郭沫若:《兩周金文辭大系圖

録考釋》(釋第 60 頁);吳闓生:《吉金文録》(卷 4 第 16 頁)。

𢓶尊① 西周穆王

佳十又三月既生霸丁卯②,𢓶從師雒(雍)父戍于蚌自(師)之年③,𢓶穮(蔑)曆,仲競父易(錫)赤金④。𢓶拜頴首,對𣃨(揚)競父休,用乍(作)父乙寚(寶)鞏(旅)彝。其子子孫孫永用。

① 高 17、口徑 16.3、底徑 12.4 釐米。

上海博物館藏。

② 既生霸。　　月相,見保卣注。

③ 𢓶從師雒(雍)父戍于蚌自之年。　　遇甗記六月師雍父戍在古自,本銘則以"𢓶從師雍父戍於蚌自"無記年而僅謂在十三月,當是同年年底事。　　𢓶,器主名,從師雍父戍守以禦南淮夷的將領。

④ 𢓶穮曆,仲競父易赤金。　　穮即蔑之繁文。𢓶穮曆,即𢓶自己向仲競父表明其過去的功歷。　　仲競父,人名。競當是競之異文,從大和從兒同意,大像人正面形,兒像人側立形。仲競父是𢓶的上級,聽取了𢓶所報的功績並錫𢓶以金。

參考書目　孫詒讓:《古籀拾遺》(卷中第 14 頁);郭沫若:《兩周金文辭大系圖録考釋》(釋第 61 頁);吳闓生:《吉金文録》(卷 4 第 11 頁);方濬益:《綴遺齋彝器考釋》(卷 18 第22 頁)。

競卣① 西周穆王

佳白(伯)屖父呂(與)成自(師)即東②命伐南夷③。正月既生霸辛丑,才(在)𩏑④。白屖父皇競各(格)于官⑤。競蔑曆,賞(賞)競章(璋)⑥。對𣃨(揚)白(伯)休,用乍(作)父乙寶尊彝。子孫永寶。

① 傳 1926 年河南洛陽邙山廟溝出土。

高 20、口橫 13.8 釐米。

日本泉屋博物館藏。

② 伯屖父與成師即東。　　成師,即成周八師,成師不是駐在地,而是一支正向東方進

發的部隊。　　即,就而近之的意思。詞意是説白犀父與成周之師向東方進發。

③ 命伐南夷。　　南夷即淮夷。對成周來説淮夷在南面,故又稱南淮夷,此簡稱南夷,古代淮河流域的少數民族。蔣廷錫《尚書地理今釋》云:"淮南北近海之夷民,今江南淮安揚州二府近海之地皆是。"但就金文言,則淮夷邦國不衹在淮安揚州近海之地,其主要部分當在安徽境内。淮夷常爲周室之患,威脅中原。

④ 在䢴。　　䢴,伐淮夷征途中的戰略要地,鄂侯馭方鼎銘記載周厲王在征淮夷的歸途中亦駐在䢴地。䢴的地望不詳,從軍事行動看,應在今河南省東南部。

⑤ 白犀父皇競格于官。　　皇,借爲光。《淮南子·俶真》:"然莫能與之同光者。"許慎《注》:"光,譽。"謂稱人之美。白犀父光競,即白犀父贊譽競。　　格,至,到達。　　官,官署。《禮記·玉藻》:"在官不俟屨",孔穎達《疏》:"官謂朝廷治事處也。"

⑥ 賞競璋。　　璋,玉禮器。《周禮·大宗伯》:大宗伯"以赤璋禮南方",鄭玄《注》:"半圭曰璋。"璋形狹長,似玉圭之半。

參考書目　于省吾:《雙劍誃吉金文選》(卷下 3 第 11 頁);郭沫若:《兩周金文辭大系圖録考釋》(釋第 66 頁);吳闓生:《吉金文録》(卷 4 第 17 頁);陳夢家:《西周銅器斷代》(《考古學報》1956 年第 3 期第 111 頁);楊樹達:《積微居金文説》(第 133、232 頁)。

㝬鐘^①西周厲王

王肇遹眚(省)文武勤疆(疆)土②。南或(國)𤞷孳(子)敢舀(陷)虐我土③。王臺(敦)伐其至④,戲(撲)伐乐(厥)都⑤。𤞷子迺遣閒來逆卲(昭)王⑥,南尸(夷)東尸具見,廿又六邦⑦。佳(唯)皇上帝百神,保余小子⑧。朕(朕)猷又(有)成亡(無)競⑨。我佳司(嗣)配皇天王⑩,對乍(作)宗周寶鐘。倉(鎗)倉恩(鏓)恩,雝雝雕(雍)雕⑪,用卲(昭)各(格)丕顯且(祖)考先王⑫。先王其嚴才(在)上⑬,顥顥數數⑭,降余多福,福余順孫⑮,參壽唯琍⑯。㝬其萬年畯(畯)保四或(國)。

① 高 65.6、舞縱 23.1、横 30 釐米。

臺灣省"故宫博物院"藏。

舊稱宗周鐘。作鐘之王名㝬。鐘的形制和銘文,均屬西周晚期,在西周晚期諸王中,僅厲王名胡,與㝬音相通。㝬爲從夫得聲字,胡、㝬乃聲轉。其餘王名都不能相應,故此器必爲厲王所作,近年扶風出土的㝬簋,也同是厲王之器。

② 王肇遹省文武勤疆土。　　　遹，循。　　　省，善。《詩·大雅·皇矣》："帝省其山"，鄭玄《箋》："省，善也。"《禮記·大傳》："大夫士有大事，省於其君"，注並同。遹省文武，意謂循文武之善德。　　　勤疆土，勤勞地治理疆土。《詩·周頌·賚》："文王既勤止，我應受之。"周人以爲人民、疆土，受自上帝，文武治理勤勞，後王必以此爲表率。大盂鼎銘："我其遹省文武受民受疆土"，宣揚後王循文武之善德，乃可治天下。

③ 南國㲼子敢陷虐我土。　　　南國，指周王朝版圖的南部，係江漢流域以南的廣大地區。　　　㲼子，㲼國的君長。蠻夷的君長多稱子，《禮記·曲禮下》："其在東夷，北狄、西戎、南蠻，雖大曰子。"㲼音近濮，㲼子可能就是濮君。《左傳》昭公九年周詹桓伯云："及武王克商……巴、濮、楚、鄧，吾南土也。"濮人族類繁多，史稱百濮。江漢爲周之南土，則㲼子犯邊，已入江漢之北。　　　陷，侵陷。虐，殘害。

④ 王敦伐其至。　　　敦伐是辭組。《詩·邶風·北門》："王事敦我"，鄭玄《箋》："敦猶投擲也。"《說文通訓定聲》云："《淮南子·兵略》：'敦六博，投高壺。'注謂致也。按致者敲之誤。"是敦字有擲擊之義，敦伐與擊伐相似。

⑤ 戣伐厥都。　　　戣字金文中一作剢，即撲字。《一切經音義》（卷34第8頁）撲字注引《說文》云"擊也"，今《說文》作"挨也"，義爲"擊背"。《說文》也以擊訓伐，故撲伐是二同義字組成的詞組。　　　上二句銘詞是說王怒伐入侵的㲼人，並打到了㲼的都城。

⑥ 㲼子迺遣閒來逆昭王。　　　《說文》辵部："遣，縱也"，縱有放義。閒通作閑，義爲防衛、防禁。《春秋》襄公二十一年："晉欒盈出奔楚"，杜預《注》："盈不能防閑其母，以取奔亡。"孔穎達《疏》："虎賁氏舍則守王閑，又校人謂馬厩爲閑，則閑是欄衛禁防之名也。"遣閑蓋放棄防衛，意即投降。或云遣聲假爲棄，也可通，遣棄雙聲字，同屬溪紐。　　　昭有見義，《爾雅·釋詁》：昭，"見也"。　　　此句意爲㲼子迺放棄防禦來迎見王。

⑦ 南夷東夷具見，廿又六邦。　　　具即俱。　　　見，讀爲覲。《爾雅·釋詁》：覲，"見也"。《周禮·春官·大宗伯》："秋見曰覲。"由於伐㲼子的軍事威勢，南夷東夷廿有六邦皆臣服來覲。

⑧ 唯皇上帝百神，保余小子。　　　《詩·大雅·皇矣》："皇矣上帝"，毛亨《傳》："皇，大。"保，保安。小子，屬王自己對上帝的卑稱。銘詞意爲偉大的上帝和百神保安於我。

⑨ 朕猷有成無競。　　　猷，義爲謀爲道，意即治國之道。《詩·周頌·訪落序》："嗣王謀于廟也"，毛亨《傳》："謀者，謀政事也。"《詩·大雅·抑》："無競維人"，鄭玄《箋》："競，彊也。"　　　此句和上句的意思是說，上帝百神保安於我，使我治國之謀大有成就，無可匹敵。

⑩ 我唯嗣配皇天王。　　　嗣，績。配，匹；對應。皇天王指周文武，此辭爲屬王自詡其德配文武，意即紱繼文武之德爲天子。

⑪ 鎗鎗鎗鎗，雝雝雝雝。　　　形容鐘聲的鏗鏘和諧。《說文》金部："鎗，鐘聲也。"鎗鎗

都是同一聲類。雍雍也是鐘聲的形容字。灘字不識,亦當與雍爲同一聲類。一説雍雍是和諧的意思。

⑫ 用昭格丕顯祖考先王。　　昭格,經典作昭假,《詩·大雅·雲漢》:"昭假無贏",鄭玄《箋》:"假,升也。"《書·文侯之命》:"丕顯文武,克慎明德,昭升于上。"

⑬ 先王其嚴在上。　　先王重文屬此句。嚴,讀作儼然之儼。周人以爲先王死後在上帝處。猶鐘銘則更直接説:"在帝左右。"

⑭ 橐橐數數。　　橐從泉皀聲,《説文》木部:集,"从木皀聲,讀若薄"。橐亦當如此讀。數從攴數聲,應是蓬蓬的聲借。周人在銘辭中形容其祖考在天威嚴之盛,多用此辭。

⑮ 降余多福,福余順孫。　　是説祖考先王在上,下降多福於我。上文猷稱小子,乃對上帝百神而言,此稱順孫,對列祖而言。順孫也就是孫。《廣雅·釋親》:"孫,順也。"這是厲王向祖考祈求降福。

⑯ 參壽唯琍。　　參,參星。　　琍,借作利。辭意爲壽如參星之高,裨益於我。

參考書目　孫詒讓:《古籀拾遺》(卷中第 5 頁);于省吾:《雙劍誃吉金文選》(卷上 1 第 1 頁);郭沫若:《兩周金文辭大系圖録考釋》(釋第 51 頁);吳闓生:《吉金文録》(卷 2 第 1 頁);楊樹達:《積微居金文説》(第 136 頁)。

虢仲盨蓋① 西周厲王

虢仲召(以)王南征②,伐南淮尸(夷),才(在)成周,乍(作)旅盨③。丝(兹)盨友(有)十又二④。

① 高 8.1、口縱 16.8、口橫 24.5 釐米。
中國科學院考古研究所藏。

② 虢仲召王南征。　　召王南征,因王命而南征。虢仲征淮夷事,見《後漢書·東夷傳》:"厲王無道,淮夷入寇,王命虢仲征之,不克。"虢仲之名,還見於何簋,他是厲王的重臣,統轄百工,公臣簋銘:"虢仲令公臣嗣朕百工,錫汝馬乘,鐘五、金,用事。"

③ 作旅盨。　　旅盨,使用於征旅的途中。爲征夷出發前所鑄。

④ 兹盨有十又二。　　盨是簋的長方形變體,有的盨自銘爲簋。虢仲一次鑄了這十二盨,證明盨使用時的組合和簋一樣都是偶數。十二器可能是兩組,每組六器。

參考書目　郭沫若:《兩周金文辭大系圖録考釋》(釋第 120 頁);吳闓生:《吉金文録》(卷 4 第 5 頁);楊樹達:《積微居金文説》(第 140 頁)。

無𩇕簋①西周厲王

佳十又三年正月初吉壬寅，王征南尸（夷）②。王昜（錫）無𩇕馬四匹③。無𩇕拜手頴首曰：“敢對𢾷（揚）天子魯休令（命）”④。無𩇕用乍（作）朕皇且（祖）釐季尊簋。無𩇕其萬年子孫永寶用。

① 高 21.8、口徑 23.7、底徑 25.7 釐米。

上海博物館藏。

② 王征南夷。　　此當是厲王南征淮夷。南淮夷入侵和厲王對南方用兵，據金文資料，有王親征，也有命大臣往征的，但諸器均未確指年代，唯此記十三年。

③ 王錫無𩇕馬四匹。　　無𩇕從厲王南征而受到王的賞賜。此人另見於𩨗從𣪘，稱大史無㝮，㝮爲𩇕的同音字。而𩨗從鼎的紀年是“惟王卅又二年”，穆王以後宣王以前在位三十二年以上的，祇有厲王，故𩨗從和無𩇕當同爲厲王時人。　　馬四匹是一乘車所用之馬。

④ 敢對揚天子魯休命。　　魯休命，嘉美之命。《史記·周本紀》“魯天子之命”，《魯世家》作“嘉天子命”，魯訓作嘉。魯休連語，意思是嘉美。

參考書目　劉心源：《奇觚室吉金文述》（卷 4 第 6 頁）；郭沫若：《兩周金文辭大系圖錄考釋》（釋第 120 頁）；吳闓生：《吉金文録》（卷 3 第 22 頁）；陳夢家：《西周銅器斷代》（《考古學報》1956 年第 3 期第 117 頁）。

敔簋①西周厲王

佳（唯）王十月，王才（在）成周。南淮尸（夷）遷（遷）𢦏②，内伐湦、㫳（昂）、參泉、裕敏、隂（陰）陽洛③。王令（命）敔追𢼸（御）于上洛、炋谷，至于伊。班④。

① 敔簋，宋薛尚功《歷代鐘鼎彝器欵識》著録，原器早已無存。宋《宣和博古圖》載其形制：高五寸八分，口徑六寸三分。

② 南淮夷遷𢦏。　　南淮夷，即淮夷，見𩰝鐘註。　　遷，從辵𡩋聲字。三體石經古文遷作𤯔。銘作𤯔，下部從女當爲臨摹失誤。遷讀爲樓。《爾雅·釋詁》：樓，“聚也”。郭璞《注》：“樓猶今言拘樓，聚也。”𢦏爲擊兵，此處當泛指一切武器。遷𢦏是聚結武力的意思。

③ 内伐湦、昂、參泉、裕敏、陰陽洛。　　内伐，即入伐，入侵之意。　　湦、昂、參泉、裕

敏都是淮夷入侵的地名。　　　陰陽洛,陝西境内洛水下游。下文云:"追御于上洛。"上洛即雒,在今陝西商縣境内。陰陽洛當在洛水南向的下游。

④ 王命敔追御于上洛、悆谷,至于伊。班。　　　上洛,即上雒,《水經注·丹水》引《竹書紀年》:"晉烈公三年,楚人伐我南鄙,至于上雒。"雒與洛通。漢置上雒縣,屬弘農郡,故地在今陝西商縣境内。　　　悆谷,亦地名,不詳所在。一説即鞠水所出的析谷。　　　伊,伊水。按,上洛、伊水都是西周腹地。這是周王命令敔於上洛至伊水一綫追禦淮夷入侵的軍隊。

班,勝利還師。

□榜(榜)䇂首百①,執譌(訊)卅,襄(奪)孚(俘)人四百②,畐于炎白(榮伯)之所③,于悆衣聿,復付乒(厥)君④。

① □榜䇂首百。　　　第一字傳摹失形。　　　榜,《漢書·陳餘傳》:"吏榜笞數千。"顏師古《注》:"榜謂捶擊之。"　　　䇂,从戈得聲字,讀爲截。《廣雅·釋詁》:截,"斷也"。《詩·商頌·長發》,"海外有截",孔穎達《疏》:"截者,斬斷之義。"此句義爲擊殺而斬首級者百。

② 奪俘人四百。　　　奪還被俘的周人四百。

③ 畐于榮伯之所。　　　《説文》㐭部:"畐,嗇也。"有收存義。意爲將奪還被俘的周人四百名收於榮伯之處。

④ 于悆衣聿,復付厥君。　　　衣聿義不詳。一説在悆施以衣履,經詳細登録後,再歸還其主人。

佳(唯)王十又一月,王各(格)于成周大廟。武公入右敔告禽①,或(馘)百譌卅②。王蔑敔曆。吏(使)尹氏受(授)贅敔圭蔨、𡱝貝五十朋③。易(錫)田:于敄五十田,于早五十田④。敔敢對揚(揚)天子休,用乍(作)尊簋,敔其匄(萬)年,子子孫孫永寶用。

① 武公入右敔告禽。　　　武公,其名見禹鼎,爲厲王時重臣,曾以其部隊擊敗鄂侯馭方及淮夷的聯軍。　　　告禽,報告軍事勝利的一種儀式。

② 馘百訊卅。　　　馘,截取被殺者的左耳。《詩·魯頌·泮水》:"在泮獻馘",鄭玄《箋》:"馘,所格者之左耳。"

③ 使尹氏授贅敔圭蔨、𡱝貝五十朋。　　　贅,錫。蔨字《説文》所無。一説圭蔨是圭瓚。《詩·大雅·江漢》:"釐爾圭瓚,秬鬯一卣。"　　　𡱝,産貝的地名。授錫圭蔨和貝五十朋是很

優厚的賞賜。

④ 錫田：于敊五十田，于早五十田。　　敊、早均地名。　　古制一田百畝，兩地共萬畝。以上優厚的賞賜是褒獎敔在周的腹地擊敗淮夷之功。

參考書目　劉心源：《古文審》（卷 7 第 1 頁）；孫詒讓：《古籀拾遺》（卷上第 25 頁）；于省吾：《雙劍誃吉金文選》（卷上 3 第 14 頁）；郭沫若：《兩周金文辭大系圖録考釋》（釋第 109 頁）；吳闓生：《吉金文録》（卷 3 第 21 頁）；楊樹達：《積微居金文説》（第 75、76 頁）。

鄂侯馭方鼎^①西周厲王

王南征，伐角、鄱^②，唯還自征，才（在）坯^③。噩（鄂）侯駿（馭）方内（納）豊（醴）于王，乃儕之^④。駿方卺（侑）王^⑤。王休厵（宴），乃射^⑥，駿方卿王射。駿方休闌^⑦。王宴，咸盦（飲）^⑧。王寴（親）易（錫）駿玉五瑴^⑨、馬四匹、矢五束^⑩。駿方拜手頴首，敢對揚天子丕顯休釐，用乍（作）尊鼎，其邁（萬）年子孫永寶用。

① 高 35.3、口徑 31.1 釐米。

上海博物館藏。

② 王南征，伐角、鄱。　　據翏生盨銘爲“王南征，伐角津、伐桐遹”，則角津、桐遹均爲淮夷的邦國。鼎銘“伐角鄱”，即角津、桐遹的簡稱。

③ 唯還自征，在坯。　　在征淮夷的歸途中，駐於坯地。　　坯，競卣作郭，地望不詳。一説爲大伾山，在成皋，《水經注·河水》：“河水又東逕成皋大伾山下”，又曰：“成皋縣之故城在伾上。”若此，噩與大伾相去極遠，則噩侯當爲特往覲見的。

④ 鄂侯馭方納醴于王，乃儕之。　　噩，國名，即鄂。古代鄂有三地，一在今湖北鄂城縣，爲江漢之鄂；一在今山西鄉寧縣，事見《左傳》隱公六年；一在今河南沁陽縣西北，或作邘，見《史記·殷本紀》。按此鄂侯必是江漢之鄂，禹鼎銘載鄂侯馭方曾率淮夷、東夷進攻西周腹地，則鄂地必當近淮夷。江漢之鄂曾數經遷移，此時當留在漢水流域，厲王受醴並賜宴鄂侯以示寵好，實爲鄂扼淮夷西部的重要形勢所致。　　醴，淡味的米酒。《釋名·釋飲食》：“醴齊，醴禮也。釀之一宿而成醴，有酒味而已也。”一云再宿爲醴，見《楚辭·大招》“吳醴白蘗”王逸《注》。這是説鄂侯馭方向王獻納醴酒。　　儕，字書所無。毛公鼎銘有鄩圭和秬鬯相應，《國語·魯語》：“文仲以鬯圭與玉磬如齊告糴。”韋昭《注》：“鬯圭，祼鬯之圭。”鄩圭似即鬯圭，則鄩有祼義，飲酒的意思。

⑤ 馭方侑王。　　侑一作宥。《爾雅·釋詁》：“侑，報也。”銘文説明鄂侯馭方酬酒以報

周王。

⑥ 王休宴,乃射。　　王停止了宴飲,接着就舉行射禮。射禮爲一種射箭的儀禮,是貴族們整個宴饗活動的一部分,有職官專司其事。《儀禮·大射》:"射人戒諸公卿大夫射。"鄭玄《注》:"射人掌以射法治射儀。"

⑦ 馭方卿王射。馭方休闌。　　《説文》亼部:"會,合也。"古文作佮,卿從卯從合,當與會同義。卿射即鄂侯與王會射。王臣或諸侯會射的事,又見静簋銘及長由盉銘。　　休闌,射禮結束休止。

⑧ 王宴,咸飲。　　王再次宴饗。咸即飲咸,飲酒告終。

⑨ 玉五瑴。　　瑴,即玨,二玉爲玨。

⑩ 矢五束。　　《周禮·秋官·大司寇》:"入束矢於朝",鄭玄《注》:"古者一弓百矢,束矢其百個與。"五束,可能是五百鋌矢。

參考書目　劉心源:《奇觚室吉金文述》(卷2第8頁);于省吾:《雙劍誃吉金文選》(卷上2第6頁);王國維:《觀堂別集》(卷2第2頁);郭沫若:《兩周金文辭大系圖録考釋》(釋第107頁);吳闓生:《吉金文録》(卷1第16頁)。

禹鼎[①]西周厲王

禹曰:"丕顯趄趄(桓)皇且(祖)穆公[②],克夾召先王[③],奠四方[④]。鬑(肆)武公亦弗叚(退)望(忘)朕(朕)聖且考幽大叔、懿叔[⑤],命禹仦(肖)朕且考政于井邦[⑥]。鬑禹亦弗敢忝(忝)[⑦],賜(易)共朕辟之命[⑧]。"

① 禹鼎,宋代已有一器出土,同銘,舊稱穆公鼎,《薛氏鐘鼎彝器款識》、《嘯堂集古録》及《博古圖録》等著録。叔向父禹簋銘其祖考和禹鼎相同。故知禹爲其名,叔向父其字。

1942年陝西岐山縣任家村出土。

高53、口徑47釐米。

陝西省博物館藏。

② 丕顯趄趄皇且穆公。　　趄趄讀作桓桓。《尚書·牧誓》:"尚桓桓",僞孔《傳》:"桓桓,武貌。"　　穆公名見於㦰鼎、尹姞鼎及盠尊等器,是共王穆王時的重臣。　　此句是禹對其皇祖穆公的頌揚之辭。

③ 克夾召先王。　　能輔助相導先王。《一切經音義·十二》引《蒼頡》:詔,"相導也"。召亦通作紹,義同。

④ 奠四方。　　奠即定。《周禮·天官·職幣》:"皆辨其物而奠其録",鄭玄《注》:"奠,

定也。"奠的字形是器在丌上,本義爲置,引伸爲定。　　　奠四方即安定天下。

⑤ 肆武公亦弗叚忘朕聖祖考幽大叔、懿叔。　　　叚,通遐,助動詞。不叚爲詞組,周人的習慣用語。師裏簋銘:"今余弗叚組(祖)"。弗遐忘即未嘗忘。

⑥ 命禹仦朕祖考政于井邦。　　　仦,字書所無,或以爲俏肖之異文。从人和从肉同意。《説文》肉部:"肖,骨肉相似也。""肖朕祖考政于井邦",是説禹似其祖考世代掌管井邦。井的地望,據矢盤銘記田界有井邑田,當與散國鄰近。散國在今寶雞之南。穆王時代的長由盉有井伯,龔王時代的趙曹鼎又有井伯,此井伯和穆公可能就是同一人。

⑦ 肆禹亦弗敢㤅。　　　㤅從心春省聲,《説文》心部:"㤅,愚也。"此爲禹自勉之辭。

⑧ 賜共朕辟之命。　　　賜,讀爲惕,《説文》心部:"惕,敬也。"　　　共讀爲恭,此説天子命其"政于井邦",要敬恭不怠。

烏虖哀哉! 用天降大喪于下或(國)①! 亦唯噩厌(鄂侯)馭方率南淮尸(夷)東尸廣伐南或東或,至于歷寒②。王迺命西六自(師)、殷八自③曰:"戜伐噩侯馭方,勿遺壽幼④。"肆呂彌宋(怵)匋匩⑤,弗克伐噩。

① 用天降大喪于下國。　　　西周時人篤信天命,以爲下國喪亂皆自上天所降。

② 鄂侯馭方率南淮夷東夷廣伐南國東國,至于歷寒。　　　此事典籍失載。由此銘可知屬王時東夷、南淮夷在鄂侯的率領下,曾進行廣泛的叛亂,侵伐宗周。此與敌簋所載淮夷内伐應是同一戰役,當時淮夷曾深入西周腹地。　　　歷寒地雖不詳其所在,但亦當爲周之要地。

③ 西六師、殷八師。　　　周室在西土和東土所駐的宿衛重兵,西六師駐宗周,殷八師駐牧野,見小臣謎簋銘。《詩·大雅·棫樸》:"周王于邁,六師及之。"六師之稱見此。

④ 勿遺壽幼。　　　老幼皆殺戮無遺。

⑤ 肆呂彌宋匋匩。　　　彌,終、久之意。宋同怵,義爲懼。匋,帀、重疊;匩同恇,也有懼義。詞意指六師懼怯之甚,不能勝鄂。

肆武公迺遣禹率公戎車百乘,斯(廝)馭訇,徒千①,曰:"于匡(將)䵎肅慕,惠西六自、殷八自②,伐噩侯馭方,勿遺壽幼。"雩禹呂(以)武公徒馭至于噩。䡮(敦)伐噩,休隻(獲)氒(厥)君馭方③。肆禹又(有)成④,敢對揚武公丕顯耿光。用乍(作)大寶鼎,其萬年子子孫孫寶用。

① 武公迺遣禹率公戎車百乘，廝馭二百，徒千。　　此爲武公的親軍。　　斯同廝，廝馭，編在兵車服役的軍卒。《漢書·嚴助傳》："廝輿之卒"，廝馭正即廝輿。由此銘知當時廝馭與徒卒之比數爲二比十。

② 于匪朕肅慕，惠西六自、殷八自。　　于，往。　　匪，讀作將。肅，讀作速，急速之意。慕讀作謨。《詩·大雅·抑》："訏謨定命，遠猷辰告"，馱簋銘作"宇慕遠猷"。慕即訏謨之謨。《爾雅·釋詁》：謨，"謀也"。奉王疾進之謀，並施仁惠於西六師，殷八師。

③ 韋伐噩，休獲厥君馭方。　　韋，讀爲敦伐之敦。虢季子白盤銘："韋伐其至。"休獲厥君，喜獲其君，鄂侯馭方兵敗被擒。

④ 肄禹有成。　　有成，得到了成功。

參考書目　徐中舒：《禹鼎的年代及其相關問題》（《考古學報》1959 年第 3 期第 53 頁）。

翏生盨[①] 西周厲王

王征南淮尸（夷），伐角淒（津），伐桐遹（遹）[②]，翏生從。執嶷（訊）折首[③]，孚（俘）戎器[④]，孚金。用乍（作）旅盨，用對剌（烈）[⑤]。翏生眔大嬾（娟）其百男百女千孫，其邁（萬）年釁（眉）壽永寶用。

① 高 21、口縱 16.6、口横 21.8、底縱 14.2、底横 19 釐米。
上海博物館藏。

② 伐角淒，伐桐遹。　　淒即津字，《説文》水部："津，水渡也，从水聿聲。""古文津从舟从淮。"此字與古文的津字完全相同。遹即遹字的別構，《説文》系部，繘字籀文作繘，可證。角津桐遹是南淮夷的邦國。角疑即角城，《水經注·淮水》："淮泗之會，即角城也。"《太平寰宇記·河南道·淮陽郡·宿遷縣》："角城在今縣東南一百一十一里。"津或即津湖旁的小國。《水經注·淮水》："穿樊梁湖北口，下注津湖逕渡"，故地在今寶應縣南六十里。此兩地在淮夷東側，則桐遹在其西側。《左傳》定公二年："桐叛楚"，杜預《注》："桐，小國，廬江舒縣西南有桐鄉。"故地在今安徽桐城縣北。遹地不詳，與桐相近的地名有聿妻，在淮水上游。聿遹古音通。鄂侯馭方鼎銘"王南征，伐角遹"，即本銘的角、津和桐、遹。

③ 執訊折首。　　訊指戰俘，篆文訊字像被繫之人，從口表示訊問，是會意字。執訊，逮住了戰俘。

④ 俘戎器。　　打敗敵國後俘獲的兵器。

⑤ 用對烈。　　烈，休美。是説用對王之烈，與銘文對揚王休的意義相類似。

參考書目　馬承源：《關於翏生盨和者減鐘的幾點意見》（《考古》1979 年第 1 期

第60頁）。

兮甲盤① 西周宣王

佳五年三月既死霸庚寅②,王初各(格)伐厰執(玁狁)于冒盧③。兮甲從王④折首執嬲(訊),休亡敊(泯)⑤！王易(錫)兮甲馬四匹、駒車⑥。王令甲政(征)鬺(治)成周四方賣(積)至于南淮夷⑦。淮夷舊我員晦(賄)人⑧,毋敢不出其員、其賣、其進人⑨。其寅⑩,毋敢不即餗(次)即岑(市)⑪。敢不用令(命),剽(則)即井(刑)屢(撲)伐⑫。其佳(唯)我者(諸)侯百生(姓),乎寅毋不即岑,毋敢或入綛变寅,剽亦井⑬。兮白吉父乍般(盤),其髮(眉)壽萬年無疆,子子孫孫永寶用。

① 傳宋代出土。
日本東京書道博物館藏。
② 佳五年三月既死霸庚寅。 《詩·小雅·六月》記尹吉甫伐玁狁是周宣王時事,則此器的五年三月是周宣王五年三月。據推算,宣王五年三月乙丑朔,二十六日得庚寅。
③ 王初各(格)伐玁狁於冒盧。 初,開始。 格,《後漢書·陳寵傳》:"斷獄者急於筹格酷烈之痛。"李賢《注》引《説文》曰:"格,擊也。"玁狁,又作獫狁、獯鬻,都是西周時代匈奴族名的譯音。説王初伐厰狁,因六月有尹吉甫再伐之舉。 冒盧,地名,地望不詳。一説冒音通彭,盧音通衙,彭衙,即春秋時秦地,漢代爲左馮翊,在今陝西白水縣東北。
④ 兮甲從王。 兮甲,字伯吉父,吉父即吉甫,即《詩·小雅·六月》的"文武吉甫"。毛亨《傳》:"吉甫,尹吉甫也",鄭玄《箋》:"吉甫,此時大將也。"此詩寫宣王北伐,云:"薄伐玁狁,至於太原。文武吉甫,萬邦爲憲。"此詩記尹吉甫伐玁狁事,與盤銘相似。兮,伯吉父的氏。 囲,甲字的別體。甲是天干的開頭,吉也有始義,字伯吉父取其與名相應。
⑤ 休亡(無)敊。 無敊,敊借作泯,《爾雅·釋詁》:泯,"盡也"。無敊是西周時的常用語,如得屯亡敊之類。 休無泯,美善無窮之意,此處是指戰功之盛美。
⑥ 王錫兮甲馬四匹、駒車。 駒車,車名。即鉤車,一作輈車,輿曲前闌的車。
⑦ 王令甲政鬺成周四方賣(積)至于南淮夷。 此處開始記述對南淮夷收賦税的事。
政通征,即征歛。 鬺,從鬲嵜聲,借作斁,《説文》辟部:"斁,治也。"成周四方積,成周位置當時處於天下的中央,《史記·周本紀》:"成王在豐,使召公復營洛邑,如武王之意。周公復卜申視,卒營築,居九鼎焉。曰:'此天下之中,四方入貢道里均。'"在西周時代,諸侯方國的貢賦都運送到成周,所以銘文説是"成周四方積"。 賣,即賣字,讀爲積,《左傳·僖

公》三十三年：“居則具一日之積”，杜預《注》：“積，芻、米、菜、薪。”　　芻是馬食料，米、菜、薪是日常必需品，積作爲賦税的形式，例由四方入貢。“至於南淮夷”，特指征收和清理南淮夷入貢的賦税。

⑧ 淮夷舊我貟晦人。　　師袁簋銘：“淮夷繇我貟晦臣。”貟，一作貴，爲《説文》所無，義同賦字。　　晦，通賄，《一切經音義》：“賄，古文晦同。”晦、賄都從每聲。《周禮·天官·大宰》：“六曰商賈，阜通貨賄。”鄭玄《注》：“金玉曰貨，布帛曰賄。”淮夷舊我帛晦人，意即淮夷從來是向我貢納財賦的臣民。

⑨ 毋敢不出其貟，其積，其進人。　　貟、積都是財賦之征。進人，是力役之征。

⑩ 其賓（貯）。　　賓即貯字，又作𦩻。貯是市場的財貨，《周禮·地官·廛人》鄭玄《注》：“謂貨物諸藏於市中。”

⑪ 毋敢不即餗即芾。　　餗讀爲師次之次，《左傳》莊公三年：“凡師，一宿爲舍，再宿爲信，過信爲次。”故軍隊留止處都可稱次。　　即，就。與上文進人相應，毋敢不即餗，即不敢不就軍隊留止之處提供力役。　　即芾。芾即市字。與上文“其貯”相對應，意即淮夷不敢不貢納作爲向市場提供的財貨。

⑫ 即刑撲伐。　　即刑，處以刑罰，這是對不用命的官吏而言。　　撲伐，是對淮夷不入貢所採取的軍事行動。

⑬ 其佳我者侯百生，氒賓毋不即市，毋敢或入䜌（關）变貯，則亦刑。　　此處指諸侯百姓之積貯，即成周四方貯，此爲告誡諸侯百姓應納貢即市。此百姓不同於後世的百姓，而是外邦的統治階層中的人物，師頌簋銘：“里君百生輔于成周。”《説文》門部：䦮，通闌，“妄入宫掖也。”变，宄，繁簡字。《尚書·微子》：“草竊姦宄”，《廣雅·釋詁》：宄，“盗也”。　　銘辭意謂如敢有妄入盗竊積貯的，則亦施以刑法。

參考書目　劉心源：《奇觚室吉金文述》（卷 8 第 20 頁）；于省吾：《雙劍誃吉金文選》（卷上 3 第 24 頁）；王國維：《觀堂別集·兮甲盤跋》（卷 2 第 8 頁）；郭沫若：《兩周金文辭大系圖録考釋》（釋第 143 頁）；吴闓生：《吉金文録》（卷 4 第 26 頁）；方濬益：《綴遺齋彝器考釋》（卷 7 第 9 頁）；楊樹達：《積微居金文説》（第 35 頁）。

師袁簋①西周宣王

王若曰：“師袁②，变③！淮尸（夷）繇（舊）我貟晦臣④，今敢博（薄）氒（厥）衆叚（暇）⑤，反氒工吏⑥，弗速（蹟）我東鄙（國）⑦。今余肇令女（命汝）達（率）齊帀（師），曩、釐、僰、尿⑧，左右虎臣⑨正（征）淮尸，即貿厥邦嘼⑩，曰冉、曰𡩻、曰鈴、曰達。”師寰虔不彖（墜）⑪，㲋（夙）夜卹厥牆（將）事⑫，休既又工（有功）⑬，折首埶緣（執訊）⑭，無諆徒馭（馭）⑮，毆孚（俘）士女羊牛⑯，孚吉金。今余弗叚（暇）組（沮）⑰。余用乍（作）朕（朕）後男鼠（臘）尊簋⑱，其禕（萬）年子子孫孫永寶用亯。

① 高 27、口徑 22.5、底徑 24.3 釐米。

上海博物館藏。

② 師寰簋銘文内容和周宣王時的《兮甲盤》相似，應是同一時期的器。

③ 叆。　　叆，嘆詞，一器作叐，後者失鑄口，叆字作从又或聲。《説文》欠部有歈字，解爲“吹氣也”，《方言十三》有喊字，“聲也”。

④ 淮夷繇我員晦臣。　　繇，舊字的假借。淮夷繇我員晦臣，即兮甲盤銘“淮夷舊我員晦人。”員，見兮甲盤注。

⑤ 今敢博厥衆叚。　　博，借爲薄，《左傳》成公十六年：“楚師薄于險”，杜預《注》：“薄，迫也。”　　衆，衆人。衆的本義是農夫，也就是庶人。《詩·大雅·抑》：“庶人之愚”，鄭玄《箋》：“庶，衆也”，庶在古籍中多訓爲衆義。庶人在西周時代是農業奴隸。大盂鼎：“自駭至于庶人六百又五十又九夫。”此處泛指向周王室提供員晦的奴隸。　　叚，閒。　　銘辭的意思是淮夷現在竟敢迫使向我提供員晦的奴隸們閒下來不勞作。

⑥ 反厥工吏。　　反，叛。　　工，臣工。吏，官吏。《詩·周頌·臣工》：“嗟嗟臣工”，毛亨《傳》：“官也”。　　工吏，指王臣、王官。

⑦ 弗速我東國。　　速同蹟，弗蹟，即不蹟。《詩·小雅·沔水》：“念彼不蹟”，毛亨《傳》：“不蹟，不循道也。”淮夷又稱南淮夷。　　銘辭意謂南方淮夷的叛變在我東國也造成了混亂。

⑧ 今余肇令女達齊帀，曩、虋、枀、尻。帀通作師，齊師，徵調的齊國軍隊。　　曩即紀國，在齊東。　　虋是萊國，更在紀之東，都在山東半島的中北部。　　枀、尻兩地雖不可考，從辭意看，亦宜在山東，都是從征的小國。

⑨ 左右虎臣征淮夷。　　左右虎臣，宿衛王宮的來自四夷服役的武士。

⑩ 即賨厥邦嘼。　　賨即賨字，從奴從貝。奴，像手持殘骨形，新字像斧斤旁有殘骨，其意相同。《説文》奴部：“賨，深堅意也，从奴从貝，貝堅寶也，讀若概。”按：貝堅實非本義，據音讀，此當假借爲殛字，賨、殛古聲同屬見紐，誅殺之意。嘼讀若獸。《説文》：“獸，守備者也。”下文冉、箬、鈴、達是四個城邦的守備者。

⑪ 師寰虔不彖。　　虔，虔敬。　　彖，墜的本字。　　不彖，不敢廢墜王命。

⑫ 夙夜卹厥牆事。　　《説文》血部：“卹，憂也。”即思慮的意思。牆通作將，義爲持。將事，執行所擔任務。　　辭意是説師寰日夜思慮着他所擔負的任務。

⑬ 休既又功。　又功，即有功。稱美伐淮夷所獲得的勝利。

⑭ 折首執訊，見兮甲盤註。

⑮ 無諆徒馭。　無畏的徒卒和車馭。《説文》言部："諅，忌也，从言其聲。"忌有畏義，《左傳》昭公十四年："殺人不忌爲賊"，杜預《注》："忌，畏也。"《禮記・中庸》："小人而無忌憚也"，《釋文》亦云："忌，畏也。"　徒，步兵。　馭，馭戰車者。

⑯ 毆俘士女羊牛。　毆俘是詞組。毆是驅趕的意思。　士，年壯的男子。《荀子・非相》："處女莫不願得以爲士"，楊倞《注》："士者，未娶妻之稱。"　辭意是説無畏的戰士們俘獲了淮夷的青壯男子和婦女，還有羊和牛。

⑰ 今余弗叚徂。　弗遐徂之遐是語詞。"弗叚"即經籍中的"不遐"，遐字舊釋爲遠是不對的。《詩・大雅・抑》之"不遐有愆，"即"不有愆，"之意。　今余弗遐徂，即不再往征，説明征戰結束。組，亦即徂，退，《説文》辵部："退，往也。"

⑱ 後男𩰬尊簋。　《公羊傳》成公十五年："爲人後者爲之子也。"即此後字之義。男也稱子，後男或謂後子。《墨子・非儒》："喪父母三年，其後子三年。"後子即長子。《荀子・正論》："聖不在後子而在三公"，楊倞《注》："後子，嗣子，謂丹朱商均也。"　𩰬，後男之名。一説𩰬通臘，即臘祭，歲終祭神。

參考書目　劉心源：《古文審》（卷 6 第 11 頁）；孫詒讓：《古籀拾遺》（卷下第 11 頁）；劉心源：《奇觚室吉金文述》（卷 4 第 26 頁）；于省吾：《雙劍誃吉金文選》（卷上 3 第 14 頁）；郭沫若：《兩周金文辭大系圖録考釋》（釋第 146 頁）；吴闓生：《吉金文録》（卷 3 第 9 頁）；楊樹達：《積微居金文説》（第 153、226 頁）；中國科學院考古研究所：《美帝國主義劫掠的我國殷周銅器集録》（第 49 頁）；上海博物館：《上海博物館藏青銅器》第 53 器。

駒父盨蓋[①] 西周宣王

唯王十又八年正月，南中（仲）邦父命駒父毁（即）南者（諸）侯達（帥）高父[②]，見南淮夷，氒（厥）取氒服[③]，堇（謹）夷俗[④]。豕不敢不苟（敬）畏王命逆見我[⑤]，氒獻氒服[⑥]。我乃至于淮，尖（小大）邦亡敢不㚄具逆王命[⑦]。四月，還至于蔡[⑧]。乍（作）旅盨，駒父其萬年永用多休。

① 1974 年 2 月陝西武功蘇坊公社金龍大隊出土。

高 18、口縱 17、口横 25 釐米。

武功縣文化館藏。

② 唯王十又八年正月，南仲邦父命駒父即南諸侯帥高父。　周宣王十八年正月。南仲是周宣王的卿士。據《詩・小雅・出車》記載，西周宣王曾命南仲駐兵朔方。無惠鼎稱司徒南仲，本銘全稱爲南仲邦父。　駒父，器主名，奉南仲之命向南淮夷索取貢賦。　南，南國，指南淮夷諸邦。　達，通作帥。《荀子・富國》："將率不能則兵弱"，楊倞《注》："率與帥同。"南諸侯帥，就是南國諸侯之長。《國語・齊語》："五鄉之帥帥之"，韋昭《注》："帥，長也。"　銘詞是説南仲邦父命令駒父到南國諸侯首長高父那裏會見南淮夷。

③ 厥取厥服。　前一厥字是語首助詞，無意義。後一厥字是指南淮夷各諸侯國，用作第三人稱領格，意思是王命駒父索取南淮夷之服。服，服御用品。

④ 堇(謹)夷俗。　謹，重視，不敢怠忽。　俗，《説文》人部："俗，習也。"謹夷俗，也就是要注意南淮夷的習俗。以上"厥取厥服，謹夷族"是傳達王命。

⑤ 豖不敢不[敬]畏王命逆見我。　豖，通作遂。不下一字殘缺，應爲"苟"，即"敬"字。這句是説南淮夷不敢不畏懼王命來而迎見(覲)我。

⑥ 厥獻厥服。　指淮夷獻其貢物。這裏第一個厥字也是語首助詞。

⑦ 尖邦亡敢不灱具逆王命。　尖，小大合文。尖邦，即大小邦國。不字下似爲"灱"字。《集韻》灱同熇。《玉篇》："熇，熇火，熾也。"《詩・鄭風・大叔于田》："火烈具舉"，毛亨《傳》："烈列，具俱也。"鄭玄《箋》："列人持火俱舉，言衆同心。"此灱字正指《詩》中列人所持之火。　全句是説淮夷不論大邦小邦没有不同心來迎王命的。

⑧ 還至于蔡。　蔡，周室分封的同姓諸侯國，故城在今河南省上蔡縣西南。此稱還至於蔡，是説駒父完成了到南淮夷索取貢納的使命後返回到蔡地。

參考書目　吴大焱等：《陝西武功縣出土駒父盨蓋》(《文物》1976 年第 5 期第 94 頁)。

(原載《上海博物館館刊》第一期，上海古籍出版社，1981 年)

商和西周的金文

　　書法藝術的表現形態是文字，因此書法的産生是和文字的形態密切聯繫着的。一定形態的文字産生於特定的時代，這種文字一旦構成了藝術形式，也就必然爲後代的書法家所繼承。先秦大篆時期離開現在已有兩千多年，但吴昌碩臨摹的石鼓文常爲藝術愛好者們所激賞；許多重要的金文墨本，至今尚被書法的高手所珍視，這説明大篆這種古雅的書法藝術，仍然具有生命力。商和西周的書體，一脈相承，或稱大篆、籀書，也有稱古籀的。吴大澂的《説文古籀補》，雖説是"古籀"，其實兼收東周古文，事實上是先秦的青銅器銘文和少數石刻文字。本文所介紹的是東周六國古文通行以前的大篆或籀書。在這一漫長的歷史時期內，除商代的甲骨文外，大篆或籀書表現爲金文的形式，遺存至今，其他的文字資料則甚少。至於東周的文字，相當複雜，其嬗變經過，當非短文所能包容。

　　古代稱銅爲金，金文就是各種青銅器上或鑄或刻的銘文。金文和甲骨文皆並存於商代，而且主要是殷墟時期，這是目前所知道的我國最早的文字①。我認爲甲骨文是按牛骨龜甲上墨書的卜辭筆劃契刻的。墨書有瘦有肥，有筆意的變化，而甲骨文多作單刀，不能盡依墨痕刻剔，故從整體看，甲骨文大多不能體現卜辭初寫的筆跡，從而形成爲獨特的契刻藝術的效果。但甲骨文中也有少數是按墨書的筆意刻成的，武丁時代卜辭契刻的大字，有一些有墨書風味，這種大字卜辭刻後塗朱，形體瑰麗。著名的晚殷宰丰骨，是帝乙或帝辛時期所刻，內容記載王田獵獲兕有錫於宰丰。文字依墨書的周緣雕刻，筆劃的起止多顯鋒露芒，間用肥筆。雖然我們可見其刻劃的刀痕，但其底本爲墨書，則是非常清楚的（附圖一）。卜骨上的墨書，留存的寥若晨星，而且筆痕不甚清晰，祇能在少數的契刻文字中得見其仿佛。

　　商代的金文則能更多地顯示墨書的原形。殷墟中期金文雖然没有長篇的，但是由於青銅器鑄作技術的精湛，許多金文字跡，能够在相當程度上體現出筆意。當時的金文大字如司母戊鼎（圖一）、司母辛鼎

圖一

銘文,筆勢雄健,形體邁奇,而司母戊鼎銘文尤其卓偉,運筆提按起止,在器上能真實地翻鑄出來。也有瘦硬細筋的一類,如戍嗣子鼎(圖二)銘文,則是晚殷書體之遒美者。戍嗣子鼎銘文已較長,可以看出書寫的行氣。字跡稍覺豐腴的小臣艅犀尊銘,與戍嗣子鼎銘一樣,都具有謹嚴的結體。商代金文字數甚少,一般是一兩個字,十個字以下的有數百器,但文字較多的僅有十餘器,其中尤以邲其卣三器最爲著稱,銘記四祀的一器字跡相當雄勁,行氣疏密不一,體勢凝重。這些銘文風格,都得到周人的繼承和發展。

圖二　　　　　　　　　　　　　　　　圖三

西周是我國古代文明發展和興盛的時期。周人的文化較之商代有顯著的進步。西周的金文隨着周人對禮制的進一步提倡而有極大的發展。留存於世的金文數量是十分可觀的,數十字以上的約在六七百篇以上。周人金文體勢粗略地可區分爲早中晚三個時期,這種區分衹是就金文的時代風貌而言,如果細分,那麼書寫者的個人風格和功力技巧,當然還有許多不同之處。

周初即西周早期的金文有瑰異凝重、雄奇姿放和質樸平實等數類。

屬於瑰異凝重者典型的如1962年陝西寶雞出土的成王五年的何尊(圖三,局部),銘12行122字,體勢瑰異奇古,凝練厚重。結體間用肥筆,起止多不露鋒,字形大小因體而施,行款茂密。銘載成王誥宗小子何,云何父考公氏輔弼文王。及武王克商,敬告於天,欲以成周爲宅都,自此統治人民。又誥何云,小子無識,應視公氏有恪於天而敬享之。文體可與《尚書》諸《誥》媲美。周初這類風格的書體,卓越的還有康侯簋(圖四),此簋大字,記成王四年建衛侯事,銘文雄奇挺拔。這一類風格之更爲端重卓偉的,則有康王時代大盂鼎(附圖二),鼎銘 19 行 291 字,載康王追述文武受命、克殷建邦,以及殷朝野酗酒喪師亡國的故實。銘文大字,瑰麗通偉,成康時代這一類金文中,以書法的成就而言,當以盂鼎居首位。

圖四   圖五

　　西周早期雄奇姿放一類書體承殷末邙其卣一類風格或稍帶遒美。如成王時代的保卣銘、康王時代的作册大方鼎銘(圖五),書體雄峻恣肆,不受通常謹嚴格局的限止,文字大小隨意,錯落自然。這種金文的書寫者着意體現字跡恣放的,則有昭王時代的令簋銘(附圖三)和召卣銘。令簋字劃瘦肥結合,遒勁流暢,其中從“人”形的字或偏旁如“人”、“卩”、“斤”、“及”、“矢”、“頁”,以及人肢體形的字如“又”、“丑”、“父”、“尹”、“廾”、“夕”、“文”等,都用肥筆重筆突出地點劃其形態。其他如“王”、“炎”、“十”等少數幾個字也施肥筆。有些相同的字用筆的輕重變化,字跡的形體大小並不完全類同。召卣銘文於遒勁中略帶華美,行氣也比較自由。書法之道,最忌用筆的規範化,西周這類金文,在書寫上有其一定的創造性。

　　西周早期樸質平實風格的金文當首推周武王伐商之年的利簋（圖六）。此簋 1976 年陝西臨潼出土，銘文記載武王征商，甲子之朝，正當歲星顯現，自昏至於次日清晨，乃占有商國。銘文有關周初史實，極爲重要。但字跡平易，不露或甚少露鋒，且不施肥筆。武王時另一重器天亡簋（附圖四），銘記武王祭上帝以文王配享，文字古樸自然②，行氣有凝重感。這類樸質的金文在周初雖然不很多，但書寫便捷，是以後書法變化的方嚮。

　　西周中期金文，謹嚴通奇的風格逐漸退化，筆勢比較柔和圓潤，行款排列都相當工整，但是已消除了凝重的氣氛。西周中期指穆、恭、懿、孝、夷五世，這一時期的金文風格，大致可以歸結爲以下五類：

　　最流行的一類是穆王時代出現、恭王時代獲得發展的筆劃均勻而圓潤、形體極爲工整的銘文，典型的如遹簋（圖七）、靜簋（附圖五）和呂方鼎等一類金文，這類字跡較爲柔和，已沒有前期雄奇的筆勢，而形體則相當工整。

　　第二類字跡運筆已較舒松，但形體仍有西周早期的特點，如“宀”作銳頂聳肩，數字一至四橫劃端粗末細，字跡中仍依稀有肥筆現象。雖然形體近於早期，但瑰異、恣放、雄奇的風格已經消失。1975 年 3 月扶風莊白家出土的穆王時代的癸方鼎銘文（附圖六），都屬於這一

圖六　　　　　　　　　　　　　　圖七

類,西周中期的賢簋,也是同樣的風格。這一類字跡從銘文內容和器的形制看,都在西周中期偏早。

第三類,字跡端正,質樸,筆劃均勻而遒健,雖然行款縱橫有疏密不同,但筆勢却甚相似。恭王時代三年衛盉(附圖七),衛鼎、廿七年衛鼎、懿王二祀的趞尊和孝王初世的大克鼎等銘文,字形有大小,筆劃有粗細,但總的體勢是相同的。大克鼎銘文28行290字,字跡特大,在金文中可算是皇皇巨著了,字的形體顯得舒展和端莊③。這類金文書寫比較便捷,故一直行用到西周後期和春秋早期。

第四類,筆勢純熟圓潤,形體遒麗,行款或縱疏橫密或疏密相當,這類金文書寫者往往刻意求工,是恭懿時代出現的新風格。恭王時代的墻盤銘、永盂銘(附圖八)、師訇鼎銘及懿王時代的師虎簋,都是此類金文之卓越者。墻盤1976年出土於陝西扶風莊白家一號青銅器窖藏,同時出土的器有103件,多數是穆王至孝王時期內微氏家族祖孫四世的禮器。墻盤銘文追述文、武、成康、昭、穆六世的業績和時王(恭)繼續文武的功烈。文體古奧典雅,信是史官手筆。行款疏寬而整齊,字跡尤其遒美。永盂銘大字,筆勢圓潤而厚實,風格與墻盤銘相似。師訇簋銘文運筆均勻而剛柔得宜,結體稍長,行款則縝密有致,凡此都是在同一時代風格中書寫者個人習性差異的體現。

第五類,字跡草率行款疏放。如恭王十五年趞曹鼎(圖八),字跡草率散漫,一篇短銘竟出現了三個衍文,這是前所未有的。這類粗疏的銘文在當時並不是個別的,體現了書體風格轉變過程中一時的風氣。

圖八

西周晚期金文大多為中期第三、第四類風格的延續,這類金文應是大篆最成熟形態。1978年陝西扶風出土的㝬簋(附圖一),是周厲王十二年之器。經籍中厲王名胡,"㝬"、"胡"同音通假。銘記㝬祈求上帝和祖考的祜福,使其王位長在。字形同於大克鼎,而更厚實壯美,可以視為西周中晚期西周王室使用的標準書體。宣王時代的頌鼎,字跡類大克鼎而更為優美,大篆至此,可以説是到了輝煌的階段。又,中期第五類自由疏放的風格變化到此又稍歸端正,但簡草的字形已不能逆轉,於是進一步發展成散氏盤這樣用筆粗放、樸質、行氣渾厚的金文,這又是大篆的另一種形體。

　　從事宗周青銅器銘文的墨書者必定有一批專門的書吏,這由各類金文風格存在着種種差異可以得知。有時同一件器銘出現兩種完全不相同的風格。如夷王時的大師盧簋,器銘的風格如中期的第三類,但蓋銘則近乎散氏盤。顯然是兩人分寫的(圖九)。時代的風貌愈多,必定是書法藝術愈發展。

圖九

　　殷周的金文書體,歷來或稱大篆或稱籀書,筆者以爲宜稱大篆。《漢書·藝文志》云史籀十五篇,顏注:“周宣王時,太史作大篆十五篇。”又衛恒《四體書勢》云:“昔周宣王時史籀始作大篆十五篇,或與古同,或與古異,世謂之籀書者也。”是史籀所作大篆與古相同者,則必是宗周金文之體勢,其與古異者,則應在史籀時代之後的金文中求之。但學者頗疑史籀爲書名,甚至懷疑史籀其人存在的可能性。上海市文管會藏有厲王十九年的趙鼎,銘載趙入見王廷時史留受王命書。據銘中記年、月、月相和干支,合於周歷厲王十九年。此史留應即是宣王時的太史籀,“籀”、“留”同部可通,據銘文,史籀本應作史留,知“籀”是“留”的假借字。蓋史留任職於厲、共和、宣三世,在職至少在 32 年以上,乃可至宣王時。由趙鼎銘文,足見史籀其人信而有征。

　　宣王時代金文有著名的毛公鼎,但新的體勢最爲卓著的是虢季子白盤銘(附圖九),字跡出於大篆而與大篆不完全相同,遒皇茂雋,實爲秦石鼓文的濫觴。流風所及,又見於秦公簋銘和新出的秦武公時代的秦公鐘銘。自唐以來，學者多認爲石鼓文即籀書，現在又有了一批文字體勢相聯繫的、風格嶄新的金文，尋踪求源，其體勢實出於虢盤的時代。所以虢盤銘體勢，應該就是籀文，而且確與自古所尚的大篆有明顯的相異之處。當然，某種書體的形成，應非一人之功，史籀可能是這類書體的整理者和寫定者。可以説，籀書是大篆完全成熟之後發展出來的新的體勢。而後，在大篆充分發展的基礎上，出現了東周的古文。

---

① 我國原始社會的仰韶文化和大汶口文化及龍山文化的陶器上曾發現簡單的刻畫記號，這些記號有的學者也稱爲文字。文字是思想和語言的記録，而且文字的使用是人類從野蠻進入文明的標誌。文字必須有文法。我們對這些記號瞭解得很少，無法從文字的角度來解釋其含義。真正構成文字條件的，至今所知最早的仍然是商代的甲骨文和金文。

② 天亡簋即大豐簋，大豐是周王所行之禮的名稱，作器人實名"天亡"。

③ 舊以大克鼎爲厲王時器，前數年扶風周原新出恭王五年衛鼎，銘中有人名釐季，在大克鼎銘中載此人爲克見王時的儐相。今衛鼎既已有明確紀年，故大克鼎不當在厲王時，至遲當在孝王初世。

（原載《書法》1982 年第 2 期）

左　宰丰骨

壬午王田于麥彔隻商戠兕王易

宰丰寢小指兄才五月隹王六祀乡日

山　訣皀

立訣身陀降余多　字𣏋遠訣致其篤

朕多柳用乘壽句　才立乍𠭯才下隹王

附圖一

大盂鼎

佳九月王才宗周令盂王若　玟王受天有大令在彧王嗣

率匍有四方吮正厥民在　面無敢馘有紫燕杞無敢酖

子源保先王口有四方我斡

殷邊侯田寧殷正百辟率肆　自巳女妹辰又大服余佳即　勿逸余乃辟一人令我佳即井

正德若玟王令二三正令余

附圖二

令簋　隹王于伐楚白才炎隹九　月飲风魯丁丑乍册夨令　尊宜于王姜商令貝十朋

臣十家鬲百人公尹白丁　父兄于戌冀翔乞令　敢揚皇王寕丁公文報用　頻後

人高隹丁公報令用　睪辰于皇王令敢辰皇王　寕用乍丁公寶簋用尊史于　皇

宗用卿王逆逝用　鄭蓉人婦子後人永寶　雋册

附圖三

天亡簋

乙亥王又大豐王凡三方王
祀于天室降天亡又王
衣祀于王玉顯考文王
事喜上帝文王冟才上玉
顯王乍省不緐王乍廄不克
乞衣王祀丁丑王卿大宜王降
亡助彔復爯隹朕
又役每揚王休于尊白

附圖四

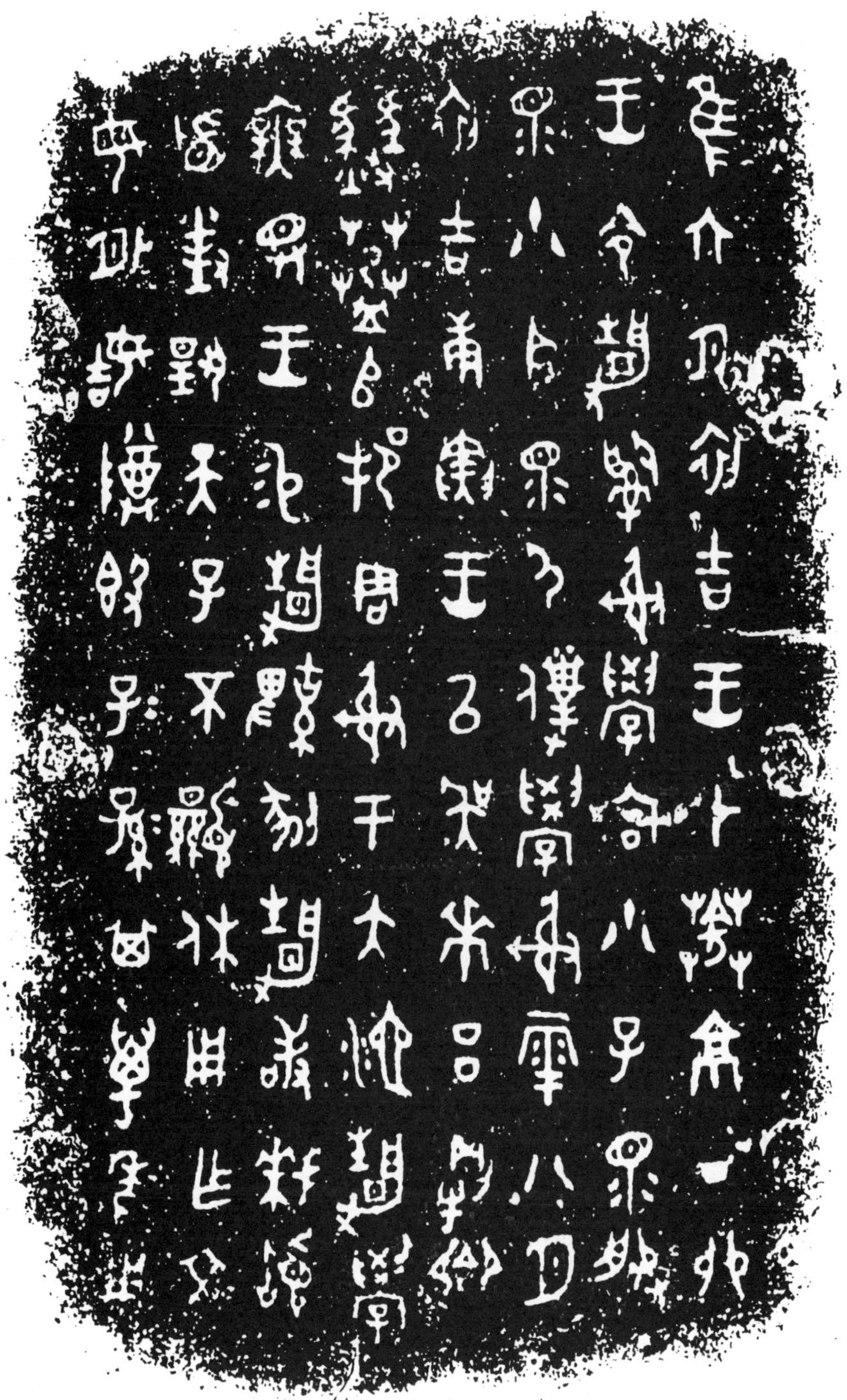

靜𣪘

隹六月初吉王才𢇛京丁卯　王令靜𥷚射學宮小子眔服

眔小臣眔尸僕學射雩八月　初吉庚寅王吕夌吕𠦪卿

𩰴盠白邦周射于大𣳮靜學　無尨王易靜鞞𠚭靜敢𣆪𩠐

首對揚天子丕顯休用乍文　母外姞尊𣪘子孫其邁年用

附圖五

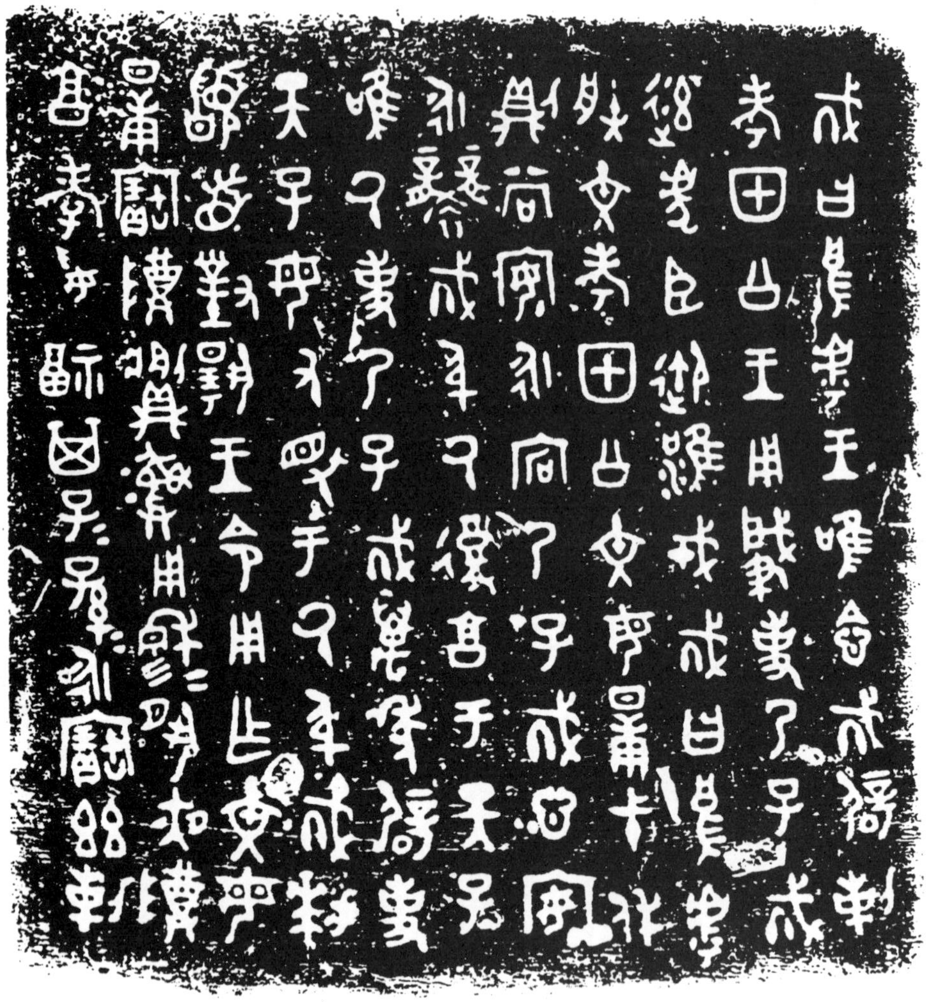

㦰方鼎

㦰曰烏虖王唯念㦰辟剌
考甲公王用肇使乃子㦰
逵虎臣御淮戎㦰曰烏虖
朕文考甲公文母日庚弋休
則尚安永宕乃子㦰心安
永襲㦰身氒復高于天子
唯氒使乃子㦰萬年辟事
天子毋又䀠于氒身㦰拜
頟首對揚王令用乍文母
日庚寶尊䵼彝用穆穆夙夜尊
高孝妥福其子子孫孫永寶茲剌

附圖六

衛盉

佳三年三月既生霸壬寅　王爯旂于豐矩白庶人取　畫章于裘衛才八十朋乃貯

其舍田十田矩或取赤虎　兩靡棗兩棗紟一才廿朋其　舍田三田裘衛迺彘告于

白邑父戎白定白琼白單　白迺令參有嗣土狱邑嗣　馬單旟嗣工邑人服棗　受田

燹邁衛小子譯逆　者其卿衛用乍朕文考惠　孟寶殹衛其萬年永寶用

附圖七

永盂

隹十又二年初吉丁卯益公
内即命于天子公迺出卒
命昜異師永卒田流昜洛
疆眔師俗父田卒眔公出
卒命井白父白产氏師俗父

趞仲公迺命酉嗣徒圅父
周人嗣工启敗史師氏邑
人奎父睪人師同付永卒
田卒率黹卒疆宋句永拜
頜首對揚天子休命永用

附圖八

虢季子白盤

呂先行趫子白馘

白義王各周廟宣

父孔覬有光王賜

賜用弓彤矢其央

方子孫萬年無疆

附圖九

西周金文和周曆的研究

　　西周金文中四個"月相"名詞的研究，一直未能得到解決。"月相"問題不僅關係到對西周紀年銘青銅器的正確斷代，而且必然會涉及到對西周積年的估計。共和以前，史籍有關周王世年代的記載相當混亂，史家不得不重新作出估計，至今爲止，僅周克商年代的不同估算已有18種以上。因史料闕失，後人擬年，多不一致①。近來由於我們需要編製西周金文年表，對於"月相"研究的課題，就再次被提了出來。

一、西周金文中"月相"解釋的異同

　　"月相"，有人稱爲"月周"，我們這裏的稱謂從習慣②。從"一月四分説"的觀點來看，月周這個名稱可能更爲適合。因爲四分説實質上是分一月爲四個七天或八天的周次，每一周是以朔望月月亮的盈虧變化的名稱來命名的。朔是月首，朏是月初月亮生光的一天，望是滿月。朏、望都是月相名詞，朏這個名稱是月的第三日。但是被稱爲月相的四分一月的名詞如初吉、既生霸、既望、既死霸則與此完全不同。這些月相表示了一定的時間幅度。從一月四分的觀點來看，實際上是分一月爲四周，對於"定點月相説"，那當然不存在分一月爲四周的問題。

　　對"月相"的不同解釋，是從漢代的儒生們開始的。關於《尚書·武成》中幾個名稱如"旁死魄"、"既死霸"、"既旁生魄"，還有《康誥》、《顧命》中的"哉生霸"、"旁生霸"，以及《周書·世俘》的"旁生魄"、"既死魄"等有關名稱，漢儒的解釋是頗不相同的，這已爲大家所熟知③。金文的名詞中祇有"既生霸"，没有"旁生魄"、"既旁生魄"和"哉生霸"等名稱。金文有"既死霸"，没有"旁死魄"這個名稱。但近人對於金文月相説的分歧，都起因於對月相解釋的不同。

　　《説文》："霸，月始生魄然也，承大月二日，小月三日。从月，䩵聲。《周書》曰，'哉生霸'。"《尚書·康誥》"惟三月哉生魄"，《釋文》引馬融注："魄，朏也，謂月三日始生兆朏，名曰魄。"劉歆《三統曆·世經》則説:"死霸,朔也;生霸,望也。"孟康則進一步説:"月二日以往,明生霸死,故言死霸。魄,月質也。"是以對生霸和死霸的理解全然不同。

以後的一千多年,對於月相的研究没有什麽進展。清俞樾在《生霸死霸考》[④]中指出劉歆的解釋是錯誤的,以爲"以古義言之,則霸者,月之光也。朔爲死霸之極,望爲生霸之極。以三統術言之,則霸者月之無光處也,朔爲死霸之始,望爲生霸之始,其於古義翻其反矣!"

嗣後王國維亦作《生霸死霸考》[⑤],他贊同俞樾"援引許馬諸儒之説以正劉歆",但是不完全同意俞用劉歆説,云:"以既死霸爲一日,旁死魄爲二日,既生魄爲十五日,旁生魄爲十六日,既旁生魄爲十七日。此皆與名義不能相符。"王國維論點的基礎是許馬説,云:"《説文》霸,月始生魄然也,朏,月未盛之明也。此二字同義,聲亦相近,故馬融曰,魄朏也。霸爲月始生,爲月未盛之明,則月之一日,霸死久矣,二日若承大月,則霸方生,謂之旁死霸可乎? 十五日以降,霸生已久,至是始謂之既生霸,不已晚乎?"他據古器物銘有初吉和既望二名,提出著名的古代分一月之日爲四分的觀點:"一曰初吉,謂自一日至七、八日也。二曰既生霸,謂自八、九日以降至十四、五日也。三曰既望,謂十五、六日以後至二十二、三日。四曰既死霸,謂自二十三日以後至於晦也。"並以此解釋《武成》、《顧命》等篇的月相和證之於静簋、免簋、虢季子白盤、吳方彝、師兑簋、兮甲盤等器的銘文,詳見《生霸死霸考》。

日人新城新藏以王國維的理論爲基礎,而稍作修改,以太陰曆朏爲月之第一日作四分,詳見《周初之年代》。吳其昌《金文曆朔疏證》中也以王國維的理論爲准則,以月之朏爲第一日。

自從王國維的"一月四分"理論提出後,贊成者頗有之,反對懷疑者也有。然而反對者大多提不出一個相反的系統理論來證成其説,往往以質疑的方式提出問題。如劉朝陽作《周初曆法考》,不同意一月四分説,以爲王國維所舉的屬宣以降的器,"並不能決定屬於那一王朝",並以爲王國維所謂的周曆,是據汪曰楨的《長術輯要》,而長術是以《開元占經》所載的周曆爲依據,是靠不住的。反對王國維"一月四分説"最力的是董作賓,在《"四分一月"説辨正》一文中,以既死霸爲月之一日,則用劉歆説,又説此日也名初吉,設想出"易死爲吉",既死霸和初吉是同一天。以旁死魄、哉生魄爲朏,即月之初二初三。以既生霸爲望,即月之十五日,這也襲用劉歆説。又以既望爲旁生魄,即月之十六、七、八日。這是在劉歆旁生魄爲十六日之外,根據金文資料,再增益二天。以初吉爲既死霸,是他的説法中較爲新奇的[⑥]。董氏在《中國年曆總譜》編輯凡例周曆部分,推算金文組,企圖證實自己的理論。

近年以來,一些學者研究西周曆法和月相的興趣有增無已,其中《西周金文中月相語詞的解釋》一文,提出初吉是初二初三,既生霸是朏後的一天,初三或初四。既望是月之十六、七、八日。既死霸即晦,爲二十九或三十[⑦]。其他有關周初曆法的著作尚多,在此不再引徵。

二、金文合曆三種

金文中月相名詞的解釋,以及在此解釋的基礎上如何去探索西周的曆法,這是至今仍待解決的問題。以金文合曆,全面的曆譜在我們的手頭祇有三種。一、新城新藏《中國上古金文中之曆日》、《金文曆日適合表》(此表是在《自周初至春秋之月朔干支表》的基礎上產生的,應該配合起來看)。二、吳其昌《金文曆朔疏證》。三、董作賓《中國年曆總譜》中西周部分的凡例説明及譜表。比較這三種譜表,西周金文合曆的情形差別極大。而譜表本身置閏的方法和連大月置點,有着不同程度的出入。因爲原則上要合於陰陽曆,故每隔若干年三表都可以找到彼此相似或相同月朔,或者由於計算的起點日子不同,而有一、二天的差異。由於沒有能判定西周曆譜全面情形的確切資料,這種差別是必然的和合理的,這在資料充分之後可以解決。但是在金文合曆這一點上,不論是"一月四分説"或"定點月相説",以今天的知識來看,真正相合者祇佔很少一部分。

吳譜中的師詢簋(表稱師詥簋,他處或稱師訇簋)合康王元年,乖伯簋合康王九年,番匊生壺合康王廿六年,望簋合昭王九年,吳方彝、趞尊合夷王二年,等等,與應合的王世距離過遠,即從西周青銅器相對年代一般分爲幅度較寬的早中晚三個時期的特點來看,不合的也相當多。

新城譜中對可合的點作了全面的排列,但由於其表譜本身特點,不少西周的器合不上,如吳方彝爲宣王,師虎簋宣王、師㝨簋爲宣王,庚嬴鼎爲懿王,牧簋爲周定王十年,曶鼎爲戰國慎靚王元年,六年召伯虎簋爲宣王,這些合上的也與該合的王世差距過大,都是不足取的。他根據這些合譜的器物紀年研究而定的王世年數,也是不正確的。新城精於曆日的推算,儘管他遵循"一月四分"的原則,却不知道應該如何去合表。一個重要的原因是當時對金文斷代的知識積累得不夠,並且他完全不顧及器形、銘文書體和相關人名等條件,單純從紀年、月、月相和干支來考慮,於是造成了金文合曆的嚴重失誤。

董譜所合的金文,如以師詢簋爲康王,小盂鼎爲穆王,克鼎爲恭王,頌鼎爲懿王,師俞簋爲厲王,也與應合的王世差距過遠,其他顯著不合者尚多。而根據西周青銅器形態的一般知識,這些器大多數是西周中期以後的遺存。把這些重要的可以定點測算的王世元年器移置到早期,使合於西周中晚期的器失去了彼此驗證的可能。因此董譜雖標榜爲"精密之科學工具",然其推算金文所合處多非應合之點。還有,董譜的所謂金文組,由於董氏不甚瞭解西周青銅器相對的時代特點,不分吳頭楚尾,牽强附會地組合在一起。

近數年來,《西周金文中月相語詞的解釋》一文提出了另一種"定點月相"的見解,認爲初吉是陰曆初二或初三；既生霸在朏後，相當於初三或初四；既望的説法與董譜相同；既死霸是晦，相當於二十九或三十。文中所解釋的每一個月相，都舉出有關的金文記載來推算以證實其立論。但是文中所有的計算都缺少一個必要的前提，即作者既認爲周曆是陰陽曆，但却没有以陰陽曆的規則來推算金文。陰陽曆一年以 354 天計算，兩三年必須置閏一次，以便調節陽曆和陰曆的矛盾，但文中連續推算五年至七年都不置閏，個別置閏是隨意的，也不加連大月。按以陰陽曆計算日數，與太陽曆相比，每年平均短少十天餘。五年短了五十幾天，七年短了七十幾天。所以這種定點月相計算的結果與實際應合的總日數將有頗大的差距。如能按一般的陰陽曆的規律來計算，即觀朔望以定月，合太陽回歸年以定歲首和節氣，置閏以調節兩者之間的差距，則推算必然會産生另外一種情形。現今擬定的各種陰陽曆，雖然置閏和置連大月的方法可以有所不同，但總日數不應有差別。

在四個月相名稱中，也有以爲初吉不是月相的看法。劉朝陽在《周初曆法考・Ⅷ初吉的確解》中認爲“初吉這個名詞分明不是月相”，援引王引之《經義述聞》“吉爲日之善者，其在上旬者謂之初吉”以爲説。黄盛璋同志在劉説的基礎上進一步闡述了自己的見解，亦認爲月之上旬中的每一天都可稱爲初吉。這類見解，均可備一説。

問題在於以往關於紀年金文的月相推算，都是從解釋月相的定義出發，根據不同的定義，測算結果也就大不相同。並且假定西周的曆法相當精密，這就是漢人所謂的周曆，設想春秋時代反而不如西周曆法之高明，等等。月相説的分歧已有兩千年，現在加上各種新的設想，更加是莫衷一是了。因此，單純從定義出發來解決月相問題，要使紀年的金文合曆而又相當合理，事實證明是困難的。我們必須擺脱月相定義之爭的困境，以新的方法來解決月相問題，檢驗以往各種解釋月相之見解的正確程度。

三、檢驗“定點月相”幅度的方法及結果

“定點月相説”的幅度是一至三天，其實三天已不大能算作定點。“一月四分説”幅度是一個月相佔七、八天，一説最多者可達九天。雖然同是“一月四分説”，月相的日數也有小的出入。

一件青銅器紀年銘完備的四個因素是：一、年次；二、月次；三、月相；四、干支日序。這四個因素中一、二都是屬於數字性質的，四是日辰，也有它的干支順序，故也可以視爲數字。一、二、四是決定具體的年月日性質的，三僅僅是另一層表明時間限制的意義而已。如果離開了三，則所紀年月日的性質是不會改變的，這一點很明顯。相反，如我們能知道干支日的具體數值，那末月相的位置就自然而然地標明了。在陰陽曆中，每隔若干年或幾十年，

會在同一月日上出現相同的干支日,而同一曆譜内的置閏方法和大小月、連大月等處理的原則總是一致的,所以同月同干支日重複一次的機會原則上是存在的。因置閏和置連大月的有規律的浮動,如果在此一周期内没有該合的日子,那麽下一周期或再下一周期必然會出現相同的干支日序,衹要多檢驗幾個相同的周期,那末同一王世相合的器組在其他的周期内將能找到它們同樣的或相鄰的位置。現在有 8 件器是屬於元年紀年的,這 8 件器都是屬於西周中晚期即是穆王以後的器,雖然我們在推算的結果確定之前暫時還不能確定它們各自的具體王世,但是在諸家的著録中没有把它們列在周初的。其他有 43 件紀年銘器也絶大部分是西周中晚期的器,這一點也是没有疑問的。因此,我們把每一件元年紀年器和其餘的 51 件器在董譜上相同的周期内多作幾次檢驗,找到每一器干支在當月的日序,總起來看,就可以知道月相的定點或非定點了。如定點月相在當時確有此規律,那麽大部分器應該相合,反之則否。

　　8 件元年紀年器除銘文重複者外,其中旲鼎和師虎簋一、二、三相同,而四爲前後日,其餘的差距都很大,不論從定點月相或從四分月相來測算,除旲鼎和師虎簋及其他個别器同屬一個王世外,其餘都屬於不同的王世。設以定點月相的觀點來測定每一個王世元年器和其他 51 件器的關係,尋找月相的適合點,那麽這近千個數據中將會毫不遺漏地包含全部定點月相的資料。也許測算的結果會把毫無關係的器巧合在一起,但是定點月相日跨的幅度基本是一天,既望是三天,這種偶然巧合的可能性不會太大。而且,銘文中還有人名等其他可資輔助判斷的資料,所以不必擔心偶然的巧合會使我們分别不清。

　　現代的“定點月相説”是董作賓以劉歆的解釋,略作改造而成的,他的《中國年曆總譜》的西周部分,剛好可以用來檢驗他的定點説。我們在董譜中多次選擇同樣的定點來作推算,如 −1095、−1033、−971,都是正月初吉丁亥,那麽同一件器在不同年的同月同日推算,其比較的數值應該表現出對應的關係。因爲在同一個譜表中曆法計算的方法相同,所以任何一個正月初吉丁亥作爲計算的起點,在往後的相同干支日的日數也應該是一致的,只是大小月的次序不同和置連大月的日點不同,有的可能會有上下一天的浮動,但是這種浮動是具有規律性的,不會造成月相推算的誤差。我們從某一個正月初吉丁亥作爲元年,如師獸簋元年正月初吉丁亥推算到被檢驗器的年、月、干支日,然後從干支日算出是月之某日,標出干支日的數值,這樣可以看出有多少是與定點月相説相合的。爲了全面一些,在統計表中登記三次,實際核算次數要多一些。如推算的起點器的月相是既望,則分别測 16 日、17 日、18 日三次。如果所測的器中記有十三月,而董譜中没有十三月,只有閏十二月,如果測到十三月,則即以閏十二月當作十三月來計算。

　　現將結果製成下表。凡是表中的數字,都是當月的日數,如 1,就是 1 日即初一。如是 15,則就是月之十五日。凡是檢驗當月中没有這個干支,則標作×。有的年序中没有閏十二

"定點月相"董譜檢驗表

西周紀年銘青銅器					師歖簋 元年正月初吉丁亥			師詢簋 元年二月既望庚寅			逨鐘 元年三月既生霸庚申			師旋簋 元年四月既生霸甲寅			師兌簋 元年五月初吉甲寅			鄭季盨 元年六月初吉丁亥			師虎簋 元年六月既望甲戌			曶鼎 元年六月既望乙亥		
器名	紀年	月序	月相	日序	1095	1033	971	907	974	948	995	871	778	1082	958	865	1100	1007	914	987	868	801	1070	987	1023	1106	1070	1003
師歖簋	元	正	初吉	丁亥						×	×	×	×	16	16	16	×	×	×	27	×	27	×	×	×	×	×	25
師詢簋	元	二	既望	庚寅			×			18	×	15	15	17	×	×	6	5	5	2	2	28	30	30	×	×	30	29
逨鐘	元	三	既生霸	庚申	×	×	×	17	18	18	15	15	15	×	×	×	6	6	6	3	2	2	×	×	×	×	×	29
師旋簋	元	四	既生霸	甲寅	30	×	×	×	13	13	10	10	10	16	×	×	×	30	×	27	27	27	25	25	×	26	25	24
師兌簋	元	五	初吉	甲寅	×	4	4	16	16		14	14		19	19	23	5	4	4	×	×	4	29	27	28	×	29	28
鄭季盨	元	六	初吉	丁亥	×	×	×	2	3	1	1	1	1	6	6	7	×	×	×	5	5	4	1	×	×	17	16	15
師虎簋	元	六	既望	甲戌	21	×	×	3	4	2	2	2	2	7	7	7	×	×	×	×	×	5	18	17	19	3	2	1
曶鼎	元	六	既望	乙亥	22	×		×	×	18	18	18		×	×	7	×	×	8	18	17		2	2	19			
卹簋	二	正	初吉	丁亥	7	×	×	19	17		×	×		23	23		8	8	8	×	×		×	×	5	3	2	1
吳方彝	二	二	初吉	乙卯	×	×	21	×	×	24	×	×		×	×		7	6	12	×	×		×	×	6	×	×	×
趩尊	二	三	初吉	庚寅	7	6	22	17	13	14	11	11	1	21	21	21	6	6		4	3	4	4	4	6	30	4	30
王臣簋	二	三	初吉	庚寅	×	×	22	×	×	×	11	11	2	21	21	21	7	6		3	3	3	3	3	4	7	4	
師兌簋	三	二	初吉	丁亥	11	×		24	24		×	×		×	×		×	×	12	×	×		×	×		×	×	
師晨鼎	三	三	初吉	甲戌	13	11		10	13	13	11	11	11	29	29		14	1	2	10	×		6	10	11	7	6	
師俞簋	三	三	初吉	甲戌	1	1	30	×	13	14	11	11	11	28	28	30	×	1	2	27	×		27	27	29	×	×	
衛盉	三	三	既生霸	壬寅	29	29	29	24	13	13	11	11	21	14	14	14	12	29	30	26	26	26	24	27	29	25	24	22
杵鐘	三	四	初吉	甲寅	11	×	11	×	24	24	22	22	22	×	×	×	12	12	12	×	9	8	6	×		7	6	5

（續表）

器名	紀年	月序	月相	日序	師遽簋 元年正月 初吉丁亥			師詢簋 元年二月 既望庚寅			逆鐘 元年三月 既生霸庚申			師旋簋 元年四月 既生霸甲寅			師兌簋 元年五月 初吉甲寅			鄭季盨 元年六月 初吉丁亥			師虎簋 元年六月 既望甲戌			曶鼎 元年六月 既望乙亥		
					1095	1033	971	948	974	907	778	871	995	865	958	1082	914	1007	1100	801	868	987	1023	987	1070	1003	1070	1106
師遽簋	三	四	既生霸	辛酉	18	×	18	2	×	×	29	29	28	4	3	3	18	19	19	×	16	15	13	×	×	14	13	12
頌鼎	三	五	既死霸	甲戌	×	×	2	×	14	14	12	12	12	×	×	×	3	2	2	28	×	×	27	28	30	×	27	×
攟盨	四	二	既生霸	甲戌	2	×	13	14	×	12	12	10	10	16	×	×	1	1	×	27	×	×	25	27	28	26	25	24
散季簋	四	八	既生霸	戊戌	30	×	22	12	×	3	10	10	×	8	×	7	×	×	23	19	19	×	17	19	20	18	17	16
衛鼎	五	正	初吉	庚戌	22	×	18	3	×	×	×	2	×	3	×	3	×	×	18	14	15	×	12	14	×	14	12	11
諫簋	五	三	初吉	庚寅	17	28	×	12	11	×	9	9	9	×	×	×	×	×	29	×	×	25	×	×	26	×	×	×
今甲盤	五	三	既死霸	庚寅	×	28	×	11	11	×	9	9	9	×	26	26	29	29	×	×	×	25	×	×	25	×	×	×
師旋簋	五	九	既生霸	壬午	×	28	5	6	6	5	4	3	4	×	×	×	24	24	×	×	×	21	19	19	21	×	19	×
史伯碩父鼎	六	八	初吉	丁巳	×	23	15	16	17	15	14	14	14	×	×	×	5	×	1	1	1	1	×	2	2	30	19	28
牧簋	七	十三	既生霸	甲寅	0	0	0	0	0	0	0	0	0	0	0	0	0	0	0	0	0	0	0	6	0	0	0	0
衛鼎	九	正	既死霸	庚辰	11	10	×	×	×	×	×	×	×	26	26	26	×	×	×	8	8	×	8	6	8	×	6	×
師嫠簋	十一	九	初吉	丁亥	3	3	×	×	×	×	×	×	×	18	18	18	×	×	×	30	×	×	1	8	1	×	×	×
虢季子白盤	十二	正	初吉	丁亥	5	5	16	17	×	23	×	×	×	20	20	20	×	×	×	2	2	9	3	2	3	1	6	8
大師虘簋	十二	正	既望	甲午	12	12	16	19	×	20	×	×	×	27	27	27	×	×	×	9	×	3	9	9	7	8	×	7
大簋	十二	三	既生霸	丁亥	6	×	×	26	×	×	×	×	×	21	21	21	×	×	×	3	3	3	3	3	4	2	7	1
走簋	十三	三	既望	庚寅	9	×	×	20	23	×	×	×	×	24	24	24	×	×	×	6	6	6	6	6	7	6	4	3
無㠱簋	十三	正	初吉	壬寅	26	×	26	7	×	7	×	6	6	11	11	11	×	×	27	24	×	×	21	×	×	22	21	20

（續表）

器名	紀年	月序	月相	日序	師猷簋 元年正月 初吉丁亥 1095	1033	971	師訇簋 元年二月 既望庚寅 907	974	948	逨鐘 元年三月 既生霸庚申 995	871	778	師旋簋 元年四月 既生霸甲寅 1082	958	865	師兌簋 元年五月 初吉甲寅 1100	1007	914	鄭季盨 元年六月 初吉丁亥 987	868	801	師虎簋 元年六月 既望甲戌 1070	987	1023	智鼎 元年六月 既望乙亥 1106	1070	1003
望簋	十三	六	初吉	戊戌	×	24	×	×	7	8	×	5	5	×	×	×	25	×	×	21	×	21	×	21	22	×	×	×
癲壺	十三	九	初吉	戊寅	6	×	6	×	18	19	×	16	16	×	×	×	×	6	7	3	3	3	1	21	×	2	1	×
大鼎	十五	三	既霸	丁亥	×	23	23	×	×	7	×	×	4	9	9	8	24	24	24	21	21	20	×	×	×	×	×	×
趞曹鼎	十五	五	既生霸	壬午	×	19	×	×	×	3	30	30	×	5	4	×	20	20	16	17	17	16	21	17	×	×	4	3
伯克壺	十六	七	既生霸	乙未	9	×	9	×	22	22	20	20	20	24	24	×	×	10	10	7	7	×	4	4	5	5	4	4
克鐘	十六	九	初吉	庚寅	5	×	4	17	×	×	15	15	15	20	×	×	6	6	6	3	5	3	×	×	1	1	×	×
此鼎	十七	十二	既生霸	乙卯	×	7	7	19	17	×	18	18	18	23	20	×	8	8	8	5	5	5	5	×	×	×	×	×
克盨	十八	十二	初吉	庚寅	18	×	18	×	19	×	29	29	29	4	×	×	×	6	×	16	16	×	×	×	×	14	13	12
趨鼎	十九	四	既望	辛卯	21	×	21	×	×	×	×	×	13	6	6	×	22	22	22	19	19	18	×	×	×	17	×	15
休盤	廿	正	既望	甲戌	9	8	9	×	×	15	×	13	13	24	24	23	×	×	×	×	×	×	5	5	6	5	4	4
庚嬴鼎	廿二	四	既望	己酉	26	×	×	×	×	×	×	24	24	12	12	12	28	×	×	×	×	×	×	×	×	23	×	×
番匊生壺	廿六	十	初吉	己卯	23	26	27	×	5	×	13	13	11	8	8	8	×	×	×	29	24	29	×	18	30	19	18	17
伊簋	廿七	正	既望	丁亥	2	23	2	4	×	×	25	25	25	×	×	×	15	15	15	×	20	×	9	×	×	×	×	×
衛簋	廿七	三	既生霸	戊戌	14	×	14	×	5	27	23	23	×	×	×	×	14	14	14	12	12	10	9	×	×	10	9	8
裘衛盤	廿八	五	初吉	庚寅	12	×	13	24	25	×	23	23	23	17	×	×	2	2	2	10	10	10	28	28	26	×	×	×
訇攸从鼎	卅一	三	初吉	壬辰	×	1	1	13	14	×	12	12	11	×	×	9	15	15	15	×	×	×	×	×	×	28	26	×
伯寛父盨	卅三	八	既死	辛卯	×	×	14	26	27	×	25	25	25	×	×	×	24	24	24	12	12	11	29	29	29	19	26	26
山鼎	卅七	一	初吉	庚戌	23	×	23	4	6	×	×	3	×	9	×	×	24	24	24	×	×	×	×	×	21	18	19	18

月，則十三月就不能檢驗，就寫作○。董譜年中置閏，如果是閏三月，而三月沒有所檢驗的干支，則閏三月必有這個干支，表中不另注出。

按照定點月相説，凡是被檢驗的器是初吉或既死霸，則數值應是 1，表明是初一。被檢驗的器是既生霸，則數值應是 15。若被檢驗的器是既望，則數值應是 16、17、18 日，凡是出現其他數字，都應認爲是不合定點月相説的，其結果見"定點月相"董譜檢驗表。這些器的測算有如下的結果：

一、師獸簋和師晨鼎、師俞簋可合，序數爲 1。師獸簋與䣅攸從鼎也合，序數 1。

二、師兌簋與師晨鼎、師俞簋相合的序數是 1、2。與癲盨相合，序數 1。和衛簋相合，序數 15。

三、鄭季盨與師遽簋相合的序數是 15、16。凡是初吉和既生霸、既死霸有日距幅度的，表明它們相合的可能性是沒有的。鄭季盨與史伯碩父鼎相合，序數 1。

四、迷鐘無器可合。

五、師旗簋無器可合。

六、曶鼎和師虎簋當然是相合的。與鄦簋相合的序數是 1、3。與克鐘相合，序數 1。趞鼎的序數是 17、15。

七、師虎簋與史伯碩父鼎相合，序數 2，但與曶鼎不合。

八、師詢簋也無器可合。

在以上相合的器中，師獸簋和䣅攸從鼎、師兌簋和衛簋、曶鼎和克鐘趞鼎等器形時代間距過大，相合是偶然性，並非真正能合譜。

52 件測算的器中，能合譜可能性較大的祇有師獸簋和師晨鼎、師俞簋、師兌簋、師晨鼎、師俞簋、鄭季盨和史伯碩父鼎。

由此我們可以看到，所謂周曆的"定點月相"，經過檢驗實際上是不存在的。52 器測算的結果，能夠相合的祇有 4 件或 5 件。雖然鄭季盨、迷鐘等是新中國成立以後出土，但這些新出的資料正好可以用來檢驗"定點月相説"或"一月四分説"的準確性。這許多紀有元年的西周中晚期器竟然不能與如此衆多的西周中晚期的器相合，祇能説明"定點月相説"是虛構的表象，不符合金文記載的實際情形。同時也表明，董氏《中國年曆總譜》金文組的合譜，大部分是把彼此不相連屬的器，人爲地湊在一起了。

四、金文月相的相對幅度的推算

前人關於四種月相的説法除了定點以外就是四分。我們也必須要全面地檢驗"一月四分説”的可靠程度。方法就是徹底地弄清各個器的月相彼此間的幅度差距。我們可以先置月相不論,着重推算各器之間干支日的差距,顯然這個差距也是兩器月相間的實際差距,不過推算所得的這種差距,並不是從確定的某日至某日,而是相對的差距。但是這種全面推算相對的差距或相對的幅度是可以判斷月相的性質是否合乎四分。

金文中紀年而又有月、月相和干支之器,共有 52 件。另有一些紀年器或無月相或無月序,如:十二年永盂無月序,十三年蔡簋無月相,元年師酉簋無月相干支,十二年默簋月序、月相、干支均無,廿五年鬻攸從鼎無月相干支,十八年駒父盨蓋月序、月相、干支均無,七年趞曹鼎無干支,卅五年盂鼎因日辰干支不能確解,有云爲甲申,實非是,無法推算。凡此皆難列入推算之器。又師穎簋係僞器,亦不録。可推算之器按紀年序列綜合於下:

元年　　師獸簋　正月初吉丁亥
　　　　　　　師獸　白龢父　文考乙仲
　　　　師詢簋　二月既望庚寅
　　　　　　　師詢　犬　烈祖乙白　益姬
　　　　逨　鐘　三月既生霸庚申
　　　　　　　逨　叔氏　史盙
　　　　師㫛簋　四月既生霸甲寅
　　　　　　　師㫛　徲父　乍册尹克
　　　　　　　文祖益仲
　　　　師兑簋　五月初吉甲寅
　　　　　　　師兑　師龢父　皇祖戴公
　　　　鄭季盨　六月初吉丁亥
　　　　　　　叔專父　鄭季
　　　　師虎簋　六月既望甲戌
　　　　　　　師虎　井伯　内史吳　烈考日庚
　　　　智　鼎　六月既望乙亥　四月既生霸丁酉　智　井叔　戲　限效父　睯　賛
　　　　　　　東宮　匡(匡季)
二年　　鄅　簋　正月初吉丁亥
　　　　　　　鄅　毛伯　皇考戴伯
　　　　吳方彝　二月初吉丁亥
　　　　　　　吳　宰朏　史戊　青尹
　　　　趩　尊　三月初吉乙卯

　　　　　　　　　　趞　　井叔

　　　　　王臣簋　三月初吉庚寅

　　　　　　　　　　王臣　益公　内史年

三年　　師兌簋　二月初吉丁亥

　　　　　　　　　　師兌　瑅伯　師龢父　皇考釐公

　　　　　師晨鼎　三月初吉甲戌

　　　　　　　　　　師晨　司馬共　師俗　文且辛公

　　　　　師俞簋　三月初吉甲戌

　　　　　　　　　　師俞　司馬共

　　　　　衛　盉　三月既生霸壬寅

　　　　　　　　　　裘衛　夨伯　定伯　矩伯　琼伯　單伯趞　伯邑父　衛小子𧽙　司工

　　　　　　　　　　邑人服　司土微邑　司馬單旗　燹趞　文考惠孟

　　　　　㽙　鼎　四月庚午

　　　　　　　　　　㽙

　　　　　柞　鐘　四月初吉甲寅

　　　　　　　　　　柞　仲大師

　　　　　師遽簋　四月既生霸辛酉

　　　　　　　　　　師遽　師朕　文考㫃叔

　　　　　史頌簋　五月丁子(巳)

　　　　　　　　　　史頌

　　　　　頌　鼎　五月既死霸甲戌

　　　　　　　　　　頌　宰引　史虢生　皇考龏叔　皇母龏姒

　　　　　散伯車父鼎　八月初吉丁亥

　　　　　　　　　　　散伯車父　鄬姞

　　　　　㽙　壺　九月丁巳

　　　　　　　　　　㽙　師壽

四年　　㽙　盨　二月既生霸戊戌

　　　　　　　　　　㽙　司馬共　史年

　　　　　散季盨　八月初吉丁亥

　　　　　　　　　　散季　王母叔姜

五年　　衛　鼎　正月初吉庚戌

　　　　　　　　　　裘衛　邦君厲　井伯　伯邑父　定伯　琼伯　伯俗父　龏王　司土邑

　　　　　　　人趞　司馬頌人　司工隆矩　內史友寺芻　政父　夙　䵼季　慶癸

　　　　　　　禠　荊人敢　井人陽犀

　　召伯虎簋　正月己丑

　　　　　　　召伯虎　珚生　止公　白氏

　諫　簋　三月初吉庚寅

　　　　　　　諫　司馬共　內史年　文考𤰫公

　兮甲盤　三月既死霸庚寅

　　　　　　　兮甲(兮伯吉父)

　師旋簋　九月既生霸壬午

　　　　　　　師旋

六年　召伯虎簋　四月甲子

　　　　　　　召伯虎　珚生　考幽伯　幽姜　烈祖召公

　史伯碩父鼎　八月初吉丁巳

　　　　　　　　史伯碩父

七年　牧　簋　十又三月既生霸甲寅

　　　　　　　牧　公族88　內史吳　文考益伯

八年　師𩒨鼎　正月丁卯

　　　　　　　師𩒨　伯大師　公上父考　章季易父

九年　衛　鼎　正月既死霸庚辰

　　　　　　　裘衛　眉敖者膚　顏陳　顏敢　壽商　盠顏小子具　冒𠦜　肺　吳喜

　　　　　　　東臣　衛小子𤔲　虢　遂粦　舍

　乖伯簋　九月甲寅

　　　　　　　歸乖伯(歸夆)　益公　皇考武乖幾王

十一年　師嫠簋　九月初吉丁亥

　　　　　　　師嫠　師龢父　珚生　皇考輔伯

十二年　虢季子白盤　正月初吉丁亥

　　　　　　　　虢季子白

　大師虘簋　正月既望甲午

　　　　　　　大師虘　師晨　宰智

　大　簋　三月既生霸丁亥

　　　　　　　大　善夫豕　趞嬰　吳師　皇考剌伯

　走　簋　三月既望庚寅

		走　司馬井伯
十三年	無㠱簋	正月初吉壬寅
		無㠱　皇祖𪔆季
	望　簋	六月初吉戊戌
		望　宰倗父　史年　皇祖白□父
	瘨　壺	九月初吉戊寅
		瘨　偁父
十四年	段　簋	十又一月丁卯
		段　畢仲　龏𢦏
十五年	大　鼎	三月既霸丁亥
		大　善夫騕　走馬雁　剌考己伯
	趞曹鼎	五月既生霸壬午
		趞曹　龏王
十六年	伯克壺	七月既生霸乙未
		伯克　白大師　穆考後仲
	克　鐘	九月初吉庚寅
		克　士曶
十七年	此　鼎	十又二月既生霸乙卯
		此　史翏　司土毛叔　皇考癸公
十八年	克　盨	十又二月初吉庚寅
		克　史趛
十九年	趩　鼎	四月既望辛卯
		趩宰訊　史留　內史[illegible]　皇考虩伯　奠姬
廿　年	休　盤	正月既望甲戌
		走馬休　益公　文考日丁
廿二年	庚赢鼎	四月既望己酉
		庚赢
廿六年	番匊生壺	十月初吉己卯
		番匊生　孟妃乖
廿七年	伊　簋	正月既望丁亥
		伊　醽季　封　皇考偁叔
	衛　簋	三月既生霸戊戌

裘衛　南伯

廿八年　寰　盤　五月既望庚寅

寰　宰頵　史桒　史減　皇考奠白　奠姬

卅一年　融攸從鼎　三月初吉壬辰

融從　攸衛牧　史南　虢旅

皇祖丁公　皇考叀公

卅三年　伯寬父盨　八月既死辛卯

伯寬父

卅七年　山　鼎　正月初吉庚戌

善夫山　南宫乎　史桒　皇考叔碩父

推算之先，須要訂出幾條符合於陰陽曆的計算方法，爲此，對於置閏、閏月的位置、連大月等問題，作以下推定。

關於置閏。西周共和、宣、幽的紀年是可靠的，但是我們並不知道置閏的方法如何。《三統曆》置閏在年中任何一月，《三統曆》是根據《太初曆》來的，所以《太初曆》也是年中置閏。吴譜、董譜置閏，也是如此，但是兩者的置閏點不一樣，所以也有差别。桂馥在《説文解字義證》中論述閏法甚詳。他引顧炎武説："古人以閏爲歲之餘，凡置閏必在十二月之後，故曰歸餘於終。考《經》文之書閏者皆在歲末。文公六年閏月不告朔，猶朝於廟；哀公五年閏，葬齊景公是也。《左傳》成公十七年、襄公九年、哀公十五年皆有閏月，亦並在歲末。是從《經》《傳》之文凡閏不言月者，言閏即在歲之終可知也。"又引趙宧光云："古之閏月附於歲終，謂之十三月。"桂馥案云："古之閏月皆在歲終，故《春秋》書閏不著其爲何月。自《太初曆》行，然後每月皆可置閏矣！"桂馥的意思也是《太初曆》以前的古曆置閏爲十三月。

但是春秋《經》、《傳》對曆法的記載往往有較大的差别。王韜《春秋曆學三種・春秋朔閏日至考・與湛約翰書》中論《春秋》"十二月癸酉朔，日食"，《傳》則在歲終，諸家推之，其年閏月在五月後，王韜也認爲是《傳》誤，但是他繼之又説："今按《傳》是年記載多是周事，然則閏在歲終，周曆然歟?"又引江永説："周不頒正朔，列國自爲推步，故《經》、《傳》日月常有參差，昭二十二年《經》書十二月癸丑朔，日食。而《傳》歲終有閏，明年正月爲壬寅朔，《經》之十二月即《傳》之閏月也。是周術魯術不同也。"因此王韜説："由江説觀之，《經》用魯曆而《傳》用周曆，信矣！"這是天文學家對周曆歲終置閏的一種論斷。春秋時歲終置閏有很不精密的，春秋初期的鄀公諴鼎銘："十又四月既死霸壬午"，這是歸餘於終而且是一年再閏的一個實例。這大約是曆官們推算不精的緣故。一年再閏説明陰陽曆調整的水平不高，對日月星辰預測的把握不大。這當然不會是周曆。但是對周曆的準確性也不能作過高的估計，從來注釋《春秋》的人都責難魯官誤推曆日爲"非禮",好像周不頒朔,魯官就亂算一起,西周的曆法似乎原來是很精密的樣子。一褒一貶,這種春秋筆法式的推論未必都有道理,一種好的推行了幾百年的曆法,隨着周室的衰落會遽然失去作用,是不大好理解的。事實上,周曆和魯曆是不相同的,不同點之一是周曆歸餘歲終閏十三月,而魯曆可置於歲中。把餘日歸於歲終,這是很古老的辦法,殷墟卜辭中有十四月的記載,這也是歸餘於終一年再閏。雖然卜辭也有置閏於年中的,但西周金文中却没有這樣的例子。

　　西周金文記載十三月的有以下諸器:

　　一、中方鼎"佳十又三月庚寅,王在寒𨚗";
　　二、小臣靜簋"佳十又三月,王客莽京";
　　三、縣妃簋"佳十又三月既望,辰在壬午";
　　四、召卣"十又三月丁卯,召啓進事,旟走事皇辟君";
　　五、趞尊"佳十又三月辛卯,王在斥";
　　六、牧簋"佳王七年十又三月既生霸甲寅,王在周";
　　七、𢼸尊"佳十又三月既死霸丁卯,𢼸從師雍父戍于𣄰自之年"。

這些資料説明,自西周早期開始,周曆就已經置閏爲十三月了。其他的西周紀年銘青銅器,從未發現過年中置閏的記載。

　　但是,在古籍中,閏十三月被改成爲十二月,《尚書‧召誥》和《洛誥》多數認爲是所謂周公攝政七年的二月和十二月的事。《召誥》有"二月既望越六日乙未",《洛誥》最後一段記事文體與誥文的體例不同,説:"戊辰,王在新邑烝,祭歲文王武王",後文有"王命周公後,作册逸誥,在十有二年,惟周公誕保文武受命惟七年"。如爲同一年事,二月既望越六日乙未,則十二月不能有戊辰,此戊辰必是歲終的閏月纔能解釋得通,據西周金文例應是十三月,必是劉歆欲貫徹《三統曆》把十三月改作十二月,這樣就合乎年中任何一月都可以置閏的原則了。

　　金文中有"正某月某日"者,如應侯鐘:"佳正二月初吉",儠兒鐘:"佳正九月初吉丁亥",子璋鐘:"佳正七月初吉丁亥",陳侯因𦑲錞:"佳正六月癸未",寬兒鐘:"佳正八月初吉壬申"。以上除應侯鐘爲西周器外,其餘皆春秋戰國之器。新城新藏以爲此正某月者,乃是下一月是此月序的閏月,證明爲年中置閏。按此説於春秋曆法無可檢驗。正某月者與王某月語例相同,都公敄人簋的"都正二月初吉乙丑",這個正字不是説明下月是閏二月,因爲都是置閏於歲終的,都公諴鼎銘且有十四月,正二月是表示都國官曆的二月。《春秋》的"春王正月",此王是指周王朝的曆法而言,即是魯國政權規定的奉行周王朝曆法。那末正某月當是指某國政權所奉行的曆法,與王某月在這裏是對應的曆法用語。與年中置閏没有什麼關涉之處。

　　吳譜、董譜中置閏在年中任何一月，是不足取的，我們推算的時候，置閏以十三月。

　　閏年的排列方法。如若沒有適當的閏年安插或排列方法，也將沒有曆法。《説文》壬部：
"閏，餘分之月，五歲再閏也。"所謂"五歲再閏"，就五年之中安插兩個閏年。按陰陽曆一年爲
354日，與太陽曆比較縮短十日多，三年多出三十二日餘，故必須三年置一次閏，繼之以兩年
置一次閏，但是五年前後的餘數又可以三年置一次閏。爲了使歲首、節氣和朔望月調整得較
爲平均，古人在長期實踐中觀察到十九年置七閏，恰好爲一個週期，即所謂五年再閏無餘日，
十九年七閏無餘分了。這是一種粗略的計算，其實，按回歸年常數，十九年七閏還多餘3.6
日。這個置閏的方法是規律化的，即下文談到的置閏的年距是3、3、3、2、3、3、2，這是我們所
採用的常數，一般的情況是，如果冬至在歲首正月下旬，則在當年都應該有閏月，這樣方能够
適當地調整陰曆和陽曆之間的差距。

　　西周是否如此置閏，並不清楚，但我們祇能採取這樣安插閏年的方式來推算，如果沒有
規律就不能推算。這一置閏方式，若冬至不必定在正月，則可恒定不動。我們目前祇能採用
這樣的置閏方式，此外，並沒有其他的置閏方式傳下來。一般地説，祇要是陰陽曆，採用此種
置閏方式，總的日數在一段時間內總是能相合的。引起差異的還有大小月相間和連大月的
定置點不一樣。在沒有任何西周的真正曆譜的條件下，以這樣的置閏方式來推算金文的曆
日應該是比較合理的。推算的結果，在一定程度上也將是對這一置閏方式的檢驗。

　　董作賓對其曆譜自稱爲合天，主要是依照節氣調整而轉移，但是他的冬至並不能一律都
排在正月，於是就安插一個閏正月來解決冬至在正月的問題，但閏月並不能算在正式的月名
之內，因此，這樣的作法不僅沒有先例，也是沒有證明的。一般五年再閏，董譜中甚至出現連
續二年置閏的情形多起。我們不能採用這種置閏的方式。很可能西周的歲首不一定都建
子，因《春秋》的魯曆也不都是統一的月建。

　　如前所述一年總數按陰陽曆定354日。西漢時成書的《周髀算經》載有"置小歲三百五
十四日九百四十分日之三百四十八"、"置大歲三百八十三日九百四十分之八百四十七"。前
者爲一年大小月相間，大月三十日，小月廿九日，後者爲置閏加十三月。按太陽運行的軌道，
回歸年常數爲365.242 2日。故陰陽曆的 $354\frac{348}{940}$ 或 $383\frac{847}{940}$ 的餘數要置連大月予以調整。
如何置連大月，古代也缺乏記載，後世以十六月或十七月置一個連大月。既然陰陽曆的特點
是朔望月要與回歸年調整以配合節氣，在十九年置七閏之後，尚餘3.601 8日，這一數字也
應調整。我們採取的是平均調整法，以五年又三個月在相當的小月加一天而成連大月。這
樣的方法在日序排列上與其他曆譜差別甚小，但易於計算。西周時如何解決置閏的餘數問
題，沒有人能提出一個確切的根據，任何連大月的調整，都不可能恰到好處，不是稍有超前，
就是稍有移後。這是月球運轉和太陽運轉的日數不能彼此除盡的緣故。

一般置連大月是十六月或十七月一次,如此,閏月也須大小月相次,而不能必是三十天。十九年七個閏月中小月少於半數者多,大約十九年兩個周期大月多於小月,第三個周期小月多於大月,再加上連大月,總天數大體上能得到平衡。按我們採取的方法,若以共和元年正月一日爲起點,則整個西周積年內誤差實際上反映不出來。當然這並不是精確的合天,而是爲了計算月相之間的天數。

我們的目標是要全面計算 52 件紀年銘器彼此間月相差距的幅度,以便從中找出它們可能存在的規律性的變化幅度,這樣當有助於月相的解釋。

不管對月相的定義作何理解,月相本質上是月亮在一段時間內盈虧變化的特定名稱。月亮盈虧的周期變化同陰陽曆中朔望月是相等的,所以當我們計算兩器月相的幅度時,必須首先確定它們之間大致相隔的月數,也就是月亮盈虧變化的周期數。如甲乙兩器之間粗略地可以算出是相距一年八個月。一年爲 354 日,八個月大小相間爲 236 日,一年八個月是 354 日＋236 日＝590 日,也就是説,從甲器經過 590 日到達了乙器所記載的月份或相鄰的月份。古代干支記日的周期是 60 日,故須以 590 日÷60 日,餘數 50 日,從甲器的干支順數 50 日,這第 50 日干支日就是甲器月相經過一年八個月後出現相同月相的一日,現以迷鐘爲基準推算與克鐘月相的幅度爲例,其算式排列如下:

迷鐘"元年三月既生霸庚申"
克鐘"十六年九月初吉庚寅"
$$354×15+[(30×3)+(29×3)]+(30×6)+3=5\,670$$

354 是陰陽曆平年一年的總日數,六個月是大小月相間。十五年應置六個閏月,每月 30 日。按回歸年,十九年七個閏月尚有餘數 3.601 8 日,則十五年六個月應平均加 3 日,以上總和是 5 670 日。

$$5\,670÷60\;日\qquad 餘數\;30\;日$$

自庚申順推 30 日到己丑。己丑是迷鐘元年三月既生霸庚申經過 5 670 日到達克鐘十六年九月既生霸的一日,克鐘的初吉是庚寅,己丑至庚寅是一日,就是説,從這兩件器來看,初吉到既生霸有一日的幅度。

大量推算的結果,將能看出基準器的月相和其他 51 件器月相之間可能存在的關於幅度的固定規律。由於是全面推算,各種數值彙總到一起,情形就比較複雜。而且,月亮的盈虧變化是固定的,相鄰王世的器,湊巧也能個別地合在一起,甚至也能出現在更遠的王世器彼此合在一起的假象。新城氏和董氏的譜表中所合金文,有相當數量都屬於干支巧合。問題在於大量的形形色色的數值中,如何能找出或者鑒別哪些器月相幅度的日距是真正有聯繫的。

我們對於所有的數據按器的年代順序排列,例如每一年代不論器有多少都分配以一橫列的地位,排成表格。據基準器的月相有的器推算不到當月時,可加一閏,使之推算到當月,務使絕大多數器有相互比較的機會。也有推不到當月的,如以元年十二月底以前月相爲基準器與之推算的其他元年器,都不能加閏,如不合,就無法推到當月。結果,就出現許多統計表,每一統計表作爲基準推算的器和待合的器共有 60 件,即 1:59,其中包括 8 件没有月相但是有紀年、月、日和有關人名,在總推算時也應一起參預分析。因爲原則上我們是按照干支推算而不是按月相推算的,所以這些器也應有比較的機會,並可在最後間接證明或否定所比較的月相的日序。

現在我們以迷鐘爲推算基準器(元年三月既生霸庚申)的統計表舉例,説明我們篩選的原則和具體方法,結果見表一。

第一、所推算器的月相幅度出現超界限的數值。例如:趞曹鼎五月既生霸壬午 15。至今爲止各家對月相的解釋既生霸的幅度不應有 15 天。庚嬴鼎四月既望己酉 22,顯然也超越應有的幅度,不論是定點或四分説,既生霸至既望的幅度也不能超越 15、16 天。這一類應淘汰的器共有 17 件。

第二、數值與推算的程序逆向。從既生霸推到初吉應出現負數值,推至既望和既死霸應出現正數值。凡出現與此相反的數值都是不合理的,應該予以淘汰。例如,師虎簋六月既望-15,吳方彝二月初吉丁亥 3,都是與推算程序逆向的數值。這一類應淘汰的有 10 件。上述二項篩選淘汰後的器見表二。

第三、尋找本表器銘中有直接聯繫,或間接相關的人名,把閏尺拉在適合點上,使之既合閏又合乎月相的彼此聯繫。在表上月相置定之後,把不合閏的器予以淘汰。例如,本表内師晨鼎銘中有師馬共、師俗、諫簋銘中有司馬共、内史年、瘋壺有司馬共、史年,望簋有史年、宰倗父。因此要以閏尺來探索這四件器在年代上聯繫的可能性。但這四件器置閏是不能完全相合的,這就需要據表内器的其他條件,加以選擇。又本表内十六年的伯克壺和克鐘是同一人之器,在大克鼎銘文中記載王册命克時的儐相是釐季,而釐季這個人又見於恭王五年衛鼎的銘文中,則這個和克處於同時代的人不應離恭王之世遠,因此可在恭王之後的中期器間尋找適宜的組合。據我們推算,其他的組合於表内都不能合,以閏尺推移的結果,與師晨等器可以構成合理的閏年和月相。基於以上的因素,按閏法常數,決定置閏的順序是 1、3、6、9、12、14、17、20、22、25、28、33、36,凡是與以上置閏的數值不合之器,都應淘汰。被閏尺篩選出表的器共有 18 件,剩下的器見表三。

表一　逨鐘元年三月既生霸庚申

年份	置閏	器名	月相干支	幅差	置閏	器名	月相干支	幅差	置閏	器名	月相干支	幅差
1		師獣簋 師兌簋 曶鼎	正月初吉丁亥 五月初吉甲寅 六月既望乙亥	27 -5 -14		師詢簋 鄭季盨	二月既望庚寅 六月初吉丁亥	1 -2		師旋簋 師虎簋	四月既生霸甲寅 六月既望甲戌	25 -15
2		郰簋 王臣簋	正月初吉丁亥 三月初吉庚寅	-28 24		吳方彝	二月初吉丁亥	3		趩尊	三月初吉乙卯	2
3	△	師兌簋 衛簋 師遽簋 趩壺	二月初吉丁亥 三月既生霸壬寅 四月既死霸辛酉 九月丁巳	9 -7 13 12		師晨鼎 趩鼎 史頌簋	三月初吉甲戌 四月庚午 五月丁巳	-5 22 10	△	師俞簋 柞鐘 頌鼎	三月初吉甲戌 四月初吉甲寅 五月既死霸甲戌	-5 -25 -4
4	△	趩盨	二月既生霸戊戌	-6		散季簋	八月初吉丁亥	-14				
5	△	衛鼎 兮甲盤	正月初吉庚戌 三月既死霸庚寅	-18 24		召伯虎簋 師旋簋	正月己丑 九月既生霸壬午	-9 -12		諫簋	三月初吉庚寅	-7
6		召伯虎簋	四月甲子	4								
7	△	牧簋	十三月既生霸甲寅	4								
8		師毀鼎	正月丁卯	-14								
9	△	衛鼎	正月既死霸庚辰	6		乖伯簋	九月甲寅	14				
11	△	師嫠簋	九月初吉丁亥	-2								
12	△ △	虢季子白盤 走簋	正月初吉丁亥 三月既望庚寅	1 4		大師虘簋	正月既望甲午	7	△	大簋	三月既生霸丁亥	1
13		無叀簋	正月初吉壬寅	-10		望簋	六月初吉戊戌	-12		𤼈壺	九月初吉戊寅	9
14		叚簋	十一月丁卯	-4								
15	△	大鼎	三月既霸丁亥	19		趞曹鼎	五月既生霸壬午	15				

（續表）

年份	置閏	器名	月相干支	幅差	置閏	器名	月相干支	幅差
16		伯克壺	七月既生霸乙未	5		克鐘	九月初吉庚寅	−1
17		此鼎	十二月既生霸乙卯	2				
18		克盨	十二月初吉庚寅	−18				
19	△	趞鼎	四月既望辛卯	16				
20		休盤	正月既望甲戌	4				
22		庚嬴鼎	四月既望己酉	21				
26		番匊生壺	十月既望己卯	−13	10	衛簋	三月既生霸戊戌	
27		伊簋	正月既望丁亥	−3				
28		寰盤	五月既望庚寅	8				
31	△	辭攸从鼎	三月初吉庚辰	−4				
33		伯筍父盨	八月既死霸辛卯	9				
37	△	山鼎	正月初吉庚戌	−12				

表 二

年份	置閏	器名	月相干支	幅差	置閏	器名	月相干支	幅差	置閏	器名	月相干支	幅差
1		師詢簋	二月既望庚寅	1		師兌簋	五月初吉甲寅	−5		鄭季盨	六月初吉丁亥	−2
3	△	師晨鼎	三月初吉甲戌	−5	△	師俞簋	三月初吉甲戌	−5		衛盉	三月既生霸壬寅	−7
		癲鼎	四月庚午	22		師遽簋	四月既生霸辛酉	13		史頌簋	五月丁巳	10
		頌鼎	五月既死霸甲戌	−4		揚壺	九月丁巳	12				
4	△	癲盨	二月既生霸戊戌	−6	△	散季簋	八月初吉丁亥	−14				
5	△	召伯虎簋	正月己丑	−9		諫簋	三月初吉庚寅	−7	△	兮甲盤	三月既死霸庚寅	24
		師族簋	九月既生霸壬午	−12								

（續表）

年份	置閏	器名	月相干支	幅差	置閏	器名	月相干支	幅差	置閏	器名	月相干支	幅差
6	ˋ	召伯虎簋	四月甲子	4								
7	△	牧簋	十三月既生霸甲寅	4								
8		師訇鼎	正月丁卯	−14								
9	△	衛鼎	正月既死霸庚辰	6	△	乖伯簋	九月甲寅	14				
11	△	師嫠簋	九月初吉丁亥	−2								
12	△	大師虘簋	正月既望甲午	7	△	大簋	三月既生霸丁亥	1	△	走簋	三月既望庚寅	4
13	△	無㠱簋	正月初吉壬寅	−10	△	望簋	六月初吉戊戌	−12		𤼈壺	九月初吉戊寅	9
14		段簋	十一月丁卯	−4								
15	△	大鼎	三月既霸丁亥	19								
16		伯克壺	七月既生霸乙未	5		克鐘	九月初吉庚寅	−1				
17		此鼎	十二月既生霸乙卯	2								
19	△	趞鼎	四月既望辛卯	16								
20		休盤	正月既望甲戌	4								
26	△	番匊生壺	十月初吉己卯	−13								
27		衛簋	三月既生霸戊戌	10								
28		袁盤	五月既望庚寅	8								
31	△	郃攸从鼎	三月初吉壬辰	−4								
33		伯寬父盨	八月既死霸辛卯	9								
37	△	山鼎	正月初吉庚戌	−12								

說明：既生霸的幅度正負數值，在這裏還不能作出判斷，因為正負的可能性在這一階段都是存在的。

表　三

年份	置閏	器名	月相干支	幅差	置閏	器名	月相干支	幅差	置閏	器名	月相干支	幅差
1		師詢簋	二月既望庚寅	1		師兌簋	五月初吉甲寅	-5		鄭季盨	六月初吉丁亥	-2
3	△	師晨鼎 師遽簋	三月初吉甲戌 四月既生霸辛酉	-5 13	△	師俞簋 頌鼎	三月初吉甲戌 五月既生霸甲戌	-5 -4		癲鼎	四月庚午	22
5		召伯虎簋	正月己丑	-9		諫簋	三月初吉庚寅	-7				
6		召伯虎簋	四月甲子	4								
7	△	牧簋	十三月既生霸甲寅	4								
9	△	乖伯簋	九月甲寅	14								
13	△	望簋	六月初吉戊戌	-12								
14		段簋	十一月丁卯	-4								
16		伯克壺	七月既生霸乙未	5		克鐘	九月初吉庚寅	-1				
17		此鼎	十二月既生霸乙卯	2								
19	△	趞鼎	四月既望辛卯	16								
20		休盤	正月既望甲戌	4								
27		衛簋	三月既生霸戊戌	10								
28		寰盤	五月既望庚寅	8								
31	△	鬲攸从鼎	三月初吉壬辰	-4								
33		伯寛父盨	八月既死霸辛卯	9								

第四、與其他王世選定的器組在前後對合時，超出年代界限淘汰者。假如本表爲同一王世之器，與另一組對接，另一組的基準器是師獸簋，相合的器有柞鐘、師㝅簋，大師盧簋、大簋等，此組閏尺和本組對接時應截止在廿五年，也不能過早，因爲和克同爲一人之器小克鼎是廿三年，故要考慮此王世延續到廿三年以後的可能性。我們採用的是十九年七閏，故閏尺先後一移動就要變動許多年。初步地說，以廿五年爲截止年的選擇是必要的，則廿五年以後的器都必須淘汰。如此，被淘汰的有衛簋、裒盤、鬴攸从鼎、伯寬父盨等四件。

第五、重複合於其他組合的器。重複相合的器必然會有，必須去其不適合於本組的，例如從相關的人名來看，師遽簋、牧簋、乖伯簋、休盤等器，與其他組合關係密切，亦應淘汰。

第六、與本組內主要之器形制特徵相距過遠而予以淘汰的有鄭季盨、頌鼎、此鼎、趞鼎等四件。

經過這樣篩選的程序，選餘的有 10 器，見表四。其中絕大多數應屬於一個王世的月相幅度，但是，這些器彼此的幅度仍然是相對的，要知道月相的絕對幅度尚待在合曆後作出具體統計。這些器大部分應該合曆，個別處在臨界線上的器，可能會有出入。

我們再舉趞曹鼎十五年五月既生霸壬午爲基準器的統計表：見表五。

第一、所推算的幅差超過本月的實際天數。例如：師獸簋與趞曹鼎的幅差爲 −18，按一般意見既生霸不能超過 15 日，因此既生霸到初吉不能有 18 日的差距，這實際上已到了上一月。大師盧簋與趞曹鼎的幅度爲 24 日，同樣既生霸到既望不能有 24 日的差距，這實際上已到了下一月。屬於這一類應予淘汰的，有師獸簋、迷鐘、師旂簋、師晨鼎、師俞簋、衛盉、癲盨、牧簋、師㝅簋、大師盧簋、走簋、望簋、伯克壺、此鼎、休盤、番匊生壺、裒盤、鬴攸从鼎、伯寬父盨、山鼎等 20 件。

第二、推算的幅差出現逆向。例如：師兌簋、鄭季盨與趞曹鼎的幅差爲 12，既生霸到初吉不能順推爲正數值，應出現負數值，如出現正數值應予淘汰，屬於這一類的器有師兌簋、鄭季盨、散季簋、諫簋、無㠱簋等五件。見表六。

第三、通過以上兩次篩選，淘汰了 25 件器，尚存 35 件，在這些器中有直接聯繫的人名，有的器形、紋飾相同。將閏尺拉在適合點上，使之既合閏又合乎月相的彼此聯繫。例如王臣簋有益公、內史年，乖伯簋有益公。五祀衛鼎和九年衛鼎器形、紋飾相同，主要人名相同，可能是同時器。衛鼎與趞曹鼎器形相似，也可作爲參考。按閏法常數，置閏的年份應是 1、4、7、9、12、15、18、20、23、26。由於統計表是以十五年五月的趞曹鼎爲基準，因此置閏的起數點當以十五年爲準，置閏的合適年份數也以此爲基準而向上或向下推算。凡是與閏不合之器都應淘汰，屬於這類的器有師詢簋、師虎簋、曶鼎、吳方彝、趞尊、三年師兌簋、史頌鼎、頌鼎、癲壺、五年召伯虎簋、兮甲盤、師旂簋、虢季子白盤、段簋、克盨、伊簋等 16 件。

第四、器的形制、紋飾明顯的不合趞曹鼎這一組主體器的時代特點，而能與其他王世組

表　四

年份	置閏	幅差	月相干支	器名	置閏	幅差	月相干支	器名	幅差	月相干支	器名
1		1	二月既望庚寅	師詢簋		-5	五月初吉甲寅	師兌簋			
3		-5	三月初吉甲戌	師晨鼎		-5	三月初吉甲戌	師俞簋	22	四月庚午	攈鼎
5		-7	三月初吉庚寅	諫簋							
6	△	4	四月甲子	召伯虎簋							
14	△	-4	十一月丁卯	段簋							
16	△	5	七月既生霸乙未	伯克壺		-1	九月初吉庚寅	克鐘			

表五　趞曹鼎十五年五月既生霸壬午

年份	置閏	幅差	月相干支	器名	置閏	幅差	月相干支	器名	置閏	幅差	月相干支	器名
1		-18；-19；3	正月初吉丁亥；四月既生霸甲戌；六月既望甲戌	師龡簋；師旋簋；師虎簋		17；12；4	二月既望庚寅；五月初吉甲寅；六月既望乙亥	師詢簋；師兌簋；曶鼎		17；16	三月既生霸庚申；六月初吉丁亥	迷鐘；鄭季盨
2	△	-12；-8	正月初吉丁亥；三月初吉庚寅	鄭簋；王臣簋	△		二月初吉丁亥	吳方彝	△	-13	三月初吉乙卯	趞尊
3	△	-5；11；1；-2	二月初吉丁亥；三月既生霸壬寅；四月既望辛酉；九月丁巳	師兌簋；衛盉；師遽簋；攈壺	△		三月初吉甲戌；四月庚午；五月丁丑	師晨鼎；攈鼎；史頌鼎	△	-18；10；-4	三月初吉甲戌；四月初吉甲寅；五月既死霸甲戌	師俞簋；柞鐘；頌鼎
4	△	-18	二月既生霸戊戌	攈盨		5	八月初吉丁亥	散季簋				
5	△	-2；8	正月初吉庚戌；三月既死霸庚寅	衛鼎；師旋簋	△	8；5	正月己丑；九月既生霸壬午	召伯虎簋；師旋簋		8	三月初吉庚寅	諫簋
6	△	-10	四月甲子	召伯虎簋								

（續表）

年份	置閏	器名	月相干支	幅差	置閏	器名	月相干支	幅差	置閏	器名	月相干支	幅差
7	△	牧簋	十三月既生霸甲寅	−10								
8		師穎鼎	正月丁卯	4								
9		衛鼎	正月既死霸庚辰	23		乖伯簋	九月甲寅	1				
11	△	師嫠簋	九月初吉丁亥	−16								
12		虢季子白盤	正月初吉丁亥	−14		大師虘簋	正月既望甲午	24	△	大簋	三月既生霸丁亥	18
		走簋	三月既望庚寅	21								
13		無叀簋	正月初吉壬寅	8		望簋	六月初吉戊戌	−25		癲壺	九月初吉戊寅	−14
14	△	段簋	十一月丁卯	12								
15		大鼎	三月既霸丁亥	5								
16		伯克壺	七月既生霸乙未	21	△	克鐘	九月初吉庚寅	−14				
17		此鼎	十二月既生霸乙卯	18								
18		克鼎	十二月初吉庚寅	−14								
19		趞鼎	四月既望辛卯	2								
20		休盤	正月既望甲戌	20								
22	△	庚嬴鼎	四月既望己酉	7								
26		番匊生壺	十月初吉己卯	−28								
27		伊簋	正月既望丁亥	13	△	衛簋	三月既生霸戊戌	−6				
28		寰盤	五月既望庚寅	24								
31		鮴攸从鼎	三月初吉壬辰	−19								
33		伯寬父盨	八月既死霸辛卯	25								
37		山鼎	正月初吉庚戌	−27								

表　六

年份	置閏	器名	月相干支	幅差	置閏	器名	月相干支	幅差	置閏	器名	月相干支	幅差
1		師詢簋	二月既望庚寅	17		師虎簋	六月既望甲戌	3		曶鼎	六月既望乙亥	4
2	△	鄭簋 王臣簋	正月初吉丁亥 三月初吉庚寅	-12 -8	△	吳方彝	二月初吉丁亥	-11	△	趩尊	三月初吉乙卯	-13
3	△ △	師兌簋 師遽簋 趩壺	二月初吉丁亥 四月既生霸辛酉 九月丁巳	-5 1 -2	△	趩鼎 史頌簋	四月庚午 五月丁子	10 -4	△	杵鐘 頌鼎	四月初吉甲寅 五月既死霸甲戌	-7 14
5	△	衛鼎 師旋簋	正月初吉庚戌 九月既生霸壬午	-2 5		召伯虎簋	正月己丑	8		兮甲盤	三月既死霸庚寅	8
6	△	召伯虎簋	四月甲子	-10								
8		師𧽊鼎	正月丁卯	4								
9		衛鼎	正月既死霸庚辰	23		乖伯簋	九月甲寅	1				
12	△	虢季子白盤	正月初吉丁亥	-14	△	大簋	三月既生霸丁亥	18				
13		趩壺	九月初吉戊寅	-14								
14	△	段簋	十一月丁卯	12								
15		大鼎	三月既霸丁亥	5								
16	△	克鐘	九月初吉庚寅	-14								
18		克盨	十二月初吉庚寅	-14								
19		趩鼎	四月既望辛卯	2								
22		庚嬴鼎	四月既望己酉	7								
27	△	衛簋	正月既望丁亥	13	△	衛簋	三月既生霸戊戌	-6				

表　七

年份	置閏	器名	月相干支	幅差	置閏	器名	月相干支	幅差	器名	月相干支	幅差
2		郯簋	正月初吉丁亥	-12		王臣簋	三月初吉庚寅	-8			
3		癲鼎	四月庚午	10		柞鐘	四月初吉甲寅	-7	師遽簋	四月既生霸辛酉	1
5	△	衛鼎	正月初吉庚戌	-2							
6	△	召伯虎簋	四月甲子	-10							
8		師訇鼎	正月丁卯	4							
9		衛鼎	正月既死霸庚辰	23		乖伯簋	九月甲寅	1			
12	△	大簋	三月既生霸丁亥	18							
13		癲壺	九月初吉戊寅	-14							
15		大鼎	三月既霸丁亥	5							
16	△	克鐘	九月初吉庚寅	-14							
19		趞鼎	四月既望辛卯	2							
22	△	庚嬴鼎	四月既望己酉	7							
27	△	衛簋	三月既生霸戊戌	-6							

表　八

年份	置閏	器名	月相干支	幅差	置閏	器名	月相干支	幅差
2		王臣簋	三月初吉庚寅	-8				
3		師遽簋	四月既生霸辛酉	1				
5	△	衛鼎	正月初吉庚戌	-2				
8		師訇鼎	正月丁卯	4				
9		衛鼎	正月既死霸庚辰	23		乖伯簋	九月甲寅	1
15		大鼎	三月既霸丁亥	5				

合的器有鄒簋、柞鐘、瘓鼎、六年召伯虎簋、大簋、瘓壺、克鐘、趩鼎、庚贏鼎、衛簋等10件，其中鄒簋、柞鐘、克鐘、趩鼎等的器形、紋飾明顯地晚於趞曹鼎，而庚贏鼎却早於趞曹鼎。因此，雖然相對的月相相合，仍應排除。見表七。

這樣，經過四次篩選，剩下的是王臣簋、師遽簋、五祀衛鼎、師𩛥鼎、九年衛鼎、乖伯簋、大鼎等八件。見表八。

這樣，統計和篩選的結果把一些規律相同的表合在一起，然後形成若干張單獨的不能與其他器組相混淆的表，這些表應分别屬於各自的王世，最後按閏尺標準統一的對接起來，形成系列。這是最後一部分的工作。

所有參預比較月相幅度差距並經過各種條件選篩的一整組器物，在與實際的曆譜相合時，如前所述，個别的或少量的器可能由於處於臨界綫上而産生偏差，如上月大月三十小月二十九和下月初一之間的臨界綫、望與望的次日或前一天的臨界綫而被擠出原來的組合。我們知道，所有擬定的西周曆譜，最理想的也祇能説是最大限度地接近真實的西周曆譜，而决不能毫釐不差地恢復原貌。這些在臨界綫上合譜時偏離原組合的器要分析其銘文内容形制紋飾等其他條件來决定，但是這種情况祇應該是個别的、少量的。

從我們全面推算金文月相相對幅度可以説明以下幾個問題：

一、在衆多的月相幅度的數值中，具有普遍性和有規律性的是一月四分月相或四分月周的幅度。其他的月相幅度數值是混亂的無規律的，因而也是不合理的。

二、作爲基準器和其他器推算最後形成的組合，一般的要經過五、六次篩選，從年、月、日及月相幅度和器銘中人名之間的聯繫來看，這樣篩選而形成的組合是合理的。

三、在大量的推算數值中，不能支持"定點月相"説，因而"定點月相"實際上是不存在的。

四、四分月相相對幅度推算出現穩定的數值，表明王國維"四分月相"説是可行的，由此證實劉歆和孟康關於生霸和死霸解釋的錯誤。後人全部或局部同意劉、孟的結論而作出的月相解釋當然也産生全部或局部的錯誤。王國維的設想，基本上是正確的。

我們以上祇是推算了月相的相對幅度，至於月相的絶對幅度，則須在相合的器標在曆譜上之後方能統計得出來。可以説，絶對幅度也必然是與四分月相相應的，這是下一步的工作。

五、西周金文合曆

（一）方　法

新城新藏的《金文曆日適合表》是在《自周初至春秋之月朔干支表》的基礎上産生的，其推算以《春秋長曆》爲出發點。吳其昌的《金文曆朔疏證》據《三統曆》爲準則。董作賓的《中國年曆總譜》以交食爲核定點,用"中西對照之記日法以證天象",自稱"爲超然於曆法以外者"。《春秋長曆》和《三統曆》,學者早已有種種評論,認爲不够精確。這是用現代精嚴的天文知識來看問題的。董譜自較《金文曆朔疏證》精密,但其疏漏處亦在所難免。

問題在於,用現代的天文學常數測算出來的西周時代的冬至、朔、望和閏年的置定,是否就是周曆的原貌? 差距是不可避免的。在置閏問題上,周曆比《太初曆》落後,但《太初曆》與現代的天象曆法知識距離尚遠。《元史·志第四·曆一》歲餘歲差云:"古今曆法,合乎今必不能通古,密於古必不能驗今。"這個論斷是公允的。

後人以不同的疏密方法擬定的周曆,其最理想的,也衹能説是最大限度地接近西周的曆法,至於完全恢復周曆的原貌,那是極難做到的。例如董譜和新城譜的正朔差距不太大,但公認爲西周宣王時的幾篇金文,都無法合譜。最新推定的《西周曆法和冬至合朔時日表》,同樣也有這個問題,其中共和、宣王的幾件器難合《晚殷西周冬至合朔時日表》[⑧]。這就是古今曆法的測算不能做到完全相通。

西周紀年銘金文是探索西周曆法的最可靠的第一手材料,因此,一切擬定的曆譜只有最大限度地而且是合理地容納紀年的金文,方能顯示其一定的參考價值。任何金文合曆的情形,都是對各種擬定曆譜的檢驗。

由於金文紀年、月、月相和干支中每一個因素都是可計算的,其中月相對於干支確定尤有標算的作用,兩者互爲聯繫。因此在周曆的一些不確定的因素中,亟須建立起每月較爲準確的朔望和干支日序,是至關重要的。不論西周時代對曆法計算有何誤差,朔望的日期總是可以通過不斷對天象的觀察來確定或調整。只要朔望的干支日序有了基本可靠的標準,推算就有了堅實的基礎。

雖然現今的干支日序可以無限止地往前排列,但是從東周到漢初只有後人根據某些資料推定的古曆譜,當然沒有現成的正朔表。因此我們衹能選擇春秋時代某個確定的日期,作爲向西周推算正朔的出發點。《春秋·僖公五年》載正月朔日辛亥日南至,是春秋時代史書中僅有的一個正朔冬至的記録。儘管天文學家推步此日冬至是先天的,但總是反映了那個時代的曆法推算水平。即使用現代天文知識來推算,新城新藏、董作賓、張培瑜諸表也有不同程度的出入,有些出入是合理的,當非古人的水平可比。西周幽王元年正朔,董譜此日是癸巳。張譜先此一日爲壬辰,新城譜後一日爲甲午。隨着推算方法之不同,間隔一個時期的干支可能彼此相合或又產生浮動,各譜的差别大致如此。

我們曾經採用另一種推算的方法,從魯僖公五年(公元前 655 年)逆數至幽王元年(公元前 781 年)得 126 年。以此 126 年總日數加以十九年七閏的餘數 24 日。在五年三個月調整一日的數值中,取的是整數,實際上每調整一日即多加了 0.025 140 2 日,此數應予扣除。在以前的核算中,因爲只有幾年到二十幾年的差距,這個數值反映不出來,故沒有扣除。現在以魯僖公五年作爲推算西周各王世正朔的出發點,則年距過長,應減去這個差數。

$$354(日) \times 126(年) + [24(日) - 0.6(日)] = 44\,627.4(日)$$

$$44\,627.4(日) \div 60(干支一周)$$

$$餘數\ 47.4(日)$$

自辛亥逆推 47.4 日得癸亥,以周曆正月建子計算,此月無冬至,故須上推 30 日,得癸巳。癸巳就是幽王元年的正朔。

採用這個方法,可以推算出西周任何一年的正朔。我們將計算結果對照了一些比較準確的曆朔,發現絕大部分數值是合於實際狀況的,但也會發生少數有一兩天的誤差。這是因爲用這樣的方法不能定出精確的實朔時間。

張培瑜先生的《晚殷西周冬至合朔時日表》(以下簡稱《合朔表》),是"依據 S. Newcomb 的平朔化爲實朔的公式,採用現在天文年曆中使用的根數","並換算到中國的地方平時和紀日干支",是準確可靠的。正如前面所説,精確的計算未必能通古,因爲古代曆法本身就有誤差,但是《合朔表》總是反映了當時月朔的真實情況,我們曾試圖以魯僖公五年正朔冬至辛亥作爲推算的出發點,和張表作比較,以檢驗金文紀年和擬定中的曆譜相合的程度。其結果發現相去不遠,最後,我們確定用《合朔表》來檢驗金文的合曆。

(二) 月建和冬至

周人以正月建子,冬至在歲首,這是一個普遍的説法。但在現有的西周文獻包括金文資料之中,都沒有正月建子和冬至在歲首的記載,《左傳·襄公十七年》:"十一月乙亥,日有食之,辰在申,司曆過也,再失閏矣!"這是説的斗建指申,所謂再失閏,應指在戌而不在申,以此推算,則正月建子。《淮南子·天文訓》:"十一月始建子。"這就是所謂周曆以夏曆十一月爲歲首,自來成爲定説。但史籍中所説的周曆,都是春秋時代的,沒有直接的西周資料可以證明。

冬至是推算的還是實際觀察所得到的日辰,這個問題也頗難肯定。十一月建子,是以斗柄轉移定節氣,《史記·天官書》:"提攝者,直斗柄所指以建時節。"《淮南子·天文訓》:"斗指子則冬至。"是說斗柄指向北方子的方位,此月有冬至,周人即以爲正月。斗柄指子測定冬至,這種方法不會太準確,而且顯然是觀測所得,但是《春秋》冬至的記録往往先天,則又不似實際測定。

《周禮·地官·大司徒》："以土圭之法正日景，日至之景尺有五寸，謂之地中。"有人甚至以爲這土圭就是周公作洛時定方位的儀器，但這僅是推測而已。用土圭測日景定冬至，是能夠觀察得比較準確的，不易產生先天的現象，西周時代用土圭測日景是否已是常用的有效測定方法，因無任何實證，也是不能論定的。

一些記載表明，古代當年之曆是前一年十二月頒發的。《公羊·文公六年》："閏月不告月，猶朝於廟。不告月者何？不告朔也。"何休注："禮，諸侯受十二月朔政於天子，藏於大祖廟，每月朔朝廟，使大夫南面奉天子命，君北面而受之，比時使有司先告朔。"又《穀梁》同年註："天子以十二月朔政，班告於諸侯，諸侯受於禰廟。"由此可以知道，曆和朔都是每年十二月算定以後頒佈的，當時的曆朔，主要是運用推算的方法。天有陰晴晦雨，以土圭測日景定冬至，事實上日景有可見和不可見的兩種可能性，如果西周已有土圭，大約只能在某個時候起校驗作用，《春秋》和《左傳》所載冬至日據現在推算常有先天的事情發生，說明即使有土圭，校正的作用也並不顯著。至於以斗柄指子定冬至，可能是更爲古老的目測天象的方法，而曆官所司，仍以推步爲主。

現在定冬至是按天文學回歸年的常數來推算的，不用說，西周時代必定不能達到如此精確的程度。我們知道，元代郭守敬的《授時曆》，也還沒有糾正《春秋》日至推算的偏差，古代推算冬至提早數天的情形，至元代也還沒有能力予以糾正。《左傳·僖公五年》："王正月辛亥朔，日南至。"按天文學常數推算，此年冬至是三月癸卯而不是辛亥。以前史家往往責難魯官的推算常有失誤，批評爲"非禮"，事實上劉歆《三統曆》的推算也是先天的，春秋時代推步不甚準確不能說是不合理的，那時的水準，祇能如此。

史籍所載冬至除魯僖公五年正朔日，另一個日子是魯昭公二十年即公元前 522 年的"二月己丑朔，日南至"，以今法推之當爲辛卯，是以王韜論斷："春秋時推步冬至，多先天二、三日也，近之疇人家皆謂漢以前之冬至非實測，先天或至二、三日，斯言允矣！"⑨或以爲這兩個日南至是劉歆所改，但魯官推算未精的例子尚多，故不必把這類不準確的情形，都歸之於劉歆的過錯。《元史》載《授時曆》推昭公二十年正月戊子朔旦冬至，比《左傳》所載更提早一日。元代尚且如此，責難劉歆是沒有什麼意義的。必當時預測的方法疏寬，而在實際上又未能作有效的校正，是以冬至預測有先天一兩日乃至三日的誤差。我們必須把這種情形看作是春秋時代的實際狀況，至於說西周時代推算冬至的精確程度要大大超過春秋時代的水準，也是不可能的。

我們推算的西周曆朔，自公元前 771 年到前 1105 年，其間置閏 123 次，有二十一個閏年冬至不在正月而是在二月初。二月一日冬至十三次，二日的八次。正月的冬至不早於 2 日。若依春秋時代日南至先天的情形，則我們推算的西周曆朔譜中的冬至，全部都在正月之內。

如果非把冬至這一日毫無誤差地全部置於正月，這就需改變置閏的次序，這種方案我們曾試推過數次,新城新藏的曆表也就是同類的方案,我們擬定的曆譜與之大同小異,僅是置閏點有些不同,置閏的常數還是相同的。新城譜雖然把冬至悉數包容在正月之中,但是隨之產生了一個不可逆轉的現象,即新城譜中多數金文都合不上,不少西周的器必須推移到春秋時代乃至戰國時代。反之,吳其昌的《金文曆朔疏證》合譜的器遠比新城譜爲多。按冬至全部置於元月的原則,我們反覆推算了多次,很多金文也同樣合不上。究其原因,是置閏不當所致,因爲節氣的安排,凡是冬至在正月下旬二十一日以後的,一般地説當年必須置閏,如置閏在不當置之點,那麼該合的器必定被排擠出譜。

我們推算的各個王世金文紀年組合中,一個重要的因素是必須由一支閏尺來決定各器合譜的位置,每件器的閏數必定與閏尺的標值相一致,既定金文組合的置閏是不可改變的。因此,極少數冬至在二月初的情形也是不可改變的。我們擬定的曆朔只可能做到最大限度地接近西周曆法的真實情況,決不可能做到一模一樣。因此我們將金文組合合譜時,個別的器可能不能入譜,當然不能入譜也有各種原因,但是絕大多數的器是能夠合譜的,故而寧願將少數的冬至日處於二月初臨界的位置上,而不去遷就傳統的説法周曆的冬至置於歲首。

董譜因未能把冬至都置於歲首,爲了保持傳統的説法,把有冬至的二月改爲閏正月,這樣就解決了歲首冬至的問題。但是古代的閏月是沒有年中月序的,《春秋》閏月不書序數即是例證,這個牽強的辦法還是不能解決問題。董譜多處自稱合天,但置閏並不完全按節氣行事,有兩年再閏者,如前973年和前972年,前896年和前895年。有四年置二閏者,如前986年和前983年等等。也有一年置兩個冬至者,如前972年爲正月癸巳朔,12日甲戌冬至,而同年十二月閏,23日己卯冬至,而前971年則沒有冬至,這定是誤推所致。這樣的曆譜是難以作爲金文合曆的依據。

《元史·志第四·曆一》論及上古重視治曆,云彼時:"去古既遠,其法不詳,然原其要,不過隨時考驗,以合於天而已。"勉強的不合規律的置閏,既不能完全合天,也不能合多數之器。至今爲止各家所擬的周曆合於紀年和月相的不同程度表明,冬至全部置於歲首,與現有的金文資料是不符合的,因而周人月建並非都在子的位置上。如果能夠證實周人推算的冬至也是先天,那是另外一個問題了,不過,實際是不能做到的。

本文的推算以金文組合作爲基礎,將不受傳統説法周人建子的影響。我們推算的結果表明,絕大部分仍屬建子,少數則是建丑。

(三) 金文中月相或干支記載的粗疏

《春秋》和《左傳》中月份和干支的錯記日食的誤差,已爲治曆者所週知。史官推步的未精和記載的誤失各有因素。金文中所記載的月、月相、干支也有錯誤的情形,這是不能不注意的。

金文中的曆日干支，不是史官或司曆官的原始記録，金文叙事大多數都是追記，所以不精確和粗疏，勢所難免，錯記日子或月相的，就有一定數量。我們這樣説並非出於一般的推測，而是有確切的事實根據。在《金文中月相的研究》一章中，我們業已論證和檢驗了推算月相的幅度可以證實和否定若干器之間的聯繫，因此我們仍然可以使用這一方法來檢驗。

我們選擇作檢驗的器必須屬於同一器主，如果器主不同，則彼此的推算就没有什麽意義，因爲誤差不容易被發覺，也無法在簡單的測算中確定彼此之間的必然聯繫，因而難於得到確切的結論。如果推算的數件器是同一個器主，就可以彼此從兩個方面作出比較，一是同一器主之器在同一王世内的比較；一是同一器主之器在相鄰王世内的比較。以下是同一器主的器，推算後表明月相和干支彼此可適合或不可適合的數值。

例一：元年師兑簋　五月初吉甲寅
　　　三年師兑簋　二月初吉丁亥

兩者月相幅度相差 14 日，如增閏爲奇數，則是 -11 日。這一情形説明，若在同一王世，兩器之中的月序、月相或干支必有一器是錯誤的，同一王世必不能相合。據推算，元年師兑簋和師晨鼎、諫簋等月序、月相和干支相合，而三年師兑簋與鄰近的幾個王世的器組都不能相合，説明三年師兑簋銘確有誤記。

例二：四年瘐盨　二月既生霸戊戌
　　　十三年瘐壺　九月初吉戊寅

兩者月相幅度相差 6 日，而從既生霸到初吉的推算應出現負數值，説明其中一器當有錯誤，在同一王世内合不上。今十三年瘐壺合於師晨鼎、諫簋和克鐘等組合，三年瘐壺三年瘐鼎在其後鄰，而四年瘐盨不論在前在後的組合都不適合，干支相距甚遠，説明瘐盨銘文也有誤記。

例三：十六年伯克壺　七月既生霸乙未
　　　十六年克鐘　九月初吉庚寅
　　　十八年克盨　十二月初吉庚寅

伯克與克自是一人。伯克壺與克鐘月相幅度相差 36 日，邏輯上可合，伯克壺和克盨月相幅度相差－22 日，同樣不可合。克鐘和克盨月相幅度相差－18 日，也不可合。判明若伯克壺和克鐘相合，則在同一王世內克盨必不能相合。它與相鄰王世組合器亦皆不可合，是以克盨亦有誤記。

例四：金文中有人名史年或內史年，涉及到的器有蔡簋、王臣簋、瘒盨、五年諫簋、望簋和休盤。今校合王臣簋和望簋。

  五年諫簋 三月初吉庚寅

  四年瘒盨 三月既生霸戊戌

  二年王臣簋 三月初吉庚寅

  十三年望簋 六月初吉戊戌

以五年諫簋爲基準，和瘒盨的月相幅度僅差 2 日，而諫簋初吉乃是初一，實際上不能相合。和望簋的月相幅度是 26 日，增一閏也不能相合。

以二年王臣簋爲基準，和望簋的月相幅度相差 43 日，增一閏相差 13 日，因爲兩者都是初吉，不能有這樣大的幅度。

至於王臣簋與瘒盨的月相幅度相差 21 日，初吉至既生霸當然不能有這樣大的差距。

瘒盨和望簋以任何方式推算都不能相合。

以上四組十件器，至少四件器的記載定有差錯，這些差錯在數值上表現得很明白，沒有任何含糊之處，包括相鄰王世適應性的因素考慮在內。這些數值上不適合任何金文組合的器，當然不能納入周的曆譜中，祇能依據銘文中其他的條件，作出參考性的判斷。此外，還有幾件器不論以何種方法都不能合譜，也是這個原因。那種以爲紀年銘青銅器每一件都能合於西曆譜的想法，是不符合實際的，即在《春秋》、《左傳》等史書中，干支或月序記載的錯誤也可屢見，這是應該予以注意的。

（四）金文合曆和王世的推斷

《春秋》有年中置閏，西周曆法是年終置閏，《春秋》的置閏法或後來的《太初曆》置閏法都不能反推到周曆上去。

我們推算的西周曆是以各個金文組合作爲基礎的，儘管冬至的預測可能先天，因爲朔望每月皆可校正，應該比較準確，這是測算的出發點。由此，我們推算周曆是由下而上，金文合譜各組的銜接，也必須由下而上，捨此別無他法。

西周厲王以前各王世年代，史籍或失載，或所載王位年份互相矛盾。在一些推考年代的著作中,有的學者框定幾個王世的總年數以分配各自的年代,如《竹書紀年》有"自周受命至穆王百年",但是"周受命"可以從文王受命算起,也可以自武王克商之年算起,自來沒有定説,因此框定百年之數來分配於文、武、成、康、昭、穆諸王,是不可能準確的,而且,很可能這百年是大數,不一定是準確的積年數。還有,周初克商之年和月序,也有不相同的意見,因爲克商時最初的幾個月是用殷曆還是用周曆有着不同的解釋。一個突出的問題是成王嗣位和周公攝行政當國和踐祚稱王的真實性問題,也大有影響於周初年代的推算,故無法事前確定克商的年份和正朔,故周曆實際上不能自上往下推算。

西周中期共和以前的王世。《竹書紀年》多闕失,《史記》僅記武王三年、穆王五十五年和厲王卅七年。《太平御覽》引《史記》有穆王五十五年、懿王廿五年、孝王十五年和厲王卅七年。《帝王世紀》載武王七年、周公攝政七年、成王卅年、康王廿六年、昭王五十一年、穆王五十年、恭王廿年、懿王廿年和夷王十六年。至於《通鑑外記》和《皇極經世》所紀王位,也難以取信。一些史家解決的辦法是,把西周總年減去共和以前的積年和周初至穆王的百年,餘下的酌情配給於諸王世,這些不用説都是不足爲據的。

我們採取的是先使共和以後的紀年金文合譜,然後按金文組合,據閏尺循序銜接起來,以金文紀年的推算數值爲主要數據,其他史料上的記載年數僅可作爲參考而已。我們注意到,每一金文組合都可以在閏尺上推移,整個的組合推移必須是有規律的,大約十年左右推移一次周期,則基本合於原來的干支位置。由於推移的幅度必須有十年時間,因此就不能隨意移動。我們根據金文組合最後一器的紀年往下銜接時,如果沒有特殊的因素,則保持在十年以內。採取這一方法是考慮西周厲王在位時間較長以外,其餘中期諸王年代雖史籍所載不一致,但共同的特點是都較短,所以金文組合對接的時間也應短一些,即不超過最後銜接一器延長十年的周期。穆王以前金文紀年銘器較少,有的王世流傳的器極少。除個別之外,一般王世銜接的條件,我們只能依據對史料的分析作出判斷。以上就是金文合曆和判定王世的主要方法。

我們將各個金文組合中極少數重複的部分按有關人名加以分析,使其歸在適當的組合。這些組合按照順序的排列是:

一、頌鼎、史頌鼎、兮甲盤、虢季子白盤。

二、鄭季盨、鄾簋、史伯碩父鼎、趞鼎、此鼎、寰盤、酅攸從鼎。

三、師獸簋、諫簋、五年召伯虎簋、師㷱簋、大師虘簋、大簋。

四、迷鐘、元年師兌簋、師晨鼎、師俞鼎、㝬鼎、六年召伯虎簋、十三年㝬壺、伯克壺、克鐘。

五、師虎簋、智鼎(之一)、吳方彝、趩尊、智鼎(之二)、三年師兌簋、㝬壺、牧簋、段簋。

　　六、三年衛盉、師遽簋蓋、五年衛鼎、師𣄣鼎、九年衛鼎、乖伯簋、永盂⑩、趞曹鼎、休盤。

　　七、其餘旂方彝、庚嬴鼎、何尊等皆無組合可歸屬，而各自另附於其他王世。史頌鼎和頌鼎可同置於一個組合，但兩器紀年同爲三年五月，一是丁巳（子），一是甲戌。以甲戌起算，當然可合，但丁巳至甲子兩者相差十八日，史頌簋銘記丁巳王使頌省於蘇，頌鼎記甲戌王命頌官司成周。蘇在今河南温縣與宗周相隔 600 華里以上，王者聘使，如此期短，豈能完成使命。而且這兩器器形以史頌鼎較早，頌鼎圜腹蹄足，形制較晚，亦非同一時期之物。但前者不能合於已知的組合，故應另置於一相鄰的王世。

　　由於今曆推算未必合於古曆，所以要擬定一個各方面都能承認的周曆，幾乎是不可能的。上面已經説過，月的朔望不應有太大的出入，因爲月相根據觀察是隨時可以校正的，這個原則必須遵循。如果我們的推算是合乎或接近於當時實際的，那麽以月相作爲基本的界限來合干支，應該絶大部分是相合的，否則這個推算就不合乎實際的狀況了。以現代精確的天文知識來推斷周曆，每年的正朔也只能做到絶大部分一致。張培瑜先生《西周曆法和冬至合朔時日表》一文中指出，他將勞榦先生《西周年代問題與月相問題的新看法》文中引自董作賓《中國年曆簡譜》中自 B.C.1050 至 B.C.1022 年的 76 個干支日與其文中譜表計算結果比較，有 58 個干支相合，有 18 個干支有 ±1 天的誤差，可以認爲基本一致⑪。誤差的比例是 23.7%。這當然是不可避免的。我們推算的干支合於西周年曆的月朔，如果有 ±1 天的誤差，則應該認爲是適合的。

　　我們曾用各種方案來推算西周的年曆月朔，認爲以歷史資料和人爲假設未必盡能合於西周年曆的實際朔日，雖然我們的推算仍能絶大部合於金文的紀年，但是某些誤差仍然不能避免，就是説少數有 ±1 天的誤差，也有幾次出現月朔誤差 2 天的情形。後來紫金山天文臺提供了張培瑜先生編製的《西周曆法和冬至合朔時日表》，我們所擬西周月朔雖然絶大部分與之相合，但他的表中註有實朔的時辰，具有相當的準確性，他在《晚殷西周冬至合朔時日表》中説明了編製的方法和材料的根據，認爲"本表給出的時間是比較準確和可靠的，可以放心地使用"。我們考慮作爲太陰曆的朔望，是有絶對的天文常數作爲計算的依據，月球運行軌迹的測定當然以天文學家的製表爲勝，所以我欣然地採用了《晚殷西周冬至合朔時日表》作爲校驗我們金文合曆的工具，由此，我們對紫金山天文臺提供的這一工作成果，深表感謝。但是我們置閏的方法和此表有所不同，我們根據西周金文資料排比推算的結果，發現西周置閏不僅在十三月，而且冬至不必一定置於歲首，即不一定都是建子，這是由金文組合所推算出來的置閏規律所決定的，不能更改，前文已經有了詳細的説明。我們的置閏年距雖然也是

3、3、3、2、3、3、2，但是金文組合的置閏點是不相同的，因而此表大部分的閏年和我們的測算一致，其中有少數表現出有規律的不相同，即每間隔7年和11年的閏年調整至次年，其置閏年距的規律則不變。我們在上文已經指出，維持張《表》、董《譜》和新城《譜》的置閏點，絕大部分的紀年銘青銅器將不能合譜，不符合西周實際曆法的狀況。我們推算西周金文組合的閏年規律是（以下均爲B. C.）：

772、775、778、780、783、786、789、791、794、797、799、802、805、808、810、813、816、818、821、824、827、829、832、835、837、840、843、846、848、851、854、856、859、862、865、867、870、873、875、878、881、884、886、889、892、894、897、900、903、905、908、911、913、916、919、922、924、927、930、932、935、938、941、943、946、949、951、954、957、960、962、965、968、970、973、976、979、981、984、987、989、992、995、998、1000、1003、1006、1008、1011、1014、1017、1019、1022、1025、1027、1030、1033、1036、1038、1041、1044、1046、1049、1052、1055、1057、1060、1063、1065、1068、1071、1074、1076、1079、1082、1084、1087、1090、1093、1095、1098、1101、1103。

我們推算的結果，與吳其昌的《金文曆朔疏證》的置閏相同，但吳文採用《三統曆》閏月置於年中的任何一月，我們則依金文置在歲終。

以下，我們以《晚殷西周冬至合朔時日表》爲工具，來測驗我們推算的金文組合是否合於月球運行的規律和干支的日序。按照史家公認的共和元年爲公元前841年、宣王元年爲前827年、幽王元年爲前781年，即以此爲起點自下而上進行曆日的算核。張《表》以下簡稱《合朔表》。

一、宣王

頌鼎　三年五月既死霸甲戌。公元前825年，五月戊申朔，甲戌得二十七日。

兮甲盤　五年三月既死霸庚寅。公元前823年，三月丁卯朔，庚寅得二十四日。

虢季子白盤　十二年正月初吉丁亥。公元前816年，正月戊子朔，丁亥先天一日。

二、共和

史頌鼎　三年五月丁巳。公元前839年，五月己亥朔，丁巳得十九日。

三、厲王

鄭季盨　元年六月初吉丁亥。公元前878年，六月乙酉朔，三日得丁亥。

鄭簋　二年正月初吉丁亥。公元前877年，正月辛巳朔，丁亥得七日。

史伯碩父鼎　六年八月初吉丁巳。公元前873年，八月乙卯朔，三日得丁巳。

此鼎　十七年十二月既生霸乙卯。公元前 862 年，十二月己酉朔，七日得乙卯。

趩鼎　十九年四月既望辛卯。公元前 860 年，四月壬申朔，二十日得辛卯。

寰盤　二十八年五月既望庚寅。公元前 851 年，五月己卯朔，十二日得庚寅。於月相不合，負三日，但西周晚期王位在二十八年以上者祇有厲王和宣王，宣王二十八年五月沒有庚寅這個干支，故仍置於厲王。厲王二十八年五月既望僅有庚子，可能銘文干支有誤差，子字的繁體與寅字略有近似之處，也可能是形誤，當然不必強為解釋。

鬲攸從鼎　三十一年三月初吉壬辰。公元前 848 年，三月壬辰朔，當日初吉。

四、夷王

師獸簋　元年正月初吉丁亥。公元前 898 年，正月癸未朔，五日得丁亥。

召伯虎簋　五年正月己丑。公元前 894 年，正月庚寅朔，己丑先天 1 日。

牧簋　七年十三月既生霸甲寅。公元前 892 年，十三月癸卯朔，十二日得甲寅。

師㝨簋　十一年九月初吉丁亥。公元前 888 年，九月辛巳朔，七日得丁亥。

大師虘簋　十二年正月既望甲午。公元前 887 年，正月庚辰朔，十五得庚午，後天一日。此簋有宰智，智、士智，宰智當是一人，智鼎是前 941 年，此為 887 年，相隔 54 年，此時當已老耄。一說智有二人。

大簋　十二年三月既生霸丁亥。公元前 887 年，三月己卯朔，九日得丁亥。

五、孝王

逨鐘　元年三月既生霸庚申。公元前 924 年，三月甲寅朔，七日得庚申，後天一日。其餘王世元年均因月相相差過遠或出月而不能相合。

師兌簋　元年五月初吉甲寅。公元前 924 年，五月壬子朔，三日得甲寅。

師晨鼎　三年三月初吉甲戌。公元前 922 年，三月壬申朔，三日得甲戌。

師俞簋　三年三月初吉甲戌。公元前 922 年，三月壬申朔，三日得甲戌。

瘨鼎　三年四月庚午。公元前 922 年，四月壬寅朔，二十九日得庚午。

諫簋　五年三月初吉庚寅。公元 920 年，三月庚寅朔，當日初吉。此簋亦合於夷王五年三月的日辰，但簋銘中有內史先、司馬共，司馬共見於師晨鼎和師俞簋。史年也見於蔡簋，但蔡簋無月序，故無法推算。今以諫簋置於孝世為宜。

召伯虎簋　六年四月甲子。公元前 919 年，四月甲寅朔，十一日得甲子。

瘨壺　十三年九月初吉戊寅。公元前 912 年，九月庚午朔，九日得戊寅，後天一日。此壺置於懿世差距過大，僅能置於孝世，後天一日，說明當時月相和干支實際如此。

伯克壺　十六年七月初吉乙未。公元前 909 年，七月乙酉朔，十一日得乙未。此器一說為廿六年，則於孝世亦合，孝王廿六年為公元前 899 年，七月丙戌朔，十日得乙未。

克鐘　十六年九月初吉庚寅。公元前909年,九月甲申朔,七日得庚寅。

六、懿王

智鼎　元年六月既望乙亥。公元前941年,六月庚申朔,十六日得乙亥。智鼎有兩個紀
　　　年,另一是二年四月既生霸丁酉。

師虎簋　元年六月既望甲戌。公元前941年,六月庚申朔,十五日得甲戌,先天一日。

吳方彝　二年二月初吉丁亥。公元前940年,二月丁亥朔,當日初吉。

趩尊　二年三月初吉乙卯。公元前940年,三月丙辰朔,先天一日得乙卯。
　　　師虎簋和趩尊月相干支都先天一日,說明當時的曆日實際如此。

智鼎　二年四月既生霸丁酉。公元前940年,四月丙戌朔,十二日得丁酉。

段簋　十四年十一月丁卯。公元前928年,十一月壬寅朔,二十六日得丁卯。段簋的年
　　　代有的學者定得較早,然皆與曆日相差甚遠,僅能合於懿世。

七、恭王

衛盉　三年三月既生霸壬寅。公元966年,三月戊子朔,十五日得壬寅。

衛鼎　五年正月初吉庚戌。公元前964年,正月丙午朔,五日得庚戌。

師𢾡鼎　八年正月丁卯。公元前961年,正月己未朔,九日得丁卯。

衛鼎　九年正月既死霸庚辰。公元前960年,正月癸丑朔,二十八日得庚辰。

乖伯簋　九年九月甲寅。公元前960年,九月己酉朔,六日得甲寅。

走簋　十二年三月既望庚寅。公元前957年,三月丙寅朔,二十五日得庚寅,後天一日。
　　　走簋於其他王世所合干支與月相差距甚遠,僅能合於恭世。

趞曹鼎　十五年五月既生霸壬午。公元前954年,五月丁丑朔,六日得壬午,先天二日。
　　　此鼎銘文月相,不能合於其他王世,在推算恭王王世金文組合時,以此作爲基準
　　　器,所推算組合內之器,與《合朔表》絕大部分皆能相合,先後天可有±1日的幅
　　　度,則趞曹鼎另有一日之誤差。這可能是反映了當時對月朔記錄的實況,此即所
　　　謂通今不能密於古。但是這種情形作爲合曆必須是有根據的,因爲月相幅度僅
　　　有7—8日,過二日即難合,朔望是經常可以觀察而校正的。

恭王的器,祇能合至十五年趞曹鼎。但傳世青銅器中有廿七年伊簋(正月既望丁亥),是
恭王時器。伊簋銘中有人名齲季,此人亦見於五年衛鼎,又見於大克鼎。但是伊簋日辰與
《合朔表》不符,當年正月己亥朔,月內無丁亥。據我們測算,衛器組多是恭王時器,但齲季既
見於大克鼎,對伊簋時代的判斷存在着嚮下推移的可能性。大克鼎無紀年,克後期所鑄的器
都在孝王時期,大克鼎可能屬於懿王後期。但此二王世都沒有廿七年,因此伊簋紀年的意義

在於表明恭王應有廿七年。

（五）穆王以前王世的年位

穆王以上諸王世，由於紀年銘金文過少，不能形成組合，從而也不能單獨依靠於金文的合曆來推算各個王世可能的積年。穆王以前紀年銘金文雖少，但是也有證實西周早期曆法一定程度的作用和標定王世年限的作用。金文在核定這些王世積年中主要是佐證而不是基幹，主要的基幹是依靠於若干史料的分析。在衆多的史料中，有些記載明確的紀年史料，而又有紀年銘金文予以證實其可靠性，以此來判斷王世，這是我們要尋求的目標。

關於穆王。史籍記載穆王在位之年的資料如下：

《史記·周本記》："穆王立五十五年，崩，子共王繄扈立。"

《太平御覽·皇王部》引《史記》："穆王立五十五年，一百五歲而崩。"

《太平御覽·皇王部》引《帝王世紀》："穆王五十五年，王年百歲，崩於祇宫。"

《通鑑外記》引《史記》並同。

《今本竹書紀年》："穆王五十五年，王陟於祇宫。"

《皇極經世》卷五之中第三十："甲子，周穆王四十五年……甲戌，周穆王崩。"

以上史料載穆王 55 年説出於同源，皆本《史記》，《皇極經世》45 年説爲其他史籍所未取。穆王在位年數之長，可以證之於《古本竹書紀年》，《通鑑外記三》："王起六師，至於九江，伐楚。"注："《汲冢紀年》曰：'三十七年。'"《今本竹書紀年》亦是 37 年，文云："大起九師，至於九江，架黿鼉以爲梁，遂伐越。"伐楚伐越有兩説，師至九江，當以伐越爲是。此 37 年《太平御覽》三五〇作 47 年，與同書九三二所引 37 年相矛盾。雖然如此，總是反映了穆王在位年份之長。

由於没有足夠的理由可以否定穆王在位 55 年的史籍記載，因此我們仍尊重 55 年和 45 年這兩個紀年的數值。

這兩個紀年值以何者合於周的曆朔，頗值得考慮，傳世休盤紀年銘爲 20 年，銘中有人名益公，益公也見於恭王時代的乖伯簋，懿王時代晚期的盠尊銘已稱益公爲文祖，懿王在位推算爲 17 年，故此 20 年休盤應合於穆世。它的年代和干支在曆朔上的標定，對於穆王的總年數自然有限制作用。20 年紀年和干支與恭王之世不合，因此要考慮合於穆世。自恭王以上只有前 982 和前 992 的年次可合休盤，其餘皆不能合。若以前 992 年計，穆世是 45 年，以 982 年計，穆王爲 35 年，没有别的選擇之可能。又，穆世的總年又可證之於昭王末世的青銅器紀年銘。若能確定昭王末年爲紀元前之肯定年次,那麼穆世的元年問題就自然解決了。按昭王在位諸家多取19年説,本《古本竹書紀年》。《初學記·卷七·漢水》"七軍没,六師喪"注引"《紀年》曰:'周昭王十九年,天大曀,雉兔皆震,喪六師於漢。'"又《太平御覽八七四》引《紀年》:"昭王末年,夜清,五色光貫紫微。其年,王南巡不反。"南巡不反,亦即喪六師於漢。故取昭王在位19年説。

昭王十九年之器爲周原出土的旅方彝和旅尊,銘云:"五月王在斥,戊子……佳王十又九祀。"相同紀年的器見睘卣銘:"佳十又九年,王在斥。王姜令作册睘安夷伯。"王姜是康王之后,在昭王時爲太后。令簋銘:"王于伐楚伯在炎,佳九月既死霸丁丑,乍册矢令尊宜于王姜",周伐楚在昭王時,事見墙盤銘:"弘魯卲王,廣黻荆楚",以伐楚爲昭王的功烈,昭王以前,周没有伐過楚,這一時期青銅器銘文常提到王姜。因此和王姜直接間接相聯繫的許多器,也大都在昭王時期[12],旅方彝應是昭王十九年五月之器。

我們判斷穆王是55年或45年,只要測算穆王55年或45年的上一年的五月是否有戊子這個干支。按我們的推算,恭王元年是前968年,若以穆世55計,則穆末元年是1023年,次年是1024年,是年正朔甲午,五月朔辛卯,本月無戊子,所以前1024年不是昭王十九年。若以45年測算,前1014年是穆王元年的前一年,此年五月有戊子,與旅方彝銘文的紀年相合,今定前1014年爲昭王末年,前1013年是穆王元年,前1032年是昭王元年。

由此,我們推定穆王爲45年。所合青銅器是廿七年衛簋,校合《合朔表》如下:

衛簋　廿七年三月既生霸戊戌。公元前987年三月己丑朔,十日得戊戌。

推定昭王爲19年,所合青銅器是旅方彝銘,校合《合朔表》如下:

旅方彝　十九年五月戊子。前1014年,五月乙丑朔,二十四日得戊子。

關於康王在位年數。康王年位,史無明載,一説爲26年,《資治通鑑外紀》原註:"在位二十六年,年五十七。"胡克家云:"此《史記·周本紀》文原注,乃《帝王世紀》文,《御覽八十五》引之,《竹書紀年》:'康王二十六年秋九月己未,王陟。'"是以26年實爲《帝王世紀》之文,此《竹書紀年》是今本。《史記·周本記》僅云:"成康之際,天下安寧,刑錯四十餘年不用。"這既不是成康在位之年的總和,也不能足以説明成王或康王的概略年位,只是表示成王和康王二世有40餘年的和平時期,如此而已。

直接有關康王年位的有兩件青銅器可以參考。一是廿二年庚嬴鼎,一是卅五年小盂鼎。庚嬴鼎的月相和干支與西周中期諸王世推算僅合於恭王,但此鼎絶非中期形制,獸面紋和西周早期的形式完全一致，故非恭世之物。與穆王廿二年的干支亦不合，昭王是十九年，是以僅可合於康世，今定爲康王廿二年器。小盂鼎的日辰墨本不甚清晰，舊釋爲甲申，《綴遺齋鐘鼎彝器款識》於此鼎的日辰闕摹，銘末紀年卅又五祀的"卅"字，《三代吉金文存》箸録的"卅"字墨本字迹很清晰，但另一印本"卅"字竟成爲"廿"字，此本今藏臺灣《歷史語言研究所》。因此，小盂鼎的年代有廿五年和卅五年兩種說法。大盂鼎的廿字作V形，和小盂鼎這個字結體頗不相同，我據《三代吉金文存》印本，取卅五年説。鼎銘有："用牲啻(禘)周王、□王、成王"，清楚地表明其爲康世之器。但是日辰的干支極不清晰，爲一大塊銹斑所掩蔽，舊釋爲甲申，甚不可靠，《綴遺齋鐘鼎彝器款識》中此鼎的日辰闕摹是比較客觀的態度，今仍闕釋。我們也查核了康王在位 26 年的可能性，若爲 26 年，則庚嬴鼎應在前 1037 年，四月己酉朔，與月相不合。

康世既有卅五年的紀年銘器，按閏尺對接各王世的閏年，擬定康王在位以 38 爲適當。合於《合朔表》的數值是：

庚嬴鼎　二十二年四月既望己酉。公元前 1049 年，四月丁亥朔，二十三日得己酉。

關於成王。成王年位，向來有周公攝政七年和七年返政成王改元的說法，相傳爲 37 年，如以返政算起，則多了周公一個世次，成王爲 30 年。這兩個彼此相關的問題不解決，成王的年位無從計算。

有關成王年位的直接資料是《召誥》和《洛誥》，兩《誥》涉及到周初的兩件大事，一是營建成周洛邑，一是所謂周公致政於成王。《洛誥》的年代有七年和五年兩種說法，因爲《誥》文有"惟周公誕保文武受命惟七年"這一記載，就成了周公七年致政於成王的根據。五年説據《尚書大傳》，然而《大傳》歷數周初大事是："一年救亂，二年克殷，三年踐奄，四年建侯衛，五年營成周，六年制禮作樂，七年致政成王"，營成周和致政並非同一年之事，這就產生了矛盾。

陝西出土的何尊銘文的紀年是"王五祀"，銘文云："王初⿰䙴燕宅于成周，復爯(稱)武王豐福自天。唯四月丙戌，王誥宗小子于京室。"又云："武王既克大邑商，則廷(侹)告于天，曰：'余其宅兹中國，自之辥(乂)民'。"這是時王初⿰䙴燕宅於成周時追述武王營造成周的功烈，據銘文内容，時王是成王。銘中的⿰䙴燕字，從燕䙴聲，䙴的基本聲符是吕，舁是意符。字亦見於曾子斖盆銘，其"饔盆"之饔作⿰飤䙴，从飤䙴聲，䙴即䙴，僅聲符所置的位置不同而已。吕是遷字所从的聲符，甲骨文作吕或𠮚，所以⿰䙴燕字實際上就是𡐨字的初文，𡐨宅就是𡐨土起宅的意思。經典中没有𡐨宅這個辭，《釋名・釋宫室》："宅，擇也。擇吉處而營之也。"説的雖是聲訓，但説明古代建造宫室都宅可稱爲營宅。成周是都宅，即所謂"宅兹中國"，則營成周就是營宅了。

壅、營是聲之轉化。後來𡫈字和𡫉字廢棄而代之以營字,故𡫈宅實是營宅。此五年營宅的王,必定是成王。何尊銘文證明鄭玄説《誥》文營洛邑乃五年是正確的,《尚書大傳》的"五年營成周"是有根據的。既然五年營建成周,那麼周公攝政七年致政成王的説法就站不住脚,因爲這兩件事被認爲是同一年内發生的。

漢儒爲了突出周公的形象是化了一番心思的,把營造成周的功績全都歸之於周公,有意識地忽略了成王的作用,是其表現之一。成周和洛邑的營建實始於武王。《史記‧周本紀》載武王克商後對周公言經營洛邑之重要性和既營洛邑之事實,云:"自洛汭延於伊汭,居易毋固,其有夏之居。我南望三塗,北望嶽鄙,顧詹有河,粤詹雒、伊,毋遠天室。營周居雒邑而後去。"武王營建成周洛邑,史實是很明白的。雒邑成周兩地相聯繫,作爲東都整體的兩個部分,猶宗周是由豐、鎬所組成之整體一般。

武王所經營的成周,雖是初步建設,但在政治上和軍事上已有成效。武王死後成王即位,管、蔡、武庚禄父叛亂時,成周曾成爲叛軍攻擊的對象。《史記‧衛康叔世家》:"管叔、蔡叔疑周公,乃與武庚禄父作亂,欲攻成周。"如果武王營成周只是停留在擬訂的計劃中或是在口頭上,就不會有"欲攻成周"的事。成周本是戰略要地,又是殷遺民遷集之處,是東國的政治中心,這一帶本是夏人的舊都,由於武王的遠見,克商後立即進行建設,至武王崩,已經營造了三年。在管、蔡、武庚叛亂之前,必定成周已建成了政治和軍事的中心,才會成爲攻擊和侵襲的目標,故《衛康叔世家》的這條史料,是不容忽視的。《索隱》云:"其時周公相成王,營洛邑,猶居西周鎬京。管、蔡欲構難,先攻成周。於是周公東居洛邑,伐管、蔡。"這就是説,成周是討伐叛亂的基地,是武王在三年内建立起來的軍事基地。

關於成周是伐管、蔡、武庚的軍事重地,不僅見於《衛康叔世家》及《索隱》,而且還見之於青銅器銘文。小臣單觶銘文記載伐武庚之事,銘云:"王後坂克商,在成自(師),周公錫小臣單貝十朋。"成自(師)即成周師旅駐在地。或謂此成是成臯,即虎牢,按成臯古稱北制,又名虎牢,稱成臯可能在春秋以後。成自之名,又見於競卣銘:"伯屖父以成自即東,命伐南淮夷。"伐南淮夷使用的是成周八師,所以這成自必定是成周師旅駐在地。章炳麟《文始》云:"自,小𨸏也,象形。引伸爲衆聚之義,近轉脂,孳乳爲師。"這個見解是正確的。自爲軍旅的駐在地,以地而言,稱自,以軍隊而言稱師。西周銘文中的六自,史籍中但稱六師。克鐘銘文:"王命善夫克舍令于成周遹正八自之年",禹鼎銘有"西六自殷八自",是以成周和殷都駐有八師軍隊,成自是成周師氏的駐在地。小臣單觶銘文説明,在伐滅武庚時,成周已是鞏固的軍事中心,從而成爲管、蔡和武庚叛亂不可逾越的障礙。

成周雖已營建,但是隨着武王的去世和平叛而停頓起來。在營建之後,不論是武王或成王都還來不及去成周洛邑正式宣佈爲都宅,因此在平亂之後採取兩項重大措施,一是在叛亂的策源地殷建立衛侯,以監撫殷民。二是正式卜居於成周洛邑,並擴大營建,把殷邊侯甸等貴族更集中地遷於此,表示天下大定。《史記·周本紀》太史公云:"學者皆稱周伐紂,居洛邑。綜其實不然,武王營之,成王使召公卜居,居九鼎焉。"司馬遷的分析與何尊銘文可以直接聯繫起來,從而説明《召誥》、《洛誥》中的營洛只是繼續武王的業績,而決不是始自周公。兩《誥》都説明營洛是在相宅的當年完成。若營洛始自三月,則偌大的東都決不可能在八、九個月内建造得起來,因此,周公在營洛這一史跡中不應有過於突出的地位。何尊銘文與這些史實聯繫起來,五年營成周的説法是完全可靠的。

其次是周公的官位,即攝行政當國踐祚的問題。雖然不少史籍中偏厚周公,但是青銅器銘文却比較明確:

> 小臣單觶銘:"王後屋克商,在成自,周公易(錫)小臣單貝十朋。"
> 禽簋銘:"王伐楚侯,周公某(謀)禽祝,禽又啟祝,王易(錫)金百孚(鋝)。"
> 宜侯夨簋銘:"武王、成王伐商圖,述(遂)省東國圖。"

小臣單觶如前所説,是記伐武庚事,銘中王和周公的主次分得很清楚。禽簋的時代也明確,楚侯應如唐蘭先生釋讀爲奄侯。成王踐奄載於《史記·周本紀》和《尚書·多方》及《尚書大傳》,昭昭在人耳目。禽簋銘文有成王、周公和伯禽三人,伐楚侯的是王,謀者是周公,王易(錫)金百孚(鋝)是王賜給周公的兒子伯禽的,並非周公賜給伯禽的。成王親至東國踐奄,周公當然只能是輔佐。這兩件器的銘文都記錄了成王作爲天子的領導作用,根本否定了史籍訛傳的周公"踐祚稱王"。《周本紀》曾大力強調了周公的攝政,而在另處又説:"召公爲保,周公爲師,東伐淮夷,踐奄,遷其君薄古。成王自奄歸,在宗周,作《多方》。既絀殷命,襲淮夷;歸在豐,作《周官》。"則是明言召公周公相成王伐淮夷踐奄,不是代行政當國的問題了。康王時代的宜侯夨簋言武王成王伐商,根本沒有提到周公。由此可見,金文中的史實和史籍的真實記載,都説明成王是嗣位之君,並且起着一個國君應起的作用,周公召公則是輔相成王。周公的形象,被漢儒大加夸張而使後人產生錯覺,周公攝政事實上不存在。

關於《洛誥》"惟周公誕保文武受命惟七年"的問題。從《誥》文看,這七年並沒有言明就是周公攝政的七年,而是"誕保文武受命"的七年,七年攝政乃是漢儒的解釋。"保"並非攝政,《洛誥》有多起説到"保"的問題:

(一)王如弗敢及天基命定命,予乃胤保;

(二)公,明保予冲子;

(三)王命予來承保乃文祖受命民;

(四)誕保文武受命惟七年。

　　（一）胤保是大相東土，此保是輔相之義。（二）是成王望周公繼續給以保安。（三）是成王望周公繼續保護文武之民，此民乃文武受命賜自上天者。（四）是保護文武所受命於上天的宏業。以上的胤保、明保、承保、誕保都是保安、保護或輔助的意思，與攝政之義毫無關涉。就辭意而言，没有七年攝政的任何含義在内。

　　如經籍所云成王的改元是在周公致政七年的次年，那麼根據兩《誥》原文，在“誕保文武”的第七年，成王無論在名義上或實質上都已行使着王的權位，主持國政。例如：

　　　　王來紹上帝，自服于土中；
　　　　王乃初服；——以上見《召誥》
　　　　公既定宅，伻來來，視予卜休恒吉，我二人共貞；
　　　　王肇稱殷禮，祀于新邑，咸秩無文；——以上見《洛誥》。

自服、初服，是指成王自豐至成周服王位而言。周公卜居，成王在洛邑再卜而定，這就是“二人共貞”，這些都在“致政”以前成王在成周洛邑主持國政的表現。至於肇稱殷禮是在成王來洛相宅時事，當然也是主持國政。聯繫到金文中所記載的成王伐商、踐奄等史跡，成王作爲國君的地位是很明確的，至於《誥》文中成王自稱“冲子”、“小子”，乃是王者的謙稱，與舊説成王幼小無關。因而，周公攝政七年之説不合乎歷史的真實。

　　這七年，王國維在《周開國年表》中指出“成王即位，周公攝政之初亦未嘗改元。《洛誥》曰‘惟七年’，是歲爲文王受命之十八祀，武王克商後之七年，成王嗣位於兹五歲，始祀於新邑。”這個見解無疑是正確的，七年也只能如此計算。王國維不知道成王嗣位是確實改元的，在當時的條件下，他對《洛誥》七年的解釋是卓越的。但是他仍主周公攝政説，他認爲，周公攝政七年之説是出於對“誕保文武受命”理解得不正確所致。他既認爲《洛誥》的七年十八祀是成王五年，但是他在十九祀的次年成王元祀中又援引《召誥》、《洛誥》文來説明其事，前後的矛盾不能解决。

　　我們認爲成王營宅應據何尊銘文的紀年，這是未經漢儒修改過的原始的真實史料。《洛誥》的七年是成王五年加上武王既克商後的二年。五年或七年後成王改元的事未曾發生過，至於所謂“稱秩元祀”、“以功作元祀”仍依舊註解釋作大祀爲宜，而不是改元祀天之禮，校勘兩《誥》，此義易明。

　　根據以上的分析，成王時代何尊的紀年，應該在康王元年之前的 30 年或 37 年的幅度内去合曆。今合定成王爲 32 年，何尊的紀年曆朔如下：

　　　　何尊　五年四月丙戌。公元前 1098 年，四月甲戌朔，十三日得丙戌。

又，以上我們既已論證了《召誥》、《洛誥》的營成周之年應是成王五年，則兩《誥》中幾個有意義的日辰合曆的數值如下：

《召誥》　惟二月既望，越六日乙未。公元前1098年二月甲戌朔，二十三日乙未。

《召誥》　越若來三月，惟丙午朏。公元前1098年，三月甲辰朔，三日丙午。

《洛誥》　戊辰，王在新邑……惟周公誕保文武受命惟七年。公元前1098年，十三月己亥朔，三十日得戊辰。此條僅能合於十三月，若當年無閏月，則年終將没有這個干支，《世經》閏年置於年中，故稱十三月爲十二月，這是爲了使之與《太初曆》置閏的方法相合。據干支具體排列，和西周金文置閏的情形，《洛誥》的十二月實際應是十三月。

關於武王。武王克商後在位之年説法不一。《尚書·金縢》：“既克商二年，弗豫”，是年武王崩。孔傳：“伐紂明年武王有疾不悦豫。”《史記·周本紀》：“武王已克殷，後二年，問箕子殷所以亡。”是年武王崩。《史記·封禪書》：“武王克殷二年，天下未寧而崩。”《史記·周本紀》言武王卒年《集解》引皇甫謐云：“武王定位元年，歲在乙酉，六年庚寅崩。”《資治通鑑外紀·夏商紀》言“武王崩”原注云：“在位七年，年九十三”，《禮記·文王世子》所云武王年歲並同。是以武王克商後在位之年有二年、三年和六年、七年不同的説法。二年説如以克商之次年算起，則是二年，如連克商之年算起，則是三年。孔傳則云第一年克商，第二年武王卒。至於六年和七年的材料來源不明，難以爲據。

陝西臨潼出土的利簋銘：“珷王征商，唯甲子朝，歲鼎。”歲是歲星，鼎是“當”的意思，歲鼎是歲星相當於一定的方位。某些學者以“歲鼎”爲“歲貞”，作爲祭名來解釋。我們則同意另一些學者把歲字當作歲星來解釋。武王伐商，歲在鶉火，是周人對自己歷史的一個肯定的説法，《國語·周語下》記伶州鳩對周景王問：“昔武王伐殷，歲在鶉火，月在天駟，日在析木之津，辰在斗柄，星在天黿。”又云：“歲之所在，則我有周之分野也。”韋昭注：“歲星在鶉火。鶉火，周分野也。歲星所在，利以伐之也。”意思是，武王伐商時，歲星所在的位置對於征伐有利。當時大概不會有分野的説法，周的分野在鶉火的説法，可能是後來從武王伐商時歲星的位置來確定的。一般認爲，分野説起於春秋。伐商歲在鶉火是周人自己對歷史的闡述，不能等同於一般的傳説。利簋銘文説明，周初時已有觀察歲星方位的記錄。所謂歲在鶉火，是指歲星在柳、七星、張三宿的運行位置。《史記·天官書》：“柳爲鳥注，主草木。”《正義》云：“柳八星，星七星，張六星爲鶉火，於辰在午，皆周之分野。”歲星運行一週天爲11年又315日，即11.8565年。根據利簋的銘文，我們有理由把歲星在柳、七星、張三宿的運行年代，作爲判斷武王伐商之年的一個限制條件。

計算歲星準確的運行位置，是天文學家的事，我們曾就教於中國科學院紫金山天文臺，承答覆如下：

　　我們計算了自 B. C. 1130—B. C. 1000 年間每年歲星在天空的真實位置（在××星次，×××星宿，古人所記應爲歲星真實位置）。在 B. C. 1106—B. C. 1056 年之間，相當"歲在鶉火"之次的年份有：B. C. 1106，B. C. 1094，B. C. 1082，B. C. 1070，B. C. 1058。考慮到其時曆法的歲首不完全固定及征商時正值冬季，如認爲 B. C. 1105，B. C. 1093，B. C. 1081，B. C. 1069，B. C. 1057 爲征商之年，伐殷時也可看到歲星當鶉火之次。歲星超辰正好發生在 B. C. 1116—B. C. 1056 這一段時間之外。

根據紫金山天文臺這一科學的計算，結合歷史資料，我們認爲武王征商之年應擬定在公元前1105 年，是年二月甲寅朔，十一日得甲子。《漢書·律曆志》有古文《尚書》殘篇 82 字，有關克商日辰的語句："一月壬辰旁死霸，若翌日癸巳，武王迺朝步自周，于征伐紂。粵若來三月既死霸，粵五日甲子，咸劉商王紂。"按《武成》乃逸書，孔壁所得，亡於建武之際，所引殘文月序乃是殷曆，同是周人文獻，豈得亂曆？某些學者曲爲之説，云克商前用殷曆，克商後用周曆，曆法豈有在一夜之間改革的道理，故《武成》不可爲據。又，成王五年三月丙午朏，由此日上推八年至二月甲子，在任何一個周期內，都不可能縮短六日。吳其昌《金文曆朔疏證》推算周克商之年爲公元前 1122 年，至前 1109 年乃可合於《召誥》、《洛誥》的干支，但吳的推算月朔與實際情形差距過大，竟有先天三日。所以，若五年三月丙午的日辰是可靠的，則克商之年的二月五日爲甲子是必定不可據。今按歲星運行的位置，定前 1105 爲克商之年，合於史籍中武王既克殷後二年卒的記載。

　　根據以上金文合曆的情形，隨之推擬共和以前西周王世的年份是：

　　　　武王三年

　　　　成王三十二年

　　　　康王三十八年

　　　　昭王十九年

　　　　穆王四十五年

　　　　恭王二十七年

　　　　懿王十七年

　　　　孝王二十六年

　　　　夷王二十年

　　　　厲王三十七年

（六）未能合曆器的分析

王臣簋銘與《合朔表》不合。銘中之益公，也見於恭王十二年的永盂，可是另一人名史年是懿、孝間人。如果王臣簋是恭王，史年不可能由恭初延至孝世。七年牧簋提到文考益伯，益伯就是益公，簋銘中有内史吳，與師虎簋相同，皆爲懿王時器。這樣，王臣簋必須是懿王二年之器。以此簋作基準來測算人名相關的器，則是不能相合的，説明王臣簋干支可能錯鑄。

五年師旋簋雖然和測算的基準器師虎簋的月相先天二日，但師虎簋本身和《合朔表》相校先天一日。我們當然應該承認師虎簋的月相和干支是當時的實際情況。若師虎簋是既望的第一日，則師旋簋與之比較僅相差一日。我們又將師旋簋和吳方彝曶鼎（月相之二）相比較，則發現彼此的干支和月相是相合的，沒有任何矛盾之處。因此，應該認爲五年師旋簋當合於懿世。

我在"金文記載的粗疏"一節中對克盨、瘨盨和廿七年衛簋的月相幅度作了推算，發現以上的器完全不能合於器主組的月相規律，説明它們的月序、月相或干支必有一個因素是錯誤的。

另一類是雖然沒有同一器主組的器可以校驗，由於這些器的紀年時間較長，而西周中晚期王年較長的王世並不多，因此我們能够比較準確地判斷其能合與否。例如番匊生壺、伯寬父盨和山鼎，這三件器都是屬於西周中晚期的，三器的紀年分別爲二十六年、三十三年和三十七年。西周中期僅孝王爲 26 年，西周晚期厲王 37 年，宣王 46 年。這些器只能在以上三個王世中去合曆，我們分別檢查了這些王世的月朔，如番匊生壺，廿六年十月初吉己卯，孝王廿六年十月乙卯朔，二十五日得己卯。厲王廿六年十月丁巳朔，二十三日得己卯。宣王廿六年十月壬戌朔，十八日得己卯。卅二年伯寬父盨八月既死辛卯。厲王卅二年八月甲申朔，八日得辛卯。宣王卅二年八月戊午朔，本月無辛卯。山鼎卅七年正月初吉庚戌，厲王卅七年正月戊子朔，二十三日得庚戌。宣王卅七年正月癸巳朔，十八日得庚戌。這些器的紀年之長應該合於以上的王世，但是在《合朔表》中絶不可合。

關於元年師詢簋、元年師兑簋和三年柞鐘等不合的器，我們使之作爲基準器和其他器物相互測算月相的幅度，結果發現不能形成合理的組合，或者根本不能形成組合。因此，這些器也被排除在測算的曆朔之外，而不能作任何的誤差校正。

（七）幾　點　認　識

以上我們用《西周曆法和冬至合朔時日表》的月朔部分對測算的金文組合作了一次全面

的核對。我們沒有採用作者提供的置閏，而是採用金文推算的置閏。這樣核對的目的是爲了檢驗我們推算的各個王世金文組合的可靠程度。以下是我們獲得的幾點認識：

（一）凡是金文組合的同輩器，都可以在《合朔表》上找到相應的位置。不僅月相和干支的合曆適當，而且銘文中彼此相關的人名也比較適當。個別相關的人名延續的時間有 52 年之久，則其人已耄老。

（二）自恭王至宣王的金文測算材料和合曆表明，這一時期的曆法不都是建子。如果西周擬曆全部以建子來編排，將使許多紀年金文不能合曆。這是一個確定的現象。按照合朔的干支，凡冬至在正朔後 21 日至 30 日者，當年應置閏，此年建子。冬至在正朔後 31 日或32 日者（極少數在 30 日），其年據金文測算亦應置閏月，此年即不建子。

（三）一月四分月相的論斷經反覆校驗是正確的，無可移易。所謂定點月相說，從各個角度檢驗和測算都不能成立。

（四）所有紀年金文合曆，可以證明金文組合的可靠性。但其干支日序，未必每一個都是絕對數字，因爲我們實質上不知道西周如何置大小月。但是，根據朔望的規律，如有出入必當在短期之內，如若超過了兩個月，則朔望干支排列的差異，將能明顯觀察到。

（五）西周王世的擬定，是根據金文組合測算的閏年數值和組合內最後一器的年代估算的。這一測算與共和以後的王世紀年相合。西周中期王世的推算，避免了以往概約的年世分配，從而使這一時期的擬年有了一定的根據。西周早期王世年位的判定則較多地依賴於史料，而這一時期的紀年金文也已有了相應的位置。《召誥》、《洛誥》所載的日期在《合朔表》上完全吻合。武王伐商之年與史籍的記載和歲星運行的實況三者一致。因此，全部王世的擬定，也具有一定的依據。

（六）全部的研究工作只是爲了證明四分月相和金文合曆的可能性，我們還不能在絕對的意義上復原周曆。以曆術而言，如果即令個別有一日以上的誤差，就不能保證這個干支必是原貌。但從測算的數值來看，在目前的條件下，已盡最大的可能使之接近於周曆的原貌[13]。

---

① 西周年代牽涉到不少具體問題，其中主要問題之一是武王伐商的年代。到目前爲止，史家對伐商之年有十餘種不同的說法，何幼琦先生《周武王伐紂的年代問題》（載《中山大學學報》1981 年第 1 期）一文，引了 17 種不同的伐紂年代，加上他自己的一種，共爲 18 種。實際還不止此數，今不贅述。

② 新城新藏：《東洋天文學史研究·周初之年代》，認爲"四份之四分月法者，係其後西方所發達之周（星期）法之原始形。乃恐於周初由周民族所傳入"。凡贊成"一月四分說"者，多同意四分實爲月周的看法。若說此是西方傳入，則沒有什麼確切的根據。

③ 前人對月相的不同解釋很多,不擬引用過多,而且有些月相名詞在西周金文中從未見過,金文中吳方彝和九年衛鼎銘有人名胐,就字的字義來說,這是一個月相名詞,但不見用於記月相。至於"旁生魄"、"既旁生魄"、"哉生霸"和"旁死霸"等等,在金文中全然未見。金文中月相後面的干支,就是月相的定點。爲什麼金文中有如此之多的干支所定的月相之點,而不出現任何一個上述的月相名詞。因此,這些名稱雖見於《尚書》、《周書》等古籍,但是否確爲西周時定點月相之名稱,實有很大的疑問。而且這些古籍是經過漢儒整理的,改動之處很多。好在金文中沒有這種名稱,不必詳加討論。

④ 俞樾:《曲園雜纂》十。

⑤ 王國維:《觀堂集林》。

⑥ 董作賓:《"四分一月"説辨正》,載《華西大學國學研究所輯刊》,後又有《周金文中生霸死霸考》、《武王伐紂年月日今考》及《西周年曆譜》等著作,所述基本意見一致,沒有什麼新的發展。

⑦ 劉啓益先生的文章,載於《歷史教學》1979 年第 6 期。在其他幾篇文章中重述了自己相同的見解。

⑧ 張培瑜:《西周曆法和冬至合朔時日表》,載南京紫金山天文臺《科研工作報導》1980 年第 3 期第 2 頁。

⑨ 王韜:《春秋曆學三種・春秋朔閏日至考下卷・春秋雜曆考》第 106 頁。

⑩ 永盂紀年十二而無月次,月相爲初吉,日辰丁卯。無月次當然無法推算,但從永盂銘文中記載的人名如師裕父、奎父來看,與衛器羣的人名相同,故應歸於同一組合。衛器羣屬恭王時,恭王十二年之奇數月次中初吉皆有丁卯,是以永盂合於恭世。

⑪ 同⑧第 6 頁。

⑫ 記載王姜活動的器多在昭王時,有的學者認爲王姜是昭王之后,但史籍明載昭王之后是房后,祁姓,非姜姓,故王姜當是康王之后,昭王之太后。

⑬ 西周金文合曆,還有學者在做研究,夏商周斷代工程對西周金文作了合曆的工作,這是在考古資料沒有獲得新的突破下進行的,古代對曆法的計算錯誤常見,如冬至可以錯算一天到三天,以現代精確的天象計算去合曆,當然條件是不同的。懿王元年天再旦於鄭,外國學者提出是日蝕,史書上記載是天再旦,沒有說是日蝕,日蝕應該有單獨説明,甲骨文中已稱"食",所以這也不足以成爲定論。此外,從未有"天再旦"的日食記錄。所以,夏商周的斷代結論,也只能作爲參攷。——作者補注於 2002 年

(原載《上海博物館集刊》第二期,上海古籍出版社,1982 年)

西周金文中一月四分月相再證

　　西周金文中月相的問題,作者曾在《西周金文和周曆的研究》一文中作了討論。以往關於月相的研究表明,從解釋月相名辭作爲推算西周金文中曆法的出發點,不是理想的方法,因爲此種推算,經檢驗諸多失誤。作者的基本觀點是:西周金文中的初吉、既生霸、既望和既死霸等月相名辭,既然很多與紀年、月序、月相和干支連續排列而成爲完整的組合,那末銘文内容彼此有聯繫的這類具有獨特紀時方式的器,彼此的月相位置,應能通過推算而得到肯定或否定的驗證,從而獲得具體的結論。大量銘文資料表明,這種獨特的紀時方式,與西周的曆法有關,這是多數學者所公認的。曆法是人們掌握了天體運行和天象變化的規律而總結出來的推算歲時的術數;它的科學水平也可以通過再推算而被檢驗。沒有相當程度的科學推算,就不可能產生曆法。基於這一認識,我們對西周金文中的月相資料,曾普遍地反覆地作了推算和驗證。推算所採取的方法及其具體結果,已在上文中公佈。推算現象説明,祇有一月四分月相的數值是合理的,約有 80％ 的青銅器紀年銘,符合於這個結論。

　　由於推算的銘文必須具備紀年,那些沒有紀年僅有月序、月相和干支的銘文沒有推算。這類銘文數量雖多,但缺少紀年,就喪失了一個重要的校合條件而大大地減少了它對曆法研究的意義,因爲沒有紀年銘文的時間辭語,符合於曆朔日辰可能性的次數就較多,很難判斷哪一種可能性是必然的不可改變的。後來,作者在整理這些資料之後,發現仍有某些器的銘文可以相互推算而作出新的論證。但是推算必須具備條件,第一個條件是同一器推算的銘文應有兩個或兩個以上月相或干支的完整記錄;第二是被推算不同的器,彼此的銘文内容必須有確定的必然聯繫。具備着這些條件的器,推算的結果,無疑地也將對定點月相説或一月四分月相説起到檢驗的作用。

　　另外,以前關於月相的討論,有人提出"初吉"並非月相的問題,而且大家知道,持"初吉"非月相説者之間的看法也完全不相同,因而究竟如何看待"初吉",也值得進一步探索。

　　以下是 17 件西周青銅器的推算。

一、士上盉、小臣傳卣

士上盉:"佳(惟)王大禴(禴)于宗周,徒褱(在)莽京年,才(在)五月既望辛酉,王令(命)士上眔史寅寢于成周……"

小臣傳卣:"佳(惟)五月既望甲子,王㘔㘔京,令(命)師田父殷成周年,師田父令(命)小臣傳非余……"

這兩件青銅器有三點可注意:一、王皆在莽京。士上盉銘文更爲明白,王先在宗周大禴,然後褱於莽京。小臣傳卣中的京名爲銅銹所掩,郭沫若《金文叢考•釋非余》補莽字是對的。二、王發佈殷成周之命,都在五月既望的數日之内,一爲五月既望辛酉,一爲五月既望甲子。三、命令的具體内容都是使臣工們殷於成周。殷字以前解釋爲殷見,但是古籍中殷字無見義,而作"衆"、"大"解,故當是覲字的假借。覲、殷同文部;覲羣紐、殷影紐,是爲鄰紐旁轉。《爾雅•釋詁》云覲爲"見也",而《周禮•春官•大宗伯》特指秋見曰覲。銘文假爲覲字當用作泛義。以上三事説明兩銘的時間、地點和王命内容完全相同,應是同一紀事。銘文兩干支的位置皆在既望,辛酉至甲子爲四日,已超出定點月相既望爲十六、十七、十八三日的幅度,而合於一月四分月相既望爲七、八日的間距。

二、作册魋卣

作册魋卣:"公大史見服于宗周,才(在)二月既望乙亥,公大史咸見服于辟王,辨于多正。雽四月既生霸庚午,王遣公大史……"

按定點月相説,既望爲望後三日,以既生霸爲十五日。據銘文推算,自二月乙亥至四月庚午,其間相差 56 日,若以十六爲既望,則庚午是四月十四日,這和董作賓以既生霸爲月之十五日、勞干以爲月之五日的説法絶不相合,而和四分月相説相合。作册魋卣的二月既望和雽四日既生霸庚午,兩者的日差幅度,都在四分月相的範圍之内。

三、虢季子白盤、不嬰簋

虢季子白盤:"隹(惟)十又二年正月初吉丁亥,虢季子白乍(作)寶盤。不(丕)顯子白,壯武于戎工,經縷四方,搏伐嚴狁,于洛之陽。折首五百,執訊五十,是以先行。趄趄子白,獻馘於王……"

不嬰簋:"隹(惟)九月初吉戊申,白氏曰:不嬰!駿方嚴允廣伐西俞,王令(命)我羞追于西,余來歸獻禽……"

盤銘記虢季子白抗擊玁狁於北洛水之陽,砍首五百,執訊五十和獻禽告廟事。簋銘記玁狁大伐西俞,王命子白進追於西,子白自己歸而告廟獻禽,命不嬰繼續追擊,玁狁合圍,發生大戰,不嬰獲得勝利。從銘文內容看,諸家認爲簋銘的白氏,即盤銘的子白。古代稱氏有數種情況,一是氏姓之氏,即所謂氏者所以別子孫之所出,如毳盤之媿氏、魯大司徒匜之厚氏、㝬羌鐘之㝬氏、矢盤的散氏等等,皆是。又有更爲具體的族支之稱,如琱生簋鄧伯鼎的伯氏、弭妣簋的仲氏、公貿鼎的叔氏、屖叔多父盤的季氏等。另一是地位尊貴之稱,如何尊的公氏、鮒鎛的侯氏。也有是官名,如尹氏、師氏。子白在虢季的族支中是伯,白氏即伯氏。盤銘和簋銘記錄了一次戰爭的前後兩個階段。而子白作爲主帥和不嬰作爲部屬的關係也表現得很明白。不嬰猶似前敵指揮官,他必須等到完全擊退玁狁的進犯並鞏固邊地的防守之後,方能歸告成功。因此,這兩篇器銘的月序、月相和干支應該可以推算。

虢季子白盤銘前已推定合於西周宣王十二年,據《合朔表》是年正月戊子朔,丁亥雖先天一日,而這一日之差應該允許,因當時不可能根據天文學的精確常數來推算,這一天不到的誤差(實差二十時十一秒),應看作是合理的,丁亥是宣王十二年正月當時實際的月朔。據《合朔表》,當年九月癸未朔,月中無戊申,推算此年置閏,第二年即十三年九月丁未朔,戊申是九月二日,正合"初吉"之數。不嬰戍守邊防,軍功受賜須在靖邊之後。

四、曶 鼎

元年六月既望乙亥,王才(在)周穆王大𡧛𡨄若曰:曶!令(命)女(汝)更乃且(祖)考嗣(司)卜事……

隹(惟)王四月既眚(生)霸,辰才(在)丁酉,井叔才(在)異爲□,𡧛吏(使)氒小子緐呂限訟于井叔……

　　第一段銘文前已推定合懿王之世，第二段紀時也可合曆，今具體説明如次。曶鼎銘文共分三段：即一、曶受王命繼其祖考爲卜官；二、曶與效父的訟事；三、追述曶控告匡季搶禾索賠而勝訟。首銘元年六月既望爲乙亥，則當年四月必没有丁亥這個干支。若六月既望乙亥是十六日，當年應置閏，次年四月丙戌朔，十二日得丁酉，丁酉既生霸合乎一月四分月相的幅度，既望乙亥後延數日亦在此幅度之内。定點月相説之既生霸爲十五或月之初三、初四和初五，以此爲準反推到前一年的四月既望，其間相距 14 個月，共爲 413 日，減去干支周期數，尚餘 53 日，由乙亥上推 53 日至壬午是元年之前一年四月既望 16 日，則當月無丁酉，乃在下月的初一或初二，亦非既望之日。若增一閏，由乙亥上推 23 日至壬子爲前一年的四月既望，是丁酉爲四月初一，亦不符合定點月相説既生霸的原則。只有假定既望乙亥爲 18 日，則元年之前增一閏爲四月初三丁酉。問題在於《年表》中推定懿王元年必須置閏，而且不可能出現二年連續置閏的狀況。所以既生霸決不能在月初。因而除第一個方案以外，不能有其他的合理方案來處理曶鼎銘文的紀時。三段銘文，一、二段是連續的，第三段銘文是追述性質，一開頭就説“昔饉歲”，時間限制辭用得很清楚，因元年六月既望乙亥和四月既生霸丁酉，所紀的都是時王在位之世，而第三段銘文記事是在先王時期，故云“昔饉歲”，這也可説明，第二段銘文的紀時干支不能反推，不會有前年四月丁酉在月初之事。

五、遇甗、叡尊、競卣、競簋、夨方鼎甲、夨方鼎乙、夨簋、錄夨卣、錄伯夨簋

　　遇甗：“佳（惟）六月既死霸丙庚，師雔（雍）父戌才（在）古自，遇從。師雔父肙史（使）遇事于默（胡）侯。侯蔑遇曆，易（錫）遇金……”

　　叡尊：“佳（惟）十又三月既生霸丁卯，叡从師雔（雍）父戌于卅自之年，叡穜曆，中（仲）競父易（錫）金。叡拜稽首，對揚競父休……”

　　競卣：“佳（惟）白（伯）屖父吕成自即東，令（命）伐南尸（夷）。正月既生霸辛丑，才（在）轪，白（伯）屖父皇競各（格）於官……”

　　競簋：“佳（惟）六月既死霸壬申，白（伯）屖父蔑卯（御）史競曆，賞金，競揚白（伯）屖父休……”

　　夨方鼎甲：“佳（惟）九月既望，才（在）蒦自，王矵姜吏（使）内史友員易（錫）夨玄衣……”

　　戔方鼎乙：“戔曰：烏虖！王唯念戔辟剌（烈）考甲公，王用肇吏（使）乃子戔達（率）虎臣御（禦）淮（淮）戎……”

　　戔簋：“佳（惟）六月初吉乙酉，才（在）薹自，戎伐馭，戔達（率）有嗣（司）師氏徐（奔）追卸（禦）戎于賦林，博戎馘（胡）……”

　　録戔卣：“王令（命）戔曰：馭！淮尸（夷）敢伐内國，女（汝）其吕成周師氏戍于卦自。白雝（雍）父蔑録曆……”

　　録伯戔簋：“佳（惟）王正月，辰才（在）庚寅，王若曰：録白（伯）戔！縣自乃且（祖）考又（有）爵（恪）于周邦，右（佑）開（闢）四方，叀囝（惠弘）天令（命）。女（汝）肇不朿（墜）……”

　　以上9器，除最後一器録伯戔簋外，其餘銘文内容都有聯繫，所記載的是同一時期内，在同一或相鄰地區抗禦淮夷的事。銘文中的時間地點大都齊全，多數銘文有具體的月序、月相和日辰，對推算月相的確切位置，具有良好的條件。而且，這些銘文中“初吉”、“既生霸”、“既望”和“既死霸”四個月相名辭俱全，因而是檢驗各種月相説的重要器羣。還有，銘文中的人名彼此交錯出現，構成了一系列緊密的環節，這也有利於推算。

　　録戔卣銘文記載王命令録戔與成周師氏戍於卦自，下文云伯雝父蔑録曆，錫貝十朋。録戔既受錫於伯雝父，可知他是伯雝父統轄的武官之一。遇甗銘文説伯雝父戍在古自，並使遇事於馘（胡）侯，表明遇也是受轄於伯雝父的武官之一。臤尊銘文亦云臤從師雝父戍於卦自。由以上銘文可知録戔、遇和臤三人都是伯雝父的屬官，伯雝父是師氏，也稱師雝父，乃是成周八師屯戍於古或卦地的抗禦淮夷的前敵指揮官。

　　競卣銘云伯屖父與成自即東，命伐南夷。成自即成周師氏，南夷就是南淮夷，亦即淮夷。録戔卣銘云：“淮夷敢伐内國。”戔方鼎銘云：“戔率虎臣征淮戎。”是淮夷亦稱淮戎。戔簋銘云：“戔率有司師氏奔追禦戎于賦林。”這樣，淮夷亦可稱戎。此種情形，和史籍中徐夷亦稱徐戎是相同的。可見，戎不是中國西部古代少數部族的特稱。而據競卣銘，淮夷又稱爲南夷。虢仲盨、翏生盨、兮甲盤、駒父盨等銘文稱淮夷爲南淮夷。總起來看，西周金文中對淮夷之稱有南夷、淮戎、戎、淮夷、南淮夷等。

　　伯屖父和伯雝父都是成周師氏高級的將兵官，競卣銘云伯屖父以成自即東，駐在郼。録戔卣云淮夷敢伐内國，汝其以成周師氏戍於卦自，伯雝父蔑録曆。伯屖父和伯雝父分别屯戍於古和郼之事，通過競而聯成一體。競簋銘載伯屖父蔑御史競，賞金。此競就是臤尊銘文中“仲競父錫金”之競父。

　　郼和古都是成周以南的軍事重地，分别駐有成周八師的部隊，竷鼎銘載師雝父省道至於馘，馘爲國名，傳世有馘侯鼎，就是胡侯。馘、胡同音通假，周厲王名胡，金文作馘，宗周鐘及敔簋器主名敔,爲周厲王。胡國在今安徽省阜陽縣附近,地近淮夷,師雍父省道至胡,知古地和胡地相近,師雍父駐在古,就是屯兵戍邊,是戍守的第一綫。靗地也見於噩侯駭方鼎,學者多説是成皋的大伾山。從銘文看,它是成周師氏至南淮夷的必經之地。

遇甗銘云:“師雍父肩使遇事于敔(胡)侯”,胡是緊鄰淮夷的西周侯國,敔簋銘云:“才(在)霍自,戎伐敔,敔率有司奔追禦戎于賦林,搏戎敔(胡)。”説明真正抵禦淮夷的戰事,在胡國就近進行,事實上,周人此時已把淮夷從內國驅至邊關以外。

遇甗、臤尊銘文都記師雍成於古自,表明西周對淮夷採取了長期屯兵戍邊的政策。《説文》:“戍,守邊也,从人持戈。”又《史記·陳涉世家》:“適戍漁陽”,《索隱》云:“戍者,屯兵守邊也。”屯兵戍邊不是短期的設防,而是長期的守備,所以銘文説師雍父戍於古自之年,應該包括他全部戍守的年份,當然不可能也不應該理解爲同一年內之事或同一年內所鑄的器。

根據以上的分析,這些器的銘文內容既有確切的關聯,所紀的月序、月相和干支日都是抗禦淮夷時期內或前或後的事,故彼此的月相位置可以通過推算而測定。

　　　　遇甗:“六月既死霸丙寅。”
　　　　競簋:“六月既死霸壬申。”

按定點月相説既死霸爲初一,一説爲晦,即月之廿九或三十。丙寅至壬申,也可以看作是一年的周期,孤立地計算,不論是初一或三十日,都可以算得通。問題在於,遇甗和競簋所載的事件和人物,聯繫到其他的器,就推算不到一起,如與敔簋的六月初吉乙酉相推算,兩者相距以定點月相丙寅爲初一計,則其間隔將在十年以上。以壬申計,至少間隔四年以上。如果六月初吉乙酉未必定是初一,就根本無法在同一個王世內相推算。而且,與其他器如臤尊紀時相推也不可合。較爲可能的是兩器紀時在同一年同一月。丙寅至壬申七日,若壬申爲月之三十,丙寅應爲月之廿四,正合於一月四分月相的幅度。從下文可以知道,這個推算是合曆的。

　　　　敔簋:“六月初吉乙酉。”
　　　　敔方：鼎甲“九月既望乙丑”。

由六月初吉乙酉順推至九月初吉是三個月,共 88 日或 89 日,至壬子或癸丑爲九月初吉,和乙丑相距 13 或 14 日,其間距在測算相對月相合理的幅度之內。只要初吉乙酉是其下半段,就有可能合曆。

　　　　彧方鼎甲："九月既望乙丑。"

　　　　遇甗："六月既死霸丙寅。"

　　　　競簋："六月既死霸壬申。"

　　彧方鼎甲順推到次年六月既望爲九個月，計 266 日，除去干支週期數，餘 26 日，自乙丑順推 26 日爲庚寅，即是第九個月的既望週期。但此月中無壬申，增一閏至庚申，從庚申至壬申是 13 日，既望至既死霸相對幅度是 13 日，在測算相對月相的合理的幅度之內。競簋之既死霸壬申，亦在此合理的幅度之內。

　　　　彧尊："十又三日既生霸丁卯。"

　　　　競卣："正月既生霸辛丑。"

　　彧尊與競卣的干支，必順推方可合。因爲是十三月，能合的可能性相對地説就比較少。兩者干支，間隔爲 29 或 30 日，自丁卯順推 30 至丙申爲一個週期，由此至辛丑是 5 日。據四分月相各有七、八日的幅度，故這 5 日的間距存在着合曆的可能性。

　　但是，遇甗、競簋之與彧方鼎甲，其干支相推不論是定點月相説或一月四分月相之説皆不合，所以必定不是同一年所鑄。遇甗、競簋與彧尊相推也有同樣的情形，可證不是同一年所鑄。這個現象，反映了當時屯兵戍邊抗禦淮夷不是一兩年內之事，而可能是一較長時期的方針。

　　本組的九件器，各家考證屬穆王時期，這應該是正確的。在《西周金文和周曆的研究》一文中，推算穆王元年是前 1013 年，現按《合朔表》對照各年、月、朔、合曆如下：

　　　　彧簋："六月初吉乙酉。"《合朔表》前 1006 年六月戊寅朔，八日得乙酉，與初吉合。《西周金文和周曆的研究》推定穆王元年前 1013 年，前 1006 年是穆王八年。

　　　　彧方鼎甲："九月既望乙丑。"　前 1006 年九月丁未朔，至十九日得乙丑，與既望合。

　　　　遇甗："六月既死霸丙寅。"　前 1005 年六月壬寅朔，廿五日得丙寅，與既死霸合。前 1005 年是穆王九年。

　　　　競簋："六月既死霸壬申。"　前 1005 年六月壬寅朔，自壬寅順推三十一日得壬申，後天一日，一日之誤差應在允許的範圍之內。

　　　　彧尊："十三月既生霸丁卯。"　前 1003 年十三月戊午朔，十日得丁卯，與既生霸相合。前 1003 年是穆王十一年。

　　　　競卣："正月既生霸辛丑。"　前 1002 年正月丁亥朔，十五日得辛丑，與既生霸相合。

　　録伯㺲簋:"正月辰在庚寅。" 穆王四十五年中,正月有庚寅者計十八次。這樣,録伯㺲簋的時間辭語,合曆的意義就大爲減少了。

　　以上這一組器紀時的合曆,"初吉"、"既生霸"、"既望"、"既死霸"四個月相的具體位置,都與四分月相説相合,如用定點月相説推算,則有種種乖牾而不可通。按照以上的合曆,伯雍父在古自於金文中出現之年是前 1005 年和前 1003 年;伯雍父出現在金文中之年是前 1005 年和前 1002 年。録㺲卣雖未紀年,據内容應在前 1006 年,而伯雍父戌古自的實際時間至少也當提早至前 1006 年。

六、静簋、小臣静簋

　　静簋:"隹(惟)六月初吉,王才(在)奠京,丁卯,王令(命)静嗣(司)射學官。小子、㝡服、㝡小臣、㝡尸(夷)僕學射。雩八月初吉庚寅,王吕吴夆吕㓝卿鱉自邦周射于大池……"

　　小臣静簋:"隹(惟)十又三月,王(格)奠京,小臣静即事,王易(錫)貝五十朋……"

　　静簋一銘中有兩個"初吉",這是西周金文中僅見的一例。按定點月相"初吉"有朔日之説,故董作賓認爲丁卯是六月初一,當年應有閏,次年八月"初吉"才能出現庚寅這個干支。郭沫若《兩周金文辭大系圖録考釋》以爲"丁卯當在七月,以八月初有庚寅知之。"這就是説,静簋銘文六月"初吉"未紀日辰,七月丁卯不紀月相。黄盛璋在《釋初吉》之"初吉非朔非朏辨"一節中説:董作賓"據舊説静爲宣王名,先肯定《静簋》爲周厲王時宣王爲太子所作之器,然後再據他所自造曆譜:周厲王三十三年六月小,丁卯是朔日;周厲王三十四年八月小,庚寅是朔日。西周曆法真象難明,自造曆譜如何可信?"認爲兩"初吉"分屬兩年是"絶大奇談",静簋銘文"文意一貫,前後事實相承,明爲一時事"。我們研究周曆,只是一種假定和論證,至於是否可信,要看方法的科學性和結論的效果,任何學術探討,都不能説是"奇談"。

　　據實例看,金文中月序月相之後插入一描述王活動的辭語,而再接以干支日的情形,並不罕見。如班簋:"八月初吉,才(在)宗周,甲戌,王令(命)毛白(伯)更虢城(成)公服。"趞鼎:"三月,王才(在)宗周,戊寅,王各(格)于大廟。"免觶:"六月初吉,王才(在)奠,丁亥,王各(格)大室。"卿簋:"二年正月初吉,王才(在)周卲宫,丁亥,王各(格)于宣廚。"應侯鐘:"正二月初吉,王歸自成周,應侯見工遺王于周,辛未,王各(格)于康。"師旂簋:"王元年四月既生霸,王才(在)滅应,甲寅,王各(格)廟。"以上諸例,都是在月相之後、干支之前插入一記王活動的語句。由於這些銘文是記録一定時間和空間條件下王的錫命之辭，所以不能理解爲另有單獨記録與命辭不相關的王的活動狀况。認爲静簋的干支與月相無關，則和以上諸例一樣，王在某地的紀時用月相，而錫命時的紀時則用干支，這是没有理由可以解釋，因而是不適當的。

近年劉雨《金文"初吉"辨析》一文，力主"初吉"、"既生霸"、"既望"、"既死霸"之後如有干支，則不管中間是否插入其他辭語，這干支應屬前面的紀日辭語。這無疑是正確的。但此文提出"初吉"與其他月相不同，它可以是除七月以外任何月數的任何日干，而只要被選定的是吉日。而且，認爲"初吉"的定義就是"大吉"。這種説法，缺乏文獻上或文物上的根據。

《金文"初吉"辨析》一文提出的三點論證，其實都不足以説明問題。此文首先提供西周和東周金文中"初吉"辭語的統計，列舉了 286 條"初吉"材料。其中被定爲西周早期的有 20 器左右，西周晚期和春秋的各一百三、四十器，而其他月相，只出現 114 次。比例如此懸殊，認爲"初吉"和"既生霸"、"既死霸"等不是一類事物。很可能統計者把西周青銅器記録"初吉"的同一器主同一銘辭的成組器重複疊加在一起，因而"初吉"的統計數字擴大了。我們據《考古圖》、《博古圖》、《西清古鑑》、《西清續鑑》、《兩周金文辭大系圖録考釋》、《三代吉金文存》、《商周金文録遺》以及建國後出土青銅器銘文，剔去著録中重複的銘文和僞銘，並且不計只著"初吉"不著干支的銘文，初步統計西周時代的"初吉"約出現 83 次；既生霸出現 37 次；既望出現 15 次；既死霸出現 11 次。西周青銅器銘文記載的内容非常廣泛，有分封諸侯、册錫王臣、錫命家臣、戰争征伐、大祀、祖考祭祀、先人功烈和盟約等等，這些内容多樣的活動所選擇的吉日，自有其一定習俗，與東周時代青銅器銘文主要爲選擇"初吉"鑄器這個内容單調的情形，截然不同，兩者不能相提並論。更不能把西周和東周青銅器銘文兩者聯繫起來統計，把彼此不同的情形當作一個突出的相同現象來處理。

西周有關"初吉"的統計材料表明，"初吉"、"既生霸"、"既望"、"既死霸"所出現的次數是遞減的，即爲 87：38：15：11。這説明"初吉"擇善的干支多集中在上半月，而在上半月則尤重在前七、八日。這應是當時的風俗，與"初吉"的性質並無關係。

劉文所提出的吴王光鑒"隹（惟）王五月，既子白期，吉日初庚"當如郭沫若解釋爲五月既生霸之初吉庚日的問題，也是可商討的。首先，"既子白期"之"子"係錯釋，審視原器爲"字"，墨拓本也是"字"。而且即使是"子"也不能通假爲生，這個説法，牽強附會是很明顯，當在下節討論中闡述。而且也没有材料可以説明"初庚"之"初"必定與"初吉"意思相同。

由於斷定"初吉"可在"既生霸"中出現，因而論及静簋銘中兩個"初吉"必然在當年的六月和八月的首尾，從而斷定金文中的"初吉"可能是月中任何一個大吉之日，而不管其是否在月首或月尾。其實，"初吉"和"月吉"及"吉日"的概念本不相同，西周金文中基本上没有吉日這個名辭，而東周金文大量使用"初吉"這個名辭同時，也使用"吉日"或"元日"這兩個名辭，

"吉日"和"元日"是同一個意思,但"吉日"並不等於就是"初吉",徐王子鐘:"正月初吉,元日丁亥","初吉"和"元日"不是重義,在概念上是不能劃等號的。

　　至於所提出的静簋銘文所載静司射學宮和王與之會射是一貫之事,不能分叙兩年,也未必合乎事實。同一篇銘文,記載一件事延續二年或二年以上的並不僅見,如班簋銘文記王命毛伯更虢成公服,征瘖戎乃至三年静東國,於是歸告成功,是數年一貫的。小臣謎簋銘文記伯懋父與殷八師十一月征東夷至次年返歸在牧野,也是涉及二年之事。乖伯簋銘文記九月甲寅王命益公征眉敖。益公至,告。次年二月,眉敖來歸。説明也是延續兩年的過程。因此,静簋銘文記載其受王命司射學宮,次年與王會射的事,情理使然,没有什麼不合理的地方,所謂必然是同一年之事的説法未必可靠。

　　静簋銘文六月"初吉"丁卯,至次年八月"初吉"庚寅,其間必須置一閏月方能連屬。静簋是穆王時器,它的兩個"初吉"的合曆是否適宜於此一王世,也是一次檢驗。查前973年六月丁卯朔,是年置閏,十三月癸巳朔;前972年八月庚寅朔。這兩個干支都在初吉之首,可以説是密合。據推前973年是穆王四十一年,前972年是穆王四十二年。在"初吉"爲七日或八日的幅度之内,穆王之世相合的尚有三次。前998年六月壬戌朔,六日得丁卯,是年十三月戊子朔。前997年八月乙酉朔,六日得庚寅。這兩個"初吉"之干支,也合於一月四分月相的幅度。前998年是穆王十六年;前997年推定爲穆王十七年。若"初吉"丁卯和庚寅爲月之第八日,則前1008年和前1007年的月朔也能相合,前者六月庚申朔,八日得丁卯,後者八月癸未朔,八日得庚寅。前1008年推定爲穆王六年,前1007年爲穆王七年。從月朔的角度來看,六月"初吉"丁卯,當年置閏,次年八月初吉庚寅朔,將循環出現這一現象。這些月朔的干支決不能任意編造的。董作賓將静簋定在厲王之世,當然是不對的,但並不等於説董譜的曆朔也都不合天文學常數。在曆朔的推定方面,董譜大部份是正確的。至於王世的確定,自然另作别論。

　　小臣静簋銘文記載王在荽京,小臣静在荽京任職,則此仍是司教學宮射事,其紀年爲十三月,或可爲静簋當年置閏的佐證。

七、關於"初吉"

　　在月相問題的討論中,"初吉"是否是月相的問題,曾數次被提了出來。"初吉"出現次數之多這個現象是引出問題的重要原因。最近提出來的解釋是:"初吉"爲"大吉",並且可以擇爲月中的任何一日。這樣,遂使"初吉"處於既無月相探討的價值,也無任何曆法上的意義可言。這是至今爲止對"初吉"作了大量資料綜合之後得出的一個新的結論。

《金文"初吉"辨析》一文對"初吉"作了統計,認爲它的數量大大超過了其他三個月相名辭,因而得出"初吉"的性質不同於"既生霸"、"既望"和"既死霸"的結論。我們前已指出,西周金文中所記載的内容和月相名辭,絶大多數不決定於作器者本人,多數是追述已往的儀式、典禮及各種事件發生的具體時日。東周金文中"初吉"及記載的内容,絶大多數屬器主本人主動選擇一個吉之又吉的善日以作器。雖然紀時同樣都是"初吉",但情況大不相同,分析應有區别。

我們對西周金文中月相的具體統計,見表一。此表反映了以下幾個問題:

(一)"初吉"、"既生霸"、"既望"、"既死霸"出現的次數呈遞减狀。大體上"初吉"比"既生霸"出現的次數多一倍略强;"既生霸"比"既望"也多一倍略强;"既望"又多於"既死霸"。

(二)"初吉"、"既生霸"之和,與"既望"、"既死霸"之和是四與一之比略强,可見西周時代舉行各種典禮所擇之日,多在上半月。

(三)從所採用的天干來看,"初吉"和"既生霸"期内共同採用最多的是丁日、庚日,戊日爲次多。"初吉"的甲日壬日比例微多於"既生霸",而"既生霸"的乙日和己日微多於"初吉"。

以上統計説明"初吉"雖在數量上出現的次數多於"既生霸",但從比例來看,所擇用最多的日干是丁日、庚日和辛日。這兩者擇日的情形,基本相似之處超過了相異之處。如果"初吉"只是"初干吉日",不是月相,那末兩者所擇的日干之多數,何以如此相似,此説於事實難通。而且,"初干吉日"没有一定的測算數值作爲證論的依據。"初吉"干支所擇的必定是吉日或善日,則比例類似的"既生霸"中的丁日和辛日也必定是吉日或善日。因而没有確切的理由將"初吉"作性質的分離而可以置之爲月中的任何一日。其他干支所擇的也既是吉日,惟獨把"初吉"分離出來,不説明什麽問題。

"初吉"是不是就是大吉呢?從"初莘"和"大莘"引伸爲"初"就是"大",這是説不通的。匽侯鼎銘之"匽侯初見事於宗周",就不能説是大見事於宗周。一是時間副辭,一是形容辭,性質不同,也不能類比。

"初吉"不是指某一個定點或可遊動的具體日子。上舉徐王子鐘銘:"正月初吉,元日丁亥。"元日就是吉日。以往文獻多解釋"初吉"爲朔日,也有解釋元日爲朔日的。朔日自可擇爲元日,但元日不僅僅是朔日。《月令・孟春》:"天子乃以元日祈穀於上帝。"鄭玄注:"謂以上辛郊祭天也。"此説是以正月第一個辛日郊祭上天。作爲元日的辛日,不可能必定在朔日。又《月令・仲春》:"擇元日,命民社。"如果元日必定是朔日,自可不必言擇,因朔日無須選擇。徐王子鐘的"元日丁亥"是"正月初吉"補充性的延續説明,如"初吉"本來就是指單個日干,那就根本不必另説元日。

古人行禮即事,多擇日吉而就,是約定成俗之習慣,没有必要另作説明,多數金文辭語如此,徐王子鐘銘文特地言明,使得擇吉和"初吉"的問題更清楚了。同樣的情形有徐䚮尹鉦

表 一

月相\月序 日干	正	二	三	四	五	六	七	八	九	十	十一	十二	十三
初吉	丁卯×2 丁亥×8 乙亥×1 庚午×1 庚寅×1 庚戌×2 癸巳×1	丁卯×1 丁亥×1 辛未×1 戊寅×1	丁卯×1 庚午×1 甲戌×2 戊寅×1 庚寅×1 丁亥×1 壬辰×1 壬寅×1 癸卯×1 庚申×1	丁卯×1 丙寅×1 丁亥×2 甲午×1 甲寅×1	庚午×1 甲戌×1 甲申×1 丁亥×1 壬申×2 甲寅×2	丁卯×1 丁亥×2 庚寅×1 乙酉×1 丙申×1 丁巳×1 辛卯×2 戊戌×1 癸卯×1		丁卯×1 丁亥×2 甲戌×1 乙卯×1 庚寅×1 庚午×1 戊寅×1	丁亥×1 戊辰×1 庚午×2 庚寅×2 戊寅×2 戊戌×1	辛巳×1 己卯×1	甲申×1	丁亥×1 丁丑×1 丙午×1 庚寅×1 壬午×1	丁卯×1
既生霸	甲戌×1 甲午×1 乙卯×1 乙未×1 丁丑×1 丁酉×1 辛酉×1	丁亥×1 戊寅×1	乙卯×1 丁亥×2 庚申×1 戊戌×1	丁亥×1 己丑×1 己卯×1 辛酉×1	乙未×1 庚午×1 壬午×1	乙卯×2 戊戌×1 庚寅×1 辛巳×1	乙未×1	戊寅×1	乙未×1 庚寅×2 辛酉×1	己丑×1	丁亥×1 庚戌×1	甲寅×1	丁卯×1
既望	丁亥×1 癸酉×1	乙亥×1 乙卯×1	乙亥×1 庚寅×1	丁亥×1 辛卯×1	庚寅×1	甲戌×1 乙亥×1		辛卯×1 戊寅×1	甲戌×1 乙丑×1 庚寅×1				壬午×1
既死霸		戊寅×1	甲申×1 庚寅×1		甲戌×1 丙寅×1 辛未×1 壬戌×1	壬申×1			丁丑×1				

表　二

月相 ＼ 十干	甲	乙	丙	丁	戊	己	庚	辛	壬	癸
初　　　吉　1		1		10			4			1
2				2	1			1		
3	2			2			2		2	
4	3		1	3		·				
5	4			1			1		2	
6		1	1	4	1		1	2		1
7										
8		1		3	1		3			
9				1	4		4			
10						1		1		
11	1					1				
12			1	2			1		1	
13										
既　生　霸　1	2		2	2				1		
2			1		1					
3			1	2	1		1			
4				1		2		1		
5			1				1		1	
6			2		1		1	1		
7			1							
8					1					
9			1			1	2	1		
10	1									
11				1			1			
12	1									
13				1						
	10	3	3	28	7	2	16	4	5	2
	4	8		8	4	3	6	4	1	
	14	11	3	36	11	5	22	8	6	2

銘："正月，月初吉，日在庚。"又伯盄盤銘："佳（惟）王五月初吉，日丁亥。"此二例"初吉"均以月言，而不是説"日初吉"，這只能説明，"初吉"是月之日數的組成部分，而"初吉"之中的善日干序，另標明爲"某日干"。上例都不能讀爲"初吉日，在庚"，或"月初吉日，丁亥"。宜桐盂銘文的"佳（惟）正月初吉，日己酉"，亦屬於同例。"初吉"是月之一部分，正像"既望"是月之組

成部分,同樣都是月相名辭。

　　一説,“初吉”之解釋爲“初干吉日”,源於中國更古老的日干三分一月的旬法。若是如此,就不會有一月四分月相的記時法了。我們認爲,“初干吉日”這種説法不見於先秦文獻,而且也没有直接的證明。在西周時代,一月四分月相記時和以旬記日數是並行不悖的。所謂旬法,是與曆法無關的記日數的方法,它的作用不是一月三分。《説文》云:“十日爲旬”,這是古籍一致的説法。旬是十日的單位名稱,與一月分三旬没有必然的聯繫。如五十日可逕稱五旬,不稱一月又二旬,因小月廿九日不足三旬,所謂旬法就用不上。否則,就要稱二旬又九日了。甲骨文的卜旬都是癸日卜後面的十日,以十日爲一旬,没有例外。古代月之上干、次干等與完整的旬並不吻合,只是表明月之前段的干日某,或月之次段的干日某而已,至於上旬、中旬、下旬的説法不見於先秦金文。旬既是以十日爲一個單位的名辭,所以它和一月四分月相記時法可以並用。如繁卣銘:“隹(惟)九月初吉癸卯,公鬯祀。雫旬又一日辛亥,公膚鬯辛公祀。”鬯祀是周祭祖先,銘文是説公鬯祀日干爲癸的先祖,此種祭祀持續了一段時間後告一段落。又過了十一日至辛亥日,鬯祀辛公。第一個干支是“初吉”,第二個干支是記旬又一日的辛日,不記月相,也没有月序,純粹是記日數。所以旬法只是記日數的方法,“初吉”記時與以旬記時没有什麽必然的聯繫。

　　與“初吉”有關的,還有吳王光鑑記時辭語的解釋問題。銘文云:“隹(惟)王五月,既字白期,吉日初庚。”“字”初拓未清,諸家從郭沫若説多誤釋爲子。郭將“既字白期”解釋爲“既生霸期”。當然子有挐義,字也可以假作挐,但是不能説子或字可以假借爲生。“既生霸”是常用的固定名辭,同義或義近之字而完全不同音,如何能假借。所見數十個“既生霸”,只用了一個眚字作爲生的假借,别無他例。更不能設想三個固定名辭竟有兩個是假借。“生霸”之不能作“子白”,猶“初吉”不能稱“初善”,“既死”不能叫做“既亡”。陳夢家説子白爲人名,辭意是説“盡子白爲期之喪”,乃以子白爲王僚。以上兩種見解都不能成立。

　　吳王光鑑是吳王闔廬媵叔姬往嫁蔡侯之器,則“既字白期”當與婚禮有關聯,方順理成章。古代女子許嫁而稱字,即此“字”的本義。《公羊·僖公九年》:“乙酉,伯姬卒,此未適人何以卒? 許嫁矣,婦人許嫁,字而笄之。”何休註:“婚禮曰,女子許嫁,笄而醴之稱字。”又《左傳·僖公九年》:“秋,七月乙酉,伯姬卒。”杜預註:“《公羊》、《穀梁》曰,未適人,故不稱國。已許嫁,則以成人之禮書,不復殤也。婦人許嫁而笄,猶丈夫之冠。”《儀禮·昏禮》不包括媒氏許嫁之通言,賈公彦疏“下達納采,用鴈”云:“將欲與彼合昏姻,必先使媒氏下通其言,女氏許之,乃後使人納其采。”女方許嫁,乃字而笄,此即“既字”之義,“既字”猶已許嫁與人而尚未合昏。“白期”讀爲迫期,迫、白聲通,《廣雅·釋詁三》訓迫爲“近也”,《説文》並同。“白(迫)期”義爲近期,期即昏禮之期。文籍昏期稱“期”,《士昏禮》:“請期用鴈,主人辭。賓許告期,加納徵禮。期初昏,陳三鼎於寢門外。”韋昭註:“期,取妻之日。”吳王光鑑的“既字白期”,就是已許嫁而近昏禮之期,因而選擇五月第一庚日這個吉善的日子,鑄作叔姬的媵器。這樣解釋,於銘文的内容順理成章,因而不存在月相"既生霸"中還有"初吉"的問題。

(原載《上海博物館集刊》第三期,上海古籍出版社,1986 年)

關於商周貴族使用日干稱謂
問題的探討

一、日干稱謂的性質

　　商人以日干爲名的記録,集中地見於《史記·殷本記》中自上甲微以下 36 位王號;此王號也見於《竹書紀年》。而卜辭中商先王先妣稱日干的所謂廟號,據祀序次列,多達 57 人。在青銅器銘文中,以日干爲人稱的記載很多,最集中和最重要的,莫過於河北易縣出土的鑄在三件青銅戈上的稱謂了①。王國維《商三句兵跋》最先指出了它的重要性,他説:"器出易縣,當爲殷時北方侯國之器,而其先君皆以日爲名;又三世兄弟之名先後駢列,皆用殷制,蓋商之文化,時已沾溉北土矣!"②王國維的見解是很正確的,以後的考古發掘,都證實了這個科學的預見性。

　　所謂句兵,就是青銅戈。易縣青銅戈銘文中大祖、祖、父、兄四代人共 20 名,皆以日干稱謂,從研究商人的宗族制度來説,這是一項更爲有意義的資料。但是,在研究商周時人日干稱謂的著作中,很少討論這項銘文,众所周知,以前有一些學者懷疑它的可靠性③。1977 年冬,筆者在遼寧省有機會親見此物,無論器與銘文,真而且精,遂手拓三紙,所見商代青銅戈數百刃,皆不能與之媲美。筆者對商人使用日干稱謂問題的探討,將先從這三件青銅戈的銘文開始。

　　易縣三句兵的銘文順序是這樣的:

　　　　第一戈
　　大且日己　且日丁　且日乙　且日庚　且日丁
　　且日己　且日己
　　　　第二戈

且日乙　大父日癸　大父日癸　中父日癸

父日癸　父日辛　父日己

第三戈

大兄日乙　兄日戊　兄日壬　兄日癸　兄日癸

兄日丙

以上大祖是一輩，諸祖、諸父、諸兄各一輩，實爲四輩的人名單子。戈上的銘文皆反嚮鑄造，如戈下刃嚮上，則銘文看起來就順了。根據銘文内容，這類戈不是作戰實用的，而是和祭祀有關，當是設置在宗廟里的。古代進人以戈的時候，戈柲定須嚮着受戈的人，這是一種禮節，《禮記·曲禮》："進劍者左首。進戈者前其鐏，後其刃。進矛戟者前其鐓。"這或許是這種特定的祭祀戈銘文反鑄的原因，如果戈柲的末端鐏進嚮或陳設於受祭者或尸的方嚮，那末主祭者或參預祭祀者可以順嚮看到戈上所鑄的被祭人的名單了。這雖是根據古代習俗的一種推測，但戈銘之逆嚮鑄造，總與宗廟的祀典有關。顯然，鑄有這許多人稱的戈，其排列的前後輩次方式，應該看作是祀譜。具體分析，有以下幾點：

一、諸祖和諸父二戈銘文，明白地看出兩者世代嬗嫣的關係。諸祖戈名單中，領頭的是大祖日己。大祖是諸祖之父，也就是所謂太祖，其間包括兩代人。諸父戈名單中，領頭的是且日乙，且日乙是諸祖戈的第三人，即是大祖己的第二子，諸父都是祖日乙之子，因爲有二位大父，一位仲父和三位父，所以他們不必都是祖日乙的親子，其繼承關係，除非是祖日丁另行分宗，或者因其他原因未及承嗣，否則祖日乙不會成爲諸父之系的唯一記於宗譜之祖，在祭祀的權利問題上，没有反映出嫡長繼承，祖日丁在祀譜中没有取得嫡長的繼承權，而爲祖日乙所代替。這有點類似兄終弟及的樣子，然而三代人的嬋嫣關係，表現得很清楚。

二、鑄戈的人必然是擁有祭祀之權的承嗣者或宗子，但在他之上有六位兄長，而以大兄日乙爲領頭。六位兄長皆因亡故而列爲祭祀對象。但在生前這六位中的大兄或兄中的某人必定擁有嫡長或繼承權，而在鑄戈時，宗廟的祭祀之權而爲作器人所擁有。而諸兄也可能不是同一個父親，而是諸父之子，作器人的父親是誰，已無從判斷。

三、以上20人都以日干作稱謂，不是簡單地稱乙、丙、丁、己、辛、壬、癸，而是稱日乙、日丙、日丁、日己、日辛、日壬和日癸。這個日是一個具體的日子，只是習慣上省畧了地支之名。但是，在金文中有以十二支爲名的，如士上盉的"史寅"、卯簋的器主名"卯"、簷大史鼎的器主名"申"、王子申盞之器主亦名"申"，師酉簋的器主名"酉"，趞亥鼎之器主名"亥"，罼尊銘中提到夌之名爲"亥"，官产父簋銘"作父卯寶彝"，等等，凡此，都是以十二支爲名，如果按照名字相應的習俗，則以上諸人的字都可能是某一個天干，如王子午之稱令尹子庚，庚午是一個具體日子的干支，那末庚也能稱爲日庚了。但是，古人擇日以旬計，一旬十干，所以有"先庚三日"這類筮日的説法④,近日爲旬日,遠日爲旬之外,筮日不以地支記,作爲日序而以天干十日記。商人貞旬即如此,作爲具體擇定之日,必然包括天干、地支兩個因素,但在習慣上所擇之日,只稱日干,這是普遍的現象。

四、以日干爲人稱的序數,同一輩兄弟,不論是同父或異父,可以多次重複已被命名的同一日干,如諸祖戈銘中稱日丁者 2 人,稱日己者 2 人;諸父戈銘中稱日癸者竟有 4 人;諸兄戈中稱日癸者 2 人。可見,它既不是宗廟中同輩死者的排列序數,也看不出是某種宗族集團的編號。所擇的日干,當是對其本人具有特殊意義的一個日子,這個日子在直系或非直系的親人中不能不重複,如戈銘之"大且日己"、"且日己"、"父日己"等。不論稱之爲"廟號"、"廟主"或名號,總之在同輩或異輩的世系中,重複相稱不可避免。

五、三戈銘的日干統計爲:日甲＝0、日乙＝3、日丙＝1、日丁＝2、日戊＝1、日己＝4、日庚＝1、日辛＝1、日壬＝1、日癸＝6。按照統計,商周青銅器銘文中日干人稱多集中於雙日⑤,即乙、丁、己、辛、癸等這幾個日干。三戈日干人稱單日爲一名或無,雙日僅日辛爲一例外,其餘在 2 名至 6 名之間,符合一般的統計規律。這一情況可以證明,這三戈及其銘文,絶非僞作。因晚清的作僞者,根本不知道日干人稱有此等規律。

六、三戈銘文,頗似後世的宗族譜、氏族譜或家譜之類,其作用可能與祭祀有關,致祭者可以按照記載的日干人稱,卜問此干的近日或遠日的吉凶,而決定其祭祀的日期。從卜辭來看,致祭之日和受祭者的日干人稱一致,這是王國維首先發現的。

商周青銅器銘文中大量記錄了日干人稱的現象,不論是王室成員或一般貴族,也不分性別,無例外地都有一個日干作爲本人的稱謂,因爲歷來對這個稱謂不很清楚,有着種種不同的説法,易縣三戈銘文,對於研究日干稱謂的性質,有重要的啓發作用。

陳夢家先生《殷墟卜辭綜述》第 11 章《廟號》第一節"史書上的廟號"中,對這個日干人稱問題曾有所論述,作者列舉了有關廟號的四種解釋:一爲生日説、二爲廟主説、三爲祭名説、四爲死日説。他認爲"生日死日都是無根據的推測。譙周的死稱廟主,是很正確的,但未能説明何以用甲乙名廟主。王國維説明了廟主或廟名與祭名的關係,廟名的甲乙相應於祭名的甲乙;但他雖指出廟名與祭名的相應關係,而對於廟名的由來仍是不明確的。"陳夢家先生在對卜辭周祭祀譜先王先妣的次序、地位、死亡和致祭的先後因素作了分析之後説:"卜辭中的廟號,既無關於生卒之日,也非追名,乃是致祭的次序;而此次序是依了世次、長幼、及位先後、死亡先後,順着天干排下去的。凡未及王位的與及位者無別。"但是,這個説法却不能解釋易縣三句兵銘文日干的人稱現象。

陳夢家先生的這個"次序"論是批判了前人的各種説法之後提出來的,對譙周的廟主説作了新的解釋。當然,商的先王先妣日干之名出現在卜辭的祀譜之中,在這個意義上稱爲廟主是不成問題的。但是我們看到卜辭中的商王名號,只是時王同輩兄弟中的一個人,而且往往往是老大,如果兄終弟及,就可以看出同輩兄弟中廟主日干次序的間隔。按照"次序"論的見解,世次是一個因素,但同輩兄弟之間並不存在世次問題,同輩廟主的排列認爲是世次當然不能作爲一個因素而存在。關於長幼,也許可以看作是一種因素,但有待於科學的證實。及位也不是因素,因爲"未及王位的與及位者無別",且商周人用日干是普遍現象,所以這個問題對以日干爲人稱的討論是没有意義的。最後一個因素是死亡先後。死亡先後可以是指死日,但由於"次序"論已否定了日干是死日的説法,故可假設爲這個人死亡後致祭的日干,是通過某種方式選擇的。總之,以上所列的諸種因素中,可能起作用的只有長幼和死亡先後兩條,這兩條如何能構成決定日干的因素,也只能作爲某種假説。我們且看兄終弟及的商王廟號,某日干順序的間隔很不一樣,今據《史記·殷本紀》和卜辭資料排列如下:

一、太丁——外丙——中壬。日干間隔 8·5 次,首尾共 16 個日干。

二、沃丁——太康。日干間隔 2 次,首尾共 4 個日干。

三、小甲——雍己——大戊。日干間隔 4·8 次,首尾共 15 個日干。

四、中丁——外壬——河亶甲。日干間隔 4·1 次,首尾共 8 個日干。

五、祖辛——沃甲。日干間隔 2 次,首尾共 4 個日干。

六、陽甲——般庚——小辛——小乙。日干間隔 5·0·3 次,首尾共 12 個日干。

七、祖庚——祖甲。日干間隔 3 次,首尾共 5 個日干。

八、廪辛——康丁。日干間隔 5 次,首尾共 7 個日干。

以上同輩兄弟日干間隔爲 0 的一例,爲 1 的一例,爲 2 的二例,爲 3 的二例,爲 4 的二例,爲 5 的三例,爲 8 的二例,看不出長幼次序對日干選擇起什麽作用。另外,兄終弟及也已經包括了死亡的先後,以上日干的間隔也不能説明問題。而且,恰恰相反,易縣三戈銘中,同輩兄弟可以重複四次使用同一個日干,這與長幼和死亡又有什麽必然的聯繫呢?

有的學者主張商人之以日干爲廟號,乃是死後選定的。卜辭中有"乍小匄日,由癸·八月"一條[6],解釋爲小匄死後,商王曾選擇日干癸爲其廟號。但卜辭中又有"貞·日干祖乙其作豊"[7],語意與之類似,日是指白天祭祀,上述這條可解釋爲貞問八月之癸日以日中祭小匄的卜辭,似乎難於肯定爲小匄死後擇癸日以爲其廟號。

張光直先生在《商王廟號新考》一文中,提出商先王先妣之以十干爲名與"宗廟之分類制度"有關,説此項制度的原則是王室的"親屬制度"和"親屬婚姻制度",而這兩種制度且"與王位之繼承法及政治勢力的消沉有密切的關係"[8]。在《談王亥與伊尹的祭日並再論殷商王制》一文中提出:"人死以後,在宗廟内歸於何主何號,是由他生前的身份地位而定的。"認爲商王室的成員在生前已分成若干組,"分組是爲了遷就死後祭祀與旬配合的必要",因而分爲

10 組。這 10 組稱呼不用於個人身上或日常生活活動上，它們是"死稱"而不是"生稱"。

這個假説構成了一種體系，似商王稱日干有其政治上的特殊性，但是張光直先生提出易縣三戈的銘文是不可靠的，因爲他認爲兩代人的干名一定不同，但戈銘可以有三代人相同，而且他以爲武器大概不是宗廟祭壇上"標準配備"的一部分，單從這兩點來看，商三戈的銘文就有贋刻的嫌疑⑨。我以爲商三戈當然不是平常的武器，至於商代的玉禮器採用兵器形式的較爲常見。它們無疑原都是宗廟中的陳設品。而且，易縣三戈也不是僅有的，《三代吉金文存》第 19 卷第 39 頁背面一援端斷失的戈，亦爲銘文逆嚮鑄的諸祖戈，銘曰"且丁、且己、且乙"，今藏上海博物館，其"内"部明顯地短於易縣三戈，不屬於同一組，可見是另一個宗廟中的陳設物。因而，有鑒於以上的材料，戈銘就不會有贋刻之嫌。至於兩代人不會同日干，這也不盡然，金文中可以檢驗兩代人日干的資料並不多，但西周穆王時代的쬛器就有這樣一例：쬛方鼎（九月既望一器）："用夙夜享孝于毕文且乙公、于文姒日戊。"録쬛卣："用乍文考乙公寶障彝。"這樣，我們找到了直系兩代人日干稱謂相同的確切例子。因此，兩代人日干是完全可以相同的。金文中記三世或三世以上先人干名的，如盇婦的"示己、祖丁、父癸"，若癸鼎的"若癸、自乙、受丁、竉乙"，醣乙尊的"醣日乙、受日辛、丁、甲、共、亞。"都具有四位日干名。對一個家族來説，這也是幾代人日干之譜了。後兩例一爲二乙，一爲二丁。禮器上被祭人名的單子，也許可以説明三句兵一批人名單子的性質。值得注意的是，易縣三戈銘文則表明了三代人日干的相同，這對於日干性質的探討具有重要意義。

如果商王的日干之分組作爲一個特殊的政治現象來處理，姑不論其是否合理，但是就商代的一般貴族而言，他們本人在宗族内未必有或大部分不可能有政治地位的勢力消長問題，因此這個關於商王日干乃係政治集團和親屬制度決定的推想，恐怕難於解釋商周時代人稱日干大量存在的現象。

張光直先生在他的論著中，對商周人使用日干問題的確做了值得稱道的過細的工作，他確切論證了商周青銅器銘文中的日干絶不是生日，也否定了是死日的可能，他對 1 295 件青銅器銘文的日干作了統計，獲得如下的數值：

甲 30	乙 274
丙 21	丁 270
戊 55	己 174
庚 41	辛 209
壬 14	癸 203

對比以上數值，他調查了耶魯大學附設醫院的婦產科出生記録，全年每天出生都在 500 人到

600 人之間,星期四特多者爲 658 人,星期日略少者 502 人。上述統計,有力地否定了日干爲生日的説法,當然也不可能是死日。

兩者都不是,就從日干的分組輪流統治中去作解釋,這日干不是個人的,而是屬於各自的集團,並有着祖孫親屬的關係。張光直先生把卜辭祀譜中分甲、乙、戊、己爲 A 組,分丙、丁、壬、癸爲 B 組,庚、辛不分組或爲第三組,如果撇開庚、辛不論,並假定甲、乙必定歸於同組,那末這個商王世次順序輪流是可能的,問題在於這兩項假定不可能得到直接的證實,而且更爲明顯的是庚、辛組與 A、B 組相重而發生矛盾,因而似乎仍然難以解決世次順序輪流的必然性。

值得注意的是,王名日干以甲、乙、丁、庚、辛爲最多,幅度是 4—7 名,共 29 個王;姓名 20 人中,戊、己、庚、辛、壬、癸六個日干較均匀地佔有 18 名,而乙、丁日無。看來這種現象似爲擇日的具體傾嚮性,而與分組沒有相應的聯繫。

日干人稱既非生日和死日,也不是死後另行擇定的,同時從一般人而言,也不能説明其具有特殊的政治含義,那末日干的性質應該從當時社會生活的另一方面去探求。單獨的商王日干的討論,對於解釋這個商周時代普遍存在的現象,難於提供有效的幫助,而這個問題的本身也不易獲得解決。

二、日干爲名首先是生稱

死日、死後擇定、死後歸組等説法,都和譙周的"死稱廟主"説相關聯。但是日干稱謂在商周人生時用不用呢? 這個問題值得進一步考慮。這裏説的生時當然不是指生日。

《史記索隱》引皇甫謐云:"微字上甲,其母以甲日生故也。"這一條解釋並未引起注意,人的字是生時用的,由於生日説之不可靠,連同日干生前使用的説法,也就一起取消了。但是,日干之稱首先使用於生前這一點,並不是簡單地能夠取消的,雖然這個日干必定不是生日。

古人生稱日干的例子,在古籍中不難發現。如:

《史記·夏本紀》有帝廑,今本《竹書紀年》夏世系作"帝廑、一名胤甲"。《太平御覽》卷 82 引《帝王世紀》:"胤甲即位,居河西。"《山海經·海外東經》所注相同。胤甲之後是孔甲。又,帝癸即夏桀。《夏本紀》帝名十七,除此三者外,無疑都是生稱,那麼這三者也決無死稱的道理。如帝泄、帝不降、帝扃等沒有人懷疑是生稱的帝名,甲、癸等日干與之並列,也應是生稱。生稱爲王,死後以"帝"配之,不再稱王,以有別於人王,就是所謂"廟主"了。

《殷本紀》中,商王紂或受稱帝辛,紂子禄父稱武庚,如果辛和庚是死後選定的廟號,就很難解釋,因紂是自殺以後又被武王砍頭的,怎麼還會立廟呢? 武王以武庚禄父續殷祀,是一種"仁政",即使是商先公先王不致絕祀,而不是去繼統這個爲"天命"所抛棄而"恭行天罰"加以殄滅的"暴君"。同樣,武王封了武庚祿父,三年後因叛亂而被誅死國滅,國已不存,何來宗廟而擇日成爲"廟主"呢? 成王以微子開代殷後封於宋,他是紂的庶兄,當然也不可能爲武庚立廟。如果武庚之庚是死後選定的"廟號",也是説不通的。

商末周初以日干爲生稱的,在大夫中有辛甲,見於《周本紀》,爲輔助文王的五位重臣之一,其他四位是:太顛、閎夭、散宜生、鬻子。都是生稱,而何以辛甲要稱廟主?《史記集解》引《劉向別録》云:"辛甲,故殷之臣,事紂,蓋七十五諫而不聽,去之周,召公與語,賢之,告文王,文王親自迎之,以爲公卿,封長子。"後爲周武王太史。總之,這位殷的叛臣是以日干甲爲其生稱,決非死後的"廟號"。

謚號之起甚晚,春秋之前無謚號。入春秋初,謚號也不全流行。西周的文王、武王都是生時的王號。《殷本紀》中祇有帝號,没有王號,商殷的王號似乎一個也没有傳下來。但是,王號是必須要有的。殷王的武丁、武乙、文丁、康丁或文武丁等的文、武、康,和西周之文、武、成、康相同,應該就是當時的王號,而不是死後方有的稱謂。如果這些美稱或尊稱只能在死後加上去,則姬昌、姬發、姬釗就不至於生稱爲文王、武王和康王了。實際上,殷王死後,如太甲稱太宗、大戊稱中宗、武丁稱高宗,這也許是真正的廟號了。

一個值得注意的現象是,日干稱謂,在文獻中也被看作是古代男子的字。《夏本紀》中的王多稱名,也有稱字的,這也許是當時名與字的區别在不同場合的稱呼還不够嚴格的緣故。《殷本紀》中自上甲微開始纔有嚴格的區别。上甲名微,但自上甲以後,帝辛以前,《殷本紀》中都有意識地不加"帝"字。《史記索隱》引皇甫謐註:"微字上甲。"雖然皇甫謐解釋上甲是其母甲日所生的稱謂是不對的,但不能説他解釋上甲爲字也是錯的。同書"殷契"下《史記正義》引《竹書紀年》云:"盤庚,字也。"這兩條不同的材料來源明確地指出以日干甲、庚爲人之字,是值得高度重視的。《竹書紀年》此條至少是唐以前《紀年》上的注文,當有所本,所以皇甫謐關於上甲爲微之字的説法,不爲無據。

《左傳·桓公六年》:"公問名於申繻",申繻一系列對答中,講到"周人以諱事神,名,終將諱之。"這是指死後諱名。孔穎達云:"古者諱名不諱字,禮以王父字爲氏,明其不得諱也。屈原云,朕皇考曰伯庸,是不諱之驗也。"孫星衍《尚書今古文注疏》討論《盤庚第六》的篇名説:《左傳·哀公十一年》《盤庚之誥》,《經》不言《誥》,直以《盤庚》名篇者,《左傳·桓公六年》云:周人以諱事神,"殷時質未諱君名,故以王名名篇也。上仲丁、祖乙,亦是王名"。孫星衍的意思很明白,庚、丁、乙都是生稱王名,當然他没有着重分出名與字的關係而籠統地稱之爲名。史載仲丁名莊、祖乙名滕、盤庚名旬,一個人只能有一個名,日干既然不是謚號,他認爲商質,而以庚、丁、乙亦稱之爲名。因而,日干作爲人稱是指男子之字,這種可能性是存在的。

對於女子來説,日干也首先是生稱,如保妳母簋銘:"保妳母易貝于庚姜。"如庚嬴尊銘:

"賞庚嬴貝"此二庚字都是女子之字。這是西周器。

　　以日干爲名的習俗,可以數到夏代。以後歷經商、西周,至春秋時代,仍保留着一定習俗,見於《左傳》的有以下例子:

楚	大子壬	昭二十六年
	子庚、王子午	襄十二、十三、十八、二十一年
	子辛	成十六年
	鬬辛	昭十四、定四、五年
	公子丙	宣十二年
	囂尹午	昭十二年
宋	公孫丁	昭二十年
	田丙	哀十七年
秦	白乙	僖三十二年
齊	孟丙	昭四年
	仲壬	昭四年
晉	胥甲父	宣元年
	瑕辛	昭十二年
	梁丙	昭三、五、九年
	賈辛	昭二十二年
	樂丁	哀二年
	鮑癸	宣十二年
	荀庚	成三、十三年
鄭	石癸	宣三年
魯	戴己	文七年
	聲己	文七年

以上所舉 21 例大都是字,少數界限不够清楚,似乎也有名,另少數是名字相應,如王子午,字子庚;公子壬夫,字子辛(都是天干)。魯之孟丙、仲壬爲同母兄弟,孟、仲都是字的組成因素。魯公孫敖娶於莒,曰戴己,生文伯,其娣聲己,生惠叔。古女子無名,戴己、聲己皆其字。春秋時代以日干爲人之稱謂,在史籍中雖然已經不是普遍現象,但據以上統計,這一古老的習俗至少沒有完全消失。以上都可説明,無論是以日干爲名,或以日干爲字,都是生稱,不是死後通過某種方式所賦予的。

三、日干人稱與冠禮的關係

殷人日干既然不能排除爲生時的稱謂,則古代一個人除了他父母生下來賦予命名之外,還有一次機會選擇日子決定他本人的字。古人一名一字,凡貴族人人如此。這個可選擇的日干也就是舉行冠禮的日子,冠禮的最後一項節目,就是授字。

目前有關冠禮的記載主要是屬於周代的,但殷周兩代都有冠禮,據說夏代也同樣有冠禮。《儀禮·冠禮》:"周弁、殷冔、夏收,三王共皮弁素積。"又云:"公侯之有冠禮也,夏之末造也。"冠禮是大禮,三代相因,夏、商兩代細節已不可知,但周代的冠禮,在《儀禮》中記載得相當詳細。因爲周人也有以日干爲字的,這應是殷代冠禮的遺風,所謂"冠而字之,敬其名也",一名一字,殷周皆同。

如果説,冠禮以男子的授字爲結束是一項確實的記載,那末,殷人乃至周人的日干之稱是冠禮所授的字,將是一項可以考慮的因素。

冠禮是男性少年時期結束,舉行的成人之禮。這項禮節是非常重要的,上至帝王,下至一般貴族,都須行這項禮。《禮記·冠義》説:"古者冠禮筮日、筮賓,所以敬冠事,所以重禮。重禮所以爲國本也。"提到了最高的原則。未舉行冠禮者,意味着没有成人,不能作爲社會的正式成員而參加社交和政治的活動。舉行冠禮之後,他被確認爲統治階級社會的一分子,可以參加各種社會的和政治的活動,並且取得娶妻繁育後代的資格。《冠禮》説:"冠者,禮之始也,嘉事之重者也。"這表明古代嘉禮之中,以冠禮爲最重。

《儀禮·士冠禮》詳載行禮的順序是:一、筮日;二、戒賓;三、筮賓;四、宿賓和宿贊冠人;五、爲期、告期;六、冠日主人與賓客各就外位;七、迎賓及贊冠人;八、冠者見母;九、初加冠;十、再加冠;十一、三加冠;十二、賓字冠者。全部的冠禮至此完成,下面還有二個節目,即十三、冠者見兄弟、贊冠人及姑姊,見君與卿大夫先生;十四、醴賓及送賓歸俎。也許還可以分得細一些,但主要過程大體如此。冠者在三加冠之後即被告之以字,這是冠禮的實質性節目,《冠義》云:"已冠而字之,成人之道也。"故殷周時的成人必有字,冠後別人只稱其字而不稱其名。

在冠禮中,筮日是非常重要的。冠日被選定之後,在加冠祝辭和字辭中要再三申明這個日子。筮日是冠禮的第一個節目,用蓍草在宗廟門外卜問擬行冠禮之日的吉凶,先是卜問近旬之日,若所筮不吉,"則筮遠日",鄭玄注:"遠日,旬之外。"表明筮日以一旬十干爲期,殷人卜旬,也是如此。賈公彦疏:"《曲禮》吉事先近日,此冠禮是吉事,故先筮近日,若上旬不吉,更筮中旬,中旬不吉,更筮下旬。"可見古人對冠禮擇日之重視。

冠者在儀式中被告以字有特定的辭,《儀禮》所載的字辭是公式化的:"令月吉日,昭告爾字,爰字孔嘉,髦士攸宜,宜之於假,永受保之。"其字之稱,曰"伯某甫,仲、叔、季唯其所當。"在商代,所授的字,大約即是甲、乙、丙、丁之類冠日的干名,或者前置大、小、仲等字而已。到了周代,則在字末加甫(即父)字以美稱之。發展到名、字相應的時代,這種習俗也並非完全消失。流傳悠久的冠禮中所授的字,在西周金文中也還有痕跡存在。例如令簋的"公尹伯丁父",即合於字辭中"伯某甫"的公式。丁即是冠禮所筮之日。仲辛父簋之器主稱仲辛父,也合於字辭中"仲、叔、季,唯其所當"的公式。又如蘇公子簋銘"蘇公子癸父甲",乃是蘇公子字癸父名甲者,這是名字相應的一例。孟辛父鬲的器主孟辛父,也是合於字辭的公式,等等。以上都是日干名前加伯、仲、孟等輩份字,日干名後加父以美稱之,和冠禮的字辭是相合的,所不同的是《儀禮》字辭中沒有十干之名,上舉的例子仍保留着十干的日名。這也許是反映了周代命字習俗有所改變的過渡情形。

我們不妨可以這樣認爲,殷代行冠禮所擇的吉日日干,就是授於冠禮者之字。一旦授冠者成爲宗族的正式成員,那末他就有資格被記錄在宗族的譜中,因爲冠其字而敬其名,宗譜的成員只記錄表明其字的日干稱謂。吉日是令日,只要卜問有吉兆,便可以選擇這個日子行禮,一旬十干,則干名在上下代和同輩親屬中都可以重複,這就是易縣三句兵之祖、父、兄干名多次重複出現的緣故[⑩]。後代久遠,雖不必定以冠禮之日干爲字,但是行冠禮仍須筮日,這成人的日子仍要記錄在宗譜中,這種習慣,持續甚久。《舊唐書·崔慎由傳》附《崔胤傳》引昭宗《詔》云:"冠歲名升於甲、乙,壯年位列於公卿。"所謂甲、乙,是泛指十干而言,譙周云"死稱廟主曰甲",其實是少了一個乙字,應該是"死稱廟主曰甲、乙"。《吕氏春秋·吕覽·孟春》有"其日甲、乙",《淮南子·時則》也說"其日甲、乙",所以"冠歲名升於甲、乙",必定是指冠禮所筮的日干,其人成年冠名載於宗族之譜,而須標明其成禮日的具體干支。當然,唐時所授的字不會是甲、乙、丙、丁了,但在宗族的名册中仍要記錄這個成人的日干。因而《舊唐書》的這條資料,對於解釋殷周人以日干爲字,是甚關重要的間接證明。

冠禮擇日是古代一個普遍的習慣,怎樣筮卜吉日,這已無法知道,但一定有其固有的辦法和相對的選擇準則,而且是須共同遵守的。殷人的日干稱謂,其偶日大大地多於奇日,即偶日爲吉日的可能性,大大地多於奇日,在某種至今尚不知道的條件下,也可選擇少數的奇日,但有的奇日是完全避選的。這一現象很可說明冠禮選擇吉日的風俗。

四、日干稱謂和婚禮

但是,冠禮只行於男子,所授的字只爲男子所有,而在卜辭和金文中,婦女稱日干也是普遍的情形。那末,婦女的日干之稱,從何而來呢?

在卜辭中,諸婦有族氏之名,如婦姘、婦婡、婦妊等等,井、羊、妊等在卜辭和金文中都有爲國族或族氏的記載。則姘、婡、妊是表示以上諸族氏之女,而並不是名。但也有干日和族氏之稱並連的,如《小屯·乙編》4677 有妣戊嫛、妣戈婭、妣戊娟、妣辛妾、妣辛閈、妣癸媤、妣乙婭、母庚。又如《庫方》1716 有妣癸哭母、妣甲龔母等。以上諸妣既有日干的稱謂,也有族氏的稱謂。按照男子干名的慣例,妣名的日干,自然不是誕生之日,亦非死日,但必定是諸妣生時所獲得的。既然男子的干名與冠禮有關,則女子的干名也當與女子的成年有關了,這也許是探索女子日干之稱的鑰匙。

古代女子無字,女子只有在許嫁之後方能有自己的字。《禮記·曲禮》云:"男子二十冠而字,父前子名,君前臣名。女子許嫁,笄而字。"女子以許嫁爲成人,因此許嫁之對於女子,似若冠禮之對於男子,有其相似之處,女子在許嫁戴笄之後,纔正式有字。

在"納徵"之後,女子已是許嫁者,然後決定婚期。《儀禮·士昏禮》之"請期",乃是具體描寫決定婚禮日期的行儀過程。這個日期不由女方決定,而是由男方卜定的。"請期用雁,主人辭,賓許告期,如納徵禮。"鄭玄注:"期日宜由夫家來也,夫家必先卜之,得吉日,乃使吏者往辭,即告之。"女子的定字,乃在婚期之前,《士昏禮》云:"女子許嫁,笄而醴之,稱字。"這樣,"納徵"的日子,或此後至婚前的某一吉日,作爲女子的字。古以稱字爲敬,對長輩從不可稱名,諸妣除了其族名之稱以外,她們的日干,就是她們的字了。

《士昏禮》對女子如何授字,並無具體的記載。1955 年安徽壽縣蔡侯墓出土的吳王光鑒,是吳王光媵叔姬適蔡之器,銘云:"隹(惟)王五月,既字白期,吉日初庚,吳王光擇其吉金玄銑白銑,目(以)乍(作)叔姬寺吁宗彝薦鑒……""既字"在這裏是指叔姬已經許嫁於蔡,笄而有字。"白期"指已近婚期。白讀爲迫,《說文》:"迫,近也。"《廣雅·釋詁三》所解並同。"期"即"請期"、"告期"之"期"。迫期就是將近婚期之意。但是,"既字白期",郭沫若讀爲"既死霸期"[①],這沒有必要,也難說得通。因爲"既死霸"是西周以來金文中的月相定語,從無"既死霸期"之謂。而且,三個字的定語中竟有兩個假借字,實在難圓其說。同時,語句也與紀時辭必以年月(或省年)、月相、干支等固定的排列形式不合,既字白期不是月相名辭,甚爲明白,因爲月相語辭中,金文從無稱期之說。鑒銘是金文中女子適人而字的一個實例。且銘文末云"往矣,叔姬虔敬,乃後孫勿忘"一辭,和《儀禮·士昏禮》的"父送女,命之曰:戒之敬之,夙夜毋違命"的辭意頗有相似之處。吳王光鑒的銘文說明,女子得字,在婚期之前、納徵之後的一個吉日。或即以納徵之日的日干爲其字,也未可知。《左傳·文公七年》:"穆伯娶於莒,曰戴己,生文伯,其娣聲己,生惠叔。"莒君之女姊娣嫁於穆伯孫叔敖,同稱爲己,說明女子許嫁姊娣以同一吉日日干爲其字,是爲女子日干之稱字與婚禮直接有關之一例。

　　這樣,我們可以獲得一項合理的推想,由於男子冠後方能娶妻,女字從夫,雙方皆以日干爲字,那末妻子的字必須與丈夫區別,否則就是夫妻同字了。

　　在商王世系中,他們的配偶日干的稱謂都與王名不重複,這是一個確定的現象,在金文中亦是如此,僅有一例我鼎例外。今以卜辭中王和妣日干之相配,按順序排列成表,王之日干以○表示,妣之日干以V表示,其結果如下:

		甲	乙	丙	丁	戊	己	庚	辛	壬	癸
大	甲	○							V		
祖	甲	○				V					
大	乙		○	V							
祖	乙		○				V	V			
小	乙		○					V			
武	乙		○			V					
大	丁				○	V					
中	丁				○		V				
祖	丁				○		V	V			
武	丁				○	V			V		V
康	丁				○			V			
文武丁					○						V
大	戊					○				V	
大	庚							○		V	
祖	辛	V							○		

上表有下列現象:

　　一、殷王日干多用乙丁,15位王中,日干爲甲者2人,爲乙者4人,爲丁者6人,占有12人。殷王之妣16位中,日干爲戊者4人,爲己、庚、辛者各3人,壬、癸各2人,共有17人,妣日干的採用大都在戊以下。

　　二、殷王日干和諸妣日干20例中,除祖辛之妣爲祖甲一例外,其餘以日干爲順序,都是王的日干在前,妣的日干在後,王先妣後,有鮮明的區分。殷人卜旬皆以旬之末癸日卜下一旬,一旬以十干爲單位,其順序是清楚的,祇祖辛的妣甲爲特例。

　　三、自大乙以下,丙、己、壬、癸四干無王名,而乙、丁則皆無妣名。甲、戊、庚、辛,王或妣皆可同用。

　　以上的歸納可以知道,王和妣的日干,具有一定的關係。王的日干在前,妣的日干在王之後,不論是近日或遠日,都是如此,這似乎是一種不易改變的習俗,雖然祖辛之妣是唯一的例外,女字從夫,一般是不可以超越。所以必定是冠禮授字在前,女子許嫁筓而字在後,即確定了男方之字,才能確定女方之字。下列表二可以較清楚地看出王干與妣干的關係:

王干/妣干	甲	乙	丙	丁	戊	己	庚	辛	壬	癸
甲²					●¹			●¹		
乙⁴					●¹	●¹	●²			
丁⁶					●²	●²	●¹	●²		●¹
戊₁									●¹	
庚₁									●¹	
辛₁	●¹									

可見王干的擇吉多在甲、乙、丁,特例爲戊、庚、辛。妣干的擇吉多在戊、己、庚、辛。王干甲、乙、丁不與壬配。戊、庚只配壬。金文中也有類似的情形,嫠方鼎爲文考甲公、文母日庚,是甲與庚相配,庚是日干的第七位。

從金文整體來看,以《金文詁林》所收父字統計,甲 24 例,乙 194 例,丙 21 例,丁 168 例,戊 49 例,己 95 例,庚 29 例,辛 129 例,壬 10 例,癸 134 例。是以殷周男子的日干爲字,偶數的大大超過奇數。但是記載母干的材料太少,同以《金文詁林》所收母字統計,則甲 1,乙 2,丙 0,丁 2,戊 5,己 2,庚 2,辛 16,壬 0,癸 7。雖然由於材料太少而缺乏典型性,但辛、癸統計是多數,與父干相似。但卜辭中妣干沒有丙,母干的統計亦無丙,這是一個可注意的現象。以整體而言,偶日的擇吉,是相當普遍的。

五、簡短的結語

一、商周貴族日干之稱是生稱,即每一人生前都有其日干。日干不是死後選擇的,死後在干名上加以大祖、祖、妣、大父、中父、大兄、兄等稱謂而成爲廟主或廟號。

二、商周貴族男子所稱的日干實爲冠禮中所授之字,而女子的日干乃是許嫁之字。冠禮在前,婚禮在後,故男女一般不同字。

三、商人或商王的日干之稱,是社會生活中冠禮和婚禮的尋常現象,而不是政治或政治集團的現象。

四、商貴族宗廟中有如三句兵那樣的族譜,譜的名單中表明同輩人的日干之稱可多次重複,這表明日干的擇定與生死的次序無關。

---

① 易縣出土是一説,又説出土於保定南鄉,另説出土於平山。

② 王國維:《觀堂集林》卷 18《商三句兵跋》,中華書局重印版,第 883—884 頁。

③ 董作賓：《湯盤與商三戈》，極言此三戈之僞，主要是無法對戈的銘文及其倒讀現象作出解釋，没有看到實物而臆斷銘文爲僞刻，意在責難郭沫若，董氏臆説純係主觀，不必詳加討論。

④ 見《易·巽》。

⑤《考古學報》1951 年第 3 期，第 123 頁。

⑥《殷虚書契後編》一〇·一頁。

⑦ 孫海波：《殷契粹編》，第 236 片。

⑧《中國青銅時代》，三聯書店版，第 145 頁。

⑨ 同上，第 183 頁。

⑩ 關於日干是字的問題，1985 年曾和一位國外研究卜辭的學者談起過，他説，記得商王有一位太子未冠而死，意思日干是冠禮授字説未必周全。按《殷本紀》"湯崩，太子太丁未立而卒，於是迺立太丁之弟外丙"。這個立，當然不是指立王位，也不是指冠禮之歲，而是指 30 歲，古人三十而立，是爲通俗。説是不到 30 歲而死，則可理解爲超過 20 歲了。如不到 20 歲，則應云未冠而卒。所以日干爲字説與之没有矛盾。

⑪ 郭沫若：《由壽縣蔡器論到蔡墓的年代》，載《考古學報》1956 年第 1 期，第 3 頁。

（原載《王國維學術研究論叢》第二輯，華東師範大學出版社，1987 年）

説　賹

一、關於賹字的認識

　　以往隸定的西周金文中的賹字或寫作賈，是有一定重量值的貨幣名稱，這種貨幣自然應該理解爲金屬稱量鑄幣。寽，即鋝，是單位重量的專稱，賹以寽計，那末這種貨幣的稱量性質，大體上是可以確定的。但是，賹究竟是什麼字，從來未能確釋。綜合起來看，這個字有以下幾種不同的形體：

　　　遺　趞鼎
　　　遺　揚簋
　　　遺　番生簋
　　以上皆從辵從賈，部分小有變化。
　　　衝　衛　䰍簋
　　以上從辵從䰍，同爲一器，前一字失止，當是漏筆。
　　　遺　戜簋
　　以上從彳從賈
　　　賈　毛公鼎
　　　賹　智鼎
　　以上從貝從星
　　　賈　楚簋

　　從字形偏旁看，從辵從彳可以互易，也可以省作賈，賈是以上八例的基本形體結構。個別省筆作矍，仍應以矍爲是。以前對這個字有各種不同的解釋，主要是不能確切地論證矍是什麼字。這個字在金文辭中常置於命辭任官後的第一項授予物，例如：

趞鼎："趞！命女（汝）乍（作）𤔲自家嗣馬，𢼸官僕射士訊小大又（右）𨼊，取𤖕五寽（鋝）。易（錫）女（汝）赤市幽亢、䜌旂，用事。"

這是命取之𤖕之辭逕接於命官之後、賞錫物品之前。同例者有虢簋、番生簋和毛公鼎等器。

揚簋："王若曰：揚！乍（作）嗣工（司空），官嗣（司）𡇀田甸，眔嗣（司）𡉚（居）、眔嗣（司）芻、眔嗣（司）寇、眔嗣工（司事）。賜女（汝）赤𧝓市、䜌旂。訊訟，取𤖕五寽（鋝）。"

這是取𤖕在命辭的末項，仍與賞錫物不同列，同例者有戠簋、楚簋和牧簋，牧簋的𤖕字和寽數失摹，但也可看出是置於錫命辭之後。

　　所取寽數爲五寽的，有揚簋、趞鼎、虢簋、戠簋和楚簋等。記取廿寽的，是番生簋。毛公鼎銘記取卅寽，是取𤖕最高之數。但是作爲交換物，有𤖕百寽的記載，曶鼎銘云："用𤖕賣茲茲五夫，用百寽。"百寽是最高記錄，禽簋銘記王所賜於禽的也是"金百寽"，相比之下，五寽自然是小數目。毛公厝作爲周宣王的輔佐重臣，所取寽數最多。取𤖕當是命官的一種制度，而與賞賜物全然不同。

　　長期以來，𤖕字未曉音讀。1978 年 4 月，陝西武功縣出土的楚簋，對𤖕字問題實質的探討，很有幫助①。楚簋此字不作𤖕或矍，而作遳。那末，矍或矍的音讀，應與遳相同或相近。楚簋遳字從辵峀聲，矍字從貝從𡉚，𡉚當是聲符，由此我們可以斷定，矍所從的𡉚，就是楚簋遳字所從的峀字。𤔲之與𡸗，上部結構完全相同，矍下部因從貝，筆劃較多，𡉚是𡸗之縮署或簡化，甚至有減筆作𡉚的，其實都是同一個字。楚簋此字作遳，這就使得我們比較容易識別矍字上部的𡉚就是峀字。洹子孟姜壺遳字作𡸗，峀字的下部已短縮而近𡉚形。金文中省變字常見，衹是峀字的省變較難辨別，因而一直未能認識。由於峀字的推定，可以知道矍字從貝從峀，就是賹字。𤖕，可寫作𨗸，再變爲𨗷，成了繁體。本字應是賹，楚簋遳字是賹的假借。

二、各家的解釋

　　對這個字，各家的解釋很多，此處引述四種不同的見解：

一、釋遺。孫詒讓以爲此字舊釋作貝、作債、作賦皆不確,他指出揚簋此字"依篆文上從㝷省,下從貝從辵,與載敵同。毛公鼎則唯作賌,又省辵形。《説文》無此字,竊疑當爲遺,即遺之異文。前召伯虎第二敦婦字作𢔌,㝷形亦作𢔀,可證。古㝷聲貴聲字音近,多通用,如《論語》'詠而歸',《魯語》歸作饋,是其例也。"[②]

二、釋睍,從生得聲。强運開云:"古兄字作𤉡從生;古光字作難,又汪、往字亦均從生得聲。此篆從貝從生,古睍字也。取睍卅乎,謂取金卅乎以相睍也。"[③]譚戒甫以爲㝬鼎銘文此字"分明從貝徍聲",《説文》:"徍從彳坒聲",又云坒從㞢在土上,讀若皇,而皇黃可通轉假用,故此賷字很可以讀成黃音,認作黃義,而以爲是銅稱之爲貴金的專字[④]。

三、釋徵。丁山云:"由賷之誼測之,疑皆讀爲徵。徵,篆文作𢼸,與𢔀上之徍極近,殆即篆變之譌。"他進一步推測"取賷"與《儀禮·士昏禮》的"納徵"相同。又云賷之從貝,與幣誼同[⑤]。陳小松亦釋徵,云㝬簋銘"窺見所言皆理官之事,如恍然取徵五乎,其用意同於《周禮·司寇》職以兩劑禁民獄入鈞金"之金。所取者即與今訟費相類似之金[⑥]。陳夢家、董作賓、李孝定等也讚同釋爲徵,其説大同小異,今不贅引。

四、郭沫若認爲是金屬貨幣的專用字,不可確釋[⑦]。

其餘還有釋債、釋幣、釋賦、釋貝和釋帛等。

以上各家,釋賷爲徵是多數意見。主要依據是賷字上部𢔀與徵上部的𢔀形似,其他的意思都是引伸出來的。字從𢔀,是豈、𤉡、嵩等字的偏旁。但《説文》徵從微省從壬,古文作𢾷,曾侯編鐘徵作𢾸或𢾵,微與壬及嵩不相類似,所釋疑皆非是。

三 、 賹 字 的 音 義

《説文》無賹字,《玉篇》、《集韻》皆有之。《玉篇》云:"賹,乎管切,睕賹。""睕,烏款切。睕賹,小財兒。"集韻於睕賹二字皆云"小有財"。據此,睕與賹是音近的同義字,是小財、小貨財的意思。進一步説,在金文中,賹不僅是指金屬的貨幣性質,而且也是指貨幣的形式,即圓形的金餅。

古從嵩和從專之字,音讀可通。《説文》:"𤱥,小卮也,從卮嵩聲,讀若捶擊之捶。"《集韻》云:"𤱥,或從專。"又《漢書·高后紀》:"上將軍禄,相國産,顓兵秉政",顏師古注:"顓,讀與專同。"還有《漢書·袁盎傳》:"諸呂用事、大臣顓制。"同書《元后傳》:"爲大臣者顓政者也。"以上諸顓字亦皆讀與專同。專有團、圜之義,《周禮·地官·大司徒》:"其民專而長",鄭玄注:"專,團也。"《集韻》:"團,《周禮》作專。"是以嵩、專音同可通假,而且從嵩的字也含有團圓的意思。《玉篇》云：“圛，圜也。”《説文》：“箮，以判竹圜以盛穀也。”朱駿聲《説文通訓定聲》云：“字亦作圖，《倉頡篇》‘箮，圓倉也’。”青銅酒器觶形狀圓而小，自銘爲鍴，傳世有徐王義楚鍴，是鍴字也有圜義。

以上分析崮或從崮聲字有圛、圓、團義，因而賭也可以認爲亦有圛圓之義。《玉篇》云賭是小財或小有財，字從貝，爲意符，表示是財貨。從崮，兼指其形態而言。金文取賭之數有五寽、廿寽、卅寽。寽爲特定的重量單位值專字。在貨財之中，貝以朋計，圓形的賭以重量單位寽計，那末這個賭就是煉礦而得的銅餅了。西周的圓形銅料，已有出土，1978 年冬在陝西扶風參觀時曾目驗過，資料發表於《文物》1972 年第 7 期第 9 頁，題爲《新出的幾件西周銅器》文云：

> 銅餅一塊。生紫銅，呈圓餅形。徑 23.5、邊厚 1.9、中厚 1.3 厘米。重9.3市斤。扶風縣法門寺公社莊白大隊程家村西出土。經實地勘察，在附近發現了許多銅渣，説明此地可能是西周鑄造銅器的作坊遺址。

莊白所出的銅餅，或者就是賭的本來形式。類似的圓形銅餅，在大冶也曾發現過，《文物》1981 年第 8 期《湖北銅綠山春秋時期煉銅遺址發掘簡報》文載：

> 在大冶湖邊出土的餅狀粗銅錠十餘塊，每塊重約 1.5 公斤（圖四：6），含銅91.86％。雖然其年代尚未斷定，但從化學成分看，爲當地産品。

大冶煉銅遺址早可到西周，晚至漢，銅餅的年代雖未能確定，觀其形態，和莊白所出的相同，祇是大小有別而已。大冶銅餅每塊重約 1.5 公斤，大小相似。作爲早期的稱量銅幣，大小輕重本應該相似，這類原始形狀的粗煉銅餅，即是賭的原型。

四、賭 與 鈩

禽簋銘：“金百寽”，毛公鼎銘：“取賭百寽”，賭就是金，而且是形狀不大的餅形銅塊。賭字的概念，由於形狀和性質而有其具體的内容。上引《玉篇》“睕賭、小財兒”之財，是貨財或泉財的意思。財在這裏也可以讀爲錢，《尚書·武成》：“散鹿臺之財”，《史記·齊太公世家》作“散鹿臺之錢”。小財，可以理解爲小錢，我們看到從崮之字不僅有圛義，而且有圛而小之義。《禮記·曲禮》：“乘安車”，孔穎達《疏》：“致仕者以朝，乘車輴輪。鄭云乘車安車，言輴輪明其小也。”輲是無輻輪，是説輲輪較之有輻輪爲小，説膾，就是指車輪之小。又觶或鍴都是圓而小的容酒器，王振鐸先生在《論漢代飲食器中的卮和魁》一文中，對觶或卮是小的圓形容器已有精闢的論斷⑧。從金文中膾是特指金屬稱量貨幣來看，它應當也是小而圓的。戰國時代秦用圜錢，秦處關中周人舊地，採用這種形式的錢應當是西周時代膾的遺制而發展成爲規範化的圜錢。秦圜錢稱珠，錢文云：“一珠重一兩十二”、“一珠重一兩十四”，圜錢之稱珠，亦當是膾的音轉，古從朱聲字分在端、照二紐，從耑聲字多在端紐，故珠與膾是聲轉的音借字，秦人沿用舊音，換了一個字。

　　金文中所記膾的最小值是三寽。曶鼎銘：“兹三寽用致兹人。”一個青銅膾的重量是多少寽，這個問題不容易得出結論。大冶銅餅每個重約 1.5 公斤，如按東周梁方足布的重量來看，1.5 公斤差不多等於一寽。據上海博物館所藏梁正尚（上）百尚（當）寽方足布重量的實測，八枚爲 15.5—13 克，七枚爲 12.5—10.5 克，錢幣的鑄造範模粗糙，不大可能合於標準的重量，以常理推測，祇會偏輕，不會偏重。銅方足布重量實測，當然也不可得出絕對值，最多祇能是近似值。我們暫且以較高的 15 克左右爲方足布的一般重量，因重量較大的布可能與標準值比較接近。據布文，百枚之數當一寽。全舊釋金，而中山國嗣子瓷壺銘“大啓邦泘（宇），枋（方）嚳（數）全（百）里”之全必爲百字，故知全尚寽是百當寽。百枚方足布的重量是 1 500 克左右，恰相當於一個 1.5 公斤的銅餅。西周莊白銅餅是 9.3 市斤，折合爲 4.65 公斤，與大冶銅餅大體上爲三與一之比。當然，這樣的比較並不能解決問題，如果西周和東周的量值沒有太大的變化，也許我們可能得到一寽之值的粗畧概念，一寽是一塊銅餅的可能性是存在的⑨。因爲曶鼎銘文有膾三寽的記載，此三寽不是一塊銅餅就是三塊銅餅。

　　西周金文中的膾，在兩周的文獻中已無踪跡可尋。與寽相聯繫的一個字是鍰，《説文》：“鍰，鋝也。從金爰聲。虞書曰，罰百鍰。”“鋝，十銖二十五分之十三也。從金寽聲，周禮曰，重三鋝。”《説文》的鋝重量值甚小，如漢一斤的重爲 250 克左右，則十銖二十五分之十三，約爲 6.5 克，與東周梁方足布反映寽的量值根本不同。但鋝顯然並不等於鍰。《尚書·吕刑》的“罰百鍰”之鍰，馬融注：“六鋝也。”是以鍰爲貨幣名，鋝爲量值名，這樣，膾就爲鍰所代替了。我們在上文已説過膾圜音義相通，而從睘與從爰音的字也相通用。《漢書·五行志中》之上云：“宫門銅鍰”，顔師古注：“鍰，讀與環同。”時代改變，重量單位值也有很大的不同，膾字廢棄不用，而代之以同爲元部音近的鍰字。由於膾字的棄置，連同鍰字的字義也混淆了。《説文》訓鍰爲鋝，即是其例。後來有所謂鍰鋝同源説，也是由此派生出來的。

五、作爲官禄的膾

　　前已述及，膾言取而不言錫，乃是一可注意的現象。取膾若干寽之辭，往往置於命官之後或所任的事務之後,取贎之辭,也從不列於賞錫的命辭中。由此可以推測,取贎與所任的官職有關。齲簋銘云"訊訟罰,取邋五守",有人以爲齲取之贎,乃是敗訟者所繳的罰金,但毛公鼎有取贎卅守的記載,而毛公厝是敷命敷政的重臣,並未參預訟罰之事的處理,所取的卅守,定非罰金。毛公厝的職官是統司卿士僚、大史僚、公族、三有司,以及小子、師氏、虎臣與褻事,因而可取贎卅守。其所取守數與官職的尊卑有關。因此,命官與取贎,實際就是封官受禄。又一可以注意的現象是,西周金文中命官有兩種,一種是世襲舊官,其辭爲更乃祖考官司某職,一種是非世襲而新命之官。凡言取贎者,似乎都是新命官而非世襲官。因世襲之官已有規定的舊禄,按舊章辦事,不必再記;而新命之官需加禄之數書於策命,故在銘文中也需提及,此即《禮記·王制》所謂"位定然後禄之"之意。

---

① 盧連成、羅英杰:《陝西武功縣出土楚簋諸器》,《考古》1981 年 2 期第 128 頁。

② 孫詒讓:《古籀餘論·揚敔》卷三第 31 頁。

③ 强運開:《説文古籀三補》卷六第 8 頁。

④ 譚戒甫:《西周昌器銘文綜合研究》,見《中華文史論叢》第三輯第 79 頁。

⑤ 丁　山:《邡其卣考》,見上海《中央日報·文物周刊》1947 年第 37 期。

⑥ 陳小松:《釋揚簋》,見⑤之《文物周刊》1947 年第 40 期。

⑦ 郭沫若:《金文叢考·毛公鼎》第 266 頁以爲是貨字的初文,在《奴隸制時代》之解釋昌鼎文中認爲是徻是金屬貨幣。

⑧ 王振鐸:《論漢代飲食器中的厄和魁》,《文物》1964 年第 4 期第 1 頁。

⑨ 朱德熙、裘錫圭:《平山中山王墓銅器銘文的初步研究》,《文物》1979 年第 1 期第 44 頁,文中指出,據當守的方足布的實測重量推算,一守的重量大概在 1 400 克至 1 600 克之間。這取的是較重方足布的平均數,是正確的。有一種計算方法是取輕重總和的平均值,這就有些問題。因爲方足布既以守計,則重量應比較準確,地下化學成分對銅的腐蝕要減輕重量,如果鑄的重量不足,那就會更輕,而歷來鑄造超重的流通錢是很少的。所以我認爲以方足布計算守的重量值,應採用較重的布推算平均數爲宜。

（原載《古文字研究》第十二輯,中華書局,1985 年）

西周金文中有關貯字辭語的若干解釋

一字多義,是漢字的特點,金文貯字從貝宁聲,是一個形聲字,而在一些辭例中,貯又用作假借字,且假借亦非止一義,因而,貯字在金文中的用法,典型地體現了西周時代語辭中一字多義的特點。

然而,各家對於貯字的解釋,頗多不同,各執其説。而我們看到,金文中有貯字的語辭及其上下文,不僅於文字學,且在史料上往往具有一定的意義,對貯字的解釋不同,對辭義的解釋也必然不同。這些不同的解釋是否合理和可取,則涉及到對相關史料的正確理解與運用,因而,就貯字在金文中的用法及其相關的語辭作一次檢討,實有必要。

一、宁字的本義①

貯從宁,要討論這個字,先要弄清楚宁字的本義,對於這個字,以往有種種不同的解釋,比較值得注意的有以下幾種:

(一)《説文·宁部》:"宁,辨積物也,象形,凡宁之屬皆从宁。"《説文》没有言明"辨積物"象的是什麼,徐鍇解釋説:"辨,分也。𠕂,象上隆四周之形。"大約徐鍇並不確切了解宁字究竟是什麼東西的象形,因而也説不具體。他的意思大概指的是某種容器,但不能確認爲何種器物,宁字的解釋並没有獲得解決。

(二)《爾雅·釋宫》:"門屏之間謂之宁。"有人據此説宁字是門和屏之間的空間形象。但是,古代宫室制度門屏之間並没有這樣的構造,陝西岐山鳳雛村西周宫室遺跡發掘得很清楚,找不出門屏之間有作凷形構造的任何跡象。值得注意的是《説文》不取此義,因而須要考慮到《釋宫》中的宁可能是作爲假借字來使用的。説宁是"門屏之間",在古代建築中,門和屏之間是什麼呢? 祇能是階除,此外不可能是别的東西,古代宫室的營造皆如此,無一例外。這裏的"宁",實際説的是"除",宁和除古爲同聲叠韻字,《漢書·蘇武傳》:"扶輦下除",顏師古注:"除,爲門屏之間。"又《説文・阜部》:"除,階陛也。"皆可爲證。金文和小篆的"宁"字都不是階除的形象,所以"門屏之間"不是"宁"的本義,在此祇是當作一個假借字。

(三)鹵字初文。郭沫若云:"甲骨文中有閺字(《前編》卷四葉二片三),原片折損僅存三四字,辭意不明,羅振玉釋貯,謂象貝於宁中形。然今知宁本鹵之初文,貯若賓乃以宁爲聲,則此閺真是鹵之異,鹵上作貝文而已。"② 鹵是干櫓,也就是盾,郭氏的意思很明白,貝不是所從的字,而是鹵上的紋飾,郭沫若的這個解釋,似乎沒有被古文字研究者所接受。

(四)櫝形。商承祚云:"閺亦見甲骨文,象納貝於櫝中,故有藏意,作貝在宁旁,意不若是之顯矣!"③ 這一見解是屬於分析性的,對於𡧊何以象櫝形這個中心問題,則未有説明。

(五)箱櫥形。高鴻縉云:"按𡧊,原象貯物之器,故託以寄貯藏之意,動詞,謂貯藏必以箱櫥也。後加貝旁,以示其貯貝也。其後貯行而宁廢。"④ 高氏意爲宁是貯物的箱櫥,接近於商承祚的説法,但一爲櫝、一爲櫥箱而有微異。

金文中宁字的形體有以下諸例:

    𡧊   宁未盉

    𠂤   啓宁父戊爵

    𠂤   父丁斝

以上三例表明,宁字可橫寫和豎寫,字形有填實和不填實兩種,不填實的是此字的外形輪廓,填實的顯示爲一兩頭有三叉的長形物體。字又作𡧊(父乙爵),則表示此兩頭具三叉的物體還刻劃有某種綫條。金文中的貯字,有以下幾種形體,例如:

    𡪄   貯爵

    𡪄   貯鉦

    賓 賓 賓   皆頌鼎、頌簋銘文,所从宁字寫法有不同

如果宁字從貝是表示宁是貯貝器的意思,那末以下所列舉的從宁之字,將能反證宁字未必是貯貝或貯物的容器、櫝和櫥,這些字如:

    𡪄   父乙甗

    𠂤   父丁盉

字書中没有這個字，説它是貯戈的容器顯然也是不適當的。

　　　　𫊈　父丁簋

這字和上例的用意相類似，和貝在宁形之外的造字方法也相同。

　　　　𠅘　秣宁壺

這字像兩耒在宁中，若依櫝、橱説，就不好解釋，因爲耒是農具，完全不必另製橱子裝起來。

　　　　𠅘　酉宁鼎

宁字的中間凸是一容器形狀，由於字的形體過小而省減了筆劃，應是酉字。如果將之視爲一個字，説宁是橱、櫝的角度來看，這個造字的規律就難以理解。

　　　　亞　昇宁工卣

宁字中間從工工，工是工具的形象，甲骨文貞人名呂，亦從工。

　　　　𥄂　亞父丁簋

字像宁上有鳥，字義從字形上不容易剖析。

　　　　𩠐　卣

字亦宁之象形，其偏傍不知爲何物。

　　　　𥄂　告宁觶

字作告下有宁，當是告宁二字的合文。

　　　　𥄂　觚銘

此字亦爲上下結構,應是美宁二字。

　　爵　舩銘

字作卿下有宁,鑄此字的青銅器有一整組,然而器形不相稱,並非同一人之物。

　　以上十五例如果認爲是從宁之字,僅貯字可識,其餘皆爲《説文》所無,但從字形構造來看,宁必定不是一個容器。諸例構成大都不能看作是一個字的偏傍,非常可能是兩個字構成的合文。

　　若宁是容物的箱櫥,按以上諸例,則這種容物之器既能盛矢如箭箙,又能盛兵器如戈,兼能放置耒和工具,而且此容器還能放置別的容器如酉形之物。可以説,不會有這種多功能式的通用貯物器。箙是矢囊,金文作𥄂,是專用以盛矢的,古有定制。從宁從矢的宁必定不是箙,也不是其他插矢的容器。

　　在金文中,作爲鑄器人的族名,往往有合文,如果族名中的一個字的字形特點可以容納另一個字的,則此二字可以組成合文。如父丁鼎有銘文作𢎺,爲弓與弦之間有一辜字,而另一公鼎銘文作𢎺,辜字在弓弦之外,可知父丁鼎的銘文是公鼎銘文的合文,實際上是兩個字,讀起來也應該是兩個字。另外,金文中亞字形中的族名很多,也是合文,當然也有完全分寫的,這是衆所周知的。以上與宁字相合的各例銘文,和上述情形是一致的,至於爲何其他字要和宁字組成合文,這在後文中將要交代。但貯字是一例外,從金文的語言環境而言,它的確不是合文,祇是一個形聲字,祇能寫作貯,而不可析爲貝宁二字。這宁字也不會是櫃或箱的形狀。宁字兩端呈三叉狀,各有三條歧出的短綫,而且多數宁字三條短綫的中間一條長於兩側。這方形或長方形兩端叉出的器物,明顯地不是箱或櫃的構造,祇是由於宁字中空的形體特點可以與其他字形成合書,纔造成了寧是貯物器的錯覺。

　　作爲有紋條的宁成𥄂形。郭沫若解釋爲鹵,就是防禦的兵器盾,亦即干櫓之櫓,《漢書·項籍傳》"流血漂鹵"的鹵正通作櫓,他解釋貯所從的貝是櫓上的紋飾,假設口確實是櫓,那末櫓上爲何要另畫戈、矢、耒、工、酉等紋飾呢?《説文》云:"鹵,西方鹹地也,從西省,象鹽形。"諸家認爲此有奪字,應作"∴象鹽形",則鹵的本義和宁無關,𥄂形和鹵之從西省,更無關係。郭氏宁爲鹵之説,實難徵信。

　　宁既非箱櫃,也非干櫓之屬,更不是宮室的門屏之間,那末宁究竟是什麼物象呢?從字的形體看,它應是塊狀的兩端有齒狀叉出的工具類物。這兩端三叉狀的物件,在出土的文物中,祇有漢和魏晉的青銅纏綫器與之相似。曾記 1965 年冬從臨淄返滬途經南京,在江蘇省文管會得見東晉王興之夫婦墓出土遺物,其中有一青銅鑄的𣥂形器,在三叉歧出的兩端及中間橫檔上纏有細綫,保存的綫痕尚多,而清晰可辨,綫纏繞的周匝爲上下向。兩端三又以中央一條最長,且有小穿孔,兩側稍曲,飾有簡略的龍紋。此類器以往曾有出土,傳世品也多見,但不知用途,幸而王興之夫婦墓纏綫器上保存了不少綫纏的痕跡,纔得以認識。此器承蒙江蘇省文管會提供照片,見圖一。

上海博物館也有所藏,形狀大同小異,見圖二。

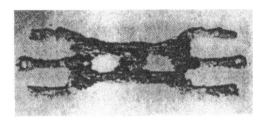

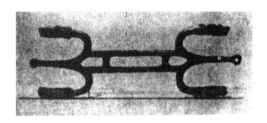

圖　一　　　　　　　　　　　　　　　　　圖　二

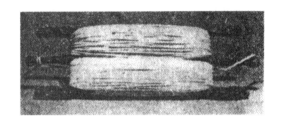

圖　三

漢和魏晉的這類纏綫器,因爲是用青銅鑄的,式樣較爲精巧,兩端飾的龍頭也大體相似。如果纏綫器用木片或竹片製作,祇要在其兩端各開兩個較深的缺口,就是很簡便的纏綫工具了。青銅之外,當有原始的竹木製品,在木片或竹片上刻些紋樣,也未始不可能,但因爲是有機質,朽蝕難存了。青銅纏綫器纏滿了綫,就是一個實體的宁字形,和金文的宁字形狀沒有什麽區別,實驗的形狀見圖三。

青銅纏綫器兩端歧出中間的一段較長,這和金宁文字兩端歧出的樣子也很相似。青銅纏綫器這中間較長的一段有一小孔,用作懸掛,另一頭可以結綫末。和字形比較,一般顯得長一些,個別字形也有相當狹長的。

宁字的音讀,或者和其用途有關。從音讀看,宁和纏非常之接近,宁爲魚部定紐,纏爲元部定紐,而魚、元二部,於古爲通轉。又,纏、廛、貯皆有居義,《廣雅·釋詁》云廛爲“居也”,《後漢書·王莽傳》中集注引孟康云纏爲“居也”,《方言》載東齊海岱之間稱廛爲“居”,《史記·貨殖列傳》《索隱》云“貯猶居也”,是纏、廛、貯皆有居義。居、宁、貯古皆同部字。《類篇》載賳一曰“貯也”。廛聲和宁聲字皆同紐而音近,其義互訓。宁字像纏綫器,其聲當與纏、紵等繞繚義有關,紛古分屬端定二紐,繚爲定紐,宁亦爲定紐,貯爲端紐,紛繚在元韻而宁賭在魚韻,此二韻古可通轉。因此從同聲通假來看,宁、繚包含着這樣的條件。

這裏,我們要重提前面十餘例與宁字的合文,以上銘文十餘例之宁某或某宁,當爲其人的官名,這一官名曾見於甲骨卜辭,稱之爲"多宁",從比較完整的辭意來看,"多宁"似爲祭職,例如:

一、貞,祐,多宁允邕自圉(《殷契粹編》二三七);

二、戊午貞,祐,多宁允邕自圉(《殷契佚存》一四〇);

三、癸丑貞,多宁其征又升歲于父丁(《殷契佚存》四一五);

四、甲戌貞,乙亥彤,多宁於大乙邕五卯牛祖乙;邕五……小乙;邕三……(《金璋所藏甲骨卜辭》三六五)。

從以上辭意,大體上可以推知"多宁"是一批執行祭祀的官員,多爲言數之衆,非止一人,猶如"多亞"、"多射"是一批武官一樣。

祭祀之職,地位相當高,"多宁"也可受王命出使任事,如"甲申卜,出貞,令多宁眔方"(《金璋所藏甲骨卜辭》),這是貞問"多宁"是否受王命去方國執行其使命。但是,殷禮很難説得具體,比較《周禮·春官》,"多宁"可能屬於祭師一類如"詛祝"之流,"詛祝掌盟、詛、類、造、攻、説、檜、禜之祝號,作盟詛之載辭,以叙國之信用,以質邦國之劑信。"以上一、二辭爲祈祐之祭,對象自上甲始。第三辭爲升歲于父丁。第四辭爲彤祭,對象爲大乙、祖乙、小乙等,具體執行祭祀的是"多宁"。

事鬼神之祭,在周室爲大祝所主,詛祝爲其屬官,司巫亦爲其屬官。宁的音和詛爲同部,和詶爲同聲,而詛詶互訓,綜合以上情形,疑"多宁"爲商時詛祝之官。詛祝之禮,未可詳知,甲骨文中有王祝,可能是王親祝,但也有用祝或祝用的,則是專門司祝之官了。《戰後寧滬新獲甲骨集》一·三一三有辭云:"叀升歲,祝用。"上述第三辭爲"多宁",升歲於父丁,職司相似。這樣,可以進一步證明"多宁"是詛祝的祭祀官員。如此推論,並不等於説商的祝官和周的祝官及其禮儀是相同的,但是他們同屬於祭職則是明白的。

金文中"多宁"的稱宁某或某宁,猶金文中的氏名配以亞、册之類,亞是多亞之屬,册是史官,如酗亞、亞矣和册牽册等。古代習慣,官名可以轉爲氏稱的,如果亞一旦轉爲氏稱的組成部分,那末後代子孫也可署亞爲氏而另受官職,銘文"曩侯亞矣"是矣氏族,亞是官名,因爲曩侯是官名,所以亞矣之亞成爲其氏稱的一部分,曩侯在此時當然已不任亞職。任宁的貴族也有爲亞之裔的,如前合文亞父丁簋銘文即如此。

二、頌鼎銘文中的貯字釋義

頌鼎銘辭中有兩個貯字:"王曰,頌! 令(命)女(汝)官辭成周貯廿家,監辭(司)新造,貯用宮御。"這段命辭和兩個貯字,有種種不同的解釋,本文祇能討論其中的一部分。

王國維云:"貯廿家猶云錫廿家也。貯用宮御者,猶云錫用宮御也。"⑤

容庚云:"貯,積也。積之古文爲賣,故又假賣爲之。兮甲盤'王令甲政辭(治)成周四方賣,至於南淮夷'是也。《戰國策·齊四》孟嘗君出記問門下諸客,誰習計會,能爲文收責乎? 責爲假貸於民,署券待償,故有司司之,頌鼎之命頌官司成周貯,兮甲盤之命甲政司成周四方責,與孟嘗君使人收責於薛,其事正同。"⑥

楊樹達云:"貯當爲紵,命女官辭成周紵廿家,監辭新造貯,用宮御者,王命頌掌治成周織紵之户廿家,監司新造紵之事,以備宮中之用也。"⑦

以上貯字王國維釋爲予、容庚釋爲責義、楊樹達釋爲紵,疑皆非確詁。貯釋爲予,當作賞賜義,這一點是沒有證明的。貯固然可假作予,而予當然也有賜予之義,但是一個字的假借,尚須視具體條件而定。銘文云"官辭成周貯廿家",官辭一辭,是金文命辭中的通語。常例,"官辭"之下必連接官名,官辭或簡稱辭。其所連接的官名,當是被錫命者的具體職業或其隸屬,例如:

命女辭成周里人	㝬簋
令女疋(胥)周師辭林	免簋
辭奠還歔眔吳(虞)眔牧	免簋
王乎史戊册命吳,辭施眔叔金	吳方彝
疋(胥)師龢父辭左右走馬	元年師兑簋
官辭穆王遘側虎臣	無叀鼎
辭乃祖啻官邑人虎臣西門夷	師酉簋
啻官辭左右戲繁荆	師虎簋
册命柳辭六師牧	柳鼎
官辭康宮王臣妾百工	伊簋
辭乃祖舊官小輔眔鼓鐘	師嫠簋

以上諸例凡官嗣某職者,此某職即爲受命之人所轄任,如免爲司徒,職掌鄭還之林衡、虞人和牧師;齱簋銘的成周里人是一職官,乃屬於齱所職掌;師西簋銘的邑人虎臣和西門夷,原爲師西之祖所轄管,王命師西繼續官嗣之。官嗣某或嗣某的直接辭句中,從未有賞賜之例,因爲命官的辭語中不可能插入賞賜的語句,按金文命辭程式,總是命官在前,賜物在後。而且,頌鼎銘文在命官之後另載有一段賜物之辭,如果頌鼎銘的貯字是錫予之義,那就和册命辭的程式顛倒乖違,是完全説不通的。

據上引命官辭的體例,貯廿家的貯當是頌所官嗣的對象,而爲某種具體的職掌。下文的新造,無疑也是屬於職官的名稱。於貯稱官嗣,於新造稱監嗣,這很明顯是對應語句。《説文》辵部:"造,就也,从辵告聲。譚長説,'造,上士也'。"造既是上士,當然屬於職官。1975年湖北隨縣擂鼓墩一號墓出土的遣册中,就有"新造尹"這一官名,新造之爲職官,於此乃明。戰國秦制即有上造、少上造、大良造等各以造爲稱的官名,秦在關中,官名稱造,當是沿用西周舊習。雖然秦制不必全同周制,但造是官名則是可以斷言的。新造一名雖未確知周官之具體隸屬,但作爲官名也是沒有問題的。那監嗣所對應官嗣的成周貯,必定也是官名,其辭例和伊簋銘的"官嗣康宫王臣妾百工"相同,"成周貯廿家",猶似"康宫王臣妾百工"的構句。

楊樹達云貯廿家是廿家織紵之户,也是有問題的。紵是粗麻布,廿家紡織粗麻布的家庭手工業規模甚小,而要委派一個地位很高的内廷大臣去管轄,並收集廿户的生產品去供應王宫,這是説不通的。雖然貯、紵通假在字面上完全説得過去,但在事理上却難通。

如果將頌鼎第一個貯字理解爲積,積是委積的意思,那就是説頌被任命管理廿家倉庫。倉、稟、廥、庫中貯存的物品稱爲積。則官嗣廿家之積又作何説? 積從來沒有以家作爲單位的,故第一個貯字不可訓爲積。至於説積是債,廿家之債更不容易解釋得順乎情理。

"監嗣新造,貯用宫御",是説監督新造,積貯物品,進之於宫御。職掌這一類進御於宫中物品的機構,相當於《周禮·天官》的大府,所謂"關市之賦,以待王之膳服","幣餘之賦,以待賜予","式貢之餘財,以供玩好之用",等等,都是儲積而待王使用的,説明積蓄宫中待用的物資,是大府的職掌。上述王宫中這些財物的直接來源,則爲《廛人》、《泉府》、《司門》和《司關》等機構所提供的實物或現金賦税。雖然《周禮》的理想化官制並不全等於西周的官制,但是提供實物或現金的賦税來源的管理機構總是存在的。西周王室賦税的重要收入之一是四方的貢納和各種商品税和交易税,成周之有貢納已見於兮甲盤銘"成周四方積",頌既監司新造以積儲王宫進御之物,則這些東西當是實物賦税,那末頌所官嗣的成周貯廿家,或與成周的税收有關。

現在,問題要回到原來的出發點。上文已經説明,貯、廛二字聲紐相同,其義相似,具有通假的條件,因此,作爲職官之稱的"成周貯廿家",可以讀爲"成周廛廿家"。據銘文貯以家爲單位,而廛在古籍中也以家爲單位。《説文》廣部:"廛,一畝半也,一家之居。"《玉篇》:"廛,市邸也。"這樣，所謂廛，就是以家作爲一個單位的市舍。頌鼎銘文中的家，就是西周時代對市廛單位的稱謂，和奴隸身份之稱家者不同。家是民居也是市居的單位，依《説文》，面積統爲一畝半。

市廛，也就是市邸，即店鋪之舍。廛字從广從墨，《説文》對墨的解釋是"里八土"，簡直無法理解。仔細想來，"里八土"當是"里半"的合文，篆文半作半，如下端省筆，就成"全"，寫成整字，就是墨。古代一畝百步，一畝半是一百五十步，而一里爲三百步，一里之半即半里，爲一百五十步，正好合於畝半的解釋。廛從广是會意，從墨是土地單位大小的量值。如果西周也以百步爲畝，則一家市舍的大小是一百五十步見方。《管子·五輔》："市，鄽而不税"，是謂出了市舍税後就不須繳商業税了，注云："鄽，市中置物處。"

以一家作爲店鋪，也就是完整的一肆，《文選·吳都賦》："樓船舉飄而過肆。"李善注："肆，市廛也。"《周禮·地官·司徒》市廛也稱之肆，且以二十肆爲一個較大的管理單位。《司市》的屬官"胥師，二十肆則一人，皆二史。賈師，二十肆則一人，皆二史。司虣，十肆則一人。司稽，五肆則一人。胥，二肆則一人。肆長每肆則一人。"胥師掌二十肆中的政令，賈師掌二十肆中貨物的價格，司虣二十肆中配備二人。司稽掌拘捕犯禁令者，二十肆中配備四人，胥吏配備十人。若此，二十肆中連肆長在内，共有官員四十二人，不算肆長，則有二十二人。這樣，《周禮》很明確地以二十肆爲一個管理單位，頌鼎銘文以"貯(廛)廿家"爲一個官嗣單位，情形與之完全相同。由此可知，頌所管轄的是成周廿家之數的市廛，一家爲一肆，肆四周各有通道，這個範圍也不算太小了。頌不是具體任胥師或賈師的人，如從聲類來看，貯、賈二字也可通，但頌是高級官吏，不可能任此職務，他所管的，是監督此二十家(廛)的税收，上繳於宫廷。

"監嗣新造，貯用宫御"的品物，來源主要是實物賦税，頌所官嗣的成周貯二十家，不是指市廛二十家的具體管理，而是這二十家所上繳的賦税，頌直接是對宫廷負責的。《周禮·地官·司徒》載廛人的職能是"掌斂絘布、總布、質布、罰布、廛布，而入於泉府"。泉府儲存，一部分用於國家的行政開支，一部分用於王廷的供應。從頌"監嗣新造，貯用宫御"這一職掌可以推知，頌官嗣貯廿家，乃是職掌二十市廛的税收，即廛人所斂聚的諸布：市肆的邸舍税(絘布)、全部的貨物税(總布)，交易質劑的手續税(質布)、違反市肆禁令的罰税(罰布)，還有貨物的倉庫堆放税(廛布)等等。這些税的全部收入，頌監督新造貯存而用之於宫御。因此這第二個貯字必須當作積儲解，新造是頌所管轄的具體征收廿家市廛全部交易税收的官員。

頌職本爲史，稱史頌，傳世有史頌鼎，銘記王命其出使蘇國，本器銘所載頌的任務屬於地官司徒性質。以史而兼任地官的，此非孤證，如史免簠器主免爲史，兼"胥周師嗣斂"，另一免簠銘載免作司徒，嗣奠還嗀眔吳眔牧。這種情況在《周禮》中看不到，但却是真實地反映了西周的官制。

三、兮甲盤貯字釋義

兮甲盤銘有"其貯"、"厥貯"二例。銘辭云："王令(命)甲政觸成周四方責(積)至于南淮夷。淮夷舊我員晦(賄)人,毋敢不出其員、其責(積)、其進人。其貯毋敢不即餗、即市。敢不用命,則即刑屢(撲)伐,其佳(惟)我者(諸)侯百生(姓),垂(厥)貯毋不即市,毋敢或有人蠻安貯,則亦刑。"這是西周政府對關市雙方民人即淮夷和諸侯百姓公布的法令,對淮夷是雙重的,就是納貢和關市之征,對諸侯百姓,主要是關市之征和盜竊市場倉庫物資受罰的規定。

所謂"政觸成周四方責至於南淮夷"者,此責是指四方入貢的賦,爲王室財源的重要組成。《漢書‧食貨志》："積貯者,天下之大命也。"成周四方積,就是天下入貢的積貯,《史記‧周本紀》："成王在豐,使召公復營洛邑,如武王之意。周公復卜申視,卒營築,居九鼎焉。曰:'此天下之中,四方入貢道里均。'"銘文的成周四方積,即指此,其具體項目,概括爲員、積和勞役(進人)三大類。

關於"毋敢不出其員其責其進人"一句,有的學者將下文其貯連讀,斷爲一長句。這是不對的,因爲這樣的斷句,淮夷向王室納貢,就有員、積、進人和貯四種,而且這樣會使得下文的"毋敢不即餗即市"失去了主辭而顯得辭意含義不清,好像"毋敢不即餗即市"的具體內容就是員、積、進人和貯四項。顯然,"淮夷舊我員晦人,……其進人"應爲完整的語句,指的是淮夷向周室貢納的具體項目,包括員、積和進人三大類,其貯二字當屬下文連讀。"其貯……""厥貯……"是相關的對照辭句,在這裏,貯字用爲本義,是指淮夷和諸侯百姓雙方的關市之征,和上述貢納的內容是範疇不同的兩回事。郭沫若以"其員其責"爲句,云:"其進人者,力役之征也,與'即餗'相照應,'其貯'者關市之征也,與'即市'相照應。淮夷有力役之征,而諸侯百姓僅有關市之征,可見待遇之有差別。"由於沒有仔細推敲,對於這個說法以前覺得沒有什麼問題,現在具體分析,看來說法還不完整。說"其貯"的內容乃關市之征是對的,但"其進人"和"即餗"、"即市"之間實在沒有關係。

《周禮‧天官》載大府"掌九貢九賦九功之貳,以受其貨賄之入"。銘文的"員晦"猶貨賄,員從貝從白,是爲幣帛之帛的專字,而幣帛皆財貨。《一切經音義》："賄,古文晦。"晦從每。當假爲晦,即賄。這樣看來,員晦乃是貢賦的統稱了。員、積和進人,是指兩種實物之征和力役之征。員是財物,積是委積,泛指爲農產品,進人是提供力役,就是所謂"功","九功"是指"萬民"的勞役,是無償勞役所創造的財富。銘文的"進人",特指淮夷應予提供的勞役。銘文中的"積"就是積貯,所以下文的"厥貯"必不能連上辭讀。員、積是賦稅,進人是功,這裏的貯不當解釋爲積貯之義,因爲這樣一來,文義就產生了不必要的重複。兮甲盤的"貯",稱"其貯”和“厥貯”，指的都是在邊關交易中的“即餗”和“即市”的商品。

賺賣貨物稱之爲貯，經籍通作賑，《博雅》：“賑，賺賣也。《類篇》一曰貯也。本作賑，或作宲。”《韻會》：“宲，貯也。”貯或宲是貨物，轉用爲動辭，即奇貨可居之居。銘中所載之貯可以“即餗”、“即市”，當然也祇能解釋爲貨物了。

“即餗”之餗，從自朿聲。宰甫簋“才褖餗”，小子射鼎“在𠬝餗”，凡此餗都在地名之後，諸家讀次，中甗云“才𢀛自餗”，自餗應是師次。師止爲次，餗釋次是對的。兮甲盤銘文的“即餗”，逕可讀爲“即次”，“即次”和“即市”對應，則這“次”必當與“市”有關，亦即與關市的貿易有關。《周禮·地官·司市》：“以次叙分地而經市”，“上旌於思次以令字。”鄭玄注：“次謂吏所治舍也。”又《廛人》：“掌斂市絘布。”鄭又注：“絘布，列肆之税。”“次”是市場官吏所治之舍，即管理機構，“絘”是吏所徵收的列肆税，即所謂堆棧費，“即次”就是這個意思，淮夷的貨物在關市貿易必須存放於市中官治的倉庫中，交納堆棧税，不存放於官方的倉庫中就是非法的逃避堆棧税。“即市”者，規定淮夷的貨物必須投放於國家控制的關市之肆中，實行合法的交易，官吏則收取“總布”，即商品税。這兩項規定，都是限制淮夷的貿易，不得超越關市而逃避税收，如不遵守此項命令的，“則即刑撲伐”。

邊地諸侯百姓之貯的貿易，也規定須在關市中進行，同樣要徵取税收，這是爲了防止諸侯百姓的貨物非法地運到淮夷地區交易，逃避向國家納税。

“毋敢或(有)入蠻妄貯”的“蠻妄”一辭，當即“亂宄”。《説文》：“蠻，亂也。一曰沾也。一曰不絶也。”此應取亂義。《左傳·成公七年》：“亂在外爲姦，在内爲宄。”又《國語·晉語》：“亂在内爲宄，在外爲姦。”妄、宄相通。蠻妄貯者，指諸侯百姓之貯爲非法的貨物，在市場上販賣的，“則亦刑”。

作爲關市，當然有雙方人員參加，方能貿易。《周禮·天官》“關市之賦”，孔穎達疏云：“王畿四面皆有關門及王之市廛二處。”邊關城門或要隘交通之處，則有關市，《司關》載其職掌爲“司貨賄之出入者，掌其治禁與征廛。凡貨不出於關者，舉其貨，罰其人。凡所達貨賄者，則以節傳出之”。説明貨物不通過官方的市廛登記納税而出入關者，都要處以刑罰。因而，兮甲盤銘文作爲法律條文。對淮夷和諸侯百姓雙方關市貿易的征税都有明確的規定。

四、五祀衛鼎、三年衛盉和倗生簋的貯字釋義

五祀衛鼎銘：衛以邦君厲告于井伯、伯邑父、定伯、琼伯、伯俗父，曰：“厲曰：‘余執龔王卹工，于卲大室東逆焚二川，曰余舍女(汝)田五田。’”正迺訊厲曰：“女(汝)貯田

不?"厲迺許曰:"余審貯田五田。"

　　三年衛盉銘:矩伯庶人取堇章于裘衛,才八十朋,氒(厥)貯,其舍田十田。或(又)取赤虎兩,鹿幸兩,章韐一,才廿朋,其舍田三田。

　　倗生簋銘:格伯取良馬乘于倗生,氒(厥)貯田卅田,則析。

　　以上銘文中的幾個貯字,有予、賈和租等三種不相同的解釋,以字音而言,予、賈和租三字或聲轉,或韻部相同,但能否通假,要看其他條件。

　　五祀衛鼎銘記載的是厲爲了執行恭王的卹工之舉,欲在邵大室東北營治二川,爲此,厲願與裘衛田五田,由此可以説明,營治此二川需動用裘衛之田,而厲願出五田以報。下文官員們問厲"女貯田不?"厲作了肯定的回答。明明是厲願以五田償與裘衛,此種治河動用土地的償還,決不是作爲田租的形式而出現的。又,格伯從倗生取得良馬四匹,作爲相應的代價,格伯願貯與田卅田。馬匹和田的使用價值完全不同,馬不能永遠使用,鑄之於銘文,當然是一種永久性的交換,所以貯田絶不可能是租田。再,三年衛盉銘文載值價八十朋的瑾璋與十田交換,前稱"氒貯",後稱"其舍",貯、舍都是指田十田,如果貯釋爲租,説租又説舍之就很難講得通,顯然與田租没有什麼關係,因而貯不能解釋爲租。

　　作爲雙方財物和田的交換,貯字也難於訓作賈。從以上幾件青銅禮器銘文所載的交換行爲、條件、證人和執行官吏等細節來看,這些銘文的性質是一種約劑。以田換田或以田換得財物乃是財産的轉移,是極爲慎重的事,這些記載田畝轉移的銘文,就是《周禮・秋官・司約》"凡大約劑書於宗彝"的物證了。此種約劑即所謂"治地之約",與市廛交易不同,通常記載得非常詳細。著名的夨人盤(亦名散氏盤)銘文記勘定田堳事,詳盡地記録了田堳的走向、封樹以及雙方在場的官員名額及具體名單。五祀衛盉銘記載參預貯田證明的執政官員有伯邑父和燮伯等五人,並任命三有司監督成約。九年衛鼎銘文記載以省車換取林菑里,參預約劑的官員有壽商等人。倗生簋銘文記載貯田的參預者有殹妊、彶伀等官員。因此,稱之爲貯的換田絶非一般的商業行爲可比,它是經由政府嚴格控制的,其交換没有《賈師》的市價爲標準。

　　西周時期,實行"田里不鬻"的土地國有制度,即所謂"普天之下,莫非王土;率土之濱,莫非王臣"。所以,不僅田里不能有商業性質的賣買,就是已經授賜的田里,周王在必要時也可以剥奪而轉賜他人,如大簋銘文內容就是很典型:"王乎(呼)吳師召大易(賜)趞嬰里,王令(命)善(膳)夫豕曰:'余既易(錫)大乃里。'嬰賓豕章(璋)帛束。嬰令豕曰:'余弗敢𡎐(夢)。'"由此表明,土地是嚴格地屬於國有的,貯田之貯,不可能是商賈之賈假借字。

　　在有關貯田的銘文中,有一個值得注意的現象,即雖然交換的雙方一方出田,一方出馬或其他品物,但貯字衹用於田,決不用之於其他的品物,衹載貯田的田數,決没有貯馬匹或貯瑾璋等的辭語。由此可見,貯田是一個專門名辭。三年衛盉銘:"厥貯,其舍田十田。"五祀衛鼎銘:"余舍汝田五田,正迺訊厲曰,汝貯田不? 厲迺許曰,余審貯田五田。"由此看來,"舍"與"貯"是對應的兩個辭,其義雖近而有所不同,舍是施予的意思,即從自己受賜田的份額內拿出一部份交給對方。與此相應的是貯,貯解釋爲予,見王國維説,這在字音上是説得通的,但仔細思考,田是國家授予的,作爲受賜者的個人(不論是否爲王官),也不能自由處置而給予交換的對方。而且,金文證明,交換一涉及田畝,總有官方人員參預約劑,記載在案,所記錄的就是受賜者同意和經官方獲准的予以對方的田數,由此可見,貯田應是減去原有所賜田畝份額的畝數,這是就合法性而言的。五祀衛鼎厲先提出"舍田",官員則確訊"貯田"之數,這即是減除厲的受賜之田而註册於衛的名下,經過勘查決定後,才允許"邦君厲眔付裘衛田",所以貯既不是予,也不是付,語言環境不同,用字不同,含義也不相同。貯在這裏如前所論證的當假借作爲門屏之間的除字,貯田即願意蠲除國家所授田畝的一部分,亦即是減除原有田的份額,經過監督登記入於對方的約劑,方能付與對方而成爲合法。貯田就是除田畝之數,是官方的地約專用語。其本義乃是表示西周換田的一種制度和手續,這種換田不是私相賣買。

　　倗生簋銘"格伯取良馬乘於倗生,乎(厥)貯卅田,則析"。這是格伯願意蠲除他的卅田,以作爲取得良馬四匹的條件而轉移給倗生,此事在地官處析券成議,把卅田登記在倗生的名下,故後文云:"用典(腆)格伯田。"以前,我也同意這樣一種意見,即倗生簋銘文所載換田之事未經過官吏,可能是私田。現在看來不一定正確,因爲"析"的成效,必要經過司約,而且有史書記録,仍應是國家所授之田。因而,倗生簋的貯田也不能解釋爲予田,貯田和典田,而是表示田畝通過官方獲准轉移在地約上一除一腆的合法手續,而不是換田者直接給予願換的另一方,土地國有制在這裏仍然是起作用的。

五、貯　子

　　山西聞喜縣上郭村出土一匜,銘云:"隹(惟)王二月貯子己丑乍(作)寶匜其子子孫孫永用。"貯作貢,貢氏稱子,説明是國名。據形制,當是西周晚期器,至遲在春秋初。貯氏,有的學者以爲即賈氏,這個意見是正確的。不過,這裏不是貯假爲賈,而是史籍中的賈假爲貯。在史籍中,没有貯國,在山西南部,有一個賈國,《左傳·桓公九年》:"秋,虢仲、芮伯、荀侯、賈伯伐曲沃。"杜預注:"荀、賈皆國名。"孔穎達疏云荀、賈皆姬姓。《通志·氏族略·以國爲氏》云:"賈氏,伯爵,康王封唐叔虞少子公明於此。州有賈城,即其地。或云河東臨汾有賈鄉,是也。爲晉所滅,子孫以國爲氏。"金文的貯氏,當即史籍的賈氏。賈、貯同爲魚部,乃同部假借,今音聲紐賈與貯不近,古讀或相近之。由此可訂正史書賈國之賈,當以貯爲正字。

---

① 宁字,金文作⿴,現代簡體字的設計者,把它列爲寧波寧字的簡筆,大約,在現代文字中很少用宁字,設計者去其寧字的核心,取上下筆而成簡體字。於是,寧宁混淆不清。可是,本文要討論的是⿴的隸定字,爲避免誤會,不得不在注中作了原本是不必要的説明。

② 郭沫若:《金文叢考・金文餘釋・釋干鹵》,第 201 頁。

③ 商承祚:《十二家吉金圖録・貯鐃》。

④ 高鴻縉:《字例》,第 204 頁。

⑤ 王國維:《觀堂別集補遺・頌鼎跋》。

⑥ 容庚:《武英殿彝器圖録・頌鼎》。

⑦ 楊樹達:《積微居金文説・頌鼎》。

（原載《上海博物館集刊》第五期,上海古籍出版社,1990 年）

何尊銘文初釋

何尊於1965年在陝西寶鷄出土，1966年《文物》第一期曾加以報導。最近在清除這件尊的部分有害銹時，發現内底有幾個字，當即進行全面除銹，尊底原有破孔一處，損傷三字，現存銘文12行119字。

這件尊圓口方體，口徑28.8、高38.8、底縱19.8、底横20.2釐米，重14.6公斤。頸飾獸形蕉葉紋，有蛇紋組合，中段飾卷角獸面紋，圈足也是獸面紋，以細雷紋爲地，高浮雕，獸面巨睛利爪，粗大的卷角聳出於器表。全器上下有四條大棱脊，造型雄奇(圖版一)。銘文釋文如下：

> 隹(惟)王初鄹(遷)宅于成周，復□珷(武)王豊福，自天。才(在)四月丙戌，王寡(誥)① 宗小子于京室曰：昔才(在)爾考公氏克逨玟(文)王，肄玟(文)王受茲大命。隹(惟)珷(武)王既克大邑商，則廷告于天曰：余其宅茲中或(國)，自之辪(乂)民。烏虖(呼)！爾有唯小子亡戠，𥄳(眡)于公氏有昏(勛)于天，𠭯令(命)，苟(敬)享戈(哉)！叀王龏(恭)德谷(裕)天，順(訓)我不每(敏)。王咸寡(誥)，何易(錫)貝卅朋，用乍(作)囷公寶障(尊)彝。隹(惟)王五祀。

這是奴隸主貴族何所做的一件祭器，銘文所記載的時間、地點以及記録的成王對宗小子告誡的話，牽涉到周初的兩件大事，即武王滅商和武王、成王相繼營造成周洛邑。這是一件有關我國古代歷史的非常重要的文物。

據歷史記載，武王滅商後，爲了鞏固政權的問題，憂慮得夜不能寐。他與周公談話時説，要以對待商紂王一樣的刑罰，來處理不服從他的人。他還提出了要建立一個軍事和政治的重地，以利於統治，説伊水和洛水一帶地理形勢很好，是夏人的舊居，應該在這裏建造都城。於是"武王營周居洛邑而後去"(《史記·周本紀》)。"周居"即周都，武王是初步營造過洛邑以後才回到宗周去的。何尊銘文中"武王既克大邑商，則廷告于天曰：余其宅兹中國，自之乂民"，説的就是營造洛邑的重要性和作用。"中國"是指天下四方的中心地區，也就是伊、洛

何尊銘文

之間的洛邑。武王很明確地指出營造洛邑是爲了"自之义民",即從這裏來統治人民。武王當時需要鎮撫被征服的商奴隸主,以及東方的東夷和南方的淮夷,選擇此處爲戰略重地是比較合理的。

　　武王死後,成王年幼,周公攝政君臨天下,不久就發生了紂王之子武庚禄父聯合管叔、蔡叔共同叛亂的事。接着東方的熊、盈等國族和東南的徐戎、淮夷也一起叛亂。在平滅了這些叛亂以後,於是以更大的規模再營洛邑。"成王使召公復營洛邑,如武王之意"(引同上書)。父子兩代如此重視建造洛邑,完全是出於鞏固政權的需要,武王死後出了大亂子,更有完全建成洛邑之必要。

　　銘文開頭第一句"王初䢃宅于成周",說的就是營造成周洛邑的事。這裏對䢃字的解釋需要作些説明。䢃字从舁从邑②,《説文》"𡊰,升高也,从舁囪聲,㽞或从𨸏",也隸寫作𡋳。這個字和《説文》鄋字所從的㽞字完全相同,䢃就是鄋字。許慎將鄋字解釋爲地名,但銘文中這個字是動詞,並非地名,因此只能從舁、𡋳字的本義來解釋。舁的本義是升高,朱駿聲在《説文通訓定聲》中認爲舁字就是"《左傳》'堙之環城,傅於堞''乘堙而窺宋城'之堙,此其本字也"。這是正確的。上引的《左傳》是襄公六年,對於這句話,杜預的注解是"堙,土山也",孔穎達疏引正義曰:"兵書有爲堙之法。宣十五《公羊傳》曰,子反乘堙而窺宋城,是堙土爲山使高與城等而攻之也。"這裏説的是把土墊得和城一樣高,是人工堆土爲山。這種辦法可以使用於戰爭。堲既是"堙之環城"之堙的本字,則以上的註解,是對𡐊字本義爲升高的具體説明。銘文中的鄪(鄪)字,指的是堆土造城。

關於"鄪宅"的宅字,《爾雅‧釋言》解釋爲居。西周金文中王所在的地名也稱居,如"王在杜居","王在雝居","穆王在下減居"等等,這些居字和都邑的"都"意思相同,楊樹達《積微居金文説》中的《師虎簋跋》和《師虎簋再跋》二文,對上述的居字應解釋爲都字之義,曾作過分析。宅字在這裏也有這個意思,就是指"營周居於洛邑"的周居。

根據以上所説,銘文"鄪(鄪)宅"的解釋是墊土造周都,説得直接一點,就是營造洛邑。

鄪字另外一種解釋是假借爲遷移的遷,從字面上可以説得通,如《廣雅‧釋言》"鄪,遷也"。如果是這樣,那末"鄪宅"就要解釋爲遷都了,意義就完全不一樣。遷字的本義是登,引伸爲徙移。但遷都通常是離散之辭,是放棄舊的首都遷移到新的首都去。歷史上商代自湯至盤庚"乃五遷"(《史記‧殷本紀》),都是放棄了舊都遷移到新都。西周末犬戎殺幽王,平王東遷於洛邑,這次遷是逃難。《楚辭‧哀郢》"方仲春而東遷",也是破郢以後的離散之辭。至於遷解釋爲政治流放的則更多。歷史的事實是,西周除了平王東遷洛邑以外,不僅成王没有遷都的事,以後也没有這回事。武王、成王父子兩代營造洛邑,不是爲了放棄宗周,重建首都,而是在不放棄宗周這個王室中心的前提下,建設洛邑。在西周時代,宗周和成周兩地,都駐有大量的宿衛軍,駐成周的軍隊主要用來對付商殷遺民、東夷、徐戎及淮夷,駐宗周的軍隊是保衛王室,抵禦獫狁(即匈奴)犬戎之類的進攻。爲了管理大片的國土,光是宗周不夠,還需要建造洛邑。這是西周的國策。所以"鄪宅"是營造洛邑,而不是東遷洛邑。

"復□武王豐福,自天。"這一句和成王時代的德方鼎銘文"王在成周,徙武王福,自𦰩"的辭例相似。福是祭名,也見於甲骨刻辭。自天的天是一個具體地點,大豐簋銘文有"王祀于天室降",即此。這一句的第二個字由於範鑄時損壞,雖經反覆去銹,仍無法看清。

銘文紀年"佳(惟)王五祀",是成王五年。按照歷史記載,成王營造成周洛邑有二説,一是七年,見《尚書‧洛誥》,一般歷史著作多採用這一説法;二是五年,見《尚書大傳》:"周公攝政,一年救亂,二年伐殷,三年踐奄,四年封衛侯,五年營成周。"這個記載,和尊的紀年相符。周公攝政,紀年應該還是成王,但《尚書‧洛誥》中周公返政成王時,成王有"惇宗將禮,稱秩元祀"的話,這個元祀不是紀年,一般的理解是大祀。所以這"五祀"是武王死後成王即位的第五年,而不是周公攝政時有元年,返政時又有成王元年。

作器人宗小子名何,作彞,《説文》"何,儋也",徐鉉以爲"儋何即負何"。這個字像人有所負何的形狀,就是何字。何的父考公氏就是被祭的𡇯公,曾跟隨文王,是王室宗族,成王説他有勳勞於天,應該參加過克商的戰爭。

整篇銘文的大意是:成王開始在成周營造都城,對武王舉行豐福之祭。四月丙戌這一天,成王在京宮大室中對宗小子進行訓誡,内容講到宗小子的先父公氏歸隨於文王,文王受到了上天所授予的統治天下的大命。武王在消滅"大邑商"也就是滅商以後,則告祭於天説,我要以此地天下四方的中心作爲都城,就從這個地方來統治人民吧! 成王還對宗小子説,你這個青年人應該看到你的父考公氏有勛勞於上天,要很敬重地祭祀啊③。王有恭順的德性,能够順應上天④,真是教育了我這個遲鈍的人。成王的告誡結束後,何被賜予三十串貝,何因而造了這個祭祀囤公的尊。時在成王第五個祭祀年。

這個尊的銘文除了有重要的歷史價值外,還提供了一些意識形態的材料。銘文中反映了文、武、成三代都是竭力吹嘘和宣揚天命論。文王的"受兹大命",即是天所授予的大命。武王作洛邑時曾"廷告於天",還有成王的"恭德裕天"等等。這種天命論是奴隸主貴族的精神支柱。提倡天命論也就是提倡神權,周王既然自命爲天子,那末宣揚天命和神權的目的完全是爲鞏固他們的政權服務。

----

① 寡字釋作誥,見唐蘭:《史頙簋考釋》一文,載《考古》1972 年第 5 期。

② 此字從邑之繁文,作𢓊。

③ "祀命"的含義不詳。

④ 谷假爲裕,裕有敬重順從的意思,通欲。《禮記·祭義》:"其薦之也敬以欲。"注:婉順貌。

(原載《文物》1976 年第 1 期)

何尊銘文和周初史實

1965年陝西寶鷄出土的何尊銘文,長期爲一層均匀的薄銹所掩蔽,1975年此器調至北京出國文物展覽工作室,當時筆者在此適有短期工作,爲了清除一批青銅器的粉狀蝕銹,意外地發現何尊内底有一大篇銘文,計12行122字。内容有關周初史實,相當重要。

《文物》1976年第1期發表了唐蘭先生的《㿻尊銘文解釋》和張政烺先生的《何尊銘文解釋補遺》,筆者也草就《何尊銘文初釋》一文在同期《文物》上刊載。但各家的解釋是不相同的。在同年《文物》第6期,唐蘭先生又發表《用青銅器來研究西周歷史》,進一步強調了何尊銘文的歷史價值。

筆者認爲,銘文首句"王初㿻宅於成周",是解釋爲成王遷都於成周,還是營建成周,這是有關周初史實的重要問題。何尊銘文紀年"五祀"王世的確定,則是另一個重要問題。一般認爲,此五祀是成王五年,這就關係到成王嗣位後年數的計算。後來,筆者在京有機會再次細看了最後剔清楚的何尊銘文,深感對以上幾個問題還有討論的必要。只有進一步探討何尊銘文,才能闡明它的歷史價值。

一、關於營宅的研究

一、㿻字應隸定爲㿻。

銘文首句"王初㿻宅於成周"之㿻,開始剔銹不徹底而隸定爲"㿻",筆者當時的見解,以爲"㿻宅"是營造城邑,"㿻宅於成周",就是營洛邑。這個見解的由來是對此字的意符"舁"涵義分析的結果。但是,"舁"字還不能直接解釋爲營造之營,從字義看,包涵着這層意思[①]。

清剔後的這個字更清楚了,原來隸定從舁是正確的,從邑却須修改了。先前辨認出來的偏旁作邑,以爲是邑字,唐蘭先生也釋作鄉,偏旁從邑。張政烺先生只隸定其上部,作㿻,以爲從吕罨聲。清剔後的字作㿻,是從鳥形的吕聲字。此鳥形不作側視式,而是正面展翅的。

這個字在《殷墟書契前編》卷六第44頁第八片作🔲，同書同卷第43頁第六片作🔲，結體有簡繁之不同。此字治甲骨文諸家都釋作燕，🔲字的構造大體與之相同，故也得隸定爲燕字，在此作爲意符，與《説文解字》古文邕作🔲相似，巛爲意符，吕爲聲符。

甲骨文雔就是雍字，本義爲鳥的和鳴之聲。《詩·邶·匏有苦葉》："雍雍鳴雁"，《詩·小雅·蓼蕭》："和鸞雍雍"，都説明雍是鳥鳴。那末從燕形的吕聲字，也即雍字的繁體或別構，雔從吕聲和矗從吕是相似的，作燕形無非是表示鳥屬之意符。矗從吕之字聲符不變，但意符却可改變，前年故宮博物院展出的各省征集流散文物中，湖北省展出有曾姬諫盆，銘之器名作"🔲盆"，其字從鼺從飤，飤是此字的意符，鼺是聲符，而從鼺字來看，吕又是最基本的聲符。正如離字以邕爲聲符，邕字古文作🔲，是以知吕爲邕的聲符，也是離的基本聲符。譻、鼺、🔲、🔲都以吕爲聲，從邑的鼺字和飤組合爲一字，則就是饔字的繁文或別構了。故🔲盆應釋爲饔盆。由此可知，🔲是從矗的吕聲或雍聲字。

雍是離的俗體字，甲骨文和金文的寫法有雔、歔、離、雎、🔲等結體，雖然變化較多，而聲符意符俱在。離字的涵義有兩個方面，一是上文所説的鳥鳴，鳥鳴相和，故引伸有和義。一是有升高填塞的意思，離從邑，《説文》以爲邕是"四方有水自邕城池者"。從這一層意義説，邕是其本字。吕在此不僅是聲符，而且兼有會意作用。

甲骨文中宫字從吕作🔲🔲，此字在金文中但作🔲或🔲。甲骨文契刻直綫比較容易，故字迹多方折，金文書寫宛轉便捷，故作圓環或相疊的形狀。吕字，就是後來孳乳的離土之離的本字。環形圓圈像土塊，兩環相疊即土塊堆疊之意。土塊堆疊升高，就引伸有離塞、障蔽和湮没等涵義。至今江南鄉間堆土叫壅泥，施肥叫壅肥。《説文》云宫字"從躳省聲"，是説得太曲折了，其實吕不僅是聲符，而且兼有會意。古代土木結構的宫室必有臺基和版築，壅叠泥土而成，故字從宀吕聲。若如羅振玉所説的宫字從🔲吕象"數室之狀，從🔲象此室達於彼室之狀"的解釋，是不合理的[②]。

金文離字🔲、🔲兩體，前者的寫法多用於命服的名稱，免簋、豆閉簋作"吕市"，南季鼎、利鼎和裁鼎作"赤吕市"，揚簋作"赤肺市"。《金文叢考》以爲🔲必市制之一，云"🔲當是蛤之初文，象形，叚爲袷，其作🔲者，則袷之初文也"[③]。吴其昌以爲是吕字，"謂以小粒赤金飾之於茆上"，則吕市爲吕茆[④]，于省吾先生釋雍，説🔲市爲雍市，叚雍爲緼[⑤]。陳小松釋爲吕，吕與甫同，吕市是韍市[⑥]。

🔲釋雍是對的，問題是怎樣做解釋。金文銘有"吕市"，"赤吕市"、"赤肺市"，肺從市，明肺就是市或市屬之物，市是這個字的意符，因而吕或肺不是指市的色。衛鼎銘文有"赤市朱橫"，舊説"赤市朱黄"之黄解釋爲珩或佩玉的形狀，今據衛鼎銘知黄是市的組成部分，橫從市，顯示了字之性質。以前唐蘭先生和郭沫若同志討論黄字釋義，現在衛鼎出現了橫字，證明唐蘭先生解釋黄是市的橫束帶，乃是一個卓越的見解。雍自可叚作緼，緼義爲黄色，于省吾先生考之甚詳。《詩·小雅·斯干》鄭玄箋有天子之芾純朱、諸侯黄朱之説，但吕有從市、黄有從市，而赤市之赤没有從市的，是以吕不是市的色。金文既有帗市一詞，字當隸定作襛，襛也就是市。雍有障蔽之義，《詩·小雅·無將大車》："無將大車維塵雍兮"，鄭玄箋："猶蔽也。"又擁蔽連語，《禮記·内則》："必擁蔽其面"，鄭玄注："猶障也。"市的作用是"蔽前"，雍市或襛市是市的完整名稱，簡言之單稱市。

以上從矋矕❀雍的各方面探討了矋是墊的初文。

二、意符舁和聲符雍及其孳乳字字義的比較。

舁字即《左傳·襄公六年》："甲寅，堙之，環城傅於堞"的堙字。朱駿聲首主此説，是正確的，在《何尊銘文初釋》中已經提到。堙字約從舁字的囪蜕變而來，因爲囪的篆體有點像西，省略訛變而成俗體。諸凡堙、湮、闉之亜都是舁的俗體。從以下的比較可以發現，這兩類字的訓詁有許多方面是完全一致或非常相似的，不僅字的本義和引伸義相同，而且別義也頗相似，這可以幫助我們對矋字的理解。

甲　舁亜堙遷闉等字	乙　雍墊灘等字

訓高及升高諸義

《説文》舁部："舁，升高也，从舁囪聲。曻，舁或从尸。"	《漢書·地理志》："右扶風，雍。"顔師古集注引應劭曰："四面積高曰雍。"
《説文》辵部："遷，登也，从辵曻聲。"	《漢書·鄒陽傳》："是以申徒狄蹈雍之河。"顔師古集注："雍者，河水溢出爲小流也。"溢就是水位升高，漫出堤岸。
《左傳·襄公六年》："四月，晏弱城東陽，而遂圍萊。甲寅，堙之，環城傅於堞。"杜預注："堙，土山也。"這是説環城堆土如山，高同城等。	《周禮·秋官·雍氏》，鄭玄注："雍謂堤防止水者也。"是指堤高止水。

訓塞障諸義

《説文》土部："亜，塞也。《尚書》曰：鯀堙洪水。"	《爾雅·釋詁》："雍，障也。"
《爾雅·釋詁》："堙，塞也。"	《玉篇》："雍，塞也，障也。"
《左傳·襄公二十五年》："陳侯會楚子伐鄭，當陳隧者，井陻木刊。"杜預注："陻，塞也。"	《周書·大戒》："衆匿乃雍。"集注："雍，塞也。孔曰：閉塞不行也。"
《左傳·昭公二十九年》："鬱湮不育。"杜預注："湮，塞也。"	《左傳·昭公元年》："勿使有所壅閉湫底。"孔穎達疏："壅謂障而不使行，若土雍水也。"
《國語·周語》："墮高堙庳。"韋昭注："堙，塞也。"	《漢書·中山靖王傳》："今臣雍閼不得聞。"顔師古集注："雍讀曰壅。雍，塞也。"

《漢書·司馬相如傳》："乃堙洪原。"顏師古集注："堙，塞也。"

《周禮·地官·稻人》："葦人圍壙。"賈公彥疏："圍，塞也。"

《山海經·北山經》："女娃遊於東海，溺而不返，故爲精衛，常銜西山之木石以堙於東海。"郭璞注："堙，塞也。"

《淮南子·主術》："業貫萬世而不雍。"高誘注："雍，塞也。"

訓　填　義

《漢書·石奮傳》："河水蹈陸，泛濫十余郡，堤防勤勞，弗能陻塞。"顏師古集注："陻，填也。"

《漢書·天文志》："與水合爲雍沮。"顏師古集注引晉灼："雍，填也。"

《漢書·溝洫誌》："填閼之水。"顏師古集注："閼，讀與淤同，填淤謂雍泥也。"

訓　曲　義

《詩·國風·鄭·出其東門》："出其闉闍。"鄭玄箋："闉，曲城也。"

《莊子·德充符》："闉跂離無脤。"釋文："闉，曲也，謂彎曲企踵而行。"

《史記·司馬相如列傳》："批巖冲雍。"《索隱》引司馬彪："雍，曲隈也。"

　　以上罘及雍字和各自的孳乳字的字義，有着非同尋常的一致性，不僅一般的引伸義相同，而且彼此個別的字義如訓曲也是一樣的。罘字有以上諸涵義是可以理解的，都是從其本義中引伸出來的。但雝字的本義是鳥鳴，引伸不出諸如積高、雍塞、陻、湮、填等意思。雝字賦有這種字義當另有原因。

　　上述雍字的涵義與罘字及其孳乳字竟然出奇地相同，只能是一種解釋，這就是雝和罘必定是同一語源或其派生出來的，否則，不大可能造成這種現象。這個語源就是豐或醤字。鼉、亞、堙、陻等字是從豐或醤的意符方面衍生出來的，而雝雍等字則是從豐或醤的基本聲符吕聲衍生出來的。這是因爲豐字後來廢棄了，只得各用聲符或意符的衍生字來代替它，但仍然保持着相同的涵義。

二、豐宅或雝宅就是營宅

　　由以上的分析，我們可將何尊銘文的豐宅進一步釋爲雝宅，雝宅的直接意思是雝土起宅。但是雍宅或雕宅這個詞在古籍中是沒有的。《詩・大雅・文王之聲》："宅是鎬京。"《尚書・召誥》："宅新邑。"何尊銘："王初雍宅于成周。"這些宅字是擇處的意思,《釋名・釋宮室》："宅,擇也。擇吉處而營之也。"那麼,雍宅於成周很明顯的就是營建成周。

何尊銘文云："武王既克大邑商,則廷告于天曰,余其宅茲中或(國),自之辥民。"廷讀作俓,俓字《説文》所無,《廣韻》:"俓,敬也。"武王克商後敬告於天,決定以此爲東都,作爲鎮撫東方的政治中心,辥民的對象主要是殷民和夷人。這是一個很重要的決策。《史記・周本紀》云："王曰:'……自洛汭延于伊汭,居易毋固,其有夏之居。我南望三涂,北望嶽鄙,顧詹有河,粵詹雒伊,毋遠天室。'營周居雒邑而後去。"這裏的營周居,也就是營周宅。實際上,成周這個城邑,原來就有,武王營之,成王繼之而最後完成。

關於成王繼續建造成周的事,《尚書・召誥序》云："成王在豐,欲宅洛邑,使召公先相宅。"但是《史記・周本紀》說得更清楚:"成王在豐,使召公復營洛邑,如武王之意。"這一條和何尊銘文是可以直接聯繫起來的。武王原來有一個營建成周的規劃,只完成了一部分,成王繼父業才完成了全部的規劃。《尚書・洛誥序》:"召公既相宅,周公往營成周使來卜告,作《洛誥》。"其實,在召公之後不久,周公和成王相繼至洛,故《洛誥》中記成王言:"公不敢不敬天之休來相宅,其作周匹休。公既定宅,伻來,來視,予卜休恒吉,我二人共貞。"明載周公相宅時,成王也卜休恒吉,而且是成王和周公"二人共貞"。這是三月內之事。何尊銘文雍宅在四月,所以雍宅不會是相宅。這樣,我們把雍宅讀爲營成周的營,應該是合理的。雍宅就是營宅。《尚書大傳》保存了部分真實史料,書中載成王即位亦周公"攝政"後的大事次序是:"一年救亂,二年伐殷,三年踐奄,四年封侯衛,五年營成周……"尊銘五祀雍宅於成周,則就是營宅於成周了,時間、地點、條件完全相合。

營、雍可以聲轉。營字古音在喻紐,雍雍諸字古音在影紐。影喻旁轉是規律。《説文》宮部:"營,帀居也,從宮熒省聲。"作爲聲符的熒,按西周金文寫作燊,本來應是部首。中古時從燊得聲字主要分屬於影、喻、匣三組。據《切韻》、《集韻》、《廣韻》綜合如下:

　　影紐：營嫈榮瑩瑩鶯鶯褮褮縈

　　喻紐：營褮嶸瞢瞢鎣瞢蠑榮塋瑩

　　匣紐：榮瑩熒熻褮螢熒

如果是上古音,雍雍仍是影紐,營也是喻紐。可以說,雍營聲轉的條件是完全存在的。

還有,從字義方面來看,從熒得聲字也有與雍字相類似的涵義。上引《漢書・鄒陽傳》:"申徒狄蹈雍之河",顏師古注:"河水溢出爲小流也。"是以雍有滿溢之義。而《漢書・地理志》之"川曰熒雒,浸曰波溠。"顏師古復注云:"熒即流水所溢者也。"這與河水溢出叫做雍的解釋是一致的。又同書:"沇水東流爲沛,入於河,軼爲榮。"顔注云:"軼與溢同,言濟水入河,並流溢出乃爲榮澤也。"此處榮也和雍同義。但據《説文》水部榮的字義是"絶小水也",與水溢爲榮的解釋全不相似,在這個意義上,榮又應是濚的假借字。其次,雍和營也都有紆曲圍繞的意思。上引《史記·司馬相如列傳》的"批巖冲雍",《索隱》引司馬彪云:"雍,曲隈也。"與闉字同有曲義,闉是有雙重城門用墙圍起來的曲城。營字也有類似的涵義,《説文》:"營,帀居也。"所謂帀居,就是曲紆圍繞之居。《詩·國風·齊譜》孔穎達疏營丘云:"水所營繞,故曰營丘。"營有圍繞曲帀的意思,則營和雍在字義上實有相似之處。

後世巂字廢棄,西周金文時代的巂宅,到《尚書》寫定的時代改爲營宅,乃是借用了一個聲紐旁轉義近的字。

三、與何尊銘文有關的周初史實

一、周公攝政七年説的辨正。

我們已經論證了何尊銘文的巂宅即雍宅,就是營宅,這樣,銘文和史籍有了直接的聯繫。何尊營宅的紀年是五祀四月,與《尚書大傳》五年營成周相合。但史籍占優勢的説法是周公七年返政成王,營成周應是在七年。

七年的説法,見於《尚書·洛誥》和《史記·周本紀》,來源於"惟周公誕保文武受命惟七年"這句話。王國維在《觀堂別集·周開國年表》中有云:"《金縢》曰既克商二年,稱'年'不稱'祀'者,克殷之時未嘗改元故也。成王即位,周公攝政之初亦未嘗改元。《洛誥》曰'惟七年',是歲爲文王受命之十八祀,武王克商後之七年,成王嗣位於兹五歲,始祀於新邑。"王國維雖然不知道成王嗣位實有改元之事,但是他能舍棄周公攝政七年的這一兩千多年以來的陳陋之説,不能不認爲是敏鋭而卓越的見解。由於這是對傳統經典的挑戰,甚難爲人所接受。

唐蘭先生在《何尊銘文解釋》中認爲銘詞的"五祀"是成王親政後的五祀,加上親政以前的七年,是爲武王死後的十二年。這是一種新的提法。張政烺先生在《何尊銘文解釋補遺》一文中則從另一個角度來看,説:"《禮記·明堂記》和《史記·魯周公世家》皆説周公居攝,踐祚稱王,則周公自當有紀年。這樣,何尊的五祀或是攝王五年,而《洛誥》寫在'周公致政成王'以後,用成王七年。"以上都是用不同的方法來解釋七年或五年計算的合理性。其基本出發點,仍是周公居攝。顯然,這一問題是重要的,不明確周公的真實政治地位,不論是五年或七年都是不落實的。

首先,周公有没有自己的紀年? 文獻上已證明是不容易解決的,但是周初的金文却提供了確切的證據：

> 小臣單觶銘："王後屋克商，在成自（師），周公易（錫）小臣單貝十朋。"
> 禽簋銘："王伐蓋侯，周公某（謀），禽祝，禽又殷祝，王易（錫）金百寽（鋝）。"

小臣單觶有認爲武王時器，但多數學者認爲銘文所記載的是成王伐武庚事。從銘文内容看，這應該是合理的。禽簋的時代也很明確，蓋侯應如唐蘭先生釋讀爲奄侯⑦。伐奄就是踐奄，據《尚書大傳》，踐奄是成王三年。這兩件器都明確地提到了王和周公，而且"王後屋克商"和"王伐蓋侯"明載爲王的旨意，周公只處於輔佐的地位，没有踐祚稱王，也看不出有攝政的口氣。尤以禽簋"王易金百寽"更爲顯然，這百寽是王賜給周公兒子伯禽的，並非是周公賜給自己兒子的。這幾件器的銘文都記録了成王作爲天子的領導作用，完全否定了經典所傳周公踐祚稱王的誇大之辭。《史記》的有關記載也是前後矛盾的。《周本紀》既强調了周公的攝政作用，而又説："召公爲保，周公爲師，東伐淮夷，踐奄，遷其君薄古。成王自奄歸，在宗周，作《多方》。既絀殷命，襲淮夷，歸在豐，作《周官》。"這與踐祚稱王相矛盾，與禽簋的銘文反而相合，可見成王踐奄的史跡，信而有徵。以上金文資料，都説明成王是唯一的"受命"之君。成王既能踐奄，當然不是孩子，周公、召公更不可能帶着一個國運所繫的幼君，出發到山東半島去作軍事冒險式的遠征。周公無疑是起了重要輔佐作用的，但是他的形象，被漢代經師們大大地誇大了。

何尊銘文的五祀和營宅成周的記載説明，周公攝政踐祚稱王七年之説是不可靠的。應該是武王克商後二年而死，然後成王嗣位改元，至五祀而復營成周，"自之辟民"，周公一直是王室的輔佐重臣，這就是歷來所説的"惟周公誕保文武受命惟七年"的真實背景。王國維對七年的推測是有根據的，至於説這五祀是成王親政後的第五年，那就與史實和銘文内容都聯繫不起來了。

有一種見解認爲，《洛誥》"今王即命曰：記功，宗，以功作元祀"，是成王嗣位改元於營洛之年的證據。對這段話孔傳云："今王就行王命於洛邑，曰當記人之功，尊人亦當用功，大小爲序，有大功則列大事，謂功施於民者。"又"惇宗將禮，稱秩元祀"一語，《孔傳》云："厚尊大禮，舉秩大祀"，其他舊注對《洛誥》這兩段話雖有不同的解釋，但對元祀解作大祀没有異辭。《洛誥解》首先提出元祀是嗣位改元，説："殷人謂年爲祀，元祀者因祀天而改元，因謂是年曰元年矣！"唐蘭先生在《㿟尊銘文解釋》中也説此元祀是元年。筆者認爲，元祀當以舊注大祀爲妥，在《何尊銘文初釋》一文内已述及，今稍作剖析。

《洛誥解》説元祀是改元，而《洛誥》云："惟周公誕保文武受命惟七年"，如果是改元，則是在七年的當年。而不是傳統所云改元爲七年的次年了。《誥》文載成王云："公不敢不敬天之休來相宅,其作周匹休。公既定宅,伻來,來視,予卜休恒吉,我二人共貞。"説明在相宅占卜過程中成王與周公二人共貞,接着就有"肇稱殷禮,祀於新邑"之事,新邑所祀即是"記功,宗,以功作元祀"。無論理解爲大祀或改元,元祀必定離相宅的時間不會太遠,當然絶非十二月戊辰的蒸祭歲。若是改元是在七年的次年,則祀天改元之禮不可能在前一年如此之早地舉行;如果説元祀是當年改元,那末七年也就是成王的元年。舊説改元後周公已退出攝政地位,何以還要有"誕保文武受命惟七年"這句話? 據兩《誥》,周公去洛是在七年三月乙卯,而成王在同時或稍後亦抵達洛邑,所以有"二人共貞"之事。《洛誥序》孔穎達疏:"上篇《傳》云,王與周公俱至,何得周公至洛逆告王? 王與周公雖與相俱行,欲至洛之時必周公先到行處所,故得逆告也。"成王至洛,就是"王來紹上帝,自服於土中",就不能没有大祀。成周營建自武王始,工程巨大,成王復營是承前啓後,是履行武王對天的廷告,則舉行大祀也是必然的。

二、成周洛邑的經營始於武王。

何尊紀年,牽涉到誰營成周洛邑的問題。近來李學勤同志著有《何尊新釋》一文,認爲"《尚書》中的《召誥》,前人有成王五年、七年兩種説法。但即使《召誥》時在成王五年,同何尊銘文是無法吻合的。據《召誥》,召公在三月戊申到達洛地,卜宅經營。至乙卯日,周公至洛,甲子日,周公用書命庶殷諸侯,興建新邑。所以,在三月份不能有周王來成周,四年丙戌也不能有什麼京室,這是十分明顯的。""何尊五祀既不是成王五年,就只能是康王的五年了。"⑧誠然,因爲有成周營於周公的傳統説法,以上的推斷無疑合於這一説法的邏輯,但是這個問題,涉及周初的史實,很值得討論。

三月間成王是否來成周,應該是肯定的,文獻中已很明確。上引《召誥》云:"王來紹上帝,自服於土中",《孔傳》云:"言王今來居洛邑,繼天爲治,躬自服行教化於地勢正中。"這個解釋多少有些含糊,所謂土中,就是"受民受疆土"的土,土中就是疆土的中央,也就是何尊銘的"中或(國)",亦即成周洛邑。以上所引是三月甲子日周公所説的話。又《召誥序》孔疏云:"成王於時在豐,欲居洛邑以爲王都,使召公先往相其所居之地,因卜而營之,王與周公從後而往。"但無論《召誥》或《洛誥》,王往成周雖已載明,但並没有大書特書,這容易給人造成錯覺,所以在"越七日甲子,周公乃朝用書……太保乃以庶邦君出取幣乃復入"句後,《孔傳》云:"諸侯公卿並覲於王,王與周公俱至,文不見,王無事。"孔穎達疏:"言旅王若公,明此出入是覲王之事,而《經》文不見王至,故《傳》辯之王與周公俱至。自此以上,於王無事,故不見也。正以《經》文不見王至,知與周公俱至也。"漢唐經師們恐學者不明成王同時至洛,特爲詮釋,其實細讀《經》文,也可完全了解的。因此,三月不能有成王來成周這個問題並不存在。

另一個問題是,成王的五祀四月在成周已否有京室。如果僅讀《召誥》、《洛誥》,則召公相宅、周公營宅,在洛水、黎水、瀍水一帶似乎是一片荒蕪,因爲《誥》文講清楚"太保乃以庶殷改位於洛汭",既然洛邑營造的方位剛剛卜定,並且正由殷遺民在修築,怎麼會有京室呢?三月營造宮殿,不可能在四月完成。這樣的推想是可以的,但是却並不合乎歷史事實。

在周初,成周和洛邑是兩個相近的地區,有的文獻説得含糊,給人以成周和洛邑不分的印象。但兩《誥》却分得很明白,《召誥序》:"成王在豐,欲宅洛邑",《洛誥序》:"召公既相宅,周公往營成周,使來卜告。"《多士》:"成周既成,遷殷頑民",《孔傳》云:"爲洛陽下都",孔穎達疏:"周之成周,於漢爲洛陽也。洛邑爲王都,故謂此爲下都。"洛邑在洛水北,成周在瀍水東,兩地也稱爲東土。《左傳·昭公三十二年》:"秋八月,王使富辛與石張如晉,請城成周。"杜預注:"子朝之亂,其余黨多在王城,敬王畏之,徙都成周,成周狹小,故請城之。"一説成周城毀損,須修理。洛邑與成周之構成東都,仿佛若豐、鎬兩地之稱爲宗周。漢代學者,多以爲周克商後以洛邑爲都,司馬遷辨析了這個問題,《史記·周本紀》:"太史公曰:'學者皆稱周伐紂,居洛邑,綜其實不然。武王營之,成王使召公卜居,居九鼎焉。"當時的學者既認爲武王伐紂後以洛邑爲周都,至少不會認爲洛邑的營建在克商之後許多年。從目前的金文資料看來,司馬遷的分析是完全正確的。成周和洛邑,前者營造的時間約早於後者,周初至恭王以前的金文如令方彝、䥅卣、厚趠方鼎、德方鼎、盂爵、格伯簋,以及較晚的虢仲盨、敔簋等銘文都記載了周王在成周的活動,除了殷見、大褅等國之大典以外,虢仲盨和敔簋銘文還記載周王在成周領導擊退南淮夷對西周腹地進犯的戰爭。金文中成周常見,而洛邑不常見。

我們對周初洛邑即王城的情形確實知道得很少。《周本紀》稱洛邑爲周居。金文中的宗周是指豐、鎬而言,也有單稱豐或鎬的。恭王以前的銘文多稱宗周,以後多稱周,稱宗周的很少見,則周應是宗周的省稱。有的學者以爲宗是岐周,其實這種可能性很少,因爲西周時代沒有把都城置於岐周的事實;岐周之周,業已封爲周公採邑,不可能再作爲政治中心。只是周人舊宗在此,所以出土了很多禮器。文獻中唯王城稱洛邑,成周不稱邑,士卿尊銘"王在新邑",臣卿鼎銘"公違省自東,在新邑",《多士》:"三月,周公初於新邑洛",則金文中之新邑,應該就是洛邑王城了。陳夢家先生在《西周銅器斷代(二)》中論及"西周時代東西兩都並立,而各有'雙城',一爲宗廟,一爲王宮"。兩都並立雖見於文獻,但東西兩都有宗廟與王宮之分却無確證。他的意思是王城是王宮,但他所舉令方彝銘文載明公在成周舍三事令,"甲申,用牲於京宮。乙酉,用牲於唐宮。咸既用牲於王,明公歸自王"的"王"是王城,却與其立説相矛盾,因爲既用牲於王,此王若作地名解,則王城内必有宗廟。總之,現在對洛邑的了解還不具體。有的人認爲周初並無王城。

史籍和金文中對成周的資料稍多於洛邑。《周本紀》載武王言:"定天保,依天室,悉求夫惡,貶從殷王受。日夜勞來,定我西土。我維顯服,及德方明。自洛汭延於伊汭,居易毋固,其有夏之居。我南望三塗,北望嶽鄙,顧詹有河,粤詹雒伊,毋遠天室。"這是武王很著名的相度地理形勢決定營建東都的一段話,然後"營周居雒邑而後去"。此處地望爲天下的中心,所謂是"四方入貢道裏均",武王決定經營東土,體現了作爲開國之君的雄才大略,並在短時期内使成周成爲政治和軍事的重地。《史記·衛康叔世家》:"管叔、蔡叔疑周公,乃與武庚祿父作亂,欲攻成周。"《索隱》云:"成周,洛陽。其時周公相成王,營洛邑,猶居西周鎬京。管蔡欲構難,先攻成周,於是周公東居洛邑,伐管蔡。"這就是説,成周這個在短期内建立起來的軍事重地,不僅成了管蔡和武庚祿父興兵作亂的不可逾越的障礙,而且是討伐他們的基地。此事且見之於周初的青銅器銘文。前引小臣單觶銘:"王後屋克商,在成自(師),周公易(錫)小臣單具十朋。"其中的成自是成周師旅的駐在地,像牧野駐有殷八師一樣,在成周也駐有軍隊。競卣銘:"伯屖父以成自即東,命伐南淮夷。"此成自和小臣單觶的成自乃是同一地點。章炳麟《文始》云:"《説文》自,小自也,象形。引伸爲衆聚之義。近轉脂,孳乳爲師。二千五百人爲師,从自从帀。"自孳乳爲師的見解是正確的。近出的多友鼎銘文中有地名稱"京自",此京自即經籍中的京師。成自,也就是成周師氏。成周師氏和殷八師,都是用來監視當地的殷民和鎮撫東夷淮夷的。成周是天下的中心,其地位較殷更爲重要。恭王時代的彔戜卣銘:"淮夷敢伐内國,女(汝)其以成周師氏戍于甶自。"自爲軍隊的駐在地。以地名而言,稱自;以軍隊而言,稱師。故自、師義亦可引伸,金文中的六自即文獻中的六師。卣銘的師氏也即小臣單觶的成自。由此可以説明,在成王二年伐滅武庚時,由武王開始經營的成周已是東方鞏固的政治中心了。

我們知道,不少史籍對周初一系列事件的描述,都是有意推崇和突出周公的作用。營造成周洛邑當然也不例外。但是真正的史實並非完全如此,經營成周就是一個例子。文獻的不足和注解的臆測,使這段歷史的某些情況給人們造成了長期的錯覺,這類錯覺並不是個別的。陳夢家先生《西周銅器斷代(二)》説:"武王之時,周爲宗周,當時未營成周,故宗周應指岐周。"這也是由於上述的錯覺而產生的。

説"三月不能有周王來成周,四月丙戌也不能有什麼京室",這仍然是認爲營成周洛邑的是周公。但是自武王營周居到成王五祀已經進入第七個年頭了,而成周仍然沒有宗廟宮室,那末武王的經營究竟在建造什麼,就不大好理解。周公和成王三月來洛邑,總不至於頭頂青天腳踏草地,沒有宮室後寢,是不可能的。在新邑三月丁巳用牲於郊,四月戊午社於新邑,唯獨沒有祭祀先王先公的處所,這也是頗難説得通的。而且,"甲子周公乃朝用書,命庶侯甸男邦伯",參加的還有"庶邦冢君"等一大批貴族,沒有相當規模的建築,這些人如何容納得了。重要的是,如前所説成王三月來洛,目的是"紹上帝,自服于土中",如果當時沒有任何宮室建築,那末所謂"初服"、"肇稱殷禮"和"元祀"都是無法進行的。

營建宅都，首要的是立宗廟，《說文》邑部："有先君之舊宗廟曰都。"《左傳·僖公十年》："狐突適下國。"服虔注："一曰曲沃。有宗廟，故謂之國。"武王既營東都，則在成周洛邑就沒有不先建立宗廟的道理。何尊銘："四月丙戌，王誥宗小子于京室"，正是武王所營的成周有宗廟的證明。京室又稱京宗。京宗一名重見於班簋："不坏揚皇公，受京宗懿釐，育文王、王姒聖孫。"又見於《西清續鑒甲編》的"甲戌"方鼎銘："惟四月，在成周，丙戌，王在京宗"，李學勤同志正確地指出，此器銘文與何尊所載爲同月同日同一地點。⑨由鼎銘，知京室亦稱京宗，宗是廟，所以京室有可能是京宗大室的省稱。《詩·大雅·思齊》："京室之婦"，《毛傳》："京室，王室也。"鄭玄箋："京，周地名。"今知成周實有京室，則《毛傳》是而鄭箋非。京宗大室是周王的重要活動處所，稱王室是有道理的。至於周舊有京這個地名，是另一回事。如果營成周的不是武王而是成王，五年四月間當然不會有京室，但在武庚叛亂之前成周已經建成政治中心，這個問題就不存在了。

古代營建宗廟，據說不尚奢華，《左傳·桓公二年》："是以茅屋清廟，大路越席"，表示儉省。清廟既是宗廟的模式，營造就不至於曠日持久。何尊銘文既云祭武王，當然有祭祀的處所，而又明載成周有京室，於是《召誥》、《洛誥》中的那些有重大政治作用的活動，就有了相適應的場所。

成王經營的成周洛邑，只是補充經營武王未完成的部分。未完成的原因是武庚之亂。五年三月成王和周公來此，一是卜居於此，即正式"自之辟民"；二是卜營建增益的部分。成王由於取得對管、蔡、武庚和東國的軍事勝利，因而在其嗣位的四年於叛亂的中心地區封建衛侯，鎮懾殷遺，又於五年來成周洛邑服王位，繼續營建未完成的部分，居以九鼎，以示天下大定。成周有郊有社，有宗廟，並駐有重要的軍隊，接受四方的貢賦，顯示其爲東都的重要政治地位。周公在周室一系列的政治事件中，起了相成王的傑出作用，後世史家和儒生對於所謂周公攝政的評述是過甚其辭的。何尊銘文完全沒有提到周公，這也是值得注意的。

三、周初青銅器編年。

從前王國維作《周開國年表》，起於文王元祀，止於成王元祀，以五年營成周爲成王之元祀。今知成王嗣武王實經改元，何尊五祀爲《尚書大傳》之五年營成周，乃成王五年。作爲王朝的建立，周之開國始於克商。自武王克商止於成王五年，爲周開國的時期，綜合金文所提供的史實，編年如下：

武王元年

利簋銘："珷征商，佳(唯)甲子朝，歲鼎，克昏夙又商。"《史記·周本紀》載武王克商："二月甲子昧爽，武王朝至於商郊牧野，乃誓。""誓已，諸侯兵會者車四千乘，陳師牧野。""紂師皆倒兵以戰，以開武王。""紂走，反入登於鹿臺之上，蒙衣其珠玉，自燔於火而死。"

於是"膺更大命,革殷,受天明命"。

天亡簋銘:"乙亥,王又大豐,王凡(汛)三方。王祀于天室,降。天亡又(侑)王,衣祀於王丕顯考文王。"此爲武王克商後歸於宗周,在辟雍天室祭天,以文王配享上帝。大豐或釋大禮。汛三方,汛於辟雍大池之三方。此銘内容,史籍失載。

成王二年

小臣單觶銘:"王後坢克商,在成㠯,周公易小臣單貝十朋。"《尚書大傳》:"一年救亂,二年伐殷……"《史記·衛康叔世家》:"管叔、蔡叔疑周公,乃與武庚禄父作亂,欲攻成周。"《索隱》:"其時周公相成王,營洛邑,猶居西周鎬京。管蔡欲構難,先攻成周,於是周公東居洛邑,伐管蔡。"

成王三年

禽簋銘:"王伐楚(奄)侯,周公某(謀)。禽祝,禽又殷祝,王易(錫)金百乎(鋝)。"《尚書大傳》:"二年伐殷,三年踐奄……"㽙方鼎銘:"佳(唯)周公于征伐東夷,豐伯尃古(薄姑)咸戈。公歸𥂮于周廟。"《史記·周本紀》:"召公爲保,周公爲師,東伐淮夷,殘奄,遷其君薄姑。成王自奄歸,在宗周,作《多方》。"

成王四年

康侯簋銘:"王朿(刺)伐商邑,征令康侯啚於衛。"《尚書大傳》:"三年踐奄,四年建侯衛……"《尚書·康誥》:"成王既伐管叔、蔡叔,以殷民封康叔。"康侯名豐,見康侯豐簋,《康誥》作"小子封"。康其舊國,衛乃改封。

成王五年

何尊銘:"王初𦥑(遷)宅于成周,復禀(稱)珷王豐福自天。才(在)四月丙戌,王誥宗小子于京室……佳(唯)王五祀。"《尚書大傳》:"四年建侯衛,五年營成周……"《史記·周本紀》載武王審瞻伊、洛地勢,"營周居洛邑而後去"。又"成王在豐,使召公復營洛邑,如武王之意"。㽙价方鼎銘:"佳(唯)四月,才(在)成周,丙戌,王才(在)京宗,賞貝。"此器的月序、日辰、地點、宮名與何尊相同,應是同時之器。

---

① 馬承源:《何尊銘文初釋》,《文物》1976 年第 1 期第 64 頁。

② 轉引自李孝定:《甲骨文字集釋第七》引羅振玉著《殷墟書契考釋》中第 12 頁(增訂本)。又:此字舊釋環,如𨝊、𪾔和番生簋等羅字皆從目袁聲。字形與之大不相似,故不從之説。

③ 郭沫若:《西周金文辭大繫考釋·豆閉簋》第 77—78 頁。

④ 吳其昌:《金文名象疏證》,載《武漢大學文史哲季刊》第 6 卷第 1 期第 259—262 頁。

⑤ 于省吾:《雙劍誃古文雜釋》第 9—10 頁。

⑥ 陳小松：《釋吕市》，載《考古學報》1975 年第 3 期第 61 頁。

⑦ 唐蘭：《西周銅器斷代中的“康宫”問題》，載《考古學報》1962 年第 1 期第 36 頁。

⑧ 李學勤：《何尊新釋》，載《中原文物》1981 年第 1 期第 39 頁。

⑨ 李學勤：《何尊新釋》，載《中原文物》1981 年第 1 期第 36 頁。

（原載《王國維學術研究論集》第一輯，華東師範大學出版社，1983 年）

有關周初史實的幾個問題

　　《中華文史論叢》1989 年第一期刊登了趙光賢同志的《成周考》一文,此文復述了一些有關成周的史料,以及以往學者關於成周的某些見解。實際上,這篇文章是反對我的武王曾營成周和斷定何尊銘文成王五祀營造成周的説法的,他反對我指出歷史上對周公的作用不適當地加以誇大的事實和周公七年歸政成王之説是靠不住的觀點。他以《洛誥》爲唯一正確的史實,排斥其他的種種説法。

　　我認爲,趙光賢同志的這篇文章是很自然的,周公攝政説流傳了兩千多年,牢牢地成爲一種傳統觀念,絕不可能輕易改變的。《成周考》無疑是維護這種觀念的,我相信這種觀念決不是個別的,但是如果要申述傳統的理由,材料也不可能更多了。對這些材料有關各家的意見應該仔細的不受傳統影響的加以重新分析,包括一些相當重要的金文資料,這是比《尚書》更可靠的第一手資料,不存在傳抄失誤和後儒刪改的問題。我的基本想法是,以金文資料來檢驗史料的可靠程度,因此寫出了《何尊銘文和周初史實》一文,對文武之際的某些傳統的説法提出了不少意見。讀了《成周考》,在寫答覆意見時又看了一些其他的論述,發現不贊成"周公攝政説"的不止我一人,早在 30 多年前,陳夢家先生在《西周銅器斷代》一文中已經具體地提出了這個問題。在歷史上,王肅也不贊成這個觀點,當然王肅不信此説的非正統的觀點不可避免地要被人斥爲"學之陋也"。王肅是根據舊史料所得出的分析意見,現在我們有了新的資料和進一步的看法,這些見解的形成是充分考慮到傳統説法的巨大影響的。以下,將分若干問題答覆趙同志的意見。

一、武王是否營建過洛邑

　　《史記·周本紀》:"(武)王曰:'自洛汭延於伊汭,居易毋固,其有夏之居。我南望三塗,北望嶽鄙,顧詹有河,粵詹雒、伊,毋遠天室。'營周居於洛邑而後去。"趙同志斷定説,這是司馬遷引《逸周書·度邑》之文而多出了最後一句。前面幾句話和《度邑》基本相同,這是大家都知道的,但是從來的注家都沒有說過這句話不是《史記》的原文而是多出來的。自然,我們現在看到的《度邑》並沒有這句話。司馬遷叙述的是武王選定伊洛平原的中心爲宅邑,作爲鎮撫東國、南國的軍事政治經濟的樞紐。"營周居於洛邑而後去"是接着記載了的一段史實,這段史實是不能隨意取消的。《周本紀》最後贊文中,"太史公曰:學者皆稱周伐紂,居洛邑,綜其實不然。武王營之,成王使召公卜居,居九鼎焉,而周復都豐、鎬"。前文"營周居於洛邑而後去"和贊文稱洛邑"武王營之",這兩句話是同一個意思,而且是前後呼應的,怎麼能够武斷地説這句話是多出來的呢? 一些比較審慎的學者,把營周居的"營"解釋爲"度",就是圖謀的意思。楊寬教授《論〈逸周書〉》一文中説:"周人自稱我有夏(見《尚書·君奭》及《立政》),'有夏之居'就是'周居',所以《史記》接着説:'營周居於洛邑而後去。'這個'營'字是規劃的意思,這是説武王要在洛汭與伊汭之間,靠大河之陽的平原地區,營建新都。"這裏把營字通俗地解釋爲"規劃",就是"度"的意思。馬持盈《史記今注》:"'營周居於洛邑而後去'這是武王班師過洛陽時對於建設洛邑計劃之指示,因爲洛陽是殷家遺民集中居留之地,又是控制東部地區之樞紐,周家政權之能否長治久安,就看對於東方地區之綏靖能力如何而定,所以武王特別重視此一問題,以後周公之長期經營洛邑,即係遵照武王之指示而然。"也把"營周居"作爲圖謀的意義來理解,指示也就是圖的意思。對一句話可以作各種理解,這是合理的,却不能够因爲《史記》這句話不合作者觀點,從而將之宣佈爲多出來一句,這至少是不合適的。

營洛邑是不是可以解釋爲圖謀建洛邑呢? 這在《史記》本文中也是有跡可尋的。《衛康叔世家》:"……周公旦代成王治,當國。管叔、蔡叔疑周公,乃與武庚禄父作亂,欲攻成周。"《索隱》:"成周,洛陽。其時周公相成王,營洛邑,猶居西周鎬京,管、蔡欲構難,先攻成周,於是周公東居洛邑,伐管、蔡。"這一段説得很明確,成周洛邑既是管、蔡和武庚進攻的目標,則其地必有政治和軍事設施,它的力量足以威脅管、蔡。如果此處連任何宅邑的踪跡也沒有,是不可能成爲軍事進攻的目標的。但是,按漢代儒生據《洛誥》的解釋,建成成周是在周公攝政的第七個年頭,因而有人對與此有關的任何材料,都要毫不猶豫地予以排斥。《史記·衛世家》與《洛誥》營成周的説法有矛盾,於是有人曲爲之解,云多了一個"成"字。或者乾脆把"成周"二字易爲"鎬京",因爲在他們看來,這是不可理解的。《宋微子世家》作"欲襲成王周公",但此説與《魯世家》武王羣弟流言"周公將不利於成王"的説法有點不相稱,因後者並不是要襲成王,目標是周公。徐廣《集解》云:"一云欲襲成周",據此,《史記》另本此文和《衛世家》相同。關於"欲攻(襲)成周"的問題,陳夢家云:"衛、宋説管蔡'欲攻(襲)成周',此它書所無。管叔封地在成周之東,而且相近,因此很可能管叔有此企圖,所以在此次叛亂中,管叔受誅,而奄君有被遷之説。"

　　事實上，在西周金文中記載，至遲在武王死後的第一、二年就有成周其名。小臣單觶銘文雖然有人説是武王時器，但是古文字學家後來比較一致的意見以爲銘文内容是指成王伐武庚之事，主語是"王後屋克商，在成自，周公錫小臣單具十朋"。其中成自這個地名，也見於競卣銘文："隹（惟）伯屋父以成自即東，命伐南夷。"這"成自"是成周師氏的簡稱，録戎卣銘云："淮夷敢伐内國，女其以成周師氏戍于辪自。"穆王時代的録戎卣、戎方鼎、遇甗、簋、稻卣、叚尊和競卣銘文所載都是戍伐南淮夷的前後戰役，成自是成周八師的駐地，伐南淮夷的軍隊都從成周出發，所以學者認爲"成自"即是成周師氏的簡稱。克武庚之亂是武王死後二年之事，很多資料記載都是一致的。因之可以斷定，成王二年（或舊説周公攝政二年）已經出現了"成自"這個地點，而此時距離傳統周公營成周之説尚有五年之久，這至少可以説明，成周實際上的存在，在於成王元年之前，並且已成爲鎮撫殷與東國的軍事重地，當時天下未集，武王採取這樣的措施是完全必要的，否則周公東征就不可能以成周作爲根據地了。

　　綜上所述，武王實營洛邑，只是死得太早，未能畢其功事，因而，遂有成王後營成周之事。前面説過，"營周居於洛邑而後去"的營通常是作圖謀、計劃解，但是成王時代建造洛邑，也稱之爲營，《周本紀》"成王在豐，使召公復營洛邑，如武王之意。周公復卜申視，卒營築，居九鼎焉"。《洛誥·書序》"召公既相宅，周公往營成周"，《尚書大傳》"五年營成周"，凡此"營"字都不解釋爲謀度，而只作經營、建築解，因而，前者的釋營，就很勉强，自意度到建築都稱之爲營，這只不過是有於周公七年作宅洛邑之説而已，並不足取。

　　趙光賢同志爲了説明武王未營周居，竟説武王伐紂後没有時間去洛邑，在他的武王伐紂日程表中擠不出時間。那麽我們試問，武王對洛邑的地理形勢，據《逸周書·度邑》和《周本紀》所描述的瞭如指掌，作出了重大的決策，斷言武王伐紂後没有去過洛邑，是不能使人相信的。又何尊銘文："隹武王既克大邑商，則廷告于天，曰：'余其宅茲中國，自之辪民。'"兹、之指的都是武王親臨的地點，這廷告於天的處所就在洛邑，是明白無誤的，而竟曲爲之説，武王伐紂後回到宗周，告俘獻廟，中間無多餘時間至洛，此後亦無至洛的記載。周初史料殘缺，不是所有事件都有嚴密的記載留下來，不正視真實史料而一味採取不承認的態度，怎能得出正確的論斷呢？

二、關於周公是否攝政稱王的問題

　　這是一個向來有分歧的問題，這個問題首先涉及到周初成王是否改元，按一般的説法，如：

武王崩，成王幼，周公屏成王而及武王，以屬天下，惡天下之倍周也，履天子之籍。
（《荀子·儒效篇》）

周公旦假爲天子七年。（《韓非子·難》）

武王崩，成王幼弱，周公踐天子之位，以治天下；六年，朝諸侯於明堂，制禮作樂，頒
度量，而天下大服；七年，致政於成王。（《禮記·明堂位》）

成王少，周初定天下，周公恐諸侯畔周，公乃攝行政當國……周公行政七年，成王
長，周公反政成王，北面就羣臣之位。（《周本紀》）

武王既崩，成王少。周公旦代成王治，當國。（《衛康叔世家》）

其後武王既崩，成王少，在襁褓之中。周公恐天下聞武王崩而畔，周公乃踐阼，代成
王攝行政當國……成王長，能聽政，於是周公乃還政於成王，成王臨朝……及七年後，還
政成王，北面就臣位，匔匔如畏然。（《魯周公世家》）

武王既崩，成王少，周公旦專王室。（《管蔡世家》）

以上材料，說明一，周公踐天子位，攝政。二，周公當國七年，返政成王，需要七年的原因
是成王幼少，尚在襁褓之中。所謂踐天子位，代……當國，是指周公不居天子之名而履行天
子的職務。這些材料表明周公不自稱王，《史記》有關《本紀》和《世家》中周公都不自稱王。

說周公居天子之位而稱王的，是對《尚書》中的《康誥》、《酒誥》、《梓材》等篇中的"王若
曰""王曰"之"王"的認識，傳統稱之爲周公稱王。但是，問題的關鍵在於：成王是否真的幼
小，甚至在襁褓之中。這個問題，陳夢家曾在《西周銅器斷代（一）》中說："《孟子·公孫丑
上》：'以文王之德百年而後崩'，《文王世子》：'文王九十七而終'，《路史·發揮四》引《紀年》
'武王年五十四'。武王是文王次子，而武王以後傳位長子。武王滅殷已過半百，則成王即位
當早已成年。唐叔虞是成王弟，其子燮父與周公子禽父並事康王（《左傳》昭十二），則成王即
位時決不能尚在襁褓之中。"他又說："周初周、召兩公爲師保之官，不能因此傅保之官而以所
保的成王成爲幼兒。周公攝政代王之說，一受了成王幼的影響，一是誤讀了《尚書·洛誥》。
此誥末了自'戊辰，王在新邑'至'在十二月惟周公誕保文武受命惟七年'，自成一記事單位。
這種記事體例，置日名最前，而將月名年名置於最後。"我以爲，陳夢家的分析是有一定道理
的，其列舉的兩條材料具有說服力。

並非所有古籍都說周公攝政七年事，《書序》中就沒有這種說法：

武王崩，三監及淮夷叛，周公相成王將黜殷，作《大誥》。

成王既黜殷命，殺武庚，命微子啓代殷後，作《微子之命》。

成王既伐管叔、蔡叔，以殷餘民封康叔，作《康誥》、《酒誥》、《梓材》。

　　成王東伐淮夷,遂踐奄,作《成王征》。

　　成王歸自奄,在宗周,誥庶邦,作《多方》。

都没有提到周公攝政稱王踐天子位和成王幼小的問題,而直接記載成王當國事,召公周公相成王,僅此而已。

　　先秦文籍所提到的攝政七年以及漢儒相同的説法,的確和《洛誥》最後一段文字的解釋有直接關係。照内容看,《洛誥》的本文當在"戊辰,王在新邑烝,祭歲文王騂牛一、武王騂牛一"爲止。至於最後"在十有二月,惟周公誕保文武受命惟七年"是西周初的一種紀年方式。認爲是攝政七年,全是後人理解,馬融以爲惟七年周公攝政,天下太平。鄭康成則云文王得赤雀、武王俯取白魚,受命皆七年而崩,及周公攝政,不敢遇其數也。多是推想之詞,没有言明依據之所在。所謂"文武受命",其結果就是周室伐紂而撫有四方,這七年,是武王克商即位以後的七年,即立國以後的七年,這七年是武王享國二年、成王五年,周公既是武王的輔佐大臣,又是相成王主持東土的重臣,所以有"惟周公誕保文武受命惟七年"的紀年。這段記年,不能作爲周公攝政和返政的依據。

　　從金文來看,從無周公踐阼稱王的任何跡象。證據是:一,恭王時代的牆盤銘文前段歷數周初文王、武王至穆王和恭王的功烈,没有提到周公攝政假天子之位。牆本人是史官,若史實如此、不可能不提到,就是説在西周史官所掌握的史料中,並無周公攝政的事。按理周公七年的功烈是要大書特書的,但史牆盤銘隻字未提,決不是偶然的。史牆盤銘的後段提到克殷後,微氏的高祖使烈祖來宗周見武王,武王令周公分配宫室予以安置,如果周公確有攝政之事,則於其烈祖是有惠之假王,也絶不可能故意不提到。牆盤前段,可視爲《周本紀》的一個縮影,在王世的系列中没有周公,足可證攝政説之不可靠。二,小臣單觶和禽簋銘文,是武王死後兩三年内之事,趙同志説這兩件器"銘文顯然是作於周公返政之後,成王親政時"。小臣單觶銘文記載"王後坒克商"是伐武庚之亂。禽簋銘文記載"王伐堼(奄)侯,周公謀禽",是武王死後成王即位第三年之事。趙光賢同志没有舉出任何理由説明在周公返政以後還有什麽克商的事,在周公返政後還有踐奄的事。即令按照成王親政的説法,《周本紀》言"成康之際,天下安寧,刑錯四十餘年不用"。就是説成王平定東國以後,分封諸侯,至於康王前期,天下有四十多年的和平時代,怎麽還有成王第二次踐奄的事? 如果説踐奄是在成王親政之後,這不過是據《周本紀》叙説《尚書》諸篇次序時把《多方》這篇放在《召誥》、《洛誥》之後,司馬遷可能是採用了《書序》的緣故,因爲此篇是真《尚書》,但却言"成王歸自奄",這樣處理不是簡文有顛倒,就是採用了折衷的方法,但"成王歸自奄"却無法修改,因此只能放在較後的諸篇之内。此事引起了某些注家們的迷惑,以爲成王親政之後,尚有踐奄之事,這是完全錯誤的,没有懂得文意。伐奄之舉,即在滅武庚祿父的次年,其文獻可徵的有:

周公立,相天子,三叔及殷東徐奄及熊盈以畧……元年,夏六月葬武王于畢,二年又作師旅,臨衛,政殷,殷大震潰,降。辟三叔,王子祿父北奔,管叔經而卒,乃囚蔡叔于郭凌。凡所征熊盈族十有七國。(《逸周書·作雒篇》)

周公相武王,誅紂、伐奄,三年討其君,驅飛廉於海隅而戮之,滅國者五十,驅虎豹犀象而遠之,天下大悅。(《孟子·滕文公下》)

周公旦已勝殷,將攻商蓋(奄),乃攻九夷而商蓋服矣。(《韓非子·説林上》)

武王死,成王幼,管蔡疑周公而流言,奄君、蒲古謂祿父曰:"武王既死矣,成王尚幼矣,周公見疑矣,請舉事。"然後祿父及三監叛。(《尚書大傳》)

成王東伐淮夷,遂踐奄,作《成王政》。成王既踐奄,將遷其君於薄姑。周公告召公,作《將蒲姑》。(《尚書序》)

召公爲保,周公爲師,東伐淮夷,殘奄,遷其君薄姑。(《周本紀》)

金文中可以證實以上史料爲真實的有禽簋和塱方鼎,簋銘已如上述爲伐奄之事,《韓非子·説林》和《墨子·耕柱》的"商蓋",即商奄(見《左傳·昭九年》),蓋、奄古音義並同,蓋從去得聲,荃侯之荃亦從去得聲,是以學者釋荃侯爲奄侯。《説文》:"郼,周公所誅,郼國在魯。"禽簋銘記成王伐奄侯以周公主謀其事,和上述史料所載相合。而塱方鼎銘文"隹周公于征伐東夷、豐伯、尃古、咸戩。"與上述史料也相合。可見成王踐奄、周公東征是對東方組織的一次重大戰略作戰,時間即在滅武庚、管叔和放蔡叔的次年,因此,所謂周公攝政説事實上是不存在的。

趙光賢同志説小臣單觶和禽簋"顯然是作於周公返政成王之後,成王親政時",因此我很盼他能針對上述文獻拿出"經典有明證"的材料來,以證成其説。

三、關於成王時代營成周之年的問題

趙光賢同志認爲《尚書大傳》五年營成周之説不足據,時至今日,還很少有如此之堅決地否定《尚書大傳》的意見。我們看到《尚書》的注家,也相當重視《大傳》之説,而予以客觀地分析,如孫星衍的《尚書今古文注疏》即是如此,又如朱佑曾《逸周書集訓校釋》中之《作雒》也曾客觀地引用《大傳》之文,而不加排斥。但是,如果排斥是有充分理由的,爲了清理歷史問題,也是完全應該的,反之,則否。

《周本紀》及《衛世家》載周初史實爲:武王克商。武王既克商二年崩。成王立而幼小,周公攝政當國。同年武庚及管、蔡叛亂。周公攝政之第二年奉成王命誅滅武庚殺管叔放蔡叔。寧淮夷東土二年而畢定(二爲三之誤)。封武王少弟封爲衛康叔。七年返政成王。《周本紀》僅言:"成王在豐,使召公復營洛邑,如武王之意,周公復卜申視,卒營築,居九鼎焉。"没有説明是哪一年。《魯世家》中明言是成王七年,二月使召公之洛相土,三月周公往營成周洛邑。自東土平定(三年)至七年方營成周,其間相隔四年,除了唐叔獻嘉禾以餽周公於東土和周公作了一首詩《鴟鴞》以外,没有大事可記,這是很不合理的。前文引《逸周書·作雒篇》載元年葬武王。二年政(征)殷,辟三叔。所征熊盈族(東土)十有七國。俾康叔宅於殷,俾仲旄父宅於東。及將致政,乃作大邑成周於土中。所謂致政,自然也是指的七年。所不同的是指明征熊盈族十有七國,係指奄、薄姑等東方諸國而言。

平滅武庚後,將殷餘民一部分封衛康叔,一部分即遷於成周,爲周公所監,成周駐有重兵,起着對殷頑民的鎮懾作用。當時還封微子於宋,並加强了魯、燕、齊等封國的地位。所有這些措施,目的爲了鞏固東土,而最主要的鎮壓對象是殷之頑民,封衛之後若是過了四年再來遷移,這是和當時的政治和軍事措施不相適應的。《逸周書·作雒篇》把"俘殷獻民,遷於九畢"置於封衛侯和中旄父之前,顯然是正確的,所謂"九畢",注家以爲"成周之地"。成周初營於武王,繼營於成王,據《逸周書·作雒篇》描述的規模,成周"立城方千七百二十丈,郛方七十里,南繫於雒水,北固於郟山,以爲天下之大湊"。此千七百二十丈,《初學記》、《藝文類聚》引作"方千七百二十丈"正好合於方九里之數。這樣大的規模,豈能如《召誥》、《洛誥》所云短期内建成。按所載的程序是:戊申至洛卜宅,既得卜則經營,庚戌以庶殷攻位於洛汭,甲寅位成,次日乙卯周公至洛達觀於新邑營,丁巳郊祭,戊午社祭於新邑,越七日甲子周公以王之命書向在新邑的庶殷侯甸男邦伯等發佈命令,至是新邑告成。試問,這樣短的時間,如何能夠營造這樣大規模的宅邑? 没有幾年的時間,不要説是三千年以前,就是在現代的條件下也不大可能。因此,新邑成周的營建在成王時一年不到就可畢其工是不可能的,它必須在武王營周居的基礎上方能加以完成。至於東土叛亂時,成周是平叛的基地,並没有繼續營造成周的記載,因此我説武庚作亂時成周的營建工作可能受到影響,並不是什麽曲解。

營造成周之年,歷來説法不一,司馬遷説爲成王七年,鄭康成説是周公居攝五年,當本《尚書大傳》。據上述《洛誥》"惟周公誕保文武受命惟七年"的分析,此七年是克殷受命立國的第七年,而爲成王的五年,如果套用周公攝政之年,則是周公居攝的五年。兩者比較而言,《尚書大傳》和鄭康成的見解是正確的。同時,從周初一系列的史實而言,營造成周也決不可能在滅東土叛亂後的第四年方才進行。

在西周金文中,能夠證明此事的是寶雞出土的何尊,銘文明記王初㣪宅於成周,故五年營成周的事是信而有徵了。

關於何尊㣪宅的㣪字,我曾在《何尊銘文和周初史實》一文中予以闡明。這個字一開頭就有三種不同的意見,唐蘭先生以爲是遷字,隸定字從邑。由此,引出成王曾遷都成周的推

斷,認爲銘文提供了最重要的史實。張政烺先生看得很仔細,認定偏旁從呂,隸定爲䴗,認爲
䴗宅即是相宅之意。我當時隸定爲䴗,初亦認爲字從邑,䴗字有升高之義,是堙字的本字。
之後,引用此字以唐先生的遷都之說較多,認爲營造成周之意的也有,但屬個別。因這篇銘
文是我在北京出國文展籌備展品時清洗有害銹時發現的,當時四邊的銹清除未淨,所以初拓
本看上去像從邑而實際非是。爲了搞清問題,後來再次作了局部去銹的加工,結果發現第一
行下面幾個字鑄口較淺,如惟字,䴗字,于字和最後復再二字,以及末行的好幾個字,特別是
字的外側,筆道很淺,看得清楚,未必拓得清楚。於是我特地請高手對䴗字加工精拓,拓本發
表於《商周青銅器銘文選》的第一册,字跡比較清楚,若觀察原器則更爲清楚。這個字的最後
認定是沒有問題的,原器可以目驗。

我未悉趙光賢同志看得是什麼拓本,説是"此字粗筆與它字一律,而細筆顯非原字",這
是他不知道這種字口深淺不一的現象,乃是作内範時嵌入銘文範邊沿所產生的現象,並不罕
見。趙光賢同志以爲此字"右半之䴗甚明確,而左半之乚則極細微,至於左尾一筆則若有若
無,稍遠看仍是䴗形,實際上還是邑字,不過變一口爲二口而已"。此説有兩個問題,一是將
已清楚的字形反而説得不清楚,其次是不論甲骨文、金文、古文和小篆,從未發現邑字從二口
的,這種隨意辯解字形的説法,殊不足取。《説文》籀文邑字從二口作䴗,此吕是其聲符,並不
是邑字可以變爲二口之形。

附帶説明,䴗字釋遷是唐蘭先生據字形未剔清前的説法,清剔本的這個字,決不可能釋
爲遷字,今有原器在,目驗可知。關於成王遷都的説法,司馬遷在《周本紀》贊文中作了明確
的論斷,何尊䴗宅一詞,證明司馬遷的説法是可靠的。

從以上各方面説明,成王營成周確在五祀,《尚書大傳》此條和鄭康成的斷言是正確的。

四、關於《康誥》周公稱王的問題

從來對《康誥》的解釋是不一致的。趙光賢同志引"王若曰:孟侯,朕其弟,小子封"的原
文後説:"試問這個王是誰,如果説,周公代王向康叔訓話,這種解説未免太成問題,試問成王
能呼康叔爲弟嗎? 過去有人説這王應當是指武王,這更是曲解。"他認爲康叔封衛是在武王
死後,所以不可能是武王時作品。這個問題值得探討。

《康誥》《書序》是這樣説的:武王崩,三監畔,周公誅之,盡以其地封康叔,爲衛侯。以夾
輔周室,遷邶庸之民於洛邑。而且,《衛康叔世家》有一段記載,説是以武庚餘民封康叔後,周
公懼康叔齒少,乃申告康叔,必求殷之賢人君子長者,問其先殷所以興,所以亡,務愛民。這
些申告之詞的册書記録,就是《康誥》、《酒誥》、《梓材》云云。康叔至衛,以這些誥命和集其

民，民於是大悦。趙光賢同志説："康叔封於衛，事在武庚管蔡作亂平定之後，武王早已死去。應當説，這個王只有周公能當，這是周公踐阼稱王的鐵證。"問題在於提出的這種解釋並不絶對可靠，更毋庸説是"鐵證"了。兹分析如下：

首先，衛康叔名封，康叔之康，是其初封的國名。馬融以爲康是"圻内國名"，《路史·國民紀》引《姓書》云康叔故城在潁川，《説交》邑部"邟，潁川縣"。《集韻》云，邟，縣名，在潁川，字又作鄺，邟、康同音，在畿内。《中國歷史地圖集》標在潁水上游禹縣之北嵩山之南的區域内，以成周爲中心，邦畿千里，正在畿内之地。此處就是康叔的封國。這裏必須指出的是，武王克商，分封諸侯，成王平叛征東土之後，又分封了一次諸侯，這兩次之間，更無封侯之事，則康叔之始封，必須在武王時。康叔官名稱康侯，周初金文有鼎銘："康侯封作寳尊"，是爲康侯未改封於衛前之器。記康侯遷封於衛之器，則是渣司徒簋，亦名康侯簋，銘云："王朿伐商邑，征令康侯啚于衛。渣司徒迭眔(遝)啚，乍氒考尊彝。"銘中之啚不是康侯之名，而是鄙字，古啚鄙爲一字，《廣雅·釋詁四》云鄙爲"國也"，此處用作動詞。眔(遝)啚是至國之意。遷封於衛的康侯，就是《史記·衛康叔世家》中的衛康叔。康侯封方鼎，則是封始封於康之器，渣司徒簋，是康叔改封於衛之器。但是武王時所封康叔之事，《史記·周本紀》和《衛康叔世家》中没有任何記載，顯然是漏失了一段初封的歷史。武王時既封於康，成王四年改封，説康叔齒少，實在是很不準確的。認定了這一段歷史事實，然後就可以考慮《康誥》的問題。

《康誥》内容，没有涉及到武庚叛亂和從康遷封於衛的事。如宜侯夨簋記虞侯改封於宜爲宜侯，内容非常明確，如果此誥是從康改封於衛，則在内容中應該適當地反映出來，這是一。《康誥》提到"肆汝小子封在兹東土"，康國在東土範圍，而衛亦屬東土。但衛之封是平叛後的一件大事，與封康的政治含義不同，具有更重大的戰略作用，"肆汝小子封在兹東土"這個名詞却没有確指，本身就是一個問題，此其二。《尚書》篇名，有以事件命名的，如《武成》、《酒誥》、《洛誥》之類；有以人名命名的，如《微子》、《召誥》、《君奭》之類，《康誥》即屬於後者，康叔所受之《誥》即稱爲《康誥》。康叔既已改封於衛，不得復稱其昔日的國號，渣司徒簋稱"征令康叔啚於衛"，是改封的命令，對於衛應以衛爲國號。此言《康誥》没有明指爲侯於衛，此其三。陳夢家在《西周銅器斷代(一)》一文中説："今所傳《尚書》中的《康誥》、《酒誥》、《梓材》三篇都是命封的，《書序》以爲成王所作都有問題。""《康誥》開首五十字本是兩簡，當是三家今文，據中古文本應屬於《召誥》，如此説則《康誥》或是武王封康叔封於康的誥命。故曰'孟侯，朕其弟小子封'。《酒誥》和《梓材》都以'王曰封'開始，不是成王口氣，也是武王所命。"因此，在命衛侯之前，康侯封於武王時，武王宣命稱"王若曰"，稱封爲"朕其弟小子封"，是合理的，如果認爲姬封之封只能在武王死後，對照金文資料，不説曲解，也近乎武斷。認爲《康誥》爲周公攝政封衛侯時所作，從而引出周公稱王的推斷，是很難站得住的。

五、關於營洛邑的其他兩個問題

趙光賢同志説我肯定成王五祀來成周是在此年三月，根據是《召誥》"王來紹上帝，自服於土中"一句，相信僞孔傳的解釋，"言王今來居洛邑，繼天爲治，躬自服行教化於地勢正中"。説這個解釋是望文生訓，并未懂得原義。趙文以下的評論，也在於王來不來洛邑的問題。

這個問題的矛盾，在於有人相信《洛誥》中"王命周公後，作册逸誥，在十有二月"和最後的一句"在十有二月，惟周公誕保文武受命惟七年"解釋爲十二月返政成王。這種看法是片面的。王國維《洛誥解》云："乙卯，三月十二日（見《召誥》），日而不月者，成王至洛與周公相見，時在五月乙卯以前故也。伻，使。圖，謀。俾成王來洛，以謀定都之事，且獻卜兆於王。此周公所復者，皆追述王至洛以前事也。"王國維成王至洛與周公相見的説法，只要不宥於成王十二月至洛親政的説法，相信是可以接受的，因爲經文本身是比較清楚的。我在《何尊銘文和周初史實》一文中已經言明，孔傳的説法多少有些含糊，並據兩《誥》分析"周公去洛是在七年三月乙卯，而成王在同時或稍後亦抵達洛邑"，王國維的説法，認爲五月乙卯以前成王至洛與周公相見，皆與十二月説不合，不合而必欲説成是相信僞孔傳，這是不能解決問題的。據何尊銘文，王初鑾宅於成周，並在四月丙戌誥宗小子，在此以前應該舉行過必要的儀式，在行儀式之前與周公相見。這一判斷的根據是何尊銘文中沒有出現周公，會見當在此之前，其間並無矛盾。那種認爲成王只是在十二月方來成周的説法，是不能成立的。

趙光賢同志在引《逸周書・度邑》"……顧詹有河，粵詹洛、伊，無遠天室"之後説："天室指王者之都，其他北近大河，南臨洛水，地居天下之中，宜於建都。"對天室的這樣説解，是有望文生訓的味道。天室一詞，見於武王時代天亡簋（即大豐簋）的銘文："乙亥，王又（有）大豐（禮），王凡（汎）三方。王衣祀于天室，降。天亡又（佑）王，衣（殷）祀于王不顯考文王……"在這裏，天室是一宗教建築，作爲祭祀的場所，它的特定作用是祭天，因而有一定高度，天亡簋銘文言武王祭上帝完畢後，從天室中走了下來，就是所謂"降"。天室即辟雍之重屋，學者早有論定，有關史料，信而有徵。麥尊銘："……侯見于宗周，亡述（尤）。迼（會）王客戶京，彭祀。雺若翌日，才（在）璧靈，王乘于舟爲大豐（禮）。"麥尊銘文內容因爲沒有祭天這個節目，所以沒有提到"天室"，天亡簋銘文"王凡（汎）三方"，和麥尊"王乘于舟爲大豐（禮）"，都在辟雍的大池中進行。天室是辟雍之中建築羣最爲重要的中心建築，其形式即爲重屋，用爲祭天。楊寬教授的《論〈逸周書〉》一文中也提到"'天室'是指舉行大典及施政的明堂"，也是指的建築，不過楊寬教授在這裏是泛而言之，具體地説，天室即是漢儒所言明堂中心多層的重屋。如果天室是都邑，那麼祭天之後，周王要從都邑中走下來，這就難於理解了。"無遠天室"、"依天室"指的是在天室中祭天,勤祀上帝,使王者的意志上達於天。

綜觀《成周考》全文,作者反覆强調的是《召誥》和《洛誥》,並且只用了兩《誥》的某些傾向性解釋,以周公攝政七年説爲核心,排斥與之相反的史實和見解,排斥金文中的真實史料,任意解釋,因而對趙光賢同志的意見不能苟同,兹特闡述如上。

(原載《中華文史論叢》第 46 輯,上海古籍出版社,1990 年)

墙盤銘文別解

　　建國以來，古文字學界對於西周青銅器討論最熱烈的，首推 1976 年 12 月陝西扶風白家村南所發現的西周窖藏青銅器中的墙盤(圖版二)。窖藏的 103 件青銅器是一個整體，對這一器羣的研究不僅大大有助於西周中期青銅器的斷代工作，而且對於古史和古文字的闡發，極有裨益。銘文長達 284 字的墙盤，其重要意義，尤爲顯著。1977 年冬，筆者曾有機會去周原，手拓墙盤銘文。此銘用筆之精湛遒勁，文字之逼皇瑰麗，真令人賞心悦目。墙盤出土，在古文字學界引起了討論的熱潮。唐蘭、裘錫圭、徐中舒、李學勤、于省吾、趙誠、戴家祥、陳世輝等學者，都先後發表了論文，對於墙盤銘文的解釋作出了貢獻①。現在討論的高潮已經過去，檢視各種見解，覺得還有不少問題可以繼續深入研究，筆者在整理資料過程中，也有一些自己的看法。兹值上海圖書館建館三十周年之際，寫出來以供進一步探討。

一、絽圉武王遹征四方

　　銘辭第一字有絽、訊、絽、嗣等不同的隸定和解釋。字從索從吾。索作棠，小篆作棠，《説文·市部》：“索，艸有莖葉可作繩索。”索的本義就是繞在屮上的縷繩，中間屮是繞繩的工具，猶𦅗是理絲的工具有屮一樣。𠂉是人形，隸定爲屮是對的，寫法稍有變化。屮形下從口是一器物。字像屮執工具理索形，是會意兼形聲字。從字的會意看，可能是緝字的初文。緝從糸耳聲，段玉裁《説文解字注》：“凡麻枲先分其莖與皮曰朩，因而漚之，取所漚之麻而林之，林之爲言微也，微纖爲功，析其皮如絲而撚之、而劃之、而續之，而後爲縷，是曰績，亦曰緝，亦緐言緝績。”朱駿聲《説文通訓定聲》：“凡麻先分其莖與皮，曰朩，而漚之、而撚之、而劃之，然後續之爲縷，曰緝。”與段玉裁所述相同。這個字正像人整理縷綫的狀態，從屮，正如整理絲須有屮這種工具一樣，是同一個意思。緝是形聲字，字形本身表現不出績縷麻的狀態，而𦅗這個

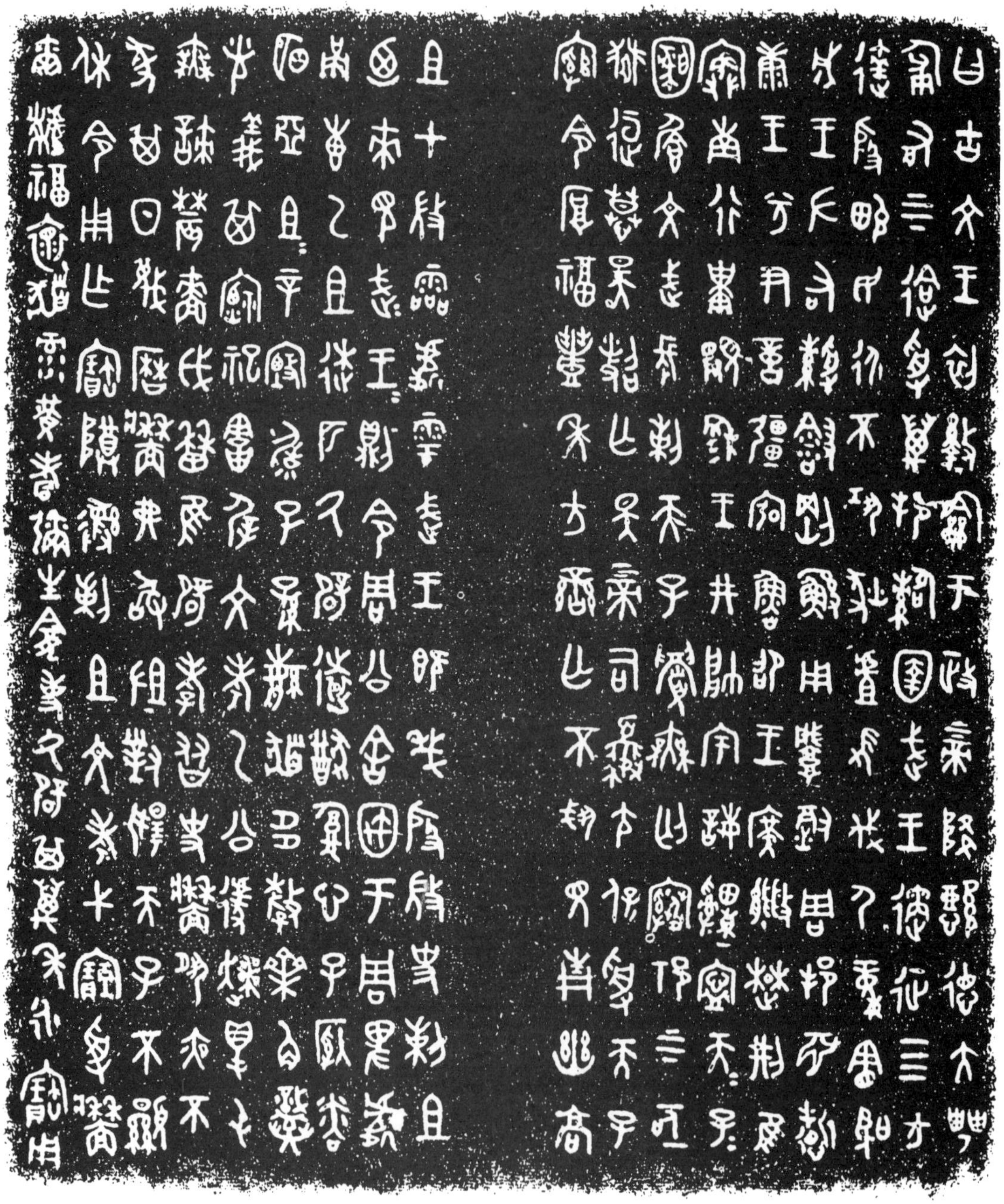

墻盤銘文

字乃是緝的本字,形象地顯示了績縷的情形,所以這個字應當讀爲緝。從聲符看,古丮字有見紐和照紐兩聲,而緝字在清紐,故其聲紐亦可通轉。

圉,釋者多以强圉字解。周人常常宣揚文、武明德,從不稱武王以强力得天下。周初文獻,包括金文在內,連篇累牘的講兩件事,一是文武受天命,二是説他們有高尚光明的德性。説武王持强禦以得天下,不符合周人宣傳的精神實質。

緝圉,當讀爲緝御。《詩·大雅·行葦》:"肆筵設席,授幾有緝御。"毛亨《傳》:"緝御,跂踖之容也。"《論語·鄉黨》:"君在,跂踖如也,與與如也。"何晏《集解》引馬融曰:"跂踖,恭敬之貌。"緝御顯然是一個完整的詞,但漢代有的經師把御解釋爲侍者,是望文生訓,殊不可取,當以毛《傳》爲是。墙盤之"緝圉(御)武王",是指武王虔敬天命,而不是指武功。虔敬上天是周的基本道德準則,經籍和金文中屢見不鮮。"緝御武王"者,是説武王對這一道德準則已經作出了表率。

"通征四方"之辭,當世古文字學家大都解釋爲征伐四方,並引《逸周書·世俘解》證成其説:"武王遂征四方,凡憝國九十有九國,馘歷億有十萬七千七百七十有九,俘人三億萬有二百三十,凡服國六百五十有二。"但朱右曾《集訓校釋》引孔鼉云:"武王以不殺爲仁,無緣馘億也。俘馘之多,此大言之也。""武王遂征四方"的文字,夾在"咸劉商王紂"、"薦俘殷王鼎"之後,入廟獻"商王紂縣首"之前,顯得體例乖亂,史家多棄而不用。《孟子·滕文公下》:"周公相武王誅紂伐奄,三年討其君,驅飛廉於海隅而戮之,滅國者五十,驅虎豹犀象而遠之,天下大悦。"這一段説的是伐奄,把奄君趕到海隅而加以殺戮。奄後爲齊都,離海尚遠,奄的東部還有許多小國,絕不可能把奄君趕到海濱而施以刑戮。這段文字大約是把成王時代周公東征伐奄、薄姑等事混淆在一起纂編出來的。至於《逸周書·世俘解》所載,從未得到過史家的承認。"憝國九十有九國,馘歷億有十萬七千七百七十有九,俘人三億萬有二百三十",誇大其詞,不言而喻,顯然是從克殷後"武王遂征四方"這句話引伸出來的,當然不能作爲信史。現在,墙盤銘也有"緝圉武王,通征四方"之辭,我們究竟應該如何理解?

金文中"征"字的用法有以下幾個例子:

一、用如本誼,如"武王征商"(利簋)、"伯懋父以殷八師征東夷"(小臣謎簋)。

二、用如徵字,"王命益公征眉敖"(乖伯簋),這個征是適的意思,不是征伐。八月益公至眉敖,次年二月眉敖至周朝覲,所以,這個征不作征伐解。

三、用爲正字,"唯征月既望癸酉"(員鼎),此征字假借爲正。

"通征四方"之征,亦當假借爲正。正是正治的意思。盂鼎銘:"匍有四方,畯正厥民。"辭意是普有天下(四方),大治其民。《吕氏春秋·順民》:"昔者,湯克夏而正天下。"高誘《訓解》:"正,治也。"正四方這類辭,用於開國之君,如《詩·商頌·玄鳥》:"古帝命武湯,正域彼四方",説的是商湯得天下;墙盤銘之"通征四方",説的是武王得天下。

　　銘文云“征四方”，四方是周人特指天下的專門名詞，王都以外的畿內稱四國，再其外稱四方。《史記》載武王伐商得到諸侯的普遍擁護，如何再有征伐天下諸侯的事。周人敵對的國族總是有的，但克商後武王大封諸侯，短期內沒有發生戰爭。周人採用分封諸侯的制度，這正是周武王及其謀臣們的高明之處。在周和殷人潛在力量懸殊的情形下，周人既無力量也無必要去掃蕩天下。因此，治天下當作打天下的解釋是不對的。司馬遷是一位嚴肅的偉大史學家，如武王確有征伐天下的事，此事不可能不載入史冊。無論是各種史籍，還是周初的金文，都沒有提到武王有任何征服天下的事。因此，“遹征四方”和大盂鼎的“匍有四方，畯正厥民”的意思是類似的。

二、光伐夷童

　　“紹圉武王，遹征（正）四方，達（撻）殷，畯（俊）民永不（丕）巩（鞏）狄（奠）。盧！光伐夷童。”這一句置於頌揚武王功績的最末，辭意是承接“撻殷”而來，“畯（俊）民永不（丕）巩（鞏）狄（奠）”，加上一個歎辭，然後說“光伐夷童”，這四個字在文意上與“撻殷”直接有關。以上這一段辭，學者們斷句很不相同：

　　一、達殷畯（畯）民，永，不（丕）巩（鞏）狄盧（祖），光（撝）尸（夷）童。——唐蘭

　　二、達（撻）殷畯民，永不巩，狄（逖）盧光，伐尸（夷）、童。——裘錫圭

　　三、達殷畯民，永不巩狄盧，長伐夷童。——徐中舒

　　四、達殷，畯民永不巩狄盧，光伐尸童。——李學勤

　　五、達（撻）殷畯民，永不巩（恐）狄（惕），盧長伐夷童。——戴家祥

　　六、達殷畯（畯）民，永丕巩（鞏）狄盧，托（撝）伐尸（夷）童。——趙誠

　　以上“畯民”承上句還是連下句，顯然有分歧。還有“盧”字承上句還是連下句，其解釋也大不相同，辭意的詮釋亦各有見地。

　　畯民，當然就是經籍中的俊民，見於《尚書·多士》，問題在於對此篇的斷句也有不同：“乃命爾先祖成湯革夏，俊民甸四方。”有的將“俊民”屬讀上句，“達殷畯民”的句讀與此相同。但是“俊民”應連下句讀，因為達假借作撻，則俊民不可能是擊撻的對象，俊民是才智之士，上句是說湯革夏命，下句是說任用優秀的人才來安定天下。如果連上讀，含義就不好解釋。這樣，墻盤的“俊民”也應該連下讀。

　　永丕巩狄，這一句話頗費解。丕巩一辭，見於毛公鼎，云：“肆皇天無斁，臨保我有周，丕

鞏先王配命。"這是説鞏固先王所配的天命,簡言之就是鞏固王業、王位。永是長的意思。永丕鞏指長久地鞏固王業,則辭末之狄當假借爲奠。《詩·魯頌·泮水》:"桓桓于征,狄彼東南。"此狄訓平定,與《尚書·多士》之"俊民甸四方"之甸義近,孔傳甸訓治,治也就是安定的意思。"甸四方"亦即禹鼎之"奠四方"。狄、奠、甸皆一聲之轉的同義字,都是安定之意。因此,"眈(俊)民永不(丕)巩(奠)"。

虘! 兂伐夷童。戴家祥先生讀虘爲歎辭,是完全正確的。𠂤,與甲骨刻辭四方風名中的南方風名之𠂤同爲一字,裘錫圭先生曾指出這一點,並證明釋爲兂是正確的。此字釋爲長、釋爲兂都與字形不合。

兂伐當作長伐、揮伐解,都難於闡釋文義。因爲前文已經講過通征(正)四方、撻殷、永丕巩狄,後面兂伐再解釋爲戰伐義,於辭叙層次也不恰當。因爲這樣一來,事件的叙述顯得過於混亂而且本末倒置。史墙是史官,不應該也不可能出現這樣史實編排的紊亂現象。

兂伐當是愷樂而稱善武王的功績而言。

兂,與甲骨刻辭四方風名中的南方風名同爲一字。《殷契拾掇第二編》一五八:"南方曰𡵂,風曰兂。"兂應是豈字的初文,又通作凱。古稱南風爲凱風。《詩·邶風·凱風》:"凱風自南,吹彼棘心。"毛《傳》:"南風謂之凱風。"《楚辭·遠遊》:"順凱風以從遊兮",王逸《章句》:"南風曰凱風。"《爾雅·釋天》所訓並同。

凱從豈聲,墙盤兂伐之兂當讀爲愷。《左傳·僖公十二年》引《詩》曰:"愷悌君子,神所勞矣。"杜預《注》:"愷,樂也。"又《莊子·天道》:"中心物愷",成玄英《疏》:"愷,樂也。"

伐,應訓爲伐善之伐,亦即功伐之伐。《左傳·莊公廿八年》:"若使太子主曲沃,而重耳夷吾主蒲與屈,則可以威民而懼戎,且旌君伐。"杜《注》:"伐,功也。"又《論語·公冶長》:"願無伐善",皇侃《義疏》:"有善而自稱曰伐善也。"按無論自稱或人稱的功善,都可以謂之伐。金文中屢見的"蔑曆"一辭,蔑字像以戈鈎擊一張大其目的人形,與明功伐之伐字同義,蔑是明功善本義字,伐是其引伸。金文中的蔑曆都是明功善,不論自明功善或他明功善都是如此。

由此,墙盤的兂伐,是指愷樂以明武王的功績。

夷童,讀爲夷東也是正確的。愷伐夷東是説夷人和東國也愷樂而稱善武王的功業。如果像有些學者解釋作征伐東夷,則於史實難合。因爲"紂克東夷而隕其身"(《左傳·昭公十一年》),帝乙、帝辛父子兩代經營東夷,耗盡國力,兵員牽制,因而牧野一戰即潰,這一失敗也包含了夷兵對紂王的反抗。而敵人(紂)的敵人,至少暫時可以成爲同盟者。説武王滅紂後伐東夷,既不合乎事實,也有乖於情理。所以《逸周書·世俘解》武王征伐四方之説,爲司馬遷所不取。而墙盤銘中説到夷人和東國稱善武王的業績,也是作爲一種戰略意義的勝利紀功。

三、畫聖成王左右縶飲（敆）剛鯀（㤼）用肇叔（徹）周邦

縶，從索受聲。飲，左旁像有米粒上下覆合，即是會字，古合會字同。從ㄑ，攴字的形變，字當釋作敆，敆義同合，聲在見紐。下文云剛鯀，考慮到周人常有剛柔皆應、剛柔相推和柔乘剛、柔變剛以及柔克剛克的概念，疑縶當假借爲柔，縶從受聲，受、柔是一聲之轉。敆讀爲嘉，敆、嘉皆見紐。縶敆即柔嘉。《詩·大雅·烝民》：“仲山甫之德，柔嘉維則。”柔嘉是形容仲山甫之德柔和而美善。剛鯀，應如戴家祥先生所釋讀爲剛果，果孳乳爲㤼，《爾雅·釋詁》：果，“勝也。”又《廣雅·釋詁》：㤼，“勇也”。剛㤼就是剛克的意思，克有勝義，《左傳·文公五年》引《商書》曰：“沈漸剛克，高明柔克。”此文見於《洪範》，今本《尚書》在《周書》。文公五年在春秋之初，則剛克柔克這種概念當非晚出。左右柔嘉剛㤼，是説成王左右輔協之臣兼有柔美和剛毅的德行，當是指周公、召公等大貴族。下文云“肇徹周邦”，就是指的左右有柔剛德性之臣治理邦國而言。

四、沖（容）龡（哲）康王

沖，諸家或釋爲淵，或釋爲肅。《説文·水部》：“淵，回水也，從水，象形，左右岸也，中象水皃。開，淵或省水。囦，古文從口水。”

字讀肅讀容皆可通。《説文·聿部》：“肅，持事振敬也。從聿在開上，戰戰兢兢也。”按鎛之“簫簫義政”，叔夷鐘之“簫成朕師旟之政德”，王孫遺者鐘“肅哲聖武”從聿，凡此開、簫古文字學家讀爲肅是對的。這樣，《説文》對這個字的解釋就需要補充了。據金文有從聿與不從聿兩寫，可知開或開本讀肅音，從聿是加了一個意符，不加此意符也讀肅聲。如果逕釋爲淵字，那末與肅音出入太大，根據字意，本當是容字。《説文·谷部》：“容，深，通川也。從谷從卣。卣，殘地阬坎意也。《虞書》曰：容畎澮距川。濬，容或從水。睿，古文容。”對這個字的解釋有三點：一是深，與肅之解釋爲戰戰兢兢意思相同，所謂戰戰兢兢是指如臨深淵，從深義來説，是一致的，《爾雅·釋言》訓濬爲“幽，深也”。其次開從水，和容從水相同。第三，不僅義同，而且聲紐也相同，容和肅都屬於心紐。是以聲義并同。又《詩·商頌·長發》：“濬哲維商”，毛《傳》：“濬深。”《尚書·舜典》：“濬哲文明”，孔穎達《疏》：“舍人曰：濬，下之深也。”濬是容的孳乳字，它的意思和肅是一致的。這樣，根據典籍所載，銘文可以直接隸定爲容哲，讀作濬哲。從以上的分析可以知道，肅和容是同一個字的分化。

　　至於淵和肅，簡體的不從聿。金文的筩、簡，也是同一個字。淵字聲紐和睿字聲紐不相同，但却同爲真部，這就是説同一個字韻部相同而聲母有了變化，字義字形仍然没有變，而是後來的讀音在韻部相同的條件下發生了聲母方面的變化。另有一個叡字，從又睿聲，這個字是祭部，它的音讀與淵有連繫，字屬喻紐，淵屬影紐，這是聲紐的再次旁轉而産生另一個音讀。又璿的古文是瓊，籀文是叡。籀文與叙部的叡是同一個字，它的聲母同在喻紐，韻母則在元部。閉、淵、肅、容、睿、濬、叡、璿等字組同出一源，其音讀雖有聲韻兩方面的變化，但仍然是在一定的範圍内有規則的變化。追根究源，它們彼此都有聯繫。

　　綜上所述，墙盤銘"容哲"讀爲肅哲和淵哲在原則上都不錯，按慣例的作法從經籍讀，則應如《詩·商頌·長發》之讀爲"濬哲"。

五、祇覞穆王

　　祇，《詩·商頌·長發》："上帝是祇"，鄭玄《箋》："祇，敬。"是爲莊敬之意。

　　覞，從睍尹聲。沈子也簋蓋銘作顯，從顯省尹聲。古文字學家或者直接把這個字釋爲顯，容庚先生《金文編》顯字條下妝頿、顮二字，把後二字列爲同一行，按此書體例是同一個字；或者認爲字義與顯相近。唐蘭先生認爲字當從尹睍聲。按睍、顯（包括顯省之頿）字義確實相近，因此它們是意符而不是聲符，尹是此二字的聲符。這兩個字雖然與顯字義近，但都不能直接釋爲顯。因爲如果可以讀爲顯，那末加上聲符尹就不好解釋了。

　　《説文·日部》："睍，日見也。從日從見，見亦聲。"《玉篇》："睍，明也。"顯也是明義。從聲義而言，覞字當讀爲晏，《詩·小雅·角弓》："見睍曰消"，《荀子·非相》引作"宴然聿消"宴代之以睍。晏屬影紐，尹屬喻紐。顯是匣紐，但標以聲符尹，説明當時實際的音值是不同的，而尹與宴則更爲相近。《漢書·諸侯王表序》："高后女主攝位，而海内晏如。"顔師古《注》："晏如，安然也。"《詩·衛風·氓》："言笑晏晏"，毛《傳》："晏晏，和柔也。"又《爾雅·釋訓》：晏晏，"柔也。"柔有順的意思，祇覞（晏）是説穆王敬慎安然。

　　至於頌鼎和史頌簋的"日匡天子覞令"、虢季子白盤之"孔覞有光"，也當讀作晏。《説文》："晏，天清也"，與顯明同義。"覞令（命）"猶明命，"孔覞有光"即孔明有光。

六、夒邵上下亟獄逗慕昊龡亡昊

　　夒邵上下，義類《尚書·召誥》"愍祀于上下"，孔安國《傳》："爲治當慎祀于天地。"孫星衍

《尚書今古文註疏》:"慎祀于上下神祇。"䜣從夒寒聲,古寒與旱、忓、閒等從干聲之字皆同聲同部,銘辭當讀爲忓,《廣雅·釋詁》訓犍、忓等字爲"善也"。王念孫《疏證》:"忓者,《方言》:自關而西秦晉之故都謂好曰忓。"邒,從丁從邑,丁是示的早期寫法,甲骨文示字並無左右兩豎,此種形體在卜辭中不知其數。後來演化成示字,初但作丁或丅。因此佀必是祁字,祁通作祈。《左傳·成公八年》之祁奚,《吕氏春秋·開春》作祈奚。祈是祈禱求福,《詩·周頌·噫嘻序》:"春夏祈穀于上帝也。"上下,指天神地祇,當如孫星衍的解釋。

亟獄,速聽獄訟之意。《爾雅·釋詁》訓亟爲"速也"。獄須慎而速決,是周人標榜的爲政之道,大盂鼎銘云:"敏諫(速)罰訟",和亟獄的意思是一致的。《説文·狀部》:"獄,司空也。"《玉篇》:"獄,辨獄官也,察也,今作伺、覗。"

逗慕,讀作宣謨。逗從辵亘聲,假借爲宣。慕,通作謨。趩簋之"宇慕",即經籍的"訏謨",慕亦通謨。宣義爲明,《國語·晉語七》:"武子宣法以定晉國,至於今是用。"韋昭《注》:"宣,明也。法,執秩之法。"《周禮·秋官·大行人》:"夏宗以陳天下之謨"。逗慕是明國家大計。上文云穆王井師宇誨,宇誨即大謀,掌握國家的謀略大約是當時認爲聖明之君的條件之一。

昊貂亡昊。貂從夆從召,當讀爲昭。昊,斁。金文有昊、昊簡繁二體,師詢簋:"肆皇帝亡昊。"毛公鼎銘:"肆皇天亡昊。"亡昊即無斁,猶無厭。昊昭亡昊是承上辭而言,因君臣善祈上下,速察訟獄和明國家大計,故昊天昭臨而無厭棄。

七、上帝后㠱九保受天子龏令厚福豐年

后㠱,當如裘錫圭先生讀如后稷。此字實像一正立的人形張兩臂手持草莖之狀。《説文》稷從禾畟聲,古文作稯,篆文作稷。右旁上部⊕作人首狀。銘文上部從頁,下部全同。頁、㿟都是表示頭部。稷從禾,銘作張兩臂持草莖狀。則稷是形聲兼會意,而銘文稷字是會意。此人名㠱而尊之爲后,而且在銘辭中與上帝相配,在周人的列祖之中,只有始祖后稷纔能有這個資格。下文云"九保受天子龏令,厚福豐年",正好與上帝后稷相對應,是以上帝錫厚福,而以后稷佑豐年。從辭義看,也可以説明釋爲后稷是正確的。

九,小篆作九,古文作尣,生是聲符。《説文·允部》:"尢,尳,曲脛也。从大,象偏曲之形。"此字與匡相通假,《荀子·正論》:"譬之是猶傴巫跛匡大自以爲有知也。"此匡字是九之假借。銘辭九讀爲匡,宜解作正,《詩·小雅·六月》:"以匡王國。"鄭玄《箋》:"匡,正也。"

八、子 宬 眘 明

子宬，人名。宬字《説文》所無。

眘明，精詳明察的意思。學者或讀爲《詩》"盧令令"之令，訓爲善。或云舜是指耳目聰明。

眘，從口從舜，師訇鼎銘"陷盟絭辟前王"，尹姑鼎作"穆公舜明口事先王"，語例相同。"絭辟前王"之絭假借爲令，訓作善，則陷明或舜明之陷、舜，不能再解釋爲善。

《説文·炎部》："舜，兵死及牛馬之血爲舜。舜，鬼火也。"典籍或作燐，《淮南子·説林訓》高誘《注》："燐，血精，似野火，招之應聲而至。"舜爲鬼火，當是引伸義，本義應是近，所謂應聲而至，也有近義。金文舜字像緊靠人身有點示，表現爲有物近身之義，是會意字。又如從舜之字如隣、憐等也都有近義。鄰用爲鄰里、鄰近，憐則有親近之義。《方言一》：憐，"愛也"。因此，銘辭中的舜、眘字義當於近字中求之。近有知察的意思。《吕氏春秋·執一》："唯有其材者爲近之。"高誘《訓解》："近猶知也。"近從斤聲，故斤斤解釋爲明察，是假斤爲近。《詩·周頌·執競》："斤斤其明"，毛《傳》："斤斤，明察也。"明察也就是知。所以，舜當作近義解，是明知的意思。這樣，舜明猶典籍之明明。明察事理之至，也就是精詳明察。《爾雅·釋訓》："明明、斤斤，察也。"

九、䋣（繁）猵（祓）多敖（釐），梼角（桷）䕫（熾）光

䋣猵讀作繁祓。繁言多，猵是髮的或體，假借爲祓。祓是除惡之祭。敖，讀爲釐，所謂是家福。銘辭的意思是多除惡得多福。

梼角，有説是吉語，梼讀爲齊，與觭角相對，齊角是代表整齊。一説，梼角讀爲"齊愨"，恭敬的意思。

值得注意的是，梼角一辭，金文是與嘏福或多福的概念相聯繫的。上文云"繁祓多釐"，下文云"梼角䕫光"。癲鐘銘："裘受余爾醽福，癲其萬年梼角䕫光。"也是上言多福，下言"梼角䕫光"。又另一篇癲鐘銘："裘受余爾醽福，霝終，癲其萬年兮角。"

梼角當讀爲茨桷。梼從齊得聲，齊茨古音相同。《漢書·賈誼傳》："步中採齊"，顏師古《注》："字或作薺，又作茨。"此爲齊茨通用之證。《詩·小雅·瞻彼洛矣》："君子至止，福祿如茨。"《釋名·釋宫室》："屋以草蓋曰茨。"茨是宫室中用草蓋的屋頂，既高且厚，是以古人用之

於形容福釐之厚,厚福是周人常用詁辭。又:《詩・小雅・甫田》:"曾孫之稼,如茨如梁。"此茨亦爲屋蓋,梁當是屋梁。以茨與桷梁形容高厚,是周人的習用語。

角,讀作桷,《春秋・莊公廿四年》:"刻桓宮桷。"杜預《注》:"桷,椽也。"《爾雅・釋宮》:"桷謂之榱。"郭璞《注》:"屋椽。"椽是支持屋面的木條,也是指屋頂而言。茨與桷,連帶説到了屋蓋的上下層次,簡言之就是指屋頂。

檜角三例都是承福釐而言,它的涵義從上舉《詩》之"福祿如茨"可以得到證明。下文"**虩**光"當如諸家所釋讀爲熾光。《説文・火部》:"熾,盛也。"《詩・大雅・皇矣》:"載錫之光。"毛《傳》:"光,大也。"《左傳・昭公廿八年》:"光有天下",所注並同。是檜角是言福釐的高厚,**虩**光是言福釐的盛大。

<hr>

① 唐蘭:《略論西周微史家族窖藏銅器羣的重要意義——陝西扶風新出墻盤銘文解釋》,《文物》1978年第3期;裘錫圭:《史墻盤銘解釋》,《文物》1978年第3期;徐中舒:《西周墻盤銘文箋釋》,《考古學報》1978年第2期;李學勤:《論史墻盤及其意義》,《考古學報》1978年第2期;于省吾:《墻盤銘文十二解》,《古文字研究》第五輯;趙誠:《墻盤銘文補釋》,《古文字研究》第五輯;戴家祥:《墻盤銘文考釋》,《上海師範大學學報》1979年第2期;陳世輝:《墻盤銘文解説》,《考古》1980年第5期。

(原載《上海圖書館建館三十周年紀念論文集》,上海圖書館編印,1982年)

越王劍、永康元年羣神禽獸鏡

一、越　王　劍

劍殘長 60.3、劍格廣 5.1、劍莖長 9.5、劍首直徑 4 釐米。銘文鳥書錯金，除劍首上個別字有損傷外，其餘皆完整，金光燦然，極爲美觀。劍體雖有較多的殘傷，已斷爲四截，然形制大體完全，仍不失爲諸越王劍中的珍品。現藏上海博物館，未經著録，附圖於下（圖一、二）。

銘文分鑄於劍格劍首兩處，合計 32 字，字數之多爲傳世越王劍之冠。釋文：

　　劍格正面：古北丌王（越）戉　　戉（越）王丌北古

　　劍格背面：自𩇍用（作）乍自　　自乍（作）用𩇍自

　　劍首：□戉（越）王丌北自乍（作）元之用之僉（劍）

此劍所鑄越王的名字劍格銘文作丌北古，劍首銘文作丌北，省古字，是丌北古爲越王的全名。𩙡字，去其上部裝飾，即《説文》丌字，子可戈朞字作𩙡，所從之丌，與此相近，鳥書是藝術字，稍有變化。劍格北字結體像二人相背，非常清楚，劍首此字因上部已殘，不夠清晰，下部作波曲形，裝飾趣味多一些，因此，應該以劍格上的北字爲標準。古字作𩂣，與越王者𩂣於賜劍的𩂣字是兩個不同的字。唐蘭先生《記錯金書鳥篆青銅器殘片銘》（《文物》1961 年第 10 期）一文中所刊銘文亦有此字作𩂣，唐先生釋古。另有𩂣及𩂣二字，釋鴣、估。𩂣及𩂣上部所從的𩂣與𩂣是不一樣的，不可混爲一談。郘原鐘也有此字，結體相同，而與𩂣字不類。劍銘中這個字去其上部彎曲形裝飾，應該釋作古字。

越王丌北古就是越王盲姑，盲姑即不壽，他是勾踐的孫子，鼫與[①]或與夷[②]的兒子。按丌、北同屬之部韵，韵尾相同，速讀時易於省去一個音，即只剩北字音，文獻及金文中這種省

圖一　越王劍

圖二　越王劍銘文

稱的例子是很多的,如近日出土之王子于戈,就是吳王子州于。越音傳到中原,更加容易起變化,北盲旁紐雙聲字,借盲聲爲北聲,乃是聲轉的關係,古、姑是雙聲叠韵字,所以,越王丌北古即越王盲姑。

劍首第一字已殘,可能是越之發聲字於,越古稱於粵;另一可能是佳字,佳是短尾鳥的總名。細看所殘部分是一鳥頭,全體是一鳥形,似無其他筆劃。估計後者可能性較大,且劍格上戈前亦無於字。

劍格背面第四字不識,"舄自"含義亦不詳,從字句看,或許是劍名。

傳世越王劍中形制完整者有越王與夷劍(即者旨於賜)及越王朱勾劍(即州句),現在有了這一具盲姑劍,則有三種越王劍能與《史記·越王勾踐世家》及《竹書紀年》所載越王的名號聯繫起來。這三世越王是祖孫三代,以上三種劍的形制也屬於同一類型。

二、永康元年羣神禽獸鏡

永康元年羣神禽獸鏡,直徑 16.2 釐米,紐高 1.6 釐米,重 820 克,上海博物館藏品(圖版三,圖三),張鳳林先生捐贈。

圖三　永康元年羣神禽獸鏡拓片

鏡銘48字,文多反書,鑄於枚上,四字一組。鏡心有神人辟邪等物,鏡緣有飛龍神人禽獸之屬,並飾以菱形幾何紋花邊,鑄作規矩精麗,周體呈漆黑色·光澤清亮,猶能鑒人。銘文:

永康元年正月午日,幽涷菜(黃)白,旦作明竟(鏡)。買者大富,延壽命長,上如王父西王母兮,君宜高位,立至公侯,長生大吉,太師命長。

歷史上以永康爲年號者,有漢桓帝、晉惠帝、西秦乞伏熾磐、後燕慕容寶及柔善鬱久閭予成。上海博物館藏有中平四年鏡,紋飾及字體與此鏡全同;故此鏡當是桓帝時制品,即公元167年之物(用《陳氏中西回史日曆》)。

"正月午日",午是火,見《漢書·王莽傳》及《論衡·物勢》,漢崇火德,故以平日爲吉利,漢鏡銘紀日多用午日,如:

元興元年五月丙午;
永嘉元年五月丙午;
永壽二年正月丙午;
延熹七年正月壬午。

等等皆是，帶鉤銘也有"五月丙午"的。午日主火，開爐鑄器，是當時風俗。

"幽涷黃白"，是鏡銘的習用語，幽涷有釋作幽涷者，漢鏡銘有"涷沿銅華清而明"，是幽涷即指沿鑄，黃是銅，白是銀錫。鏡銘又云："漢有善銅出丹陽，和以銀錫清且明。"因此，佳鏡必以銅、銀、錫三種金屬合成。

"買者大富，延壽命長"，是對購鏡者所作的吉利語，照現在的觀點來看，這是一種商業廣告，而且是中國現存的較早的商業廣告。

"上如王父西王母兮"，王父是東王公，東王公、西王母和鏡心的紋飾相應，這個傳說在當時非常流行。

漢代人對銅器的紋飾很是看重，所謂"巧工刻之成文章"、"雕刻無極，配象萬彊"。此鏡紋飾富麗縝密，刻模沿鑄，纖毫分明。鏡心有辟邪四，間隔為四組畫像。位於"立至公侯，長生大吉"之間的一組畫像為"伯牙奏樂"，中間一人膝上置一長條形物（即琴）而手作揮撫狀者是伯牙，左一人俯首，右一人側耳，均作聽樂狀。伯牙左邊的一組是西王母，這與其他以東王公西王母為主題的畫像鏡對照可以確定。《山海經·西次三經》云："西王母其狀如人，豹尾虎齒而善嘯，蓬髮戴勝，是司天之厲及五殘"，這鏡上的西王母已經人化了，不那末可怕，頭上有一▽形物，就是"勝"，西王母右邊立一青鳥，左邊有一獸首鳥身的怪物，並有一小羽人。西王母的對面是東王公，冠式作⌣，與西王母不同，他鏡之東王公冠飾亦如此，而兩旁的鳥獸羽人却與西王母相同。伯牙對面的畫像，作一神人戴冕旒，舉左手，當是漢鏡銘中"黃帝除凶"的黃帝，右邊侍一羽人，左邊有一帶角之鳥。四辟邪口中皆含一物，作橫條狀，與神人的座處相連，這就是鏡銘的"天禽咿持"，大約漢代本有神人為有翼的辟邪咿持其座的傳說。

鏡緣紋飾所表現的場面尤其熱鬧，共有兩組。

如以"永康元年正月午日"銘旁的鏡緣為定位點，其紋飾的排列如下：首先是一神人捧一圓形物，中有一鳥，即太陽，古有日中有金烏的傳說，捧太陽者是羲和，《山海經·大荒南經》："東南海之外，甘水之間……有女子名曰羲和，方浴日于甘淵。羲和者，帝俊之妻，生十日。"這就是羲和浴日。羲和左邊有一舟形車，車輪作一團旋轉的雲氣，上有五神人，居中者正面坐，前后者皆側面，駕以六龍。《九歌·東君》："駕龍輈兮乘雷，載雲旗之委蛇"；《初學記·卷一日》："日乘車，駕以六龍，羲和御之。"因此，這一組是羲和浴日和日神駕六龍出遊的故事。

鏡銘"上如王父"邊的鏡緣上亦有一神人捧一圓形物，中有一蛙，即蟾蜍，古代以蟾蜍象水配月，《山海經·大荒西經》："有女子方浴月，帝俊妻常羲生月十有二，此始浴之"，常羲即月御望舒，則圖像中所表現的就是常羲浴月了。月神之前有一怪獸，張牙舞爪，與顧愷之洛神賦圖對照，形狀與圖中之雨師屏翳相類。再左邊是兩鳥，上乘兩神人，最後是乘龜和跨龍的神人。這一組是表現常羲浴月，神靈雨師飛翔於空際、水精遊嬉於波濤之上的情景，和《九歌·河伯》“乘白黿兮逐文魚，與女遊兮河之渚”的描寫很接近。

鏡緣紋飾的主題，簡單説就是日月，所以採用這個主題，因爲日月對銅鏡具有象徵意義。漢鏡銘有“内清以昭而明，光象夫日月而不泄”；“尚方作鏡，明如日月”；“日清月明想見君”，都是將鏡的光輝譬之日月的，一直到唐鏡銘還是如此：“昭日菱花出，臨池生滿月”，這是更詩化了。此鏡鏡緣的紋飾，就是上述思想的形象化。

以上全部畫像，計有神人羽人二十六、辟邪四、龍十、鳥十、龜二，布置得有條不紊，這種紋飾結構及其布局的特點，可以作爲東漢後期同類鏡斷代的標準。

按永康紀年鏡見於著録者有二：一爲永康元年獸首鏡，尚方所作；一爲永康元年環狀乳神獸鏡，皆收録於梅原末治所著《漢三國六朝紀年鏡圖説》，前鏡銘亦反書，後鏡鏡心紋飾與此鏡大體相同而甚漫漶不清，鏡緣紋飾亦簡單。此鏡雖係晚出，却後來居上。

---

① 鼫與即《史記·越王勾踐世家》的鼫與，《竹書紀年》亦作鼫與，但《路史》後記十三引《竹書紀年》則作鼫與。今劍銘云“者旨、於賜”，是此王有名號之别。於賜即鼫與，於、鼫叠韵聲近；賜以易得聲，易、與是雙聲字，故鼫是鼫的傳抄之訛，蓋《竹書紀年》本作鼫與。鼫與亦即《左傳》之越太子適郢，適的音變很多，《戰國策·秦策》“疑臣者不適三人”，高誘注“適音翅”；又通謫，音責；又叚借爲嫡，因此適者古可爲雙聲照紐字，借適爲者。郢《説文》省作𨚵，疑𨚵誤作𨚵，借郢爲之。《竹書紀年》作鹿郢，者魚部，鹿侯部，韵部相近，易致音訛。者旨、於賜即適郢、鼫與。

② 與夷之名見於《越絶書·越絶外傳記地傳第十》，即鼫與的音轉。與、鼫古韵同屬魚部；夷、與則爲雙聲字。與夷亦即與賜，與、於旁紐雙聲叠韵；賜、夷乃一聲之轉，故可通，由此亦可證明鼫是對的，鼫則非是。《吴越春秋》作興夷，興必是與的傳抄之訛。

（原載《文物》1962 年第 12 期）

德方鼎銘文管見

　　德方鼎的銘文，郭沫若院長在《由周初四德器的考釋談到殷代已在進行文字簡化》（《文物》1959 年第 7 期）一文中曾經考釋，因爲德方鼎和德鼎（即所謂大鼎）目前都藏於上海博物館，故個人得有機會對證原物，將郭沫若院長的文章仔細地讀了幾遍，覺得非常富於啓發性。如釋"易（𢓊）字作益（𥁑），可以看出易字是益字的簡化"，"益乃溢之初文，象杯中盛水滿出之形，故引伸爲增益之益"，又云，"益既引伸爲增益，故再引伸爲錫予"等等，都是非常精確之説。德方鼎銘的本身問題，看到郭院長的見解，雖然也感覺到很新穎而有一定的説服力，但考慮的結果，發現德方鼎的銘文似乎還存在着另一種解釋的可能性，現在將一點膚淺的意見寫出來，以求教於研究金文的同志們。爲了叙述的方便，把銘文重録於下（圖一）：

　　　　佳（唯）三月，王才（在）
　　　　成周，祉武王（合文）
　　　　福，自蒿（鎬）。咸，
　　　　王易（錫）徝（德）貝廿朋（合文），
　　　　用乍（作）寶隣（陣）彝。

　　郭院長對此鼎銘文的解釋是："周室在鎬京對武王舉行春祭，成王因事在成周（洛陽），未能親臨，故恭候其祭後之致福。候到，王賞徝貝廿朋，徝因以作器"云云。鼎的銘文本身很簡單，解釋的主要關鍵在於對"祉"字和"福"字的理解。郭文釋祉爲延，引《説文》云，延，"安步延延也"，又云"在此有等候之意，與遲字有等候意同例"；於福字云，"福者胙也，祭祀之酒肉也"，並引"我鼎"及"毓祖丁卣"銘爲證。

　　我覺得福字在這裏可能是祭名，銘云"祉武王福"，不必就是"致福"、"歸（饋）福"的意思。福字是祭名，甲骨刻辭有例：

圖一　德方鼎銘文

乙巳卜，宁貞，福于父乙(《小屯乙》6927)；

戊午卜，大貞，翌丁卯，王福(《殷虛書契後編》下 27・6)；

雚，王每福大乙(《小屯甲》1850)；

庚丑卜，設貞，王福于乙(《殷虛書契前編》4・2・8)；

庚午卜，史貞，福黄□，由(同上 4・23・3)；

其福新，卣二斗一卣二(《戩壽堂所藏殷虛文字》25・10)；

辛酉卜，寧貞，王宁夕福，亡尤(《小屯甲》2692)。

　　以上諸例的福字，都作祭名解，所謂"祉武王福"，也就是祉福于武王的意思，即對武王用福祭。

　　單是福字的解釋還不能全部説明這次福祭的意義，比較重要的是對祉字的正確理解。祉，甲骨刻辭作彶，除人名外，都用作動詞，字從彳從止，像足踐於道上，指示一種行動。此字在金文中頗不乏例，學者中多將此字釋作延，假爲誕，當作虛字，按《説文解字》以爲祉字是徙字的或體。徙移，是這個意義的引伸。此字在甲骨刻辭中亦常見，其與祭祀有關的有以下諸例子：

辛亥卜，貞，其衣，翌日，其祉障于室(《戩壽》26・3)；

貞，翌癸未，祉彭，卅牛，八月(《戩壽》22・4)；

貞,翌丁酉,征出于大丁(《小屯乙》2508);

翌癸亥,其征于示癸(《殷虚書契前編》1·1·7);

貞,其征牪于大戊,卿(《小屯甲》2689);

武丁歲,征至于上甲(《殷契佚存》176);

辛丑卜,大貞,中子歲,其征彭(《明義士》117);

戊辰卜,叀貞,有來執自敏,今日其征于祖丁(《小屯甲》2772)。

又征字金文中直接用於祭祀的有我鼎銘:

⋯⋯絮崇祖乙妣乙祖己妣癸,征繫上母。咸,异遣福二釆,貝五朋⋯⋯(《三代吉金文存》4 卷 21)。

由以上辭例看,征障、征彭、征出、征御及征繫等等都是舉行特定的祭祀,如果征字解作等候之義,則不容易說得通。由第一例,知辛亥日用衣祀,翌日壬子改用障祭於室;第七例亦卜中子用歲祭及改用彭祭事。征下之某祭名,就是表明不同次第的祭祀。凡云征祭大都爲卜問翌日的,可見征祭也可以是指次日改行的祭祀。祭祀對象的改變亦云征,如第六例對武丁用歲祭,下文接着云"征至于上甲",即祭祀對象由武丁至於上甲;我鼎銘上文云"絮崇祖乙妣乙祖己妣癸",下文云"征繫上母",可見上文四人全用同一的祭祀,下文"上母"用繫祭,祭祀的種類和對象都有改變,故曰"征繫"。也有卜當日征祭的,如第八例之"今日征于祖丁"。

由我鼎銘知征繫是改用或另用繫祭,後面接着就云"咸,异遣福二釆",可見征、遣是不同的,征福不是等候其致福或遣福。德方鼎銘文辭意較簡單,所云"征武王福",就是對於武王改用福祭的意思,則可推知在此以前業已祭過了文王。

征,甲骨刻辭及金文中有直接用爲遷字的,如"方貞周戠征瀧",是貞在周地的行獵要否遷於瀧;又如呂鼎銘"唯五月既死霸,辰才壬戌,王窌于大室、呂征于大室",是指呂從他處遷至大室,參預祭祀。窌,亦祭名,舊釋館非是,薛氏鐘鼎款識尹卣銘云,"王初窌旁",與盂爵銘"王初桒于成周"辭例正同,桒,亦習見之祭名。

"自蒿(鎬)",即周王特地自鎬京去成周的,是倒裝句。我的理解是周王親自主持了在成周的祭祀,非在成周因故未能親臨而候其自鎬京祭後之致福。"咸",表示祭禮結束,連結下句錫貝而言。廿貝賞錫之數字不算少,一般的錫貝是五朋,德簋銘云:"王易叔値臣鼄十人,貝十朋,羊百",如果按德簋賞錫貝的比例計算,廿朋是很優厚的賞錫。

德方鼎形制上的特點如高足大耳等與典型的晚商方鼎已有一定差異(圖版四,圖二),如

圖二　德方鼎紋飾

果將它的年代斷在成王,亦必是成王後期之物,雖然銘文的內容本身沒有提供絕對年代的確鑿證據,但最晚亦不會超過康王。

(原載文物 1963 年第 11 期)

記上海博物館新收集的青銅器

上海博物館新收集到很多青銅器,頗有新的資料,1959 年第 10 期《文物》上曾經作過初步介紹。隔了幾年,又有一些重要的收獲,現將其中一部分介紹出來,供讀者參考。

一、曾子斿鼎

口徑 31.8、腹徑 27.7、腹深 12.2 釐米,三足都缺失,其中一足損及銘文 4 字,殘高 17.6 釐米。口沿下飾變形獸體紋即所謂"竊曲紋"一周,其下有一道弦紋。附耳的兩面皆有紋飾,正面作鱗帶紋,背面作一變形獸體紋。紋飾內填黑色物質,有光澤。現存銘文 5 行 40 字,銘文內也同樣填有黑色物質(圖一)。

釋文:
曾子斿鼏(擇)其吉金,用
鑄(鑄)𤉲彝,惠于刺曲、呂羿,
下保臧敃保□百民,朕
夏孔咮㝬□叟四國,
用考用喜,民鼎(鼎)㝬卿(饗)。

此鼎銘文較草率,字形大小及排列不够整齊。曾子名無可考。銘第二行云"惠于刺曲",《說文》曲,古文作𠃊,此鼎作𠃊,是簡繁的不同。此刺曲必爲被祭祖先名。按《通志·氏族略》三引《世本》文,"曾氏,夏少康封其少子曲烈于鄶,襄六年莒滅之"。金文之刺字,經典中作烈,刺曲即《世本》的曲烈,此銘可更正《世本》傳抄的顛倒。

"呂羿",亦當是祖名,呂是《說文》㠯字。羿字不識。

圖一　曾子𪤾鼎及銘文

第三行"下保臧敔(吾)㙓□百民"。《説文》"保,養也"。臧字從戕從口,經典訓善。此句有一字殘,一字缺。《周禮》大司徒,"以保息六養萬民",《國語・鄭語》"以保于百姓者也",語例與此相似。

第四行有數字不識,第二字應釋孔,與孔鼎、史孔盉之孔只有極小的不同。第五字不識。四字不作三,字形與邵黛鐘銘一致,通常以爲四與小篆近,較晚出,由此知四成爲三之另一結體,時代是相當早的,以後四行而三廢。"四國"與第三行之"百民"似爲對文。這句銘文的含義不大清楚。

第五行"用考用㫄,民鼎ꞯ饗。"考當作孝,民字穿目與"百民"之民字不穿目稍有不同,疑是銘的音假,"民鼎"或即"銘鼎"。末第二字有缺筆,闕釋。

據形制、紋飾及銘文,此器年代約爲春秋早期。

二、三　鳩鬲

高 21.4、口徑 14.3、最小腹徑 15.9、最大腹徑 17.4 釐米,重 2 公斤 260 克。除有三處小孔和表面稍有擦傷脱落外,餘均完整。口沿下飾一圈鱗紋,像龍蛇軀體。袋足上各有三鳥作鳩形,鳩首翹出器肩外,兩翅展開,中飾雷紋,鳩足微突起,不施綫條。器的造形充分運用了鬲的袋足的特點,而加以巧妙地裝飾。鳩形渾樸柔和,細部亦頗簡略。作爲實用藝術品來看,是一件很優秀的標本。器的時代屬西周中期或稍早(圖二)。

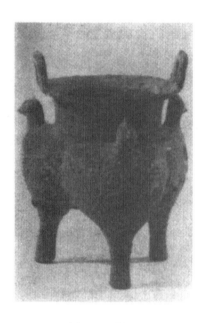

圖二　三鳩鬲

三、噩季奞父簋

　　口徑 15.3、腹徑 17.4、腹深 10.2、高 12.3 釐米。口沿下飾以細雷紋組成的獸面形帶紋，失蓋。銘 2 行 8 字(圖三)。

　　釋文：

　　噩(鄂)季奞父
　　乍(作)寶障彝。

　　此爲上海新收集的第二件鄂器，第一件爲噩叔簋(見《文物》1959 年第 10 期)。噩國傳世之器，舊有噩侯鼎、噩侯簋。

　　第三字即《説文》奞字，"佳，鳥張毛羽自奞也，从大从佳"。徐灝《説文解字注箋》云："按壺蓋从🔾象器之蓋，奞从大，象毛羽奮張，皆似大而非大，字亦猶鳥足似匕而非匕字也，段説非是。"今此字上部非作大，而作蓋形，徐説可取。

圖三　𨺾季奞父簋及銘文

四、樂子𣪕豰簠

簠殘，僅存器底，縱 20、橫 26、殘高 3.9 釐米。紋飾作蟠獸紋及較細的環帶紋。鑄銘 34字（圖四）。

釋文：

佳（唯）正月初吉丁亥，

樂子𣪕豰罺（擇）

其吉金，自乍（作）飤

簠，其眉壽萬

年無諆（期），子子孫孫

永保用之。

據簠之銘文、紋飾及形制，爲春秋晚期器。樂氏，宋戴公之後。

𣪕字，與襄字所從之𣪕字形基本同，襄字蘇甫人匜作𩾇，襄垣幣作𢼨，此作𢽽。《説文》“𣪕，亂也，从𠬪工交𠮛，一曰窒，𣪕讀若襄”。豰，《説文》云“豕息也”，金文新見字。

　　樂子戫豧，疑爲宋之將鉏。子，男子的美稱。將、襄發音部位相同，皆齒頭音，古同屬陽部，叠韵。豧從甫得聲，鉏、豧古同魚部。將鉏見於《左傳》成十六年，"鄭子罕伐宋，宋將鉏樂懼敗諸汋陂，退舍于夫渠，不儆，鄭人復之，敗諸汋陵，獲將鉏、樂懼"。

圖四　樂子戫豧簋及銘文

五、𨱏子蟲臣簠

　　器邊部分殘，可復原，連蓋高 19.3、口縱 23.5、口橫 29、腹深 6 釐米。飾蟠龍紋。蓋和底同銘，蓋銘漏鑄一字，排列也不同，現按簠底釋銘（圖五）。

圖五　垦子□臣簋及銘文（左蓋右底）

釋文：

佳（唯）正月初吉丁亥，垦

子□臣簋（擇）其吉金，乍（作）

其子孟嫚之母䁅（媵）簋，

其眉壽萬年無期，

子子孫孫永保用之。

　　垦子，即晉國之長子，亦即布幣文中之郎子。《左傳》襄十八年云：“晉執衞行人石買于長子、孫蒯于純留。”杜注：“長子、純留二縣今屬上黨郡”。《春秋地名考》：“長子周初爲史辛甲所封國，後歸晉，爲趙地”。此器是晉國器，銘文書體相當於春秋中期或稍晚。長子□臣是晉國的大夫，而以封邑爲氏的。

　　此簋乃長子□臣所作之媵器，嫚，是姓，金文中初見。

六、ℝ父丁卣

　　高 37.9、腹縱 21.9、腹橫 26.6 釐米。此卣形制巨大,自口沿下飾紋四道,峻深精美。第一和四道是長尾鳥,二是直紋,三爲主紋鳳鳥,長尾,極華麗,鳥冠作三叉狀,與甲骨文鳳的字形一致,鳳尾下又有一短尾小鳥。梁置於器的正面,與通常在兩側的不同。失蓋,梁斷經修復(圖版五)。器底鑄銘四字,前二字是族名,後二字爲父丁(圖六)。同銘之器有ℝ父丁觶(《三代吉金文存》14.51),ℝ父丁鬲(同書 5.14)。同一族名之器還有鼎(《美帝國主義劫掠的我國殷周銅器集録》A35)、史公簋(《西清古鑑》13.36,又《三代吉金文存》6.47)、卣(《攀古樓彝器款識》2.19)、方彝(《獻氏集古録》A19)、觶(《綴彝齋彝器考釋》23.18)。以上諸器無論形制、花紋及銘文,都有商代銅器的特徵,此卣族名古拙而形制不會比上述兩鼎晚。且大鳳紋也是商代同類紋飾的特點,故此卣應是商器。

圖六　ℝ父丁卣底銘文及鳳鳥紋

　　此種形制的卣,以前一般都斷爲西周早期器,這大概是由於端方舊藏的"柉禁"出於陝西寶雞的影響,其上的鼎卣正是同一類型。"柉禁"這一套青銅器是否是西周器本來是有問題的,更不能因此劃定界限,而斷其同類器亦爲西周,現在有了這樣一件商卣,則這一類卣的所屬時代問題,需要重新提出來加以考慮了。

七、屚季卣

　　高 21.8、口縱 11.3、口橫 13.8、腹深 14 釐米。器的表面氧化作黃綠色，不均勻的"脫胎"層形成無數細小開片，器內作綠色。紋飾簡素，有二繫而無梁，繫的原來表面一點沒有自

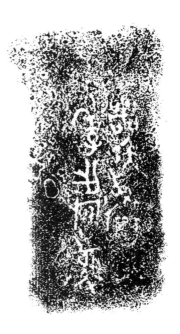

圖七　屚季卣及銘文（左蓋右器）

然或人爲的磨損情形,可知這卣原來沒有銅梁。腹置一耳,形制特異,其上飾一獸頭和鱗片紋。器蓋同銘8字(圖七)。

釋文:

噩(鄂)侯弟厤
季乍(作)旅彝。

此爲周初之噩器。《史記·楚世家》:"熊渠甚得江漢間民和,乃興兵伐庸、楊粤,至于鄂。"《正義》:"劉伯莊云:'地名,在楚之西,後徙楚,今東鄂州是也。'"《括地志》云:"鄧州向城縣南二十里西鄂故城是楚西鄂。"熊渠中子紅封鄂之故地,《集解》引《括地志》云:"武昌縣,鄂王舊都。"據上引《正義》,西周時鄂應是西鄂。徐中舒先生於《禹鼎的年代及其相關問題》(《考古學報》1959年第3期第53頁)一文中亦有論述。當時鄂國很强大,地域應在今河南南陽地區至湖北北部境內。

八、屌氏扁壺

高30.8、腹縱12.4、腹橫31.7釐米,重4公斤300克。紋飾欄成長方格,中作變形的龍蛇之類的軀體紋,有多量的羽翼突起,長方格欄上嵌赤銅,口沿下亦嵌三角形赤銅。壺足部稍有殘缺,經修補,知曾經流傳收藏,唯不見著錄。戰國時器。銘文刻於壺肩上,分兩次刻成(圖八)。

釋文:

屌氏,三斗少半。
今三斗二升少半升。
衆,十六斤。

屌氏,是作器人名及第一次刻銘者,刻於壺肩的一面,這時壺的容量合當時制度爲三斗少半,未刻重量。少半升即小半升,爲一升之三分之一。第二次刻銘在壺肩的另一面,當時此壺之容量合三斗二升少半升,重十六斤。衆字不識,或第二次刻銘人名,或爲"重"字缺筆。這壺二次刻銘的容量不同,第二次刻銘,單位容量較第一次刻銘相對增大。古代度量衡制度很複雜,一國內的各級統治者所行的制度也不一樣。

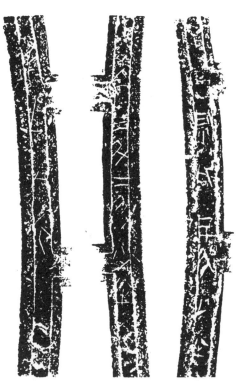

圖八　屌氏扁壺及肩部銘文

今實測此壺容量爲 6.40 公升，三斗少半的容量每一斗約爲 1.94 公升；三斗二升少半升的容量每一斗約爲 1.98 公升。齊量一斗爲 2.046—2.07 公升，商鞅量一升等於 0.200 634 29公升，因此，這壺兩次刻銘的單位容量與齊量和商鞅量接近而稍小。

壺的重量刻銘是 16 斤，現重 4 公斤 300 克，雖底足一角稍用黃銅修補，然而器的表面氧化極淺，且附着的土銹也很少，估計現重量與原重量出入不可能較大。按秦制，一斤約合今 258.24 克（據吳承洛《中國度量衡史》18 表，是近似之制，不精確），此壺銘一斤約合 268.75 克，較秦制更大一些，然而，這只是一種地方性的單位重量。"三斗二升少半升"與"十六斤"是第二次刻銘，這時容量和重量單位都較大。戰國銅器銘重量者不多，此扁壺是一件有價值的參考資料。

九、魯少司寇封孫宅盤

連耳高 13.8、口徑 39.5、足高 5 釐米。通體樸素無紋飾，僅耳上有簡單的蟠獸紋，屬春秋中期。鑄銘 5 行 25 字(圖九)。

釋文：
魯少嗣(司)寇封
孫宅乍(作)其子
孟姬嬰觴(媵)盤
宅(匜)，其眉壽萬
年，永寶用之。

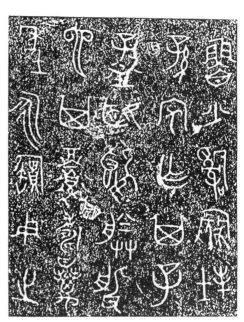

圖九　魯少司寇封宅盤及銘文

封字從丰從土，不從又，金文中新見字，《説文》"籀文封从土"，正與此相同。魯有臧孫氏、公孫氏、叔孫氏、仲孫氏和季孫氏等，經典中未見有以封孫爲氏的。封孫氏可能是由其先人所任的職官而來，《周禮》地官有封人，其職爲"掌設王之社壝爲畿封而樹之"，故有"封人氏"。因此，如司馬氏、司寇氏、司空氏、司徒氏均以職官爲氏一樣，封孫氏亦當是司封樹的職官中衍化出來的。

此盤是媵器，封孫宅女曰孟姬，則封孫氏是姬姓。

十、蟠龍紋鐘

高 36.4、舞縱 17、舞橫 21.2、於縱 19.8、於橫 25.8 釐米。鼓部飾蟠旋的龍紋,其餘皆飾變形龍蛇軀體紋,上有繁密的羽翅狀突起,舞、甬的紋飾亦相同。鐘的時代屬春秋晚期。

這鐘的一個特殊之點是鐘內壁及舞背面滿布花紋,較之鐘外壁的裝飾更爲精麗繁密(圖十)。紋飾用模印,模印面的大小約 13×6.5 釐米,包括四個對稱的單位,每單位以兩條蟠旋的龍紋組成,是此鐘特出的裝飾現象。

圖十　蟠龍紋鐘及紋飾

樂器內部裝飾花紋的,《戰國式銅器之研究》圖版 115 蟠螭禽獸紋鐸是一例。此外,上海博物館所藏西周獸面紋大鐃口的內壁上有部分紋飾。樂器內的花紋因爲是完全隱蔽的,没有任何裝飾或欣賞意義,在戰國時代是罕見的,但在商代和西周初期的青銅器上却比較普遍。這種施於隱蔽處的花紋,多數在圈足器的外底,如上海博物館藏品中之敔盤外底飾黽紋,叔傳觶外底飾鳥紋,保卣外底飾蟬紋等等。見於各家圖録的還很多。此外,鳥獸形卣及尊的底部也往往鑄有紋飾。這類情況説明器外底的紋飾完全不是爲了欣賞,而是爲了某種宗教性質的目的。商周青銅器藝術裝飾及其他各類藝術裝飾,是以宗教神話爲前提的,這種隱蔽的花紋,尤其具有濃厚的宗教神話的氣味。此蟠龍紋鐘內的紋飾,是上述商周遺風的遞變。

十一、虎　紋　鐘

　　高 29.7、舞縱 9.8、舞橫 17.3 釐米。甬殘缺較多,至甬頂長度不精確,器高只量到舞部。

　　這鐘的形制有三個特點:一、鐘體極長;二、極扁,截面縱橫的比例接近二分之一;三、枚部上縮,僅占鐘體全部長度的三分之一弱。枚之間沒有篆的地位。

　　紋飾置於鐘的正中。上部以鳥爲中心的一圈紋飾是一組符號,鳥尾下也是符號的一種。下部作虎紋,虎爪下也是符號(圖十一)。

圖十一　虎紋鐘及紋飾

　　這兩組符號都是"巴蜀式"的。和此相同的鳥形符號見《四川船棺葬發掘報告》52 頁插圖 50.3 冬 M56:9(劍);鳥兩側之形與同書頁 10 冬 M11:10(斧)之兩側的符號相同。虎是巴蜀銅器上習見的裝飾,也有說是文字,虎爪下的符號同上書頁插圖 50.2 冬 M76:1(劍)的上段符號及插圖 51.9 冬 M4:5(矛)的中段符號。由此可以斷定,這鐘是巴蜀鐘。這種形制的鐘,以前未曾見過著録。徐中舒先生《巴蜀文化初論》一文中,提到四川博物館藏四編鐘,其口形近於正圓,漸與漢鐘同,三鐘有文字(《四川大學學報》1959 年第 2 期第 40 頁,紋飾見 42 頁)。形狀與此鐘不相同。從基本形制來看,它是沿襲中原地區鐘的式樣加以變化,而成爲有地方風貌的特殊式樣。其時代約爲戰國晚期。

　　(原載《文物》1964 年第 7 期)

關於翏生盨和者減鐘的幾點意見

一、翏生盨銘文及有關問題

翏生盨見於《三代》的有一器,失蓋,銘文爲銅銹所掩,沒有剔清,故研究者頗難引用。上海博物館藏有另一器,高 21、腹縱 18、腹橫 23.3、器深 7.9 釐米,重 4 公斤 42 克。飾平行稜脊紋,圈足下另承四足,附耳。銘文清晰,器、蓋同銘 50 字,未經著錄,釋文如下(圖版六,圖一):

> 王征南淮夷,伐角、溝(津),
>
> 伐桐、遹(遹)。翏生从,執訊
>
> 折首,孚(俘)戎器,孚(俘)金。用乍(作)
>
> 旅盨,用對刺(烈)。翏生罙
>
> 大媥(媚)其百男百女千
>
> 孫,其遟(萬)年瞽(眉)壽永寶用。

溝即津字,《説文》"津,水渡也,从水聿聲。古文津从舟从淮"。此字與《説文》古文的津字結構完全相同,祇是舟字置於淮字的下部而已。遹即遹字的另一結體,《説文》繘字籒文作繂,可證。

角、津、桐、遹是周王此次征南淮夷的重要之邦。銘文中角津與桐遹並稱,則伐角與伐津當是有聯繫的戰役,而伐桐、遹又是另有聯繫的戰役,這聯繫也許是地域相近的緣故。噩侯馭方鼎:"王南征,伐角、鄭",即角津和桐遹的省稱。鄭即遹,皆以矞爲聲。由翏生盨銘文可以確知噩侯馭方鼎銘文之"王南征"與盨銘王南征淮夷是同一次戰爭,祇是盨銘更具體地記載了當時作戰的地點。鼎銘是簡畧了,因所記主要爲覲見周王,重點不在戰爭。這種征淮夷所記地名簡繁,也見於晉姜鼎和曾伯秉簠,兩器均提到同一次征淮夷事件,然而所載地名簡繁不同。

圖一　　翏生盨銘文（左器右蓋）

　　角與津是南淮夷的邦域，但現存先秦史籍中記録兩周時代南淮夷邦域者極少，没有這兩個地名，因此祇能尋求其他的文獻。按《水經注·淮水》"淮泗之會，即角城也"。《太平寰宇記》："角城在宿遷縣東南一百一十里，《縣道記》云，舊理在淮水之北泗水之西，亦謂之泗口城，即晉安帝義熙中於此置淮陽郡，仍置角城縣。"先有角城，然後置縣，故角城是更古老的地名，翏生盨銘文中之角，應即其地附近。關於津，疑即津湖就近的淮夷小邦。《水經注·淮水》"穿樊梁湖北口，下注津湖逕渡"。又謝靈運《征賦》："發津潭而迴邁，逕白馬以憩鞍。"津潭亦即津湖（劉文淇說）。津湖或以其近傍有津地而得名，猶巢國之有巢湖。地理位置在寶應縣南六十里。淮水下游的角城與津湖兩地相去不甚遠，翏生盨銘文中伐南淮夷的角津，可能與此不是巧合。

　　關於桐、通。桐，偃姓，《左傳》定二年"桐叛楚"，杜預注："桐小國，盧江舒縣西南有桐鄉。"《孔疏》謂"世屬於楚"。據銘文，桐是南淮夷，屬楚邑是在春秋之後，故地在今安徽省桐城縣北，即大别山東部的北麓。通，在現存有關淮夷的材料中不見這個地名，因此考慮到可能是音假。經典中的語首助詞如通聿曰粤等字，其聲相近，互可通假。《禮記·禮器》引《詩》"聿追來孝"，《毛詩》作"通追來孝"。《詩·大雅·抑》"曰喪國師"，《韓詩》作"聿喪國師"。《穆天子傳》"聿將六師"注："猶曰也"。《爾雅·釋詁》"粤，曰也"。越字《漢書·揚雄傳》《河東賦》"越不可載已"，顏注："曰也"，越粤相通。所以這些都是同音或聲近的假字。粤爲雩的別構,是小篆譌寫。從音假來看,通可以假爲雩,若以地望求之,銘文中的通宜是雩婁。雩婁是淮水上遊的戰畧要地,《左傳》襄二十六年"楚子秦人侵吳,及雩婁,聞吳有備而還"。又昭五年"楚子懼吳,使沈尹射待命於巢,蒍啓疆待命於雩婁"。其事也見於《史記·吳太伯世家》餘祭十一年"楚伐吳,至雩婁"。其地望據《太平寰宇記》在霍丘縣西南八十里,一說在商城縣東北,兩者是一致的。雩婁在淮水上遊南岸,没有問題屬於南淮夷的範圍之内,它與桐相距不遠,也靠近大別山。角津屬於東部,桐通屬於西部,據銘文通當雩婁是適宜的。看來周室征伐的軍隊穿過了由東至西整個南淮夷的地區,達到大江的北岸。

　　西周時代主要是西周晚期的青銅器銘文中,幾次出現了征伐淮夷的記載。居住於淮水流域的邦族統稱淮夷、南淮夷或南夷。稱淮夷的有録戜卣、兮甲盤、師寰簋等,因淮夷在周的南面,故又稱南淮夷,如禹鼎、敔簋、虢仲盨,仲伂父鼎及䍞生盨。也有南淮夷和淮夷並稱的,如兮甲盤:"王命甲政司成周四方責(積)至於南淮夷。淮夷舊我員晦人……"南淮夷或簡稱南夷,競卣:"唯白屖父以成自即東,命伐南夷,正月辛丑,在坯。"坯地與噩侯駿方鼎記周王伐角鄰後在坯接見噩侯之地名相同,故此南夷是南淮夷的簡稱。淮夷、南淮夷或南夷是聚居在淮水流域廣大地區的許多邦國的總稱,羣舒之類都屬於淮夷的範圍,宗周鐘記載南夷東夷廿又六邦朝見之事,師寰簋有殺戜淮夷的四個邦獸冉、莽、鈴、達的記録,䍞生盨銘文中又有角、津、相、通,曾伯霥簋有印燮鬶湯,晉姜鼎則有繇、湯、**鸎**。可見淮夷的邦國是很多的。

　　"執訊折首,孚(俘)戎器,孚(俘)金。"這是王征淮夷的戰績。成果没有記得很具體,一般地説,如果有大的戰功,是會記載得比較詳細的,師寰簋銘文征淮夷不是王親征,其戰績要比此役記得具體,因俘殺和獲得兵器和銅器,是戰爭的一般情況,很可能王親征淮夷未能取得重大的勝利。作器是爲了記功,如有重大的戰果,應該會顯揚一番的。

　　"用對剌(烈)",是説用對王之剌,剌即烈,休美之詞,和對揚王休的意義是相似的,這裏省用了一個王字。

　　關於䍞生盨的斷代,應當屬於周厲王時,此征南淮夷的王就是周厲王,其事文獻失載。䍞生盨的時代可以由敔簋和禹鼎的銘文得到引證。禹鼎記武公派遣禹以其徒駿參預平滅噩侯駿方所率領的由南淮夷和東夷組成的一支叛軍,武公之名也見於敔簋,而敔簋的榮伯就是榮夷公,此事徐中舒先生考之甚詳(《禹鼎的年代及其相關問題》,《考古學報》1959 年第 3期)。他的結論是正確的。但他没有涉及器物的形制,現在可以稍爲補充説一下。敔簋的形制與厲王時代的伊簋、叔向父簋和頌簋等相同,都是斂口,口沿下有一條很闊的帶紋,腹作寬大的平行稜脊,圈足下另承三足。平行的稜脊初見於遹簋,屬穆王時,但稜脊排列細密,與較晚的有顯著區别,器腹的造型也很不相同。伊簋、叔向父簋和頌簋等特點相同的器形,據現有的材料分析,還没有早於厲王時期的,西周晚期的簋也以這種形式居多。因此敔簋的形制也和厲王時代簋的形式一致。在銘文中提到榮伯的尚有康鼎和同簋,據《寧壽鑒古》所刊康鼎的圖像，是西周時代鼎的發展程序中很晚的形式，器腹似鍋而深，它和厲王時代的兩攸從鼎和頌鼎的形式相同。康鼎口沿下的紋飾和厲王時代小克鼎極爲近似。同簋是屬於束頸敞口簋，著録中所繪的圖像顯然是不準確的，這是一種很常見的簋，陳侯簋的器形也是這種式樣，可見這一類的簋較晚的可至春秋早期。同簋的帶狀紋飾和康鼎小克鼎的紋飾結構也是一致的。因此，這些器從銘文看是屬於厲王時期，從形制和紋飾看也同樣是合適的。這樣，禹鼎既然屬於厲王時期，較禹鼎時代署早的噩侯駿方鼎，也應是屬王時期的，而翏生盨的銘文所載征南淮夷與噩侯駿方鼎的王南征是同一戰役，顯然是同一時期的產物。

西周金文記録厲王時期周室和南淮夷的軍事行動，有以下四起：

一、敔簋："隹王十月，王在成周，南淮夷遷殳，内伐湏、鼎……王令敔追御于上洛、恣谷，至于伊班、長榜。"這就是"厲王無道，淮夷入寇"的軍事行動之一。

二、虢仲盨："虢仲以王南征，伐南淮夷"，此事見於《後漢書·東夷傳》，云"不克"，虢仲統率的軍隊以失敗而告終。

三、厲王親征南淮夷，記載此次戰役的有無異簋："隹十又三年正月初吉壬寅，王征南夷。"厲王南征是其在位的十三年。翏生盨和噩侯駿方鼎記載的都是這一次戰役。

四、禹鼎："亦隹噩侯駿方率南淮夷東夷廣伐南或（國）東或（國），至于厲寒"，西周的南部和東部的邦國發生了廣泛的叛亂，厲王調動他的宿衛軍西六自和殷八自，再以武公的徒駿，最後纔擊敗了噩侯的聯軍，並用"勿遺壽幼"的手段進行了報復。

淮夷的叛亂説明了在厲王時代存在着劇烈的階級矛盾。淮夷一直是周王室剥削的對象，師袁簋："淮夷縣（舊）我員晦臣"，兮甲盤："淮夷舊我員晦人，毋敢不出其員、其賨（積）、其進人、其貯。"這是包括各種實物和奴隸的長期進貢，爲周王室財賦收入的主要來源之一，這樣的剥削不能不引起淮夷的反抗。西周晚期奴隸制度漸趨衰落，國力疲弱，社會内部矛盾日益尖鋭和激化，淮夷乘機多次舉行反抗，甚至進軍到西周的中心區域。厲王爲了維護統治權力，保持已有的剥削，傾全力撲滅叛亂的火焰，乃至親率大軍遠征，但淮夷終於未能根本屈服。宗周鐘記載厲王消滅艮子後，淮夷東夷廿又六邦覲觀於周，但這種軍事優勢不能保持長久，翏生盨銘文雖然記載厲王的大軍横貫淮水流域，禹鼎的銘文説明平滅了噩國和打敗了南淮夷和東夷進犯的軍隊，然而到了宣王時代，淮夷又進行反抗。這些金文提供的史實説明，淮夷和周王室之間，在這一段時期内存在過嚴重的激烈斗爭。

二、者減鐘年代的重新估計

者減鐘於 1761 年（乾隆二十六年）出土於江西臨江，據記載爲 11 件，其中一件没有銘文,有銘文的 10 件可分爲兩類,按大小排列,1—6 每鐘銘 83 字,7—10 每鐘銘 28 字,是一套不完整的編鐘。上海博物館藏其 28 字的一件,高 28.5、舞縱 10.2、舞横 13.5、於縱 11.5、於横 15.2 釐米(圖版七,圖二)。

圖二　者減鐘銘文

鐘銘:"隹正月初吉丁亥,工獻(吴)王皮難之子者瀘(或作減),自囲鵗鐘……"銘中的皮難是決定此鐘時代的關鍵所在的王名,對吴王名的考釋各家無一相同。郭沫若院長釋作皮難,以爲是柯轉(《兩周》)。王國維《觀堂别集》釋作皮難,以爲是頗高。楊樹達《積微居金文説》143 以爲是禽處,者減則爲柯轉。温廷敬以爲者減是諸樊(《中山大學文史學研究所月刊》3·2·63)。者減鐘人名的考釋,分歧如此。由於前幾年發現了諸樊劍(《考古》1963 年第 4 期),其名作"姑發䣋反",則温説已被證明是不對的。

以上諸家都是從人名的聲韻來推論時代,没有涉及鐘的形制和紋飾的時代特徵,然而器物的形制對於時代的判定是有重要意義的,這裏想從形制、紋飾和銘文等幾方面作一些比較,重新估計此鐘的年代。

(一)形　　制

者減鐘與西周晚期和春秋早期的鐘在形式上有很明顯的不同,西周晚期和春秋早期的鐘如宗周鐘、克鐘、邢人鐘、梁其鐘、魯原鐘、郘公鐘、楚公豪鐘等,形制是基本一致的,很少變化,其特點可撮要如下:

(1) 甬作圓柱狀,頂平;

(2) 樂兩角斜直,呈梯形;

（3）枚和篆的地位佔鐘體面積的絶大部分，而隧的地位相對地顯得很狹小；

（4）舞的横向比較短，相對地説，自舞至銑的末端比較長，整個形體相當狹長。

者減鐘在形式上和這些一般性的特點都有一定的差異，我曾將它和許多鐘相比，發現和邾公牼鐘最爲近似，這兩鐘的共同特點是：

（1）甬作圓柱狀，但近頂部收斂成圓錐狀；

（2）欒兩角突起呈弧形，於部向内側傾斜的現象很明顯；

（3）枚和篆的地位佔鐘體面積顯著上縮，隧部的地位相應擴大；

（4）舞的縱向稍長，自舞至銑的末端比較短，整個形體矮而寬。

春秋晚期的邾公華鐘、邾公釛鐘、王孫遺者鐘、儠兒鐘和子璋鐘等枚篆所佔鐘體的比例都比西周晚期和春秋早期的鐘爲小，枚篆面積縮小，則鼓部地位必然擴大，指出這一點對於鐘的時代的鑒别有一定意義。下面是上海博物館所藏西周至春秋晚期鐘的舞邊緣至枚的下限（即鉦間）以及枚的下限至銑的長度（即銑間），兩者比例的實測，以甬除外的高度爲100%，實測的結果如下：

鐘名	舞至枚下限	枚下限至銑
邢人鐘	59.4%	40.6%
克鐘之一	56.52%	43.48%
單伯鐘	64.97%	35.03%
梁其鐘	61.52%	38.48%
魯原鐘	59.26%	40.74%
都公敄人鐘	56.52%	43.48%
者減鐘	53.12%	46.88%
邾公牼鐘	47.95%	52.05%
邾公華鐘	51.33%	48.67%
邾公釛鐘	51.11%	48.89%
子璋鐘	54.1%	49.5%
儠兒鐘	52.54%	47.46%
邵黛鐘之一	55.08%	44.92%
邵黛鐘之二	57.06%	42.94%
虢叔鐘	58.08%	41.8%
克鐘之二	58.66%	41.33%

以上實測西周晚期至春秋早期鐘的比例，以單伯鐘最爲懸殊，以克鐘之一和都公孜人鐘比例差距最小。邢人、梁其、魯原、虢叔諸鐘介於兩者之間，從克鐘的實測來看，同一套編鐘的比數畧有差距，大概在百分之一、二。試看春秋晚期鐘的比數，以邵黛鐘最懸殊，子璋鐘、儆兒鐘、邾公華鐘、邾公鈁鐘等居中，而以邾公牼鐘的比數爲最小。春秋晚期比例懸殊最大的，與西周晚期和春秋早期比例最小的相似或稍小，其餘兩類則是更小了。因此後兩類是標誌着春秋時代鐘的形制新變化的一種趨勢，邵黛鐘的比數説明了在新的趨向中，在某種程度上仍然保留舊的形式。這種變化的新趨向，在西周晚期或春秋早期鐘的排比中，看不到這一現象。西周中期鐘的枚，還要做得低。所以鐘的枚篆地位的變化，基本上可以反映出時代特徵。者減鐘的比數介於上述春秋晚期第二和第三類之間，因此絕不可能是春秋早期的形制，並且它與邾公牼鐘的形狀又是如此相近，即甬的做法，兩欒呈抛物綫狀突起和鐘體顯得矮而寬的特點，最低限度也可以説明者減鐘是接近春秋晚期的。

（二）紋　　飾

者減鐘和邾公牼鐘的主要紋飾相同，鼓部都飾蟠龍紋，六條龍繞結成長方塊狀，兩側各伸出有向上翹起的三個龍首。鐘的鼓部飾龍紋屬於常見，西周晚期和春秋早期多爲對稱的兩條龍紋，春秋後期的鐘的鼓部也有飾蟠龍紋的，但像者減鐘和邾公牼鐘上結構特殊的龍紋，在其他的鐘上是罕見的。兩鐘的龍體上有不少的突起物，平整的帶狀軀幹上每隔一小段有一個單面傾斜的小坡，這種突起物在戰國器上就成爲畧呈旋轉的羽翅紋。據我所見，在鐘類內祇有輪鎛龍紋上纔有與上述兩鐘相同的突起物。輪鎛是田齊以前的器，是春秋晚期較早的鑄品。邾公牼鐘的時代則是很清楚的。從這一種紋飾來觀察，者減鐘的時代也不可能在春秋早期，因爲在那時還沒有産生這類特點的紋飾。至於甬上精細的蟬紋和舞部的蟠虺紋，都是不能將此鐘的時代提得過早的證據。

（三）銘　　文

吳王名“皮爨”，“爨”可寫作“爢”，就是古代的然字。《汗簡》及《漢書·陳湯傳》的然字都作爢。

《史記·吳太伯世家》：“頗高卒，子句卑立。是時晉獻公滅周北虞公，以開晉代虢也。”《索隱》引譙周《古史考》句卑作“畢軫”，吳王皮爢就是畢軫。從聲母看，皮是並紐，畢是幫紐，金文中皮彼一字，徐鉦“皮吉人宮”就是“彼吉人宮”，彼是幫紐，皮畢是同聲相通。然字屬孃紐，軫字是知紐，在聲紐是可以旁轉的。然和軫在韻母可以同部，《遠遊》以“傳、垠、然、存、先、門"爲韻,與夠同爲諄部。但然又重在元部,是韻部相近之故。因此然夠二字在聲紐是旁轉,在韻部可以認爲是叠韻,其音近能夠通假。據上述,畢夠就是皮難的音假。

者減無可考。畢夠即句卑,子去齊爲吳王,者減與去齊並非一人,應與去齊爲兄弟行。

鐘銘云:"于其皇祖皇考"(83 字銘),這樣鐘作於皮難既卒之後,它的時代應該與去齊大體相等。皮難在魯僖五年即位,但卒年不詳,子去齊在魯成六年卒,父子兩代在位七十年,假定彼此在位年數相差不很大,則去齊在位年代可能在魯文或魯宣之間。者減鐘的年代大概應與之相當。有一點值得注意的是對此鐘斷定時代有意義的邾公牼鐘爲魯成十八年以後所作(魯成十八年爲邾公牼即位之年,在位共十八年)與邾公牼鐘如此相同的者減鐘,它的鑄造時代不應與之相距過遠,在這一方面看,定在宣文之際,可能是比較適宜的,因此是春秋中世的鑄品。

者減鐘是現存吳器中較早的青銅器,我們在重新估計了它的年代之後,有兩點是可以注意的。第一,《史記》云:"去齊卒,子壽夢立。壽夢立而吳始益大稱王。"於是從壽夢開始以後的諸王,《史記》中正式冠以王字,如王壽夢、王諸樊、王餘祭等等。但是《史記》以爲吳自壽夢始稱王,這一點是和銘文相抵觸的。銘文稱"工䣏王",工䣏即句吳,皮難稱王,早於壽夢二世。當然我們也沒有理由説稱王自皮難始,實際吳在它自己統治的範圍內稱王並非爲突出的事,在西周時代,一些小的邦國在它所轄的境內,也有自稱爲王的。

其次,者減鐘是中原地區的文化對吳的文化影響的實例。吳被稱爲蠻夷之邦,它的姬姓統治者在周初就來到這個地方,把周的文化帶到了吳的地區。以後隨着歷史的進展,中原進步的文化被吳的統治者加以吸收,以此來改造當地一定程度的落後面貌,以便進一步加強其統治。《左傳》成七年有申公巫臣自晉使吳,"教吳乘車,教之戰陣",又《史記·吳太伯世家》:"楚之亡大夫申公巫臣怨楚將子反而奔晉,自晉使吳,教吳用兵乘車",可見吳在當時還沒有學會使用戰車,然而在中原却已使用了數百年之久。吳越族的文化逐漸從中原進步的文化中吸取營養,這在史籍和考古發掘中業已獲得證明。上海縣馬橋遺址發掘的中層遺物中,有相當一部分是吸收並摻入了中原地區的文化。吳王皮難之子者減的鐘在形式、紋飾和銘文都出於中原,這可以認爲是吳的統治階級爲要吸收當時先進的中原的文化而作出努力的一種實證。馬橋遺址中層文化的時代可以早到西周,者減鐘是春秋中期器,從這可以看到,兩種文化上的交流和影響,進展比較迅速而且深入。《史記》以爲吳自壽夢"始通於中國"那是指政治上、軍事上和邦交上的關係,至於在文化方面,則遠在壽夢之前早就有了交融。

(原載《考古》1979 年第 1 期)

小 臣 單 觶

這是一件看上去頗不引人注目的青銅酒器(圖版八),高 13.8、口縱 9.35、口橫 11.6、底縱 8.1、底橫 10.3 釐米,重 750 克。器形像一個侈口束頸的扁圓形罐子,頸部有一道不"施雷紋地的簡單的鳥紋"(圖一)。西周青銅器的珍貴價值,有的不以藝術造型取勝,而是以所鑄的銘文内容涉及到古代歷史大事而顯示其永恒的價值。小臣單觶就是這樣的一件器物。器内底所鑄銘 4 行 22 字(圖二),釋文是:

> 王後屋克商,
> 才(在)成自,周公易(錫)
> 小臣單貝十朋,用
> 乍(作)寶障(尊)彝。

"王後屋克商",有人解釋是武王克商。據《史記·周本紀》載武王十年欲克商,第一次出兵,師會盟津者有八百諸侯,當時武王忽然認爲伐紂的時機尚未成熟,對討伐紂的諸侯們説:"女未知天命,未可也。"乃還師歸。至十一年十二月再會師盟津,次年(即武王克商之元年)二月甲子,與商王紂戰於牧野,紂兵敗自燔而死,遂克商。因爲真正克商是第二次出師,銘文克商用一後字,那麼和第二次出師即後出師是相合的,故把這件器斷在武王元年。屋字在字書中是沒有的,有人釋爲從土從反,讀爲反。但是細看字形是從厂從圣,反字中間不能插入一個"土"字。圣字現在是聖賢之聖的簡體字,實際上繁體字中本來就有這個字,《説文新附》云:"圣,汝潁之間謂致力於地曰圣,從又從土,又讀若兔窟。"從厂,是一個形聲字。古音紬與圣同部,當是假借字。紬亦作黜,是貶、出逐的意思。《書序》:"周公相成王,將黜殷。""屋(黜)商"和"黜殷"相同。

銘文提出了在克商後,"周公在成自"。成自就是成周駐紮兵旅之所,據《史記·周本紀》載,最初營造成周的是武王,何尊銘文也記載了這一史實。成王在成周對何説,克商後武王

圖一　頸部紋飾

圖二　銘文

廷告於天："余其宅此中國。"所謂中國,當時就是營建成周。那麼,在克商以前,沒有營建成周,也就沒有成周這個名稱,當然也更不會有成自這個名稱了。"後屋克商"就不會是武王滅紂,唯一的解釋,就是成王消滅武庚的叛亂。武王滅紂後,爲了表示"仁政"起見,封了紂的兒子武庚,以便使商族不至於絕祀。但是,武庚在武王一死,成王即位後,與本來監視他的管叔和蔡叔聯合發動叛亂,要把執政的周公旦打下去,從而取代成王的統治。結果,成王周公以極大的力量平滅了武庚,這就是銘文所載的"後屋(黜)克商"。這次平滅武庚的雖必有許多武將參加,但史載主將是周公,這一點,也在短短的銘文中反映出來,即平滅武庚叛亂之後,周公把軍旅駐在成自。器主單顯然是參預平叛的一名將領,因其軍功而受賜金於周公。短短的 22 個字,把這一周初極爲重要的史實點染出來,這是一件流傳有緒的著名歷史文物。根據史實,如果它是平叛後當年所鑄,則可以斷定是成王二年之器,最遲當不會晚於平叛的次年。

(原載《上海博物館藏寶録》,上海文藝出版社,香港三聯書店,1989 年)

保　卣

　　建國前夕，上海仍然是各地古玩商人麇集之地，經由上海流散海外的文物，未可數計。建國初，上海還有相當規模的古玩市場，洛陽、西安等地的古玩掮客，手中尚存有一批重要的文物，待價而沽。1951年上海發現的保卣，即購自洛陽來的客商，同來的尚有保尊。尊、卣成組，本來是應該珠聯的，但是不知爲什麼，竟認爲尊的銘文可疑，遂退回河南，後歸於河南省博物館。陳夢家先生在《西周銅器斷代》(一)一文中，判斷"保卣和保尊在形制上的意義，在其是殷末至西周初期(成王)的尊、卣的過渡形式"，從而確認爲尊銘不僞，且其形制有特殊意義。那時是在50年代前期，雖然陳先生把保卣、保尊的時代斷在成王是過早了一些，但是作爲判斷尊的真僞，確有卓識。

　　保卣高25.8，口縱9.4、口橫12.2、腹縱14.6、腹橫17.7釐米。蓋、器口沿下及圈足皆飾連體的兩頭龍紋，提梁紋飾也相同，兩端各飾一龍頭，頭上有一對長頸鹿狀的角，爲商末周初青銅器中所習見。保卣的形制已經不是商末的普遍式樣，殷墟晚期的同類卣，最大腹徑往往在器體的中部，此器的最大腹徑是器體的下半部，這是西周青銅器設計者對器腹做法的一個明顯的特徵。器體的兩側縱切面的線條較爲寬舒，而與殷墟晚期同類卣的縱切面幾成銳角者不相似，這也是西周青銅卣一個顯著的特徵。但是，它和大多數西周早期的卣相比，也濃重地帶有商卣的形制特色(圖版九，圖一)。

　　保卣的價值，除了在形制上可以推定是周初最早一類的卣之外，主要的還在於銘文的重要性。從銘文的形式看，它的排列不是整體劃一的，而是信筆寫來，大小錯落，猶似後人寫行書一樣。但字形恣肆縱橫而奧古，大多字形的結體和用筆的輕重變化，都有自然而優美的表現。武王時代的天亡簋、利簋和成王五年的何尊等的整篇銘文行款結構，都有這個特點，可見當時銘文的書寫，不像康、昭、穆時代那樣具有相當程度的規範，而多少失去了自然的意趣。保卣銘文器和蓋相同，皆7行46字，但行款不盡相同(圖二)，據蓋銘，釋文：

　　　　乙卯。王令(命)保及

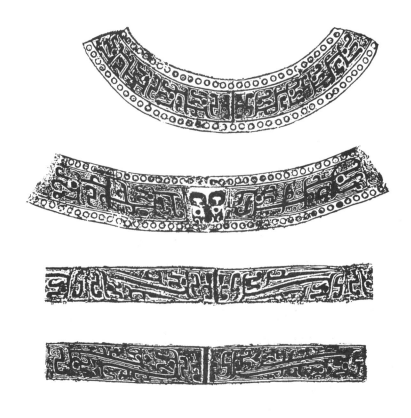

圖一　保卣紋飾

圖二　保卣銘文（左蓋右器）

　　　殷東國五侯，征(誕)

　　　兄(荒)六品，蔑曆于

　　　保，易(錫)賓。用乍(作)文

　　　父癸宗寶障(尊)彝。遘

　　　于四方迨(會)王大祀，祐

　　　于周，才(在)二月既望。

　　對保卣銘文的内容，不少學者有過考證和解釋。銘文中沿有器人名的自稱，從"王令(命)保"開始至"錫賓"爲止，是王的命詞；"遘于四方"至"祐於周"，是命詞的紀年語詞，即所謂"以事紀年"；再下面是月序和月相，干支則放在銘文的最前面，和月序月相不連讀，這是商代銘文紀時語詞的表現方式而沿用至於周初。"用作文父癸宗寶尊彝"一語，也沒有主詞。因此，這器的所有者，並不像一般的銘文那樣，署上自己的姓氏或名號。因而對於作器者是誰，就有各種的推測。但是，像保卣銘文不署作器人名的雖非常見，也不是孤例。和它相似的一例有周公簋，銘文前面是册錫邢侯的一段命詞，下面是一篇祝願詞，最後是"作周公彝"，也不署作器人名。從周公簋的册記錫邢侯和爲周公作癸器這個情形來看，作器者是邢侯本人。邢是姬姓，周公之後，從命詞和被祭人名推測，作器者祇能是邢侯本人。因爲命詞稱官名而不稱私名，故而作器人名也不知道。保卣銘文的情形，和周公簋相同，保也不是私名而是官名。官名和私名是同一個人，命詞照抄鑄在彝器上，其中的官名也已經包含了作器者自己在内，因而有了省署作器人名的情況。根據這一分析，保是官名，那麼這個卣的作器者就是太保召公了。在周初，召公奭任官爲保，或稱太保，金文中也作"大保"。成王時"周公爲師，召公爲保，東伐淮夷"。這個保就是太保周公，也就是本銘的保。

　　銘文説："蔑曆於保，錫賓。"這是保作爲祐於周的參加者而接受王的蔑曆而有所賞錫。蔑曆就是明其功曆的意思。按金文常例，蔑曆一詞之前多記有作者功曆的具體事實，如小臣謎簋記小臣謎從白懋父征東夷蔑曆而受錫貝，遇甗銘記師雍父肩使遇事於軧侯而獲得蔑曆受賜金，敔尊銘記敔從師雍父戍於軝自之年受仲競父蔑曆受賜金。其他如彔戜卣、彔簋等銘文都是如此。蔑曆的前詞是具體説明内容的。當然也有直接言蔑曆而不載具體内容。

　　本器蔑曆的前詞是："王令(命)保及殷東國五侯，征(誕)兄(荒)六品。"這就是保具有蔑曆的具體内容。及有追的意思，《國語·晉語》："往言不可及。"韋昭注："追也。"一説，及有逮的意思。"王命保及殷東國五侯"，猶如陵貯簋的"王令(命)東宮追以六自之年"，不娶簋的"王令(命)我羞追於西"，這個及字，與軍事行動之"追"用意相同。殷東國五侯，就是指成王時封於殷故土叛亂的武庚其與東方盟國五侯。參預武庚叛亂而被滅的國有管、蔡，以及東方的淮夷、奄和薄姑。據周公方鼎銘，東征被滅者有豐伯、尃姑(薄姑)，因而，豐伯、薄姑和奄當在五侯之内。這樣,大保召公也参預當時東征之舉,這和史載成王以周公爲師,召公爲保,東伐淮夷,踐奄,遷與君薄姑的記載是相合的。"征(誕)兄(荒)六品",誕是虛詞,兄假爲荒,義如亡。

銘文又云:"迨(會)王大祀,祐於周。"是説伐滅殷東國五侯,天下畢定,王大祀,天下諸侯來服,是爲祐祭於周的大典。這個平定東國後所舉行的大典,當是營成周之後。《尚書大傳》云,成王初年的大事次序是:"一年救亂,二年克殷,三年踐奄,四年封侯衛,五年營成周,六年制禮作樂……"成王時代經過六年的經營,已達到天下太平,因而有這樣的大典。

保卣銘文,是周初建邦立國重要的實物資料,它不同於工藝文物,因而是十分可貴的。

（原載《上海博物館藏寶録》,上海文藝出版社,香港三聯書店,1989 年）

新獲西周青銅器研究二則

一、保員簋

1990 年 11 月，中國古文字研究會第八次年會在太倉舉行，香港中文大學張光裕教授預會宣讀題爲《新見保鼎段銘試釋》的論文。張先生的論文很高明，特別引起學者們興趣的是，一件從未見於著録新出的西周早期鑄銘伐東夷的器竟在香港出現。據張先生見告，此器不久將轉運日本，恐怕欲見無日了。對此，我感到很憂慮，重器流失，徒存響象。今年春，在幾位好友的幫助之下，幾經周旋，終於使器從日本返回香港，然後再歸上海。目前，保員簋已珍藏於上海博物館。我非常感謝張光裕先生和幫助保員簋回歸的各位先生，没有他們的努力，這件極其重要的青銅器歸藏於上海博物館簡直是不能想像的。

1991 年第 7 期《考古》發表了張先生的大作，其中有很好的見解，令人欽佩①。上海博物館既然有幸獲得這件寶器，欣喜之餘，對銘文内容的考釋，也作些推敲，現在把一點意見寫出來，作爲第八次年會研討的繼續。

此器高 14.2、口徑 19.9、腹徑 19.6、底徑 17.5、兩耳寬 27.1 釐米，重 2 公斤 500 克（圖版十）。整器保存良好，未經去銹。口沿下飾回顧式鳳鳥紋，兩兩對稱，中置一浮雕虎頭，以往稱爲犧首。侈口，雙耳垂珥，是典型的西周早期形制。這器埋於土中時口部必嚴密地叠壓另一器，以致泥土和水分不能滲入器中，致使簋内鑄銘文的中央部位，竟没有銹斑而呈現出金黄光燦的青銅本色，這是極其難得的。

銘文 6 行 45 字（圖一），各行字數不一，行款自由排列，這是西周早期金文的特點。

唯王既尞乐（厥）伐東
尸（夷）。才（在）十又一月，公反（返）自
周。己卯，公才（在）虐。保

員遷，僬公易（錫）保員
金車，曰：用事。隊於寶
簋，用卿公逆汫（復）事。

圖一　保員簋銘文

尞，經籍作燎，爲古今字，燒柴祭天之禮，字形像焚木狀，金文鄜伯戝簋銘"尞于周"，作尞，字形微異。此燎爲周王伐東夷班師告廟之禮中的一個重要節目，乃是大典，非甲骨卜辭中所載通常祭祀尞焚所用之牲可比。周人獲得重大軍事勝利後，必告廟燎之，《逸周書·世俘》記載武王克商後告廟薦俘有此節目，"庚戌，武王朝至，燎于周"。"武王乃夾于南門，用俘。皆施佩衣，衣先馘人。武王在祀，大師負商王紂縣首白旂，妻二首赤旂。乃以先馘入燎于周廟"。當然，所燎者不會是紂和紂妻之首，乃是縣首的白旂和赤旂。表示武王已恭行天罰，順應天命，昭告之於上天。庚戌這一天記載的主要就是這個節目，可見其重要性。小盂鼎銘文記康王伐鬼方勝利班師後之告廟大典，"盂吕多旂佩鬼方□□□□□□門"，説明所戮鬼方之俘的首級或耳也是懸在旂上的。又載，"……吕人衆入門，伏西旅，□□入尞周□"，也是獻俘禮中另一項重要的節目。《逸周書·世俘》和小盂鼎銘文之告廟入尞都在軍事勝利班師之後，所以保員簋之"唯王既尞乒伐東夷"之舉，也必定是在伐東夷獲勝之後，而不是在出征之前。

伐東夷之役，綜合史籍和金文記載有兩次，第一次在成王即位之初，管、蔡與武庚祿父作亂，東夷並反，根據《書序》的記載，"成王東伐淮夷，遂踐奄，作《成王征》"，《成王征》篇早佚，僅存序文。又"成王歸自奄，在宗周，誥庶邦，作《多方》"。成王主持東征，但實際的軍事統帥是周公。除史籍所載外，金文犚刼尊銘之"王征嫷（奄）"，塱方鼎銘之"佳周公于征伐東尸（夷），豐白（伯）、尃古（薄姑）咸戜"，即爲記成王踐奄周公東征事[2]。西周第二次伐東夷之役不見於史籍，但有一組青銅器銘文記載此事，此次的軍事統帥是大保，旅鼎："佳公大保來伐反夷年，才（在）饈自。"小臣謎簋："東尸（夷）大反，伯懋父吕殷八自征東尸（夷）。"雪鼎："佳王伐東尸（夷），濂公令（命）雪罘史旟（旅）。"罷鼎："王令（命）趞戜東反尸（夷），罷肇從趞征。"旅和伯懋父據其他金文聯繫研究，證明其爲康王昭王間人，雪鼎和罷鼎銘文，記載的都是同一次伐東夷的戰役，雪和罷也同爲康昭間人，所以西周第二次伐東夷在康王後期是可以確定的。但是,這一歷史事件絲毫不見於經籍,因爲史書中有"成康之際,天下安寧,刑錯四十餘年不用"的説法③,大約漢儒爲了維持西周黄金時代理想局面的構思,把與之相悖的史料都删去了。不僅伐東夷没有得到反映,就是著名的康王卅六年的小盂鼎記大規模伐鬼方的事,也没有得到反映,史料雖然删得很徹底,但在青銅器中却有一批金文可以證實,康王時代曾廣泛組織軍事力量,投入伐東夷之役。

可以確定保員簋銘記内容爲西周第二次伐東夷。理由是簋的形制不似周初之器,在整個西周早期中,它是屬於後一階段的,簋上所飾的鳥紋,和器的形制是相應的。其次是銘文,保員簋銘文書體明顯地不是成王初世的書法,字體和旅鼎、小臣謎簋等器比較接近。它和昭王時代的書體也有區别,完全没有昭王時金文所習見的姿肆俊美的風貌。

臯,釋爲虐。《説文》:"虐,殘也,从虍爪人。虎足反爪人也。**虑**,古文虐如此。"虐古文一書作**虑**,訣鐘"自虐我土"之虐作**虑**,對照《説文》本字及古文,實有缺筆。本器銘文虐字筆畫清晰完整,像虍下倒子形,其下復有一爪,字義當爲殘子,即虎殘人狀。有了這個字形,《説文》所云"殘也,從虍爪人"就比較容易理解了。虐爲地名,史籍無可考。

才(在)十一月,公反(返)自周。指公在既寮之後返駐於虐地。上引旅鼎銘云"在十又一月庚申,公在蓋自",和此簋之十一月己卯可能爲一時之事,庚甲和己卯相距二十日。但是小臣謎簋銘征東夷的十一月是殷八師出征之時,則應至少早於既寮之前一年。

保員遴。保有爲内官名,如:"王姤易保辰母貝,揚姤休","保伩母易貝於庚姜",陳夢家以爲此乃保母之保,又爲氏名,如:"保子達作寶簋",此器的保,是車右之名,《吕氏春秋·孟春紀》:"是月也,天子乃以元日祈穀於上帝。乃擇元辰,天子親載未耜,措之參於保、介、御間",《正義》:"措之於參保介御之間者:保介,車右也。御者,御車之人。車右及御人皆主參乘。於是天子在左,御者在中,車右在右。"《漢書·文帝紀》:"宋昌驂乘",顔師古注:"乘車之法,尊者居左,御者居中,又有一人處車之右以備傾側。是以戎車稱車右,其餘則曰驂乘。"員自稱爲保,説明他是公的車右。遴,附麗,即在公車之右親附不離,擔當公的近衛。張揖註司馬相如《大人賦》:"散麗"云,"左右相隨也"。員既是車右,又是公的近衛。

金車,以青銅爲裝飾的車。同卣、録伯簋、牧簋及師兑簋等均有金車之錫的記録。同卣銘:"隹十又一月,矢王易同金車弓矢",金車配以弓矢,所錫與軍功有關。保員作爲公的車右而伐東夷,有追隨左右的勞績,因而獲得了錫金車的特殊榮譽。

儱公。儱字初看似爲犀和肉二字組成,故張光裕先生以爲釋犀釋辟均無不可。後來細審再三,字實從亻從龍,亻旁像尸形,金文中亻字偏旁和尸通用,古代是一個字。金文龍作**珍**(龍母尊)**珍**(昶仲無龍鬲),器銘字形偏旁主要表現了龍首部分,上端龍角作辛形特大,的確很容易看成犀字或從犀之字,但如仔細看,龍軀S形上段尚有一點殘餘,作**夕**,像戰國文字肉字。今按字形結構從亻從龍,即儱字,《説文》所無,《集韻》收儱字,儱侗義爲未成器,未知是否同一字。

　　隊於寶簋。馱簋銘"簧尚（廣侈）朕心，墜于四方"，隊、墜皆以豕爲聲符。馱簋之墜應讀作遂，意謂王順應天命之心，通達於天下④。是銘載因附麗馘公伐東夷有金車之錫而著其事於寶簋，隊在此當通叚爲施，豕、施並爲審紐，韻部則微、歌旁轉。《禮記·祭統》載衛孔悝鼎名云："悝拜稽首曰，對揚以辟之，勤大命，施尚烝彝鼎。"鄭玄注："施猶著也，言我將行君之命又刻著於烝祭之彝鼎。"此語例和"隊於寶簋"相同。

　　用卿公逆遚（覆）事。第八次中國古文字研究會年會中，何琳儀、蔡哲茂、吳匡等先生曾有專文討論遚字的解釋問題。此字從水從舟下或舟旁有指事意符，也有作從舟旁設意符的，兩字可隸定爲遚和舟。伯矩父鼎"用卿王逆舟事人"，伯者文簋"用卿王逆遚"，卯簋"用卿王逆舟事"，叔趯父卣"用卿乃辟軝侯逆宿出内（人）事人"，令簋"用卿逆遚"。保員簋銘此字最爲清晰，作遚，以上諸銘或省水作舟，或省水增辵，或省指事符號作遚，也有增宀省指事符號的。年會在討論遚字時，張持平君即興發言指出，舟下指事符號是意符，表示舟在水中傾覆，認爲即是覆舟之覆的本字。一語中的，遚字長期存在的懸案，基本解決，並頗爲預會學者所贊同。以前，許多人多從隸定的遚字去解釋，我自己也是如此。

　　遚既釋爲覆舟之覆，就可作進一步的解詮。古覆復通用，《詩·小雅·蓼莪》"顧我復我，出入腹我"，鄭玄箋："復，反覆也"，故逆遚當讀爲逆復。經籍中倒書爲復逆，《周禮·夏官·太僕》："掌正王之服位，出入王之大命，掌諸侯之復逆。"鄭玄注引鄭司農云："復爲奏事也，逆爲受下奏。"又同書《小臣》"掌王之小命，詔相王之小灋儀，掌三公及孤卿之復逆，正王之燕服位"。按《周禮》的説法，太僕的職掌是傳奏王者的教令、官員們的覆奏和諸侯的報告。這樣，復逆或逆復就是高級行政首席官所必須擔當的基本任務。《宰夫》職"掌治朝之灋，以正王及三公六卿大夫羣吏之位，掌其禁令；叙羣吏之治，以待賓客之令，諸臣之復，萬民之逆"。這是處理羣臣的奏聞，百姓上書等公務。不少官員在其職司的範圍内，都有類似的任務。用卿王逆遚，用卿逆遚之卿，經典作饗，讀爲相，卿王逆遚即相王逆復，助王逆復⑤。

二、昌　　鼎

　　1990 年 7 月 12 日，與范季融先生訪香港古玩街，見一小肆沿街橱窗中陳設一鼎，大約出土不久，器上土斑尚多，審視之，内壁隱約有銘文痕跡，但是大部爲土銹所掩。我以爲此器可能有史料價值，亟須保存，不能使之流出海外。於是范季融先生遂購而贈與上海博物館，携歸後，經清洗去鏽，全篇銘文顯露。此鼎垂腹而寬，柱足，立耳，飾一周龍紋，以細淺的雷紋爲地，是西周中期穆王後期至恭王時期的標準式樣（圖版十一，圖二）。銘文 6 行 43 字，其中

合文二,重文一(圖三),釋文如下:

> 佳(惟)七月初吉丙申,晉
> 侯令(命)昌追于佣,休
> 有禽(擒)。侯釐昌皋
> 胄、毌、戈、弓、矢束、貝
> 十朋,受茲休。用乍(作)寶
> 簋,其孫子子永用。

圖二　昌鼎紋飾

圖三　昌鼎銘文

　　西周鑄銘晉器,基本上沒有發現過,有格伯作晉姬簋,乃格伯爲夫人晉姬而作,並非晉器,至今爲止,這是業經發表的金文中記載晉侯因軍功而錫命唯一的一件器,極可寶貴。

器主名昌，因而可以命名爲昌鼎。

　　昌從目從○。《説文》所無。在甲骨卜辭中，這個字用爲地名。《殷墟甲骨刻辭類纂》226頁：“在昌貞，……卯，往來……茲獲……麋四十八，狐一。”又英二五六六：“丙午卜，在昌貞，王其射柳，衣逐亡災，禽。壬寅卜，在昌貞，王其射柳，雨。”由於都是地名，就無法知道昌的本意是什麼。這個字所從的○，與員字所從的○相同。○是圓的本字，員字所從的○，説者以爲像鼎口的圓形。在金文中，員字的確從鼎從○。其實，○字可以看作是字形的聲符部分。猶如《説文》：“昌，小蟲也，从肉口聲。一曰，空也。”在這裏，○也是字形的聲符部分。于省吾先生正確地指出：“金文員、圜、袁以○爲聲符。”依上例，○字也是昌字的聲符，目字是其意符。昌字可能爲暖字或眒字的初文，暖義爲大目，眒義爲視，兩字古音同屬喻紐元部，是爲雙聲叠韻字。

　　倗是昌所追擊敵人的終點，是地名，初以爲是西周金文的倗國，倗氏之器有倗伯簋、倗生簋，此倗即是國氏之稱。但是看銘文中此次作戰的追擊行動不云王命而云晉侯命，知倗的地望應在晉侯兵力所及的範圍内，或者就在河東一帶，故不是金文中的倗國，倗伯的封邑不在晉，可能是在扶風之郿邑，因郿、倗古同音字，但銘中此倗是晉侯命昌追擊來犯之敵的地名，若非晉地亦必與晉相近。因思倗當是西周晉北疆的蒲，《説文》：“倗，輔也，从人朋聲，讀若陪位。”以輔訓倗，是爲聲訓，輔倗是雙聲字，輔、蒲亦雙聲，古同屬魚部並紐。《説文》云倗讀若陪，陪也是並紐字，爲之部，之從旁轉，所以，倗音和蒲音是極其相近的。從地望來看，蒲在晉的西北疆，若玁狁東侵，則首當要衝。此當是晉侯命擊伐來犯之敵，追之於蒲地，趕出晉疆。

　　晉侯錫予昌的爲成套兵器及貝十朋。冑前一字左旁殘筆作朿，右旁上似作虍形，其下不明，“皋、冑”金文中數見，伯晨鼎銘皋冑之皋作䋻，有部分相似，第八次全國古文字研究會上海會議期間，裘錫圭先生察看後，認爲筆道雖然不很清楚，但可以釋䋻。錫命辭“受茲休”之“受”字，筆畫也有殘損，據辭意還可以辨認得出來。

　　銘末云作寶簋，可知當時昌因軍事勝利，受錫於晉侯曾鑄造整套禮器，而以簋銘統鑄於各器上。

　　《史記·晉世家》：“唐叔子燮，是爲晉侯。”是第一代封於唐，晉公蓋稱之爲“鄦（唐）公”，第二代改封爲晉，因近晉水之故。後嗣有武侯、成侯、厲侯、靖侯。“靖侯以來，紀年可推。自唐叔至靖侯五世，無其年數。”可知其前無法推算，假定此四侯世代相續，則在位年數之長甚難置信，但器的形制爲習見之西周中期器，紋飾和趙曹鼎、裘衛簋、師奎父鼎的紋飾一致或大同小異，斷在西周中期穆、恭之間，當無問題，因此，這鼎是至今爲止發現最早的鑄有長篇銘文的晉器。

---

① 《考古》1991 年第 7 期 649 頁至 652 頁。

　　② 拙作《何尊銘文和周初史實》論及第一次伐東夷的幾件青銅器，見《王國維學術研究論集》第一輯 45 頁，華東師範大學出版社。

　　③ 見《史記·周本紀》。

　　④ 見《商周青銅器銘文選三·釋文及注釋》278 頁猷簋注二。

　　⑤ 馬叙倫曾釋仲再簋之王逆作之逆爲逆復之逆，但他的論點没有充分展開，因此也未引起學者的注意。《國學季刊》第五卷一期 94 頁《讀金器刻識·中再簋》。

（原載《上海博物館集刊》第六期"建館四十周年特輯"，上海古籍出版社，1992 年）

晉 侯 靯 盨

西周鑄銘的晉侯器，以往沒有發現，《文物》1993 年第 3 期《1992 年春天馬——曲村遺址墓葬發掘報告》發表了有關材料，此爲發掘晉侯墓地的首次科學記錄。接着，《文物報》作了進一步的報導。但在此之前，晉侯墓地盜掘的器物，已大量流向海外。1992 年春，上海博物館收歸了流失在外的晉侯靯盨。

晉侯靯盨發現兩組六器，收歸四器。

第一組，長方形盨，陸續發現四器，收歸三器；第二組，橢圓形盨，發現兩器，收歸一器，另一器銘文已基本損壞。

第一組晉侯靯盨，長方形圓角，兩側各設一獸耳，器口沿飾 ∽ 形有冠的龍紋帶，腹飾橫條溝棱紋。蓋頂有四鈕可却置。三器尺寸分別爲：1. 口縱 13.5，口橫 22.1，高 16.2，最寬 30 釐米；2. 口縱 13.6，口橫 21.3，高 17.5，最寬 30 釐米；3. 口縱 13.5，口橫 21.4，高 17.6，最寬 30.2 釐米（圖版十二）。

第二組晉侯靯盨，橢圓形，蓋沿及口沿飾鱗紋，腹飾橫條溝棱紋。蓋頂有環形鈕，器底設負器狀穿靴人以爲四足，形制極少見（圖版十三）。

兩組器主同爲晉侯靯。第一組器蓋對銘六行 30 字，前三行字數相同，後三行字數排列稍有出入，總的字數相同。今據器內銘文釋文（圖一）：

　　佳（唯）正月初吉

　　庚寅，晉侯靯

　　乍（作）寶障伮（及）盨

　　其用田獸（狩），甚（湛）

　　樂于邍（原）邍（隰），其

　　邁（萬）年永寶用。

第二組銘文釋文（圖二）：

器銘　　　　　　　　　　　　蓋銘

圖一　第一組銘文　　　　　　　　　　　　　　圖二　第二組器銘

佳（唯）正月初吉丁亥，晉

侯𫐐乍（作）寶障盨，其

𦟃（萬）年子子孫孫永寶用。

　　兩組銘文載晉侯名𫐐，從举孔，像人以手持举，從举得聲。孔在《説文》中是部首，但孔部中沒有這個字。孔部字有作會意的，如𫐐；作會意兼形聲的，如䎁；形聲字如䎘。𫐐字構形似會意兼形聲，举也當是聲符。問題在於举字有兩種聲讀，《説文》：“举，叢生艸也。象举嶽相竝出也。孔举之屬皆從举。讀若浞。”《集韻》：“举，仕角切，音浞，艸木叢生，象根株附麗竝出形。樸、業、僕、叢字從此，借爲叢雜煩瀆。或作𢍏。”又《集韻》：“举，方六切，音福，義竝同。”説举音福，於古音當也有所據：

　　𢽁　《𪊗鐘》“𢽁伐”之𢽁從業，業爲举的或體；

　　𢽆　《矢人盤》“𢽁散邑”之𢽁從举；

　　𢽊　《石鼓》“田車”樸字從業；

　　僕　《瑚生簋》“僕章土田”之僕，從举增又；

其他《説文》之僕、樸、轐和墣字，都從举得聲，古音分屬幫、澄兩紐。福從畐，古音在幫紐，與上述從丵之字同聲或旁轉。因而𩵦字音讀當從丵音福爲依歸。

但是,有一個問題是:𩵦字和個別金文中的對字之或體字相似或相同。那末,晉侯名𩵦,是否可以釋爲對呢? 這要從對字的發展情形來看。

金文中的對揚字最多,對字的異變形也比其他字多,以下是九類對字形體:

A. 〔圖形〕 1 2 3 4 5 6 7

B. 〔圖形〕 1 2 3 4 5 6

C. 〔圖形〕　　D. 〔圖形〕　　E. 〔圖形〕 1 2　　F. 〔圖形〕 1 2

G. 〔圖形〕 1 2 3 4 5

H. 〔圖形〕 1 2　　I. 〔圖形〕 1 2 3

A　1. 父乙尊　2. 趩曹鼎　3. 競卣　4. 頌鼎　5. 克鼎　6. 師𤸫鼎　7. 對卣

B　1. 𤸫伯簋　2. 靜簋　3. 趩鼎　4. 叔卣　5. 狢子卣　6. 此鼎

C　燮簋　D　琱生簋　E　1. 永盂　2. 師旂鼎

F　1. 十二年大簋　2. 亳鼎

G　1. 郘召簋　2. 卯簋　3. 衍伯簋　4. 師酉簋　5. 𣪕鐘

H　1. 盠尊　2. 柞鐘　I　1. 王臣簋　2. 多友鼎　3. 伯晨鼎

金文中“對”字絕大多數都屬於 A 類,翻開西周金文,觸目皆是,這是最基本的情形,其餘“對”字的各種形變,都是在 A 類字大量存在的基礎上衍生的。對於所從的丵字,其本義學者們有種種不同的解釋。A 類丵字形體比較標準,像丵植在土上。它的形變如 B 類。植土之説雖有不同見解,但大量的字形從土,這是不容易否認的。查西周穆王之前金文中的“對”字,省土的很少,個別的如肄簋銘“對”字,器銘爲〔圖〕,蓋銘爲〔圖〕,一從土,一省土,省土的丵字必定是丵字的省筆或缺筆。自恭王之後,金文中“對”字出現了稍多的訛變現象,如 D𦥑、I𦰩;𦥑從丰從丮;𦰩從艸,保持了對稱的特徵。兩例的偏旁都變了形。又如 F 1、2,完全省去了“又”,此丵字形體正常,省“又”仍保持了字的音讀。丵字從土和不從土,可能是不同的兩種音讀,否則不至於作這樣的省筆。“對”字的另一形變,是將丵省變爲丵,如 G 類,但這種形變是極少數。更進一步的變化 I 類,爲了筆畫的對稱,字形增“又”作𦰩。以上幾個字都不從土,祇是筆畫損益,有所不同。個別字形又訛爲 D 和 F 的混合體,作從丵從丮,成了一個似是而非的靲字,見 H 類二例。這是"對"字多次演變的結果,成爲 H 類狀的形變字。王臣簋的"對"字作𡘋 I 1,幾父壺的僕字作𤰈,後者如果去掉亻旁,兩個字形完全一致。"對"字形變和別字之多,由此可見一斑。"對"字誤作靲,仍然是"對"字,它和不是形變的靲字不能混淆。

晉侯名靲這個字,不會是形變,不僅四件盨上靲字的寫法是相同的,就是同時發現晉侯靲鼎和晉侯靲匜銘文中的靲字寫法也是相同的,所以這個字是本體字,十二個靲字都是一致的。

晉侯名靲者屬於晉世家中哪一代?因爲史籍中並没有名靲的晉侯。要回答這個問題,首先須判斷這盨的大致年代。從形制看,盨這類器主要流行於西周中期,如克盨、癲盨,至西周晚期仍有發現,如翏生盨、叔尃父盨等等。靲盨器體接近中期式樣,但蓋子折沿成垂直的周邊,和通常呈渾圓的形狀不同。器壁上半飾龍紋帶,下半爲橫條溝脊紋即所謂瓦紋;蓋上紋飾也是如此。龍紋有冠,軀幹作 ∽ 形,是西周中期的典型式樣。據以上幾點,這件盨具有相當程度的西周中期因素。從銘文字體看,結構比較鬆散,即西周晚期也常見這種用筆。中期金文有很規整,也有比較草率的,此盨金文當屬後者。

《史記·晉世家》之世次爲:叔虞—晉侯燮—武侯寧族—成侯服人—厲侯福—靖侯宜臼—(其間西周共和)—釐侯司徒—獻侯籍(穌)—穆侯費王—殤叔—文侯仇。按形制分析,此晉侯不出厲、靖之間。以矦名從舉得聲,而舉本有音福之讀,則此晉侯靲必當是晉厲侯,他的時代,可能涉西周孝、夷兩世。由此可知《史記·晉世家》載厲侯名福,實爲段借字,其本字爲靲。

《文物》1993 年第 3 期載《1992 年春天馬——曲村遺址墓葬發掘報告》中 M2 出土器物圖四二之 4 銅蓋紐,其形式和晉侯靲盨的蓋紐完全相同,上海博物館三盨中,有一盨蓋紐不全,所發掘殘件當是此盨的劫餘物。M2 殘留人骨經鑒定爲一 20 歲左右的女性,而 M1 之墓主爲男性,如果 M1 之墓主是晉侯靲,則其夫人之死離婚期不過二三年,墓中晉侯之器當是即位不久所鑄。大約相當於西周中期孝王之際。

第一組器銘:"晉侯靲乍寶障彶盨",第二組器銘:"晉侯乍寶尊盨"。此"彶"字當與智鼎銘"酭𣃟卑□以智洰彶羊"之"彶"字用法相同,段爲及,第一組盨銘用此連接詞大約是爲了行款均勻凑字數的需要,第二組銘文不用這個連接詞,也是爲了同樣的需要。

第一組銘文中"其用田獸"句,獸通狩,田狩不僅是娛樂,也有軍事操練性質。戰國中山國《奸蚉壺》銘:"唯朕先王,茅蒐狃獵,於彼新土。其逌女(如)林,馭右和同,四駐汸汸。吕取鮮蓳(麜),饗祀先王。"這是中山王在擴展的新土舉行狩獵的描繪。諸侯田獵,大體如此。銘文提到此盨用之於田狩,而且是"甚(湛)樂於邍邍(原隰)",實爲西周金文中所少見。甚,讀爲湛;邍,原的古文,即原野之原的古文,有別於從厂從泉之原。邍,讀隰,邍隰一詞,見於文獻,《周禮·夏官》:"邍師,掌四方之地名,辨其丘陵墳衍邍隰之名。"《説文》"邍,高平之野人所登";"隰,阪下濕也"。《爾雅·釋地》:"下濕曰隰,大野曰平,廣平曰原,高平曰陸……陂者曰阪,下者曰隰……",邍隰爲高平和低濕之地。邍字金文作"邍",單伯簋、史敄簋、陳公子甗等字皆從彖,《金文編》中容庚先生指出小篆是傳寫之譌,本器邍字也從彖,容説是正確的。隰字作從辵從㬎,石鼓辇軟作溼,所從聲符與此相同,絲上有一橫連,大約是簡筆,《史懋壺》作㬎,字像絲在機上整理,矢盤作㬎,是另一變形。

　　晉國大約有良好的自然環境可供田獵,有的晉侯就湛樂於此。《左傳·襄公四年》載魏絳勸晉悼公和戎並戒田獵,提出了周太史辛甲戒田箴言,《左傳》評説:"於是晉侯好田,故魏絳及之。"悼公終於"使魏絳盟諸戎、修民事,田以時。"現在器銘中晉侯鞄自認爲"湛樂于邍隰"是對田獵深有癖好。

　　《史記·晉世家》云:"自唐叔至靖侯五世,無其年數。"故這段史事處於空白狀態,晉侯鞄盨的發現,至少有實物可以作史事的載體了。

　　1990 年 7 月,美國范季融先生捐贈昌鼎與上海博物館,鼎銘記載晉侯抗禦進犯之敵於倗[1],器屬西周中期,似恭懿間式樣,則此晉侯可能相當於成侯服人,即厲侯之父。

　　這樣,反映靖侯以上兩代晉侯史事的器,是從境外搶救回歸的,可説是不幸中之幸事了。

---

① 《新獲西周青銅器研究二則》,載《上海博物館集刊》第六期 153 頁。

(原載《第二屆國際中國古文字學術研討會論文集》,香港問學社有限公司承印,1993 年)

商代勾兵中的瑰寶

　　"易縣三勾兵"也稱"保定三勾兵"，是我所見過的商代鑄銘文的最重要的青銅戈。這三柄一組的戈雖然出土的確切時地没有科學記録，但傳説在 20 年代之後，出土於河北境内則是可信的。王國維在《商三勾兵跋》中説："器出易縣，當爲殷時北方侯國之器。"①陳夢家先生在論述此三勾兵所出地點時説："初傳出於易縣，後説出於保定南鄉，又有人説出於平山縣，皆在河北省東部與河南交界處，當在太行山之東。"②王、陳二説，都是可取的，但已無法確指出土的具體地點。

　　這三柄戈的形式，援部作均匀的長條牛舌形，上闌短於下闌，内長而直，頂端飾一立鳥，立鳥基本上與内的闊度稱是或微大，但是不作如殷墟戈中常見的鳥喙似鈎而下垂的曲内。這三柄戈的紋飾基本上是一致的，説明是同一組之物。李濟《記小屯出土之青銅器》"鋒刃器"中説："專就第一點説（指闌的形制），似乎這三件兵器要比小屯的殷商晚；但就鳥的圖案説又較近自然；三器的出土地，遠在殷墟之北，也許另有一派作風，這一點是我們應該詳細研究的。"表示了不能以殷墟戈之形式概括其餘三勾兵具有地區風格的觀點。這一論斷大體是可信的。

　　若按裝柲的方法豎立起來，三戈銘文都是倒書的，這是一個很奇特的現象。其次是銘文，大祖日己戈有 7 個干支人稱 22 字、祖日己戈有 8 個干支人稱 24 字、大兄日乙戈有 7 個干支人稱 19 字。戈上銘文有這許多人稱也是前所未見的。此三戈羅振玉丁巳春以重值得之，以爲"傳世古兵亦無能逾此者矣"③。顯然，羅振玉對戈銘上的現象，並不以爲是問題，若鄒安、郭沫若、李濟等亦不以爲是問題，故各有引用或論述。可是到了 1950 年，董作賓著《湯盤與商三戈》，對於戈銘以上現象都不能解釋，因而斥其爲非，三戈銘文皆僞刻。列舉理由三點：第一銘文皆倒書、不合戈的用法；以爲"吾人發掘殷墟所得之商戈不下數百，無一刻銘於援上者，亦是堅證"。第二，"銘而紀其祖若父之名者，祭器爲多，然亦鮮有紀二名以上者"，《三代吉金文存》著録戈之有銘文者凡 134 器，除商三戈及"祖乙戈"外，更無他例記祖、父、兄之名及倒刻銘文者。第三是"今三戈之中列'祖日乙'、'祖日丁'、'大父日癸'、'兄日癸'皆同時有二，將何以爲別？既不可別，又何必更立'大祖'、'大父、中父'，以別於其他同名之祖與父乎？此皆作人淺陋，不明殷制，妄爲譜牒之銘文，以售其欺，而學者亦未嘗深長思之耳。"

　　判別一件青銅器的真僞，應當從實際出發，不應從定義出發，譬如，商戈内上之銘多爲↑書，但→書者亦復不少，這中間就没有定規，何以見得銘文反書必定是僞？僞與不僞不光是看拓本，更重要的是看原物。1978年冬我在瀋陽遼寧省博物館，獲覩此三戈，戈銘之筆畫，絶無後世刻鑿的痕跡，字口也没有任何僞裝的假銹。其中大且日己戈之且日丁之"且"，大約失鑄，故於鑄成後，用琢玉法刻琢出來的，没有任何刀痕，此種情況與虢季子白盤銘文"五十"二字所琢的方法相同，虢盤銘文絶精，無人懷疑此二字爲僞刻，戈之銘文字口極爲鋒利，刻僞銘者不能望其項背。若説戈援上未見有銘文，而1976年12月安陽小屯之十八號墓出土一朱書玉戈，玉戈之戈援書銘7字殘文，實際數字尚不止此④。殷墟發掘所出玉戈甚多，皆無銘，這是唯一的特例，如果此件戈不是科學發掘品，如無真知灼見，必將斷定其爲僞書了。福格博物館藏一商玉戈，琢銘8字，記祀大乙（商湯）田獵之事，銘也在援部⑤。佛利爾美術博物館有一太保玉戈，爲端方舊物，有銘27字，亦琢於援之後部⑥。再有甘肅慶陽發現作册吾玉石戈，其銘文也在援之後部⑦。玉戈是禮器，其字皆琢於援部，三勾兵作爲祭祀禮器的性質，其戈援上的銘文，由以上諸例似乎也可以得到印證。另外，以前銅器的作僞者，往往以畫蛇添足的方法，將一件尋常的器僞裝得特別巧妙精奇，或者改頭換面以增其售價，這種巧妙的僞裝不是要引起受售者的懷疑，而要使受售者上當而愈益欣賞。此種情形，並不罕見。現在這三戈銘文皆倒讀，豈能以引起受售者懷疑的拙劣手法作冒險之舉。但是，羅振玉對此不僅没有懷疑，而且稱之爲"傳世古兵無能逾此"，對照實物看，則羅氏的鑒定水準實遠在董氏之上。

　　其次，青銅器的真僞，自然有客觀標準，三戈銘文倒書，衹是一種現象，問題是不論正與倒，本身的真僞究竟如何？是僞刻是原鑄，情形大不一樣，字口字底，銹色均截然不同。看書體之自然和不自然，固然可以作出一般判斷，但看朱成碧的也不在少數，這當然有經驗方面的問題。倒書、正書都衹能當作鑒定的參考，但真正鑒定不在現象而在實質。我們今日去商殷時代有3000年以上，去古如此之遠，並不是所有現象都可以解釋得了的，凡不能解釋的遽定爲贋作，這對待古代文化遺存似乎是過於簡單了一點。以倒書不能明瞭的這一現象作爲鑒別真僞的標準，這也是不足取的。銘文是斷然無疑的，個人所見商戈不下數百柄，就史料的價值而言，實在没有能和這三戈媲美的，所以在瀋時曾手拓三紙，至今引爲快事。

　　三戈銘文皆倒書，《三代吉金文存》十九卷十九頁一援前端斷缺的戈，有"祖乙祖己祖丁"三人干支稱謂，亦倒書，形制與三戈相似，而内部鳥喙則下垂，亦非僞刻，今藏上海博物館。我們可以推測，這類銘文倒書的戈，是故意鑄造的，因而必有其實用的意義，這種意義我們已無法説得正確。有一種説法，認爲此戈是儀仗上所用，其作用猶如《尚書·顧命》中康王嗣位時之儀仗："二人雀弁執惠,立於畢門之内;四人綦弁,執戈上刃,夾兩階戺。"三戈文如正讀,則必下刃向上,此或即執戈上刃之謂。這樣的解釋自然可備一説,但是戈是雙刃的,在勾擊時並無上下刃之别,因而上述説法似乎也不容易理解。鑄有這許多祖、父、兄干支稱號的戈,可以合理地推測出與祭祀有關,因而是陳設在宗廟中的。如果陳設採用進獻的方式,則按《曲禮》所載古代有"進劍者左首,進戈者前其鐏,後其刃;進矛戟者前其鐓"這樣的説法,假定商代也有進戈者前其鐏的習俗,那麽戈刃也不是向着被祭者或尸的方向,换句話説,進獻的方式戈是倒向的,這樣,戈上的銘文看起來都不是反向而是正向的了,反之,看起來都是倒向的。如果進獻是固定的陳設方式,那麽爲了祭祀者可以看到按戈銘大祖、祖、父兄等順序致祭,因而,戈銘的反鑄是有其實用意義的。戈是實用之物,一般不鑄銘,即使鑄銘,也常是族名,非常之簡單,易縣三勾兵從銘文内容可以判斷不是作戰實用的兵器,而是宗廟祭祀中的陳設品。

三戈的銘文是:

大且日己　且日丁。且日乙。且日庚。且日丁。且日己。且日己。（圖一）
　且日乙　大父日癸。大父日癸,中父日癸,父日癸。父日辛。父日己。（圖二）
　大兄日乙　兄日戊。兄日壬。兄日癸。兄日癸,兄日丙。（圖三）

圖一　"大且日己戈"銘文　　　　　　　　圖二　"且日乙戈"銘文

圖三　"大兄日乙戈"銘文

一件戈銘上有如此之多的人稱,這是頗爲罕見的,董氏説:"銘而紀其祖若父之名者,祭器爲多,然亦鮮有紀二名以上者。"《1969 年—1977 年殷墟西區墓葬發掘報告》中有亞覃尊,銘"亞覃,日乙、日辛、受甲"爲三個被祭人。又如盠婦鼎的"示己、祖丁、父癸",也是三個被祭人名。若癸鼎的"若癸、自乙、受丁、盠乙",則是四人了。至於三戈銘,則當然情況更爲特殊,但仍然不能以人名之多寡論真偽。昔《庫方》1506 拓本有直裔相傳和弟輩人名十二輩,昔議者以爲僞，後來終於確定它是真物而非僞製。

董氏提出了"今三戈之中，列'祖日己'、'祖日丁'、'祖日乙'、'大父日癸'、'兄若癸'皆同時有二，將何以爲別？既不可別，又何必更列'大祖'、'大父'、'中父'，以別於其他同名之祖與父乎"，但他不能排除文武丁世卜辭中有祖戊、父戊、兄戊之例。

董氏這個問題，涉及到對日干人稱的理解，董氏謂器主之日干稱謂是死日和忌日説，因而皆非吉日。關於日干人稱，現業已明確既非生日，也不可能是死日。而且，有史料可證日干人稱首先是生時所用，如叛殷輔佐文王的五位大臣之一的辛甲，辛是其封地，甲爲其稱；又如令簋之"公尹白丁父"，白丁父是公尹的名號。此爲男子之生稱，人稱之使用日干，商周皆同，如庚嬴鼎之器主庚嬴，保姒母簋之"保姒母易於庚姜"，此爲女子的生稱日干。我有一篇論文討論此一問題，綜合文獻和考古資料認爲商時人稱之日干是男女之字，男子是在冠禮中授字，女子是在笄後許嫁授字，此所授的日干，都是冠禮或婚禮的吉日，而且吉日所選的干以偶日爲多，具有一定傾向性。文字內容較多，在此不贅⑧。此日干加祖、父、兄等身份即是被祭廟主之稱，故某人的日干生爲其字，死稱廟主。在一旬祗有十干的情形下，擇吉授字都在此範圍之內，因此諸祖同干、諸父同干，這就不是什麼特殊的現象以致不能區別。

王國維説三戈銘文，"其先君皆以日爲名；又三世兄弟之名先後駢列，皆用殷制，蓋商之文化，時已沾溉北土矣！"諸祖戈和諸父戈，明確地表示了世代的嬋嫣，諸祖戈第一人是大祖日己，其後稱祖，則諸祖都是太祖日己之後。諸父戈名單第一人是且日乙，且日乙是諸祖的第二人，作器人屬於祖日乙的一系，在此之前，有一房是祖日丁之子，故稱大父。另有一房所生之子大於作器人，故也稱大父。再有一房所生之子，小於另房所生之子而大於作器人，故云中父。諸父也應是且日乙之後。諸父中有一位是作器人親父，其餘二人都小於其親父，那麼作器人的親父，可能就是父日癸。大兄戈是不同房的作器人之諸兄。實際上，每一輩兄弟都祗列六人，這是表示一種制度還是巧合？另一藏於上海博物館的倒文戈祗有祖丁、祖己和祖丁三人，沒有六人，那麼三世兄弟先後駢列六名，當是最高的數字了，也許實際不祗此數，但排列至多爲六名。

三勾兵銘文中，大祖、諸祖、諸父三代人的嬋嫣關係，表明得很清楚，諸祖戈銘有大祖日己領頭，諸父戈銘有且日乙領頭。但諸兄戈領頭的是大兄日乙，因爲作器者已有父字鑄於戈上，而諸兄和作器人同輩，故毋須再由諸父中的某一人來作爲諸兄族系之長輩。從銘文整體看，作器者不是大祖嫡長的一系，而是這個宗族的一個分支，作器者即是此分支擁有祭祀權的人。由此可知，商代的宗廟祭祀，表明世族觀念很强，氏族中諸祖、諸父、諸兄三輩人是次第祭祀的，沒有顯示作器人的直接嬋嫣之祖父有特殊的受祭地位。我們不知道三戈的數量是否完整，因爲沒有大祖一輩的干日，高祖也沒有表明其兄弟。如果三戈的數目已完整，則商宗族之分支的宗廟，一般地祗祭到太祖爲止，其上可能作爲遷廟了，遷廟的祭祀和禰廟是不相同的。高祖、大祖同輩人的祭祀在三戈銘中反映不出來,這是不是説明商的宗廟之受祭者,也是五世而遷呢? 大祖之日干祇有一人和其他一輩六名很不相同,那麼戈銘主要祭祀的是祖、父、兄三輩人了。周人的七廟和五廟、三廟,最後是考廟,而三戈銘中有祭祀兄一輩的,在甲骨卜辭中商王也有諸兄之祭,而據戈銘看,可能是有廟的,而不像處於陪祭的地位,商和周的祭祀制度當有具體的不同。

---

① 王國維:《觀堂集林》卷 18《商三勾兵跋》。

② 陳夢家:《卜辭綜述》第十四章"親屬",頁 499。

③ 鄒安:《周金文存》卷 6 頁 69。

④《安陽小屯村北的兩座殷代墓》,《考古學報》1981 年第 4 期 504 頁。

⑤ 李學勤:《論美澳收藏的幾件商周文物》,《文物》1979 年第 12 期 74 頁。

⑥ 陳夢家:《西周銅器斷代》(五)127 頁圖版拾陸。

⑦《甘肅慶陽發現商代玉戈》,《文物》1979 年第 2 期 93 頁。

⑧《關於商周貴族使用日干稱謂問題的探討》,載《王國維學術研究論集》第二輯,華東師範大學出版社 1987 年版。

(原載《遼寧省博物館藏寶錄》,上海文藝出版社,香港三聯書店,1994 年;本文作於八十年代中期)

晉侯穌編鐘

　　晉侯穌編鐘 14 件，1992 年 12 月從香港古玩肆中搶救回歸，當時還保持出土時原貌，文字絕大部分爲厚層的土鏽所掩，現在顯露出來的銘文是上海博物館文物保護和科學考古實驗室清剔出來的。編鐘出土地點是山西省曲沃縣北趙村晉侯墓地，北京大學考古學系和山西省考古研究所在此墓地中發掘的八號墓，其中殘存的兩枚小編鐘，形制和晉侯穌編鐘第二組相同，大小和文字完全可以聯綴起來①。14 枚編鐘的文字都是刻鑿的，兩枚小編鐘的銘文也是刻鑿的，由此可證是同一編之物。西周青銅鐘銘文以利器刻鑿，以此爲首例。所以，這些流散到香港的晉侯穌編鐘的出土地點，由此而獲得確證。

　　由於香港中文大學張光裕教授的悉心幫助，上海博物館及時採取斷然措施，將晉侯穌編鐘搶救回歸，這樣就使得這批極其重要的文物不致失散而流入異域。現在 16 枚編鐘全數得到妥善的保護，實爲大幸。對此，張光裕教授有不可磨滅的功績。

　　16 枚編鐘共刻銘文 355 字，其中重文 9 字，合文 7 字。最後兩鐘爲兩行 11 字。收藏的 14 枚鐘排列順序沒有資料可循，而且形成兩類器形。第一類爲大鐘，紋飾淺而細，兩銑較斜，甬上有旋而無幹。第二類爲中小型鐘，紋飾深而闊，兩銑稍斜，甬上有旋有幹。由於有以上的差別，而且不瞭解原有的排列順序，因而對銘文就有種種的探測，或以爲銘文不全，所缺尚多；或以爲銘文並不按鐘的大小次序刻鑿；也有以爲全銘爲一篇銘辭，等等。整理入手先研究文字，文字通讀無牾，再按照文辭先後排編鐘序列，然後檢驗音階之和諧。結果發現，前八枚爲一組，大小成編，五聲音階，具有兩列八度音。後六枚也大小成編，五聲音階，連在山西的最後兩鐘，也是八枚成一組，最後兩小鐘音階應與此六枚鐘相協，兩組編鐘共 16 枚。邵鐘銘文云："大鐘八肆"，按八枚爲一肆，共 64 枚，原當和曾侯乙編鐘規模近似。晉侯穌編鐘隨葬共二肆。鄭玄注《周禮·春官·小胥》云："半爲堵，全爲肆。"一肆爲兩列八度音，是基本單位，兩肆 16 枚爲一虡，是西周晚期制度。晉侯穌編鐘是爲一虡之數（圖一）。

　　第一肆之前三枚鐘高度爲：（1）49 釐米（圖版十四），（2）49.8 釐米，（3）52 釐米。和一般列鐘的高低系列不同，但音階是完全和諧的。説明這套鐘是據音頻和諧選配的，並不是原設計的形式和紋飾完全一致的整列鐘。

　　晉侯穌編鐘所有銘文都是用利器刻鑿，特別是字劃的轉折處，不能利索地一刀而就，需鑿點成綫，因此要分四五刀或五六刀接連刻鑿，筆道纔能連得起來，刀痕至今非常明顯。這種刻鑿的連續刀痕，和商鞅方升大良造銘文的刻法是完全一致的。圖示清晰可見。圖二爲鐘銘刻鑿筆道，圖三爲商鞅方升銘文刻鑿筆道，技巧一致，衹是刻痕粗細有別。東周許多戈銘的刻法，也是彼此相同的。圖四爲戈內銘文放大的形狀。上海博物館的文物保護和科學考古實驗室曾經配製不同硬度的青銅利器在青銅上刻鑿文字，結果完全不可能。由此可

圖一

圖二　　　　　圖三　　　　　　　圖四

知，刻鑿編鐘銘文的有尖銳鋒刃的利器，祇能是鐵製的；而且，可以看出刻的筆道很熟練，這一技巧在短期內是掌握不了的。公元前513年，晉國把刑書鑄在鐵鼎上[②]，如此先進的鑄鐵技術的產生，也許有較早的刻鑿晉侯穌編鐘這類銘文之鐵利器鑄造的技術背景。

　　以下是16枚編鐘的銘文釋文（包括山西曲沃北趙村晉侯墓地八號墓出土的第15、16枚鐘）：

圖五

　　一、高49釐米。鉦、右銑銘（圖五）：
　　　佳（惟）王世又三年，王親（親）遹
　　　省東或（國）、南或（國）。正月既生
　　　霸，戊午，王步自宗周。二
　　　月既望，癸卯，王入各（格）成周。二月

圖六

二、高 49.8 釐米。鉦、右銑銘(圖六):

　　既死霸,壬寅,王債往東。

　　三月方死霸,王至于萬,

　　分行。王窺(親)令晉侯穌:達(率)

　　乃自(師)左洀燮北洀□,伐夙(宿)夷。晉

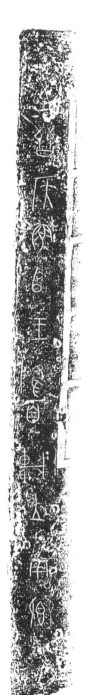

圖七

三、高 52 釐米。鉦、右銑銘（圖七）：

侯穌折首百又廿，執

噤（訊）廿又三夫。王至于

匋𩏂（城），王窺（親）遠省𠂤（師），王

至晉侯穌𠂤（師），王降自車，立（位）南卿（嚮）。

圖八

四、高 44.7 釐米。鉦銘（圖八）：

窺（親）令（命）晉侯穌：自西北

遇（隅）章（敦）伐匐馘（城）。晉侯達（率）

屰（厥）亞旅、小子、或人先啟（陷）

五、高 32.7 釐米。鉦銘（圖九）：
入，折首百，執噝（訊）
十又一夫。王至。

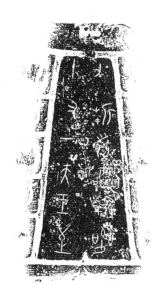

圖九

六、高 30 釐米。鉦銘（圖十）：
淖淖列列（烈烈）夷出奔。
王令（命）晉侯穌

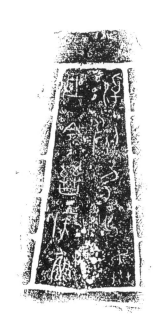

圖十

七、高 25.3 釐米。鉦銘(圖十一):

　　達(率)大室小臣

圖十一

八、高 22 釐米。鉦銘(圖十二):

　　車僕從,

圖十二

 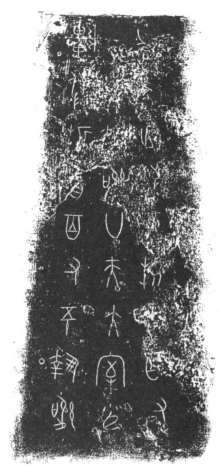 

圖十三

九、高50釐米。鉦、右銑銘（圖十三）：

逋逐之,晉侯折首百又

一十,執噤（訊）廿夫;大室小臣

車僕折首百又五十,執噤（訊）

六十夫。王佳（唯）反（返）,歸在成周。公族

整自（師）,

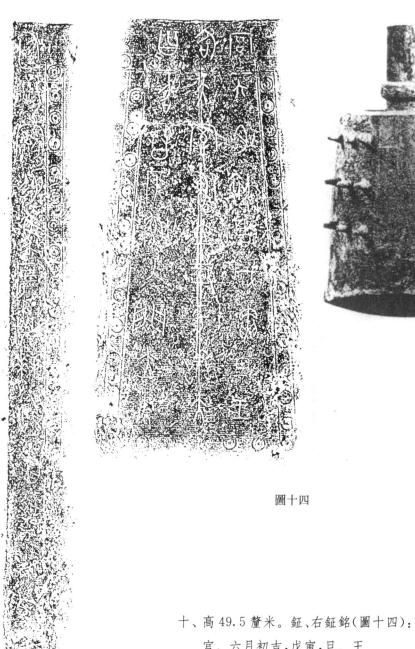

圖十四

十、高 49.5 釐米。鉦、右鉦銘（圖十四）：

宮。六月初吉，戊寅，旦。王

各（格）大室，即立（位），王乎（呼）善（膳）夫

曰：召晉侯穌，入門，立（位）中

廷，王窺（親）易（錫）駒四匹，穌拜頴（稽）首，

受駒以

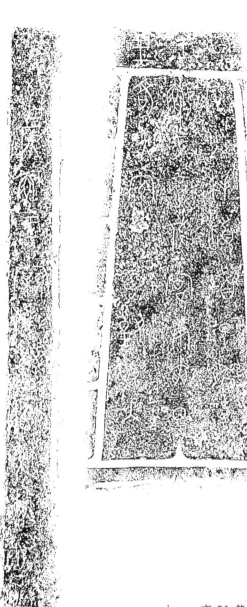

圖十五

十一、高 51 釐米。鉦、右銑銘(圖十五):

> 出,反(返)入,拜頴(稽)首　丁亥,旦,
> 王鄒(御)于邑伐宫。庚寅,旦,
> 王各(格)大室,嗣工(空)揚父入
> 右(佑)晉侯穌,王窺(親)僑(齋)晉侯穌鼗㲽
> 一卣,

十二、高 47.6 釐米。鉦銘（圖十六）：

　　弓，矢百，馬四匹。穌敢揚

　　天子不（丕）顯魯休，用乍（作）

　　元穌揚（錫）鐘，用邵（昭）各（格）前前

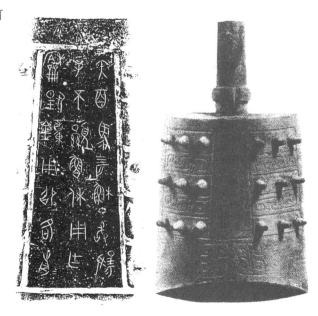

圖十六

十三、34.8 釐米。鉦銘（圖十七）：

　　文文人人其嚴

　　在上，廙（翼）在下，數數

圖十七

十四、高 29.9 釐米。鉦銘（圖十八）：

　　鱟鱟，降余多

　　福。穌其邁（萬）

圖十八

十五、高 25.9 釐米。鉦銘（圖十九）：

　　年無疆，子子孫孫

十六、高 22.3 釐米。鉦銘（圖二十）：

　　永寶茲鐘。

圖十九　　　　　　圖二十

有關鐘銘紀年的幾個問題

　　鐘的紀年是"王卅又三年"。《史記·晉世家》："釐侯十四年，周宣王初立，十八年，釐侯卒，子獻侯籍立。"《索隱》："《系本》及譙周皆作蘇。"按《晉世家》晉獻侯蘇於周宣王六年立，卒於宣王十六年，立 11 年。查宣王三十三年正月並沒有戊午這個干支，因爲宣王三十三年正月朔是乙酉，當月不可能有戊午。西周晚期王世在 30 年以上的僅爲厲王和宣王，查《晚殷西周冬至合朔時日表》③ 和《西周青銅器銘文年曆表》④，厲王以 37 年計，三十三年爲公元前846 年，正月辛亥朔，戊午爲八日，正合於一月四分月相既生霸的日數。"二月既望，癸卯，王入格成周。二月既死霸，壬寅，王償往東"，這前後兩個日干明顯是顛倒的，因爲壬寅早癸卯一日，刻手肯定是倒置了而未得更正。應是"二月既望壬寅，二月既死霸癸卯"，查前表厲王三十三年二月辛巳朔，壬寅是二十二日，癸卯是次日，既望壬寅是二月二十二日，既死霸癸卯是二月二十三日。這兩個日干排在一起，説明了一個極爲重要的問題，二十二日正密合於一月四分月相説之既望，認爲一期月相爲七、八日，次日二十三日癸卯即爲既死霸。所以晉侯穌編鐘所記載的月相和日干，好似爲一月四分月相説和定點月相説的長期討論，作了一個異常明確無誤的結論，所謂定點月相説是不真實的。單從這一點來看，這篇銘文就有極重要的價值。

　　由於晉侯穌編鐘紀年考定爲厲王三十三年，並且有相應的月序、月相和日干等確鑿的證據，從而可以知道《史記·晉世家》載晉侯穌在位爲宣王時，也是不對的。如果穌在位十一年，據銘文其卒年無論如何也不會超出共和時代，因爲共和是十四年。司馬遷説晉世家年數之可推，始自靖侯，穌是靖侯之孫，與銘辭比較，年數之差過短，所以《史記》所記載西周晉世家年次之數並不可靠。如果往上推，則有更大的問題。從厲王 37 年上推八世九王到成王，雖然紀年並不十分可靠，若按記載積數 267 年，以大數 250 年粗計，《晉世家》載靖侯以上至唐叔爲四個王世，竟跨 200 餘年次，其不合理是不言自明的。因此，西周晉國的世次記載，當有較大的疏漏，《史記》所列，未必可靠，據此來推算曲沃北趙村晉侯墓地的佈局和昭穆系列，恐怕也不可能得到合理的安排。

有關銘辭的幾個問題

　　萬　地名，地望未詳。從串從艹，串當爲《説文》棄字所從𣓀的簡省，則萬也可能就是棄字。

厲王伐夙夷的大軍，在此分行出擊。但銘文没有記載寘地有任何戰鬥，説明寘地尚在夙夷的境外。

夙夷　古夙、宿二字通假，故宿應該就是銘文之夙，此夙夷即宿夷。文獻中載宿爲古國，《左傳》僖公二十一年：“任、宿、須句、顓臾，風姓也，實司大皞與有濟之祀。”銘文之夙即《左傳》之宿，此四國相近，即東夷的風姓之國。宿的地望在山東東平縣境。

鬲鬲　郓城，厲王伐夙夷時主要消滅的城邑。鬲，從彐從熏，《説文》所無，按金文從勹與從彐有所不同，勹爲人形，如匍、匌；彐即旬之本字，隷定爲勹，從日爲旬，從：爲勻。以夙夷的地望看，當是郓字。鬲從熏得聲，熏、郓古韻同爲文部，熏爲曉紐，郓爲匣紐，是同部旁紐，可以通假。地望在今郓城之東，合於銘文中所載進軍的方嚮。

左泑夔北泑□　泑，像舟在水中，第二個泑字反書，爲同一字，在此爲軍事用語，字也常見於金文，但字形或有變化。

```
泑　用卿公逆泑　保員簋
洀　洀水上　啓尊
舟　用卿王逆舟事　卯簋
舟　用𩁹侯逆舟　麥方尊
迿　用卿王逆迿　令簋
泑　用卿乃辟軝侯逆泑　叔趯父卣
泑　左泑夔北泑□　晉侯穌編鐘
```

前四例舟的一邊皆有一丨形指示符號，二字洀從水，二字省水，這指示符號指舟之底或側旁，舟見底或舟側，示舟必已傾覆，即覆字初形。後三例與前四例是同一個字，但筆畫有所損益，省略了指示符號。此字認識的過程，詳拙作《新獲西周青銅器研究·保員簋》[⑤]。馬叙倫《讀金器刻識·中禹彝》讀逆洀爲逆復，謂《周禮·夏官·太僕》：“掌正王之服位，出入王之大命，掌諸侯之復逆”，復逆即銘之逆洀。他的意見是對的，但没有進一步認識這個字。洀釋覆，形義皆合。文獻用爲復，覆、復同音，晉侯穌鐘銘文用其本義。《左傳》成公十三年：“傾覆我國家”，鐘銘“左泑夔，北泑□”的詞例相似，即從左方進攻，傾覆夔地；從北方進攻，傾覆□地。《國語·晉語》：“且夫欒氏之誣晉國久也，欒書實覆宗”，杜注：“覆，敗也。”蓋王師需首先覆滅兩地，方能進至鬲城。

淖淖列列夷出奔　無比恐懼的夷人逃奔而去。《廣雅·釋訓》：“淖淖，衆也。”列列讀爲烈烈，又同書：“烈烈，憂也”，此指恐懼憂傷之甚。兩詞皆形容夷人奔逃。

逋逐之　對逃竄的夷人追逐不捨。《尚書·大誥》：“于伐殷逋播臣”，《説文》：“逋，亡也"，《廣雅·釋言》："逋，竄也。"

　　大室小臣　官名。《周禮·夏官·太僕》："掌正王之服位，出入王之大命，掌諸侯之復逆，王眡朝，則前正位而退，入亦如之……王出入，則自左馭而前驅，凡軍旅田役，贊王鼓。"王在大室，太僕所掌都是王之大命大事，因而可以進出大室，爲王盡職。小臣是大僕之佐，"掌王之小命，詔相王之小灋儀，掌三公及孤卿之復逆……凡大事佐太僕"，其職司活動場所，相當一部分在大室，爲和内小臣區別，故稱大室小臣。太僕亦參預軍旅，所以其佐小臣從王征而隨晉侯穌馳騁殺敵。在戰役中，晉侯穌的部隊是直接受王指揮的。

　　車僕　官名，見《周禮·春官》，職司掌"戎路之萃"，它們有"廣車之萃、闕車之萃、苹車之萃、輕車之萃。凡師，共革車……"萃，有解釋爲車隊。戎路是王在軍中所乘之車，其餘也都是不同用途的兵車。此役屬王投入王室用於作戰的車隊及兵員，以車僕爲之長，和《周禮》所載相同。

　　公族整自　公族整師。公族，官名。《史記·晉世家》："成公元年，賜趙氏爲公族。"裴駰《集解》引服虔："公族，大夫也"，即所謂與"公"同姓的官員。整師，整頓師旅，成周有八師宿衛軍，也稱成周師氏，應該是伐夙夷的主力，辭意似指對伐東國的師旅班師後實行整頓。師遽簋蓋："王在周，客（格）新宮。王征正師氏"，小克鼎："王令（命）善（膳）夫克舍令于成周，遹正八自（師）之年"，二銘之正師即鐘銘的整師。小克鼎銘所指是整頓成周八師，整師一般是軍事行動的開始或終結。《詩·大雅·皇矣》："王赫斯怒，爰整其旅"，這是文王整齊師旅以阻止密人繼續的侵略行動。

　　宮　築壇，此處指王行祭日之禮。《禮記·祭法》："王宮，祭日也"，鄭玄注："王宮，日壇。王，君也；日稱君。宮，壇，營域也。"銘文之"宮"，連接前辭，特指王取得軍事勝利後，整師、祭日。

　　王鄅（御）于邑伐宮　鄅字《説文》所無，字爲從邑魚聲，假爲御，魚、御聲韻相同，義爲治事。《詩·大雅·思齊》："以御于家邦"，鄭玄《箋》："御，治也。"此言屬王於丁亥早旦治事於邑伐宮。邑伐宮名在金文中初見。上文記王歸在成周，以後沒有記載王到宗周，所以這邑伐宮應在成周。

　　晉侯穌拜頴（稽）首，受駒以出，反（返）入，拜頴（稽）首　這是受錫駒之禮較完整的記録，受錫後，嚮王拜稽首，步出宮門，然後返入中廷，再嚮王拜稽首。文獻所記西周錫命禮中，沒有此記載，僅頌鼎銘中有類似的情形。銘記在命官和賞賜官服、鑾旗和攸勒後，頌受命，佩册命退出中廷，然後返回嚮王呈獻了玉器瑾璋。兩者所受不同，返致謝禮也有所不同。

　　王親（親）僎晉侯穌醫凵一卣　王親命送晉侯穌醫凵一卣。僎從人從齊，齊爲齊聲，當讀爲齎。齎義爲送，《廣雅·釋詁四》："贈……遺，齎，送也。"《説文》："齎，持遺也。"

晉侯穌編鐘銘文完整地記載了周厲王三十三年正月八日開始晉侯穌受命伐夙夷的全過程：正月八日從宗周出發，二月二十二日到達成周，走了四十四天，次日即嚮東方進軍。三月方死霸到達運地，大軍至此分別行列，走嚮將要攻擊的戰鬥目標，這段路程走了一月有餘。周厲王親自嚮晉侯穌下達命令：率領部隊從左邊攻擊，覆滅箋邑，從北邊攻擊，覆滅□邑，全面實施對夙夷的攻擊。足見厲王軍事部署非常具體，作戰計劃、進攻方嚮都有明確的規定。消滅了償邑和□邑之後，最後的目標是匌城。此役晉侯穌斬首百又二十級，逮獲俘虜廿三人。這兩地被攻佔後，周王也到達匌城，銘文載王親自遠道來到匌城巡視參戰的部隊。自車上下來，南嚮而立，直接命令晉侯穌，自西北方進攻匌城，晉侯穌率領他的亞旅、小子和戲人首先攻陷了匌城，隨即衝入城中作戰斬首百級，俘獲十一人。由於厲王到達戰地，所有的夷人都極爲恐懼，就全部逃跑了。於是王命令晉侯穌統率大室小臣和車僕率領的兵車，去追擊逃亡的敵人。晉侯穌斬首百又一十級，俘獲二十人。大室小臣和車僕的部隊斬首百又五十級，俘獲六十人。王於是班師，返回成周，官員們整頓還歸在成周的軍隊，並且築了一個土壇。

在六月第一個月相周的第一天戊寅，天剛亮，王來到大室，就位。王喚膳夫去召來晉侯穌，進入宮門，立於中廷，王親自賞賜馬駒四匹，晉侯穌下拜並叩首，感激王的恩寵。到十日丁亥，王在邑伐宮治事。過了三日，庚寅這一天，天剛亮，王來到大室，儐相司空揚父佑導晉侯穌進入宮中，王親自賜給晉侯穌摻有鬱金汁的香酒一卣，弓一張，箭百枚，馬四匹。穌爲了報答和頌揚天子的美德，鑄作了這一虡樂音和諧的錫鐘，把天子的恩寵記載在鐘上，並以此顯昭於有美德的先人，先人們儼然在上天，護翼着下界的後裔，把福賜降於穌。穌將萬壽無疆，其子孫也將永遠寶重這虡錫鐘。

晉侯穌編鐘的銘文内容確實非常重要，它具體記載了周厲王親征東夷的功烈，是對西周史料的重要補充。這不僅是晉侯墓地最重要的器物，也是西周青銅器銘文中半個多世紀以來最爲重要的發現。從年代學來看，周厲王在位三十七年的記載得到了確證，以前所謂的厲王在位二十三年說都是臆測。同時銘文還說明了《史記》有關西周晉世家排列的定位有問題，晉侯穌不在宣王，而是在厲王時，反推到以前的世次，也頗有問題，但具體的祇得留待以後發現的文物來補充。

銘文證明，王室和晉的關係比較密切，晉侯穌的部隊幾乎成了周王的宿衛軍，而王室直接控制的武裝如大室小臣和車僕的部隊都跟隨晉侯穌作戰，這在其他銘文中是沒有先例的。晉國很忠誠於王室，平王東遷，晉文侯親自以武裝護送。《尚書》有《文侯之命》，説："汝多修，扞我于艱"，是説文侯軍功很多，捍衛王於艱難之時，救王室，誅犬戎。在晉侯穌編鐘銘文中，可以看到晉國效忠王室的具體歷史記錄。

全篇銘文 355 字，新見的銘文單字 11 個，即：隽、箋、□、匌、遇、潭、列、逋、整、郇、儰。

其中一個地名待剔清。又如淖淖列列等辭，在金文中均屬初見。一篇銘文中增添這許多新字，也是少見的。

　　周厲王的功烈，在西周晚期決不亞於周宣王，本篇銘文記征夙夷，即是重要的一役。此外，鈇鐘銘文載征伐艮子，艮子降服，於是南夷、東夷俱見，廿又六邦，這又是一次。翏生盨和鄂侯駿方鼎銘文載，王南征，伐角、津，伐桐、遹，是爲第二次。這次戰役是厲王十三年，無昊簋銘文：佳十又三年正月初吉壬寅，王征南夷。敔簋銘文記載南淮夷內伐溜、𥼶、參泉、裕敏、陰陽洛，直至西周腹地，王命敔在上洛、怒谷至伊水一帶進禦，這對西周是一次致命性軍事威脅，終於擊敗侵敵而告擒於成周大廟。禹鼎銘文載："烏乎哀哉，用天降大喪于下國，亦唯鄂侯駿方率南淮夷、東夷，廣伐南或（國）東或（國），至於歷內。"此與敔簋銘文所記南淮夷入伐至於西周腹地，是同一事件的前後相續，是爲第三次大的戰役。另有虢仲盨銘文載："虢仲以王南征，伐南淮夷，在成周"，也可能是第三次戰役。《後漢書·東夷傳》："厲王無道，淮夷入寇，王命虢仲征之，不克。"入寇一詞，可能指的是南淮夷入伐至於西周腹地之事。打到了腹地，在擊退入侵者取得勝利之前，當然是一系列的失敗和鬥爭，虢仲大約是擔負這一任務而未能取勝。晉侯穌編鐘銘文記載伐東方的夙夷，戰爭過程相當慘烈，是厲王時代第四次大的戰役，此次戰役是厲王三十三年。

　　厲王時代這幾次對周室有重大關係，乃至關涉到家國存亡的威脅，雖然最終還是被瓦解而保全了周室，但這些戰爭爲何史書中沒有直接或間接的反映，這和史家的主觀貶褒有關。喪國之君總是元惡大憝，而獲得史家承認其政績的君主，必定是英明博大的典範。厲王是在政變時被迫出亡的，史家記載的都是惡行，沒有一詞提到他許多軍事上的功烈，連司馬遷也是如此。如果沒有青銅器銘文的記載，那麼周厲王的這些史事將被徹底湮沒了。

---

　　① 北京大學考古學系、山西省考古研究所：《天馬——曲村遺址北趙晉侯墓地第二次發掘》，《文物》1994 年第 1 期第 18 頁。樂器 I11M8：32、33；圖三〇；圖二四之 4、5。此墓另出青銅器有晉侯斯方座簋，晉侯斯壺。斯按發掘報告發表的銘文或隸定爲斯。上海博物館自香港收歸的一簋銘文極其清晰作斯，以後作者在香港另見一器一蓋銘文也清楚地作斯字。可見發掘報告所發表一器銘文字畫不夠規整，釋斯恐未妥。當以隸定斯爲是。斯從囨得聲，不能排除此種可能。或以爲此墓晉侯之器銘文中一名穌一名斯是一名一字，我們看不到這種說法的依據，因而此墓主屬誰，尚難論斷。

　　②《左傳》昭公二十九年："冬，晉趙鞅、荀寅帥師城汝濱，遂賦晉國一鼓鐵，以鑄刑鼎，著范宣子所爲刑書焉。"春秋晚期的晉國能冶鐵鑄造著有法規性刑書的鼎，其冶鑄技術已相當成熟，鑄造鐵器這一在當時的先進技術，決不可能在短時內所能形成，必定有其長時期的發展過程。西周晚期的晉國已能鑄造鐵工具刻鑿青銅樂器的長篇銘文，就是鑄造鐵刑鼎的技術背景。

　　③ 張培瑜：《西周曆法和冬至合朔時日表》，載南京紫金山天文臺《科研工作報導》1980 年第 3 期第

2 頁。

④ 馬承源主編：《商周青銅器銘文選》第三册，文物出版社 1988 年第 1 版。

⑤ 馬承源：《新獲西周青銅器研究二則》，《上海博物館集刊》第六期第 150 頁。

（原載《上海博物館集刊》第七期，上海書畫出版社，1996 年）

戎生鐘銘文的探討

　　保利藝術博物館獲得散失於海外的戎生鐘八枚,鑄有銘文 155 字,其中重文 9 字,合文 1 字。甬上有旋有幹,每面有篆四道,分置鉦之左右。篆間列三枚,爲上小下大兩段式。鼓部飾相背的兩條捲龍。其形式爲西周鐘之通制。但比較奇特的是,在 3—6 號鐘的鼓右旁都有一渦狀紋。其他西周鐘在相同部位常飾有鸞紋,但成編列的鐘並不是每一枚都飾鸞紋,這一現象前人没有作過解釋。我們在對商周青銅雙音鐘作系列測音後,方知一般西周一堵八枚編鐘中,鼓右的鸞鳥紋是雙音鐘的有效敲擊點。五度相聲成序列,一鐘兩個音程設計必有相重的,重音則置而不用,須用的則標以鸞紋[①]。現今戎生鐘按大小排列敲擊,其渦形紋的發音位置,正好合於五聲音序,可見它是發音打擊點的記號。這種圓渦紋的記號,在衆多西周雙音鐘中還是第一次出現。

　　每一鐘的鉦部和鼓左都鑄有銘文,1—5 號鐘鉦部鑄銘文 2 行,鼓左 3 行,其餘依次遞減,8 號鐘僅鑄 5 字,共 36 行,釋文如下(圖一至七):

> 佳(唯)十又(有)一月乙亥,戎生
> 曰：休辝(台)皇且(祖)富公,起起(桓桓)
> 趫趫(翼翼),啓厥明
> 心,廣坙(經)其
> 猷,越(莊)再穆
> 天子㸚需,用建于兹外
> 土,憍(通)嗣絲(鸞)戈,用旝(榦)不
> 廷方。至
> 于辝(台)皇
> 考邵白(伯),趩趩(晏晏)
> 穆穆,歖(懿)飮(陰)不替,召匹

晉侯，用冀王令。今

余弗叚（暇）

瀘（法）其顆

光，對揚

其大福。

劼（嘉）遣鹵責（積），卑

諎征緐湯（繁陽），取

厥吉金，用

作寶麷（協）

鐘。厥音雍雍、

鎗鎗鋪鋪瑲瑲𣽈，

既龢（和）叝（且）

盇（淑），余用卲（昭）

追孝于皇

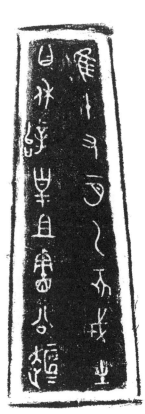

圖一　戎生編鐘 1 號鐘銘

圖二　戎生編鐘 2 號鐘銘

圖三　戎生編鐘 3 號鐘銘

圖四　戎生編鐘 4 號鐘銘

圖五　戎生編鐘 5 號鐘銘

圖六　戎生編鐘 6 號鐘銘

圖七　戎生編鐘 7 號、8 號鐘銘

且(祖)皇考,用

旛(祈)綽𩓾

壽。戎生其

萬年

無疆,

黄耇

又(有)𩈂,畯(俊)

保其

子孫

永

寶用。

現在就銘文中有關問題作些探討:

戎生曰休辝皇祖𡨄公

戎生,戎國的君長。西周金文中以生爲名的青銅器有兩類:一是稱某生者爲人名,如單伯昊生鐘;另一類是國或采邑君長的稱謂,如番生簋、翏生盨、倗生簋、武生鼎、琱生簋等,凡生字前所置一字,都爲國名或采邑名,這是西周小國國君或采邑之主取名的習俗。這種習俗主要流行於西周中期,至晚期還有個别發現。番生,也稱番匊生[②],番讀爲潘,按《正字通》引《姓譜》云,潘爲周文王畢公之後,食邑於潘,因氏,當有所據。番生爲其采邑之主。琱生簋之琱,也是采邑名,六年琱生簋銘"用乍朕剌祖召公嘗簋",可見他是居於周的召公後裔[③]。師𠭰簋有"宰琱生"。居於各采邑的貴族有的在宗周任官職,琱生曾爲大宰的屬官。翏生盨的翏應是史籍中的蓼,銘記"王征南淮夷、伐角、𩐍(津),伐桐,遹翏生從"[④],這些所伐之地都是南淮夷的邦國。角即是淮泗之會的角城。津疑即津湖旁小國之名。桐,亦國名,《左傳·定公二年》"桐叛楚",杜預注:"桐,小國,廬江舒縣西南有桐鄉。"遹,或通作聿,與聿相近的地名有聿婁,在淮水上游。翏生之翏當爲古國蓼之本字。厲王伐南淮夷時翏生從征,孚人孚吉金。此伐淮夷之舉也見於鄂侯馭方鼎銘[⑤]。倗生之倗,同爲采邑或國名,倗之器還有倗伯簋蓋和倗仲鼎等,都是同一國之物。東周名武的地名頗多,但西周史籍中則未見,然武生鼎亦是西周器。據上述以生爲名者也常冠以國族之名,知戎生之戎,也是國名。考慮到銘文記載戎生參預征緐湯取吉金,從地理看,西周時期的戎國,正好在淮夷的西北方,緐在其南方,也就是緐湯,後稱緐陽。由於銘文内容能和歷史地理的記録聯繫起來,所以我認爲戎生就是西周戎的邦君,就是今曹縣和開封之間的西周時戎國,《中國歷史地圖集》第一册《西周時期中心區域圖》在曹縣偏西標有此國名。這一地帶是成周往東通向東國、往南通向淮夷的咽喉。由此至齊魯之間,是少數民族或部族的薈集之地,政治地理頗爲複雜,是周室的心腹之患。成王、周公東征,穆王三年静東國⑥,厲王時伐南淮夷,都需通過這一地區。周人允許效忠的戎人在此立國,是有其重要意義的。戎的皇祖是畗公,皇考是邵公,至戎生爲第三代,當時立國不過百年。戎生鐘的出現,表明此地的戎人已在一定程度上接受了諸夏文化影響。《左傳·襄公十四年》載晉南之戎在朝會退席時詠歌《小雅·青蠅》,表示了他對范宣子的不滿⑦。這説明在華夏中心地區的戎人,在某種程度上能够接受遷居已久之地的禮儀,所以戎生鐘銘對祖考的稱謂也認同於西周貴族。當然另種可能性也不是不可能,即戎生祇是一般貴族的人名而非國族之稱。相對而言,我比較傾向前者。

辥,金文中多見,從台從辛,《爾雅·釋詁》訓台爲“我也”,台皇祖畗公,意爲我的大祖畗公,皇祖是宗廟中的首位之王。

趀再穆天子㷱用建于兹外土

越從壯聲,《説文》所無,當讀爲壯。再,衛盉亦有此字,云“王再旂於豐”,再通偁,《廣雅·釋詁》云偁爲舉也。又作稱,《尚書·牧誓》“稱爾戈、比爾干、立爾矛”,所謂再旂即樹建旂幟。旂作爲標幟必舉而建立,《周禮·春官宗伯·司常》:“掌九旂之物名,各有屬,以待國事。日月爲常,交龍爲旂,通帛爲旜,雜帛爲物,熊虎爲旗,鳥隼爲旟,龜蛇爲旐,全羽爲旞,析羽爲旌。及國之大閲,贊司馬頒旂物。王建大常,諸侯建旂、孤卿建旜,大夫士建物。”文中又云:“凡祭祀,各建其旂。會同賓客亦如之,置旌門。”

㷱靁,㷱字疑爲歔、似從戁、從欠,第一易字水點有缺筆,《説文》所無。歔靁當是旂名,《周禮》和金文中有不少旂名,或描繪旂的花紋。西周銘文賜命戈、緐者,有的增賜旂,戎雖爲小國,既爲周天子所承認,也應該有王室頒賜的旂。青銅器銘文中,如師奎父鼎、休盤、伊簋、走簋、豆閉簋、申簋蓋、楚簋、即簋等等皆有所載。王臣簋則言“緐旂五日”。載有賜此旂的還有弭伯師耤簋等。據銘文大抵爲師以上官職任命,很多都有旂或鑾旂,如揚簋、牧簋、南季鼎、師俞簋、師克盨、番生簋蓋、哉簋蓋、恒簋蓋、輔師嫠簋、山鼎、頌鼎、何簋、袞盤等。鑾旂是裝有鑾鈴的車上所建之旂,是代表官位的⑧。考慮到後文所言“建於兹外土”這句話,莊偁的穆天子“㷱靁”可能是旂名,是穆天子所賜承認其身份的旂,因而建於此國土之上。外土,畿内之外的小國。

“穆天子”稱謂未見於正史。晉太康二年汲縣民不準盜發古塚竹書有《穆天子傳》,與此鐘稱穆天子的稱謂相合。此書荀勗序中云“其書言周穆王游行之事”,注:“《晉書·束皙傳》

云：《周王遊行》五卷，今謂之《穆天子傳》”，是知此書的標名，當時有《周王遊行》和《穆天子傳》兩種。但以天子而稱美爲穆者，自然是周穆王。現在戎生鐘銘出現了穆天子這個稱謂，《周王遊行》稱爲《穆天子傳》並非是晉人的無稽之談。從金文看，通篇銘文命辭和答揚辭中都稱穆王滿爲穆穆王，長由盉銘：“穆王在葊京，乎澂（漁）於大池”，答辭云，“敢對揚穆天子不杯休”。乖伯簋命辭“王命仲致歸乖伯狣裘”，答辭云“歸夆敢對揚天子不杯魯休”。師虎簋命辭“王乎內司吳曰：冊命虎”，答辭曰，“對揚天子不杯魯休”。在同篇西周金文冊命及對揚辭中，由於冊命是記事，故直稱之爲王如何如何；答辭因爲是感受恩寵而稱之爲天子。如燹簋命辭“王休厥臣”，答辭爲：“對揚天子休”；又如盠駒尊，“王呼師遽召盠，王親旨盠”，答辭云：“王弗望舊宗小子”；“余敢對揚天子之休”，是王和天子在答辭中並稱。十五年趞曹鼎命辭云：“龏王才周新宮”，答辭云：“敢對揚天子休”；廿七年衛簋：“王在周，各大室”，答辭云：“敢對揚天子丕顯休”；卻啟簋命辭：“王各大室”，答辭云：“對揚天子休”；盠方彝命辭：“王冊令尹易盠赤市、幽亢、攸勒”，答辭云：“天子不遐不基，萬年保我萬邦。”西周臣工對周王徑稱爲王，受命者在答辭中可稱王，也可稱天子。

穆天子可否是對天子的美善之稱，這種可能性極小，因爲姬滿已生稱爲穆王或穆穆王，就不可能引用這個已用的王名來稱美其他的王。善鼎有“對揚皇天子不杯休”一詞，但這皇字是倒裝句，毛公鼎銘云“毛公膺對揚天子皇休”；這皇字是對天子之休而言，並不能理解爲皇天子。穆天子作爲王名在戎生鐘銘中出現，説明晉竹書改《周王遊行》爲《穆天子傳》，可能不是沒有依據的。

用建于兹外土

這句銘文是説戎生之皇祖憲公在周之外土立國，統率軍旅，以討伐不服從王命的外方邦酋，具有藩屏周的任務。外土一辭，史籍似未見，外土應該是對畿內而言。按《周禮·地官·小司徒》“畿疆之封”，鄭玄註云：“畿，九畿”，賈公彥疏：“案司馬除王畿以外，仍有九畿，謂侯、甸、男、采、衛，要以內六服爲中國，其外更言夷鎮藩三服爲夷狄。”這雖然是理想政治版圖的排列，但版圖的基本層次是存在的。盂鼎銘文説：“唯殷邊侯甸雩殷正百辟，率肆於酒”，戎生鐘所言的外土，當是指周邊侯甸之外。銘中如此的卑稱，表示它是戎人的小邦國，力圖效忠於周室。

憍（遹）嗣（司）繠（蠻）戈，用旜（榦）不廷方

戎國爲周室所承認，應該是從穆王時代開始的，他得到穆王所賞賜的繠戈，用榦不廷方。

鑾通作鸞,指爲有鸞鈴的鑣。"不廷方"一辭也見於毛公鼎:"銜裹(率懷)不廷方。""榦不廷方"見於《詩·大雅·韓奕》:"榦不庭方,以佐戎辟",鄭玄箋:"作楨榦而正之。"榦,《説文》以爲乃"築牆耑木也"。銘辭的意思是戎生的皇祖得到了周室的册命,受賜了鸞和戈,以在此外土立國,他的任務是用榦不廷方。毛公鼎銘指的是要安撫不來朝廷朝覲的方國。銘文和《韓奕》所指是糾正不來王廷朝見的方國。戎國處於淮夷之北,西周王室在這一地區置曹、戎、貫、戴、葛等國,除曹爲姬姓外,其餘皆異姓小國,如果這一地區的小國不能和大國協調,起到成周和東國之間的藩籬作用,那將是西周東南邊防的一大缺口,東夷和淮夷就會長驅直入了。這個戰略主要是以異姓小侯國構成一道屏障來對付淮夷。淮水之南盛産銅、錫,保證金錫通道,以有足够量來供應王室和王臣禮器及兵器鑄造之所需,因而異姓小國還在經濟上有戰略意義。戎生鐘銘"用榦不廷方"這句話,是有實際内容的。

銘文於戎嗇公以前,没有提到家世的事,可能戎之立國祇是在穆王之世。班簋銘文記載穆王令毛伯監管東方的絲、蜀、巢等三個方國,和令毛公討伐東國痟戎,以"三年静東國"。戎之立國也許可以和當時東國的形勢相比較而得到認識。

趯趯、穆穆、歙飲(懿蔭)不替,召匹晉侯,用龏王令

趯從走袁聲,與遠聲相似。"趯趯"當讀作"晏晏",爲尊敬皇考的美詞。《爾雅·釋訓》,"晏晏、温温,柔也",有寬緩和美之意。歙即懿,像一人汲食容器中的液汁,爲飲字。金文中另有從盍從欠的也釋爲飲,字從盍得聲,實際上是形聲字,而鐘銘乃會意字,是飲之本字。懿飲讀爲懿蔭,飲與蔭是雙聲叠韻字,同爲侵部喻紐,飲假藉爲蔭。

不替,當讀爲不替,從曰從阱,阱像以刀施刑狀,與欠不相似。銘中已有㙩字從阱,按辭意㙩讀作替。《説文》於此字有㙩、㙩二種形構,云:"廢,一偏下也",寫爲替是俗字。《爾雅·釋言》:"替,廢也,替滅也。"《詩·小雅·楚茨》:"子子孫孫,勿替引之。"鄭箋云:"願子孫勿替而長引之。"《尚書·旅獒》:"無替厥服",孔安國傳云:"無廢其職",此言皇考福蔭未減。召匹晉侯,用龏王令者,召,紹也,在此用爲輔紹之義。匹,配合,言施行龏王之命,輔配晉侯,控制不廷方。文辭且是倒裝句。説明邵伯在位比較安定,没有具體的功烈可紀,但重要的表示是忠於周龏王,協佐晉侯。"用王命"和五年衛鼎"余執龏王卹工"詞例相類似。

今余弗叚法其顯光

叚通作瑕。瀍,法字的古文。顯字金文中數見,與顯同義,也有學者逕釋爲顯,然《説文》中無此字。《詩·大雅·韓奕》:"不顯其光",鄭玄箋:"榮也",《廣雅·釋言》云:"寵也。"意爲

戎生之作爲要合於先人顯大榮耀之德而不暇荒。

劫遣鹵責，卑諳征緐湯，取厥吉金，用乍寶慈鐘。

劫，《説文》解作"慎也，從力吉聲"，《爾雅·釋詁》云："固也。"據晉姜鼎銘，劫宜讀作嘉，鹵也就是鹽，責是委積。《周禮·天官·小宰》："掌其牢禮委積。"鄭玄注："委積，牢米薪芻給賓客道用也。"諳從言晉聲，字與上文"不替"的替字構形有所不同。諳字也有毀義，《廣雅·釋詁》云："記也。"鐘銘的這兩句辭，和春秋初的晉姜鼎銘文有些類似。鼎銘云："魯覃京師，鬸我萬民。嘉遣我，易鹵積千兩，勿灋文侯顥命，卑串通弘，征緐湯鷺，取厥吉金，用作寶尊鼎。"鐘銘劫字可由鼎銘讀爲嘉。遣以鹵積、征緐湯鷺、取吉金等事均與鐘銘有類似，但晉文侯遣賜於晉姜的鹵積有千兩之數，鐘銘祇云鹵積，沒有數量。"劫遣"者爲晉侯，戎生受此寵榮，但在銘中没有片語涉及，可見所賜不多。若僅以此相比類，或許可以定鐘的時代爲春秋初世。但征緐湯之舉，恐怕是歷史上多次發生過的軍事掠奪，不能視爲祇發生這一次。傳世的曾伯霙簠銘文有："曾伯霙陌聖元武，元武孔翖，克狄淮夷，印燮緐湯，金道錫行，具既卑方。"曾伯霙簠的形制、銘文和紋飾，在春秋初世出土青銅器中，找不到對照的例子，它的時代至少晚於春秋初世晉文侯在位之年。折壁直緣的簠出現於春秋中期，春秋早期無此形制，曾伯霙簠的年代置於春秋中期爲宜，則所記的"克狄淮夷，印燮緐湯，金道錫行"，必定不是晉文侯時代的事件，而是曾國別一次爲取得青銅原材料而對緐湯所採取的軍事行動。克狄淮夷可能是誇大其詞，曾是附庸小國，跟隨鄭或楚行動而已。而且，不是每一次這類戰役都會有歷史記載。曾伯霙簠的年代既和晉姜鼎不合，是知征緐湯這種經濟上和軍事上的行動，不僅在春秋，即在西周時也定會發生。長江中下游有大片銅礦區，湖北銅綠山古礦和瑞昌古銅礦，西周時候已經開發，西周銅料相當重要的來源出自此兩區。西部通道循漢水順流而下，到達現今的銅綠山和大冶古礦區，今查明此處開發於西周早期。昭王南征，除了版圖的擴展外，至少部分目的是爲了取得銅料。昭王時代的過伯簋銘："過伯從王伐反荆，孚金，用作宗室寶尊彝。"伐楚取得青銅是事理之必然。但昭王南征不返，沉於漢水，銅料的通道不能不受到影響。東部是緐陽這條通道，緐陽不是古礦區，而是江西、安徽沿江一綫產地的銅料匯集點，並由此而向北輸送到中原各鑄銅地。這是一條重要的通道，如果緐陽没有得到控制，西周銅的來料會成爲大問題。

晉是鑄造青銅器的强大侯國，晉姜鼎銘文記載取銅於淮夷，征緐湯這樣大的事件，如果没有得到王室的同意或授意，是不可能擅自採取行動的。特別是在周昭王沉於漢水之後，這條通道更具有戰略意義。戎這個小國是附庸於晉的，因爲晉是其就近的主要侯國，而且晉和北方隗、翟、北戎等各族都有一定的聯繫，戎生依附於晉，也是在穆王、龔王兩代政措的延續下。晉伐鯀湯，戎國參預而分得一杯羹，但是在"譖征鯀湯"的文辭中並未點出晉國，這是爲了在宗廟中顯耀其家族的榮光，而在頌揚皇考的一段銘文中已經明確地提到了"紹匹晉侯"。

戎生鐘鑄造的時代應在龔王之後，龔王死後懿王即位，戎生鐘的銘文書體，和西周中期諸青銅器銘文中這一類形構自由的文字體勢走筆顯然一致。

鐘銘最後是一段常用語，雖然"旛旛魖壽"的第三字和"黃耇又耊"的第四字均不見於《說文》，但整體辭意還是容易明白的。

---

① 馬承源：《商周青銅雙音鐘》，《考古學報》1981 年第 1 期。

② 馬承源主編：《商周青銅器銘文選》(三)。

③ 同上書。

④ 同上書。

⑤ 同上書。

⑥ 同上書。

⑦《左傳·襄公十四年》載范宣子執戎子駒支，當朝責曰："姜戎氏：昔秦人迫逐乃祖吾離於瓜州……我先君惠公有不腆之田。與汝剖分而食之……"責戎洩漏消息，駒支不服氣，說："我諸戎飲食衣服不與華同，贄幣不通，言語不達，何惡之能爲？不與於會，亦無瘳焉。"賦《青蠅》而退。姜戎氏在退出朝會時能歌詠《小雅·青蠅》的詩章，這件事至少說明他是瞭解諸夏的《詩》中有比喻作用及其在特定場合的詠歌習俗。這是另一支晉南之戎。戎生鐘及其銘文表示西周時期戎人已有依習華夏文化的需要。曹縣之戎還居更早，《左傳·隱公二年》："春，公會戎於潛，脩惠公之好也，戎請盟，公辭。"杜注："陳留濟陽縣東南有戎城。"此即今曹縣西之戎。惠公元年爲公元前 768 年，即周平王二年。當時戎提出"請盟"，證明已有相當的政治勢力了。

⑧《左傳·桓公二年》："錫鸞和鈴，昭其聲也。"杜預注："錫在馬額，鸞在鑣，和在衡，鈴在旂，動皆有聲。"

（原載《保利藏金》，嶺南美術出版社，1999 年）

亢 鼎 銘 文
——西周早期用貝幣交易玉器的記録

　　亢鼎 1998 年得於香港古玩肆。鼎形式爲立耳三足,腹底與足相應的有三個圓凸,和袋足鬲有些相近,也有稱之爲分檔鼎。器外表無紋飾,僅口沿下有一道突起的箍,粗於通常的弦紋。鼎高 28.5 釐米,口徑 25.8 釐米,重 1 800 克(圖版十五)。

　　鬲鼎出現於商代早期,即鄭州二里岡期。此時鬲一部份向鼎形器過渡,形狀有袋腹較深、稍淺或介於兩者之間者,但所有稱之爲鬲鼎的器都有一稍長的錐形足,長度不甚一致,較長的通稱爲鼎,較短的通稱爲鬲,介於兩者之間的稱謂不一。日本林巳奈夫教授《殷周青銅器之研究——殷周青銅器通覽》一書所收器物較廣,分此類器爲鬲鼎和鬲兩類,其中商代的鬲鼎有 74 器,鬲僅録存三器,而此三件鬲也與鬲鼎的器形有明顯的相似之處①,可見此時在青銅鼎、鬲之間,還缺少顯著的特徵。西周早期開始,鬲鼎的錐形足完全變成了柱足,但袋腹越益淺平。相對而言,此期較早的還有三個凸出塊,較晚的連這些也消失,僅存三叉形很淺的綫條,這種器物大致消失在西周中期。本器的分檔還有清楚的痕跡,和獻侯鼎、臣辰鼎等屬於同一類形式②,是爲西周早期分檔鼎的典型式樣。

　　器内壁銘文原爲銹斑所掩蔽,清洗後得銘文 8 行 49 字,其中合文 6 字。器主爲亢,定名亢鼎(圖二)。釋文如下:

　　　　乙未,公大保買

　　　　大玤于茥亞,才(財)

　　　　五十朋。公令亢歸(歸)茥

　　　　亞貝五十朋,吕(與)孾(玺)

　　　　茥、岂、艶、牛一。亞

　　　　賓亢渾(騂)、金二匀(鈞)。

　　　　亢對亞宦,用乍(作)

父已。夫册。

亢鼎銘文

公大保 大保是官名,公是爵稱。《尚書·洛誥》"唯大保先周公相宅",孔安國傳:"大保,三公官名,召公也。召公於周公前相視洛居,周公後往。"召公大保名奭,爲周室的輔弼重臣,召地子孫世襲,西周厲王時發生政變,姬斁奔彘,由周公召公共同執政,稱爲"共和"。傳世有大保方鼎、大保簋,是其本人之器③。與亢鼎同稱公大保的器有旅鼎,銘云"隹(唯)公大保來伐反尸(夷)之年",成王初世,夷人反叛,不服周室,召公的部屬旅以爲大保伐夷方是國之大事,乃以此作爲紀年的事件。作册大鼎銘"大揚皇天尹大保室",爲大頌揚大保之美。御正良爵銘云"公大保賞御正良貝",乃是以大保賜貝爲寵榮而作器,但公字却被倒鑄。爲大保作祭器的有大史友甗,銘"大史友乍(作)召公寳尊彝"。召公卒於康王時,史載以高壽著稱,者減鐘銘云"若召公壽若參壽",成爲後人盼企長壽的目標。召公在周初建國有功烈,周王封之於北燕,後其子就封,故地在今河北房山琉璃河④,但在西周王畿内仍有采邑召,由其庶子別立一家族而繼任之,在傳世的金文中也稱召伯,見於𠵸鼎及伯𠵸盉⑤,是爲其後裔。

買大珷於羊亞 買字在金文中數見,大都爲族氏之名或私名,如買車卣、買車觚、買王卣、吳買鼎等等⑥,買字用爲買賣交易之義,金文中以亢鼎爲初見。《説文》云,"買,市也,從

网貝",网也可能同是其聲符。銘辭意爲大保從羊亞處買得玉器大珽,珽字亦見於六祀𧻚其
卣,銘"𧻚其易乍册瞏𠦪一珽一"⑦。珽字從玉從亞,後者當是聲符,字亦爲金文宦之所從。在
銘文中宦字數見,與休字義相同,如上引作册大鼎銘"大揚皇天尹大保宦";令方彝銘"令敢揚
明公尹人宦";令簋銘"令敢揚皇王宦"等宦字,皆與金文中習見之"對揚王休"之"休"字相當,
一些學者以爲宦即休之叚藉。則亞爲音符,珽從玉亞聲,其音亦與休相近。丁山釋六祀𧻚其
卣云:"宦字從亞與珽所從者相同,則亞有休音。休久古音相近,《説文》玖,石之次玉黑色者,
《詩》曰:貽我佩玖。讀爲已,殆即佩玖,亞像其形。"⑧這是一種説法。若以古音相近而言,則
玖和休韻部爲之、幽旁轉,聲符爲旁紐,並不是很近。因而考慮字可能爲球的假借,球與休古
音同幽部,前者見紐,後者曉紐,旁紐相轉,其音較玖爲近。《詩·商頌·長髮》"受小球大球,
爲下國綴旒,何天之休",毛亨傳"球玉綴表旒章也"。鄭玄箋"綴,猶結也。旒,旌旗之垂者
也。休,美也。湯既爲天所命,則受小玉爲尺二寸圭也;受大玉,謂珽也,長三尺"。孔穎達疏
云:"受小球玉謂尺二寸之鎮圭也,大球玉謂三尺之珽也。"又云:"禹貢雍州厥貢球琳琅玕,是
球爲玉之名也。"又《書·益稷》"夔曰,戛擊鳴球,搏拊琴瑟以詠祖考來格"。毛亨傳:"球,玉
磬。"又《書·顧命》載周康王登基時西宮室東序陳列的有"大玉、夷玉、天球、河圖"等。毛亨
傳云"球,雍州所貢",又引馬説爲"玉磬"。此天球可能就是大球,天字和大字在形構上祇有
極小的差異。上述大球玉名與此銘大珽相對應,大珽當讀作經典中之大球,如鄭箋所解有
據,此乃有相當長度的玉珽,至於説爲"玉磬",是另一解釋,古代玉磬也是有相當長度的。

　　羊亞,大珽的賣者。羊字上像羊角,下從未,《説文》未收,《字匯補》收羋字,以爲是羌字的
另體,但羊下部未形,與羌字不類,今厥釋。

　　才五十朋　才讀爲財,是大珽的交換價值,即五十朋。古代交換要通過市廛,而涉及交
換田畝等不動產則須有行政手續。亢是大保的下屬,受其派遣承辦此項交易,也是見證人,
並得到了羊亞的禮贈。才字作爲交換價值觀念,是在西周金文中出現的,初見於三年衛盉:
"矩伯庶人取堇章(瑾璋)于裘衛,才八十朋。厥貯,其舍田十田。矩或(又)取赤虎(琥)兩、麀
韐兩,𪓑鞃一,才廿朋,其舍田三田。"⑨此事報告伯邑父、榮伯等五位官員,就其中舍田的事
作出決定,命"三有司"登記舍田,改變所有者。才八十朋和才廿朋的事,也是徵求了雙方意
見經官方裁定的價值。瑾璋和赤琥都是玉器,所值爲百朋;另加十三田。亢鼎記載的這宗交
易是五十朋貝,另給𡉚、𢆉、𠙹、𩱱和一頭牛。這種以朋貝爲交換價值的媒介另付一些實物或
田的辦法,是西周交易中存在的一種特殊方式,而且具體交易的完成還通過第三者,亢就是
這個角色。他因受大保所囑的寵榮而鑄造了這件器。亢這個人見於作册令方彝和方尊銘
文,辭銘在記周公子明保尹三事四方受卿士僚後祭祀了京宮和康宮,結束後,"易(錫)亢師
𠙹、金、小牛,曰:'用徲(祓)';易(錫)令𠙹、金、小牛。曰:'用徲(祓)。'令迺曰;女(汝)二人亢
眔矢夌奭(左)右於乃寮(僚)目乃友事⑩"。由此知亢亦稱亢師,明公所賜在作册令之前,當時

地位已很高,銘文云左右乃寮,可見亢和令已是卿士僚的成員,爲明公屬官,和大保管轄已無直屬關係。作册令方彝和方尊都是昭王時器,亢鼎銘記亢爲大保所遣經辦交易事,大保死於康王時,年壽甚高,所以亢鼎這件器物,至少應在康王時。

用貝幣作交易媒介,以往見於西周中期的銘文,由亢鼎銘文可知,它發生的時期還應提早。賜貝在青銅器銘文中常有所見,商代的小臣俞尊、小子𪊽卣、𤔲簋、宰椃角、作册般甗、戍𣄣方鼎、小臣缶方鼎、小臣邑斝、二祀𢍰其卣、四祀𢍰其壺、萄亞𤔲角、小子省壺、戍𡩬鼎等銘文都有受賜數量不同貝朋的記載,成爲一時風氣,並延續到西周早期。中期的銘辭中賜貝之事漸少見,西周晚期的銘辭中至今還未見有賜貝的記載。商器銘辭比較簡單,賜貝作器是由於器主有某種功烈或參預王室的祭祀活動等,辭文中賜貝之朋數並不多。西周銘辭内容豐富,也普遍有錫貝作器的記載,數量通常是五朋、十朋或廿朋,也有至五十朋的,個別的達百朋。貝之作爲交易媒介,由於它本是海外來物,比較珍貴。其次它能串聯起來以朋作爲固定的計算單位,一朋兩串合爲十枚,交易時方便度算。當時交易媒介並不單是一種貝朋,而且還有附加值,或贈送某些禮品。如上述矩伯向裘衞買玉器等物,付了八十朋,附加十三田,大保買得大𤖭付了五十朋,成交時還送了𦥑𡝫、鬯𬭚酒和一頭牛。可以想象,如果不送些禮品,這個交換就不够滿意。這是西周特殊的交換形式,表明它還不是純粹用單一的交換媒介計值的市場,實物交換的習慣並未完全銷歇,而且至遲在西周中期以後出現了金屬稱量貨幣鍰,鍰的重量以鋝計,鍰是金屬貨幣的形式,鋝是計其重量[①]。西周中期以後,鋝行而貝朋之用逐漸衰退,金屬稱量有更穩定價值保證的優越性,隨後出現了以金屬鏟刀爲計量形式的貨幣,計量的可靠性更佳。隨之又出現了各種生產工具形式的專用青銅鑄幣。亢鼎銘文,反映了西周早期從實物交易轉變到貝朋兼用實物市場的存在,這個市場的出現,可能還會更早,早到串貝成朋使用之時。

吕(與)𦥑𡝫、鬯、𬭚、牛一。吕通以,在此用作與義。《詩·邶風·擊鼓》"不我以歸",鄭玄箋云"以猶與也,與我南行,不與我歸",《大雅·桑柔》"朋友已譖,不胥以穀",鄭玄箋云"以猶與也",所解相同。𦥑𡝫爲大保令亢與羊亞之物,第一字像頭復羽冠立於兀上的舞人,人形兩側作𢇇狀舞具,和金文舞字構形大致相同,羽冠有兩層,所蔽或較密。按照這一形象,可能是㿞字,《説文》云:"㿞樂舞,以羽𪑛自翳其首以祀星辰也,從羽王聲,讀若皇。"㿞舞甚古,如果王字仍保持甲骨一期卜辭"𠙹"形的寫法,則和㿞比較相近。《周禮·地官·舞師》:"教皇舞,帥而舞旱暵之事。"鄭玄注引鄭司農云:"㿞舞,蒙羽舞,書或爲㿞,或爲義。玄謂皇析五采羽爲之,亦如帗。"看來,漢儒已難明㿞舞字之形構。今從《説文》,姑隸定爲㿞,但在此用爲何義,則難於解釋。鬯𬭚,酒名。𬭚字從鬯,也當是和鬯之類,爲《説文》所未見。以上幾種物件連同牛一頭是五十朋之外的附加物。

亞賓(儐)**亢澤**(釋)、**金二匀**(鈞) 亞即羊亞,賓摯乳爲儐。《周禮·秋官·司儀》"賓繼主君,皆如主國之禮”,賈公彦疏云:“按聘禮君遺卿勞及致館等皆賓,賓者報也。”亞賓亢猶亞有報於亢,所報之物爲:洋及銅料二鈞。洋,从:从羊,假爲騂。《説文》:觲,用角低仰也,从羊牛角。《詩》曰:觲觲角弓。今本《詩·小雅·角弓》字作騂。《春秋公羊傳·文公十三年》:“周公用白牲,魯公用騂犅”,而大簋銘:“王才(在)奠(鄭),蔑大曆,易(錫)芻羊犅”[12],正與《公羊傳》騂犅相同。《尚書·洛誥》“文王騂牛一,武王騂牛一”,騂牛均指紅色的牛。亞所報亢之牛,亦並爲紅色。金,銅料;匀,叚作鈞,《説文》“鈞,三十斤也”,二鈞爲六十斤,但《説文》指的是漢制,西周如何則尚難確知。

夫 是亢的族名。册,表明夫氏世爲史官。

本器銘文是西周用貝幣交换玉器的最早記録,有五個字爲以前金文中所未見。

---

① 林巳奈夫:《殷周青銅器之研究——殷周青銅器通覽》。

② 容庚:《商周彝器通考》,圖三八,第 40 頁。

③《商周青銅器銘文選》(三),文物出版社 1988 年版,第 35—36 頁。

④ 中國科學院考古研究所等:《北京附近發現的西周奴隸殉葬墓》,《考古》1974 年第 5 期。

⑤ 同③,第 76—77 頁。

⑥ 買車卣(《商周金文録遺》242),買車觚(《商周金文録遺》331),買王卣(《三代吉金文存》13、21),吴買鼎(《三代吉金文存》3、21)。

⑦ 同③第 14 頁。

⑧ 丁山:《𠨘其卣三器銘文考釋》,《中央日報·文物周刊》1947 年第 37 期。

⑨ 同③,第 193 頁。

⑩ 同③,第 95—96 頁。

⑪ 馬承源:《説膓》,《古文字研究》第十二輯。

⑫ 同③,第 269 頁。

(原載《上海博物館集刊》第八期,上海書畫出版社,2000 年)

論 犅 伯 卣

　　這件提梁卣蓋內及器內底鑄銘文 2 行 14 字，周邊有"亞"字形框，顯示器主的身份爲"亞"。銘文合計 14 字，釋文如下：

　　　庚寅，犅白（伯）諆乍又

　　　丰寶彝。才二月，屮。亞。

　　犅字從牛從剛，今省筆寫作犅，《説文》云："犅，特牛也，从牛岡聲。"此字又見静簋，作🐂，容庚《金文編》云："犅從牛從剛省。"今又增一例。犅白讀作犅伯，西周時犅地的君長。犅地也見於卜辭，《殷墟書契前編》："癸亥，王卜才犅，貞旬亡禍"，又"癸丑，卜才犅，王貞旬亡禍"①。查殷王在犅地卜問，現存卜辭記録有十餘次，大體可知犅爲殷畿內之地。又辭云："才犅𠂤，貞今夕亡禍，寧，才十月又"②。"犅𠂤"一辭在卜辭中數見，"𠂤"字學者隸定爲"𠂤"，讀爲"次"，是師旅的駐在之處。殷王在犅地卜旬之有無禍事，則犅的君長是殷地的小邑或小邦的頭領。此地在武王滅紂後臣服於周。

　　傳世青銅器有犅刲尊和犅刲卣各一器，銘文云：

　　　王征䓨，易犅

　　　刲貝朋，用乍

　　　□尊且寶障（尊）彝。亞。

卣銘則省作岡③，爲犅刲參預成王伐東國踐奄事。陳夢家《西周銅器斷代》（二）釋䓨爲蓋，云：

　　　蓋即《墨子·耕柱篇》、《韓非子·説林上》所述周公征伐之商蓋，《左傳·昭九年》作

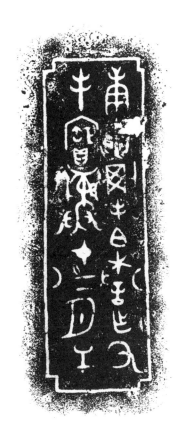

犅伯卣器銘

商奄,昭元年作奄。奄、蓋皆訓覆而古音並同,所以《吳世家》吳公子蓋餘《左傳·昭廿七年》作掩餘。蓋侯即《孟子》所謂的奄君④。

此兩器——犅刧尊、卣並爲成王伐東國踐奄錫貝後所作器,本器犅伯謹乃犅刧之後。陳夢家釋犅刧爲岡劫,犅岡銘文本通,但刧字從刀之與刃則不便通用,想必當作意符來解釋。謹字從言從差省,《説文》所無。金文國差蟾之差字作"差",從來從左,實則卜即左字,金文常見,此又增言;爲從言之差聲字。犅刧尊、卣銘文也有"亞"形外框,與本器相同,身份相襲,推知當爲父子。

銘文説明此卣乃犅伯爲"又丰"所作的彝器。"又"也寫作"有",經籍中用爲語首助詞,《尚書·召誥》:"有王雖小,元子哉。"金文亦有此,如獣簋:"王曰:又余佳(雖)小子,余亡康晝夜,巫離先王。"⑤因此,"乍又丰寶彝"亦即爲丰作彝器之意。丰是何許人?考慮到卣的紋樣具西周早期特徵和牅刉卣銘文的背景,此人應該就是金文中的康侯丰,亦即衛康叔封。牅刉既參預踐奄之役,而踐奄是平滅武庚叛亂的繼續,是伐東國的必然結果。伐東國的西周大軍班師後就有監管殷遺民的問題。成王、周公對監管殷遺民結合了分封諸侯的問題加以解決,《史記‧周本記》:

> 武王再拜稽首,曰:"膺更大命,革殷、受天明命。"武王又再拜稽首,乃出。封商紂子禄父殷之餘民。武王爲殷初定未集,乃使其弟管叔鮮、蔡叔度相禄父治殷……

未幾武庚禄父勾結管叔鮮、蔡叔度,聯合淮夷等發動東國的叛亂,平叛以後,還有嚴格監管殷遺民的問題,於是纏有成王將原在康的康叔丰,更增封之於衛,史稱衛康叔,衛地在河、淇之間。此史事見於《史記‧衛康叔世家》及《尚書》的《康誥》和《酒誥》。牅伯諆爲丰作器,可能當時爲"亞"的身份任衛官。"亞"是官名,在卜辭中有"多亞",爲武官[6]。此官西周沿用,《尚書》之《立政》和《牧誓》中有"亞旅",醽篹銘"王曰:醽,命汝嗣成周里人眔諸侯、大亞"。西周金文中以亞爲銘文邊框的,都是彰顯其作爲武官亞的身份。牅刉伐東國,與他作爲亞的身份也相稱,必牅刉在衛任職,則其子牅伯諆方有爲衛康叔丰作器之可能。由於牅伯諆卣形制不晚於昭王,成王至昭王經康世不過兩代,所以諆應是刉之子極爲可能,並仍在衛任職。

關於康叔更封於衛的實物例証,見於傳世金文澮嗣徒逯篹:"王束(刺)伐商邑,征令康侯啚於衛。"[7]康侯丰本人所作青銅器有康侯丰鼎,銘"康侯丰作寶隣"。"丰"史籍作"封",乃通用字。另一器爲作冊𣄼鼎,銘"康侯才𣄼𣄼,易(錫)𠂔(作)冊𣄼貝"。牅伯諆既爲丰作器,則與作冊𣄼相似,同衛君有隸屬關係。牅本是載於卜辭的殷人屬地,其入周後又爲周人所用。牅地於史失載,但距河、淇間不應過遠。《史記‧衛康叔世家》云:

> (武王)以武庚殷餘民封康叔爲衛君,居河、淇間故商墟。周公旦懼康叔齒少,乃申告康叔曰,必求殷之賢人君子長者,問其先殷之所以興,所以亡,而務愛民。告以紂所以亡者以淫於酒,酒之失,婦人是用,故紂之亂自此始。爲《梓材》示君子可法則,故謂之《康誥》、《酒誥》、《梓材》以此命之。康叔之國,即以此命,能和集其民,民大説。

牅伯大約是受惠於此種政策的故殷畿内國邑的君長,卣銘當有補於史事。

牅伯卣形制扁腹下垂,自腹部以下,形制相同於殷周之際的流行式樣,最大腹徑在下部,形成穩重莊嚴之感,但其頸部偏高,而略爲收縮,相對的形成的蓋緣也有拔高的氣勢(圖版十六)。保利藝術博物館收藏的神面紋卣,也有類似的造型[8],都是屬於西周早期卣中偏高的一類。本器若和傳世卣相比較,除去紋飾的因素,立體輪廓造型接近於商末二祀𭥍其卣,河南安陽郭家莊西 160 號墓出土的亞止卣，西周伯矩卣、守宮卣、《商周彞器通考》圖 654 的鳳紋卣，而不同於傳世陝西寶雞鬥雞臺出土的一大一小兩件鼎卣，鼎卣雖然氣勢雄偉，但垂腹極端低垂，當然更不同於各種低體寬腹的通行卣類了。從以上幾種卣的形體設計中，可以知道在商末和西周早期卣類的通行式樣很豐富，成爲彞器變化的重要角色，無論是數量和形式，不在商卣之下。

本器提梁作橫嚮裝置，這是沿用商末的舊制。卣的提梁裝置無論是橫嚮還是縱嚮，都出於商末。以前寶雞鬥雞臺出土的大禁和以上的一套禮器，其中鼎卣一大一小，大卣下置方禁，兩卣的提梁都是縱嚮裝置，以前學者斷定卣的時代，大都據此定在西周。現在江西遂川出土的亞夒卣和廣西武鳴出土的兕卣和河北靈壽西木佛村出土的亞伐卣，都爲商器。所以，這一類器形是商周之際形式，始於商末而流行於周初。

提梁兩端的龍頭極爲豪華，商末周初青銅器上龍形紋飾，角型大約有兩種：一種是尖錐形的角，上有螺旋紋；另一種近乎瓶形，像長頸鹿角，上頂稍大，嚮下收縮，復鼓出。長頸鹿，古人稱爲麟，爲方便計，這種龍我們稱之爲麟角龍。本器提梁麟角龍的角頂端裝有似手掌形、有五瓣放射形的角，角掌的中心還有一個眼睛，這是它的特異之處。這種逼奇的龍頭，飾有這種多齒形角龍頭的器物非常稀見，可能是少數地位顯要貴族的享用品。相同的龍頭見於鼎卣之一、之二，還見於幾件藏於北京故宮博物院和臺灣故宮博物院的"酗亞"尊，每一件尊的肩上都有四個這樣的龍頭。《日本蒐儲的支那古銅器精華》一書中，編號爲 68 的卣，也有這樣龍頭提梁；《歐美蒐儲的支那古銅器精華》一書中，編號爲 71 的卣也是同例[⑨]。但是本器的龍頭設計得更爲經意，五齒掌的底部兩側各有歧出的小角，在其他同型龍角中都沒有這個特點，此事雖小，但可以看出其對於繁飾的追求。

此器紋樣非常精緻，如棱脊的式樣，蓋和器不很相似。蓋頂四等分棱脊作鰭狀，頂端挑出，中間鏤空，形成三個小的頂嚮一側延長的鰭葉，尾端倒鉤，相當緊湊。而腹上的棱脊頂挑出而垂長，其下僅有兩片鰭葉，與寬厚的腹部相適應，於和諧中具變化，使器形更具有莊嚴的氣勢。這種棱脊上有同嚮彎鉤鰭而尾端反嚮倒鉤的特點，是西周青銅器棱脊上常見的特點，而商器以不鏤空的鰭狀實脊爲多，鏤空的也有，大都呈"T"字形平整排列。如《殷墟青銅器》圖形中，僅有婦好平底爵和婦好爵爲鏤空脊，其他或爲實脊，或有"T"字形條紋而不鏤空。

蓋和腹爲同一獸面紋樣。獸面紋面部主要輪廓構圖基本相同，僅角型不相同。本器獸面紋的角根植於額頂，作豎立狀，並從中心綫向外彎轉再嚮下卷曲，角端尖銳。由於角的條紋高度圖案化，辨別不出其原本的實樣；在另一些器物上，這種彎角的構成做成羊角的樣子。此獸大目有眉，軀寬壯，咧口拱爪，兩側各有一段嚮上伸長的體軀和卷尾，這是商周工藝匠師對所塑鑄的立體物象作平面鋪展的特別展現方法，因爲物象頭部本是由鼻準爲中心對稱，爲要呈現此物的全面形象，祇能將整個軀體嚮兩側展開，因此構成了一頭、兩角、雙爪、兩尾的富有特點的獸面紋。在玉器和陶器等類立體雕刻中,很少有一頭兼兩身的物象。這一類羊角型或豎卷角型的獸面紋,是商代青銅器紋飾中最爲集中和最多數的紋樣。西周早期沿用的獸面紋,也大多是這種題材。蓋沿及口沿上皆爲對稱的鳥紋。蓋沿上的一對彎角鳥紋配應於蓋頂的主紋,口沿中間的小獸頭即爲器腹的彎角獸紋的縮微,左右亦配置同樣的一對鳥紋——這種紋樣在《考古圖》中被誤稱爲夔紋,後代沿用。這種所謂的"夔紋",是高浮雕鳥形的平面化圖案,應該改正過來稱爲鳥紋。本器的圈足也是展軀的獸面紋,紋樣中的平面皆填以細密的回紋,與寬疏壯闊的主題紋飾構成了對比,使主題紋樣更爲突出。

　　犅伯卣的鑄造質量極佳,可以説一絲不苟。爲使鑄件厚薄控制適當,澆鑄時在內外陶範之間曾設有"填片",以保證器物所要求的厚度。本器的填片,大約是用不合格的而厚度相當的器物碎片,這碎片的厚度和待鑄器物的厚度相同。在犅伯卣的器底銘文中,還保留著一片其上鑄有紋樣的器物碎片。上海博物館所藏的商代龏簋上,也有鑄著紋樣的填片。

---

① 此兩辭並見《殷虛書契前編》2・7・1 及 2・17・8。

② 同①之 2・18・1。

③ 馬承源主編:《商周青銅器銘文選》,29、30 器,19 頁,文物出版社,1988 年。

④ 陳夢家:《西周銅器斷代》(二),《考古學報》第 10 册,1955 年。

⑤ 同③,404 器,277 頁。

⑥ 同③,319 器,232 頁。

⑦ 同③,31 器,19 頁。

⑧ 保利藝術博物館:《保利藏金》,嶺南美術出版社,1999 年。

⑨ 梅原末治編:《歐美蒐儲支那古銅器精華》,1933 年;《日本蒐儲支那古銅器精華》,1959—1962 年。

（原載《保利藏金》續集,嶺南美術出版社,2001 年）

形制和紋樣

商周青銅器紋飾綜述

叙

　　商周青銅器紋飾的研究是一個引人注目的課題。郭沫若院長在 1934 年撰寫的《彝器形象學試探》一文中，把中國青銅器時代分爲四個時期，即濫觴期、勃古期、開放期、新式期。他的方法是："先讓銘辭史實自述其年代，年代既明，形制與紋績遂自呈其條貫也。"郭沫若對中國青銅器形制和紋飾卓有見識的分期，是建築在對青銅器銘詞學斷代研究和考古發掘基礎之上的。1941 年，容庚教授所撰的《商周彝器通考》一書中首次系統地闡述了青銅器形制和紋飾的各種類別及其時代的特點。以後，在各種有關中國青銅器的專著和發掘報告中，都非常注意紋飾的描述和分析。但是，對紋飾作綜合性的考察，一直不是青銅器研究的重點。我國研究青銅器的專家，長期以來主要從事於青銅器銘詞學的研究，因爲銘詞學的研究能够較多地和研究歷史結合起來，解決和補充不少重要的史實，故此做出了很多成績。而紋飾的研究祇能憑藉極少的史料，在許多方面難於捉摸。以往中國的考古工作者很少有機會去研究青銅器藝術裝飾中純粹屬於形式結構的全部發展過程，以及這種藝術形式的社會功用。隨着新中國考古工作的開展和一些重大的發現，青銅器的研究工作逐漸被重視起來。事實證明，這一研究工作必須結合銘文、器形和紋飾三個方面，不可偏廢，而綜合研究又必須建立在專題研究的基礎之上。我們知道，並不是所有的青銅器都有銘文，商代二里岡期青銅器上至今没有發現明確的文字，殷墟早期青銅器也極少有銘文。鑄有銘文的青銅器祇是一小部分，而大部分的青銅器都有紋飾。作爲一種藝術的形態，商周青銅工藝還是指示中國古代社會文明的一種尺度。因此，對於青銅器紋飾的研究不可忽視。至今爲止，商周青銅器紋飾的研究工作，主要是盡可能準確地辨認其時代特徵，作爲鑒別器物相對年代的一種手段。至於紋飾的藝術功用，紋飾演變的根源和圖案學分析等等，我國學者則很少研究。當然，這些方面的研究，在一般的習慣上不屬於單純考古工作的範疇，但是在青銅器研究的專門領域内，這是一些必須要探索的問題。外國的學者以不同的角度和方法研究過中國青銅器的紋飾,但是,從思想領域來研究的並不很多。全面研究青銅器的藝術裝飾,應該是一件很有意義的工作。

上海博物館青銅器研究組的同志們,長期以來注意青銅器紋飾的蒐集,在這個基礎上做了初步的分析整理工作。本集所收的 1 006 片青銅器紋飾墨拓本,是在 60 年代初期和近三年中蒐集起來的。如果沒有"四人幫"的災禍,這項工作的完成當能提前許多年。本書的材料蒐集和編寫是一個集體的成果,我們的願望是盡可能多地將青銅器紋飾拓片貢獻出來,以便能夠向考古界和美術界提供一份盡可能具有系統性的材料,希望有助於青銅器紋飾研究工作的開展。關於紋飾的選擇,我們大都採用了傳拓技術上能展開的平面紋樣,而很少採用立體的藝術鑄件或附飾。我們所蒐集的青銅器紋飾,都是單件器上一個或兩個完整的圖案單位,這樣做僅僅是爲了排比和分析紋樣的特點和發展的脈絡。從工藝美術的觀點來看,紋飾和器形是不能分離的,因爲紋飾結構的處理使之與器物有良好的適應性,正是青銅藝術的一個優點,這祇有觀察實際的器物纔能有所體會,借助於其他方法是難於表現的。但是拓本的好處是能够幫助讀者獲得單純觀察器物所不能得到的效果,這是任何臨摹、描繪或攝影技術所無法達到的。當然,攝影不失爲一種好的方法,但由於焦距的關係,照片大多祇能表現紋飾的局部。惟有用墨拓的方法,既能真實地表現紋飾的雕刻風味,也能全面地展示圖形,是再現青銅藝術的一種較爲理想的傳統方法。但是由於多數青銅器紋飾是浮雕,與拓平面的銘文不同,在墨拓和託裱的技術方面還存在一些需要解決的難題,我們應該盡量避免墨本不清晰和紙張重疊而出現令人不快的破壞畫面的皺痕,這需要有足够的耐心和精湛的技藝,在這方面,參與工作的同志們,曾經花了不少功夫。

在編輯方法上,我們採取了按紋飾特徵分類的原則進行歸納,而以器物所屬的時代作爲排比同類紋飾的前後經絡,使各種紋飾條理化,便於讀者檢閱和查對。按紋飾的特點進行歸納,我們採用兩種方法:一種是綜合分類,即各種圖像在總的方面有較多的共同特點,如獸面紋、變形獸體紋、幾何變形紋等等,綜合性的圖像又按各自的特點可細分爲若干類;另一種是按紋飾單一的特點分類,如龍紋、鳳鳥紋和其他走獸紋等等。這是從青銅器紋飾的實際情形出發,盡可能使其條理清楚,易於區別。但是青銅器紋飾並非按統一的規範製作,也有介於兩可之間的或極少量難於區別特徵的紋飾,我們則按實際情形加以處理。

本書絕大部分材料均採自上海博物館所藏的青銅器,大約有 6％的材料取自兄弟博物館和其他文物單位,它們是中國社會科學院考古研究所、故宮博物院、中國歷史博物館、陝西省博物館、湖北省博物館、湖南省博物館、河南省博物館、安徽省博物館和北京市文物局、曲阜縣文化館、天津市文物管理處、山東省博物館、扶風縣圖博館、周原考古隊、哲里木盟博物館等。這些單位的材料使本書增加了重要內容。但由於取材的基礎是上海博物館所藏的青銅器,這就產生了一定的局限性,少數類別蒐集的紋飾遠不够豐富,祇能留待將來去補充。

　　爲了説明我們的分類整理工作,以下將就各類紋飾作一些綜合性的分析或説明。當然,商周青銅器紋飾的分析和説明,不能不與古代的神話聯繫起來,但是我們將祇引用一些必要的材料,以免成爲純粹的神話傳説的討論,或者陷入神話傳説的迷霧之中。而且在分析中也不能不涉及到圖案結構的特點和規律,但是這些分析祇能限於説明基本變化的範圍之内,純粹的青銅器紋飾的規律及其變化的詳細分析,在本書内是容納不了的。

　　本文的最後部分,我們將簡要地討論一些有關商周青銅器總的發展階段的特點和青銅紋飾的藝術功能的根本性質問題。

　　本書的編輯工作由陳佩芬同志負責,萬育仁、韋志明、李鴻業、謝海元等同志做了大量的紋飾墨拓工作,青銅器研究組的其他同志,也曾參預此事。墨拓之後,困難的託裱工作,以韋志明同志出力最多。此外,莊敏同志審閱了全書,並在編校過程中,自始至終得到他的大力協助,兹謹致謝忱。

一、獸面紋類

　　獸面紋是動物頭部正視的圖案,也是動物紋構圖最原始的一種形式,在商周青銅器紋飾中,所佔的數量最大。自宋代以來,這種紋飾稱爲饕餮紋。饕餮一名見於《吕氏春秋·先識覽》:"周鼎著饕餮,有首無身,食人未咽,害及其身,以言報更也。"西周初期的某些獸面紋,的確祇有動物的頭部而省略了其他的特徵,符合於"有首無身"的説法。但是,在大量的獸面紋中,有首無身都是在紋飾發展階段中較晚的簡略形式。殷墟中期以前絶大多數的獸面紋都是有首有身,説它們是饕餮紋,未免名實不符。《吕氏春秋·先識覽》説周鼎所著的饕餮是食人怪神,但在同書《恃君覽》中,則説饕餮是自相殘殺的族類,謂"……雁門之北,鷹隼所鷙須窺之國,饕餮、窮奇之地……少者使長,長者畏壯,有力者賢,暴傲者尊,日夜相殘,無時休息,以盡其類"。所謂"有首無身",是從"日夜相殘,無時休息,以盡其類"的意義上引伸出來的。又《左傳》文公十八年云:"縉雲氏有不才子,貪於飲食,冒於貨賄,侵欲崇侈,不可盈厭,聚斂積實,不知紀極。不分孤寡,不恤窮匱。天下之民,以比三凶,謂之饕餮。"杜預注:"貪財爲饕,貪食爲餮。"則饕餮又爲貪食聚斂而窮凶極惡之人。至於"食人未咽,害及其身,以言報更也"的説法,又是從貪財貪食中引伸出來的。獸面紋一概稱爲饕餮紋,乃是宋代金石學家觀察不夠縝密之故。如果饕餮紋僅僅是作爲這類紋飾的習慣性符號而並非指其實質,當然也無不可,本文則採用獸面紋這個適應性較大的名詞。

　　縱觀商周時代獸面紋的特點,綜合起來有以下的要素:以中間鼻梁爲基準綫,兩邊爲對稱的目紋,目上往往有眉,其側有耳,下部兩側爲獸口和獸腮,上部爲額,額兩側有突出的獸角。在獸面紋的兩側,各有一段向上彎曲的體軀,體軀下部往往有獸足。所有的獸面紋,基本上脫離不了這個格局。所有的角形都是按照統一的特點塑造的。獸面紋各部分表現的方法和技巧,隨着時代的進展而有所不同。

獸面紋既表現爲物體正面的形象,同時也是表現物體的兩個側面,我們稱這兩種結合的方法爲整體展開法。古人爲了全面表現走獸和爬蟲的形象,除了繪成正視的獸面以外,還需顯示獸類的體軀,而體軀祇能從側視來表現,並以對稱的方式展開。這是商周時代的藝匠們用正視的平面圖來表現物像整體概念獨特的方法,也可以説是透視畫法產生之前的一種幼稚的和有趣的嘗試。不僅描繪獸類是用這種方法,就是描繪鳥類也是如此,例如徙罦上一個鴟梟的頭,連接着左右對稱的鳥身。但是,我們注意到商周青銅鑄造和玉石雕刻的立體物像,從來不作獸面紋這樣向兩側展開的奇特的形象,也沒有發現過一首雙身的立體雕像。由此可見,古人的藝術技巧,表現平面構圖的準確性,遠比立體雕塑的準確性要困難得多,如果沒有適當地掌握透視方法,那麼物體的平面圖,尤其是正視的平面圖,是無法確切表現出來的。商代青銅器上的獸形整體展開圖,一經流行,就成爲這種圖案的固定模式,直至東周時代還有影響。

所謂獸面紋,實際上是各種幻想動物的集合體,以形式看,獸面紋的構圖基本上是公式化和圖案化的,許多形體的結構完全相同,如所有的獸目都作橫置的篆書臣字形,不論是獸足還是鳥爪,都一律採取三趾的爪字樣式。商代早期(即二里岡期,下同)獸面紋的體軀,沒有明確的表現,祇是分爲上下兩長段。殷墟時期絕大多數獸面紋的體軀都是狹而彎曲,尾上卷。這些,都是龍蛇一類體軀圖案化的結果,因爲虎豹之類的走獸,是沒有這種體型的。在獸面紋中,有相當大的一部分是幻想動物龍的正視形象,它和各種龍紋的側視形象相比較,是可以得到證實的。但是,獸面紋的構圖大部分是公式化的,能夠加以區別的僅是獸面額頂兩側的角型。作爲動物的特徵,除了它的整個形體外,祇角是其族類的主要標誌。從商代早期到商代晚期,獸面紋的角型愈來愈發展,獸角裝飾的地位也愈來愈突出。

商代早期青銅器的紋飾多是象徵性的,獸面的形態相當抽象,祇能依稀分辨出某些特點。這一時期青銅器獸面紋的表現以獸目爲主,祇角處於次要的部分,往往是一些不大顯著的雛形。殷墟早期,獸面紋上的角已相當突出了。到殷墟中期,有些獸面紋祇角的寬度甚至佔了獸面紋全部寬度的一半,強調到最大的限度。所以,角型的不同是劃分獸面紋類型的一個最重要的標誌。角型的原始形狀在商代早期的獸面紋上已經出現了好幾種。至殷墟中期,一切角類的形狀完全齊備了。所以我們對於獸面紋的分類主要依據殷墟中期的紋飾爲標準,沿着不同獸角的迹象,上推到商代早期,下及於西周時代。

我們知道,殷墟時期獸面紋處於比較形象的階段,它們的祇角也是如此。一個值得注意的現象是,甲骨文中龍字祇角部分的不同角型和獸面紋很相類似。例如:

　　一、🔣《殷虚書契前編》四・五四・一；　🔣《殷虚文字甲編》二四一八；　🔣
《殷契卜辭》三四〇。

　　二、🔣《殷虚書契前編》四・五三・四；　🔣《鐵雲藏龜》一〇五・三；　🔣《戩
壽堂所藏殷虚文字》四三・一；　🔣《殷虚文字乙編》七三八八。

　　三、🔣《殷虚書契後編》二・六・一四；　🔣《戩壽堂所藏殷虚文字》五・一
五；　🔣《殷虚書契前編》五・三八・三；　🔣《殷契粹編》四八。

　　四、🔣《殷虚書契前編》四・五四・三；　🔣《殷虚書契菁華》一一・三；　🔣
《戰後寧滬新獲甲骨集》三・四三；　🔣《甲骨文録》六二八。

　　五、🔣《殷虚文字甲編》一六三二；　🔣《鐵雲藏龜拾遺》一・五。

　　六、🔣《鐵雲藏龜》一六三・四；　🔣《龜甲獸骨文字》二・七・八。

　　甲骨文中的龍字與龍的圖像當然還有一段距離，因爲它是文字。儘管龍是虛構的幻想
動物，但甲骨文的龍字仍然可以當作象形字。我們看到龍字頭部觓角的特徵也有五種明確
的類型，第六種是沒有角的。沒有角的龍紋在青銅器上也有發現。甲骨文中龍字的六種基
本形狀説明，在商代人的心目中，龍有着不同的觓角，因爲龍是幻想中的動物，它的角型也是
幻想的產物，所以不能確定某種統一的規格。古人對於龍的形象的描述，也很複雜。甲骨文
中龍字具有不同角型的情形，和獸面紋上有着不同的觓角是非常相似的。因此，我們對這種
獸面紋的分類是以角型作爲基本的區分標準。

　　虎頭紋。獸面的額頂有一對環耳狀的東西。環耳分爲兩種，多數環耳中間有一短柱和
獸面的額頂相連，另一種是沒有短柱的。這類獸頭的形象就是虎頭。商周青銅器上虎的立
體鑄像，其額頂都有一對大而闊的豎耳，幾乎沒有例外。虎的鑄像豎耳上雖沒有短柱，但在
圖案中卻有大量的短柱環耳。甲骨文中的虎字是象形字，這個虎頭上的豎耳，有許多作環柱
形，例如：

　　🔣《殷契佚存》一〇九。

　　🔣《殷虚文字乙編》九〇八五反。

　　🔣《鐵雲藏龜》六二・三。

此外的例子還很多，都有一個環柱狀的耳和額頂相連。有的環柱作方折形，這是契刻方便的
緣故。所以，有這種環柱形豎耳的獸面可以認爲是虎頭。但是，在龍紋的頭上也有這樣的虎
耳，因此獸面紋有這種豎耳的未必都是虎。這類紋飾在商代早期已經流行，但當時的豎耳並

不發達,至殷墟早期纔開始發展起來,並且豎耳愈來愈大。

外卷角獸面紋。這種獸面紋的角呈一對兩端卷曲的半環形,一端是角的肥大的根部,置於獸面的中間,然後向上平轉,再向外側彎曲內旋,形成尖銳的角端,粗看起來像一平置的扁的半環形。發達的外卷角,卷曲的弧度尤其是角端旋轉的弧度相當大。這類角型可能是從綿羊角的形狀發展而來,在動物中,祇有綿羊類的角有這樣彎曲的形狀。商代二里岡期獸面紋環形角根部粗大,但卷曲的弧度不太大,角端則尖銳而卷曲,整個的形狀很小。殷墟早期的這一類獸面紋,也大多有這個特徵。殷墟中晚期逐漸出現了兩側比較均勻的環狀角,兩端大體對稱,但是角根和角尖仍然可以區別開來。這種角型的修飾,有的完全設計成爲龍的形狀。外卷角獸面紋盛行於整個商代,至周初仍有少量沿用。

內卷角獸面紋。基本形狀如牛角而更加彎曲,角根部分比較肥大,置於獸頭的額頂兩側,殷墟早期的內卷角直接自兩側延伸而出。略似一雙平擺的彎臂,角尖上伸,再向內彎曲,這種形狀的角,在真實的動物中是沒有的。它早期的形式有點近乎牛角,後來纔變爲比較肥大的形狀。在龍紋及鳥紋的頭頂上,都可以看到這種奇特的角形。內卷角獸面紋的雛形出現在商代早期,盛行於殷墟及西周早期。

曲折角獸面紋。形狀像豎立的角下垂,再向外彎曲而上翹,中間彎曲之處都作方折形。由於商代一些鳥獸類紋飾體部彎曲之處也作這樣的方折形,由此我們可以知道方折的本來形狀應是卷曲和柔和的,改成方折的樣子是出於圖案結構上的變形。如果把這種方折形的角還原成比較柔和的形狀,則和一種扭轉羊角的樣子非常接近。其中有一些形象地表現爲扭轉羊角的模樣。我國西北高原地帶有一種大角羊,其角向兩邊下垂而扭轉,翹向外側。如果把這種野羊角加以圖案化,則很像這一類的曲折角。

曲折角在當時也許被認爲是一種比其他角型更爲特殊的東西。我們可以看到,在鳥紋的頭部和象紋的頭部,還有各種怪神的頭部,都有這種曲折角。在獸面紋的角型中,這是一個大類。曲折角獸面紋盛行於殷墟時期,周初尚行用。曲折角型的進一步發展,出現了整個角作龍形的裝飾。因爲有一種龍紋的本身形狀與曲折角形狀形體非常相似。龍頭爲角根,其彎曲的體軀和尾部正好與曲折角相合,見於殷周之際的青銅器上。

長頸鹿角獸面紋。這也是青銅器紋飾中常見的獸角,形狀爲有圓頂的上小下大的圓錐形體,有時因圖案地位佈局不同,而有長短粗細的不同比例。我們注意到在實際的動物中,祇有長頸鹿纔有這種類型的角,別的獸類沒有此種奇特的角。長頸鹿古稱爲麒麟。古代所畫麒麟的形狀就像長頸鹿,而不像後世繪成龍頭獸身有鱗的怪物。《説文》鹿部:"麒,仁獸也,麋身牛尾一角。"《一切經音義》卷四"麒麟"引《説文》:"麐身牛尾一角,角頭有肉,經文作騏。"兩者所記與長頸鹿形狀完全一樣,説一角是指側視的圖形。在古代,麒麟被認爲是聖王的嘉瑞,《左傳》哀公十四年:"春,西狩於大野。叔孫氏之車子鉏商獲麟,以爲不祥,以賜虞人。仲尼觀之曰：'麟也。'然後取之。"説明春秋末世出現過長頸鹿，這種角型的來源是有所本的。拿麒麟的角來裝飾獸面紋，自然是顯示長有特殊角狀的獸，具有某種神異的作用。長頸鹿角型獸面紋盛行於殷墟中晚期，是較晚出現的紋飾之一。

牛頭紋。基本上爲牛頭的形狀，但是也有的祇有牛角而面部完全不肖似牛頭的。角的形狀多屬水牛角，變形較少。今將飾有牛角的獸面歸屬於一類。在青銅器的主體獸面紋中，牛作爲獸面來裝飾，有殷墟出土的牛鼎。牛頭作爲附飾，在器肩上或器鋬上的，則殷墟早期已經行用了。其盛行期主要是在殷周之際。

變形獸面紋。從商代二里岡期到西周早期已經流行。西周中期，獸面紋開始走下坡路，表現爲圖案簡單而粗率，獸面的主要特徵，除了獸目約略可辨以外，其餘體軀、鼻、耳、爪子等等全部變了形，成爲非常粗陋的綫條，如果不知道獸面紋的發展過程，甚至無法辨認這是它的變形。但這些變形的獸面紋仍保持着對稱的排列形式，隨着時間的變化，也産生了若干不同的式樣。西周中期開始，青銅器的一切紋飾都經歷着劇烈的變形和簡化的過程，獸面紋的變形具有典型的意義。

額頂龍蛇複合型。此類獸面紋多見於春秋戰國之際青銅鐘的鼓部。它的形狀是在獸頭額頂裝飾有許多卷曲纏繞的微小的龍蛇，有的在獸面紋的面部，也飾有小蛇。獸目獸口，都没有像殷周那樣誇張和猙獰，而是以很精細的花紋組成。這種獸面紋没有體軀和爪子，而且圖形都是倒置的。

如上所述，獸面紋包括了許多種類的物象，有關它們的簡述，將在各個類別中去解説。

二、龍 紋 類

龍這種幻想中的動物，不僅是商周青銅器而且也是其他器物上廣泛性的裝飾題材。在中國古代的工藝史中，龍這類神秘的靈物佔有最重要的地位，大量被裝飾在玉器、象牙器、骨器、木雕和許多服飾上。在中國封建時代還將它與道教和佛教的神話結合起來，賦予新的神秘色彩。尤其在中國的宮廷藝術中，更是充滿了這類幻想的動物。所以龍不僅是宗教的，而且也是具有宮廷意味的裝飾題材。但是，青銅器時代的龍則主要是把它看作自然力量的形象而加以崇拜。在古籍中把龍作爲裝飾的有以下種種説法：

水以龍——《周禮·冬官·考工記·畫繢》。

火龍黼黻——《左傳》桓公二年。

山龍華蟲——《尚書·益稷》。

龍旂九斿——《周禮・冬官・考工記・䡅人》。

龍章而設日月——《禮記・郊特牲》。

龍卷以祭——《禮記・玉藻》。

　　從以上材料看,龍作爲裝飾有兩種含義,所謂"水以龍"是說龍是水神,是水中的靈物,《左傳》昭公二十九年:"龍,水物也。"水火是相對立的物質,《左傳》的"火龍黼黻",龍與火對稱,也是"水以龍"的意思。《尚書・益稷》當然是後人所託,但"山龍華蟲"的說法並非完全屬於杜撰,祇是山龍是火龍之訛,這裏的龍也是指水物而言。其次龍又是天象的象徵,所謂"龍旂九斿",是指畫有龍紋圖樣,並有九斿的旗。鄭玄註:"交龍爲旂,諸侯之所建也。大火蒼龍宿之心,其屬有尾,尾九星。"故"龍旂九斿"可能代表蒼龍宿之大火。在漢代的青銅鏡和畫像石上,東方宿的青龍就直接描繪成龍的形象,這當是歷代相沿的一種非常古老的傳說。

　　屈原《天問》:"河海應龍,何盡河歷"(一本作"應龍何畫,河海何歷"),王逸注:"言河漢所出至遠,應龍過歷遊之,而無所不窮也。"又說:"禹治洪水時,有神龍以尾畫地,導水所注當決者,因而治之也。"夏禹治水是古人改造自然影響最深遠的傳說之一。治水必須依靠應龍這種神化了的自然力的想法,在那個時代是很正常的。龍能潛於水,又能飛於天,《易・乾》有"飛龍在天"之說,這可以認爲很早已有龍能飛於天的傳說。飛龍騰蛇的神話,在戰國時代很普遍。飛龍象徵宇宙中的星宿,當在情理之中。古代的農業社會非常注意天象。天象的變化足以造成人間的禍福休咎。這是他們對於大自然力量的一種解釋,龍則是自然力量的形象化。

　　甲骨文中的龍字作⿰(《殷虛書契・前編》四・五四・一),像一有角的獸頭連接一條蜿蜒的身軀。龍是獸頭蛇身和有爪的幻想動物,這在商代青銅器紋飾中可以清楚地看得出來,和甲骨文龍字的字形相當接近。這大概就是商周時人關於龍的形象的基本概念。因爲龍是水物,所以青銅水器上的圖案,也有這類形象。在特定的器物上裝飾一定的物像,以引起對此器物功用或其形體所產生的聯想,這是中國古代藝術裝飾的特點。所以在青銅水器匜上無例外地飾有龍的形象。青銅器龍紋中的一部分雖和甲骨文龍字相似,但龍紋的種類遠比甲骨文字中龍的形象豐富。龍的體軀都是相似的,但是角型不同,有長頸鹿角、尖狀角、多齒角、螺旋形角等等。這種現象,可能意味着龍的族類之繁多。這一點和神話傳說中龍有多種的說法是非常相似的。龍的角型和獸面紋的角型很多是相同的,而龍紋的特點在於其整體構圖的變化,所以我們不以角型分類而是採用圖案整個結構狀態分類。特殊形狀的龍紋,纔按它的形體特點來分類。

　　龍的紋飾根據圖像結構大體上可以分爲三類:一、爬行龍紋,二、卷龍紋,三、交龍紋。

　　爬行龍紋即一般平置橫向的龍紋。龍頭向前,身軀作爬行狀,分爲一足、二足,或僅有鰭足之狀。簡單的龍紋也有無足的。一足的龍紋常誤稱爲夔紋。

卷龍。《禮記·玉藻》"龍卷以祭",鄭玄注:"畫龍於衣",孔穎達疏:"龍卷以祭者,卷謂卷曲,畫此龍形卷曲於衣,以祭宗廟。"這是説古代把龍畫作卷曲狀。因爲龍是蛇的神化,所謂"深山大澤,實生龍蛇",龍蛇屬於同類,故把龍畫作蛇身一樣的蟠卷形狀。在青銅器紋飾中,卷曲的龍形基本上有兩類。一類是龍的上半身竪立,下半截橫卷作曲尺形,龍頭則置於正中,此種類型根據構圖的變化和時代不同産生的差異,又可以分爲若干式樣,自殷墟時期到戰國時期的青銅器上都有存在;另一類卷龍紋體軀作環形,或者首尾相接,或者呈螺旋狀蟠旋,環形的卷龍多同紋飾所施的地位有關,這種紋飾或稱爲蟠龍紋。以上兩種卷龍都是指單個卷曲的龍紋。

交龍。《儀禮·覲禮》"載龍旂弧韣乃朝"。鄭玄注:"交龍爲旂,諸侯之所建。"《周禮·春官·司常》:"王建大常,諸侯建旂。"鄭玄注:"諸侯畫交龍,一象其升朝,一象其下覆也。"又《釋名·釋兵》:"交龍爲旂。旂,倚也。畫作兩龍相依倚也。"據此,交龍的形象是一上一下,下者升上,上者下覆,兩體交纏,稱爲交龍。我們把兩龍相依而交纏的紋飾歸之爲交龍類。我們今天所看到的青銅器上的交龍紋要比漢人看到的多得多,他們祇是説兩龍相交,其實,在春秋戰國時代的青銅器上交龍紋不僅是兩龍相交,而且是群龍交纏,發展成爲各種極爲複雜的形式。習慣上交龍圖案個體較大的稱爲蟠龍紋、蟠螭紋或蟠夔紋,較小的僅稱蟠虺紋。我們知道,春秋戰國的圖案結構,一度有追求愈精細愈好的傾向,在本書的墨拓本中可以發現,所謂蟠虺紋都可以找到與它們相同的個體很大的祖型。所以交龍的名稱與圖形個體的大小並無關係。交龍紋初見於西周早期,盛行於春秋戰國。

除以上三類一般的龍紋以外,還有一些特殊形式的龍紋,它們是象鼻形龍紋、花冠龍紋、兩頭龍紋、雙體龍紋等等。

象鼻形龍紋,顧名思義,這種體軀似龍的幻想動物,有一條很長的鼻,其形狀與象鼻相似。但這種象鼻動物的體軀都不是獸類,而是龍蛇蜿蜒卷曲的樣子,所以祇能歸屬在龍類之中。象鼻龍紋與其他龍紋一樣,也有作卷曲或交纏的式樣。這類紋飾從殷墟中期開始出現,歷經西周春秋戰國,隨着時代的不同,形體有所變化,而長鼻特徵是不變的。

花冠龍紋,頭上没有角而代替以鳳鳥式的花冠,但它的頭型祇像獸而絕不像禽鳥。此種紋飾在西周早期已有所發現,而盛行於西周中期,其後數量逐漸減少。花冠龍紋通常體軀很長,但初期有似鳥形的垂尾,有一爪,或有鰭形的足,但也有無足的。它的尾部往往分開向兩個不同的方嚮卷曲,猶如漢以後的螭龍紋。花冠有兩種:一種是華麗的鳳鳥之冠的移植,花冠的披嚮或前或後;一種是較爲單調的長冠,其身軀彎曲的樣子和龍紋没有不同。容庚先生的《商周彝器通考》把這種長冠龍紋都稱之爲夔紋,大概是取其有"一足"之故。實則此種紋飾自成一個系統,與夔的含義可能没有什麼聯繫。

　　兩頭龍紋,紋飾特點是單個獸體的兩端各有一個龍形或獸形的頭。這種紋飾的體軀大多變形,成爲一條斜綫或曲折形綫,没有看到過比較寫實的形象化的體軀。獸形的頭部描繪得比較簡單。兩頭龍紋有許多變化的式樣,如同向式、相顧式、向背式、交叠式、連接式等等,但其兩頭都屬於同體。

　　如果我們從一種斜角叠置龍紋的變形角度加以考慮,則兩頭龍紋可能是斜角龍紋兩條斜綫狀的身軀簡化而合爲一體的結果。也有同體而兩頭不相同的龍紋,也應是變形的個別式樣。兩頭龍紋初見於殷周之際,盛行於西周中晚期,春秋時沿用,至春秋晚期又復盛行。

　　雙體龍紋,中間有一龍頭,龍的軀幹向兩側展開,舊稱雙尾龍紋。這與獸面紋的軀幹對稱地向兩側展開的道理相同,不過這種紋飾呈帶狀,因而龍的體軀有充分展開的餘地。所謂雙體龍紋,實際上是龍的整體展開圖形。

　　最後,我們要提一下夔紋或夔龍紋的問題。以往所稱的夔紋或夔龍紋是概念不清和形象混亂的一大堆龍類紋飾的綴合。據過去的著作,我們所分的單個爬行龍紋,部分的卷龍紋和大多數的長冠龍紋,都是夔紋或夔龍紋。宋代以來金石學家都把青銅器上具有一足或根本省略了足的側視龍形圖像稱之爲夔紋。因此,青銅器上夔紋的數量之大,達到了驚人的程度。這是一個誤解。商周時代描繪物象圖案,通常是採用側面或正側面相結合的方法來表現。正面和正側兩面結合的方法是獸面紋中所習見的。除此之外,就是側視的表現方法了。我們在商和西周青銅器的立體裝飾上往往可以看到,龍這種幻想中的物象大多有兩只爪子,因此用側視的圖像表現時,則必定祇有一足。有兩足似走獸形的龍紋,在立體形象中必是四足,例如玉雕中就有四足龍。但是,在任何立體的鑄像中從來没有見過一足的龍。因此,把這種一足的側視龍類的圖像與"夔一足"的神話傳説聯繫在一起是不妥當的。關於夔一足和夔非一足的説法也各有不同。《山海經·大荒東經》:"東海中有流波山,入海七千里。其上有獸,狀如牛,蒼身而無角,一足,出入水則必風雨。其光如日月,其聲如雷,其名曰夔。黄帝得之,以其皮爲鼓,橛以雷獸之骨,聲聞五百里,以威天下。"這是説夔是僅有一足和聲如震雷的青牛。但是,就在春秋時代,對夔一足的説法早已提出了懷疑。《韓非子·外儲説》:"哀公問於孔子曰:'吾聞夔一足,信乎?'曰:'夔,人也,何故一足? 彼其無他異而獨通於聲。'堯曰:'夔一而足矣',使爲樂正。故君子曰:'夔有一足,非一足也。'"又,《説文》:"夔,神魖也,如龍,一足,从夂,象有角手人面之形。"一足的青牛和像龍而人面有角獸,顯然是無法聯繫起來的,因爲夔的形象是如此之不確定。孔子本人處於那個時代,如果殷周禮器上有這麼多的夔紋,則他不會説根本不存在一足之夔的可能。《左傳》昭公二十八年也説夔是樂正。但如果將《山海經》中夔皮可以鼓而聲聞五百里的神話,與傳世的一件青銅鼓上有一個裸身、形狀猙獰而頭上有角的怪神相聯繫,商周時代的樂正夔,很可能就是這個青銅鼓上人面有角的怪神了。因爲它的特殊形象和鼓是相應的,在别的器上以往從未見過這種圖像。所以,本集中我們沒有單獨列一類夔紋,而是分別將宋代以來金石學家們稱爲夔紋或夔龍紋的圖案,統一分類在龍紋之中。

三、鳳 鳥 紋 類

鳳鳥紋包括鳳紋與各種鳥紋,皆爲禽鳥之屬。一般的鳥紋由於其特徵比較明顯而容易識別,但是對鳳紋我們主要依靠甲骨文字作爲辨別的參考。甲骨文鳳字有以下幾種形體,其中第五期的鳳字與《説文》從鳥凡聲的字形結體基本相同而更爲形象些:

　　　　《殷虛書契菁華》五・一。

　　　　《殷虛書契後編》一・三一・四。

　　　　《殷虛書契後編》二・三九・一〇。

　　　　《殷虛書契前編》四・四三・三。

　　　　《殷虛書契前編》二・三〇・六。

　　　　《殷虛書契後編》一・一四・六。

　　　　《殷虛文字甲編》六一五。

以上字形中後三字以凡字作爲聲符,其餘都表現爲羽毛豐麗的鳥形。據字形鳳鳥的冠可區分爲兩類,一類作辛字形,一類作羋字形。辛字形是羋字形的簡化。鳳鳥之冠作羋字形的,其紋飾見於商末周初之器,形象似一華麗的禽鳥,頭上有三叉戟式的羽冠,與甲骨文字比較非常相似。據此,我們可以較有根據地確定它是鳳紋。《説文》對於鳳有以下的描寫:“神鳥也,天老曰,鳳之象也,鴻前麐後,蛇頸魚尾,鸛顙鴛思,龍文虎背,燕頷鷄喙,五色備舉,出於東方君子之國,翱翔四海之外,過昆侖,飲砥柱,濯羽弱水,莫宿風穴,見則天下大安寧。”簡而言之,鳳像五彩的怪鳥,因爲鳳暮宿風穴,所以它還與風有關係。“見則天下大安寧”,自然是辟不祥的神鳥了。它是龍、虎、蛇、燕、鸛、鷄等獸與飛禽的混合體。《説文》的描述比商周時代鳳紋的形象還要神秘得多。神話發展到後來愈離奇愈複雜。故我們對於商周時代鳳紋的辨別,仍以參考甲骨文爲好。甲骨文表現爲華麗的鳥類,則和所謂的五色備舉,可能有相互聯繫之處。因爲鳳尾末端都向兩面分開,所以和“魚尾”的説法也相接近。更值得注意的是,鳳鳥和風有直接的關係,這也可以追溯到甲骨文。郭沫若《卜辭通纂》398:“于帝使鳳,二犬。”考釋云:“是古人蓋以鳳爲風神。《淮南・本經訓》云:‘堯之時大風爲民害,堯乃使羿繳大風於青丘之澤。'大風與封豨脩蛇等並列而言徼,則即大鳳若大鵬矣。鳳或爲神鳥,或爲鷙鳥者,乃傳説之變異性如是,蓋風可以爲利,可以爲害也。此言'于帝史鳳'者,蓋視鳳爲天帝之使,而祀之以二犬。《荀子·解惑篇》引《詩》曰:'有鳳有凰,樂帝之心。'蓋言鳳凰在帝之左右,今得此片,足知鳳鳥傳説自殷代以來矣。"鳳爲風神的説法當是可靠的,《説文》鳥部:鳳"莫宿風穴",也可以與商周時鳳是風神的傳説聯繫起來。《庫方二氏藏甲骨卜辭》992:"辛酉卜,寧風,巫九犬",又《戰後南北所藏甲骨録·明義士舊藏甲骨字》四五"戊子卜,寧風,北巫犬",此卜辭記載商代有殺犬爲牲以寧風的習俗。後世寧風之事,至晉代仍然存在。《爾雅·釋天》"祭風曰磔",郭璞注:"今俗當大道中磔狗雲以止風。"各時代都有祭風神的事。

較晚的風神稱爲飛廉,但在卜辭中却有東南西北四位風神,《戰後京津新獲甲骨集》五二〇刻辭曰:

> 東方曰析,鳳曰劦。
> 南方曰粦,風曰光。
> 西方曰夷,風曰彝。
> 〔北〕〔方〕〔曰〕□,風曰陟。

《山海經》作:

> 東方曰折,來風曰俊。(《大荒東經》)
> 南方曰因乎,誇風曰乎民。(《大荒南經》)
> 有人名曰石夷,來風曰韋。(《大荒西經》)
> 北方曰鳧,來之風曰狄。(《大荒東經》)

雖然《山海經》和卜辭相比較,有不少傳抄之訛,但顯然是同出一源的非常古老的神話。據卜辭鳳爲帝使,則這裏的四方風名也同樣可以看作是神名。祭四方和祭風神都是以農業經濟爲根本的宗教崇拜。因春夏秋冬四季之風的性質區別爲四方風神,則鳳鳥所代表的風神自然也不能是單一的。青銅器上有各種怪異的鳥紋或鳳紋,很可能是對風神崇拜的反映。上海博物館所藏青銅器中有一甲簋,其方座四邊各飾以不同的鳥紋或長冠的鳳紋,座上每邊有三種鳥紋,但簋的口沿下及圈足上飾同一種鳥紋,形狀與上述三種稍異。一器上飾多種鳥類,也許是對各種風神崇拜的反映。

鳳鳥在古代人的心目中是吉祥的鳥。傳説中少皞氏立國和周人受天命得天下都有鳳鳥出現。《左傳》昭公十七年,郯子説少皞氏以鳥名命官的情形:"我高祖少皞摯之立也,鳳鳥適至,故紀於鳥,爲鳥師而鳥名。鳳鳥氏,歷正也;玄鳥氏,司分者也;伯趙氏,司至者也;青鳥氏,司啓者也;丹鳥氏,司閉者也……"這是講鳳鳥出現後,以鳥名命官。所謂分、至、司、啓,是指司年曆氣節變化的官職。《左傳》僖公五年:"凡分、至、啓、閉,必書云物,爲備故也。"杜預注:"分,春、秋分也。至,冬、夏至也。啓,立春、立夏。閉,立秋、立冬。"這種命官,以鳳鳥適至而視爲祥瑞。以前論者以爲少皞是鳥圖騰,其實此事與圖騰毫無關係。圖騰是祖先崇拜,上文所説少皞之立,"鳳鳥適至",鳳鳥對少皞祇起祥瑞作用,更談不上是圖騰。

周人有關鳳凰的傳説,和少皞氏有某些相似之處,《國語・周語》:"商之興也,檮杌次於丕山。其亡也,夷羊在牧;周之興也,鸑鷟鳴於岐山。其衰也,杜伯射王於鄗。"韋昭注:"三君云,鸑鷟,鳳之別名也。"《説文》鳥部:"鸑鷟,鳳屬神鳥也。从鳥獄聲。《春秋》、《國語》曰:周之興也,鸑鷟鳴於岐山。"《廣雅・釋鳥》:"鸑鷟,鳳皇屬也。"所謂周之興,係指古公亶父率其族人定居岐山之事,周興既然合乎天意,則鳳屬的鸑鷟鳴於岐山,仿佛是帝使了。

我們在西周早期及西周中期之初的青銅器紋飾中,往往可以看到鳥紋大量涌現的情況,而在商代青銅器紋飾中却没有此種現象。這是很值得注意的。我們知道,商代早期青銅器的紋飾中,至今没有發現過明確的鳥紋,儘管商代的紋飾是抽象的,總還能區分出所表現物像的性質,但現在没有一種紋飾可以使人聯想起是禽鳥類的特徵。不僅如此,在商代殷墟早期的青銅器紋飾中,我們也看不到以鳥作爲主紋,而祇有偶而當作獸面紋兩側的配置。殷墟中期鳥紋作爲明確的題材出現是帶狀鳥紋,雖然有個别作爲主紋,但從整體來看還是非常少見的,這一情形暗示,鳥紋在當時不能列於最重要的地位。

《詩・商頌・玄鳥》:"天命玄鳥,降而生商",《史記・殷本紀》:"殷契,母曰簡狄,有娀氏之女,爲帝嚳次妃。三人行浴,見玄鳥墮其卵,簡狄取吞之,因孕生契。"這當然是非常原始的傳説,的確很像圖騰。如果青銅器紋飾確與圖騰有關,則玄鳥圖騰並没有在商代的青銅器紋飾中適當地表現出來。玄鳥舊説有以爲燕,這是不對的。聞一多:《離騷解詁》中認爲玄鳥即是鳳凰,舉出《九章・思美人》"高辛之靈盛兮,遭玄鳥而致詒"和《離騷》"鳳皇既受詒兮,恐高辛之先我"。以玄鳥爲鳳皇,又舉出《爾雅・釋鳥》:"鶠,鳳,其雌皇",而燕鶠同音等證據,確爲不易之説。殷墟中期銅器上開始出現少數的鳥紋,可能仍是作爲一般的風神而加以崇拜的。

在商代祇有一種鳥紋例外,這就是鴟梟紋。鴟梟紋有時作爲器上的主紋,從整體的鳥紋看來,還是屬於極少數。作爲主題裝飾的鳥紋或鳳鳥紋大約出現在殷周之際,而盛行於周初。周初的鳥紋着重表現三種形式。一是頭上有多齒冠的鳳鳥紋,多齒形鳥冠和金文皇字上部完全一致,皇字上部的多齒冠就是有羽飾的冠,下部的土是冠託,這是許多人都討論過的。皇字以冠形代表權力,故其字有大義。皇本身是冠,鳳鳥頭上的冠型既與皇相同,則此鳥應即皇鳥。《爾雅・釋鳥》"鶠,鳳,其雌皇",鳳皇乃雌雄合稱,由此可知,甲骨文鳳字所從之鳥冠形乎，也是相似的半嶽並出的羽冠。鳳凰是鳥類的至高者，故裝飾皇冠以象徵其高貴。二是頭上有尖狀彎角的大鳥紋。第三種是頭上有長冠透迤並飾旄節形的羽冠鳥。在周初的鳥紋中，後者是最華麗的一類。鳥紋在周初突然大量涌現是一個值得注意的現象。它和"周之興也，鸑鷟鳴於岐山"的傳說當有一定關係，這是爲了宣揚天命，即文王受命於天的吉祥的先兆。周初諸王在他們的文告中多次談到了他們取代殷人的合法性，而在青銅器紋飾中也經常出現鸑鷟這一吉祥之鳥的圖案。同時，鸑鷟作爲鳳凰之屬，既是風神也是帝使。周人以善於經營農業而著稱，把鸑鷟當做他們的保護神，也是在情理之中。商周的玉器中有鳳鳥攖怪人頭的玉雕；戰國的青銅器上，也有鳳鳥抓鬼魅的形象。那麼，作爲保護神的鳳鳥，明確地具有辟邪的功用了。

此外，青銅器的圖像中還有鸞鳥紋。對鸞鳥紋的辨認依據於青銅鐘上紋飾的分析，我們知道西周晚期的青銅鐘通常有兩個音階，一在鼓部中間，一在鼓部側面，在鼓部側面發音處往往鑄有一長冠的鳥紋。這一鳥紋既與鐘聲打擊的地位相應，則應該理解爲鸞。《説文》："鸞，亦神靈之精也。赤色五彩，雞形，鳴中五音，頌聲作則至。"鸞鳥是吉祥的音樂之鳥，在青銅鐘敲擊點上的鳥紋，有的酷肖雞形，或有單條的長冠。從這一判斷出發，推想青銅器中同樣的長冠鳥，可能都是鸞鳥之屬，我們可以逕稱之爲鸞紋。

本集所收青銅器中除鳳鳥紋以外，尚有鴟梟紋。

鴟梟即猫頭鷹，一直蒙受惡名，舊説梟子長大後，還食其母，所謂是不孝鳥。但是古代又以爲梟鳥有辟兵的神秘力量，《淮南子·説林訓》："鼓造辟兵，壽盡五月之望。"高誘注："鼓造蓋爲梟。"又《漢書·郊祀誌》："祀黄帝用一梟、破鏡。"如淳注："漢使東郡送梟，五月五日作梟羹，以賜百官。"梟是惡鳥，食其羹，但它有辟兵的作用，這也應是很古老的傳説。

梟，一名鴟舊或鴟鵂，《説文》萑部："雔舊，舊留也，从萑臼聲。鵂舊或从鳥休聲。"故鴟梟又名鵂鶹。其方俗之名或稱鶹離，《詩·國風·旄丘》："流離之子"，孔疏引《草木疏》云："梟也，關西謂之流離，大則食其母。"鵂鶹、流離都是從舊音衍化出來的。鴟舊能辟兵，首要之點當然要勝於兵。漢人風俗，以梟辟兵，而且六博之戲也以得梟爲勝利。《後漢書·張衡傳》："以得人爲梟，失士爲尤。"李賢注："梟猶勝也，猶六博得梟則勝。"又《晉書·張重華傳》："以艾爲中堅將軍，配步騎五千擊秋，引師出振武，夜有二梟鳴於牙中。艾曰，梟，邀也，六博得梟者勝，今梟鳴牙中，克敵之兆，於是進戰，大破之，斬首五千級。"以上資料説明鴟梟是勇健和克敵制勝的象徵，由此我們認識到鴟梟很像古代的戰神，而且，鴟舊二字可能就是戰神蚩尤的諧聲。鴟、蚩，雙聲字。兮甲盤銘"淮夷舊我貟晦臣"，師寰簋銘"淮夷繇我貟晦臣"，故知舊繇同音通用，而繇、尤亦爲同音。進一層説，卜辭中也以鴟舊爲戰神。舊字在卜辭中有鳥狀和萑狀兩種字形，萑字治甲文者皆釋爲萑，這是錯誤的，其實同爲舊字。以下幾例可以證實：《戰後寧滬新獲甲骨集》一·三一四" 奐 虫舊，衈，用三牢，王受有祐"。《殷契遺珠》六五五："弜肖叟重舊，曶用。"以上"重舊"一詞，《殷虛文字·甲編》五三六則作"重萑禮用，王受又"及《甲骨文録》五三九亦作"重萑，禮用卅……"。由此可見，舊萑兩字用法相同。萑是梟的形象，其頭頂爲毛角，曰是聲符，此字即已表明是梟，則其聲符自然也可省去而作萑了。我們既已確認了舊萑同字，則可以知道《卜辭通纂》別二東大五"丙午卜，賓貞，翌乙巳臯其征，受萑又（祐）"及《京都大學人文科學研究所藏甲骨文字》344"……卜方貞，翌乙亥臯国征，受萑又（祐）。"臯是武丁時代著名的武將，這二條卜辭爲貞問臯出征是否會受萑之祐。受某祐之某，應爲所貞問的神人，上二辭既爲貞卜征伐，則受祐之萑必當是鴟舊，也可能就是蚩尤。蚩尤是中國古代神話中著名的戰神，《史記·五帝本紀》司馬貞注引《管子》："蚩尤受盧山之金而作五兵。"《山海經·大荒東經》："應龍處南極，殺蚩尤與夸父。"郭璞注："蚩尤，作兵者。"作兵者強大無比，始能辟除兵災。商代青銅器上鴟梟的圖像，應看作是表示勇武的戰神而賦予辟兵災的魅力，這也是"鑄鼎象物"之意，否則這種被以惡名的不孝鳥，沒有理由作爲崇拜的對象。鴟梟紋僅見於殷墟時期的青銅器上，至今還沒有發現過周器上有這類紋飾，説明了周人和殷人對戰神的崇敬是不相同的。

鳳紋鳥紋常見於殷周之際的青銅器上，春秋時期已很少見，春秋晚期出現的某些鳥紋則帶有地方特徵。

在商周的青銅器紋飾中，既有形象真實的鳥紋，也存在着一些半鳥半獸的圖案，我們難於判斷它是否是圖案的變形或者本來就是半鳥半獸的物像。在商周的玉雕和青銅器的立體鑄像中，都沒有獸體形的鳥，因此，它可能是圖案的變形所致。在本書中，我們把凡有鳥頭特徵的圖像都歸於鳥紋類，把獸頭鳥身的圖像歸入獸類紋飾，這樣可使分類較爲明確。據以上歸納，商周時代的鳥類紋飾有以下幾種基本式樣：

多齒冠鳳紋。鳳頭上飾有多齒似扇形的冠，形體似鷙鳥而長尾，甚爲壯麗。這種多齒的扇形冠在龍紋中也可見到，和甲骨文鳳字頭上所從的羊形非常相似，故此類圖像必當爲鳳紋。流行於殷末周初相當短的一段時間内。

長冠鳳紋。這種鳥有各種長短尾的形狀。鳥首上有透曲的長冠，垂於鳥的背部，少數也有向上的。隨着裝飾地位的不同，長冠作寬闊的或細柔的形狀。西周中晚期一般鳥紋不再流行，唯獨這種長冠形鳥飾於鐘的鼓部，顯然它與音樂有關聯。據傳鸞是"鳴中五音"的鳥，則此標音的鳥，使人聯想起它是鸞鳥紋樣，流行於殷墟晚期至西周時期。

花冠鳳紋。這種花紋是長冠鳥的美麗的修飾。冠狀較闊似綏帶，垂於頸後，鳥頭向後回顧，其最華麗的鳥冠上有圈形的斾節狀花羽，又似多節的流蘇。此類是鸞鳳紋的華麗型，流行於西周早中期之際。

彎角鳥紋。鳥頭尖啄，頭頂有一彎曲形的冠，冠端尖鋭，爪子前伸。此類鳥紋可以分爲兩種：一種是，鳥身呈單條形，尾部卷曲。實際上，除了頭部特徵似鳥以外，體部的形狀和一些展體式的獸面紋的軀幹没有什麼兩樣。所以,可以看作是鳥頭獸身的結合體。因爲身似獸,也有稱之爲夔鳳紋的。這種鳥紋流行於殷墟中期到西周早期。另一種形體似鷙鳥形或鷄形,流行於殷周之際。彎冠型鳥紋有若干變化的式樣。

長頸鹿角鳥紋。這種鳥的頭部有長頸鹿角,和獸面紋長頸鹿角相同,鳥體長條卷尾,行用於殷墟中晚期及周初。

變形鳥紋。有長鼻形鳥,體似鳥形而有長鼻,有的延長似象鼻狀。施於器上配置的地位,見於西周早、中期的器上。另一種是鳳鳥紋圖案的變形,除鳥的頭部外,其餘部分已解體、變化。變形鳥紋不多見。

鴟鴞紋。頭上有毛角,兩眼圓而大,雙翅展開,頗能體現鴟鴞的特徵。因爲是表現正面的形象,所以鳥身有向兩側展開而共一鴞頭的。這和獸面紋所展示的規律相同。鴟鴞紋迄今發現局限於殷墟中期的青銅器上。

雁紋。地方性紋飾,僅見於渾源李峪村出土的青銅壺上,表現群雁曲頸探頭佇立之狀。

四 、動 物 紋 類

虎　紋

虎紋區別於虎頭紋,是虎的側視形象。除了靜止的虎紋外,另有一種表意的圖案,如虎口中,咬一類似人形的頭。殷墟五號墓所出青銅大鉞上即有此類紋飾,司母戊大鼎的耳上也有同樣的紋飾。説者多以爲是虎咬奴隸的頭,是表示對奴隸的鎮壓和威嚇。其實,虎所咬的人頭,與奴隸並無任何關係,以虎咬奴隸這種想象出來所謂反映階級鎮壓的殘酷形象,來裝飾宗廟中重器的説法,是難於理解的。在商代,奴隸主殺戮奴隸是極爲輕易的事,何必要借虎嚇人呢? 我們以爲,這種虎食人的圖像,應該從另外一個角度去理解。

説是虎食人,毋寧説是辟邪。以下一些材料是我們應該注意的:

一、虎食人卣,或稱乳虎卣(圖一)。器物的整個形象作猛虎踞蹲形,前爪攫一似人非人的怪物,這怪人紋身,無冠履,手足皆四趾。人手是五趾,它既非奴隸形象,也非奴隸主貴族的形象。猛虎張口,此怪人正置於虎口之下,作被吞噬狀。今藏日本住友氏泉屋博古館。

二、龍虎尊,安徽阜陽出土。尊的肩上有一軀幹向兩側展開的虎,虎口下有一怪人,手足皆作獸爪形,没有衣冠。圖像表現爲猛虎正欲吞食此怪人的狀態(圖二)。

三、殷墟五號墓出土青銅鉞上虎食人頭形的紋飾,像兩虎共食一人頭。

四、司母戊大鼎耳上雙虎食一人頭形的紋飾,與上述青銅鉞的紋飾題材相同。

　　五、鳥獸龍紋壺，渾源李峪村出土。其上有虎食人的浮雕，虎正咬住人的腰部，此人是裸體的。渾源壺上這一組浮雕還有獸踐蛇等情形，帶有神話色彩。

　　　　　圖一　　　　　　　　　　　圖二　　　　　　　　　　圖三

　　六、虎食人頭紋玉刀，綫刻猛虎正欲食一人頭，載於《支那古玉圖録》（圖三）。

　　以上是商周時代有關虎食人的紋飾和雕像的實物材料，從一、二例圖像可以知道，虎所食的人頭都是似人非人的鬼怪，這類圖像在當時必定相當流行，否則不能産生如虎食人卣和龍虎尊等如此生動和精美的器物。

　　商周青銅器裝飾不僅有虎食人，而且也有龍食人的，例如：

　　一、商卷角獸觥，此觥極爲奇特而壯麗，觥體後部爲一曲折角型的龍頭，龍口沿下連觥足，足部蟠一人面蛇身的怪物，龍的獠牙正好咬住這一怪物的頭部。今在美國華盛頓佛利爾美術陳列館（圖四）。

　　二、龍噬人頭畫，上村嶺虢國1705號墓出土。畫的頂端作龍形，龍口的獠牙中正面和左右兩面各咬一人頭。此畫的時代可能早到西周晚期。

　　三、龍噬人頭畫，畫的頂端作龍頭形，龍角呈螺旋狀，是習見的西周晚期器的特點。龍口的獠牙中正面咬一人頭。上海博物館藏。

　　同樣的題材還表現在鳳鳥或鷙鳥等的紋飾中，因爲鳥是無法吞食人或怪人的，所以表現爲鳳爪有力地攫住怪物的頭，例如：

　　一、玉鳳佩飾，商器。形狀爲一華麗的鳳鳥，雙爪極爲勁利，攫住一有髮的人頭（圖五）。上海博物館藏。

圖四　　　　　　　　　　　　　　圖五

二、鷹攫怪人頭玉飾，商器。圖像爲展翅正視的鷹，雙爪各攫擒一怪人頭，人頭的形狀和虎食人頭紋玉刀上的人頭形狀相同。故宮博物院藏。

三、鳥攫鬼怪盉，戰國初期器，今在芝加哥美術館。足部飾有冠的鷙鳥，雙爪有力地攫住一人面鳥喙、身上有毛羽的怪人肩部。同樣類型的盉足在《西清古鑒》及《寧壽鑒古》中均有著録。

以上這些虎龍食怪人、怪物，以及鳳鳥攫人頭攫怪物等都屬於同一個主題。儘管自商代至戰國相隔時間相當長，但其表現的主題却没有改變，都是體現龍、虎等物的神秘的威懾力量，其作用在於辟邪。我們雖無法指出青銅器上虎所食的怪人是什麼，但是虎食鬼的神話應是相當古老的。

　　　　《論衡・訂鬼篇》引《山海經》："滄海之中有度朔之山，上有大桃木，其屈蟠三千里，其枝間東北曰鬼門，萬鬼所出入也。上有二神人，一曰神荼，一曰鬱壘，主閲領萬鬼。惡害之鬼，執以葦索，而以食虎。於是黄帝乃作禮以時驅之，立大桃人，門户畫神荼鬱壘與虎，懸葦索以禦。"

這個神話繼續的時間相當長，舊時端午節削桃木爲小棍，繫於小兒手上，穿虎頭鞋，並用溶化於酒的雄黄在小兒額上寫王字以象徵虎，這個風俗至今還存在，它應是《山海經》中虎能辟除惡鬼凶魅這一神話的餘風。青銅器上的虎紋表現得如此之威猛，當然也有驅禦凶魅以辟不祥的意義。而體現同一主題的龍紋和鳳紋，其用意亦相同。

蝸 身 獸 紋

此類紋飾以前一直稱"夔紋"，但形象特點與一般所謂的"夔紋"大不相同。其體部不似獸形而作螺旋形蝸牛殼狀，蝸殼中探出一利爪置於獸頭之下。獸頭似龍形，頭頂上有一條直而頂端彎曲的觸角，嘴中露出上下交錯的兩個大獠牙，長鼻上卷。顯然，稱它爲夔紋是不妥當的。

這一怪誕的紋飾是以蝸牛爲祖型而加以變化的結果，是龍頭形身負蝸牛殼的幻想中的動物。現今長江流域一帶，不容易看到大的蝸牛，但五嶺之南仍有大蝸牛，粵人以之爲食，其所負之殼與紋飾大小相倣。蝸牛稱蛞蝓，也稱塸蝓，蟷或作虒。紋飾作蝸體狀，頭上有觸角，並且有一條卷曲的長鼻，這都是蝸牛的特點。當然這並不是實際的蝸牛紋，而是幻想的神化了的蝸牛，故其頭部有獸類的特點，而且從蝸殼中伸出一個銳利的爪子。

在中國古代神話中，有一種爲害甚大的吃人怪獸名爲猰貐，也寫作㺄貐，又名窫窳，這都是同音通假字。我們注意到，今本《説文》無猰字，但貐下云猰貐，是本有猰字。《玉篇》猰"公八切，雜犬也。又烏八切。猰貐，獸名"。

《淮南子·本經訓》説堯之時"猰貐、鑿齒、九嬰、大風、封豨、修蛇，皆爲民害"，所謂猰貐磨牙競人肉，是爲著名的凶神，但文獻中對猰貐的形象有以下各種説法：

> 《説文》豸部："貐，猰貐，似貙，虎爪，食人。"
> 《淮南子·本經訓》高誘注："猰貐，獸名也，狀若龍首，或曰似狸，善走而食人，在西方也。"
> 《山海經·海内南經》："窫窳龍首，居弱水中……其狀如龍首，食人。"
> 《爾雅·釋獸》："猰貐類貙，虎爪，食人，迅走。"
> 《集韻》："猰貐獸名，似貙。"

是以猰貐傳説中的形狀是龍首、虎爪、迅走、食人爲其共同點。《山海經·海内西經》："開明東有巫彭、巫抵、巫陽、巫履、巫凡、巫相，夾窫窳之尸，皆操不死之藥，以距之。窫窳者蛇身人面，貳負臣所殺也。"郭璞注：群巫"皆神醫"，"爲距却死氣求更生"。

《山海經圖贊·海内西經》所載窫窳的傳説如下："窫窳無罪，見害貳負，帝命群巫，操藥夾守，遂淪溺淵，變爲龍首。"

綜合以上大意是説窫窳見害於貳負是無罪的。上帝命神醫們以不死之藥把窫窳之尸夾持起來。後來它經過神醫們的救助又復活了，居於弱水之中，變成能迅速行走的龍頭怪物了。

現在青銅器上的蝸身獸紋形象正好類似龍頭，蝸牛爬行出奇的慢，紋飾中置有一突出的利爪或表示其能迅速走，一對大獠牙以示凶猛能食人。雖然有關猰㺄的資料没有説它有蝸牛形的身體，但是蛞蝓和猰㺄讀音的相同可能不是偶然的現象，聯繫青銅器上這一紋飾有龍首、觸角、利爪和蝸牛殻的體形，這些條件結合起來，我們認爲這一奇怪的紋飾可能就是猰㺄。猰㺄的説法雖然目前最早見於戰國，而周初青銅器上出現這種紋飾，説明它的淵源可能較古。出現此類紋飾也當是"鑄鼎象物"之意。

蝸身獸紋大多是周初之器，武王時代的利簋和天亡簋上就飾有這種蝸身獸紋。它存在的時間很短，西周中期的青銅器上已見不到這種圖案。

蟬　　紋

蟬紋較簡單，形象特徵很明確。大目，近似長三角形的體部，腹有節狀的條紋，有的有足，也有没有足而近乎蛹的樣子。蟬紋作爲主紋裝飾，多横向排列成帶狀，或者縱向排成連續式，但多數蟬紋處於附飾地位。

蟬又名蜩，《詩·大雅·蕩》："如蜩如螗"，毛亨傳："蜩，蟬也。"螗也是蟬的一種，别有寒蟬稱蜺。蟬還有其他的一些名稱。蟬是指示季候的蟲，《詩·豳風·七月》："五月鳴蜩"，《夏小正》也説五月"良蜩鳴"，皆是。舊説，漢侍中以蟬爲冠飾，取其居高食露、精潔可貴之意，而漢代的玉琀很多也作蟬形。

蟬紋約開始出現在殷墟中期，盛行於殷末周初，主要飾在鼎上和爵的流上，少數的觚以及個别的水器盤也飾有蟬紋。其他如簋、尊、壺、卣等器上就較少見。這可能意味着蟬紋的功用和飲食及盥洗有一定聯繫，那麼它的取義大約也是象徵飲食清潔的意思。蟬又名復育，古人錯以爲是從其他昆蟲蜕化而來，《論衡·無形篇》："蠐螬化爲復育，復育轉而爲蟬。"蟬紋中有一類没有足似蛹的樣子，也許就是没有蜕化的復育，如此，蟬紋還有象徵死而轉生的意思。

蛇　　紋

青銅器上的蛇紋是一些有三角形或圓角三角形的頭部，一對突出的大圓眼，體有鱗節，呈彎曲的長條形。但是，青銅器上蛇的紋飾往往縮得很小，故有些著作中錯誤地稱爲蠶紋。養蠶的人都知道，蠶是没有眼睛的，蠶頭上兩面微小的黑點並不是蠶眼，用任何東西靠近蠶的頭部,它不會作出視覺方面的反應。其次,蠶的頭部與身體等寬,祇是頭頂略爲高一點。與蠶的頭部根本不同的是,蛇頭是明顯地突出的,毒蛇的頭作三角形,這是一般的特徵。蠶祇能蠕動,而不像蛇能遊動。蛇紋都作遊動的彎曲形,祇是青銅器紋飾中已將彎曲的獸角或蛇身都處理成方折的樣子而已。商周玉器中的玉蠶和真蠶非常肖似,絕不做成蛇紋的式樣。

在古代神話中,龍蛇同屬,蛇是創造龍這種幻想靈物的基本模式。在宗教神話範疇内,不論在古籍中或青銅器紋飾中,蛇首先被認爲是吉祥的東西。當然,從現實的蛇來看,它是毒害人類的惡物。在青銅器紋飾中,蛇作爲鎮懾的對象而被神人所操持、踐踏和啖食。當作善義的蛇紋多見於商和周初的禮器上;當作惡義的蛇,主要見於東周青銅器上半人半獸紋的背襯。

蛇作爲善義的,如《詩·小雅·斯干》:"吉夢維何,維熊維羆,維虺維蛇。大人佔之,維熊維羆,男子之祥,維虺維蛇,女子之祥。"蛇虺雖是"女子之祥",但也屬於吉夢。古代凡是長而委曲的東西,都稱之爲委蛇,委蛇甚至成爲美好的形容詞,推其淵源,實與蛇有關。在《山海經》中,委蛇用爲神人的名或蛇的名稱:

　　　有神焉,人首蛇身,長如轅,左右有首,衣紫衣,冠旃冠,名曰延維。郭璞注:委蛇。(《山海經·海内經》)
　　　蒼梧之野,舜與叔均之所葬也。爰有文貝、離俞、鴟久、鷹、賈、委維、熊、羆、象、虎、豹、狼、視肉。郭璞注委維云:即委蛇也。(《山海經·大荒南經》)
　　　帝堯、帝嚳、帝舜葬於岳山。爰有文貝、離俞、鴟久、鷹、延維、視肉、熊、羆、虎、豹、朱木、赤支、青華、玄寶。(《山海經·大荒南經》)

以上維延、委維、延維都是委蛇,實際上,延維是維延的倒文,是委蛇的聲轉字。委、維是同音字,即委字的重言,猶"委委佗佗"的委委。堯、嚳、舜墓上的委蛇,當然不會是《海内經》人首蛇身紫衣旃冠的委蛇,因爲它是一位特殊的神人。墓上的委蛇,乃是守衛的一般靈物。這些帝墓上的一大批東西可以分爲兩類:一類是起守衛作用的,如離俞、鴟久、鷹、賈、委蛇、熊、羆、虎、豹等;一類是珍奇,如文貝、視肉、朱木等。這守護的委蛇也就是蛇,《海内東經》則明言爲蛇:"帝顓頊葬於陽,九嬪葬於陰,四蛇衛之。"這"四蛇"即是四條委蛇。蛇的作用,和虎豹熊羆相似。

委蛇的委,就是蟲(許偉切)或虺的聲轉,委古屬喻紐,蟲、虺在曉紐,是爲旁紐聲轉,所以委蛇也就是蟲蛇。蟲蛇是複音詞,其實也就是蛇,後來把蟲作小蛇,以示兩個音節含義上的區別。因爲蟲蛇是長形的,後來凡是長形圓身的動物都可以叫做委蛇。泥鰌即泥鰍,有點近乎小蛇的樣子,故也可稱委蛇。委蛇由名詞變成了形容詞,或寫作委迤、委佗,意思是一樣的,引伸爲長久、不絶、無盡等意義。《詩·鄘·君子偕老》:"委委佗佗,如山如河。"鄭玄註:"委委者,行可委曲縱跡也;佗佗者,德平易也。"明明是曲解詩意,望文生訓。其實這裏指的是情愛綿長,如山之無窮水之無盡的意思。

商和周初青銅器上的蛇紋,都是長而彎曲的,所以它們都是委蛇。蛇紋多是陪襯的紋飾,大多數爲配合獸面紋或其他主題紋飾的上下沿,作單列的帶狀排列。少數禮器上也有單獨作爲主題紋飾的。委蛇既然和獸面紋配合裝飾,那末它的作用不應與獸面紋相反,而是相近或相諧的。上舉《山海經》中委蛇作爲守衛或守護的靈物,這種概念的出現,應與青銅器上委蛇紋的出現有一定程度的關聯。那末《山海經》中委蛇的神話,或許可以追溯到商和西周時代了。關於蛇當作護衛的靈物來對待的遺風,一直有所流傳,今不贅述。舊時故鄉禁打家中的蛇,認爲它是保護者,打了要遭不吉。清明時節掃墓,更嚴禁毆殺祖墳上的蛇,因爲它也是祖墓的守衛者。至於其他的蛇,則不在禁例,可任意殺滅。這些事例説明,對於蛇的想像和龍的想像,幾千年來雖有不少變化,但是還存在一定的共同性,這是中國社會歷史特點的具體反映,這祇能隨着科學時代的到來而自行消失。

作爲惡義的蛇,在紋飾上體現出來的是在東周青銅器上,如新鄭出土的操蛇神獸器座,大武戚上足踐月日的珥蛇操蛇神,中山王墓中操蛇神燈,以及雖非青銅器但主題相同的信陽楚墓木雕啖蛇鎮墓獸等等,都以蛇作爲吞食或踐踏鎮壓的對象。顯然,這些蛇是作爲惡害的毒物加以表現的,説明蛇對於神人無可傷害,這些圖像當然也含有辟邪的用意。蛇在古代曾是自然禍害,《説文》它部:"它,蟲也,從蟲而長,象冤曲垂尾形。上古艸居患它,故相問無它乎?""無它"的意思不是無蛇,而是指有否蛇禍,在這個相問禍患的意義上,"無它"又引伸爲一般的禍祟,"無它"在卜辭中作"亡它",也是常見的貞問吉凶之辭。因爲神人以蛇爲珥,並能操持踐踏和啖食,以示其有超人的神力而不避禍害,這是古代"亡它"思想的生動而別致的體現。踐蛇、攫蛇不僅是神人,就是鳳鳥紋或某些獸紋上也有類似的情形,這又是一種共同的主題。

五、火　紋　類

火紋舊稱圓渦紋,在圓形微凸的曲面上,沿邊飾有數條旋轉狀的弧綫,其中心爲一或大或小的圓圈,較簡單的圖像有時省略中心圈,或省略了旋轉的弧綫,但後者僅是個別的。

這一圖像也見於甲骨文和金文的圖像文字中,如:

⚇　《殷虚文字甲編》903。

⚇　《殷虚書契前編》五・二〇・二。

⚇　《戰後京津新獲甲骨集》2453。

這是囧字，卜辭中用爲地名。囧字和月字組成明字：

⚇　《殷虚書契前編》四・一〇・四。

⚇　矢令方彝。

⚇　魯侯尊。

⚇　大克鼎。

《説文》明部：“⚇，照也，從月從囧。凡朙之屬皆從朙。⚇，古文朙，從日。”但甲骨文明字則多從日，如：

⚇　《殷虚文字乙編》6419。

⚇　同上。

由此可知，明、朙都是古文。説者以爲朙從囧亦聲，而從日是會意。其實明字所從的日是囧的簡體，簡單的囧紋也有作 ⊙ 形的。明字應是會意字，即日月照臨顯現光明之意。以下我們可以進一步説明囧字的本義：

囧，大明也。（《一切經音義》卷五“囧灼”注引《蒼頡篇》）

囧，大明。（《文選・雜體詩》江淹“囧囧秋月明”。李善注引《蒼頡篇》）

囧，光也。（《文選・江海・木玄虚海賦》李善注引《蒼頡篇》）

囧，明也。（《廣雅・釋詁》）

至於《説文》所云囧是“窗牖麗廔闓明，象形”的説法，顯然是沒有理解囧字的真實涵義。以上前二條引文都説囧是“大明”，而“大明”就是太陽。《禮記・禮器》：“大明生於東，月生於西。”鄭玄注：“大明，日也”，而古人認爲太陽就是火。

太陽，火也。（《論衡・龍虚篇》）

在地水火不圓，在天水火何故獨圓。（《論衡・説日篇》）

以上説明水是月亮，火是太陽，王充還提出了在天火何故獨圓的疑問。因而從囧形的紋飾聯繫到囧字，再聯繫到太陽，貫聯着一根非常清晰的綫。毫無疑問，囧字形的紋飾就是太陽紋。

《尚書大傳》："南方之極，自北户南至炎風之野，帝炎帝、神祝融司之。"祝融有説是火官的官名，在此處明説是火神。《國語·鄭語》："夫黎爲高辛氏火正，以淳耀敦大。天明地德，光照四海，故名之曰'祝融'，其功大矣！"這是兩者兼而有之。高辛氏即帝嚳，據説是黄帝的曾孫，是一位"普施利物，不於其身，順天之義，知民之急"的聖主，而祝融則是帝嚳時的火正。《禮記·月令》載夏季相應之帝炎帝，神爲祝融。可見，火正和火神，在古代神話中兩者兼而有之，很難截然地區分開來。《淮南子·天文訓》有一條與《尚書大傳》相類似的説法，而祝融代之以"朱明"："南方火也，其帝炎帝，其佐朱明。"而《廣雅·釋天》云："朱明，日也。"那麼，朱明就是祝融的諧音了。祝融司聖火，能顯昭天地之光明，則火官的官名當以天火囧命名，祝融二字的快讀就是囧音。如果火正有標誌，則必定就是囧形紋。

囧形的紋飾是太陽之象，是天火，但並不代表主司太陽之神。故囧形的紋飾應解釋爲火紋。這個火紋，以前我們也曾稱之爲囧紋，這在本質上是一致的。説囧形紋爲火紋古籍曾有明載：

火以圜，山以章（獐），水以龍。（《周禮·冬官·考工記·畫繢》）

這裏很明確的説火的圖像是圜形，也就是圓形，可知所指的圜就是圓渦狀囧形的火紋了。《左傳》桓公二年："火龍黼黻，昭其文也"之火，無疑是同一種紋飾。

在西周和春秋的青銅器上，我們看到過一種規律與火紋排列完全相同的紋飾，圜形的圖案不作囧字形而是作鳥形，鳥尾隨着圓形而回轉。春秋的青銅鐘上，也有龍紋和這種鳥形的火紋相結合的圖案。圜形既爲囧紋，則圜形中的鳥，就是日中的金烏，這大概是最早的日中金烏的圖像了。屈原《天問》："羿焉彈日，烏焉解羽？"問的是后羿射日，日中之烏解羽墜死的神話。現在從西周青銅器上可以看出日中有金烏的紋飾，這比屈原時代的傳説要早得多。

把火當作偉大的自然力量加以崇拜，可以追溯到人類的童年；而中國青銅器上火紋的出現，歷史進程已經達到了文明時代。然而火的崇拜者們是持續不斷的，從商代早期到春秋戰國，火紋作爲青銅器上的裝飾從未中斷過，就是漢代的一些文物中，也還可以看到它的遺跡。

從紋飾大體的統計來看，火紋所施的器皿和獸面紋的普遍裝飾不同，局限於若干器類内。以數量而言，裝飾於簋上爲最多，其次爲鼎。酒器中以裝飾於爵較多，但都飾在柱上；其次爲斝，但斝的器上所飾並不多，主要也飾在柱上；再次爲罍。其餘盛水漿盛酒的壺、卣之類及水器盤、匜等紋飾中則不見或僅個别一見。火紋所飾的器比較集中和所飾地位比較重要的仍是簋和鼎。這一有趣的現象,很可能與食物的烹煮有關,火紋似乎與盛肉肴和飯食的器具有獨特的關聯。而文獻中記述烹煮食物之竈的竈神就是祝融。

商代早期青銅器上的火紋是單個連續排列的,到了殷墟時期,便與其他花紋組合在一起相間隔排列。與火紋組合的紋飾有各種龍紋、四瓣目紋、鳥紋、虎頭紋和蟬紋等。但是大量的還是與龍紋相組合,四瓣目紋略多些,與其他紋飾相組合衹是個別現象。

火與龍紋的組合,自然就是《左傳》桓公二年“火龍黼黻,昭其文也”的火龍紋飾了。火龍紋在青銅器上表現爲以下幾種:

一、火與龍紋相間隔排列。龍紋表現爲爬行龍或卷龍。殷周之際,與火紋組合的多是卷龍。

二、雙體龍紋與火紋組合,即龍紋向兩側展開的蜿蜒狀體軀間飾以數個火紋,這種紋飾與上述相間排列不同,而是以龍爲中心的單一的完整圖案,多爲周初之器。

火紋與龍紋相配合的紋飾在青銅器上大量出現的情形是特殊現象,龍紋、火紋相配應該是反映水火相配的概念。《左傳》昭公九年:“火,水妃也”,又十七年:“水,火之牡也。”關於水爲牡、火爲水妃的説法,雖然出於陰陽家之言,但是陰陽的概念在春秋早期的青銅器銘文中就已出現了。西周青銅器上普遍出現的火龍相配的紋飾,也許就是水火相配傳説的濫觴。

六、目 紋 類

自商代二里岡期開始,就出現了没有動物形實體附着的獨眼圖案。至今爲止,没有任何文獻資料可以説明這種奇怪的獨眼圖案具有何種意義。《山海經》中記載了有關獨眼的異物。我們可以想像,關於獨眼物體的神話和傳説必定是很悠久的事,雖然我們無法使它與《山海經》直接聯繫起來。

《山海經·海外北經》:“一目國在其東(鐘山之神東),一目,中其面而居。”

《淮南子·墜形訓》:“西北方曰一目,曰沙所。”高誘注:“國人一目,在面中央。”

一目的怪異動物,在青銅器上表現爲三類圖像。

第一類是所謂斜角目紋,即兩邊斜角的幾何綫條,中間飾有一個突出的獸目。這類紋飾是目前最早的見於商代二里岡期的青銅器上,殷墟時代較爲流行,周初已很少見。這類紋飾中有一例獨眼附着一類似獸狀的條紋上,但條紋是上下一致的,所以仍非獸紋,而是斜角目紋的修飾。第二類是所謂目雷紋,即中心飾有一獸目,獸目有圓或方形的框沿,它的上下限有兩根並行的綫條,圖案的空間全部填以雷紋。這類紋飾流行於殷墟中晚期,周初器上仍然有所發現。較晚的蜕化式樣是目紋的形狀縮小,聯結的綫條反而加寬。第三類是四瓣目紋,其形狀以一個獸目作爲圖案單位,四角附有四翅,如尖瓣的物體,每瓣各有兩葉構成鳥翅狀,流行於殷墟中晚期及西周早期。

七、獸體變形紋類

在裝飾藝術中,如果採用完全寫實的手法,則不能形成有規律的圖案。所有的圖案必須體現出其結構的規律性。純客觀地描繪所要表現的物像,就不能適應圖案構成的需要。在這個意義上,所有表現一定物像的圖案,都須改變形狀而適應圖案結構的要求。商周的青銅器圖案所體現的題材,雖然絕大多數是幻想的動物,但是如果把這些圖像和同樣幻想的立體雕刻品相比較,就可發現前者的構圖是經過了相當大的變形。但是這種變形祇能是更强調紋飾題材的神秘性,使人們懂得它是什麽東西,即所謂"使民知神奸"。

商周青銅器紋飾主要着重於物像頭部特徵的表現,因此獸面紋的變形常常表現在獸體的蜕化。側視的動物圖像除了表現頭像以外,其體部也往往祇表現公式般的基本要素:如軀干、爪子、獸尾等等。有的採取了更簡化的方法,軀干祇是一段完全沒有任何特點的頭部的延長物。當然,頭部如鳥、獸等特徵的表現,也是有一定公式的。這種公式化紋樣也就是圖案的抽象,即不同的物體,用一種統一的象徵性的形象來代替。這種抽象也就是變形。但不論怎樣變形,動物紋的頭部總還是主要表現的重點。我們可以把商周的青銅器紋飾稱之爲誇張的神秘的變形。以上所説的,主要是殷墟中晚期和西周早期的青銅器紋飾。

但是,如果我們把整個商代青銅器分析一下,則商代早期的青銅器紋飾和殷墟中晚期相比,兩者還有很大的區別。可以説,商代早期的青銅器紋飾主要屬於抽象的邈然變形的圖案。除非我們細心地去觀察這些圖像頭角的微小變化,否則無法區分商代早期紋飾彼此的差別。所有的圖案不是用千篇一律的寬闊的終端蜷曲而尖鋭的條紋來表現,就是用一種同樣結構的勁利的細綫來刻畫。這種紋飾除獸目以外,從不企圖去表現獸面或獸體其他部分的具體形象。很顯然,商代早期的青銅器紋飾是高度抽象的圖案,它給予人們的不是真知實感的具體形象,當然也不能起到"鑄鼎象物"的作用,而是公式化的抽象概念。

但是,我們知道,商代早期的藝匠們並非沒有表現具體物像的藝術技巧,恰恰相反,在二里崗時期的遺址中,出土有很好的泥塑動物小像。即使在更早的二里頭文化遺址中,也有優美的動物陶塑出土。這些出土實物説明二里頭時期和二里崗時期的工匠們,有很好的藝術表達能力。因此,商代早期青銅器紋飾的抽象祇能歸結於以下幾個可能的方面:一、是出於某種實際的需要，紋飾的這種獨特的勾描方法在當時具有特殊的意義；二、表現方法幼稚，因爲用線條在一個平面上再現立體的形象要比依樣雕塑一個要困難。或兩者兼而有之。由於資料還不够豐富，我們暫時還無法深入地探求它的根源。

商周青銅器紋飾的第二次變形和抽象的階段開始於西周中期，延續到春秋中期。大約從西周穆王時期起，出現了青銅器紋飾逐漸簡化和抽象的情形。它表現在以下幾個方面：盛行了幾百年的獸面紋突然衰退而解體。體軀分解的獸面紋圖案在殷墟中期已開始出現。這是一些目、鼻、口、爪、軀干都不相聯的獸面紋，但它們仍然是遵照嚴格的公式布局的，祇是表現的方法不同而已。但是，恭王時代青銅器上的獸面紋出現了凌亂的構圖，如師遽方彝獸面紋的中線兩側和上部圍以兩條環，而獸目則蛻化而嵌在此環形之中，縮小到使人不注意的程度。以前可以清楚地區別的角型，這也是獸面紋最主要的特徵，再也不能引起人們的注目了。獸目是獸面紋的精神之所在，獸面紋上目紋的蛻化，使這類圖案完全喪失了它的意義，從而其存在也就成爲問題。懿王時代的吳方彝、吳方尊等器的獸面紋也是如此。這樣，獸面紋就迅速地走向衰落。變形的獸面紋都是一些無意義的橫向或縱向半環形攀連的條紋，而將勉强可辨的獸目搬到完全不相稱的位置，或者根本予以取消，原來莊嚴神秘的格調，變得面目全非而徒存形式了。這時紋飾的刻畫多較粗獷，沒有精鏤細雕的圖樣，以前習慣用縝密的雷紋爲地紋的構圖方法，逐漸簡略和消失。獸面紋這種變形和抽象的過程，進行得非常迅速。根據西周能斷代的標準器上的紋飾判明，這種變化開始發生在穆王時期，恭王時期的器上已有了根本的改變，可以説，青銅器紋飾的變形和抽象的進程，總共不會超過五十年。至西周中晚期的青銅器紋飾幾乎全部成了獸體的變形圖案。

西周中期開始的青銅器紋飾的轉變可能是意識形態方面變化的部分反映。這個變化不僅在宗周，而且各地諸侯國的青銅器紋飾也反映了同樣的現象，在全國範圍內，從宗周到地方都採取了一致的式樣。以往的評論者，以爲這種轉變是青銅器的衰退現象，它是奴隸制度衰落，奴隸們對青銅器生產沒有興趣的表現。我們認爲青銅器紋飾轉變的原因要到西周社會内部去尋找，這無疑是正確的，奴隸制度的衰落當然不能不影響到社會的各個方面。籠統地談論奴隸對生產有無興趣的問題，並不能和青銅工藝的發展和變化聯繫起來。我們知道，西周晚期出現了像㝬簋、毛公鼎、虢季子白盤等舉世聞名的重器，還有像邢人鐘、虢叔旅鐘、梁其鐘那樣巨型的成組編鐘的出現，都是青銅器發展的非凡成就。如果音樂的發展沒有出現新的高潮，則合於五聲十二律的編鐘是不可能產生的。傳世的和發掘的西周晚期青銅器的數量，也比西周早期多。這些都是西周晚期青銅器發展和變化的值得注意的現象，而這些現象並不表示青銅器總是在走向衰退。

如果以紋飾的精粗來區分青銅器是否衰落的界限，實在是不容易的。西周中晚期青銅器紋飾的轉變應該從各種角度去做具體的分析。青銅器是當時文化藝術的典範，社會文明的標誌,所以我們應該首先從社會思想方面去探索它的原因。

如前所述,商周青銅器紋飾,濃厚地反映了時代的宗教意識,由於商族和周族宗教意識的具體差異,對青銅藝術當然會産生各自的不同影響。《禮記·表記》中記載着孔子對於夏商周三代的宗教、政事即禮制的不同作出了論述。他在講了"夏道"之後説:"殷人尊神,率民以事神,先鬼而後禮,先罰而後賞,尊而不親。""周人尊禮尚施,事鬼敬神而遠之,近人而忠焉。其賞罰用爵列,親而不尊。"孔子這一段議論殷周禮制的話,應該有參考價值。孔子對於殷周,無疑比漢儒要知道得多。孔子講的不是夏商周具體政事的不同,而是説明夏商周各自禮制的差異。按照他的説法,殷人是把祭鬼神之事放在首位,朝廷的禮也就是朝政放在第二位。周人則以尊禮尚施放在首位,對鬼神之事則敬而遠之。確實,殷人對宗教鬼神採取了狂熱的態度,殷墟出土的大量卜辭完全可以證明這一點。商代青銅器上各種幻想中怪誕的物像,則是更爲形象地反映了他們對鬼神崇拜。周人比較現實,他們忙於鞏固自己剛剛獲得的政權,有許多現實的事情要做,像商人那樣對鬼神的狂熱勁頭,這在他們當然是不許可的。反映在青銅紋飾上,西周初期除了較多地流行鳳鳥紋外,幾乎很少增添新的內容,許多裝飾題材自行淘汰了。

商周同樣以天命論爲宗教思想的核心,但做法各不一樣。因爲宗教思想的差異,反映在青銅器紋飾中,商代盛行的紋飾逐漸被淘汰。周人在立國之前,他們大約還没有可觀的青銅工藝,先周的青銅器至今發現極少。我們現在所知道的西周早期青銅器,其器形和紋飾都屬於商人的體系,這是很自然的。周人克商後,必定得到了商人全部的工藝奴隸和各種手工業的必要設施,從而獲得了創造物質文明的主要手段,並把它分賜給他們最親近的貴族。"周因於殷禮,其損益可知也",周人對殷禮並不是全盤接受,而是有選擇的,在政治上是如此,對於政治地位密切有關的青銅禮器更是如此。例如,周初大大地減少了青銅酒器的生産,而着重於鑄造飪食器,就是一個很突出的現象。在青銅器紋飾方面,被俘的商代工藝奴隸祇能生産他們原來所掌握的舊式樣,周人没有一套可以取代的東西,這種取代在當時也是不必要的。但是我們在青銅器紋飾中可以看到,那種商代常見的極端怪異的紋飾,在周初的青銅器中至今甚少發現。這顯然是一種有意識的選擇。

西周初期的青銅器往往鑄有大篇銘文,這些銘文的內容表明,作器者是周人取得政權而涌現的大量新貴族。他們爲建立和宣揚自己的家族和個人的政治榮譽,作器鑄銘以頌揚先人之美,借以突出自己,是很重要的一個方面。雖然殷末青銅器上已出現了少量的作器記事的銘文,但是像西周初期那樣形成普遍的風氣,而且出現了大篇的叙事體裁的銘文,則是周人在文化上的一個創造。現在我們研究西周的歷史,除了傳統的少量文獻以外,青銅器銘文是一個極重要的補充。周人把青銅禮器的銘文提到了前所未有的重要地位,而陳陳相因的青銅器紋飾,比較之下就相形見拙了。没有任何跡象表明,周初在發展青銅器的紋飾方面,曾經有過引人注目的成就。

經過了周初百年的發展,被俘的商王朝工藝奴隸已經換了幾代人,已往的一些青銅工藝的技藝已經不大切合於社會的情勢而淘汰了。現在,青銅器紋飾主要是作爲一種裝飾而不是作爲强烈的信仰而存在,新鑄造的青銅器上的紋樣,也就没有必要"率由舊章"了。所以,我們看到西周中期的青銅器紋飾逐漸地退出了宗教的氣氛,出現了動物紋樣的變形圖案,這個變形和抽象的過程開始時比較緩慢,往後愈來愈迅速。

劇烈的變形是在西周中晚期之際。史載周懿王時"王室遂衰",並且有遷都槐裏的事。《詩經》中有許多篇章反映了西周後期許多人由於天災和社會的動亂而產生對現實不滿,並由怨望的憤怒情緒繼而產生了對上天的不滿,其中有着生動的描寫:

> 天降喪亂,饑饉薦臻,靡神不舉,靡愛斯牲,圭璧既卒,寧莫我聽。(《大雅·雲漢》)
> 上帝板板,下民卒癉。出話不然,爲猶不遠。(《大雅·板》)
> 旻天疾威,天篤降喪,瘨我饑饉,民卒流亡。(《大雅·召旻》)

由於社會的喪亂和災禍,引起了對天命的懷疑,並因此而發出對上天的譴責:

> "昊天不傭,降此鞠訩,昊天不惠,降此大戾。"(《小雅·節南山》)
> "浩浩昊天,不駿其德,降喪饑饉,斬伐四國。旻天疾威,弗慮弗圖。舍彼有罪,既伏其辜,若此無罪,淪胥以鋪……三事大夫,莫肯夙夜,邦君諸侯,莫肯朝夕。"(《小雅·雨無正》)

這種對上天的怨恨和詛咒,使天命論第一次遭受很大的挫折,王室的權威動搖了,不僅是一般的奴隸主,就連三事大夫也不肯勤勞於王室,而邦君諸侯,也竟不再行朝夕之禮,而喪失了他們統治的秩序。最後,人們不能忍受周厲王的殘暴統治,終於把這位天子趕走了。西周後期天命論已經到了搖搖欲墜的地步。禮治或德治都不管用了,精神世界極度混亂,那末青銅器紋飾完全反映不出以上帝爲中心的自然神崇拜,當然是在情理之中了。固有的模式被廢棄,思想的束縛多少松弛了,這些因素對許多方面都有影響,當然也影響到青銅器裝飾的宗教性主題。新的變形圖案再也體現不出奴隸社會黄金時代宗教的精神力量了。青銅工藝上不可逆轉的改變顯然連王室王臣們也接受了,周厲王的鈇鐘和鈇簋上也都是這種無意義的變形獸體紋圖案,王室已經接受了這種局面,那末它就會在全國範圍內得到迅速的推廣,並且繼續了一個相當長的時期。

西周中晚期獸體變形的紋飾有橫置的乚形和乙形兩種基本結構。這是青銅器紋飾中最簡略的條紋,例如商代盛行的雷紋就以這種結構爲要素,◡形和◠形的雷紋往往祇作爲地紋來處理,偶爾也構成爲一種連續的帶狀紋樣,相當的縝密精麗。但放大了的◡形和◠形條紋表現爲自由的粗率的結構。西周中期以後的變形獸體紋以這種條紋組成,不論是◡形、◠形或兩者的交叉,其中間往往飾有一個獸目。獸目有突起的,也有的以綫條勾出。這個殘痕使我們可以判斷它確實是獸體的變形紋飾。由於◡形和◠形是最簡略的綫條,到處可以套用,就是鳥紋尾部下垂的分離部分,也採取了這樣的結構。

直或橫的◠形條紋並不是單一的,有的會有變化和修飾。西周的工匠歡喜以獸目作爲圖案中心的交聯點,如一種◠形結構的紋飾兩端實際上是兩條卷曲的龍紋,龍頭或置於中心獸目的交聯點,或龍尾爲中心的交聯,或者根本無頭尾之分,這是獸體變形紋飾中較複雜的構圖了。◡形或◠形的變形獸體紋,習慣上稱爲竊曲紋,或窮曲紋,流行於西周中晚期,春秋早期仍沿用。

商和周初的獸面紋大都採用浮雕的形式,呈現出威嚴肅穆的氣氛,它是静態的和可怖的,這種神聖不可侵犯的統一格調在幾百年内没有變化過。這樣,西周青銅器獸體變相紋飾的出現,是一次真正革命性的轉變,因爲它打破了陳舊的式樣,冲決了以獸面紋爲主體的森嚴的壁壘,開辟了新生面。雖然這種改變有許多是粗疏的,遠非精工細作,甚至是簡陋的,但是的確有着許多方面的突破。我們知道,東周的青銅器紋飾在表現的形式上與商和西周早期有着根本的不同,其中最突出的一點是,比之刻板的嚴峻的獸面紋,它基本上放棄了對稱的規律,大量地採用各種連續的構圖。在這個轉變的基礎上,産生了東周具有活潑的動態和有某種旋律感的蟠龍紋、交龍紋等新穎的構圖。如果没有西周中晚期徹底地擺脱商代以來青銅器紋飾的舊模式,就不可能産生東周時代青銅藝術發展的新階段。

西周時代變相獸體紋飾的一個突出創造,是寬闊縈回猶如海浪般起伏的波曲紋的出現,它給人以舒暢和解放的愉快感,這是變形獸體紋飾最佳的成就。波曲紋以前稱爲環帶紋,意思是帶紋和環紋的結合。其實,這也是龍蛇體軀變形後的圖案。商代的青銅器紋飾中,從來没有出現過波曲形的結構,當時一些卷體或卷尾的龍紋,其卷曲的部分大多是方折的,祇有末端纔呈爲半弧形,所有的商代紋飾從未出現過波曲形的概念,即使蛇紋也是採取方折的形狀,許多龍紋額頂的曲折角,也是採取了方折的式樣,雖然它的角形來源可能與彎曲的大角羊的角型有關,但不管怎樣,都是採用同一的格式。可以説,絕大部分的商代藝術家從未嘗試過採用某種波曲狀的構圖。但是這種情形到殷末周初就有了變化。當時出現了雙體龍紋,即以龍頭爲中心,龍身向兩側舒展,形成了一頭雙體。這種紋飾多在方鼎口沿下,呈狹長的帶狀,龍的體軀作波曲狀展開。開始時波曲形的體軀還飾有鱗瓣紋,而後來成爲單一的波曲形弧條。如果把龍紋的頭部加以省略而裝飾在柱狀體容器上,那末波曲紋就産生了。波曲紋的中段常有獸目,有的甚至接近獸頭的形狀。獸目在西周中晚期紋飾中,常常成爲龍紋之類不同個體的聯接點。波曲紋寬闊的綫條，可能意味着龍蛇類體軀連續不斷的回環。波曲紋的空間多飾有鱗瓣紋或其他簡單的條紋，這類條紋有時表現爲兩頭相連的獸紋，這種獸紋有的學者稱之爲霓虹紋，因爲它很像卜辭中的虹字。但是兩頭獸紋在青銅器上大多表現爲獸紋的變體，因而我們難於判斷它必定是虹的圖像。

　　西周中晚期流行的鱗帶紋，也是一種變形圖案。就是圓的和長的環形條紋相間隔排列的帶狀圖案，即所謂重環紋。這也是龍蛇之類軀干的變形。時代較早的龍蛇圖案中，環形的條紋表示其軀干的鱗節，西周中期出現的鱗帶紋飾是完全省去了首尾，它盛行於西周中晚期。另一種叠瓣鱗紋，即器體布滿了重叠的鱗瓣，是純粹屬於裝飾性的，西周昭穆時期已經出現，西周晚期較爲流行。

八、幾何變形紋類

　　幾何紋是青銅器最早的紋飾，它們包括斜連和並連的雷紋、菱形雷紋、乳釘雷紋、勾連雷紋、螺旋雷紋和曲折雷紋等，還有用圓圈組成的連珠紋。幾何形狀的概念在生活中是隨時隨地可以接觸到的，幾何的綫條也最容易掌握，因此，它總是在人類藝術的童年時代所經常出現的裝飾紋樣。中國新石器時代仰韶文化的彩陶，幾乎完全用幾何形的綫條組成。雷紋是青銅器最基本的幾何圖案，以前有人認爲雷紋起源於人的指紋，但是商代早期的雷紋非常粗獷，與精細的指紋完全聯繫不起來。雷紋的普遍出現是在殷墟早期，這時離開商的開國已有二百多年了。因此，要尋求雷紋的來源可能是没有多大意義的。雷紋或回紋實際是單綫或雙綫往復自中心向外環繞的構圖，它像篆文雷字的局部形狀，故而得名。青銅器上各種形態的雷紋都是不同的幾何形組合，也是中國青銅器紋飾最基本的結構。我們以前已經説過，西周中晚期的獸體紋變形的要素，也是採取了Ｃ形或Ｓ形這種雷紋中最簡略的結構。

　　但是，在青銅器時代，幾何紋長期以來往往是作爲各種陪襯的紋飾而存在。勾連雷紋和乳釘雷紋是商和西周青銅紋飾中單獨地以幾何紋出現的裝飾，但是這類紋飾到西周中期也就廢棄了。此時的青銅器紋飾大都是獸體變形的圖案，風行一時的陪襯的雷紋，也竟銷聲匿跡。

　　我們往後要説的幾何紋主要是動物紋的純幾何變形，這比西周時代獸體的變形紋飾在圖案的結構上顯然更爲進步。這種幾何的變形，能够衍生出許多變幻莫測的圖樣。幾何變形紋飾是在春秋戰國之際青銅器圖案發展到較高水準的基礎上產生的。

　　我們知道，春秋晚期出現的青銅器工藝復興放出的異彩，是社會生產力發展的成果之一，同時也是社會思想進步的表現。新興地主階級的權貴們終於抛棄了舊時公式化的奴隸主階級的藝術,它已不適應新的生活方式的需要,必需倡導一整套全新的藝術裝飾。如我們以前所指出的那樣,追求青銅器圖案的精美華麗,是當時藝術欣賞的一個主要傾向。在較短時間內,青銅器新的紋樣愈來愈多,發展得非常迅速,不僅青銅工藝如此,玉雕、髹漆等工藝也是如此,這是一時的風氣。

這時青銅器紋飾盛行蟠曲交纏的各式龍蛇紋樣,在技藝上力求精湛細微,圖案的構成單位越縮越小。此類圖案雖然異常精麗和技術上令人驚嘆,但是因爲其追求的傾向很快地達到了當時技術的極限,日益發展的青銅工藝必須尋求新的紋樣,既然精之又精,細之又細的青銅器紋樣走進了死胡同,幾何變形的紋飾就滋長和發展起來了。

幾何變形本來是圖案發展的規律,像圓珠、三角之類的簡單紋飾,在商代已經產生,但是始終未能形成主要的裝飾。在盛行獸面紋的時代,幾何變形紋飾沒有發展的土壤,因爲它純屬形式上巧妙的變形和綫條結構上的美感,它的出現必須在舊的“鑄鼎象物”的思想殘痕退盡之後,而決不會產生在此之前。經歷了西周中晚期獸體變形階段,並産生了新的工藝技巧,幾何變形的紋飾纔以其嶄新的面貌而出現了。

所謂幾何變形圖案,就是圖案的動物形狀特點完全消失而代之以幾何形;或者僅僅殘留個別動物特徵但是無意義的符號,殘留有象徵性的獸目或半個爪子之類,從整體來看沒有任何生物的形態。它和獸體變形圖案的基本區別在於:它已經脫胎換骨,不能引起對於整個獸體的聯想。

幾何變形圖案顯然是一種非常高明的設計,在簡單的幾何形構圖單位中,表現出複雜的甚至是眼花繚亂的,但又是有規律的紋樣。這種圖案往往與青銅器的鑲嵌工藝結合起來,用紅銅、金、銀和綠松石等各種物質嵌在綫條的空隙中,使色彩對比極爲絢麗。鑲嵌圖案常常虛實相配,並且用細膩的裝飾手法改變幾何形構圖刻板的規律,使之具有活潑而多樣的旋律感。這在以往的青銅器中是從未有過的。這類紋飾個別的初見於春秋晚期,盛行於戰國中期,一直相沿到秦漢,而漢代以後也就消失了,從此以後,幾何紋樣再也未能達到或接近過這一歷史的最高水平。

幾何變形紋飾顯示了人們具有嫻熟的技巧和對於圖案規律的深刻理解,在工藝發展史上,是非同小可的進步。

幾何變形紋飾有以下幾種基本式樣,每種式樣之中又有若干不同變化。

三角形結構。上下交錯的三角形組成,多爲單層的帶狀。三角形個體中的綫條成對稱構圖,有時飾有一個或半個獸目。交錯的三角有完全相同的,也有兩種細部不同的三角交錯紋。還有兩種三角紋的複合交叉,以及邊緣呈勾連狀的三角紋,變化很多。

菱形結構。菱形紋是二方連續的圖案。菱形本身結構有兩種:一是四條斜直邊的交聯,一是菱紋上下兩角呈突出的冠狀。菱形有縱式的(即上下長、左右窄)和橫式的,也有套叠的菱紋，即近似扁長的斜方格紋兩種結構的交叠。

　　方形結構。方形的單塊連續，交叉或不交叉的堆叠，後者是一種四方連續的巧妙變化。這類紋飾的局部做成變幻的雲塊狀，並布滿虛實相輔的各種流利的綫條。

　　流雲結構。表現爲流轉的行雲之狀，以疏寬得宜的弧綫構成。寬闊的雲紋上往往嵌以剛勁繁密富有彈性感的細綫，鋪張而華麗。流雲紋的結構自由舒展，顯示了良好的旋律感，故能在不規律的器上任意地布置。戰國中晚期某些形態不規律的青銅器上大多採用流雲紋裝飾。

九、半人半獸紋類

　　商和西周青銅器紋飾大都是神化了的禽獸紋或其變形，没有描繪人的形象或有關人的活動，也没有任何花草等植物。鳳龍等風神和水神以及其他物像，也是採取禽獸的原始形態，在神話傳説的領域內没有人的地位。這些圖像有它自己的社會功能，並不能當做花草一樣的美麗物體來欣賞，美感並不是商周青銅器紋飾的出發點，相反所强烈地追求的倒是凶野和可怖的神秘風格。

　　屈原的《離騷》、《九歌》中有許多經過詩人美化了的可愛和可親的神人或鬼怪。屈原作品中的神，顯然已經進入了人格化的階段。戰國的一些漆畫上，也有這類人格化了的神的形象。但戰國時代多數的天神地祇，仍是各種獸頭和獸體輪流變換的怪誕物像，衹有少數是人面獸身或人面鳥身。這些神的本來面目，集中地見於《山海經》，例如：

　　　　有鳥焉，其狀如梟，人面四目而有耳，其名曰顒，其鳴自號也，見則天下大旱。(《南山經》)

　　　　凡南次三經之首，自天虞之山以至南禺之山，凡一十四山，六千五百三十里，其神皆龍身而人面。(《南山經》)

　　　　有鳥焉，其狀如雄鷄而人面，名曰鳧徯，其名自叫也，見則有兵。(《西山經》)

　　　　凡西次二經之首，自鈐山至於萊山，凡十七山，四千一百四十里，其十神者皆人面而馬身，其七神皆人面牛身，四足而一臂，操杖以行，是爲飛獸之神。(《西山經》)

　　　　又西北四百二十里，曰鐘山，其子曰鼓，其狀如人面而龍身，是與欽䲹殺葆江於昆侖之陽……(《西山經》)

　　　　……實惟帝之平圃，神英招司之。其狀馬身而人面，虎文而鳥翼，徇於四海。(《西山經》)

西王母其狀如人，豹尾，虎齒而善嘯，蓬髮戴勝，是司天之厲及五殘。（《西山經》）

凡西次三經之首，崇吾之山至於翼望之山，凡二十三山，六千七百四十四里，其神狀皆羊身人面。（《西山經》）

……剛水出焉，北流註於渭，是多神魃，其狀人面獸身，一足一手。（《西山經》）

凡北山經之首，自單狐之山至於隄山，凡二十五山，五千四百九十里，其神皆人面蛇身。（《北山經》）

凡北次二經之首，自管涔之山至於敦題之山，凡十七山，五千六百九十里，其神皆蛇身人面。（《北山經》）

凡北次三經之首，自太行之山以至於無逢之山，凡四十六山，萬二千三百五十里，其神狀，皆馬身而人面者廿神。（《北山經》）

以上神人都是人面紋而兼有龍身、蛇身、馬身、羊身、梟身、獸身等等，是為半人半獸的形象。從青銅器的紋飾來看，多數象徵自然力量的紋飾尚未達到半人半獸的地步，而是原始的或想象中的動物狀態。但是商器中個別也有半人半獸的圖像。如禾大方鼎，為一人面有曲折角和兼有獸爪的圖像，不過人面特大，曲折角和獸爪都小而不顯著。又如傳世的人面龍身盉，人面的頂上有長頸鹿角形的觚角；另有一觥，其足部飾有上半身人形抱臂、下半身為蛇形的怪物。又如怪神紋鉞，神狀人面獠牙，在青銅大鉞上這類紋飾曾數見。鉞是刑具，則其人面獠牙的神人應是蓐收了，蓐收之像人面虎尾執鉞，是金神也是刑神。更為奇特的尚有人面蟬身的怪物，見於殷墟晚期的弓形器上。

不少神話中的神，它們的形象大都經歷過獸類，半人半獸至人形的不同階段，至於對他們性格的描寫，也經歷過半人格神到人格神的變化，後者是為神話的高級階段。從商代青銅器紋飾多為獸類和少量的半人半獸的紋樣來看，當時的神話，尚未發展到高級的階段，這是野蠻時代的痕跡在古代社會中的殘餘。它們和屈原的《離騷》、《九歌》所歌詠的神人，還有相當大的距離。

東周時代青銅器紋飾中的神狀，看到的仍然是處於《山海經》描述半人半獸的狀態，但比以前較為形象和生動些。在戰國時代的漆器上，則已經有非常生動的表現神話故事的畫像了，這在青銅器上沒有得到反映，也許是由於其裝飾題材有傳統的局限性。

十、人物畫像類

所謂人物畫像，是指春秋戰國之際開始出現的有關貴族的社會生活和宣揚作戰勇武的水陸攻戰等景象的裝飾畫。這些畫像有鑲嵌的,也有鏤刻的。它已經初步擺脱了圖案的規律,能活潑而形象地描繪出客觀的事物,諸如燕飲、會射、採桑以及弋射、狩獵等活動,還有徒兵搏鬥、攻城、水戰等戰鬥場面。當然,畫像表現的祇是客觀事物的外形或輪廓,還不能反映所描繪對象的思想情緒或一定的心理狀態。但它已從圖案的領域中走了出來,成爲真正的圖畫。青銅器上畫像的出現,標誌着古老的裝飾藝術前進了一大步。

但是這種新的藝術形式的出現,還是受到圖案規律的某些影響,如人物的狀態局限於某些典型的動作,形象較爲刻板等等。另一方面,這種以鏤刻爲基礎的範鑄紋飾,因受到限制,當然還不能達到運筆自如的地步。但不論怎麼説,戰國青銅器上的畫像藝術,確定地成了日後繪畫藝術的先驅。

燕飲畫像,表現有臺基或有基礎的堂中,賓主饗飲酬酢、僕傭奉酒獻豆,或有列鼎陳設。堂前或堂左有鼓鐘、擊磬、擊鼓、奏瑟和歌舞等場面。

會射畫像,表現與會的貴族們在彎弓拉矢,射向布侯的情景,侯上或有箭中的。燕飲與會射畫像往往是聯在一起的,與《儀禮·鄉射禮》的描述有其相似之處。畫像當然不能表現鄉射的細節和過程,而祇能顯示其大概。

採桑畫像,表現人數不同的婦女在桑樹上採桑葉,下有人相接。圖中採桑者的服裝爲貴族婦女,當然不是表現一般農民的勞動生産。《禮記·月令》:"季春之月……後妃齊戒,親東鄉躬桑。"此畫當即所謂"躬桑"之類。

弋射畫像,表現爲數目不同的人張弓向天以矰矢射鳥,畫像中矰矢上皆繫有綫。射鳥爲弋,是田獵的一種,文獻中或以田弋並稱。《左傳》哀公七年:"……好田弋",又《國語·齊語》:"田、狩、罼、弋",弋訓爲繳射。《説文解字》:"繳,生絲縷也,謂縷繫矰矢而以隿射也",是以繳繫矢而射,畫像中弋鳥,有用帳幕的,則爲形象地描繪了狩弋的情景。

狩獵畫像,表現狩獵者手持弓箭或矛向着成群的牛、羊、鹿、犀、象等大小走獸捕獵的情況,有的獸已經中有數箭。也有狩獵與弋射合爲一圖的。古代的狩獵與練兵有關,是練兵的項目之一,故飾狩獵畫像爲崇尚勇武之意。

在古代,燕樂、會射、採桑、狩獵都被認爲是貴族生活中重要的禮,但畫像中祇是概念式的表現。雖然這種畫像未能得到大量的普及,但這是我們至今爲止所能够得到的當時貴族們社會生活的寫照。

對陣畫像,表現爲兩軍對峙,軍前各有旗幟,士兵列隊,有武士於陣前廝殺。

徒兵搏鬥畫像,表現爲一列徒兵持戈相格殺,以二人成對搏鬥的形式排列。

攻城畫像,表現爲以陞或以雲梯攻城的情形,上有擂石擲下,並有被殺戮者的尸體。

水軍畫像,表現爲舟中有武裝的士兵,舟下有魚、黿等。

上述水陸攻戰的各種畫像,向我們較爲生動地提供了東周時代戰爭的形式及其戰鬥情景的粗略的概念。

十一、總　述

　　以上我們分析了各種類別的青銅器紋飾，最後，有必要簡略地回顧一番商周青銅器紋飾發展的歷程。

　　商周青銅器紋飾的全部發展過程，如果不是按照傳統的王朝體系來劃分而是按照青銅工藝自身發展的進程來劃分，則大體可以區別爲以下幾個階段：一、商代早期，即鄭州商代二里岡期。這時多爲粗獷而抽象的獸面紋，是青銅工藝開始形成的時期。二、殷墟早期，細致、繁密的抽象獸面紋，即商代早期紋飾的精微化。三、殷墟中晚期至西周早期，獸面紋形象化和主要發展的時期。四、西周中晚期至春秋中期，再一次出現青銅器紋樣的抽象階段，其時獸形變體紋佔主要地位。五、春秋晚期至戰國早期，各種形象化的交龍紋或蟠龍紋的大量使用，極度追求紋樣結構的精麗和微型化，是這一時期的主要傾向。六、戰國中晚期，動物紋飾變化爲新的純粹抽象的幾何形或半幾何形圖案。商周青銅器以幻想動物爲主體的紋樣，至此徹底地改變了特性，而中國古代青銅藝術的發展史也就告一段落。至於漢代的青銅器紋飾，則是尾聲了。

　　從商代早期到西周早期，是青銅器藝術受到宗教思想深刻影響的時期。我們可以看到，前面的三個階段對於幻想動物的形象的想像力和品類的多樣化方面愈益豐富，莊嚴神秘的氣氛愈益濃重。第一階段抽象而粗獷的以獸面紋爲主體的動物紋，至第二階段得到了顯著的改進，紋飾逐漸變爲由刻畫精致的細雷紋和排列整齊而密集的羽狀紋構成。作爲區別動物屬性的標誌——觚角，由不顯著的部位而變得非常突出，同時一對獸目也被大大地誇張，從而有利於造成一種獨特的怪異氣氛。在主要紋飾中，還普遍出現了以獸面紋爲中心以鳥獸爲配置的複合紋飾。但第二階段基本上仍是不注意物體形象具體化的抽象圖案，動物的軀干和非軀干的部分無法明顯地區分開來，其神秘性更爲濃厚。第三階段的青銅器紋飾呈現出一種蓬勃的景象，抽象的圖案迅速轉化爲形象特點很具體的圖案，最明顯的是除雙目和觚角以外，其他如鼻梁、爪子、獸體、卷尾等獸形紋飾必具的要素都已發展完備。獸形主干和地紋裝飾大多能區分開來，並形成了高浮雕。紋飾的品種急劇增加，如動物角型的豐富，以前没有出現過的幻想動物大量涌現：如長鼻獸、各種新的形象的龍紋、蝸體獸紋、鳳鳥紋以及其他的各種怪異的紋飾等等；也還有象紋、牛紋、鹿紋、蛇紋、蟬紋等不屬於幻想類的動物紋樣。但紋飾總的傾向是竭力追求怪異遍奇，甚至如獸面的觚角、獸眉等都做成獸的形狀，還出現了鳥獸同體的紋飾。在同一件器上，往往飾有各種動物紋飾，相當密集，通常五、六

種,多者有達二十種,其形狀均不相同。多種紋飾群集於一器的裝飾特點,在殷墟早期已有
萌芽,而在殷墟中晚期發展到了高峰。追求神秘和繁縟,是殷墟時期青銅器上普遍存在的現
象,有很多青銅器的表面全部布滿了奇異的紋飾,而不留任何空隙,這正是殷人的審美觀念。
藝人不厭其煩地把花紋飾滿器身,甚至連視綫不能達到的器底部也裝飾了圖案。這種情形
直到西周早期纔有所改變,當時的動物紋飾較之殷墟中晚期顯得單純些,而且有些動物紋飾
也不再採用或採用得很少,單件器上動物紋群集的現象,還個別地有所發現。

　　從商代早期到西周早期青銅器的藝術裝飾無論其取材和母題所表現的思想都具有連貫
性,它們在工藝上雖然可以分爲三個階段而有各自的發展面貌,但是其共同的特點是獸面紋
佔有突出的統治的地位,這與當時的宗教思想有着密切的聯繫。它實際上是用藝術的形式
來表現人們對客觀世界的態度和認識水準,反映了當時人們對自然神崇拜而產生的神秘和
肅穆的氣氛。

　　商代青銅器紋飾中,除了牛羊等動物以外,絕大多數都是屬於幻想中的物象,它的形式
是複雜的,但是它的基本構成因素又是簡單的。這些物像都是以鳥獸爲基本形狀,按照一定
的角型或冠型配置起來的,獸型的各種角型也可以同樣配置在鳥頭上。表現獸面或獸體的
各個部位的特徵完全是規格化的,祇能在一定的公式範圍之中作有限的變化,很少有逾越的
可能。這些形狀奇特的紋飾,大多數是借想象以徵服自然和對自然力量的幻想的形象化。
在當時條件下,大自然的風霜雨雪,人世間的休咎禍福,除了託庇護於上帝及其所司的百神
以外,不可能有別的選擇。《左傳》昭公元年:"山川之神,則水旱癘疫之災,於是乎禜之;日月
星辰之神,則雪霜風雨之不時,於是乎禜之。"這是古人對於自然力量之普遍的認識和態度。
商代青銅器上裝飾種種自然神的形象,其作用可以從《左傳》宣公三年王孫滿對楚莊王問九
鼎的答覆中見其仿佛:

　　　　昔夏之方有德也,遠方圖物,貢金九牧,鑄鼎象物,百物而爲之備,使民智神奸,故民
　　入川澤山林,不逢不若,螭魅罔兩,莫能逢之,用能協於上下,以承天休。

雖然所講是夏的九鼎,但商代青銅器紋飾"鑄鼎象物"這一點上却與之非常相似。從商代二
里岡期的青銅器紋飾尚且還是簡單的和粗率的這一現象來看,夏代青銅鼎要鑄上"百物"的
圖像絕非易事。夏代有無這種事情,當然無從談起,但商代尤其是殷墟時期青銅器紋飾的繁
盛和風格的怪異神秘,則是具體地反映了"鑄鼎象物"的風氣。所謂"百物而爲之備,使民知
神奸",當然是極言其紋飾之盛,杜預的解釋是:"圖鬼神百物之形,使民逆備之。"商代青銅器
上各種複雜的自然神形象,當然也是鬼神百物之形,舍此不可能有別的解釋。商代青銅器上
紋飾最豐富的單件器上往往有十數種不相同的幻想動物的紋樣,那末許多器的集合,產生

“百物而爲之備”的概念，也許不是過於荒唐的誇大之詞，這“百物”是虛詞而不是實詞。王孫滿說九鼎上的圖像是爲了讓人民看了以後知道善神和惡神，並且由此而獲得一種力量，在進入山林和渡涉川澤時不會逢到不吉利的事。這就是說，鼎上的圖像具有神秘的辟邪作用。我們以前分析商代青銅器紋飾中，曾指出過一些明確表現辟邪用意的圖像，這一現象和上述王孫滿的說法有其相似之處。

我們說商代青銅器的紋飾是具體地反映了對自然神的崇拜，這就是商和西周的青銅紋飾從未反映過任何人類自身的活動，從未描寫過任何的社會生活；也沒有出現過人的真正形象，而祇有像龍虎尊上那樣的似人非人的鬼魅形象。那時人們從未想到也不可能想到會在藝術中描繪自己。青銅器紋飾中反映人類社會活動紋飾的出現一般不會早於公元前六世紀。我們可以看到，至少經歷了千年的漫長歲月，人們在青銅器紋飾中纔能有一點表現自己的狹窄地位。在歷史的文明時代，對於自然力量的崇敬真是到了不能再虔誠的程度。

以上帝爲中心的天命論對於這種情形的産生有深刻影響。如果說，我們在甲骨卜辭中看到的是無休無止的卜問上帝鬼神和先公先王所降的休咎，則青銅器紋飾所體現的天神地祇的形象，也是同一思想範疇的産物。天命論或天道觀是中國奴隸社會在政治上和文化上的精神支柱。

周初的青銅器紋飾雖然沿襲殷人，但周人和殷人之間的側重面是很不相同的。西周的貴族沒有像殷人那樣狂熱的崇拜鬼神。崇拜鬼神是殷人天命思想的側重點，而周人對天命的解釋偏重在奪取政權和鞏固政權方面，這至少在周初是如此。武王克商統治天下並沒有牢固的基礎，管、蔡、武庚和東方諸國很快地發生了叛亂。周初的歷史文獻和青銅器銘辭不厭其煩地宣揚的是文王受天命，武王承嗣文王而敷有四方，宣揚取得天下合乎天命，反覆强調要“畏天威”。他們比較注重實際的政治問題，而不是搞起崇拜鬼神的狂熱。在宗教問題上，他們較多地注意對祖先的祭祀，鑄青銅器以頌揚先人之美德。正因爲如此，商代青銅器紋飾到了西周時代就停滯而不再發展。我們看不到周人對青銅器裝飾藝術的發展作過多大的努力，相反地，許多紋飾不再出現而被節制了，並隨着時間的轉移而逐漸淘汰。還應注意的是，被周人俘獲的從事於青銅鑄造業的工藝奴隸，經過了周初近百年的發展，換了幾代人，爲社會所不需要的工藝技巧，也不能原樣地傳下去了，因此，青銅器紋飾設計的改變，是一種不可避免的趨勢。

我們在獸體變形紋飾一節中已經討論過社會的動亂和天命論的動搖是西周青銅器紋飾變形的社會思想因素之一。在這種社會思想的作用下，往日青銅禮器上的紋飾已成爲無足輕重。宗廟重器上鑄以變形的抽象裝飾顯然是非同一般的改革，它大膽地打破了數百年陳陳相因的傳統。如果不是整個社會的趨勢、一種無法阻擋的思潮，青銅器紋飾的轉變是不可能實現的。有一些提法把西周中晚期紋飾的變化看作是一種衰退。當然，從奴隸主意識形態的傳統來説,是衰退、是破壞,但這何嘗不是新的出發點,並由此而孕育出一種比較自由和活潑的風格,使日後的青銅器工藝進入新的發展階段。

從西周中期開始發展而在西周晚期最後完成的各種獸體變形紋飾,與前三個階段形成了强烈的對比。風行了幾百年的獸面紋對稱構圖,終於衰落,取代它的是比較自由的連續結構,如波曲紋、鱗帶紋等等。動物變形圖案的連續結構,使得圖案在縱橫的各個方嚮産生較爲活潑的效果。這類圖像並不要求表現某種特定的想像中的物像,而是失去了舊時的精神支配力量,而剩下的則是動物軀殼的蜕化和變形。在一定程度上,它的表現形式是屬於抽象紋飾的一類。這一時期紋飾結構的根本改變,對往後青銅器紋飾的發展有着重大的影響。由連續規律所構成的各種卷龍紋、交龍紋或蟠龍紋,都是在揚棄了對稱的以獸面紋爲主的基本構圖之下發展起來的。在這個意義上,西周中晚期獸體變形圖案的形成過程,對於以前規格式的構圖,既是否定也是解放。

在春秋早期以後,青銅器紋飾由抽象的變形圖案再一次趨向於形象化,商周時代的龍紋變成以各種蟠纏糾結的新的形象出現了。龍類紋飾是春秋戰國之際青銅器上的主體紋飾,它比以往的同類紋飾更富於想像力和形象化。由此我們可以看到,與商代早期的抽象圖案發展到殷墟中期的形象圖案的情形非常類似,在新的條件下,又産生了一次由抽象到形象的轉變過程。

由於春秋戰國之際社會風氣追求青銅器紋飾精雕細琢的效果,因此形象化的紋飾不得不改變或簡省其部分特徵,以適應日益精微的構圖。人們無法在一個微小的區域内使圖像達到完全形象化的效果,這就使紋樣發生了新的結構變形;另一方面,過分的精雕細刻在製作技術上是有限度的,作爲工藝發展的方嚮,也缺乏持久的生命力。這樣精細的花紋,與當時使用印模法鑄造陶範有關,印模翻印出千篇一律的花紋,使人感到相當繁縟。這種繁縟和商代不同的是它没有濃重的宗教氣味,單純地屬於裝飾構圖上的現象,是紋飾結構普遍採用四方連續和極端的精細所造成的效果。這種花紋雖足以令人驚異,但没有長時期地持續發展的可能,因爲它很快地達到了技術上的飽和點,於是,新的幾何變形或半幾何變形的圖案就應時而生。當然,幾何變形或半幾何變形的紋飾在第五階段即春秋晚期、戰國早期已經個別地出現了,但是作爲普遍的存在,則是在戰國中晚期。幾何變形紋飾比之細密的交龍紋、蟠虺紋之類不僅面目一新,而且有更大的變化和發展餘地。幾何變形紋飾加上金、銀、綠松石等各種鑲嵌物,使圖案極爲富麗豪華。幾何變形紋飾的出現,使商周以來整個青銅器風格徹底改變,從而也就標誌着古典的青銅工藝發展史進入了新的階段。

工藝製作的指導思想,隨着時代的進展而愈益進步,宗教的意識逐漸淡薄,必然更多地關注在裝飾美術的欣賞方面。春秋戰國之際青銅器的紋飾,就具有這種特點。春秋末或戰國時代的《周禮·冬官·考工記·梓人》"梓人爲筍虡"這一章中首次論述了工藝裝飾的原

則,其中絲毫也没有涉及到宗教意識的問題:

> 天下之大獸五:脂者、膏者、臝者、羽者、鱗者。宗廟之事,脂者、膏者以爲牲。臝者、羽者、鱗者以爲筍虡。
>
> 外骨内骨,郤行仄行,連行紆行;以脰鳴者、以註鳴者、以旁鳴者、以翼鳴者、以股鳴者、以胸鳴者,謂之小蟲之屬,以爲雕琢。
>
> 厚脣弇口,出目短耳,大胸耀後,大體,短脰,若是者謂之臝屬,恒有力而不能走,其聲大而宏。有力而不能走,則於任重宜。大聲而宏,則於鐘宜,若是者以爲鐘虡,是故擊其所懸而由,其虡鳴。
>
> 銳喙決吻,數目顧脰,小體騫腹,若是者謂之羽屬,恒無力而輕,其聲清陽而遠聞,無力而輕,則於任輕宜。其聲清陽而遠聞,於磬宜。若是者以爲磬虡,故擊其所懸而由其虡鳴。
>
> 小首而長,搏身而鴻,若是者爲之鱗屬,以爲筍。凡攫閷援篡之類,必深其爪,出其目,作其鱗之而。深其爪,出其目,作其鱗之而,則於眠必撥爾而怒,苟撥爾而怒,則於任重宜,且其匪色必似鳴矣。爪不深,目不出,鱗之而不作,則必穨爾如委矣。苟穨爾如委,則加任焉,則必如將廢措,其匪色必似不鳴矣。

文中脂是指牛羊,膏是指猪,臝是指虎豹貔螭,羽是指鳥,鱗是指龍蛇。文中説虎豹有力,聲大而寬宏,有力不能疾走,很能擔負重載,聲音大的寬宏,與鐘聲相稱,這類動物作爲鐘虡的裝飾,鼓鐘時好似聲音從鐘虡上的虎豹發出來一樣。鳥類無力而輕捷,它們的聲音清揚,傳得很遠還能聽到。無力而輕捷,適宜於輕載,聲音清揚遠播,和磬聲相宜,以鳥類做磬虡,敲擊所懸的磬,好似聲音是從磬虡上的鳥類發出來。懸樂器的橫木應裝飾龍類的紋樣,因爲龍類深藏其爪,目突出,全身起鱗,形象憤怒而可怕,以之爲任重,就仿佛會鳴叫一般。文中並且指出牛、羊、豕等不宜於做筍虡的裝飾。以動物的形象特點和它的鳴叫聲並與器物的用途三者聯繫起來考慮全面的裝飾效果,這顯然已經涉及到工藝裝飾的理論問題了。

工藝裝飾和器物保持某種程度的適應性,或者特定的紋飾施於相應的器物上,這在商代已經存在了。譬如商代早期的火紋祗裝飾在斚上,其他的器就不見這類紋飾,而到了殷墟晚期,火紋大量裝飾在飪食器上,別的器物上就極其少見。又如匜的鋬大都做成龍的形狀,龍作爲裝飾水器當然是相應的。這些也許是《梓人》所載裝飾原則的濫觴。《梓人》所遵循的用途、器形和裝飾三者的適應性原則祗有在擺脱奴隸主舊的思想束縛的條件之下纔能産生,因爲它没有任何宗教意識的考慮。《梓人》這些原則也同樣適用於當時的青銅器。近年來湖北隨縣出土的鐘虡雖以青銅武士爲飾,但磬虡却是張翅欲飛的青銅大鳳鳥,與《梓人》所述完全相合。至於春秋晚期以後適應青銅器上的部件形狀而裝飾的各種龍虎形象,則比比皆是。青銅藝術裝飾性的加强是極爲突出的,而且無論是紋飾的多樣性或者是構圖的靈活性方面都説明了舊的"鑄鼎象物"的思想已没有支配力量,青銅器紋飾已不再看作具有真實的辟邪意義,至多是象徵性的遺存了。

(原載《商周青銅器紋飾》,文物出版社,1984 年)

商代青銅器紋樣屬性溯源

　　商代青銅器紋樣中最令人矚目的是饕餮紋，源出《吕氏春秋》"周鼎著饕餮"的這個神話表明饕餮是貪食的惡神，所謂"有首無身，食人未咽，害及其身，以言報更也"的怪物，相傳是縉雲氏之不才子，一説饕餮即三苗。把這個神話形象地刻畫在莊重的各種各樣的青銅禮器上乃至兵器上是没有任何意義的，從宋代古器物學家中産生了這樣特殊的命名開始，以後差不多近千年間直到現今仍爲某些研究青銅器的學者所採用。容庚先生在《商周彝器通考》中復述了這個宋代學者的傳統説法，並就這種紋樣作了分類，之後的研究者都遵循這個説法。國外有學者認爲這個紋樣没有任何意義。日本學者林巳奈夫先生在《殷周時代青銅器紋樣之研究》一書中做了更細緻的形象分析，認爲以獸面紋爲主的商代和西周早期的青銅器上莊嚴而又雄奇的紋樣的内容是鬼神，雖然研究很具體，但結論仍屬泛稱。中國也有學者做過有價值的研究，大都是偏重在具體紋樣的認識方面。1991年李學勤先生有《良渚玉器與饕餮紋的演變》一文，詳細地論述了良渚文化的饕餮紋和商周饕餮的關係。我在1984年《商周青銅器紋飾綜述》一文中做過類似的研究，認爲現在所稱的"饕餮紋"實際上是無法概括紋飾具體内容的一個不確定的符號性名詞[①]。鑒於以上情況，我們無論在以後陳列展覽中或文章中都不曾使用過這個廣爲流傳的商周青銅紋樣的名詞，這個名詞的缺點在於可能誤導讀者和觀衆認爲所名的青銅器上的紋樣就是"饕餮"，雖然使用者未必有這樣的涵義。於是換了一個中性的名詞，稱之爲獸面紋。獸面紋這個帶有模糊色彩的詞雖然不至於誤導不甚熟悉青銅器的人，但它的缺點在於也没有指明這些紋樣的實質意義，因此，有進一步研究的必要。

　　獸面紋之間的主要區别在於獸角的形狀不一樣，以獸額的中線爲基準，角根都植在基準線之旁雙眉或雙目之上。角根向下，角段沿基準線豎立並外向卷曲的稱外卷角獸面紋，也可稱豎卷角獸面紋；角根和角段與基準線差不多呈直角形而角尖向上延伸内向卷曲的稱之爲内卷角獸面紋，也可稱横卷角獸面紋。還有曲折角獸面紋和長頸鹿角形獸面紋，以及虎耳獸面紋和變形獸面紋等等。林巳奈夫先生在《殷周時代青銅器紋樣之研究》一書中分**"饕餮"**爲無角、T字形羊角、羊角、大耳牛角、几字形羽冠、水牛角、茸形角、尖葉角、羊角形二段角、大眉、兩尖大眉等等諸種。由於青銅器紋樣是半寫實或非寫實的圖案變形,恐在實際上並沒有這麼多的種類,但這也無妨。同一類角的圖案綫條變化就有多種,如同時代玉雕的立體物象,和獸面紋是同一物體,就沒有這麼多變的類別。除了角型以外,其他如眼、耳、口、鼻、爪子和體軀等基本上是一致的,最多祇有雕刻簡繁的區別而已。紋樣的角型祇能起到表示該紋樣特徵的作用,或者像牛角,或者像羊角,或其他動物的角,至於所表示的物象是否真的是自然界存在的牛、羊或其他動物,或者這些具角的動物是某種信仰的載體,這單在角型上是判斷不出來的。當然從其莊重威嚴的風格,一般可以體會到不大可能是自然物實體的刻畫。

　　商代青銅器上獸面紋的屬性,在它們的角型上並未有明顯的印記,它們的印記在於所配置的紋飾方面。各種戴角的主體紋樣之側,常常配有一對鳥或一對龍,當然所佔的地位較小,所以這樣配置,是爲了突出主題紋飾,兩旁的小鳥或小龍往往是不可缺少的,可以説多數獸面紋上常有這個現象。也有配置物移於主體紋樣的上下欄,上欄在主紋的頂部,也有置在器物肩上的;下欄則在主體紋樣的下部,或在器物的圈足上。我們不能把器上的整組紋樣肢解爲各自單獨的個體,而是認爲一件器上的相關紋樣是彼此有聯繫的整體,雖然有主次之別,但是應看作畫面的整體構成。祇有這樣看問題,纔能初步理解青銅器紋樣的裝飾語言。這是觀察紋樣的基本出發點。以往青銅紋樣研究者注意力多集中於單種紋飾的研究,很少對一件器物上各種紋樣之間是否存在着聯繫作探討,用這種辦法觀察青銅沿續了差不多近千年之久,但是並不能發現商代青銅器上活生生的藝術羣落。本文的目的就是要從不同的角度來觀察此一問題,並探溯它的原始模式。

一、商代青銅器紋樣中神與鳥的配置現象

　　出土的商代早期青銅器紋樣的資料中,配置樣式較少,而且圖像的設計不夠成熟,綫條勾畫比較抽象,即使是配置的物象往往難以區分是何種物象,但中期已有配置情形較爲清晰的,如陝西成固龍頭鎮出土的商中期獸面紋罍,主體紋是竪卷角獸面,左右對稱各配置兩條龍狀獸,靠上的一條體軀倒置,形狀很小;靠下的一條是長鼻獸,尾長而上竪。罍肩上是一列三尾回顧形的鈎喙鳥。圖像大小主次和彼此依存的架構特徵已顯得成熟(圖一)。同地所出土的另一罍,竪卷角獸面紋兩側各配置一龍,上下欄配置鳥紋帶,上欄鳥喙右嚮,下欄鳥喙左嚮。肩和圈足上是較大的鳥紋。可以説除了主題紋樣以外,鳥是在圖像中特別被突出的物象(圖二)[②]。這類紋樣還有多例,主要是存在於裝飾空間比較大的器物上。在商代中期青銅器上出現繁縟的紋樣之後,這類配置式的紋飾就有了用武之地,當然,這並不是新的創作,

這是傳統久遠之巫的藝術延伸到青銅鑄造領域中的強烈表現,如河南省靈寶縣出土獸面紋瓶也有配置鳥的紋樣③,輝縣褚丘出土的獸面紋三鳥尊,肩上三尾立鳥,也是一種配置的特點(圖三)。

圖一　獸面紋罍　　　　　　　　　　　圖二　獸面紋罍

圖三　獸面紋三鳥尊　　　　　　　　　圖四　六己鼎

　　在商代晚期的青銅器紋樣中,這類配置式的紋樣佔有極大的比例,如安陽苗圃南地四十七號墓出土的六己鼎(圖四)、哈佛大學藝術博物館所藏傳安陽出土鳶鼎(圖五)、上海博物館收藏的羋鼎(圖六)、河南安陽戚家莊東二六九號墓出土的爰方鼎(圖七)等,都是豎卷角或曲折角主題牛頭紋配置四鳥④。安陽武官北地一○○四號墓出土的牛方鼎,主題紋樣兩側各配置一華麗的鳳鳥,尾羽似孔雀,主紋角上方有二小鳥,合計也爲四鳥。上欄是四條長鼻小龍(圖八)。鹿方鼎主題紋配置有雄健的鈎喙鳥和立龍,上下兩欄各配置四條小龍(圖九)⑤。藏於美國的佛利爾美術館傳安陽出土的羍簋,主題紋樣爲豎卷角獸面紋,兩側配置卷角豎尾龍,上欄四尾鈎喙鳥,下欄爲橫置的卷尾龍(圖十)⑥。又新鄉博物館所藏子庚簋竪卷角主題紋上欄配置四鳥,圈足上各配置兩鳥(圖十一)。至於婦好墓青銅器上的紋飾配置,更是多樣,如婦好方彝(M5:825)主題紋樣上欄中央爲一小型的同於主體紋樣的獸頭,兩端各有一分尾鳥,下欄爲四尾鳥。圈足上配置回顧形卷體龍(圖十二)。婦好方罍(M5:752)腹紋飾竪卷角獸,頸根同於上欄置兩鳥。司矛母癸大方壺(M5:807)主題紋樣竪卷角獸頭,上欄是雙體龍,四肩配置立體狀戴曲折角的垂尾鳥,由於圖案對稱的需要,鳥和器肩結合處向兩邊展開成爲分尾形,上述雙尾龍也是基於這一要求而形成的(圖十三)⑦。婦好瓿(M5:830)主題紋樣同爲竪卷角大獸頭,兩側配置一倒尾的彎角龍,上欄是卷角龍,下欄即圈足飾鈎喙卷尾鳥(圖十四)。商代青銅器紋樣中主紋配置鳥和龍是一個普遍存在的現象,比照其他配置紋樣的比例佔絕對優勢,從大量資料來看,稍早的配置是鳥多龍少,以後則鳥龍並存(關於配置龍的問題,將另行撰文討論)。

圖五　鳶鼎

圖六　羍鼎

圖七　爰方鼎

圖八　牛方鼎

圖九　鹿方鼎

圖十　鑾簋

圖十一　子庚簋

圖十二　婦好方彝

圖十三　司彝母癸大方壺

圖十四　婦好瓿

這種特殊的構圖,甚至延續到西周穆王時代的青銅器,西周早期岐山賀家村出土的獸面鳳紋鼎,也是豎卷角獸各配置一鳥,因爲紋樣是兩方連續,從另一角度看,圖案似乎成爲對鳥(圖十五)⑧。令方彝的紋樣非常莊麗,主題施豎卷角獸面紋,上欄配置雙尾龍紋,圈足上置有四鳥,上欄因蓋鈕較寬而空間狹促,置兩鳥(圖十六)。令方彝是周昭王,時器,同時期的叔匙方彝,主題紋樣和令方彝相同,蓋頂上欄置兩鳥,器的上下欄各置四鳥(圖十七)⑨。亦爲同一時期的榮子方尊主體紋樣爲豎卷角獸,圈足施卷體龍紋,頸施彎角的倒置對鳥紋,頸根置兩曲冠垂尾鳥(圖十八)⑩。其他西周早期青銅器上相同的配置紋樣,不再列舉。

圖十五　獸面鳳紋鼎

圖十六　令方彝

圖十七　叔匙方彝

圖十八　榮子方尊

上述榮子和令等人都是西周的大貴族,他們在本族的宗廟中陳設具有商族宗教文化特徵的青銅器裝飾,説明周人承接了這一部分宗教氣息濃重的文化,但是此種紋樣不是周人思想表述的恰當體現,這在西周初期因文化基礎不夠,出現這樣的現象是不可避免的。由於尚未確知的具體緣由,非常精麗的以鳥和龍相配置的青銅器紋樣,在周恭王時代之後的青銅器上竟銷聲匿跡,突然結束了它數百年傳播的歷史,而且也難有全新的紋樣可以替代。人們追求家族聲譽、顯示特權和社會地位的重點在於銘文鑄造方面,裝飾紋樣終於衰退,這可能是宗教信念不能諧和的結果,也反映了當時新的文化傾向的出現。此後,以主題紋樣配置鳥龍及其他物體的圖像,在青銅器上就很少出現乃至完全消失。

當然,西周的青銅器需要另作研究,這種特定配置式紋樣的結束暗示其中還有一些問題有待於進一步的思考。

二、良渚文化玉器上神與鳥的配置紋樣

良渚文化玉器上雕琢得精細入微的紋樣已爲人們所熟知。使人驚奇的紋樣是浙江餘姚瑤山良渚文化墓葬中出土的玉琮和玉戚上細刻的疊加在一起的兩個神像,這神像的兩側也配置鳥。疊加神像上部是戴着很大羽冠張臂支撑的人面神,這神祇表現腰部以上,很像戴着大羽冠的印第安人酋長,但是面相猙獰。下半部是一個有扁寬頭部並有橢圓形大眼、咧口有獠牙的怪獸。圓的眼圈刻有同心圓似的弧綫,其上有三道短索。眼瞼的外上側有一片月牙形似的突出物,使怪神的雙眼不同於一般的動物狀貌,顯得很特別。這神物的兩爪拱在頭下,頗爲勁利,但不似猛獸爪(圖十九)⑪。有的學者認爲這是一個神像,有的認爲這神騎着某種動物,如虎或龍。事實上,這神物可組合也可以分開琢刻。組合的有瑤山 M10:20 的牌飾和瑤山 M2:1 冠形器等(圖二十)⑫。這裏所討論的紋樣組合多節玉琮上都是重疊複合,紋樣比較簡畧,但是有一個特點,即下半部神物佔有位置甚寬於上部的神像,無論是比較生動具形的或是較爲抽象而簡化的,都是如此。這種神物的組合形狀,在反山和瑤山的良渚文化墓葬品中已出現過多次,如反山 M12:98、M12:87、M22:20、M22:8、M12:100 和瑤山 M2:1 等等(圖二十一、二十二)⑬,都是羽冠神和大眼怪神的複合形狀。在玉琮上都或多或少地呈層疊組合,反山 M12:98 玉琮每射皆有簡化了的人面神,羽冠因無法表現而被省去;其下層爲大眼神。在考古資料中,人面神的眼球和大眼怪神的瞳孔,恰好在同一條直綫上,做得相當準確。人面神的臉顯得較扁,大眼神臉部比較寬,以此兩個頭像構成組合,全琮兩組相叠,共有八組。單一組合的琮比較多,如反山 M12:98、上海青浦福泉山 M9:21(圖二十三)⑭、瑤山 M2:22(圖二十四)⑮、江蘇武進寺墩 M4:1、反山 M20:122 等⑯,如果琮體材料剛好夠刻一叠半,則上下成組合,最下段刻紋與第一段相同,如反山 M12:97、反山 M17:2 等力求保持圖像的組合特點,多出來的部分刻琢必從上部開始(圖二十五)。大量的資料表明,

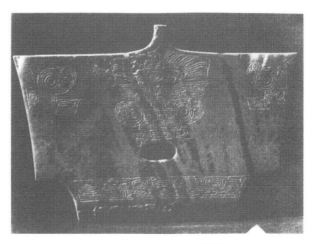

圖十九　神物紋樣特寫　　　　　　　　圖二十　瑶山 M2：1 冠形器

圖二十一·1　反山 M12：87 柱形器　　　　圖二十一·2　反山 M12：98 琮

圖二十二　反山 M22：8 串飾　　　　　　圖二十三　福泉山 M9：21 琮

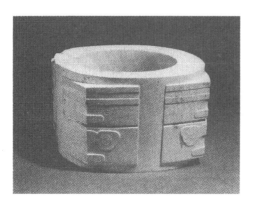

圖二十四　瑤山 M2∶22 琮　　　　　　圖二十五　反山 M12∶97 琮

無論是複雜還是簡化了的構形，組合的紋樣是主要的，組合的整體紋樣，必定含有特殊重要的意義。

　　我們注意到這組合的一對神物也能分刻，各自成像，如反山 M15∶7 冠形器所透雕的是一整體的羽冠神，這神的頭形和羽冠特徵很清晰，但已經省簡了手臂，說明沒有手臂也是合乎要求的。其軀幹在頸以下呈長條形向左右兩側展開而迴彎，至中央合攏，圖像中間有四道豎向的寬條，中間兩條較細，左右兩道較寬，作爲透雕支撐物，可以聯繫這羽冠神蜿蜒的軀幹。由於構圖採取對稱原則，圖像取其半即可知道全形（圖二十六）。瑤山 M7∶26 三叉形器中間較低部位刻大眼神頭像，左右二叉上端刻對稱羽冠神，重要的是，這羽冠神自頸以下是一條卷曲的軀幹，尾尖端旋卷在中心，見實物照片及細部放大（圖二十七，1、2、3）[17]。相同的形象見於反山 M16∶4 冠形器，在兩側的突出部分也是羽冠神，頭像之下的軀幹完全似蜿蜒的蛇狀，照片放大顯得非常清楚（圖二十八，1、2）。這三個完整的羽冠神可以不刻畫手臂，並不表示手臂之可有可無，而應視爲描刻羽冠神從無臂到有臂的兩種不同狀況，或是圖案的簡省。而在組合的紋樣中，也有無雙臂撐背的組合頭像，如瑤山 M10∶20 之牌飾即是其例（圖二十九）。聯繫起來，羽冠神先呈現頭部，其次出現雙臂，這樣可以理解爲羽冠神出現的不同形象，以上三例圖像明確地顯示了羽冠神祇有人形的頭，沒有人形的軀幹，所呈現的是人面蛇身或人面龍身的形象。所以，它不是神人騎虎或騎龍上天的圖形，也不大可能是戰神，我們認爲他是人面蛇身或龍身的神祇。把獸形和人頭結合在一起，是遠古時代創造神時慣用的方法。傳說中伏羲和女媧，都是人面蛇身。這是最爲古老的創世神話。有的神祇也有此形，如《山海經·北山經》單狐之山至於隄山，凡二十五山，“其神皆人面蛇身”。又《北次二經》之首，“自管涔之山至於敦題之山……其神皆蛇身人面”。至於龍身人面神，則見於《南

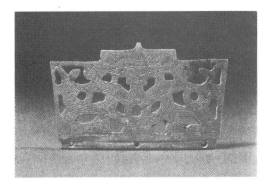

圖二十六　反山 M15：7 冠形器

圖二十七·1　瑤山 M7：26 三叉形器

圖二十七·2　右叉

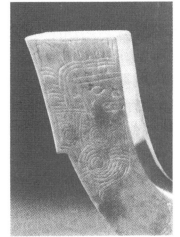

圖二十七·3　左叉

圖二十八·1　反山 M16：4
冠形器右部

圖二十八·2　左部

圖二十九　瑤山 M10：20 牌飾

山經》和《南次三經》，人面龍身的還有《西山經》的鍾山之子鼓，"其狀如人面而龍身"。良渚文化玉器上的羽冠神，也是良渚巫覡們相類似的作品。

更奇特的是像商代青銅器主題紋樣配置飛鳥一樣，良渚的組合紋樣也有鳥的配置，但它的形狀比商器配置的鳥更爲神秘。上海青浦福泉山 M9：21 的玉琮上的組合紋樣兩旁各配置一對鳥，鳥的形狀已圖案化，不太具像，但稱之爲鳥至今學者沒有異議。後來在反山 M12：98 大玉琮上也發現了相同或做工更爲精緻的紋樣，在反山 M12：93 和 M20：124 的琮上、瑤山 M2：1 冠形器、反山 M22：11 冠形器、反山 M23：67 玉璜、反山 M12：100 鉞等紋樣，兩側都配置鳥⑱。爲什麼反覆配置鳥？這是一個值得注意的現象。所配置的鳥形尤其特別，形象整體輪廓確是飛鳥，而且鳥頭是前瞻方向，從中央向外側飛翔，所有鳥紋的置向都是如此。更奇特的是，鳥的身形竟是大眼怪神的眼睛。此神左目的形狀，就是右側配置鳥的主體，反之右目成爲左側配置鳥的主體。這鳥並沒有具體的翅翼，但福泉山良渚文化陶器或陶片上所刻的鳥紋是有羽翼的，有的甚至單刻羽翼來象徵鳥，如上海青浦福泉山良渚文化遺址出土的黑陶細刻紋高圈足豆的盤邊和圈足上刻有各種飛翔姿態的鳥，或成對展翅，或刻不同飛翔的姿勢相互間隔，有的鳥祇有相聯的兩翼，省去了鳥的身體。上海博物館所藏的一柱十五疊玉琮的上端，單獨刻有鳥翼的標志形符號。大眼神物配置的鳥與此不相似，以此區別於其他的鳥形，可見它是特殊的鳥。這鳥紋眼瞼的外側常刻有月牙形瓣，因此使目紋的輪廓似成一鈍角三角形，在三角形的外側附一斜豎的短柱，就具備了鳥形。這鳥紋完全是象徵意義的，有的沒有爪子，有的即使有，也不具形，似一片飄浮的雲，顯然，鳥是神體的一部分，恰像神目化作鳥，悠游在天際，俯視人世，洞悉萬物；對於良渚古人而言，它是超自然力神的使者，我們稱之"神眼鳥"或"神使"。至今所見這類紋樣的鳥，僅取獸形大眼神物的整個眼作爲主體造型，但是從來沒有出現過以羽冠人面神的眼睛裝飾鳥的主體，因輪廓無法相似，所以想像中這神物表現出超自然力的控制或影響的作用是不同的，比之人面神作用似乎不能等同。誠然，在組合紋樣上，顯示大眼神也配置同樣的鳥，但與大眼神不同的是，單刻人面神的少數玉件，還沒有發現鳥的配置。以大眼神有特徵性的眼作爲鳥的主體，説明大眼神在古良渚人心目中的特殊地位和鳥的靈異作用。

對於這個奇異紋樣的不同解釋，據林華東《良渚文化》第七章第三節《良渚文化神徽揭秘》中所舉有二十餘種之多，如董楚平所説"作爲良渚文化玉質禮器母題紋飾的神像及其簡化標識，應該就是良渚文化的祖宗神"，陸建方主張是"祖宗神像，它並不是一般小宗族的神像，而是可能具有同一祖先神的衆多等級不同的宗族的共同祖先神像……具有大族徽性質"。林華東認爲以董陸二説，頗值得重視。我也以爲此説較他説更爲合理，但還可以繼續研究。我的理解是：良渚玉器上的羽冠神，正好撐在大眼怪神的背上，此怪神是羽冠神的母體，上露半腰，從中剖背而出的羽冠神尚未與母體完全分離，這是良渚古人歌頌其始祖出世時神聖異奇的圖像,這個圖像不當理解爲《山海經》中某幾座山的神祇,而是理解爲伏羲女媧那樣的始祖神,對整體良渚古人有非凡的意義,否則不可能以壓倒優勢地出現在各種禮玉和飾玉上。並且出世時有神鳥至,古人必定認爲所配置的鳥能交通於人天之際,而非地域局限性的神靈。

　　至於羽冠人所撑的大眼怪神,學者對此有各種不同的推測。它並不是某種生物的寫實,而是借用自然界生物的某些特點,組合成這種超自然力載體。這個物象的大眼比較特殊,眼眶左右上側有彎月狀鱗片,而且不論是具像的或簡化了的紋樣,目眶的輪廓都是如此。眶鱗呈彎月狀的,可以在部分蜥蜴中找到,如阿賴山裂臉蜥即是如此,圓眼的形狀也很相似,眼眶外上側有以小鱗片組成的彎月狀眶鱗(圖三十)[19]。這個物象祇有取此類蜥蜴的目作爲合成的因素,纔有可能。但它的口上下皆有獠牙,當然不是蜥蜴類所具有,從形狀看,它很像是鱷魚,這類獠牙形狀不難在鱷口中看到。它的爪比較細,近似禽類,但下肢稍粗,和禽類不同,和蜥蜴的五爪也不同。因此這個物體是古良渚人基本取像於蜥蜴和鱷魚的融合物,可能還有其他的因素。他是羽冠神的載體,因此也是他的母體,採取如此怪異的形象,顯示其有更大的超自然力。整個紋樣,是良渚人始祖從母體剖背而出的畫像。文獻中所載禹和契的降生方式都有剖背而出的傳說,如果良渚古人和東夷集團有共同的始祖,則配置四鳥的羽冠神和郯子所説少昊之立風鳥適至的模式非常相似了,即使不是共同的始祖,這類傳説也會當作尊奉始祖而加以模擬,夏禹和殷契的降世同爲一種模式。一個是降生,一個是立國,它的差別微小,或者就是一種傳説的演化,這種模式,當有更原始的淵源。剖背而生,是傳説中始祖神的降世方式,如禹,《春秋繁露·三代改制質文》:"天將授禹主地法夏而王,祖錫姓爲姒氏。至於生,發於背。"上海博物館的楚竹書《子羔》篇載孔子説修已有"戆(身)而畫(劃)於伓(背)而生,生而能言,是禹也",和《春秋繁露》相同。

如契,《太平御覽·人事部十二·背》引《帝王世紀》:"簡翟浴玄邱之水,燕遺卵,吞之,剖背生契。"另外還有降生的坼胸説,因爲不是出於人道的生產,傳説互異是正常的,今從孔説。古良渚人對始祖誕生的傳説,照紋樣所示,也應是禹和契相似的出世方式。

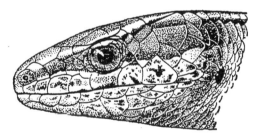

圖三十　阿賴山裂臉蜥

　　關於鳥的配置,曾見於文獻,《左傳·昭公十七年》:"秋,郯子來朝,公與之宴,昭子問焉,曰:'少昊氏鳥名官,何故也?'郯子曰:'……我高祖少昊摯之立也,鳳鳥適至,故紀於鳥,爲鳥師而鳥名。鳳鳥氏,曆正也。玄鳥氏,司分者也。伯趙氏,司至者也。青鳥氏,司一啓者也……'仲尼聞之,見於郯子而學之,既而告人曰:'吾聞之天子失官,學在四夷,猶信。'"郯子言少昊立國鳳鳥適至的傳説,孔子認爲應該相信,但他不信怪力亂神,郯子之説不在其中。

少昊是東夷集團的首領，鳳鳥出現應合郯國立國之説，指示了東夷崇拜鳥。官以鳥名，説明屬司之鳥，能爲少昊所使。我們無法知道古良渚人是否是東夷集團的哪一個分支，但是上海福泉山良渚文化遺址中曾出土山東大汶口文化彩陶背壺，這個大汶口文化特有陶器在福泉山的發現，説明這兩個地區存在過人文交流的斑跡。而且從良渚文化中一批玉璧上所刻的不同盾形紋樣上端皆有立鳥的構圖來看（圖三十一），不少學者認爲它是氏族的圖騰或徽記，圖騰極少可能，族氏徽記説當可從。如果古良渚人有最高的集團首領，那麼各氏族首領擁有立鳥徽記的情形，和少昊氏之官紀於鳥有些類似了。

圖三十一　　良渚玉璧上的鳥紋徽記

　　進一步從良渚文化地理位置上看，良渚文化的遺存應該是東夷集團的一部分，《春秋左傳·哀公十九年》：“秋，楚沈諸梁伐東夷，三夷男女及楚師盟於敖。”《後漢書·東夷傳》所述是大方位地理概念，不合乎商周時代對東夷的定向。楊寬教授《西周史》第四章《西周主朝歷化對四方的征伐和防禦》指出商奄、豐伯、蒲姑、淮夷等屬於東夷之國，這是有史料和文物考古資料爲依據的。甲骨刻辭中的“人方”，也就是“夷方”，在金文中，人、夷的寫法和音讀没有區別，夷方是東夷的組成部分。《中國歷史地圖集·商時期全圖》的標定，人方和淮夷在蘇北方位相連，意思像是它的南端約到大江之北，那麼良渚文化的北端靠近人方，和淮夷交流通道也不太遠，良渚文化作爲東夷文化的影響，浸潤至太湖流域及於海濱，遂形成中國東部從野蠻走向文明期的豐富遺存。

三、《山海經》中使鳥的神話和大荒異國

　　古代神人使鳥的傳説，部分見於《山海經》，此書之《大荒東經》和《大荒西經》曾載有四方神名和四方風名，與以後殷墟發現甲骨刻辭的四方神名和四方風名相同，祇是有些字的寫法不同，字音基本一致，風名和神名相對應格局是全然相同的，不少學者著有論文，胡厚宣《卜

辭四方風考》、丁山《中國古代宗教與神話考·四方之神與風神》和陳夢家《殷虛卜辭綜述》第十七章宗教等論著中都肯定了《山海經》的古史料價值。此書內有一批神人使鳥和鳥爲神人服伺的描述,其中有的稱是神人爲其裔嗣所立的異國,也是神的國屬。這些資料是:

（1）西王母梯几而戴勝。其南有三青鳥,爲王母取食。在昆侖虛北。（《海內北經》）

（2）有鳥焉,其狀如蜂,其名曰鷸鳥,是司帝之百服。（《西山經》）

（3）有五采之鳥,相鄉棄沙,惟帝俊下友。帝下兩臺,采鳥是司。（《大荒東經》）

（4）有蔿國,黍食,使四鳥、虎、豹、熊、羆。（《大荒東經》）

（5）大荒之中有山名曰合虛,日月所出。有中容之國。帝俊生中容。中容人食獸、木實。使四鳥、虎、豹、熊、羆。（《大荒東經》）

（6）有招搖山,融水出焉。有國曰元股,黍食,使四鳥。（《大荒東經》）

（7）有司幽之國。帝俊生晏龍,晏龍生思幽。司幽生思士,不妻;思女,不夫。食黍食獸,是使四鳥。（《大荒東經》）

（8）有白民之國。帝俊生帝鴻,帝鴻生白民。白民銷姓,黍食,是使四鳥、虎、豹、熊、羆。（《大荒東經》）

（9）有黑齒之國。帝俊生黑齒,姜姓,黍食,使四鳥。（《大荒東經》）

（10）大荒之中有不庭之山,榮水窮焉。有人三身,帝俊妻娥皇生此三身,姚姓,黍食,使四鳥。（《大荒南經》）

（11）有人名曰張弘,在海上捕魚,海中有張弘之國,食魚,使四鳥。（《大荒南經》）

（12）西北海之外,赤水之西,有先民之國。食穀,使四鳥。（《大荒西經》）

（13）有毛民之國,依姓,食黍,使四鳥。（《大荒北經》）

（14）有叔歜國,顓頊之子。黍食,使四鳥、虎、豹、熊、羆。（《大荒北經》）

以上三青鳥爲西王母取食,鷸鳥和采鳥都爲"帝"所司,而"使四鳥"者是"帝俊"之子、之孫和顓頊之子。蔿國、元股、張弘、毛民未說明屬裔,則可能是簡文脫落之故,亦屬"使四鳥"之族。殷墟甲骨文中東、南、西、北四方神名和東風、南風、西風、北風等風神名並見於《大荒經》,而其他諸經則不見記載。以"使四鳥"爲特徵的神族的描述,雖不見於其他古籍和甲骨刻辭,但類似的紋樣見於良渚文化的玉器上,兩者之間的特殊形象之相似,是值得注意的,更不用說商代青銅器紋樣中習見配置鳥的諸神了。

《山海經·大荒南經》:"有襄山,又有重陰之山,有人食獸,曰季釐。帝俊生季釐,故曰季釐之國有緡淵。少昊生倍伐,倍伐降處緡淵。有水四方,名曰俊壇。"郭璞《傳》:"水狀如土壇,因名舜壇也。"是郭璞知傳本雖有不同,而俊、舜實爲一人。關於帝俊的神話,可能在東周時已經比較流行,到了儒家成爲知識界的主流以後,神話色彩被拂棄,神話傳系統代之以人事的帝王世紀系統,但是在《離騷》和《天問》中的神話,多少還保持了某些遠古的面貌。

《史記·五帝本記》:"玄囂之孫高辛立,是爲帝嚳。"《索隱》:"宋衷曰:'高辛,地名,因以爲號。嚳,名也。'皇甫謐云:'帝嚳名。'"《正義》:"《帝王紀》云:'帝嚳高辛姬姓也,其母生,見其神異,自言其名曰夋。'"《國語·魯語》:"殷人禘舜。"俊、舜一音之轉,戰國楚國竹書中舜字作夋,從夋從土,與俊爲同一聲符。這些都是嚳名夋亦即帝俊的證據,上引《山海經·大荒南經》三身之母娥皇爲帝俊妻的神話,不會無所依據。《大荒東經》:"有中容之國。帝俊生中容。"郭璞注:"俊亦舜字。"由於帝嚳即是帝俊,因而帝嚳與鳥的關係在《山海經》中有所記載,帝俊和顓頊都是遠古的大神,有鳥爲使,大荒諸經中説他們的子孫畫像也有"使四鳥"的特徵。

《山海經》中對各個地點的物産,有具體的記述,在鳥獸類中對鳥名的記載尤其詳細。而爲神所服伺的鳥則不多,上述(1)至(3)當視爲非普遍的事例,但是在大荒諸經中却出現了特別的情形,頗有一些大荒異國有"使四鳥、虎、豹、熊"的配置,有的祇是"使四鳥"而没有虎、豹、熊、羆,其中第(9)、(10)、(11)"使四鳥",則僅"使虎、豹、熊、羆"。從形狀描寫來看,配置的有兩種規格。畢沅《山海經》注對"四鳥"未作解釋,但郝懿行則注"四鳥"即"虎、豹、熊、羆",這是強爲之説,不足取。《山海經》本來畫在壁上,因而有坐看《山海經》的説法,壁畫上所謂的"國"當是所繪壁畫表現此國的界域,我們如果把良渚文化玉器上組合神像當作一方的主神,則左右兩旁所配置的就有"四鳥"。這不是巧合,而是遠古神話延續或展延的現象。相信鳥爲帝使和神使的崇信,是東夷集團宗教信仰的特色,這種文化生活和宗教色彩濃重地影響了古良渚人,而以特殊的方式非常虔敬地琢刻在玉器上。很可能,這剖背而出的羽冠神,就是古良渚人的始祖。考古學意義上的良渚文化,可以看作是東夷文化的一個分支,《孟子·離婁下》:"舜生於諸馮,遷於負夏,卒於鳴條,東夷之人也。"《集注》:"諸馮、負夏、鳴條皆地名,在東方夷服之地。"我們不必去討論這些具體的地望,但東夷之説却是清楚的,可能具有不少虛擬因素的這位傳説中君臨萬國的至尊,若是有文化背景,則他所處的文化祇能是東方夷服即東夷的文化,所以纔有在玉器和陶器上反覆顯示崇拜鳥的特徵,和郯子所述的鳥崇拜,實在是太接近了。中國東部的遠古時期,對神可使鳥的想像,可能普遍存在。商代青銅器上的許多使鳥神紋樣的出現,是這種風俗的繼承和發展。

《詩·商頌·玄鳥》:"天命玄鳥,降而生商,宅殷土芒芒。"是宋國人講他們始祖的故事。《史記·殷本紀》:"殷契,母曰簡狄,有娀氏之女,爲帝嚳次妃。三人行浴,見玄鳥墮其卵,簡狄取吞之。因孕生契。"有此一説,契便不是帝俊之子,而是天帝所賜了。據《山海經·大荒南經》説契爲帝俊之妻娥皇所生,因爲有"天命玄鳥"之故,所以帝俊在實際上和名義上都難以説成是契的父親，這是正統的史家所難以着筆的，但殷人並没有不承認這一宗教神話色彩濃厚的始祖故事，所以《國語·魯語》所載的"殷人禘舜"説法，應該是可信的。商族歷史的開端，讓玄鳥來擔當角色，商族之崇拜鳥，於此可見，商代早期的青銅器紋飾，就存在着配置飛鳥獸面紋。商代中晚期青銅器的紋飾中，配置有鳥或"四鳥"的獸面紋是非常普遍的現象，一直延續到西周早期。這一問題將在下文中作具體的比照。

在屈原的《天問》中此事也有明確的記述："簡狄在臺嚳何宜，玄鳥致貽女何喜！"姜亮夫《屈原賦校注》："臺，亦壇也。此言簡狄與帝嚳，何所求而爲壇以宜祭，即求子祭高禖之事也。"説明契雖爲玄鳥致胎而生，但商族仍承認嚳是他們的始祖，《魯語上》："商人禘舜而祖契，郊冥而宗湯。"《禮記·祭法》："契長而佐禹治水有功，帝舜乃命契曰：'百姓不親，五品不訓，當爲司徒，而敬敷五教，五教在寬。封於商，賜姓子氏。'"《玄鳥》和《殷本紀》所述符合，後者已編爲無神話意味的"王世"，《玄鳥》將舜奉爲"天"，比《殷本紀》所述更接近原來的狀態。至於漢代儒家的著述中稱堯舜之事如數家珍，其中有多少是夏商流傳的故事，多少是後來添加的，區分很難，從戰國竹簡有關的轉述來看，堯舜的故事祇有框架式的結構，而帶有情節性的描寫，大多是後人的潤色。但是關於帝俊（帝舜）的傳説則早已流行，史家取帝舜説，作爲中華歷史開創性巨人來處理；而在民間或巫師轉述的，則還保留着遠古的某些神話的遺風，包括《天問》在内，有相當多的原始色彩。《山海經》中帝俊的子孫們獲得"使四鳥"的特殊的神幟，它的來源應該和帝俊所具有的神權有關係，"使四鳥"在紋樣上是神的屬性的具體指示物。"使四鳥"的還有顓頊之子叔歜，顓頊也是大神，但與東夷無關，然而神話在一定的地理範圍内可以長時期地滲透和得到繁衍，從《山海經》來看，"使四鳥"的神子神孫們都應有這一顯貴的表記，以示這些物象不是塵世的凡人。這雖然是標誌性的東西，但是對於是商代青銅器紋樣溯源認識，非常重要，商代的紋樣在一定程度上包容了東夷的習俗。

---

① 《商周青銅器紋飾》序文，文物出版社 1984 年版。

② 《中國青銅器全集·夏、商 1》，圖一三一、一三三。

③ 同②，圖一三五。

④ 《中國青銅器全集·夏、商 2》，圖二一、三二、三七、五〇。

⑤ 同④，圖四一、四二。

⑥ 同④，圖九四。

⑦ 《殷墟青銅器》，圖二二、三三、四六。

⑧ 《中國青銅器全集·西周 1》，圖一八、一九。

⑨ 同⑧，圖一三一、一三二。

⑩ 同⑧，圖一五八。

⑪《良渚文化玉器》,圖 5—9。

⑫ 同⑪,圖 121。

⑬ 同⑪,圖 71、121、155、164、237、238。

⑭ 同⑪,圖 15、16、19。

⑮ 同⑪,圖 18、22。

⑯ 同⑪,圖 24、25、55。

⑰ 同⑪,圖 132。

⑱ 同⑪,圖 112、115、127、156。

⑲《中國動物志·爬行綱·第二卷有鱗目·蜥蜴亞目》,圖 30,裂臉蜥;圖 49,阿賴山裂臉蜥。

（原載《上海博物館集刊》第九期，上海書畫出版社，2002 年）

商周時代火的圖像及有關問題的探討

在商周青銅器的藝術裝飾中，我們常常能够看到一種⊗形的紋飾，這種紋飾早在河南鄭州商代二里崗期的遺物上就開始出現了，一直沿用到戰國乃至西漢時代，其圖像結構在各個時期雖然有某些不同，但基本上是一致的。圖一所顯示的一系列形象，表明了這一紋飾的發展過程，大體上，商代前期是它的濫觴期，商代後期至西周前期是它的盛行期，西周後期不多見，春秋戰國之際似乎又流行過一陣，再往後便成了遺了。

這種紋飾在一些學者的著作中稱之爲"圓渦紋"，也有稱"渦狀紋"或簡稱"渦紋"的，古玩商人叫它爲"皮球花"，這是因爲在大多數青銅器上，此種紋飾都作高低不同的球面狀突起之故。不論稱之爲"圓渦紋"或"皮球花"，都不能説明這種紋飾表示哪一種物象，採用這種紋飾有何等意義，它既非動物，也非植物，確實是很使人費解的。

商周青銅器的藝術裝飾，是當時社會意識形態的一種表現，具體地而不是一般地探討這種藝術的特定形式及其存在的社會意義，是一件必要的工作。可以説，商周青銅器藝術是實用藝術，但其體現的思想傾向是從屬於宗教觀念的，受當時宗教觀念的支配。過去宋人解釋青銅器花紋的一套方法是不够用的，而近人對於這些藝術作實質性探討，也還處於初始階段，這篇文章也是嘗試探討性質的。由於在"圓渦紋"的討論過程中，産生了一些具體問題，這些具體問題與"圓渦紋"大都有直接的關係，因此本文所涉及到的範圍就不衹限於這一紋飾狹義的闡述，而必須擴大到與此有聯繫的各個方面。

一、"圓渦紋"是太陽的圖像

所謂"圓渦紋"，開宗明義，我以爲它就是太陽的圖像，理由可以在甲骨文和金文中找到。甲骨文金文"明"字有從囧從月和從日從月兩種不同結體，從囧從月的如：

　　⊕ 《殷虚書契前編》卷四·十·四；

　　⊕ 矢令方彝；

　　⊕ 明公簋；

　　⊕ 克鼎；

　　⊕ 戒鬲。

　　從明之字如盟字，有以下諸例：

　　盟 魯侯爵；

　　盟 网父丁方罍（上海博物館藏）；

　　盟 師望鼎。

　　其作盟的，也有以下諸例：

　　盟 《殷虚書契後編》下三十；

　　盟 盟商壺（上海博物館藏）；

　　盟 剌瘚鼎；

　　盟 盟弘卣。

　　囧字，在甲骨文和金文也有數例：

　　囧 《小屯》甲編 903；

　　囧 《小屯》甲編 1051；

　　囧 戈父辛鼎。

　　從以上 15 例中的囧字或所從的囧字發現兩個現象，一、囧字圓圈形中的弧綫在一個單位內都是嚮同一方嚮卷曲的，祇是在較晚的器銘上纔産生變形，如叔向簋作⊕，沇兒鐘作囧；二、弧綫可多可少，並無嚴格的限制。這種現象和圖一的“圓渦紋”相比較是完全相同的，“圓渦紋”中的弧綫亦都向同一方嚮卷曲，並且在一個單位內同樣有多寡之別，自四至八條不等，亦無嚴格限制。

　　明字從日從月的，例如：

㘜　《殷虚書契後編》下十七；

㘜　䳵羌鐘；

㘜　王孫鐘。

　　所從的日字，可以視爲囧字的簡化，省去了圈内的弧綫。"圓渦紋"也有不施弧綫的，如圖一之 7 及 17，甲骨文日字有作 形的，文曰"壬辰，貞，今日壬戌"（上海博物館藏片），這個字與圖一之 7 及 17 是完全相同的。現在看來，日字中間的一點和一圈是有聯繫的。囧字没有中心點，"圓渦紋"中同樣有此情形，如圖一之 3、6、16、20、21 等，都是一種簡筆或簡化，孤立地看，你無法區别這是囧字（3、16）還是"圓渦紋"。

　　上面所舉囧字的例子與"圓渦紋"比較的結果，可以確定囧字實際上就是"圓渦紋"的圖形文字，雖然圖像和圖形文字有那麽一點微小的區别，但從囧字結體看來，已經是非常象形化了。

　　這樣，"圓渦紋"的裝飾意義究竟何在，就必須從囧字中求得解決。囧字的本誼，有以下諸種説法：

囧，大明也（《文選》雜體詩注引《蒼頡》）；
囧，大明也（《一切經音義》五）；
囧，光也（《文選·海賦》注引《蒼頡》）；
囧，明也（《廣雅釋詁》四）；
囧，窻牖麗廔闓明，象形（《説文解字》）。

　　以上五條材料中前四條是一致的，大約全本蒼頡。光、明是從大明意義上引伸出來的。大明就是太陽，《禮記·禮器》云，"大明生於東"，注"日也"。根據明字從囧和從日相通的情形，囧字的本誼必須是日、是大明，也就是太陽。《説文》於明字篆作㘜，又云："古文明從日"，但於囧字却説是"窻牖麗廔闓明"，這是因爲小篆的囧字訛變爲楕方形，許慎望文生訓，没有理解它的真實意義之故。

　　由此我們可以證明，所謂"圓渦紋"，原來就是太陽的圖像、光的圖像。

　　上海博物館藏有一件西周前期青銅鼎，紋飾作突起的"圓渦紋"與所謂"四瓣目紋"相間隔，見圖二，惟"圓渦紋"作一卷體鳥，這一紋飾的配置規律與圖一之 8 相同。太陽圖像中飾鳥形，即是古代日中有金烏傳説的實物例證，這個傳説經籍中見之於屈原《天問》："羿焉彈日，烏焉解羽"，是爲屈原對后羿如何射日，日中之烏如何解羽墜死的傳説提出問題。《淮南子·精神篇》亦云："日中有踆烏"，漢代的畫像磚、畫像石、墓葬壁畫乃至東漢的畫像鏡及著名的東晉顧愷之《洛神賦圖》等都有這個題材。屈原把這個問題寫入《天問》中,則日中有烏的傳説在當時應是非常流行,其淵源必定更早。上海博物館所藏的這一銅鼎上的紋飾證明,日中有烏的傳説至少可以提早到西周前期。反過來,它是"圓渦紋"爲太陽圖像之有力的佐證。

這樣,"圓渦紋"可以稱爲囧紋或太陽紋了。

二、太陽紋、天火與火神祝融

"圓渦紋"即太陽紋施之於器物上,應該具有某種崇拜自然神的意義。我們知道,太陽與火在古人的概念上是有聯繫的,《論衡·龍虛》"太陽火也",太陽紋就是形象地表現一團火光的運動,是聖火和光明的象徵,在古代經籍中,這一紋飾正是稱之爲火:

> 火龍黼黻,昭其文也(《左傳》桓公二年);
> 火以圜、山以章、水以龍(《周禮·考工記·畫繢之事》);
> 鄭司農云,爲圜形似火也(同上注);
> 在地火不圜,在天火何故獨圜(王充《論衡》);
> 在地爲火,在天爲日(《後漢書·荀爽傳》)。

以上《考工記·畫繢之事》至《後漢書·荀爽傳》關於火的説法,全部可以作爲"火龍黼黻"之"火"的注解。因此,火被理解爲圓的,鄭註衹是肯定火的形狀,《論衡》提出天火何故獨圓的問題,纔揭示了"火以圜"的實質是天上之火,而不是凡火。《荀爽傳》所云"在地爲火,在天爲日",則直接肯定了天火是太陽。所謂"昭其文也"之火,就是"圓渦紋",亦可進一步稱之爲火紋。火紋常常與龍紋交替排列,如圖一之 5、6,或者兩龍間置一火紋,如圖一之 12、13、15,這豈非就是"火龍"、"火以圜"、"水以龍"的具體證據嗎? 這樣看來,經籍上的這些材料,真可説是信而有徵了。

囧字、太陽紋是天火,它與日字的形義相通,還有以下一些例子。《説文解字》乑部云,"眾,多也,从乑目,眾意",眾字甲骨文從日作𠂤,像日下有三人,三人是多數的意思,而《汗簡卷》一引《説文》眾字作𠇗,從乑囧,與甲骨文從日意義相同。惟金文中眾字也有從目的,這是西周晚期金文的訛變所致,故從乑目非其初誼。又《説文解字》旦部云,"曋,日頗見也,从旦既聲",曋即古息字,古文作𣆪,應隸寫作𣆙,晛是字形的訛傳,旦從日,此從日而作囧,也是形義相通的。

太陽紋即火紋,應該是火神祝融的徵記,這個問題可以從以下幾個方面進行考察。

古代關於祝融的記述很多,如:

夫黎爲高辛氏火正,以淳耀敦大,天明地德,光照四海,故命之曰祝融,其功大矣(《國語·鄭語》);

祝融亦能昭顯天地之光明,以生柔嘉材者也(《國語·鄭語》);

昔夏之興也,融降於崇山,其亡也,回禄信於聆隧。註:融,祝融也(《國語·周語》);

火正曰祝融,顓頊氏有子曰犂,爲祝融(《左傳》昭公二十九年);

及少暤之衰也,九黎亂德,民神雜糅,不可方物,禍災荐臻,莫盡其氣。顓頊受之,乃命南正重司天以屬神,命火正黎司地以屬民,使復舊常,毋相侵瀆(《國語·楚語》);

指炎帝而直馳兮,吾將往乎南疑。覽方外之荒忽兮,沛罔瀁而自浮。祝融戒而蹕禦兮,騰告鸞鳥迎宓妃(屈原《遠遊》);

夏,其帝炎帝,其神祝融(《吕氏春秋·孟夏記》,《禮記·月令》並同);

南方火也,其帝炎帝,其佐朱明(《淮南子·天問》);

夔子不祀祝融與鬻熊(《左傳》僖公二十五年)。

太多了,有些材料放在後面再説罷。以上九條,綜合起來説明了五個問題:一、祝融是火正,也就是火神;二、祝融的職司是“司地以屬民”。尚書大傳的作者不知從何處抄來了一條材料:“南方之極,自北户南至炎風之野,帝炎帝,神祝融司之”;三、祝融配南方的大神炎帝;四、祝融比擬太陽,所謂“淳耀敦大”,“光照四海”,“亦能昭顯天地之光明”;五、祝融簡稱融,或聲轉爲朱明。朱明就是太陽的别稱,《爾雅》云:“朱明,日也。”祝融亦稱爲鬻熊,亦是聲轉的緣故,顧頡剛、楊寬已經説過了[①]。

根據上述,如果我們將囧字、太陽紋或火紋的意義和祝融的傳説對照起來,就發現了一些重要的相同點,列表如下:

囧、火紋	祝　融
天火,火以圓	火正,能光融天下
光　也	淳耀敦大,光照四海
明　也	亦能昭顯天地之光明
大明也	其帝炎帝,其佐朱明

祝融的功德、威力簡直與太陽或天火很難區別，而且竟直接稱之爲朱明，除了祝融之外，沒有第二位人格神能够和太陽或太陽神比擬的。從以上的一些基本相同點可以看出，太陽紋或火紋與祝融的關係如此密切，實際上，古人是拿祝融來比類太陽，以太陽紋或火紋作爲代表祝融的徽記。

其次，從聲韻方面來看，這兩者也是有聯繫的，囘字的音讀，就是祝融的合音或音變。

青銅器邾公釛鐘銘云："陸㝩之孫邾公釛……"，這位陸㝩據王國維考證即陸終[②]，説者多從之。郭沫若進一步認爲陸㝩即祝融，云陸祝均屬幽部，㝩字從蚰從章，求之聲類當以融字爲近[③]。陸㝩即祝融，無疑是一個進一步的發明，《帝繫》云"老童産重黎及吳回，吳回産陸終"，並未言及祝融，是陸終、陸㝩、祝融本是一人。我還以爲關於㝩字不當以聲類求之，其實融即㝩字的譌變，《集韻》"融，籀作䗱"，必有所本，這是章譌作𤔔之故，又《汗簡》融篆作𧖴，亦是㝩字的譌變。

經籍中所載祝融所處之山及祝融的後裔的稱號均與祝融的音讀有關，或是祝融的音變或是聲誤。

祝融或簡稱融，降處之山曰崇山，已見前《國語·周語》。《楚辭·遠遊》云："歷祝融於朱暝"，朱暝即朱明，根據前後文，朱暝是祝融所處之地。《山海經·海外北經》云："鍾山之神，名曰燭陰，視爲晝，暝爲夜，吹爲冬，呼爲夏……"，郭璞注"燭龍也，是燭九陰，因名云"，燭龍即祝融的分化[④]。《大荒北經》云："西北海之外，赤水之北，有章尾山，有神人面蛇身而赤，直目正視，其暝乃晦，其視乃明……是燭九陰，是謂燭龍。"燭陰燭龍既是一回事，則章尾山即鍾山了[⑤]。因此，朱暝、崇山、鍾山、章尾山均是從祝融一名轉化而來的。而且古籍中祝融又作祝松[⑥]、祝誦[⑦]、沮誦[⑧]、東蒙[⑨]等不少音變或聲轉。

囘字，古韻在陽部，《説文》注"讀若獷"，又引賈説"讀與明同"。古韻中查不到獷字的叶韻，然而獷的音值與鞏字相同，見《漢書·地理志》獷平縣服注，因此我們就借用鞏的聲韻以爲囘的聲韻。顯然，囘的音變不止一個，因爲囘（鞏）既可屬東部，又隸於侯部，其本字又在陽部。從聲紐看，囘（鞏）爲見紐，祝朱沮爲照紐，舌根破裂音受顎化影響之故，這兩紐之間是可以轉變的，其情形爲 $K > C > C_q > \mathcal{te}\ C_2$[⑩]，在現代的方言中見照二類在一定的範圍内仍然能够轉變。但陸是來紐字，與見照兩類不能轉。既然陸㝩是祝融，則陸祝在古代的音讀上一定比較接近，這種接近乃是由於諧韻之故，其所繫之韻，可歸納如下：

魚部　　朱沮

侯部　　朱囘（鞏）

幽部　　陸祝

按魚侯幽三部最爲接近，這是用了韻部接近音讀相類的字，所以囧的聲韻方面與朱沮祝陸等都是有密切聯繫的。

囧讀如明，則爲陽韻。古陽韻與東韻可通用，由此可見，囧、融、章、崇、龍、陰、明、暝、鍾的韻尾相同或諧韻字，是方言中的音變現象。

囧的本誼是太陽，與日字通用，但其音讀與日字大不相同，這是因爲火神祝融比擬太陽，即以太陽爲火正的徽記，如崇山、鍾山、章尾山等一樣，這一徽記也稱爲祝融了。

《史記·楚世家》云，祝融之後“季連之苗裔曰鬻熊”，即祝融的音轉，是祝融的後裔亦稱爲祝融。楚國國君自鬻熊以後至熊囏以前諸世，每一國君的名首均冠以熊字，金文中楚王鐘、楚王鼎作酓，均係融字的音轉，和上述的情形是相似的。

以上從形義音讀等方面説明了囧字——火紋——祝融之間的關聯，火紋是火神祝融的徽記，商周時代青銅器上及其他器物上所施的火紋，反映了古代普遍存在過的一種火的崇拜的風俗。

三、火紋、明火與明水

火紋是火神的徽記，是太陽，這與古人取火自太陽的觀念相聯繫。

《周禮》把人們使用的火分爲兩類不同性質，一是祭祀中所用之火，稱之爲明火，由司烜氏職掌；一是非祭祀所用之火，由司爟氏職掌，“司烜氏以夫遂取明火於日，以鑒取明水於月”（《周禮·秋官》），不過説文却把爟、烜混淆起來，段玉裁已辯正過了[①]，可以不成問題。

所謂“以夫遂取明火於日，以鑒取明水於月”之事，當起源於更古老的風俗。明火明水各有物象爲代表。明火取自日，則它的代表圖像自然是火紋，除此以外不可能有別的物體代替；明水的象徵當然應該是月亮了。商周紋飾中確有明水明火合體的紋飾，然而討論這個問題首先須有確認明水的紋飾爲前提。

漢代以前的藝術裝飾中，絶不見有月亮的形象，漢代畫像石畫像鏡上月亮中常置一蝦蟆，這就是蟾蜍，屈原《天問》云：“夜光何德，死則又育？厥利維何，而顧菟在腹？”這裏的“顧菟”就是諸除，亦即蟾蜍，聞一多《天問釋天》一文中已有詳證，今不具論。雖然古人以爲水族可以配月，如《吕氏春秋·精通》“月也者，羣陰之本，月望則蚌蛤實，羣陰盈，月晦則蚌蛤虚，羣陰虧”，《大戴記·易本命》“蚌蛤龜珠，與月虧盈”，但至今爲止所發現的實物上主要是蟾蜍及龍與魚等，絶無蚌蛤珠之類的東西，可見蟾蜍配月像水之説最爲古老，如今可以舉出幾個證據：

一、青銅器中的盤匜之屬，大家確認是水器，盤上的紋飾通常與水有關係，大約可分爲

兩類，一類是魚龍配置的紋飾，如《上村嶺虢國墓地》圖版18、19兩盤，《商周彝器通考》下册
八二三、八二五、八二七器皆是；一類飾蟾蜍，作黽狀，亦即蜩𪓷（《爾雅·釋魚》），背上有圓
圈，像隆起的疙瘩，如虢盤的蟾蜍紋施於盤的外底（圖三），又如上海博物館藏有一戰國匜，匜
流上亦鑄一蟾蜍圖像（圖四），此外《商周彝器通考》下册八二四、八二七及八三〇各盤心亦皆
爲蟾蜍紋。匜的把手，通常作龍形。

　　二、其他一些青銅器中的水器没有專名的，亦飾有蟾蜍紋，如《商周彝器通考》下册之八
六九器、九二四器亦是。又上海博物館藏一青銅器，形似卣而無蓋無圈足，底畧圓，提梁兩端
飾立體蟾蜍，疑汲器，外腹有銘曰凡（圖五）。

　　水器飾蟾蜍，自然是像水的，尤其是盤中的紋飾無疑是直接象徵月亮象徵明水。

　　太陽紋是日象、是火；蟾蜍紋是月象、是水。古代的紋飾中有鑄水火於一體的，鄭州商代
遺址的發掘中曾出土一青銅罍，腹飾獸面紋，頸部有黽形與太陽紋合體的紋飾，施於頸的三
面（《考古學報》1957年第1期《鄭州商代遺址的發掘》第6頁圖十三之13，今轉録圖六），此
即水火之合體。又《金匱論古》初集90—91刊有一錯金銀嵌玉帶鉤，極華美，帶鉤中腰嵌一
玉蟾蜍，蟾蜍之背部爲一太陽紋，亦水火合體的紋飾。這兩件古物中間相隔八個世紀左右，
其紋飾題材却完全相同，不是偶然的巧合。按《左傳》昭九年云“火，水妃也”，又昭十七年云
“水，火之牡也”，其説甚古，當非杜撰，這種説法與日神是女性以及和水火合體的裝飾習慣有
一定聯繫。

　　象徵明火明水的太陽紋和蟾蜍紋，是直接指太陽月亮水火而言的，因此青銅器上的火紋
具有對太陽的崇拜和對火神崇拜的雙重意義。

四、火　神　與　日　神

　　有人以爲祝融也是太陽神，這兩者當然不應混淆，由於太陽紋的認識，我們就有可能來
簡畧地探討一下日神的問題。

　　古代中國的傳説中，存在過兩位日神。一曰羲和，一曰太皥。

　　《山海經·大荒南經》云：“羲和者，帝俊之妻，生十日”，是羲和爲母性的太陽神。這位太
陽之母的羲和，在商代的甲骨文中稱爲東母，當時祭祀東母用牲之數有多至九牛的，“己酉
卜，殼貞，奠於東母九牛”（《殷虚書契續編》卷一、五三、二），這位太陽之母的神話，一直保持
了很久，漢時枚乘《七發》猶云：“歸神日母”，日母即東母，也就是羲和了。太陽神是女性，説
明還保存着原始神話的色彩。

　　其次是太皥，也叫太昊，昊又寫作昦。屈原《遠遊》云：“歷大皓以右轉兮，前飛廉以啓路；

陽杲杲其未完兮,淩天地以經度",大皓即太皞。太皞是《禮記·月令》中東方之帝,皞、昦、昊、皓均一聲之轉,而且皞字的寫法也没有定本。《後漢書·馬融傳》"皋牢陵山",《荀子·王霸篇》作"睪牢";《荀子·大畧篇》"望其壙皋如也",晉僞書《列子·天瑞篇》作"睪如";《說文》睪之古文作皋;《史記·武帝紀》之"皋山",《封禪書》則作澤山,按此處澤通暉字,與暤相同。以上諸字都是同一字形的演變,源本出於昊字,其變化程序約如:

《爾雅釋詁》云"晧,光也";《說文解字》晧"日出皃";《玉篇》云"明也"。又《說文》暤字云"晧旰也",說者皆謂象潔白光明之皃。以上都和太陽的意義相吻合。

《楚辭·九思》云:"惟昊天兮昭靈,陽氣發兮清明;風習習兮和煖,百花萌兮華榮。"《說文》"春爲昊天"。《帝王世紀》云太皞"主春,象日之明"。實際上,根據《遠遊》、《月令》、《九思》以及皞字的含義看,太皞是太陽神,又是春神,地位非常崇高,尊爲"百王先帝",實在就是天帝。

根據一些學者的論考,太皞即殷人之帝嚳,亦即《山海經》中之帝俊,亦是《史記·殷本紀》的帝誥,和《三代世表》及《武梁祠畫像題記》之帝佶。暤、皓、誥、佶、嚳,皆一聲之轉,這一說法是比較合理而可信的[12]。

昊,金文作 (師旬簋),石鼓文作 ,像以日爲首的人形,是爲太陽神的形象。金文中尸作父己卣,族徽中有一字作 (《三代吉金文存》卷十三·二十四),像人首兩旁飾以太陽之象,看到這個銘文,非常容易使人聯想起古代埃及法老雕像頭部飾有太陽的情形,在上文中我們論證了火神祝融是以太陽作爲標記的,這個圖形文字我以爲即是代表火神的,就文字結體來說,則可隸定爲畏字或㗊字。

按㗊通囧,見《書·囧命傳》,《類篇》書作焸,云火名,一曰日光。㗊亦作焸,《廣韻》、《集韻》以爲焸之古字,當有所據,義爲火或日光。畏、㗊雙聲,其實還是形誤。從昊昦同字例看㗊下之齐及焸焸之火,必是大字的訛變,即此圖形文字的人形,其所從之囲、亞或囶,原來必是人形首旁的兩個囧字或日字,目乃囧的傳寫之誤,與眾之原作眾、昦相同,臣、巨更是進一步的變形。所以此圖形文字是畏或㗊的本字。

㗊、焸、焸等字在聲義兩方面都與囧字相通,並且達到了密合的程度,則 字應就是火神祝融的象形了。

前面說過,太陽紋作爲一種宗教藝術看,它意味着火的崇拜,即包含對太陽崇拜和火神崇拜的雙重意義,所謂"在地爲火,在天爲日",是有聯繫的,但却不能因此而混淆兩者的職司。祭日祭火是不同的兩回事。純粹從文字方面來看,囧字的音讀不能轉成日字的音讀,但確是天火,含義也是雙重的,🦋字的隸定,亦可互證囧是借爲祝融的徽記。

五、祝融的氏族和金文中囧氏族名的認識

　　古代的氏族成員往往認爲本部落本氏族是某個大神的後裔,有的甚至擁有一套世譜,這種天神、人君和半神半人之類的怪物在《史記·五帝本紀》中就有不少,雖然司馬遷認爲不雅馴,但也勉强地接受了,不過有些事實是經過化裝改造的。關於祝融,按照沒有經過大的化裝的《山海經·海外南經》所云,他是"獸身人面,乘兩龍"的怪物。祝融一方面是神人,另一方面却如《帝繫》及《史記·楚世家》等所載,乃是興起於虞夏之際的一個著名的大部落的首領。神話與歷史的結合,這是中國古史的一個特點。

　　祝融既爲傳説中帝嚳的火正,則他首先應是商民族所崇拜的火神;其次,祝融又是楚民族的先祖,當然也是楚民族所奉祀的對象。在商代早期、商代晚期青銅器紋飾中太陽紋或火紋如此之多如此之廣泛,是與崇拜火和火神密切相關。西周早期火紋還是沿用的,經過了百年左右的時間,整個青銅器的藝術裝飾被周人作了一次大的改造,從内容到形式都有極大的不同。周人是一個後進的民族,在藝術上初始時不會有很多新的東西,因此採取了穩重的方針。一百年以後,火紋就不時行了,一切藝術裝飾次第改了樣,商民族的藝術正式退出歷史舞臺,積蓄起來的周民族的文化藝術佔有了陣地,並且作出了貢獻。

　　周人是否有本民族所崇拜的火神,這一點無法知道,但是對天、上帝皇天則是很敬畏的。《禮記·表記》中孔子云:"殷人尊神,率民以事鬼,先鬼而後禮","周人尊禮尚施,事鬼敬神而遠之,近人而忠焉。"所謂事鬼敬神而遠之,在信仰的程度上和做法上就沒有商民族那麼狂熱。因此西周後期火紋及其他紋飾的不時行,與這一情形頗有關係。

　　另外,歷史上强大的民族對其周圍的較小民族,在政治、經濟、文化乃至生活風尚等各方面,能夠發生不同程度的影響,在西周時代,這種增强的因素當然是周民族而不是商民族。除楚國以外,祝融後裔所建立的國家在整個西周時代是衰微的,因此也談不上發揮影響的問題,子孫沒有力量,當然也會失去祖先的光輝,西周後期火紋的不興盛,這也應該是原因之一。

　　入春秋以後,這個情況起了變化,各個地方經濟的發展,引起了文化藝術的新高漲,從青銅器藝術的發展來看,春秋中期已經進入一個全新時期。許多大大小小的國家起來了,祝融的後裔相傳有八姓,到春秋時代還剩幾姓已經無法知道,但當時楚、夔、邾、小邾、鄅、檜、偪

陽、羅、鄭等國都是祝融之後。火紋再次流行起來和經籍中多次出現祝融的傳説,這必然與祝融後裔的繁盛有聯繫,並且是應有的歷史現象。邾公釛鐘銘、叔夷鐘銘及陳侯因咨錞等都宣揚自己始祖,是當時的風氣所在,像祝融一樣,許多上古時代的人物,春秋戰國之際大量湧現出來,神話傳説也在一些藝術裝飾上有了進一步的反映。

去掉神秘的外衣,祝融乃是遠古時代崇拜火的大部落的首領,經籍中亦稱爲祝融氏,祝融氏的後裔非常繁衍,果然如此,則在商族統治的地理範圍之内應有祝融的後裔或托附爲祝融的氏族存在,還必須有銘記其族徽的文物遺留,而族徽則必須是囧字或與囧有關之字,因爲大多氏族的徽記與祖先的稱號、代表的物體及本族之發祥地或居地有直接關係。我以爲,在現在遺存的文物中尋覓出火神祝融的氏族徽記的可能性,不是不存在的。

討論這個問題將會涉及到甲骨文和金文中氏族名稱的問題、對於氏族名稱組合的某些現象的認識問題,這是另外一個專題,爲了説明上的方便,不得不提出其中有關的現象作簡畧闡述,更多問題的討論則不是本文所能負擔的。

我們知道,通常所見青銅器銘文中的氏族徽記,除一器鑄一個氏族的名稱以外,往往也有一器鑄兩個或兩個以上族徽的,這個現象説明了不同氏族之間可能存在的某種聯繫,例如:

      ⿰   祖丁尊(《三代吉金文存》卷十一・六);

      ⿰ ⿱   父乙尊(同上卷十一・十四);

      ⿰   父己觶(《續殷文存》卷下・五八);

      ◉   父己   ⿰   方彝(《三代吉金文存》卷六・二一)。

上述一至三例第一字及四例第四字像一武士持盾持戈,這四例的銘文總的以 ⿰ 字爲其共同的紐帶,是可以肯定的。第二例之鼎,第三例之↑和第四例的 ◉ 都是與 ⿰ 有某種聯繫的氏族。鼎氏之器傳世有數件,如鼎父己尊(《續殷文存》卷上・五四),鼎方彝(上海博物館藏)及其他等等。↑氏之器,傳世有↑盉(上海博物館藏),另有一⿱ ↑爵,亦有↑氏族徽。◉氏之器,獨立者雖未見,但此族名曾見於甲骨刻辭,"丙寅◉氏四⽚"(《小屯》甲編2993),結構簡繁不同而已。由此可知,鼎、↑、◉等都是單獨的氏族族名。同於此類的例子尚很多,例如:

    亞矣鼎(《三代吉金文存》卷二・七—八);

    矣亞吴矣父乙簋(《續殷文存》卷上・四二);

亞曼矣母辛卣(同上八二);

亞曼矣毫乍母癸斝及爵(上海博物館藏);

亞曼矣旂乍母辛尊(《三代吉金文存》卷十一·二九);

見作父乙亞曼簋(上海博物館藏);

仲子曼彭戉🔲觥(《續殷文存》卷下·六九);

亞其爵(上海博物館藏)。

以上八例構成的一組以亞曼及矣爲總紐,從第二、第三、第八例對照中可以知道其即曼之省。曼之器傳世者甚多,曼地及曼矣之名亦曾見之於甲骨刻辭,"王……矣舌自,王其在曼,襲正"(《小屯》甲編2877);"癸未……于曼"(同上2398);"……又老曼矣……"(《殷虚書契前編》卷二·二)。曰曼侯,明曼是商王朝所封或所承認的矣國。曰亞曼,亞即矣亞之屬,説明曼的貴族在商王朝擔任武職。當時許多小國貴族在商王朝擔任武職,由金文中銘亞矣的族徽甚多可以知道,此是其中之一例。矣或是曼國中之一氏,然矣氏亦稱亞矣,則矣在一定時候曾成爲直接受封於商王朝的小邦國,曼、矣是有親屬關係的一種邦國。見氏之器,尚有見甗等;彭氏之器,另有一彭鼎,銘"彭作文父丁🔲戉🔲",校之第七例,知亦爲曼國之一氏族,云"仲子曼彭",仲子是名,曼彭是氏。毫、旂亦必氏稱,與矣曼有一定的親屬關係。以上是多種族名鑄於一器的第一種情況。

其次,氏族名稱組合的合文例:

🔲 父丙爵(《三代吉金文存》卷十六·七);

🔲 卣(《攗古録金文》一之二·三一);

🔲 祖己簋(《三代吉金文存》卷六·二六);

🔲 爵(《金文編》八八三)。

從以上這一組可以看出,第一例的字形是這一組總的紐帶,二至四例是結構特殊的合文,其中第三例之匚氏曾見於甲骨刻辭,"自匚五十"(《殷虚書契續編》卷五·二五·十一),"乞自匚"(《庫方》·16·7),書作🔲是爲了對稱排列上的好看。第四例應是行氏合文,金文中有行父辛觶(《攗古録金文》一之二·十一)。這種合文的例子,又如:

🔲 父丁鼎(《三代吉金文存》卷二·四七);

🔲 父己鼎(同上);

βﾔ　鼎（轉引自《金文編》附錄）。

此組之弓必然是一個氏族名，傳世有弓父癸鼎，ｆ當是另一氏族名，因爲如果祇是一個字，不能有這三種之多的排列方法。

這樣，從第二個例證中，可以知道氏族名稱的組合是可以採用並列，也可以採用對稱或雙字連套的方法。

以上數個族名鑄於一器的情況，可能意味着由於氏族的擴大而出現的分化現象。這種情形，畧似春秋時期氏姓派生的事例，如宋國戴公後有華氏、樂氏、老氏、皇氏、莊氏，桓公之後有魚氏、蕩氏及鱗氏等等。

同類的情形亦見於甲骨刻辭：

貞，呼卸芳氏，ﾔ（《金璋所藏甲骨卜辭》557）；

戊戌，芳徙氏七ﾔ小寢（《殷虚遺珠》426）；

戊寅，芳叶氏三ﾔ寢（轉引《甲骨文所見氏族及其制度》）；

己丑，芳立氏四ﾔ，岳（同上）；

丁丑，徙氏一ﾔ，岳（《殷虚書契前編》卷六·二·四）。

從以上這一組可知，徙、叶、立等都與芳氏有一定聯繫的。

據上述材料，可以獲得以下兩點解釋：

一、一個大的氏族的不斷擴大，可以分化出許多其他的氏族，這些分化出來的氏族貴顯所鑄的青銅器，除了標上本氏族的名稱以外，又可加上其祖氏族的名稱或其國別的名稱，這種例子在商代特別普遍。《史記·五帝本紀》《集解》引鄭玄駁許慎《五經異義》云："……天子建德，因生以賜姓，胙之土而命之氏。諸侯以字爲氏，因以爲族，官有世功，則有官族，邑亦如之……天子賜姓命氏，諸侯命族。族者，氏之別名也。姓者，所以統繫百世，使不別也；氏者，所以別子孫之所出也。"本文所説的氏族，基本上是這個意義。因此，姓有限，氏族却可以無限地增多，古代氏族林立，舊的氏族成員不斷地遷移擴大而獲得新的氏族稱號，建立新的世系。青銅器上所鑄的組合的族名，就是所謂"別子孫之所出了"。當然，其中有一些是國名，但何者是國名，何者是氏名，有許多是不能區分得很清楚的，有一部分却可知道，如冀是國名，這個國在春秋時仍然存在。"胙土爲氏"，則都邑亦得稱爲國，國者域也，這是廣義，並非指狹義的有一定規模的國，這樣的國實際上也是較大一點的氏而已。

二、有一些族徽並鑄的情況未必是祖氏族直接派生出來的，可能是比較接近的有親屬關係的氏族，如諸祖的某一著名的氏族。

　　基於以上兩點認識,我試着將有關囧氏的族徽及銘文綜合於下:

　　　⟨圖⟩　作父辛寶障彝(鼎,《三代吉金文存》卷三·二十);

　　　⟨圖⟩　戈(《商周金文録遺》五八八);

　　　⟨圖⟩　斧(同上六〇四);

　　　⟨圖⟩　戈(上海博物館藏)。

　　此組之第一例,戈氏之器及與戈氏有關之器傳世者甚多,甲骨刻辭中亦有戈氏,囧字是氏稱,其下二字亦同。第二例爲戈“内”部銘,囧是氏稱,另一爲豕囧之合文,猶前述之弓⟨圖⟩合文及甲骨文中⟨圖⟩之合文,囧字標在豕的主體上,意味着囧爲豕氏的祖族,或者是崇祀火神的氏族,這一氏族名,《歷代鐘鼎彝器款識》卷三之兕卣銘,亦與此相同。第三例是囧、⟨圖⟩、⟨圖⟩三字的合文,⟨圖⟩與册,金文中常有成組例,如⟨圖⟩⟨圖⟩卣(《三代吉金文存》卷十二·四四),⟨圖⟩⟨圖⟩父丁彝(同上卷六·二十一),⟨圖⟩⟨圖⟩盤(同上卷十七·二三),⟨圖⟩父癸尊(《商周金文録遺》),册是作册官,⟨圖⟩是⟨圖⟩之省,則⟨圖⟩、⟨圖⟩也是有聯繋的一組氏族。⟨圖⟩,亦當是族名。根據囧字的認識,則上述鑄器人是祝融氏的後裔。甲骨刻辭云:

　　　戊寅卜,㱿貞,王往⟨圖⟩衆黍於囧(《殷虚書契前編》卷五·二十);
　　　乙己貞,王其登南囧米,叀乙亥(《小屯》甲編 903)。

是囧亦云南囧,即囧氏的所在地,囧地爲産米黍之區,曰“南囧”其地應在安陽之南,王能親往⟨圖⟩衆黍,則離安陽不應太遠。

　　《國語·鄭語》云,祝融之後有“己、董、彭、秃、妘、曹、斟、芊”八姓,據帝繋則爲“樊(昆吾)、籛(彭祖)、萊言(邬會人)、安(曹姓)、惠連(參胡)、季連(芊姓)”六姓,其中斟即惠連,參胡無後,董爲己之别封,秃爲彭之别封,故《鄭語》韋昭註將其併爲五姓。以上是一些比較系統的材料,如果將一些文獻中零星的材料加上去就更多了,如:陸氏(皇侃《論語義疏》)、鬻氏(《姓纂》)、牟氏(同上)、融夷氏(同上)、蘇氏(《史記·蘇秦列傳》《索隱》)等列爲祝融之後。貴氏、黄氏(皆《廣韻》)等列爲陸終之後。以上這些材料像樊、安、季連、彭等在金文中都是可以找到的,前面提到的銘“⟨圖⟩尸作父己障彝”的卣,第一個字既認爲是火神祝融的形象,而尸夷相通,則就是所謂融夷氏了。《史記索隱》云彭祖之後有豕韋氏,爲彭子所封國,苗裔以國爲氏,上述豕囧合文的氏族名或是豕韋氏之後,也有可能,標以囧形説明是祝融的苗裔。

　　陸終諸子中的會人,其地望按《括地志》云:"故鄶城在鄭州新鄭東北二十二里",《毛詩譜》認爲此地是"昔高辛氏之土,祝融之墟",土、墟是指一般的地理範圍而言,鄭州與其地相鄰,以二里崗所出的飾有囧紋的銅器陶器來看,這一帶分佈有祝融的苗裔或信奉火神的人們,是相宜的。

六、竈神、火神及與炎帝的關係

　　最後還要探討一下炎帝的問題,因爲這個問題與祝融有聯繫。

　　炎帝,很多書中都説就是神農,《白虎通·五行》則謂"炎帝者太陽也",這大約從炎帝紀於火而來的,因此有人就説炎帝是太陽神了,這和我們上文所説的女性太陽神是羲和男性太陽神是太皞有顯然的矛盾。炎帝在郯子的一段話中説他是一位崇拜火的部落的首領,没有説到祝融與他有什麼聯繫。月令中説炎帝是南方之帝,其佐祝融,而且每一方之帝都有一神爲佐,晚周人是這樣看法的。

　　《吕覽·有始》及《淮南子·天文》均云"南方曰炎天",甲骨刻辭有"南方曰𡚥,風曰光"(《文物參考資料》1954年第5期,又見胡厚宣《甲骨文四方風名考》摹本),丁山曾説這個𡚥就是炎帝之炎的本字,炎是其訛變,這個見解是有道理的。此字在甲骨文中又作𤑈,"卜,方貞,□示炎,𠓥□,一牛"(《殷虚書契後編》卷下九·四),甲骨文編收爲炎字。按火字甲骨文作𤆍,金文作𤆍,炎字金文作𤒉,像重火,結體與𡚥絕對不同,有釋作夾的,字形亦不近,此字與小篆的炎字比較相近,誤認爲炎是很自然的。如果"炎天"易爲"𡚥天",就一致,因爲兩者都是南方的大神,比較容易説得通。南方赤熱,此字既誤認爲炎,自然得與炎火、火德、盛德和太陽等聯繫起來,其實炎帝決非太陽神。

　　《史記·孝武本紀》《索隱》云:"《周禮》是《古周禮》。《周禮》以竈祠祝融",又賈逵注云:"《左傳》云:句芒祀於户,祝融祀於竈,蓐收祀於門,元冥祀於井",是諸神在家庭中各有自己的托祀之處。祝融是火神,故祀於竈,這是一個普遍的説法。又如《淮南子·時則訓》孟夏之月其祀竈,注云:"祝融吴回爲高辛氏火正,死爲火神,是月火旺,祀竈",這個注解也承認祝融是祀於竈的,但《淮南子·氾論》云,"故炎帝於火而死爲竈",這裏炎帝與祝融又有點混淆了。賈逵的注很完整,可補《古周禮》的不足,是可信的。《淮南子·氾論》説炎帝是竈神,恐怕是一個誤會,這個誤會,很大程度上還是從炎字火字中産生出來的,是後起之説,因爲既然誤解炎帝是太陽是火,祀竈本來也是祀火,就自然地把祝融的職司轉嫁到炎帝身上了。

　　世界古代各民族非常重視火種的保存,氏族成員家内的火種是晝夜不熄的,火種的保存處也是火神的祭祀所在,非常神聖,同時也是烹煮的處所。竈與保持火種之處,起始並未分化,這種風俗在古代的中國必定繼存了一個相當時期,後來社會生活複雜起來,雖然起了種種的變化,直到漢孝武帝也還是祭竈祀祝融的,王者百姓皆可得祭,可見祝融的影響之大。

<h2 style="text-align:center">七、結　語</h2>

根據"圓渦紋"和囧字的研究,確定了兩者形象上和含義上的聯繫,從而肯定了所謂"圓渦紋"乃是火的圖像、太陽的圖像。

火的圖像的使用,反映了古代對火神祝融的崇拜和對太陽崇拜的一種風俗。

經籍上關於明火明水的記載是有根據的,依靠這一記載,再次肯定了對太陽圖像認識,並且找到了象徵月亮和象徵水的蟾蜍的圖像。

昊、昃的本義是代表日神的,𦥑字是𡄒、㷉的本字,就是火神祝融。火神與日神不能混淆。

金文及甲骨文中幾種族名的組合現象是彼此有親屬紐帶聯繫的氏族,即氏——氏或國——氏的聯繫形式,當然還有別的形式。根據這一認識,肯定了青銅器中鑄有囧氏的組合名稱的氏族是火神祝融、或祝融氏部落的後裔。

祀於竈的火神是祝融而不是炎帝,祀竈的古老風俗在漢代仍然存在。

---

① 《古史辯》第七册上編 302 頁,楊寬:《中國古代史導論》第十一篇《丹朱驩兜與朱明祝融》。

② 王國維:《觀堂集林》卷十八·八九四。

③ 郭沫若:《兩周金文辭大系考釋·邾公鈄鐘》。

④ 同①。

⑤ 《山海經·海外北經》郝懿行《箋疏》。

⑥ 漢玉剛卯銘,上海博物館藏。

⑦ 《漢武梁祠畫像題銘》。

⑧ 《初學記》二十一。

⑨ 《魏書·高句麗傳》、《三國史記·高句驪紀》、《朝鮮實錄·本紀》。

⑩ 高本漢:《中國音韻學研究》(商務譯本),見紐及方言字典部分。

⑪ 段玉裁注《說文解字》火部爟。

⑫ 同①。

附圖説明

圖一

1. 商代早期青銅斝柱飾。

2. 《文物參考資料》1955 年第 10 期《鄭州白家莊商代墓葬發掘簡報》第 34 頁圖版 8 銅斝腹部花紋。

3. 《考古學報》1957 年第 1 期《鄭州商代遺址的發掘》第 68 頁圖 13・15。

4. 𢀠父丁方罍。

5. 獸面紋簋。

6. 鄂叔簋。

7. 夒紋簋。

8. 《十二家吉金圖録契》一九。

9. 《世界考古大系》圖版 42。

10. 瑞典《遠東博物館學報》20 册圖版 8。

11. 同上 31 册圖版 54。

12. 圓渦夒紋鼎。

13. 圓渦夒紋鼎。

14. 《考古學報》1957 年第 2 期,郭沫若:《盠器銘考釋》圖版 2 馬形盠尊紋飾 I. b.。

15. 同上圖版 5 盠方彝甲正面紋飾。

16. 𣄰鐘,《周金文存》卷一・五九。

17. 陝疾簋。

18. 圓渦紋鼎。

19. 蟠蛇圓渦紋鼎。

20. 圓渦紋缶。

21. 蟠獸紋錞于。

圖二　鳥形圓渦紋鼎。

圖三　斿盤。

圖四　蟠龍蟾蜍紋匜。

圖五　𠂤汲器。

圖六　《考古學報》1957 年第 1 期《鄭州商代遺址的發掘》第 68 頁圖 13・13。

以上未注明出處者,均爲上海博物館藏器。

1　　　　　　　　　2　　　　　　　　　3

4　　　　　　　　　　　　　　5

6　　　　　　　　　　　　　　7

8　　　　　　　　　　　　　　9

10　　　　　　　　　　　　　11

12

13

14　　　　　　　　　　　　　15

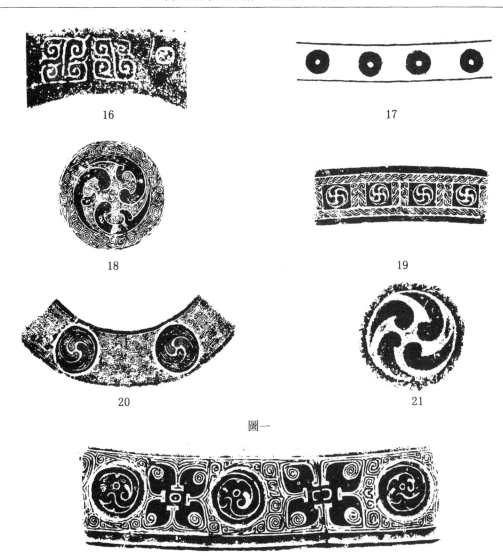

16

17

18

19

20

21

圖一

圖二

圖三

圖四

圖五

圖六

　　（本文是上海博物館十周年館慶時所作的紀念論文，當時經濟困難，沒有出文集，此文存儲了整整四十年，因編此書之便，未加修改，仍其原貌，予以發表）

漫談戰國青銅器上的畫像

　　大約自春秋後期開始，一度衰落的商周青銅器鑲嵌工藝又恢復了發展。在以前，鑲嵌的青銅器主要是車具、馬飾和武器等物件，至春秋後期，出現了鑲嵌的青銅容器，安徽壽縣蔡侯墓就出土過鑲嵌的缶。在戰國時代，嵌綠松石和鑲赤色金屬和金銀以至於水晶、玉、石等物質的青銅器特別盛行。當時的鑲嵌圖案，除了繁縟富麗的動物變形圖案（這些圖案有的被稱爲雲紋）和各種走獸、禽鳥圖案外，頗可注意的是同時出現了一種以宴樂、狩獵和戰爭爲主題的畫像。以後又出現了刻紋的畫像，如輝縣趙固區出土的宴樂射獵圖案刻紋鑒，就是其中之一。

　　這類畫像的主題可分兩類：一類是描寫宴會、狩獵、採桑等"禮"的貴族生活；另一類是描寫水陸攻戰。也有兩類圖像集於一器的，不過這是少數。神話傳説祇是偶見。全面表現貴族生活的，可以輝縣趙固區出土的宴樂射獵圖案刻紋鑒爲代表（見 1956 年，中國科學院考古研究所編著：《輝縣發掘報告》，第 115 頁）。整個圖像以一座建築和宴樂盛會爲中心，向兩側鋪開了人們的各種活動，然後繼續伸延的是野外射獵、舟檝等活動。表現戰爭景象的，可以山彪鎮出土的水陸攻戰紋鑒爲代表（見 1959 年，中國科學院考古研究所編輯，郭寶鈞著：《山彪鎮與琉璃閣》，山彪鎮第一號墓葬）。這一圖像系統地表現了當時陸戰的陣勢和兩軍冲鋒擊殺攻堅以及水戰等情景，這是戰國時代戰爭的真實描繪。

　　所有這類圖像，都有明確的主題，也有爲體現主題的各個分段內容。每一部分的圖像內容都服從於主題思想而進行佈局，並能有機地結合起來，儘管這種結合還不是成熟和完善的，但畢竟是前所未有的。我們如果把它與漢代的畫像藝術作一些比較，就可發現戰國青銅器上的畫像乃是漢畫像的真正的先驅。

　　戰國青銅器上畫像的構圖風格，有很明顯的特色。在那時，智慧的藝師擅長於處理畫面的空間，即使是一小塊空間的處理都是認真嚴肅的，其特點是最大限度地利用每一塊空間，採用了不同事件的連續展開和多層排列相結合的方法進行構圖，物象的排列和配置非常得體，表現的事件很多，場面很有聲色，但却不使人感到紊亂。有的器物，因受地位的限制，祇採用不同事件的連續展開描寫的方法。"宴樂射獵鑒"和"水陸攻戰鑒"以及本文將要介紹的一件"燕樂畫像橢栖"等的構圖都具有此特色。在燕樂橢栖内雕刻着兩個以建築物爲中心的燕樂場面,一面以樹爲界,包括三個内容：即舞樂,其中有鳴鐘、擊鼓、撫琴及舞蹈；其次爲建築物中的飲燕,以八個人的動作和鼎、罍等飲食器具爲一組；再次是射獵,包括人物、鳥獸和叢林。另一個場面包括三個内容：邀會以及建築物閣外的飲燕活動和射箭游樂。這六組形成了一個整體,佈局很複雜,但也很自然,整個的内容是燕樂,以一系列的事件把它聯繫起來,展開了人物的活動,這是我國早期繪畫的優良傳統和特點。從戰國青銅器上的畫像開始,到漢代的各種畫像藝術,以至於敦煌南北朝時代壁畫上的一些佛本生及經變等的故事畫,如莫高窟第 428 窟的北魏薩埵那本生故事圖及第 285 窟西魏的得服林故事圖等,都可以看到這一傳統特色的深遠影響。

藝師們在雕刻青銅器上的畫像時,總是力求做到顯示每個物象的特點,手法較爲簡練,稍帶一點誇張,例如人物的臂、腿特别注意表現筋肉突出部分,戰士則寬腰,優閑的貴族一般具有修長的身軀,舞蹈者更是細腰長袖。抓住物象的主要特徵並加以適當的誇張,這是一切早期繪畫的一般特點。另一個值得注意的現象是,所有畫像上的人物都不是静止的,每個人物都表示着一種動作。這與商周時代青銅器紋飾上的人像,都爲平面正視的形象截然不同。從比較原始的静止的表象,進而能够準確地描繪大畫面上的人類的活動,並且畫像上的每一個個體,在作者意圖中都有明確的目的和一定的地位,這在藝術的觀察力和表現技能上,是一個飛躍的進步。我們從這些精細的畫像上還可以看到藝師們對物體的描寫,祇選擇了突出的明確的部分,無論人物、鳥獸、屋宇等的形象都很簡潔明朗,整體的結構頗有次序,這都可以看出當時創作者的主觀選擇的意圖。一切建築物、器具物件及林木的安排,都服從於整個的主題。我們看不到在畫像上有多餘的、不必要的、不明確的表現。這説明了藝師們在理解畫像的主題思想、在畫面上處理統一和從屬的關係上,已經具有一定的成就。如燕樂圖,常以一個或幾個建築物中的人的活動爲中心而漸次展開,而一些圍繞着建築物的煮烹或搬運食物的人羣,則處於從屬部分。在一些畫像上,狩獵活動形成另一個次要的中心,作爲燕樂的延續。在攻戰畫像上,作戰的不同階段和不同方式,常常表現得很清楚,既概括而又緊凑,成功地描繪出戰争的氣氛。

在當時,繪畫藝術祇爲統治階級所佔有,它起着宣揚統治階級的思想和生活方式的作用。在戰國青銅器上的畫像,主要内容是貴族的安逸奢侈的生活和各國諸侯貴族所發動的攻城掠地的戰争。

宗教世界的畫像,在青銅器上並不多見,這大約由於當時對天神地祇的概念,在宗教發展的階段上還没有全盤人格化的緣故。在《山海經》的記載中,這些山川的聖靈,大多數還是獸類的形象,祇有一部分纔是半人半獸的東西。《九歌》中的神人形象,也不全是和善可親的。

即使到了東漢，歷史故事畫也遠比宗教畫來得多，伏羲、女媧始終是人首蛇身，未能形成生動的繪畫內容。衹有信陽楚墓中木瑟漆畫上挾龍御龍的近似人形的神靈，纔是發現的最早的真正宗教畫。在當時，還不能像描繪人的活動那樣來描寫宗教世界。在青銅器上，衹是龍、螭、蛇、鳳鳥、怪獸的圖案，以及其他春秋戰國時代鳥蛇搏鬥、怪獸等圖案，纔是屬於宗教畫範疇的。

現在當人們談論到中國最早的繪畫藝術時，一般都注重於長沙出土的那幅帛畫。固然，那是一幅重要的早期繪畫，但是比較全面地、能夠窺見當時繪畫藝術一般徵象的，還是應該借助於戰國時代青銅器上的鑲嵌和雕刻的圖像，這是有關研究戰國時代繪畫藝術的珍貴財富。漆畫是重要的材料，它能顯示人們對於色彩綫條的運用，可惜遺存的材料太少。河南信陽楚墓出土髹漆瑟上的漆畫，衹殘存了一些片段，其構圖佈局，與青銅器上的畫像全然一致。此外，我們就看不到考古發掘的其他材料了。當然，戰國青銅器上的畫像，還不等於真正的繪畫。但它必須以繪畫爲底子，然後再進行範鑄、鑲嵌或直接雕刻在銅器上，這是不成問題的。我在中國歷史博物館的陳列室中，看到一塊陝北出土的東漢畫像石，刻法略似武梁祠，上面有明顯的繪畫痕跡，車輪上繪有車輻，人物的面部衣著是用墨筆鉤出來的，綫條遒勁。一切畫像都是在繪畫的綫條上雕刻或塑印出來的，因此雖然不是原來的繪畫，却是繪畫的雕刻化，在相當程度上保留了繪畫的本來面貌。青銅器上畫像雖然精緻細小，但必須看作是大幅畫像具體而微的縮影。

戰國時代是我國畫像藝術的產生時期，與漢代畫像相比較，還不是成熟的。例如畫面物象的空間觀念的描繪具有局限性，對於物象個體之間的處理，衹能向橫的方嚮發展而不能向縱的方嚮發展，因之立體感不強。例如畫四輪車，一般衹能表現一個橫側面，拉車的馬匹常常以相背的側面平置方式加以描繪，因此層次感不強。這些畫像雖然已經擺脫圖案的規律，但是在畫組與畫組之間的排列有時似採取對稱的形式，有時在一組內人物的排列和鳥獸的排列也間有對稱的形式，這説明圖案的規律對於畫像還起着一定的影響，沒有徹底擺脫。這一些是許多文明古國的早期繪畫中所具有的相似特點，無論埃及和古希臘都是如此。

戰國青銅器的畫像，是戰國繪畫藝術的局部反映。在當時繪畫已經盛行了，各國的宮殿、廟堂都有壁畫，王逸《楚辭章句》：“楚有先王之廟及公卿祠堂，圖天地、山川、神靈、琦瑋譎詭及古聖賢怪物行事”，其他還有很多文獻記載。在此以前，一切的藝術裝飾全部採取圖案的形式，沒有產生繪畫的跡象。有了戰國的帛畫和青銅器上的畫像，這就揭開了我國繪畫藝術歷史的序幕，從而使繪畫藝術逐漸形成爲一個獨立的藝術門類。

遺留下來的青銅器畫像的價值是多方面的，種種的建築、車輛、船隻、貴族的服飾、武士的裝束、器具的陳設、燕樂和戰爭的形式等等，都是研究當時社會生活和軍事鬥爭的重要資料，這方面的問題是需要專門討論的。

最後，爲了充實戰國青銅器畫像已發表的材料，介紹一件上海博物館的藏品“刻紋燕樂畫像楕栝"（圖版十七）提供研究。

栝高 5.9 釐米，口縱 14.9 釐米，口横 18.2 釐米，厚度口 0.23 釐米、壁 0.1—0.08 釐米，重 320 克，畫像如附圖。

畫像用極鋭利的鋒刃刻劃的，綫條細如毫髮，幾乎爲目力所不及，非全神貫注是不能看清的。栝内圖像如以一完整的建築爲上首定向，其次序如下：

栝的横腹處有建築一所，架空似閣，閣基有三個支柱，兩旁有梯級可上，閣上設兩柱，柱上端作斗栱形，閣頂有檐伸出很長（輝縣趙固區的燕樂射獵鑒中也刻有建築形，柱上同樣有斗栱，然而此栝内的架空的閣的形式，在已發表的材料中是從未見過的），閣的兩旁有人拾級而上，一人手中捧豆，另一人所捧物已殘。右首檐下有一人於鼎中取肉，另一人執豆以受，中室有兩人和兩罍，一人持勺取酒，一人受酒，左首檐下有兩人向踞，一人以手支地，似侍者，一人執觶作飲狀。取者和奉者均戴三叉冠，受者均平冠，約略可以看出身份的不同。閣的左旁有一人撫琴，相對的一人已殘。其旁有編鐘一列，懸於簨上，飾龍首，形制與信陽楚墓出土的頗有不同，簨的另一端已殘，尚可見鐘四枚，有一人踞地鳴鐘，與"燕樂射獵鑒"作直立鳴鐘有所不同。下面有一人擊鼓，鼓座作鳥形。右旁有兩人細腰長袖，翩翩起舞。閣的左方有林，林上有鳥，一人作彎弓射鳥姿勢，其旁有一人踞地，有銹掩蓋看不清動作（圖一）。

栝内另一端亦有一架空的閣，頂殘，形式與上述的一致，閣的左邊有三人立於鼎旁，一於鼎内取物，一持豆受物，另一人捧豆作登閣狀。此三人上面又有三人，二人相對微俯上身，作相揖狀，一人爲銹所掩蓋。閣上自左至右的人物分佈與上述者大體相同，祇左方二人姿勢略有更改。戴三叉冠者雙手奉觶於平冠者，平冠者伸一手接受，二人中間置一豆。右方殘缺，祇見一人半身。閣下面右方有二人，一人將弓向前作審視狀，另一人似在整理弓弦，各有二箭繫於腰部。其上有箭靶，有一箭中的，另一箭稍偏。箭靶作長方形，有紋飾。靶左有人，爲銹所掩，似乎也作相揖的姿勢（圖二）。

上述二閣旁均置有二匚形的東西，約是建築的附屬物。栝内底部刻蟠龍，銹觸過甚，無法摹繪。

栝的外部也有紋飾一周，一端以一建築物爲中心，也似閣狀，有四柱。閣的兩旁有欄，上有四人，自右首起，一人持觶，一人持豆，兩人踞地相對，是燕會的主人。閣的左旁有一人自鼎中取肉，鼎的左方有一塊未看清，推測至少應有二人。其餘三人作魚貫的持豆登閣狀。閣的右旁設有一案，案上置二罍，有二人自罍中取酒，與閣上近旁一人執觶相應。再右首有四人作談話或相揖狀，閣頂並有飛鳥。這一組畫像各以一樹爲界，界外均爲鳥獸，有二帶角獸相鬥，約是園囿中狩獵的目的物（圖三）。栝的另一端刻有四輪車二輛，一殘車，一殘馬，車上立三人，手中各執有物，最前一人爲御者，最後一人執一竿，頂端已殘。一車駕二馬，馬側視相背平置，馬身上刻有綫條，示毛片色彩的不同（圖四）。

圖一　刻紋燕樂畫像桮柸內畫摹本之一（綫條較粗）

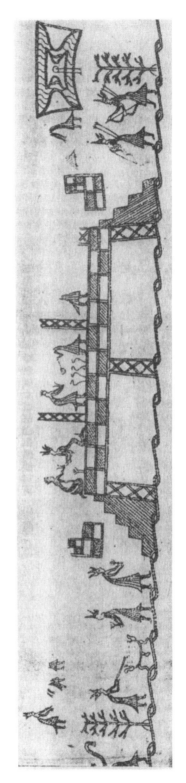

圖二　刻紋燕樂畫像桮柸內畫摹本之二（綫條較粗）

圖三 刻紋燕樂畫像摹本之一（線條較粗）

圖四 刻紋燕樂畫像摹本之二（線條較粗）

整個畫像，計有建築物 3 所，車 2 輛，人 48 個，鳥 33 隻，獸 10 匹，以及其他各種器物等，有條不紊地佈置在栝的內外，構成了一幅有聲有色的戰國時代貴族生活的寫照，無論從藝術和歷史資料的角度看，都是極有價值的真實例證。

（原載《文物》1961 年第 10 期）

關於"大武戚"的銘文及圖像

《文物》1963年1期簡訊中王毓彤同志的《荊門出土的一件銅戈》一文,對此"戈"有較詳細的描寫,與之共存者尚有一柳葉形劍,係一墓所出。這墓爲五座較集中的豎穴土坑墓之一,據云"其餘四墓發現的遺物,均爲常見之戰國楚器"。關於這件武器,《考古》1963年3期發表了俞偉超同志的《"大武開兵"銅戚與巴人的大武舞》一文,據銘文及柳葉形劍定爲巴人遺物,論述甚詳。

3月底我寫了這篇小文,討論此器的銘文、國屬及圖像問題。5月下旬,我獲得了去湘、鄂、豫等省參觀青銅器的機會,很幸運地在荊州看到了這件實物。我原來認爲它是楚物而不是巴物,看了以後覺得它是楚物的信心更強了。

一、器銘第四字王毓彤同志釋"關"字,俞偉超同志云:"字不識,轉寫爲'開',疑爲指明銅戚用途之字。"按此字從門從升,升即共字,金文中"牧共簋"之共字作𢍏,"畬肯簠"作𢍏,"畬志盤"作𢍏,此作𢍏,字形全同,則當隸定爲関字。関字從門共聲,此處疑是栱字的假借。《爾雅·釋宮》:"樴謂之杙,在牆者謂之楎,在地者謂之臬;大者謂之栱,長者謂之閣。"前者係指杙所在地的名稱,後者係指大杙和長杙的名稱。杙就是㮨,《說文》:"㮨,弋也,從木厥聲,一曰門梱也";"弋,㮨也,象折木衺銳著形"。弋杙一字,可見杙類是一種銳利的木具。凡杙之施於門者,其字可從木從門兩寫,如門梱之梱作閫,門臬之臬作闑,《說文》:"格,木長貌",門辟旁之木是長㮨,故從門作閣,"長者謂之閣"即是。因此,門之大杙稱之爲栱的,其字亦可從門作関,它是栱字的演化。但銘中之関字應假借爲栱字。《太平御覽》卷337引張揖《埤蒼》曰:"栱,大弋也",杙類銳利,可以爲擊挟的工具,《左傳》襄公十七年,"以杙挟其傷而死",即是例子。"大武兵関"意思謂舉行大武舞時用以表現戰象的利器。值得注意的是此器前端尤其尖銳,似乎與弋之衺銳及銘之"兵関"有相應的現象。

二、此器應是楚物。

大武相傳爲周武王之樂。《禮記·樂記》鄭玄注云:"……武舞,戰象也,每奏四伐,一擊一刺爲一伐。"又《郊特牲》"冕而舞大武",孔穎達疏云:"……諸侯得舞大武,故詩云:方將萬

大武戚拓片

舞；宣八年萬人去籥是也。但不得朱干設錫冕服而舞"，是以萬舞爲大武之別名。《初學記》引韓詩："萬，大舞也"，《夏小正》"萬用入學"戴傳云："萬也者，干戚舞也"，指的都是大武舞[①]。

諸侯除魯以外，亦有使用大武的。按《左傳》莊公二十八年云："楚令尹子元欲蠱夫人，爲館於其側而振萬也，夫人聞之泣曰：'先君以是舞也，習戎備也……'"由此知楚亦用大武。

今此器出於楚境，荆門與楚都郢甚近，而楚王又用大武，則此應是楚宮的遺物。而且墓主人當與大武有關係，否則不能有如此特殊的陪葬品。我察見了實物之後，發現銘文的書體和楚器的銘文風格也是一致的。在最典型的巴人遺物中，我們找不到即使是近似的文字書體。如果説這件特殊的武器來自千里以外的巴郡，還不如説出自近在數十里的郢可能要合理些。墓中所出柳葉形劍可以肯定是"巴式"的，因爲上面鑄有其獨特的圖像和符號，但却不能由此證明這件舞具亦是巴物。

三、據我所知，此器的形制從未見過著録，無論"巴式"或"楚式"文物中都找不出相似的標本。但是這上面的紋飾是值得重視的。主要紋飾爲一人面獸身的神人，頭頂有冠飾，兩耳珥蛇。右手操一雙頭獸，與卜辭蜺字的形象是近似的。左手則操龍。身被鱗片，足作爪子形,右足御一太陽,左足御一月亮,胯下有一龍。

這種怪神,唯《山海經》有記載,如《大荒南經》:"有人珥兩青蛇,乘兩龍,名曰夏后開",又《海外東經》:"奢比之尸在其北,獸身人面大耳,珥兩青蛇",等等。這類神像的圖案,在楚文物中是可以找到的,如河南信陽楚墓中所出"錦瑟"殘片,其漆畫中尤多操龍操蛇的各種神人。楚民族是一個擁有豐富的神話傳說的民族,祇要翻閱一下屈原的賦,最低限度也能得到這個印象。這件舞具的圖像,也正是反映了這個情況。

《山海經·大荒東經》的𩴂是司日月長短的,《大荒西經》的石夷也是同樣的職司,這個怪神的圖像足下有日月,大約也是一種司日月之神。

四、我們討論了"大武兵闌"這一舞具既爲楚物,則其時代下限不應晚於楚遷都壽春之年,即公元前 278 年;上限最早亦不能超過入戰國之年,即公元前 480 年。據實物看,它是戰國前期的鑄品。

----

① 聞一多先生於萬舞有説,在《聞一多全集》4·19 詩簡兮中他認爲萬舞有兩種:一曰武舞;一曰文舞。這是和傳統的説法一致的。

（原載《考古》1963 年第 10 期）

再論"大武舞戚"的圖像

《考古》1964年第1期俞偉超同志的《"大武"舞戚續記》一文,引證了《四川船棺葬發掘報告》中的某些資料和蒙文通先生關於《山海經》的某些見解來充實自己的論點,再次"斷定'大武'舞戚爲巴人遺物"。對於舞戚究竟是巴人抑楚人遺物的其他論點,《考古》1963年第10期上的拙作與俞文業已討論,本文僅就舞具的圖像問題及其他個別問題,再與俞偉超同志商榷。

舞具的圖像特點是:珥蛇,腰部飾蛇,左手操龍,右手操蜆,胯下有龍,足底有日月。俞文舍棄其他條件於不論,單獨强調珥蛇的問題,用意在於將此圖像與所謂夏后啓的傳説在四川流傳有緒的問題聯繫起來,引導到"巴人遺物"的結論。可是這圖像的特點是多方面的,如果能對此作較全面的觀察,似乎比祇抽出其中的一點來討論要合理一些。但本文的討論還得從珥蛇開始。

俞文列了一個表來説明《山海經》中的珥蛇神"大約既不是屬於北方黄河流域的傳説,也不是荆楚地區的傳説"。這裏説的是"大約",並不怎樣肯定。值得注意的是,就在所列的表中,珥蛇神多數配置其他東西,單獨珥蛇的祇有奢比尸(《大荒東經》《海外東經》)。配置的情況是:

(一)珥蛇和踐蛇。禺疆(《海外北經》《大荒北經》)、雨師妾(《海外東經》)、禺貔(《大荒東經》《大荒北經》)、不廷胡余(《大荒南經》)、弇茲(《大荒西經》)。

(二)珥蛇和乘龍。蓐守(《海外西經》)、夏后開(《大荒西經》,《海外西經》祇記乘兩龍,未云珥蛇)。

(三)珥蛇和把蛇。夸父(《大荒北經》)。

以上是三類八例,可見除珥蛇之外,還應該注意到其他條件的配合。

如果説珥蛇神是巴人的固有傳説,則被認爲是巴蜀地區作品的《大荒經》和《海外經》中所載的踐蛇神、乘龍神和把蛇神等究竟是巴蜀的呢還是別的地區的產物呢?俞文没有交代。如果説"'夏后啓'身上出現了珥蛇的情況",也正可説明神人珥蛇大約是巴人中間流行的傳説"的話,則夏后啓的乘龍是否也是巴人的傳説?因爲乘龍之説也祇見於《大荒西經》,此點俞文也無交代,唯獨强調珥蛇的問題。我認爲,目前經籍中關於神人珥蛇或這種那種掌握蛇的方式的記載,難以判斷它各自的發源地,並且也未必存在這個問題。事實上,類似《山海經》中神人珥蛇的形象,從現有的出土物來看,却存在於巴人以外的地區,例如:

(一)珥蛇啗蛇。山西渾源縣李峪村所出犧尊及一對鳥獸龍紋壺上,有此圖像。犧尊的圖案單位爲一獸面,獸口中齧一似龍蛇類的蜿曲形物象,無以名之,姑且稱爲蛇。此獸面兩耳上各有一小蛇,蛇有首,極清晰。壺上同此犧尊的圖像爲最末一道紋飾,唯蛇無首,像貫於耳中。上海博物館另藏一蟠龍紋大鼎,鼎足獸面上耳部亦置有蛇。鼎的形式與山彪鎮墓1之184相同。上述渾源銅器上的獸面不知是什麼神,《山海經》中亦未見,然食蛇之神信陽楚墓中大鎮墓獸有一例,形象作兩爪攫一蛇,方啗食。單獨啗蛇的神人見《海內經》。

(二)珥蛇踐龍。《新鄭彝器》133器座,其較清楚的圖像描摹見《鄭塚古器圖考》11·10,狀作獸首人身,兩耳中各出一物,作長條蜿曲形,有鱗片紋,纏繞於柱上,此即青銅器中習見的蛇紋,蛇出自耳中就是"以蛇貫耳",乃是珥蛇的一種形式。兩足各踐一帶刺鱗的蛇形物,頭部有角,是傳説中的龍類(圖一)。

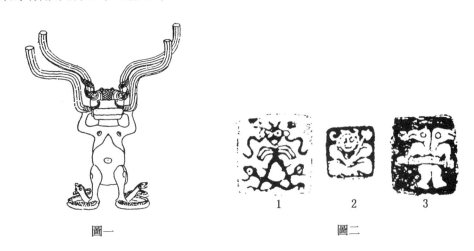

圖一　　　　　　　　　　　　　　　　　1　　2　　3
　　　　　　　　　　　　　　　　　　　　　　圖二

(三)珥蛇踐蛇。肖形印,神狀作人面正立,鳥翼,兩耳珥蛇,兩足踐蛇。印爲薄方形,鈕極小,戰國通制,上海博物館藏(圖二,1)。按《山海經》有較多的珥蛇踐蛇神的記載,其作人面鳥身的有禺彊、禺虢和弇茲,都是海神,據此肖印的圖像特徵,應該就是海神。印的質地保存得較好,除一角損壞外,祇附有小塊的氧化物,有青銅的金色光澤,與通常巴蜀印及巴蜀青銅器色澤絶不相同,當爲巴蜀以外的地區所出。

以上第三例雖然沒有明確的出土地點,據實物看不像出於巴蜀,但第一、第二例已確知出於渾源和新鄭,即出於巴人以外的地區。

此外尚有一件珥蛇執鉞神的肖形印,見《續衡齋藏印》(未編冊別頁次)。圖像作神人交足坐,兩耳珥蛇,因佈圖地位關係,顯得一大一小,而且由於印面小,故這蛇祇成蜿曲狀綫條,所見肖印中諸操蛇神的蛇也作這種蜿曲狀綫條。神雙手執鉞,置於左肩(圖二,2)。此亦爲戰國時物,但出土地不明。按《海外西經》"蓐收左耳有蛇,乘兩龍",《西次三經》蓐收郭注云:"亦金神也,人面虎爪白尾,執鉞",此處白尾《晉語》作白毛,郭注本《晉語》訛毛爲尾。如將《晉語》與《西次三經》中的蓐收形象結合起來,此肖印的圖像與之大體相同,應該就是蓐收,但不乘龍,《晉語》中也未提及,或各地的傳説有所不同。

其次,"大武"舞具圖像除珥蛇外,還有操龍的特點,信陽楚墓錦瑟漆畫中有神人操龍的圖像,見《文物參考資料》1957 年第 9 期,河南信陽長關臺戰國墓出土錦瑟殘漆片之彩色圖版左圖,中間一朱衣神人兩手各操一龍。操龍之神《山海經》未見,僅見於"大武"舞具及此錦瑟漆畫上,作爲楚文物來看,二者正有其共同點。

其三,"大武"舞具神像腰部飾蛇,上海博物館藏有一肖印,圖像作人形兩鳥頭,腰部也飾有一蛇,與此舞具的圖像相倣,唯神人兩手按於蛇之首尾。神人腰部飾蛇,也祇此二例而已(圖二,3)。此印亦戰國物,作墨綠色,銅質已變,酷似長沙出土印的特色。

此外,"大武"舞具圖像神人胯下御龍,象徵此神能御役龍,御龍之神戰國文物中未見,但《九歌》中諸神多乘龍駕龍,如"龍駕兮帝服"(《雲中君》),"駕飛龍兮北征"(《湘君》),"乘龍兮轔轔"(《大司命》),"駕兩龍兮驂螭"(《河伯》)。是以楚國神話中的諸神以龍爲駕或爲乘,《離騷》"麾蛟龍使梁津兮",王注"以蛟龍爲橋梁,乘之以渡"。因此,圖像中的神人胯下御龍與楚國的傳説相合。

如果按照俞偉超同志的論點,珥蛇神顯然是"《大荒經》和《海外經》產生地區所特有的傳説",則踐蛇乘龍等神也僅見於《大荒經》和《海外經》,也應是巴人"所特有的傳説"了。事實上,各地所出的春秋戰國時代的青銅器、玉器、漆器和肖形印等文物上,可以見到不少神人踐蛇的資料。很難設想,巴人的文化影響竟有如此之大,以致三晉、鄭、楚等國都能在宗教的觀點上接受它。

就已發表的各種材料看,三晉、鄭和長江流域的荊楚等廣大地區内所出文物中,陸續發現了與蛇有關的神人和與蛇有關的禽獸等資料[①],珥蛇或其他神人掌握蛇的方式,不能認爲起源於某個地區或特定的幾個地區。以分佈範圍的廣大和發展時間的持續,這種神人珥蛇或其他控制蛇的方式,乃是在好些地區都曾在長時期内形成的宗教習俗。要之,既然舞具圖像中表現的珥蛇以及操龍御龍等特徵已見於巴以外的文物或文獻,就不能認爲舞具必定是巴人之物了。

最後,附帶談兩個簡單的問題。

一、俞文前後兩次都以冬 M9:23 戈的形制與"大武"舞具對比,證明"大武"舞具是巴物,其實這個對比是很不妥善的,按冬 M9:23 戈援部很短,上下刃不平行,愈近欄處距離愈大，援的前端作三角形，而“大武”舞具援的兩刃距離很均勻，作長條形，援的前端尖銳的作法也與冬 M9：23 不相同。又，冬 M9：23 戈援的後部向後掠作羽翼狀，而“大武”舞具則有欄呈直綫，二者似乎不能相提並論。冬 M9：23 是舊稱爲戣的一類，“大武”舞具則接近於商周以來舌條形戈的通制。俞文以二者爲“接近之處是很明顯的”，但實際情況恰好相反，在戈類的形態分類上是判然不同的，以此來論證“大武”舞具爲巴物，是没有説服力的。

二、關於共存的劍的問題。此劍確爲“巴蜀文化”中的産物而留存於楚地者，楚巴接壤，兩國物質文化互有交流是正常現象。上海博物館藏有一戈，其上鑄有巴蜀紋飾中特有的虎紋和巴蜀徽記，援上另刻有“鉈竝果之造戈”（《文物》1963 年第 9 期 62 頁），銘刻的字體與壽縣李三孤堆楚王墓出土的青銅器銘文風格一致，爲楚人獲得後所增刻。荆門墓中所出的巴蜀劍，也是楚巴兩國物質交流的現象，這種現象並不能作爲直接的證據用以構成以下的結論，即此墓的主人必爲巴人，而“大武”舞具必爲巴物。

① 見《山彪鎮與琉璃閣》圖版玖叁；《河南信陽楚墓出土文物圖録》四二；《十鐘山房印舉》30·1；《文物參考資料》1957 年第 9 期河南信陽長關臺戰國墓中漆繪木雕鎮墓獸；《洛陽中州路（西工段）》圖七三；《世界美術全集》角川版 12·88；《戰國式銅器之研究》圖版 23、77、48；《考古通訊》1955 年圖版伍，2；渾源李峪村鳥獸龍紋壺上之小浮雕；以及散見於其他著録的青銅器、玉器及木雕等等。

（原載《考古》1965 年第 8 期）

長江下游土墩墓出土青銅器的研究

　　長江下游江蘇沿江和蘇南地區、浙江西北部和皖南與浙江接壤地區的土墩墓，一般認爲是吳越文化的古墓葬，是這些地區的特殊葬式。部分的土墩墓隨葬有數量不等的青銅器，也有幾何印紋陶和其他器物。這類土墩墓在解放之前已有發現，如1930年江蘇儀徵破山口發現的一批青銅器，即爲早期發現的土墩墓中所出土。這類土墩墓至今發掘雖不很多，但從已發現的材料來看，具有重要的研究價值，其中丹徒煙墩山、大港母子墩、丹陽司徒公社①、屯溪1號墓和3號墓等出土材料相當集中，其他如武進奄城、無錫北周巷、上海市松江、浙江的長興等地，也陸續有些重要材料出土。以上是就青銅器而言的，至於一般的土墩墓，發現得稍多，如江蘇溧水發現了土墩墓羣②，即是一例。和土墩墓出土相同的青銅器，在湖南長沙縣資興、衡山和廣西恭城等地都有發現，本文將聯繫起來進行討論③。

　　在江浙的某些地區，還發現了另一類不同於土墩墓形制的土坑豎穴墓，和中原諸國土坑豎穴墓的墓制相同，其陪葬的器物也多屬於中原系統，大部分和土墩墓所出土的不同，如六合程橋1號墓即如此。土墩墓和土坑墓的葬制和隨葬品雖基本不同，但仍然有部分是相同或近似的。即部分土坑墓出土少量土墩墓中所特有的吳越式青銅器，如紹興306號戰國墓的銅屋，所有的紋飾都是越式的，一尊（M306：17）的紋飾也完全是越式的。但是土墩墓中沒有發現混有春秋戰國之際中原系統的青銅器，祇有兵器是例外。土墩墓的遺存具有強烈的地區風格，是土著部族上層使用的器物，土坑墓的遺存主要是吳越王族系統的器物。本文要討論的，是土墩墓青銅器諸問題，但是，也將聯繫土坑墓器物的若干現象來加以考察。

　　對土墩墓年代的研究，有的學者據溧水、烏山、句容和高淳等地的墓葬資料作過排比分析，年代從西周早期直至春秋晚期④，隨葬青銅器的墓一般都斷在西周早期，在這裏影響最大的要數儀徵煙墩山出土宜侯夨簋的一座土墩墓，宜侯夨簋據銘文內容公認爲西周康王時器，因而與之共同出土的這批青銅器，也就斷在西周早期。這樣，和宜侯夨簋墓青銅器相同的其他土墩墓，也大都斷在西周早期和中期。這些墓中出土的印紋陶的排比序列，也依附於墓中青銅器的時代而得到認定。

　　土墩墓發現的青銅器是比較複雜的，無論形制、紋飾、組合等等，都不是作單純的器物排列可以解決問題的。對於土墩墓的時代及墓中出土青銅器具有土著風格的那一部分年代，筆者一向持有不同的看法，當然還有認識的過程。本文之目的，打算較爲具體地探討可能涉及的問題，並且得出相應的結論。

一、土墩墓出土的青銅器類型

　　青銅器，首先是禮器，根據出土資料的綜合，可以分別爲中原的西周文化型，本文稱之爲 A 類；倣 A 類的當地鑄品，稱之爲 B₁ 類；基本爲土著型的器物，稱之爲 B₂ 類；純屬土著的爲 C 類。

　　A 類青銅器，從形制、紋飾乃至銘文，全部屬於中原西周青銅文化的系統，其器物如：煙墩山出土的宜侯夨簋；丹徒大港母子墩出土的伯簋，即報告中所稱的“雙鳥耳方座簋”⑤；安徽屯溪 1 號墓出土的父乙尊、屯溪 3 號墓出土的公卣，等等。這些都是有銘文和形制可據的西周器。此外，有些器雖然沒有銘文，但據形制和紋飾也確爲西周器，如煙墩山的鳳紋觚；儀徵破山口的獸面絃紋尊；屯溪 3 號墓的壺蓋⑥，等等。丹陽司徒公社磚瓦廠出土的青銅器中 Ⅱ 式鼎和 Ⅲ 式鼎，煙墩山的龍紋盤，也是屬於春秋早期和春秋中期中原系統的青銅器，沒有土著的風格，因此也該屬於 A 類。從整個數量看，A 類青銅器在這三類青銅器中所佔的比例數最小，祗個別墓如煙墩山出土的 A 類器稍多些，但是這墓被破壞，究竟隨葬多少已無從知道。一般的墓中有出土一、兩件的，也有祗出 B₁、B₂ 類，而不見 A 類器的。

　　B₁ 類青銅器，是倣鑄中原西周時期青銅器的形式和紋飾而比較肖似者，其中有些器物若不仔細觀察，甚至可能認爲是中原所鑄。B₁ 類器形的特點是相當接近 A 類，但是在某些方面，如器物的某些部位或紋飾的某些細節仍不免顯示出工匠在倣鑄器時流露的部分土著風格。如儀徵煙墩山的蟠虺紋尊和大港母子墩尊，它的形制相當接近西周中期的形式，但腹上的一條紋飾，卻是非常典型的土著的動物變形帶狀紋，而爲其他地區所未有。丹陽司徒公社磚瓦廠出土的 Ⅰ 式鼎和 Ⅲ 式鼎，很像西周器，但是鼎足過短，絃紋中兩兩對稱的四組乳釘紋，似獸目而沒有任何其他紋飾相配置，則是迄今爲止的西周器中所沒有的，也是屬於倣鑄的一類。又如大港母子墩的鳥蓋扁壺，整體形狀非常肖似中原系統青銅器中西周晚期或春秋早期器，但是細看紋飾，乃是吳越地區青銅器所特有的雲雷紋（此紋飾的特徵分析詳下），而且圖案結構任意勾畫更改，不遵守中原紋飾那種對稱規律。又如屯溪 1 號墓的斜支錐足鼎（1：80、1：81），也稱外撇足鼎，其紋飾似乎接近於西周早期的兩頭龍紋或兩頭夔紋，但綫條輕頓，風格實不相同，更爲突出的是三個外張的斜支錐足，則是吳越地區的鼎所特有的，有人稱之爲越式鼎。再如大港母子墩的簋也屬於這一類,外形較爲接近中原式簋,但獸面紋已變得面目全非,其口沿下和圈足上的紋飾則純粹是屬於地區特徵的。同墓出土的鳧尊(即所謂鴛鴦尊),也是屬於做鑄的,細察鳧首的寫實手法可知。

B₂類青銅器,形制的某種程度還有西周青銅器的遺痕,即其祖型來自中原系統,經過當地的做鑄,形體已有相當大的改變,甚至出現了根本的改變,這些器中最顯著的是簋。例如丹陽司徒公社磚瓦廠出土青銅器中的Ⅰ式簋是屬於B₁型的,這簋口沿下的一周紋飾和圈足上的紋飾是屬於地區特徵的,但是整個器形和乳釘紋基本上還是做鑄西周早期的式樣。同出的Ⅱ式簋扁而淺,器頸甚矮而肩寬,雖然有圈足和雙耳,整體已大爲變樣,和中原各式簋頗不相似。屯溪出土的簋有較寬的口,頸直,百乳雷紋密集(1:96),頸和圈足上的紋飾爲吳越地區式樣,雙耳做成繁複的鏤空花脊,爲中原系統青銅簋之所未見[⑦]。簋類中的形體甚至變得很多,無錫北周巷出土的1、2號簋,器口侈大,幾與腹徑相等,雙耳已蛻變成鏤空的花脊,器上的紋飾已不復有中原系統紋飾的殘痕了。丹陽出土的Ⅲ式、Ⅳ式和Ⅴ式簋等都屬於這一類型,至於出土的Ⅵ式簋,更是省去了雙耳,衹有圈足內的附環,則與西周某些帶鈴四耳簋附環較爲近似。屯溪1號墓的所謂銅"盂"(1:95),也應是這類型簋的變化式樣。至於盤類器,則更爲顯著。煙墩山出土的附耳大盤,雙耳高出器口甚多,是可以歸入B₁型的,出土另一小銅盤,附耳已徹底蛻變,成爲貼鑄於器壁上的裝飾了,這種可以稱作假附耳。丹陽出土的Ⅰ式盤,形制雖不相同,然而也是假附耳。至於緊靠器壁而不貼實的附耳盤,同地出土的Ⅱ式Ⅲ式盤,屯溪出土的變形鳥紋盤(1:85)等等皆是,由於雙耳緊靠器壁過近,不能把握而失去實用意義,這和假附耳盤的情形很相似,同爲蛻變的形式。以上皆歸入B₂類。

C類青銅器,造型特點找不出與A、B₁、B₂類的直接聯繫,如屯溪1號墓的兩件五柱器,煙墩山出土的角形器,屯溪3號墓出土的稱之爲"方鐸"的單柱方座器,以及形狀譎奇的獸形"觥",還有裸身而坐的人形器座,等等。煙墩山出土的所謂銅"瓿",兩肩上有雙耳,斂口而廣腹,形制源出於雙耳印紋陶罐,和青銅禮器沒有直接的聯繫。這類器物,可以說完全是當地的土產。丹陽司徒公社磚瓦廠出土的"瓿",如一扁圓罐,雙耳有繫,也是同一類器物。此外,值得一提的還有武進奄城出土的雙獸三輪盤,和簋形附一獸形流的所謂"犧尊",亦爲中原系青銅器所未見。凡有此等特點的青銅器,皆可歸入C類。

這一地域的土墩墓中(包括部分墓葬不清的發掘器物)的青銅器,按照其造型和紋飾特點,大體可以區分爲以上數種類別。也許,將來有條件分得更細一點,但在目前材料有限的條件下,粗分爲以上幾種類型,當是合於實際情形的。

土墩墓除了出土青銅禮器和雜器以外,還出土了爲數不同的兵器,這些兵器的出土,對土墩墓時代的判斷具有特殊的意義。儀徵破山口在以往出土青銅器的地點,於1959年4月,南京博物院曾做過一次探掘,發現青銅矢鏃三十二枚,戈一(圖一,a),矛一(圖一,b),此外,還有一組青銅農器,包括斧、斤、鐮、鍬等生產工具。大港母子墩墓出土矢鏃一百二十餘枚,矛八件,可分爲四式(圖二)。又鐓一件、叉一件。屯溪1、2號墓未發現兵器,但3號墓有青銅劍出土,陳列的共兩柄,均爲寬劍格的圓莖劍。一劍的莖近劍格的一段,各有一對小耳,甚罕見;另一柄圓莖劍的劍體紋飾極爲精細,亦爲東周劍中之珍品。由於屯溪3號墓發掘品僅供陳列,故筆者僅就陳列資料鈎圖如下(圖三)。

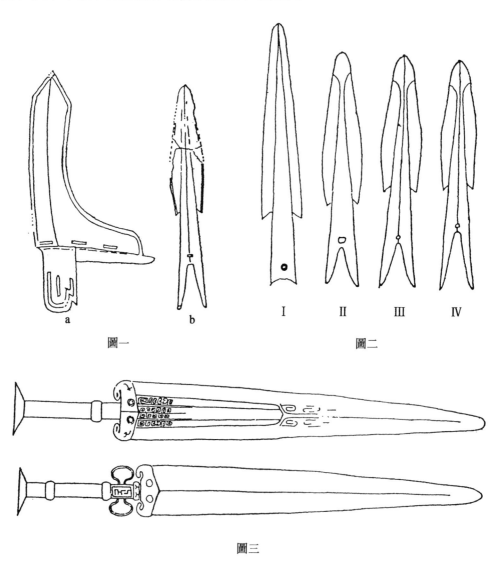

圖一　　　　　　　　　　　　　　　　圖二

圖三

所見屯溪的其他墓葬中也出土有圓莖劍、凹口骹矛和四穿戈。

屯溪的3號墓中,還出土了一批狹而細的長柄長刃或短刃的小刀,刀形酷似土墩墓青銅器紋飾的綫條末端的鋒刃形狀,非常別緻,這類刀有的其薄如紙,足見鑄工技巧之卓越。

土墩墓出土的青銅器,還有車具和馬具,煙墩山墓附葬坑有銜勒兩副,節約十四件;大港母子墩墓車馬器達數百件，這些都是應該引起注意的現象。

二、土墩墓出土的青銅器紋飾

土墩墓的青銅器紋飾，A 類和 B₁、B₂、C 類是不相同的，A 類是西周早中期常規的紋飾，B₁、B₂、C 類是具有強烈特徵的地域性紋飾，須要詳細地加以分析。以下是 A 類器紋飾：

（一）獸面紋。如屯溪（1：90）尊腹上的紋飾，是以細雷紋爲底的內卷角形獸面，沒有體軀，兩側各配置一小龍和一小鳥，是典型的西周早期式樣（圖四）。

圖四　　　　　　　　　　　　　　　圖五

（二）鳳鳥紋。屯溪 3 號墓出土公卣，主體紋飾爲大鳳鳥紋，鳥形爲回顧式，長冠透迤，彼此交纏，是西周康王昭王時期流行同類式樣中之精美者。3 號墓鳥紋蓋壺飾分尾式鳥，西周中期青銅器上所習見。同墓另一卣紋飾爲長啄鳥，雖亦是分尾形，但已省略了爪子，整個紋樣已經蛻變，是西周中期較晚的變形鳥紋（圖五）。母子墩出土的伯簋，是很標準的西周穆王時期鳳紋的式樣。

（三）蟠龍紋。破山口出土一附耳盤，盤內蟠龍紋爲春秋早期的式樣，龍首在盤的中心，體軀迴旋於周邊。此種式樣盤的紋飾，同於郟縣太僕鄉出土的蟠龍紋盤，其周邊的魚紋亦稱是。太僕鄉出土青銅器羣是春秋早期物，其中有江小母鼎。上海博物館也藏有同樣一盤，皆爲春秋早期器。

以上發現 A 類青銅器上的紋飾，是純粹的中原系統西周早期至春秋早期的風格，並沒有地域性特徵的摻雜。

B₁、B₂ 和 C 類的青銅器紋飾比較複雜，大體包括有刻意倣鑄西周的紋飾；倣鑄西周紋飾的變形；其他的幾何形紋飾，等等。

　　(一)變形獸面紋。大港母子墩的雙獸首耳簋,其主紋明顯是獸面紋的變形,但衹有一對環形角和獸首咧口的殘痕,兩側的綫條不對稱,設計者隨意發揮,同樣,配置的小獸衹呈象徵形狀,且也綫條不完全對稱(圖六)。這種失去了獸目的對稱式變形獸面紋,是西周任何獸面紋或變形獸面紋所沒有的,因而也就喪失了神秘的宗教氣氛。

　　(二)鳳鳥紋。典型的見於丹陽出土的Ⅰ式尊,即鳳紋大尊。其主體紋飾做自西周中期的大鳳紋,形體作回顧式,羽冠向後延長至背部作迴旋形,但沒有西周鳳紋垂於前胸的大華冠。鳳尾尖端上卷向前,而不似西周鳳紋尾羽末端向後延伸。鳳尾後有一竪置的環形紋和鳳體分離,而在西周青銅器上,這種環形是橫置而俗稱爲分尾式。鳳紋沒有銳利的爪子,而在西周這類紋飾中鳳爪或鳥爪的形狀則是粗壯而銳利的。最爲奇特的是,主體對稱的兩鳳中間有一小的蟾蜍紋,而這在西周的鳳紋中是沒有先例的。尊頸上的小鳳紋帶,其分尾作◎形,也是西周同類青銅器中所沒有的式樣,而頸上部蕉葉形紋的結構,也不同於一般(圖七)。觀察吳越青銅器,必須非常注意其細部,這尊的地紋採用雷紋,但這雷紋和商周青銅器上的雷紋很不相同,商周青銅器雷紋無論是單綫或雙綫結構,其單位皆作方形方角或方形圓角(圖八,a、b),本器的雷紋一律採用單綫圓形的螺旋形,如圖。顯然,這是工匠們在做鑄時不完全習慣於商周器嚴格的規格化的做法,而採取任意的螺旋紋。這件尊雖然做鑄得很精,可是細看之下,在相當程度上還是走了樣的。

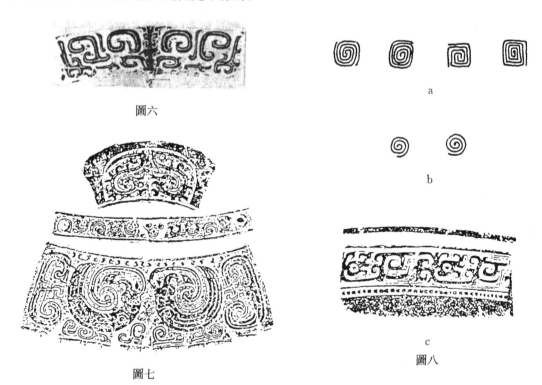

圖六

a

b

c

圖七

圖八

獸或龍紋的變形,見於屯溪1號墓鼎(1:80),口緣有一周回顧式有冠有頂飾和卷尾的獸紋帶,這類紋飾爲平雕實綫,獸的頭部很有特色,目紋是圓圈,睛點實而不是虛點,上吻有歧出物,下頦的綫條是渾圓的(圖八,c)。用這樣綫條表現的獸紋(有的稱爲夔紋),和西周同類的紋飾雖有某些形似之處,而風格則截然不同。上述獸紋在土墩墓青銅器上曾數見。屯溪1號墓另一鼎(1:81),是風格與之相同的變形獸紋的交錯,這是土墩墓青銅器模擬西周的最有代表性的紋飾之一。

(三)乳釘雷紋。屯溪土墩墓出土的乳釘紋簋(1:96)和丹陽司徒公社出土的Ⅰ式簋,皆飾乳釘雷紋,其共同特點是,乳釘紋皆偏小,有的相當密集,商和西周乳釘紋較爲偏大而寬疏,但這是刻意模倣的,但乳釘紋的上緣有一圈細密的圓珠紋,這是吳越青銅器紋飾的特徵之一,是西周早期的青銅器中所未見的(圖九)。

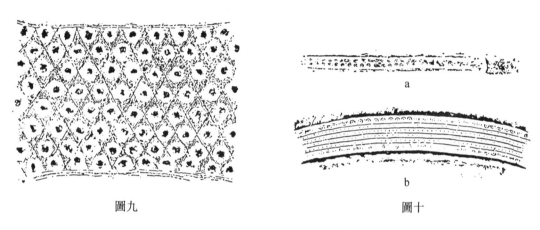

圖九　　　　　　　　　　　　　　圖十

(四)連珠紋。母子墩墓出土的扁壺,主體紋飾採用雷紋和弧綫構成的並不太對稱的變形獸紋,獸紋下半部有的有一個圓圈,似爲獸目,但細看雷紋隨意勾畫,有的甚至雜亂無章。但是這個圖形的周緣却圍繞一圈連珠紋,這也是商和西周紋飾中所沒有的。母子墩墓有一件卣,它的主紋甚至祇以絃紋和連珠紋作裝飾。有的連珠紋的中心有一小點(圖十,a),簡化的省去了圓圈,構成了連點紋(圖十,b)。施有連珠紋的青銅器,還有屯溪1號墓卣(1:93)器體主紋的邊飾、尊(1:89)腹部主紋的邊飾(圖十一)、"三足器"(1:88)腹紋的邊飾、江蘇丹陽出土的Ⅰ式簋、Ⅲ式簋、Ⅵ式簋、Ⅱ式尊肩、Ⅲ式尊頸、Ⅱ式盤腹(圖十二)等等都有連珠

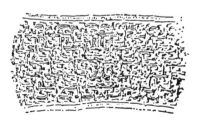

圖十一　　　　　　　　　　　　圖十二

紋邊飾。屯溪出土的青銅器上,還有在紋飾中間以連珠紋爲地的,如丹陽出土的Ⅱ式簋,以有圓點的連珠紋爲地,是相當典型的(圖十三)。

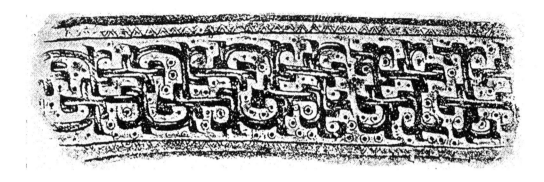

圖十三

連珠是如此之廣泛,從而可以斷定,它是吳越青銅器紋飾中一個不可缺少的特徵,這個特徵將能指示其他飾有類似的連珠紋器的性質及其近似的鑄作年代。在商代和西周早期紋飾中,也有少量器物以連珠紋作爲主體紋飾的上下邊飾,西周早期的更少,而且風格也不相同,但是無論如何,絕沒有像吳越青銅器那樣的在主紋上有三條連珠紋的邊飾。

關於 B_1、B_2、C 類器的變形紋飾,包括象生變形和非象生變形兩類。所謂象生變形,是指變形的紋飾多少還帶有生物的某種形象,非象生的變形,指變形紋飾不可形況爲何種物體。

(一)變形鳥紋。屯溪 1 號墓盤(1:84)腹和圈足上各有鳥紋,腹紋有鳥頭、啄和冠,胸有多條羽毛,爪和尾都已變形得難以辨認了,以二鳥正倒形狀爲一組(圖十四),圈足的紋飾是腹飾的進一步簡略和變形,已不辨頭尾了,如果沒有腹紋的對比,則很難確定其爲變形的鳥紋(圖十五)。屯溪 1 號墓盤(1:85)的主紋,是進一步變形的鳥紋,其變化的效果有點像多節狀的蟲類,而其實質則是鳥紋,也是正倒交置的結構(圖十六)。

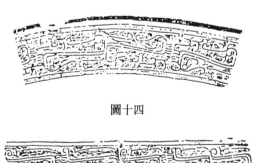

圖十四

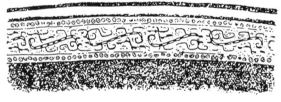

圖十六

圖十五

　　（二）變形蛇紋。這類紋飾還不見於吳越地區的青銅器，但在百越地區却有所發現，如衡山出土的蛇紋尊和廣西恭城出土的蛇噬蟾蜍蜥蜴尊。這兩處的發現都不是科學發掘，未能證實是何種墓葬，但器的形態和紋飾特點，全都和土墩墓的 B₁ 型器相合，因而它的紋飾，完全應該作爲這類器來分析。衡山的蛇紋尊的紋樣，比較清楚，尊的口部蛇首相對翹出器表，並不怎麼變形，但是，主體紋飾的蛇却是變了形的，顯得短而粗肥，雙目很突出。有人稱之爲蠶紋，這顯然是不對，如果稍一觀察真蠶，就會知其大不相同。恭城的蛇紋尊的紋樣，也是變了形的，軀體也特別粗肥，它的頭部也是翹出器表的，與衡山的蛇紋尊有類似之處，不過是裝飾的位置不同而已。恭城尊的紋飾是兩蛇噬一蟾蜍爲主，也有一蜥蜴和雙蛇合噬一蟾蜍（圖十七）。恭城尊頸下蛇紋的形狀，和衡山尊的蛇紋是相似的，都有斑點分佈。蛇紋從肖生的意義上來看，如此肥大的身軀和小的頭部，應視爲變形紋飾。

圖十七

　　（三）龍紋。僅見一例，爲屯溪 3 號墓盤心內的蟠龍紋，其體軀沿盤心外緣一周，而龍首置於盤心之中，雖然式樣有些模倣 A 型器的蟠龍紋，但龍首是完全變了形的，成爲一首四角，頂上和側面皆有角，沒有龍睛和吻。是青銅器中僅見的變形龍紋。

　　從一般的現象看，吳越土墩墓的青銅器和百越族青銅器中的紋飾，龍蛇的形象不太普遍，以上所舉的也祇是個別的器物而已。非象生的變形紋飾更看不出有所謂龍蛇的跡象，固而那種以爲春秋戰國時代流行於中原地區的蟠虺紋蟠螭紋起源吳越地區青銅器的説法，是找不到依據的。事實上，以上肖生的變形紋飾，也是東周時代的。

　　非肖生的變形紋飾，在吳越青銅器上大量存在，它的構圖基本相同，以相類似的單位組成，可以很複雜，也可以較簡單。但是，紋飾的綫條却有其濃厚的地區特徵的風味，識別這些圖案綫條構造的特徵，對於區別土墩墓類型的青銅器，是至關重要的。非肖生的紋飾不可能確指爲某種物類或個體，因而難於有確切的名稱，以下祇能從結構的角度來加以分析：

　　（一）單個紋飾構圖。非肖生的變形紋飾，其單位結構比較簡單，丹陽司徒公社出土的Ⅱ式尊的紋飾個體結構，當是最根本的因素。形似鈎形上下交置，中間以 S 形一綫相連，四周的綫條都成分歧狀，橫嚮的綫條各有塊狀突出（圖十八）。以上是每一單位各自獨立、互不交連的。從外形來看，單位構成有點像春秋早期習稱之爲竊曲紋的變形和修飾。

圖十八

（二）橫嚮二層交連構圖。交連的方法是以單個紋飾順次交叠在 S 形綫上，而成爲二層交連的連續結構，而略有變化（圖十九）。一個値得注意的現象是，間隔一條 S 綫的上下彎鈎旁有同一方嚮的短形條狀或疣狀明物，是從上述單個紋飾橫嚮綫條塊狀突出物分離出來的，以後將能看到，這類短條狀或疣狀物，是普遍存在的。這一現象，在兩周的任何紋飾中都是沒有的。橫嚮二層交連構圖的變化式樣（圖二十），這是屯溪 1 號墓卣圈足（1：94）的紋飾，S 綫旁疣形突出物更爲明顯。

圖十九　丹陽司徒Ⅱ式盤圈足　　　　　　　　　圖二十

（三）橫嚮三層交連構圖。這是比之上述紋飾較爲複雜的交連，紋飾中多了一道中間橫嚮貫通的層次，如果以中間作上下分割，則各自的上下段和圖非常接近，以下是丹陽司徒公社Ⅱ式盤的腹飾（圖二十一），其疣狀物或短條則分佈於中間橫貫 S 形綫的交叉處，成平行或竪嚮突出。屯溪 1 號墓盤足（1：85）紋是最爲簡要的橫嚮三層交連構圖（圖二十二）。丹徒

圖二十二

圖二十一　　　　　　　　　　　　　　　圖二十三

大港母子墩的雙獸首耳簋口緣下也是同類結構而稍有變化的(圖二十三)。

　　(四)橫嚮四層交連構圖。即爲四個層次的同類構造,實際是三個層次中間橫嚮貫通結構的更爲複雜的裝飾手法,由於多層變化的需要,S形界欄式的綫條取消,代之以更複雜交連。但是,第二、三層橫貫綫上的突出物依然存在,以下是屯溪1號墓卣(1：95)的四層交連紋飾(圖二十四)。丹陽司徒公社出土Ⅱ式簋,也有同樣的紋飾(圖二十五),後者似爲橫嚮二層相叠而成,由於相叠位置的移動,又形成了S形上下交貫的界欄式結構。不論是屯溪的或是丹陽的,疣形突出是一致的。

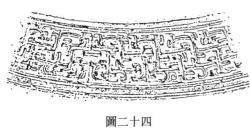

圖二十四

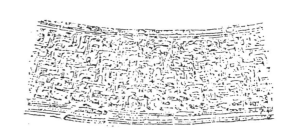

圖二十六

圖二十五

　　(五)橫嚮多層交連構圖。屯溪1號墓出土的卣(1：94)的主體紋飾,有六個層次,相互交叠,達到了眼花撩亂的程度(圖二十六)。這紋飾層次簡單的或多層次的,細察其展開的方嚮多呈對稱形,本例取全形圖,即是如此。

　　以上這五類變形紋飾,都具備以下的共同特點：一、基本綫條爲橫嚮的鈎形分歧;二、單位紋飾必上下交連;三、單位之間有界欄,或簡單或複雜;四、有疣狀或長或短的突出物,此突出物必處於固定的位置。這些特點不論在鎮江地區、上海地區和屯溪地區都是如此,而爲任何中原地區和其他地區青銅器紋飾所未有,從而可以確定爲吳越青銅器的固有特色。

　　(六)方格紋。呈方形或長方形格子狀紋,但仔細看來不是四邊交連的方格,橫嚮有規律的S形或X形的綫條並不交連或交切,但因爲紋飾縮微,總體效果形成格子狀。在格子中間有平行的鈎曲綫條,有的具有層次,屯溪2號墓的尊肩、腹足(2：86)上,都有這種方格的帶狀紋飾(圖二十七)。方格的原大拓本,見屯溪小盤(圖二十八),屯溪2號墓的盂腹(2：87)也有方格紋。無錫北周巷1號簋的腹紋,最爲清楚而典型(圖二十九)。松江鳳凰山尊的方格紋則略爲複雜一些(圖三十,a)。此外,丹陽司徒公社磚瓦廠出土的Ⅴ式簋和Ⅱ式盤的腹紋、廣西恭城出尊的頸部,都有相同的方格紋。由此可見,這也是吳越青銅器或百越族青銅器上特有的紋飾,在中原青銅器上,是從未出現的。

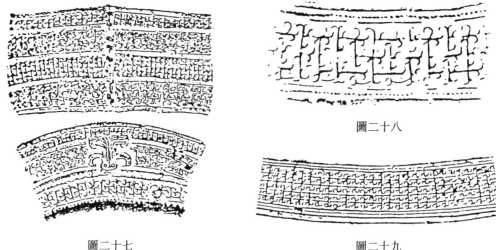

圖二十七　　　　　　　　　　　　　　圖二十八

圖二十九

　　(七)幾何棘刺紋。這是吳越青銅器中最富有特點的紋飾之一。我們或者也可稱之爲方格幾何棘刺紋。在小方格内,有横直線條爲地紋,而每一方格内有一枚有一定長度的青銅刺,方格排列非常密集,而青銅刺就成爲叢生的棘刺了。飾有棘刺紋的器有屯溪1號墓尊(1:89)、丹陽司徒公社Ⅲ式尊、武進奄城尊、松江鳳凰山尊等等。至今發現,棘刺紋主要飾在侈口筒形尊上,值得注意的是,所有以上這些尊的造型特點都是一致的,所不同的祇是高矮寬狹有些較小的變化而已。這類尊是西周早期那種侈口觚形尊的模擬品,兩者的區別是西周觚形尊的尊腹直徑和頸根及圈足上部的直徑出入不大,即使略大一些也鼓出不多。而吳越的青銅尊,腹部鼓出成丰滿的圖形或相當突出的扁球形,因而二者的區別非常之明顯。這類尊的器形許多著作中將之斷在西周早期,是缺乏説服力的。安徽壽縣蔡侯墓有形制相同的尊,有銘爲蔡侯▨之器,其腹部的做法與吳越尊完全一樣,祇是圈足的底邊稍有高低不同而已,但吳越的這類尊的圈足底邊高低也並不一致。蔡侯尊不採用棘刺紋,而是採用鑲嵌獸紋。吳越青銅尊的形制和蔡侯尊形制特點的一致性,決不是偶然的,地區的相鄰和時代的相近是其因素,説明在蘇南、淮南、皖南等地區,當時曾經流行這種做鑄的尊。蔡侯▨應是蔡平侯,那麼這件尊是公元前 530—522 年的器物,吳越尊的鑄造時代距此上下也不會太遠的。

　　(八)鋸齒紋。雖不是主要紋飾,却是非常有特點的各種主體紋飾的邊飾。通常是上邊的鋸齒齒尖嚮下,下邊的則相反。齒的排列細而密集,如屯溪2號墓尊(2:86)、武進奄城棘刺紋尊、江蘇丹陽出土的Ⅲ式尊、上海市松江鳳凰山的鑲嵌棘刺紋尊等等(圖三十,b)。較遠的如湖南衡陽出土的蛇紋尊、廣西恭城出土的蛇噬蟾蜍尊和菱紋尊(圖三十一)等器,其上下緣邊飾,都以鋸齒。有的是單層邊飾,即整體紋飾的上下邊緣爲鋸齒紋;有的雙層邊飾,即主體及上下有邊飾，主體紋飾的上下帶紋也有邊飾。最細的鋸齒紋當推丹陽的Ⅲ式尊（圖三十二）。鋸齒紋施於中原器上，一般出現比較晚，漢代的青銅鏡上方始流行。在此之前的商和西周青銅器上，從未發現過任何形式的鋸齒紋。漢鏡的鋸齒紋，主要出現在紹興鏡上，這是不是束周時代越族所喜愛的紋飾的遺風呢？是值得進一步思考的。但是，在吳越的青銅器上，鋸齒紋却是確定地所反映出來的一種地域性紋飾。

a

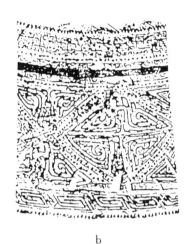

b

圖三十

圖三十一

圖三十二

以上我們敍述了吳越青銅器的主要紋飾，其他如雷紋和菱紋也是很有特色的，因爲是個別的器物，將在下文中敍及。

吳越青銅器紋飾，它的圖象所構成的綫條，具有明確的普遍而獨特的形態，單是把握住這些綫條的獨特形態，便能够和其他系統的紋飾清楚地區別開來，這也是鑑別是否是吳越青銅器的一個標誌。它們是：

綫條上的刀形和斧刃形的特徵，這是最引人注目的吳越青銅器紋飾的條紋。屯溪3號墓發現了一批青銅小刀，其鋒刃有短的和長的兩類，根據陳列品鈎摹圖形如下（圖三十三），刀柄皆長或甚長，與刃脊連成直綫，前鋒皆翹起，這種刀形的綫條，常常表現在圖案綫條的起首或末尾。而在綫條的轉角處，常有一塊突出物，因爲形狀有點像斧鉞的刃部，稱之爲斧刃形，但也有長有短，長的如摺扇形展開，示意如下（圖三十四）：A、A′爲刀形，B、B′爲斧刃形

突出物。綫條上的這種特徵,在中原系統商周青銅器紋飾中是沒有的,但在土墩墓的青銅器
紋飾上卻普遍存在,如:

1. 丹徒大港母子墩雙耳簋口沿紋飾(圖三十五);
2. 丹徒母子墩墓鳥蓋雙繫扁壺腹飾(圖三十六);
3. 屯溪 1 號墓卣圈足飾(圖三十七);
4. 屯溪 1 號墓盤圈足飾(圖三十八);
5. 屯溪 1 號墓五柱器飾(圖三十九);

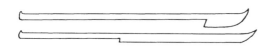

圖三十三

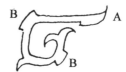

圖三十四

圖三十五

圖三十七

圖三十八

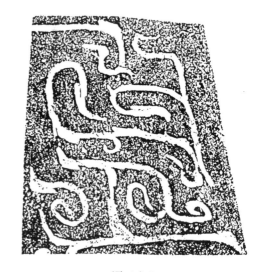

圖三十六

圖三十九

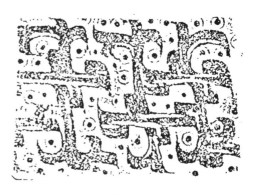

圖四十

圖四十二

圖四十三

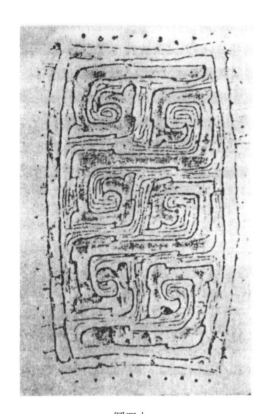

圖四十一

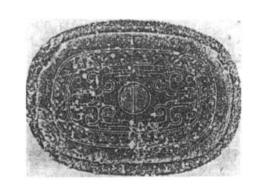

圖四十四

6. 丹陽司徒公社Ⅱ式簋腹飾（圖四十，即圖十三部分）；

7. 松江鳳凰山尊腹飾（圖四十一）；

8. 廣西恭城尊腹主體紋飾（圖四十二）；

9. 湖南衡山蛇紋尊頸飾兩種（圖四十三）；

10. 獸紋匜外底飾，上海博物館藏（圖四十四）。

以上 1 至 7 都是吳越地區土墩墓出土的青銅器紋飾，8、9 兩項資料出土情況不明，恭城出土器中有東周時代的鼎、罍等中原系統的禮器，也有時代稍晚的甬鐘，並出越式鼎和越式尊，估計不大可能是土墩墓。上海博物館所藏的一匜出土地不明，其紋飾也完全是越式的，可作參考。

上舉吳越青銅器上具有刀形或斧刀形的圖案之綫條特徵，極爲明顯，值得注意的是：

（一）圖案之起首或末端的綫條，常表現爲刀形。在同一組紋飾中，刀形視紋飾的結構而有多少之不同,刀形的長短闊狹,變化比較自由,在同一墓出土物上也不一致,但基本的形狀特徵是不變的。

（二）在紋飾的綫條迴轉處的外側,常常有一塊附加的突出物,多呈弧狀的斧刃形。

這兩點在吴越青銅器紋飾中,是帶有標幟性質的特徵,而與其他紋飾相區別,掌握了這個特點,可以毫無疑問地將之與中原系統的紋飾清楚地區別開來。在以上紋飾中,還經常能够看到那種L形綫條的末端一般帶有一條小尾,或者是彎曲的尖端如刺形的歧出物,如上舉之2、6、7、8、9諸紋飾。商周青銅器上的雷紋,也有類似的構圖,如單個雷紋連續(圖四十五,a),見山西石樓獸面紋壺(有的稱卣),較複雜的(圖四十五,b)陝西綏德的獸面紋壺,以上這兩種式樣組合不同的雷紋祇作爲主體紋飾的地紋,粗疏的面紋,除了少量出現的雷紋帶以外,是没有以雷紋當作主題紋飾的。

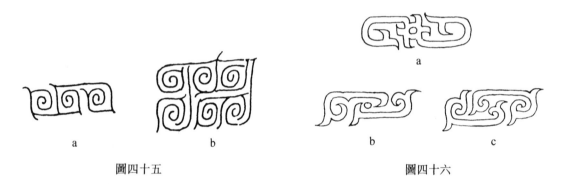

圖四十五　　　　　　　　　　　　　圖四十六

以迴旋形綫條作爲主題紋飾的是另外一類,如西周厲王時代的師㝥簋(圖四十六,a)、西周中期的追簋(圖四十六,b)和孝王時代的善夫克盨(圖四十六,c)。這些紋飾的兩端,都作歧出的分尾形。和吴越青銅器紋飾相比,整體形象雖不甚相似或者頗不相似,但是末端歧出分尾狀的構形,却是相當接近的。吴越青銅器的設計者,對商周青銅器的某些紋飾的倣鑄,雖然祇限於幾種,但却相當熟識,上述石樓和綏德類紋飾的模擬,見於大港母子墩扁壺上的雷紋,雖然並不太相像,在結構方面,表面看起來總有若干聯繫,就是説有所本而變了形,至於師㝥簋、追簋和克盨這一類紋飾,其局部結構尤其是起始或末端的尾形分歧。則丹陽司徒公社的II式簋腹飾、屯溪1號墓卣(1∶95)、同墓盤足飾(1∶85)、松江鳳凰山尊腹紋,以及遠如湖南衡山蛇紋尊及廣西恭城尊等紋飾的綫條,都有相似的特徵,不過吴越青銅器這類紋飾有許多構圖是極爲複雜的,和西周青銅器紋飾較爲簡單的結構,在整體上是不能相提並論的,可以説,吴越的這類紋飾,是藉用了西周的上述紋飾,並使之繁縟化。如果這兩類紋飾有着某種程度的聯繫,那麽吴越的這類紋飾,從文化傳遞的角度來看,顯然應該晚於前者。

吴越青銅器紋飾中的刀形綫條,也是令人矚目的,它模擬商和西周類似的青銅器紋飾特徵,但是有着自己的面貌。商代青銅器上有密集的刀狀或羽狀紋飾,尤其是殷墟時期的青銅器上這類紋飾特多。見於《美帝國主義劫掠的我國殷周青銅器集錄》的如 A310、A311、A490、A496、A498 等等,《中國考古學報》第三冊《記小屯出土之青銅器》一文之 M232 瓿上也有同類的典型密集刀形紋。這一時期單個刀形往往做得很精緻,帶有較多的裝飾性,組成的單個刀形大體如下(圖四十七,a)。

　　到了商末周初,這類紋飾的裝飾部分退化,如上書的 A82、A177、A182—A185、A199 等等,其單個形體有如下幾種(圖四十七,b)。

圖四十七

　　這些刀形都並列密集於動物體軀的脊背上,也有不密集作單個形體的(圖四十七,c),見於同書 A409。這類刀形的動物體軀上的裝飾在商和西周早期的青銅器上是常見的。吳越青銅器上的刀形雖然也有類似的前鋒,其上翹有的更爲顯著,但普遍不同的是,商周的刀形柄部是從刀刃部分延長成直綫的,吳越青銅器體紋飾的刀柄部分無例外地從刀脊延伸成直綫的。另外,商和西周早期這種紋飾是密集的,少量是單個的,吳越青銅器上的這種紋飾常常施在句曲形綫條的起端或末尾,兩者部位絕不相似,整體紋飾結構更不相同。這些情形説明了吳越青銅器的刀形紋飾,並不是源於商和西周的刀形或羽形的紋飾,乃是間隔了相當時期移植變形的結果。

　　界欄式結構。土墩墓青銅器上的紋飾,除了一部分綫條連綿不斷的⌒形複雜構圖之外,還可以發現綫條的處理,有故意造成錯位效果似的連接現象,如屯溪 1 號墓五柱器上的主紋(圖四十八),作兩組或三組 X 形中間錯位似的連接,A 與 B 的兩綫,成爲界欄形狀,有簡單的,也有複雜的。屯溪 1 號墓卣蓋(1:93)上,則成爲下面的構圖(圖四十九)。其較複雜的形狀作三層或四層交連的,則如丹陽司徒公社的 II 式簋(圖四十),其界欄式的綫條並不直,多少有點錯位的感覺。上述連續圖案的構圖手法,也是吳越地區青銅器中所特有的。指出這一點,也將有助於對一些青銅器紋飾的辨別。這一現象衹至交連紋飾四層爲止,多層交連的紋飾則成爲多層次的非常複雜的界欄式結構。

　　對稱式結構。乍看起來,吳越青銅器中除模擬中原系統的獸面紋之外,絕大部分紋飾都是二方或四方連續結構,而對稱式的構圖似乎難於發現,但如果仔細觀察,這種構圖仍然是有的,不過已經大大地走樣。對稱的形式已縮小到不被注意的程度。屯溪 1 號墓卣蓋(1:94)和器上的主體紋飾,都是對稱的結構,它的中間部位,可以看到變形非常劇烈或完全蛻化的獸面形圖像,其兩側複雜的多層交連結構,基本也是左右方嚮對稱的。丹陽司徒公社磚瓦廠出土的Ⅵ式簋,以⋂形爲中心嚮兩側展開,它很像西周中晚期變形獸面紋的再變形。

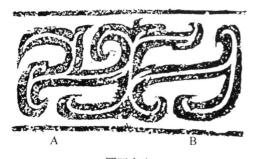

圖四十八　　　　　　　　　　　　　　　　圖四十九

對稱式結構是商周獸面紋的特點,屯溪 1 號墓鳥紋卣(1:93)雙鳥中央間隔的一獸面,形狀如下(圖五十,a)。

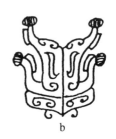

a　　　　　　　　　　　　　　　b

圖五十

所見屯溪 3 號墓的邊緣鏤空的盤,其中間爲一做鑄西周蟠龍紋,龍首處於盤的中心,隨手鈎摹如下(圖五十,b)。

以上這兩個獸首的形狀,比之商和西周青銅器上的獸頭和龍頭,都是大大地變了形的,已無中原系統獸面紋飾最富有精神的雙目。在西周中期,獸面紋也有變形的,雙目也有蛻化的,但仍然有其痕跡可見,如師遽方彝、吳方彝和克鼎等變形獸面紋,在不顯著的地位上,仍然保留着目紋。但在吳越青銅器工師自己的設計中,則是不求形似的,這樣的紋飾,看不出有什麼濃重的宗教意味,這是在完全不相同的文化背景下的産物。

吳越青銅器具有地方特點的紋飾,絶大部分都是平雕的,除少數附飾外,沒有像商晚期或西周早期那多層浮雕的動物形紋飾(俗稱三層花)。這一類紋飾,大都是從中原系統西周中期之後變形紋飾再行遞變模擬的結果,從而表現爲濃重的地方性風格,也可説是新的創造。但是也有蓄意經心地模擬西周紋飾的,如屯溪卣(1:39)和大港母子墩的簋、卣和扁壺。不管模擬得如何肖似,總是可以找得到地方性特點的某些因素,在分析這類青銅器紋飾時,這一現象是不可忽視的。

以上,筆者已就土墩墓的青銅器的主要紋飾,作了分類和分析,對於器物的形制,亦在上文作了分類和分析。在此基礎上,對於土墩墓青銅器的時代,就有了進一步推斷的可能。

三、土墩墓出土青銅器的時代

除了個別的報導以外,絕大多數的論著都把吳越土墩墓出土的青銅器斷爲西周早期或早中期,確立時代標準的材料來源是煙墩山出土的宜侯矢簋,和屯溪 1、2 號墓,儀徵破山口青銅器羣的時代斷定,對以後同類墓葬的時代判定,也有相當程度的影響,由於這些是屬於早期發現的墓葬,就很自然地帶有標準的意義。單從事物的一個方面來判斷器物的時代是困難的,因而筆者將從多方面來看待這些器的時代問題。

(一) 關於土墩墓中出土青銅兵器的時代分析

這個問題要從宜侯矢簋談起。丹徒煙墩山出土了宜侯矢簋,這是當時唯一有銘文可以確斷時代的器物,根據銘文內容,就事論事,宜侯矢簋判斷爲康王時器是沒有問題的,在有的著作中,進一步斷定丹徒就是西周康王所封的宜國。在那時對比資料較少的情況下,這樣的分析原無不可,筆者自己很早也有類似的看法,但是後來對比資料逐漸增多,出土宜侯矢簋的墓葬是否必定屬於西周時代,就覺得越來越成爲問題。

煙墩山器羣和破山口器羣都有西周器和具有吳越地區特色的青銅器,兩墓西周器的時代彼此很相近,而共同具有濃重地方色彩的青銅器的特點也難於區別兩墓時代的先後。但是,這兩座墓葬時代的正確判定,却是至關重要的。按照慣例,墓中出土的時代特徵最晚的器物,是斷定墓葬年代最爲接近的證據,而不能以共同出土的時代特徵最早的器,作爲斷定墓葬年代的依據,這是考古工作者所應遵循的原則。例如,在西周的墓葬中,往往出土商代的青銅器,西周器和商器共存於一墓之中,那麼,考古工作者當然不能將這墓斷在商代。值得注意的是,破山口墓葬中出土了青銅兵器,而兵器是消耗性器物,對兵器觀察無疑有助於墓葬時代的判定。

破山口墓經清理,出土了一件有三角形前鋒、長胡三穿和直內帶短刺的戈,內上有長條形穿,沿內邊三面有刀型棱飾,戈援稍稍向下彎曲。這戈的形制全然是屬於東周時代的,戈的三角形前鋒,以春秋時代爲多。初形的如上村嶺虢國墓地出土之虢大子元徒戈,有三角形前鋒,長胡,內上有長條形穿,和破山口墓相比,前鋒三角形稍短,援本另一穿,且援強直,沒有破山口戈援呈淺弧形狀,顯然虢大子戈要早於破山口戈。若和琉璃閣區墓 130:8 的戈相比⑧,兩者接近之處較多。主要是前鋒皆爲三角形,戈援皆有嚮下弧曲之勢,内部三面有刀型綫飾,但琉璃閣區墓130：8戈内下角有缺口而不帶刺。再查《長沙發掘報告》圖版拾陸之5、7兩戈,其内部三面都有類似或簡或稍繁的飾綫。破山口的這件戈形制並無奇特之處,和中原東周戈是同一形式的,在時代的排列上,應晚於虢大子元徒戈,可能早於琉璃閣區墓130：8戈,戈内上特殊形狀的綫飾,在春秋早期弋上是看不到的。單從這一現象來看,破山口的墓葬難於斷到西周。

土墩墓中有兩處出土青銅矛,即破山口墓和大港母子墩墓。破山口墓出土矛爲長骹深凹鋬,刃既薄且狹,作柳葉形,刃末有尖鋭而狹小的倒刺。母子墩墓出土的Ⅱ、Ⅲ、Ⅳ式矛,Ⅲ、Ⅳ式都是長骹深凹口鋬,Ⅳ式矛和破山口矛形體最爲接近,所有的矛都有尖鋭而狹小的倒刺。這類矛的共同特點是外形綫條磨礪準確,加工相當光潔。江蘇高淳出土了一整批骹部有凹口鋬的矛,其中有的形制和破山口矛是一致的。高淳的矛斷在春秋時代是正確的,從現有的出土資料來看,春秋早期墓葬中還未發現過骹部有凹口鋬的矛,不論是北方或南方,所有鑄銘的具有凹口鋬的各種形式的矛大都屬於春秋晚期或春秋戰國之際,因此破山口和大港母子墩墓出土的矛,其時代大約不會比春秋中期更早。

土墩墓出土的青銅劍所見有三柄,兩柄出土於屯溪3號墓,另一柄也出土於屯溪,皆圓莖劍。前二柄陳列於安徽省博物館陳列室,因而能够鈎摹器形如圖三,後一柄未陳列而不可鈎摹。因爲隔着玻璃,實測的比例可能不够準確,但大形是不會錯的。這類圓莖劍的判斷時代,並無困難之處,這樣寬厚的劍格、有箍的圓徑和末端具備劍耳,從大量鑄銘的劍來看,是春秋晚期至戰國早期最爲盛行的劍式,不用説,春秋早期是絶無此種式樣的。

青銅矢鏃。破山口和大港母子墩兩墓都出土矢鏃,後者出的數量甚多,兩翼細狹而不過本,形制是相同的。前鋒的做法爲春秋戰國之際矢鏃中所常見,和西周的矢鏃,有着較大的區别。

土墩墓出土的東周青銅器,如果反過來看,按照這類墓葬屬於西周早期或中期的説法,有没有可能吴越土墩墓出土的上述兵器本來就是這個地區西周時代的産物呢？西周初到春秋末,時間跨度在500年左右,上述幾座墓的兵器,在吴、越乃至楚國地區春秋戰國之際的出土物中常有發現,如高淳出土的春秋兵器羣即是明顯的一例,在中國古器物發展的歷史上,没有一種常用器物的鑄作,能保持四五百年而不改變原樣的。本地區内的兵器,並不能排列出長時期發展的系列,正和B類青銅器不能排列出長時期發展的系列一樣,它們大體上都是在同一時期内興盛起來的,和西周整整相差一個時代。

（二）關於土墩墓中出土青銅尊的時代分析

土墩墓中出土青銅尊,是值得重視的。一類筒形尊,一類是大口袋形尊。現將兩類尊作些分析。

筒形尊出土的有：屯溪1號墓棘刺紋尊(1：89)、丹徒出土的Ⅲ式尊亦同爲棘刺紋尊，同樣形式和同樣紋飾的，武進奄城也有一器出土。上海松江鳳凰山出土一尊除棘刺紋外尚有回旋紋，形體和上述的相同，祇是紋飾稍爲複雜一些而已。此外，《紹興306號戰國墓發掘簡報》中之尊(M306：17)，其主題紋飾有所變化，但和腹相接的頸和圈足部位上的紋飾有方格紋和鋸齒紋，與土墩墓所出的完全一致，報告説：“此器胎質甚薄，紋樣纖細秀麗，鑄造工藝精緻。裝飾風格與同墓出土的諸器有别。”説明它不是土坑墓系統的青銅器，而是土墩墓系統的青銅器，因此也可以列爲吴越青銅尊而加以討論。以上，一共有五件形制相同、紋飾相同或相似的尊，可能還有一些筆者所未看到的相同資料。

筒形尊的形制特點，除高頸大口和高圈足和西周筒形尊相仿佛之外，其最大的不同之處是腹部高度鼓出呈扁圓形，這是西周筒形尊中所没有的，西周尊的腹部比較深，即有鼓出弧度也較淺，土墩墓筒形尊腹相對較淺而腹出的弧度極大。另外，西周尊的口緣都做得相當厚，圈足的底邊有一周直圈，而土墩墓筒形尊口緣都做得較薄或甚薄，圈足的底邊一周直圈相當厚。以上是西周和土墩墓尊形制的主要區别之處，在中原系統的青銅器中，是找不出這種尊的。屯溪1：89和1：90兩尊即構成時代對比。

但是，同樣形式的尊，在東周墓葬中曾有發現，這就是安徽壽縣春秋晚期蔡侯墓出土的16：2尊，尊内鑄銘蔡侯鑵爲大孟姬所作。這件尊形體較粗而高，腹部亦高度鼓出而作扁圓形，圈足垂直，底邊侈出而形成比奄城尊更高的直圈。雖然蔡侯尊的比例稍高於土墩墓諸尊，但形體特點，尤其是高度鼓出的扁圓腹部，是完全一致的。春秋晚期，很可能在東南地區流行過久已不見的筒形尊，蔡侯墓中另一16：3的尊，外形更接近於西周尊的造型，但其紋飾却完全是春秋晚期的羽翅狀紋。根據蔡侯墓16：2的尊來看，土墩墓筒形尊的時代，應該判斷爲與之相近的時期，比較合理，而不當斷在西周早中期。

其次，紹興306號墓出土的尊，其時代應與伴存物相去不遠，從這個墓出土的徐器銘文來看，鑄銘的器是屬於春秋晚期的，其中少數器物，也有可能晚到戰國早期，多數器具有春秋晚期的特點，這件306：17的尊，它的時代當然也不可能早到西周，而應接近於墓中伴存物諸器的時代。既然，這件尊和土墩墓的筒形尊形制特點一致，那末土墩墓筒形尊的時代推定就有了有力的佐證。

松江鳳凰山的尊，主體紋飾作棘刺形和回旋S形相叠的紋飾間隔排列，棘刺的底紋是篦紋，而S形相叠紋飾中，有明顯的鑲嵌印痕，所嵌的小長方形塊狀物當是用有機物質膠粘上去的，這物質現呈淺灰白色，不見銅綠的滲透。嵌物雖已不存，但嵌膠的印痕猶存(圖五十一)。在安徽省博物館，筆者曾見屯溪墓中所出銅器，也有在紋飾中鑲嵌小塊綠色石片的，由此看來，鳳凰山尊紋飾中採用鑲嵌方法，並不是孤證。

圖五十一 鳳凰山尊紋飾中鑲嵌物膠印痕

在中原系統的青銅器中,商和西周的青銅禮器上的紋飾是不採用鑲嵌技術的,這種嵌綠松石的技術祇施在少量的戈、矛及馬具銅泡和節約及某些車器上。青銅禮器的紋飾採用鑲嵌技術是在春秋中期,這時新的生產技術勃然興起,先是在紋飾中鑲嵌銅絲或銅片,然後出現鑲嵌金銀和綠松石及其他物質。欒書缶、子作弄鳥、宋公欒戈、宋公得戈等皆爲錯金銘文,都是戰國中期偏晚至晚期器,至於蔡侯墓的一些禮器如敦、尊、尊缶、盥缶及方鑑等,皆嵌銅爲花紋,至於嵌綠松石或金銀綠松石合嵌的幾何雲紋變形圖案,其時代多在戰國期間。鑲嵌通常石片的禮器,則見於湖北隨縣擂鼓墩1號墓,其中曾侯的一套青銅禮器如簋、升鼎等,紋飾中皆嵌腐蝕成爲白色的小石片,雖然效果不甚好,但初嵌時必定是美觀的。

戰國的帶鈎鑲嵌金銀和綠松石之類,則比比皆是,甚至有鑲嵌瑪瑙的。可以説,青銅禮器上或容器上嵌鑲石片的例子,大約不會比春秋晚期更早,如果考慮到吳越青銅器的鑄造存在着中原的影響,那末松江鳳凰山尊和屯溪銅器的鑲綠色石塊便是具體的例證,簡而言之,吳越青銅器上的鑲嵌技術,當不能早於中原青銅禮器之鑲嵌的興盛時期。

關於大口袋形尊。吳越地區出土的目前祇有丹陽司徒公社磚瓦廠青銅器羣中鳳紋尊一例。如果我們把越族的地域擴大到百越的範圍,則湖南衡山的蛇紋尊、廣西恭城的蛇噬蛙尊和菱紋尊,都可以算作是同一類器。遺憾的是,這幾批材料出土情形不太清楚,但從器形而論,應該是同一系統的。而且,尊上有吳越青銅尊上所常施的鋸齒紋和方格紋,兩者是完全一致的,刀形紋的式樣也是相同的,這樣,我們就有根據斷定它是越族青銅器系統的尊,恭城的蛇噬蛙尊,紋飾上下也有鋸齒紋,雖然主紋不一致,但是器的形制則是相同的。伴同尊出土的還有中原系統春秋晚期的附耳鼎、斜支足的越式鼎,還有中原式缶(舍)和甬鐘,兩種不同系統器物混雜的情形,有點類似紹興306號墓的情形,所不同的是兩個系統的器物比例各有多寡。

丹陽的鳳紋尊乃是一件精緻的倣鑄品,這從某些細部的紋飾表現得很清楚,這在本文"土墩墓出土的青銅器紋飾"一節中已經作了交代,這類尊在中原地區的出現是在西周中期之初,如效尊一類的紋飾即是它的典型,但是倣鑄得走了樣,形體比例尤其肥大,但還保持基本的造型。衡山和恭城的尊形體袋形比例則更接近於西周的式樣,但是都有很厚圈足邊。

丹陽鳳紋尊具備了以上變形的和地域性的因素，因而不可能是西周時期的原鑄。至於湖南衡山和廣西恭城的尊，則歷來認爲是戰國器，無疑是可從的。

（三）關於土墩墓出土青銅盤的時代分析

土墩墓出土的盤，如前指出，有貼近附耳和假附耳兩種，丹陽司徒公社Ⅰ式盤是假附耳，即盤邊上做出耳形的浮雕，盤耳成爲盤邊上象徵性的紋飾，雙手於盤耳既不能扳，也不能執。Ⅱ式盤爲貼近附耳，所謂貼近附耳或緊附耳，是指耳與盤邊有些微的分離，然而分離的隙縫甚狹，不能容一指，這種貼近的附耳，也是沒有實用價值的。土墩墓中較多的出現此類有象徵性雙耳的盤，是盤的萌生狀態還是盤耳的蛻化狀態呢？ 筆者以爲是處於盤的蛻化階段。盤這種器形是中原青銅器中常見的，在西周晚期和春秋早期最爲流行，盤匜是組合盥器。吳越的盤周邊較高而直，圈足也較高，但其整個形體還是淵源於中原，而不是當地沒有任何外界影響下的獨立產物。盤耳的蛻化，説明這種中原來的式樣不合於當地生活的使用方式，因而這一部份逐漸地被淘汰而徒具形式了。破山口出土有典型的西周盤，但時人不採用西周的古式而設計合用的新式樣。從盤耳的蛻化和器形的變化來看，上述這兩類盤也同樣不可能早於春秋中期。至於武進奄城的三輪盤，則更是新的設計式樣。

（四）土墩墓出土匜的時代分析

武進奄城在 1958 年挖河中淤土時，發現了青銅尊三件、獸首流圈足匜一件、三足匜一件、三輪盤一件和句鑃七件。此外，還有鹿角、原始青瓷盂、銅刀等小件器物。這些器物在一處的同一地層中，相距 100 多米有一獨木舟，舟中出有印紋硬陶罐，亦爲同一地層。此處出土的兩件匜，獸首流匜有圈足，造型具地方性特徵，流是封閉形的，猶似一段獸頸。在中原或燕趙的青銅匜中，原來的槽形流，變爲封閉式的管狀流而作鳥首和獸首的，最早者不過春秋中期，主要是春秋晚期和戰國時物。如河北唐山賈各莊的鳳首流匜和唐縣北城子鳳首流匜。至於匜作圈足式的，至今發現的大都是戰國器，如唐山出土的獸首流匜，即爲淺圈足形，《商周彝器通考》圖八六三之圈足匜，也是春秋晚期或戰國器。從以上的材料來看，封閉式流圈足匜出現的時代較晚是沒有問題的，奄城的獸首流匜，其時代當不會早於春秋晚期。奄城的另一爲三足槽流匜，矮足淺盤形，值得注意的是後尾有一塊圭首形的薄片，匜的鋬連結着這塊薄片並隱蔽於此片之下。這種後尾有薄片連鋬的匜，1960 年南京市江寧縣陶吳的羣衆在取土時也發現過一器，是和鼎、鬲、戈、矛、斧和鶴嘴鋤等共同出土的，報告者認爲除戈、矛外，多爲西周時遺物。看來這羣青銅器像是被取土擾亂的隨葬品，大都是春秋早期之器，這件匜和奄城的匜有相似處是後尾片狀物下亦連有一鋬,流口下有一刺狀突出物。《商周彝器通考》圖八六一器,與之大體相同,流下亦有一刺狀突出物。根據紋飾,是春秋早中期器。上海博物館也藏有一器,口緣有一周變形獸紋,流下有鱗紋,匜體飾三角雲紋,三足短而飾有獸首,後尾亦是圭頭形片,據紋飾特點,是春秋中期器。可以說,在現有的這類匜中,從未發現過西周時期的鑄品,而奄城的三足盤形匜,從形體和紋飾比較,都比上述的幾件匜爲晚。

最後,須提一下奄城出土的句鑃。在土墩墓中,一般是不出樂器的,有人認爲屯溪 1 號墓中的五柱器是樂器,按耳聽打擊的音響,與樂器並無關係。奄城的七件大小相次的句鑃,是和吳越青銅器在一起出土的,吳越使用句鑃是衆所周知的,春秋晚期的姑馮句鑃和吳的配兒句鑃三器相次,即是其例。奄城句鑃的器形屬於春秋戰國之際這一地區的通制,那末這就是奄城吳越式青銅器斷代的絕好佐證了。

以上,從多種器物的時代特點分析,指出它們都不是西周器,從而證明出土這些青銅器的土墩墓,主要也不屬於西周時代,而是屬於春秋時代,乃至春秋中晚期。

土墩墓出土的幾種青銅器類型分析表明,A 類青銅器在各墓中所佔的比例雖有不同,但一般數量都很少,而大部份爲 B_1 和 B_2 類青銅器,其中 B_1 類青銅器具有模擬 A 類青銅器的特點,但更重要的是強烈地顯示了地域性風格。有些器物的模擬有着相當的水準,但是更多的 B_1 類器,祇是在一定程度上體現 A 類器的影響。B_2 類器主要是或絕大部分是本地域的更爲鮮明的特徵,但多少還有 A 類器的殘餘跡象。C 類器完全是本地區內獨立發展的,在形制方面,已沒有 A 類、B_1、B_2 類的任何影響。但是 B_1、B_2 類和 C 類的紋飾是相同的。即使 B_1 類器模擬 A 類器比較多,在裝飾主題方面,仍喜歡採用本地域內流行的與周文化關係較少的紋飾。上述的情形,是普遍存在的。這裏需要說明的一點是,B_1、B_2 和 C 類的青銅器,從紋飾的鑄造技巧來看,不論是屯溪、丹徒、鎮江和松江、紹興等地區的出土品,一般都可以鑄出極其纖細而繁密的結構複雜的綫條,而且器壁往往很薄,這種器物的鑄造除了對陶范製作的要求甚高之外,在青銅合金中必然要注入比例較高的鉛,否則絕不可能臻此效果,這一點已被成分的分析所證明。我們知道,在青銅熔融狀態中注入比例較高的鉛,這正是春秋中晚期至戰國的一般精緻青銅器的普遍特點。可以說,追求紋飾的精麗,是當時的風尚,要達到這樣的程度,不用多量的鉛在技術上便不能解決問題,在中原是如此,在僻遠的吳越土墩墓中的青銅器也是如此,時代的風尚也影響到這個地域。

還要補充指出的一點是,土墩墓中車器的出現,據江蘇省文物管理委員會《江蘇丹徒煙墩山西周墓及附葬坑出土的小器物補充材料》一文所刊大坑出土有車馬器,計有組輪三種、節約十四件,銜勒二副。大港母子墩墓出土"銅車馬器,包括軎、轄、銜、鑣以及掛鉤、節約、銅泡等,總計達數百件,這些車馬器出土時皆堆放一起,作爲墓主車馬的象徵"。這轄和一般西周式中原春秋時的式樣不同,呈直筒錐頸,頂部飾螺旋紋和折綫紋。轄爲扁條,轄首有勾狀飾和一方形孔。墓主人有矛數柲、有矢鏃甚多，後有車馬器，其爲武職無疑，則所象徵之車，必定是戎車。史載吳越地處江南水鄉，不習車戰，《吳太伯世家》云："壽夢二年，楚之亡大夫申公巫臣怨楚將子反而犇晉，自晉使吳，教吳用兵乘車，令其子爲吳行人，吳於是始通於中國。"是以知壽夢之前，吳在政治影響方面尚沒有通中國的資格，而且也不會御車作戰，當時吳國沒有自己的造車工業，那末上述土墩墓出土的車馬器，其時代不能超過壽夢甚明，否則，西周早期吳國早已有自己的製車工業，何勞申公巫臣在數百年後再來教習車戰呢？這應該是可信的。

四、問 題 的 討 論

考古資料發現，長江下游的土墩墓和土坑墓代表兩種不同的物質文化相，儘管在同一地區，墓中出土的器物是頗不相同的，土墩墓出土 A、B_1、B_2 類和 C 類青銅器，除了兵器之外，基本上沒有中原地區的與之同一時期流行的青銅器，至今爲止，凡出土青銅器的土墩墓大都有這個現象。土坑墓出土的青銅器，都是屬於中原系統的，個別的墓出土有個別的土墩墓 B_1 類和 C 類的青銅器，如紹興 306 號墓即是其例。由此可見，在本地域內，青銅器的發展存在着兩個系統。從出土的吳王光鑑、傳世的吳王夫差鑑者減鐘和者沪鐘，以及對比江蘇六合程橋東周墓出土的戌孫鐘、盥缶、刻紋容器殘片及其他土坑墓的資料，其器物的制度、銘文和紋飾內容及風格等來看，都是中原系統青銅器，基本上是春秋晚期至戰國的共性一致的器物，沒有或基本上沒有地方特色。土坑墓的青銅器，是吳越王族系統的青銅器。具本地區風格的，大約祇有句鑃或征城一類而已，這是從銘文方面推測的，因爲土墩墓的 B_1、B_2 和 C 類青銅器上，沒有可誦的銘文，如配兒句鑃之類，當屬於土坑墓青銅器系統之物。這兩類墓出土的器物雖然分佈於同一地區，但是屬於不同的文化。吳王族的物質文化，從遺存物來看，已是被中原文化强烈地同化了的面貌，但是土墩墓除了保存前朝的少量青銅器之外，大都是 B_1、B_2 和 C 類的青銅器，這些青銅器是本地區當時盛行的式樣，雖有模擬、倣鑄和變形的器物，但基本上保持獨自的地區風格和特色。吳越王族系統的土墩墓葬中使用編鐘，如王孫戌編鐘即是一例，傳世的吳者減鐘屬於句卑去齊時代，壽夢爲去齊之子，説明在壽夢前一、二世，吳王族已在使用和中原相同的編鐘，這可以看作壽夢時代吳通中國的一項背景資料。吳王族使用中原樂制的資料，今後必然還會繼續出土。越國王族也是如此，者旨於賜鐘和者沪鐘都是編鐘，不過時間略遲一些，其現象是相同的，這些王族及其有關的統治者所享用的是追求高層次的中原東周盛時的青銅文化，也可以説是移植。土墩墓中沒有編鐘，一般地也不隨葬青銅樂器，這説明基本樂制是不同的。

其次,另一個突出的現象是,葬制用土墩墓和用土坑墓兩類人的文化程度不相同。土坑墓中出土青銅器有銘文,表明他們是使用或學會使用華夏族文字的。土墩墓的青銅器 B_1、B_2 和 C 類的時人所鑄的青銅器,不使用華夏族的文字,屯溪 3 號墓簋有一立人和弓箭形徽記,但不能算作文字。看來,他們在文化程度上還不習慣於使用華夏族的文字。這主要可能是語言不同的緣故。以前流傳的"奇字鐘"和一錯金銘文的殘蓋(今在故宫博物院),都是或絕大部份是鳥書,單個字有的可釋,但連起來無法通讀,根本不知道是什麽含義。我們知道,在越王劍上,越王的名是用鳥書標音的,上面所説的鳥書鼎蓋和"奇字鐘"上的銘文,恐怕也是越語的標音或拼音。那末,越國王族在使用文字上華夏化的進程是很快的,即直接用華夏語言和用華夏文字作爲本民族語言的標音齊頭並進。這是要在文化程度上提高本民族形象的一種努力,以便能够"交通中國"。但是,具有濃厚地方色彩的青銅器上,却没有銘文,這情形似乎反映採用土墩墓葬制的貴族,與華夏文化融合的進程與採用土坑墓葬制的貴族是存在着顯然區别的。

西周時代姬姓的吴國王族即太伯仲雍之族的後裔墓葬,在這一地區的考古發掘工作中,還没有提供任何的跡象。史載太伯仲雍的族類斷髮文身,以便適應於當地荆蠻之族的習俗,做不到這一點,當時是不可能立足的。當此之時,這裏不可能出現與周人青銅文化相似水平的土著文化。在陝西地區,可以確認爲先周的青銅器的數量,微乎其微。在先周時代遷來此地的姬姓族人,當然不可能帶來而且也没有條件創造像成、康時代那樣燦爛輝煌的青銅工業。那末,没有數典忘祖的春秋時代的吴國統治者,他們採用中原的禮樂之器及其制度,可能是後來追慕的,否則,太伯仲雍之後一直到壽夢時期的青銅器,應該有一個完整而系統的獨立發展的體制,然而,長期以來這個地區的任何考古材料都反映不出這個過程。

土坑墓出土的青銅器,除極少量的以外,大都是清一色的時尚式樣,還没有發現西周的青銅器伴同隨葬。土墩墓常有少量西周的青銅器隨葬,但是除了兵器以外,一般没有中原時尚的青銅禮器隨葬,大量都是 B_1、B_2 類的器。後者的追慕,似乎更爲樸素一些,顯示了夷蠻民族與華夏族文化融合過程中的原型。至於吴越的王族,則直接了當地移植了中原的青銅器及其體制。

春秋時周室雖衰,但貴爲天子,在政治制度和文化方面,仍然是最高的標準,對於吴越也不例外,尊重周文化和周天子這個偶像,在當時是有現實意義的。《吴越春秋》壽夢傳記他朝周適楚,觀諸侯禮樂,"魯成公會於鍾離,深問周公禮樂,成公悉爲陳前王之禮樂,因爲詠歌三代之風。壽夢曰:孤在夷蠻,徒以椎髻爲俗,豈有斯之服哉!因嘆而去曰:於乎哉,禮也!"⑨吴之斷髮,實際上是把髮留到椎髻的程度,而不是留長髮,這種椎髻的樣式,可見紹興 306 號墓出土銅屋中奏樂人的髮式。壽夢之時尚以"椎髻爲俗"之嘆,不詳周公的禮樂,然而到了他的兒子季札,對於周人的禮樂,就有很高的欣賞水平了。《史記·吴太伯世家》載餘祭四年吴使季札聘於魯,請觀國樂,對《大雅》譽爲"文王之德",對《周頌》譽爲"盛德之所同",見《舞象》簫、《南》籥、《大武》和《韶護》、《大夏》,都有崇高的評論,對於《招箾》評説:"德至矣哉! 大矣,如天之無不燾也,如地之無不載也,雖甚盛德,無以加矣!"這樣的欣賞水平與椎髻爲俗相比,就有極大的進展了,可見,吳國興盛的進度,是相當迅速的。到了夫差時期,北伐,召魯哀公而征百牢,季康子使子貢以《周禮》説太宰嚭,乃得止,這説明,吳是尊重周禮的。到了夫差十四年,就有黃池之會而"欲霸中國以全周室"了。這樣追慕周人文化的迫切,必然會發生全局性的影響,對於夷蠻之族也是如此。西周的青銅器,乃是他們體會周公之禮的珍貴遺存物,大體上,B₁型青銅器,應是這種追慕之舉在技術上和器型上地區性特點的表現。

史載越國之興,大約晚於吳國之興半個世紀。越人或百越之族也感染到了祇有吸收中原華夏族的文化方能圖强的風氣。越國的青銅器鑄造業也是相應地在春秋晚期興盛起來的。

當吳越地區出現上述情況之際,西方巴蜀文化的發展亦處於方興未艾之際,而巴蜀的兵器鑄造中也出現了慕古復古的情形,這是值得注意的。馮漢驥先生《關於"楚公豪"戈的真偽並略論四川"巴蜀"時期的兵器》一文中所述的Ⅰ至Ⅴ式蜀戈,其中Ⅲ式戈是殷周之際的古式戈,成都收集一戈上有墨綠色均勻的圓斑紋,這種爲雙金屬鑄造,這種技術在春秋中期以前是不存在的,較多地出現在戰國時期。吳、楚都有雙金屬的兵器,不過紋飾不同而已,Ⅲ式戈援和内穿甚大是東周器。馮先生斷定這類戈爲西周晚期至戰國前期。馮先生所指的巴人兵器,均屬戰國時期,他所列舉的Ⅰ—Ⅴ式戈,Ⅰ、Ⅱ、Ⅳ式都有濃厚的西周早期戈的遺風。童恩正先生《我國西南地區青銅戈的研究》一文中,所列巴蜀系統青銅戈中,推測 AⅡ型式戈流行的下限在秦漢之際。AⅡ/b型式戈甚至要到"秦統一以後"。筆者在成都博物館所見商周式獸面紋戈,其表面有銀白色金屬斑痕,商和西周絶無此種技術,它必然是春秋晚期或戰國早期的巴蜀地區之精緻的倣鑄品。上海博物館也保存有這類巴蜀所鑄的古式兵器。巴蜀劍的原型是西周早期的柳葉形劍,並且發展爲柳葉形長劍。至於四川彭縣竹瓦街出土的大陶缸内的二十一件青銅器,雖然有典型的西周獸面紋罍、冏紋罍、尊,和鑄銘的觶,以及各式戈等,但是其中的矛和戟據圖形和紋飾是戰國時物,因此,出土的這批戈是否都是西周器,尚須重新加以分析。至少可以説,這缸的埋藏時期應據較晚的兵器來定,而不是以最早的西周器來定。這樣,巴蜀有先代傳下的西周或更早的器物,也有較晚時期倣鑄的古式兵器或雖然是古式但帶有地方色彩的兵器。因而巴蜀的兵器也有類似吳越地區青銅器的 A 類、B₁、B₂類的情形,當然,四川還出土了純屬戰國式的青銅兵器。四川巴蜀的西周兵器,至今還没有確切的墓葬和疊壓關係的資料,事實上在這一地區自西周至戰國的各類兵器難於排出時代的系列,發現兵器的墓葬都是東周時代的。東周時代,巴蜀古式兵器的鑄造非常興盛,體現了强烈的慕古復古的色彩。

蜀國曾參預武王伐商之舉,《尚書·牧誓》武王云:"嗟！我友邦冢君、御事司徒、司馬、司空,亞旅、師氏,千夫長、百夫長,及庸、蜀、羌、髳、微、盧、彭、濮人。稱爾戈、比爾干、立爾矛……"蜀雖是小邦國,亦爲參預伐商的諸侯之一,而載在史册。蜀人珍視先代留存的兵器,追慕其祖先的業跡,在東周諸侯爭紛的時代,蜀國的這一歷史背景,足以顯示其政治地位和往昔的榮耀,蜀國在春秋晚期至戰國時代大量鑄造西周古式兵器,當與此有關。巴人的兵器,多數與蜀國没有明確的區别,這必定是蜀人的影響,而成爲這一地區的流風了。從西周時期至戰國巴人兵器的發展系統,考古資料還有大量的空缺,目前發現的主要是屬於東周後期的。

中國東西部青銅器鑄造慕古之風的背景和側重點雖然不盡相同,但目的都是爲了提高小邦國的政治地位,改善文化,藉以改變自己作爲蠻夷之國而爲中原大國諸侯所不齒的落後形象。當然,在追慕周人的禮器和兵器,還是强烈地體現了本邦族的風格和特點。這一春秋戰國時東西方的歷史現象,是當時政治形勢和經濟條件特殊發展下的産物。

對於長江下游土墩墓出土青銅器的估計,應該還其本來的歷史面貌。筆者所持的見解與時賢頗不相同,希望在未來更深入的考古發掘工作的基礎上,作更爲廣泛、更爲具體的研討。

---

① 江蘇丹陽司徒公社的青銅器爲農民取土發現,並非科學發掘,但從器物來看,和其他土墩墓出土一致,和土坑墓出土的截然不同,故筆者認爲,司徒公社的青銅器,也是土墩墓系統的。

②《江蘇溧水發現西周墓》,《考古》1976 年第 4 期。

③《長沙縣出土春秋時期越族青銅器》,《湖南考古輯刊》第二集第 35 頁。《資興春秋墓》,《廣西恭城縣出土的青銅器》,《考古》1973 年第 1 期。

④《江蘇溧水發現西周墓》,《考古》1976 年第 4 期。

⑤《江蘇大港母子墩西周墓發掘簡報》,《文物》1984 年第 5 期。

⑥ 這是一件貫耳壺的壺蓋,因爲倒置陳列而標名爲觶。

⑦ 這種繁複的鏤空花脊做成的耳,是這一地區器耳做法的特點之一,容庚《商周彝器通考》圖三○○之一淺方座簋,器耳與之相同,獸面紋也已變形,亦必是吳越青銅器而當屬 B₁ 型。

⑧《輝縣發掘報告》"琉璃閣區"41 頁圖五二之 7。

⑨《吳越春秋·吳王壽夢傳第二》載此事爲壽夢元年,然此事見《春秋》魯成公十五年,是《吳越春秋》所記年數有誤。

(原載《上海博物館集刊》第四期,上海古籍出版社,1987 年)

吴越文化青铜器的研究
——兼論大洋洲出土的青銅器

　　1986 年，筆者曾對江蘇、浙江、安徽、湖南等省的吳文化和越文化中的青銅器作了一次考察，撰成《長江中下游土墩墓出土青銅器的研究》一文[①]，就吳越青銅器的斷代問題，提出了與多數時賢不相同的意見。李學勤先生在《非中原地區青銅器研究的幾個問題》一文中[②]提到了筆者的見解，並且給予原則性的評論，對此我深表感謝。當時，矛盾突出的主要是對江蘇、浙江和安徽等省土墩墓青銅器出土資料的看法。對於湖南學者就當地墓葬發表資料的判斷，我以爲是正確的。見解的矛盾很顯然，如：屯溪 1 號墓編號爲 80、81 的外撇錐足鼎[③]，和長沙金井干塘出土的鼎[④]，完全是一個式樣，前者時代定在西周早期，後者定在春秋早期，其差距有 300 年之久。在兩周王朝的範圍內，這種時間差距當然不容易接受。又如同類的柱足鼎，屯溪 1 號墓編號爲 82 的鼎，定在西周早期，而同樣的越式鼎，在湖南資興出土於春秋墓。吳越地區出土的青銅器有很多問題需要研究，其中首位的問題是如何判斷這些器物鑄造的時代，時代解決了，才能放在其應有的歷史環境中去作進一步的分析研究。筆者的見解是，吳越青銅鑄造的興盛時期是在春秋中晚期，當然越族青銅業的繁盛會更長而可能延續到戰國中期，越滅於楚約在公元前 306 年。拙文的主旨，是想着重對土墩墓中出土的 B_1、B_2 類青銅器作一次研究。B_1 類是倣造的西周青銅器，B_2 類是基本爲土著型，但是在器形和紋飾的某些方面，採用了西周流行的格式。

一、B_1 類青銅器

　　器形非常肖似商周器，是刻意模倣之作，但是總有部分或微小的特徵，顯露出它是吳越匠師們的摹古之作。

　　鳳紋尊，丹陽司徒磚瓦廠發現 26 件青銅器羣之一（圖一）[⑤]，器形和西周早中期之際的大口袋形尊相似,如豐尊、效尊、對尊、井季尊等都屬於這一類。紋飾也相似,如豐尊、井季尊等。但是如果仔細觀察,其差異之點也是明確地存在的。首先是器壁的塑造不一致,西周的大口袋形尊的口部都相當厚,使人看來好像整器的器壁都這樣厚,在形體上有良好的厚實感,而其實口部自頸以下的壁却很薄,口部和器壁厚度不同的做法,在西周器物中是普遍現象。司徒磚瓦廠出土的鳳紋尊自口及底,厚度比較均勻,是西周大口袋形尊中所沒有的現象。而且西周這類尊的形體偏高,鳳紋尊的比例偏濶而矮,這也是明顯的不同之點。再看花紋,和豐尊相比,大體形似,細察則不然,如底紋爲連續螺旋形的做法是中原地區所沒有的。雖然也做得很細,但畢竟是做鑄。其次,頸上的一帶立鳥紋,鳥尾上翹與鳥頭齊,尾尖向上分叉的式樣,在商周的鳥紋中也是沒有先例的,這是做鑄過程中工師們的意匠表現。主體鳳紋上緣的一周"S"形帶,則更爲奇特,從來青銅器上沒有這種紋樣,其習慣的手法來自印紋釉陶上"彡"形條紋,施之於青銅器上並加以裝飾化。至於主體鳳紋,形象改變明顯的有頭、冠、爪等部位,可以說似是實非,仔細比較,即可瞭然。但是整體形象,頗有厚重壯麗的氣勢。這是越人做摹周器極其成功的一例。

圖一　鳳紋尊(丹陽司徒磚瓦廠出土)　　　圖二　交連雲紋尊(丹徒大港母子墩墓出土)

　　交連雲紋尊,丹徒大港母子墩墓出土(圖二)[⑥]屬 B_1 類。形體爲瓠形尊,和 B_2 類的瓠形尊腹部作扁球狀極其凸出不同,這模擬的是西周早中期之際尊的形式,腹部雖凸出,但是並不太誇張,頸、腹、圈足各部分比例也是相應的。腹部上下有兩道凸出的箍條,也是西周早中期之際的常見式樣,乍一看,這是西周的瓠形尊,如果沒有器腹中間圍繞的一道交連雲紋,很容易判斷爲西周器。這道交連雲紋比較細,中間有一綫貫穿,橫向有雲紋狀及刀刃狀條紋交連,屯溪1號墓編號爲85的盤圈足上,也有類似的紋飾。這是古越人刻意模倣西周器較好的一例。

鏤雕耳脊獸面紋方座簋，見容庚先生《商周彝器通考》之圖 300（圖三），定爲西周前期。此器鑄作極其精湛規矩，口沿下有夔紋，以中央的犧首爲中心呈兩側對稱，腹部飾獸面紋，獸面有寬濶的鼻準，獸目突出，獸體滿飾細雷紋，方座稍扁，西周方座簋之方座稍扁的也有，紋飾和口沿下的夔紋相似，雙耳方厚，有獸首，耳脊非常華麗，作"S"形交連透雕，其工藝的精細水平，已經超出了西周的成就。乍看之下，可能給人這是一件西周方座簋中之精品的感覺，容庚先生把它鑄造年代定西周前期，在當時可以比較資料的局限性來看，恐怕難有其他的見解。但是，這是一件高水準倣造的越器，如果沒有這般華麗的耳脊，現在判斷起來也可能未必準確。它的雙耳，和屯溪 1 號墓中編號爲 96 的白乳雷紋簋脊飾很相似，此簋脊飾更是華麗精巧的透雕，且有過之而無不及。鏤雕耳脊獸面紋方座簋與之對比，風格和手法全同，鑒定爲越器，是沒有問題的，由此可見古越青銅鑄造之技藝，足以雄視當世。

圖三　鏤雕耳脊獸面紋方座簋　　　　圖四　獸面紋簋（丹徒大港母子墩墓出土）

獸面紋簋，丹徒大港母子墩土墩墓出土（圖四）[⑦]直口、狹唇、深腹，近底處圓轉，下承圈足。獸首雙耳，垂珥。這種直口雙耳簋，商末和西周早期的鑄品皆有發現。祇是西周簋圈足轉高，比矮而圈足外撇的有所不同。以形式而言，是按照西周模式鑄造，主體紋樣，近乎西周中期變形的獸面紋，具備角型和口的輪廓綫；體軀和卷尾的紋樣，不太對稱。獸面紋兩側，配置有變形的頭向朝下的小獸，所謂獸面，實際並無獸目可蹤跡。這類變形蛻化了的紋樣，西周中期的青銅器上也有所見，但此簋獸面紋的變形，已相當深化。口沿下爲橫向刀刃形交連紋，圈足飾橫向套連紋，這上下兩條交連紋和套連紋，點綴出當地鑄造的特色。獸耳上有簡單的雲紋，也是本地風格。這一件屬於 B$_1$ 類簋，作爲越人倣鑄西周器，是相當典型的。

犧觥，丹徒煙墩山土墩墓出土（圖五）[⑧]，二器成對，此墓出宜侯夨簋，因此定墓爲西周早期，嗣後許多土墩墓出土的青銅器皆定爲西周早期或中期器，源出於此。煙墩山墓出土器物，已被證明是春秋時所鑄。以前犧觥隨宜侯夨簋斷爲西周器，特別是觥的頭部，和西周早期的觥非常相似，頭部作麒麟角狀並有鉤狀刺，角的根部自獸目前端延伸而出，都很肖似。

問題在於,獸頭是和器連鑄在一起的,而不是和蓋連鑄,這樣,觥就失去了流,因而器物的功用也有所不同,觥當然能容酒,而且有的觥附斗可酌,但是多數觥沒有斗,籍流以灌酒,流是觥的造型特點,此器沒有流,功用不同。此觥的紋飾部位祇在容器的上半部,這和西周有紋飾的觥紋樣總是鋪滿器身的情形也很不相同。皖北舒城等地出土了多具春秋之時犧形鼎,犧首和容器連鑄,蓋子置於犧首後項(圖六)。此兩器,頭部和蓋的造型及功用是相同的,所不同的是觥近方形,而鼎偏圓。在戰國的原始青瓷上,也可見犧首和器連鑄的鼎,都是同一類器物。又,犧觥的鳳紋雖然是做照西周式樣,但鳳身無翼,身體寬度和土墩墓青銅器上的鳥紋風格相同。此外,犧觥四足內側平直,截面是成扁的半圓形,這種器足,也未見於西周。這兩件犧觥的造型和風格,經過剖析,可以知道也是越人的倣古之作。

獸面紋鬲鼎,又稱分檔鼎,浙江安吉周家灣村出土(圖七)[⑨]。共出的有瓤和爵,均商器。此器紋飾和瓤及爵完全是不同系統,差別極大。立耳、折沿、直領,袋形腹分檔,下爲三錐足。器形按商代同類器的式樣設計,袋足上的獸面近乎商晚期高浮雕獸面的形狀,但是所填雲紋絕非商代式樣。直領上是套連雲紋。這是吳越青銅器上的標準紋樣。

所謂套連雲紋是像金文橫置的亘字形條紋,上下套連在一起,亘字形條紋,商、周都有,但是沒有套連在一起的例子,在吳越文化青銅器上,稍經留意,即可發現。套連有簡單的,也有複雜的,這件鬲的套連雲紋,和長興出土的四繫盂的圓足上紋飾完全相同。這種套連紋以鉦上的邊飾較多。大港母子墩土墩墓出土的變形獸面紋簋,它的圈足上有簡單的套連雲紋,屯溪飛機場三號墓出土的一柄劍,有極其精湛的紋飾,劍脊爲細密多次環繞的"◠◡"形紋,它的兩側是最爲華麗的套連雲紋(圖八)。這些雲紋都是單個紋樣套連,還有連續套連的。套連雲紋有一些變化的式樣,也有簡繁之別,但是套連的基本結構則是不變的,套連雲紋像含有刀刃形的紋飾一樣,都是富有特徵的吳越文化青銅器的紋樣(參見文末的套連雲紋圖)。所謂雲紋,最早是獸面紋的變體,大體上分爲兩種結構,一種是習稱爲"竊曲紋"的一類,是獸面紋分解後的變體,祇有殘存的獸目還有一點象徵意味,如西周中期的大克鼎口沿下的帶狀紋,它已有""形的獸體變形(圖九),又如師釐簋的紋樣,稍簡單於大克鼎(圖十)。最後的式樣連目紋也消失了(圖十一),這種"竊曲紋",已有大綫條雲紋的意趣了,在西周晚期至戰國早期極爲流行。另一種獸面紋的變形,它的條紋成爲攀連形或套連形,這種紋飾最早出現於西周中期,不過是個別的,如衛鼎的帶狀紋飾,即以此種對稱套連"S"形條紋組成,它的中心還剩有一小點獸目(圖十二)。衛鼎的套連條紋比較複雜一點,隨後就有了簡化的形式,如西周晚期的變形獸紋簋,獸目還保留(圖十三)。更進一步的發展就是省掉獸目,西周晚期的不嬰簋(圖十四)、杜伯盨(圖十五)以及春秋早期的滕侯簋(圖十六)等都是,它的條紋在變形之中加以修飾,它兩端的歧出條紋具有似軟體動物觸角狀般的美感。土墩墓出土的套連條紋,是在此基礎上發展起來,它採用了西周套連式條紋稍作省變。套連紋有時空隙較大,

圖五　犧觥（丹徒煙墩山土墩墓出土）

圖六　犧形鼎（皖北舒城等地出土）

圖七　獸面紋鼎（浙江安吉周家灣村出土）

圖八　劍紋拓本（屯溪飛機場三號墓出土）

圖九　西周中期大克鼎口沿下帶狀紋拓本

圖十　西周晚期師簠簋紋飾拓本

圖十一　没有目文的獸面變體——竊曲紋拓本

圖十二　衛鼎紋飾拓本

圖十三　西周晚期變形獸紋簋紋飾拓本

圖十四　西周不嬰簋紋飾拓本

圖十五　西周晚期杜伯盨紋飾拓本

圖十六　春秋滕侯盨紋飾拓本

圖十七　西周中期變簋紋飾拓本

圖十八　丹徒獸面紋簋紋飾拓本

就須另加一短的曲綫,和衛鼎紋樣的處理方法相同。由於採用回旋的條紋爲紋飾單位,因而隨著回旋條紋的套連特性,隨意組合成各種雲紋。這種紋飾構圖規律相同,但是條紋處理的風格不同,它和長興出土的四系盂和雲紋鐃的紋飾極其相似,很可能是地域特點的反映。

蟠龍紋盂一,1954 年丹徒煙墩山土墩墓出土[⑪]。蓋頂以昂起的龍首居於中心,龍身隨勢緣蓋蟠旋。盂體似弧形壺,一流斜置於頸腹之間,相對的一側有獸首鋬,鋬和蓋間各有半環繫,以活絡鏈節套鑄,使蓋可啓而不能脱離鏈節。腹底圓轉而平,下承外撇形三足,和越式鼎的做法相似,由此可知此是越人摹古之器。商和西周之際,曾有弧形三足盂。這件器的形式,是做照西周式樣。蓋上的蟠龍也見於西周盂及盨的蓋飾。此蓋的做法比較簡單,省略了前體一對支撑的爪子。商和西周弧形盂,没有這種越式鼎的斜撇足。最奇特的是頸上的"S"形紋飾,這種紋飾祖型於西周的同類紋飾,西周最初的這類紋飾"S"形一端爲歧首,另一端作卷曲狀,中間正切一段短的曲綫,見於西周中期的變簋(圖十七)。此盂紋樣粗拙肥寬,"S"形中間填有兩道細綫,中段正切的曲綫也肥潤對稱,屬春秋早中期風格。這種紋飾的進一步簡化，則成爲"S"形而一端省略了歧首，見丹徒變形獸面紋簋的獸面之下橫置的同樣紋飾（圖十八）。如果沒有三條典型的春秋越式足，這件盉看作是西周之器大約不會提出異議。此盉也是 B_1 類中較爲有特點的器形。

蟠龍紋盉二，上海博物館藏（圖十九），香港陳仁濤《金匱論古》著録一器與此相同。蓋的中心是一昂然崛起的龍首，龍身蟠旋於蓋頂，蓋緣上飾獸紋。器折沿直領，器腹袋形分檔，下承三柱足。流作整體龍形，前後有四爪。鋬亦具龍首，蓋和直領上各有一半環形繫，相連的活絡鏈節已缺失。整器的紋飾可以說做得相當精嚴，龍首形狀和屯溪 3 號墓出土的蟠龍盉蓋的龍首相似，特點是龍吻上唇有尖狀，頂角向兩側鋪開。這種龍頭，比之西周的相似式樣更爲誇張。袋腹上飾獸面紋，角型爲龍紋，獸目甚大，浮雕的條紋上順勢連綴以雙線。條紋的末端明顯地高凸，這種做法在春秋中晚期的紋樣中習見。不過連綴的複線是少見的。獸面兩側各配置一小鳥，是祖型於西周早期的模式。最有特點是盉的直領（頸）上有夔紋或龍紋帶，其式樣和屯溪 1 號墓編號爲 80 的鼎口沿下的龍紋頭部完全相同。即它的上吻有一"丫"形的歧出物，和屯溪 3 號墓的盉肩上獸紋也非常相似。3 號墓出土春秋晚期劍，此盉的時代，應與相近。這是越人倣古精工之作又一實例。此器陳佩芬先生在《記上海博物館所藏越族青銅器》一文中曾有詳細分析，足資參考。

圖十九　蟠龍紋盉（上海博物館藏）　　　　圖二十　蟠龍紋盉（屯溪弈棋公社機場 3 號墓出土）

蟠龍盉三，1965 年屯溪弈棋公社機場 3 號墓出土（圖二十）。蟠龍蓋，龍體上身翹起，龍首曲頸向前，吻部尖銳，上二器也是如此，這是吳越文化青銅器上龍飾的特徵。龍體蟠繞蓋頂，空隙處有交連紋。蓋緣飾兩尾獸紋，體軀似雲紋。器敞口束頸，廣肩，分檔，柱足較短。分檔間斜置管流，後有獸首鋬，鋬下垂珥。頸上弦紋二道，肩飾分尾龍紋，目平整不突出，口上下分張呈鉤形，這也是越式龍紋或夔紋的特徵。袋形腹下部有兩道人字形斜綫，此爲商周鬲的袋形分檔上所習見。蓋及頸上有半環形繫,套鑄活絡的鏈段。鋬上爲流暢的雲紋,此盉造型,具西周意味,這是刻意摹擬之作。

屯溪1號墓、2號墓和3號墓有確切的資料可以判定爲春秋早期或春秋晚期至戰國前期墓葬,丹徒、丹陽等地土墩墓出土的青銅器的情形和屯溪基本相同,它們也應是同一時期的墓葬。這些墓葬中出土的 B₁ 類器表明,在吳越器物的習俗中,存在著好尚西周器甚至商器的風氣,這些器物的鑄造技術是精湛的,大部分模倣得相當成功,由於生産環境之故,因而總有局部的或是紋飾或是器形顯露出土墩墓青銅器的特色,這就成爲區分商周器或吳越器的界限。在土墩墓的隨葬品中,B₁ 類器還是少數,但是 B₁ 類器的鑄造技術竟是如此的純熟,産品是如此之精美,可知當時的生産不在少數。這是土墩墓青銅器中一個非常值得重視的現象,從技術上說,土墩墓時代的古越人,完全有條件鑄造出商和西周青銅器同樣水準的産品,但是要仔細審視其形制、紋飾和鑄作方法上的特點,和商周器作詳細的比較,才能辨別兩者的相異之處。不是這樣,我們很可能會給自己造成判斷失誤。

二、B₂ 類青銅器

這一類青銅器在形制上以周器和商器爲模式而有相當顯著的改變,或者形制是古式,而紋飾有明顯的土著風格,或者兩者兼而有之。

鼎可分爲兩式,一爲垂腹式鼎。

四瓣目紋鼎,屯溪1號墓中編號爲79的鼎(圖二十一)敞口斜屈,立耳耳圈特大,寬體垂腹,三足內側留有長條的內範槽,外形似柱足,實則向內的一邊不密閉。截面呈"∪"字形。此類不密閉的足在土墩墓同類器中極爲普遍。腹飾四瓣目紋和凹紋相間隔排列,又雜置卷獸紋。耳圈薄而大及不密閉的足在中原器中皆不可見。但是紋樣風格表現得和周器相當接近。

斜角雷紋鼎,屯溪1號墓編號爲82的鼎。形制和上器相似,鼎和足的特點相同,腹飾粗獷而較爲密集的斜角雷紋,這雷紋的形狀和土墩墓青銅器紋飾中作地紋的圓形螺旋紋不同,而是方形稍帶鈍角的商周間流行的式樣。這種雷紋和斜角雷紋,在吳越青銅器中較爲常見。

燕尾凹紋鼎,長沙縣出土(圖二十二)。敞口斜器腹下垂,然後圓折形成平底。下承柱狀三足,足上部突出,無明顯獸首,足內側有大的內範槽,呈不封閉狀。雙耳扁大、上有獸紋,紋飾上下欄飾燕尾紋帶,是有濃厚地方性風格的紋飾,很值得注意。主體紋飾是凹紋和交連條紋構成的變形獸紋。這種紋樣,是西周的凹紋和卷龍紋作爲模式而變形後的再創造。燕尾紋常是越族所崇尚的裝飾之一。安徽肥西縣小八里出土的四繫方小盒,爲春秋中期器,其圈足上也有燕尾帶,可知燕尾紋不僅流行於越族地區,而且影響所及到了江淮地區。

圖二十一　四瓣目紋鼎(屯溪 1 號墓 79 號鼎)　　圖二十二　燕尾凹紋鼎(長沙縣出土)

燕尾變形卷龍凹紋鼎(圖二十三),資興舊市春秋墓出土。立耳、敞口斜唇,寬體垂腹,柱足上部凸出,内範槽口甚長,三足呈會聚狀。鼎腹上下欄爲燕尾紋,極其規整。主紋爲凹紋和變形卷龍紋相間隔排列,祖型於西周早期的同類紋樣,不過卷龍省略了頭部,變形較多。紋飾綫條,清晰勁利。燕尾雷紋鼎(圖二十四),資興舊市春秋墓出土。立耳、直口,器腹圓轉角度較大,器壁下垂更爲顯著。三足於底部作會聚狀。腹部紋飾上欄成短綫連續,下欄爲燕尾紋,中欄爲二列雷紋。

圖二十三　燕尾變形卷龍凹紋鼎　　　　　圖二十四　燕尾雷紋鼎
　　　(資興舊市春秋墓出土)　　　　　　　　(資興舊市春秋墓出土)

另一式爲鍋腹式鼎。所謂鍋腹式鼎是一種淺盤形圜底如鍋形的鼎,唇狹,立耳或微斜,下承三錐形足,足端尖銳,向外斜撇。

龍紋鼎,屯溪 1 號墓編號爲 80 的鼎(圖二十五)。狹唇、斜立耳,鍋體比例寬而淺,較細的錐足,斜支。腹飾回顧形龍紋,龍的上吻有"丫"形歧出,尾尖分張卷曲。另一同墓所出形式相同編號爲 81 的鼎,腹飾卷體龍紋,其結構如"🐍"形,龍頭作回顧狀,體軀向上繞過頭部下垂再上舉,此上舉之尾有修飾似王字形。這也是做照商周式樣,商晚期之小子省壺、西周早期之龍紋尊,都有這類紋飾,不過屯溪鼎 81 卷體龍紋是倒置而且多了一道卷繞。

圖二十五　龍紋鼎(屯溪 1 號墓 80 號鼎)　　圖二十六　燕尾鱗紋鼎(長沙縣春秋墓出土)

燕尾鱗紋鼎,長沙縣春秋墓出土(圖二十六)。形式如上器,錐足稍粗。腹上下欄飾燕尾紋,和上述燕尾凹紋鼎的燕尾相同。中間是一道如箍狀突出鱗紋。由此可見,燕尾是越器中流行的邊飾之一,僅次於連珠紋,可能由於地域特點,似乎揚越地區有較多的發現。

燕尾紋變形獸紋鼎,上海博物館藏(圖二十七),器形同上,紋飾上欄爲鱗紋,下欄爲燕尾紋,中段是回顧式卷體龍紋組成的連續圖案,龍頭也已簡省。此器表面呈墨綠色而富有光澤,銅質已基本礦化,和湖南出土的同類器礦化程度和表層色彩相同。由此可以大體確定爲湖南越器。

燕尾變形獸紋鼎,長沙縣出土(圖二十八),形制同上式,腹上欄是密集的鱗紋,下欄爲燕尾紋,中段是交連條紋組成的變形獸紋連續圖像。這是在上述紋樣的基礎上再簡化而成。凡鍋腹形鼎器壁較薄,此器也很薄。

圖二十七　燕尾紋變形獸紋鼎（上海博物館藏）　　　圖二十八　燕尾變形獸紋鼎（長沙縣出土）

　　以上兩類垂腹形和鍋腹形鼎，都有燕尾紋作欄，而且大都集中出土於長沙和資興一帶，影響所及甚至束到淮北，相信必然還有更多的飾有燕尾紋的器物出土。使用燕尾紋的器物，除了肥西小八里的方盒之外，其餘都是鼎，説明燕尾紋祇施之於特定的器物，作爲邊欄的紋飾，它的範圍比連珠紋狹得多，這是值得注意的現象。

　　B₂類尊大約可分三種情況，一是觚形尊，其次是袋腹尊，個別是有肩尊。

　　觚形尊，屯溪1號墓編號爲89的尊（圖二十九）。敞口薄唇，腹部作扁圓球體臌出甚多，和中原的觚形尊腹部稍有臌出的基本不同。圈足較高，底邊有相當大的擴展，主體紋飾分上下兩層，由中線向兩邊對稱展開，形成多疊的交連紋，紋樣單位如圖三十，縱橫交連，成爲非常複雜的紋樣。交連紋是屯溪及寧鎮地區發現的最有特色的紋飾。

　　與此同樣的觚形尊，有飾棘刺紋的，如江蘇武進奄城出土的一尊（圖三十一），形體偏濶，立體紋飾是以不封閉的小方格狀縱橫交連條紋爲地紋。在小方格的中心有一枚針狀刺，每一小方格中設一刺，整體就成爲密集異常的棘刺，主體紋飾的上下欄爲連珠紋，頸、圈足和腹部連接處，各有一道纖細的方格狀交連紋，其上下欄均有繁密的鋸齒紋帶。據現有資料，鋸齒紋帶都裝飾在各類尊上，棘刺紋在禮器上的發現也僅限於尊上，如湖南出土的越族袋形尊，也施有同樣的鋸齒紋，這是覆蓋面比較大的吳國和越族的紋飾。江蘇高淳顧隴出土的一尊，形體也偏濶，腹飾三道複雜的交連紋，兩側並設有鏤空棱脊，頸根飾三道連珠紋，圈足上部飾二道連珠紋。

　　浙江紹興306號墓出土觚形尊（圖三十二），腹部扁圓臌出尤甚，紋飾極其峻深，細綫深約2毫米，其薄如紙。主體紋飾是長方塊狀中直條和勾形弧綫相結合的對稱圖像（圖三十三），主幹條紋表面更有極細的花紋。紋飾中間並布滿極細的芒刺，頸和圈足與腹接合處，各有連珠帶。此尊器壁極薄，紋飾鑄作之精麗，至今還難以用普通的塊範鑄造和失蠟法鑄造作

圖二十九　瓿形尊（屯溪1號89號尊）

圖三十二　幾何紋瓿形尊（浙江紹興306號墓出土）

圖三十　多疊交連紋綫描圖

圖三十三　瓿形尊主紋節綫描圖

圖三十一　瓿形尊（江蘇武進奄城出土）

圖三十四　蛇紋尊（衡山霞流市胡家灣出土）

出解釋，它的技術秘奧，真不可測，足以使現代的鑄造專家們嘆爲觀止。

　　袋腹尊，西周中期出袋腹尊，此類越器以西周器爲祖型，有較大變化。口、腹、圈足等形變很明顯，尤其是圈足口向外擴張，更爲引人注目。

　　蛇紋尊一，衡山霞流市胡家灣出土（圖三十四），沿敞口布滿翹首相對的蛇紋，蛇首有目，體軀飾條紋。口沿下飾對稱三角紋，其中有刀刃形條紋，邊欄飾鋸齒紋，體現了越器的特色，腹部滿飾蛇紋，蛇形未及口上相對的蛇紋來得形象，但也有頭有目，身布滿細點以爲鱗。腹部分四組紋飾，每組紋飾中有似楓葉狀的條紋，作正倒排列，此或是象徵山川地域的條紋。此尊的蛇紋，有人稱爲蠱紋，以附會蠱神和對蠱的崇拜，此説之能夠提出，是由於多數人對蠱的樣子並不細知。

　　蛇紋尊二，廣西恭城加會出土（圖三十五）。此器形體寬而偏矮。頸飾蟾蜍和蛇紋，圖案單位以卷尾相對的兩條蛇，共咬一蟾蜍，腹紋亦爲卷尾的兩條大蛇共噬一小蟾蜍，兩蛇之間空隙處飾有蜥蜴和小蛇，兩條蜥蜴的紋樣不同，另一爲大蟾蜍。兩組蛇紋之間飾有長柱的建鼓，柱頂有小鳥，其下似爲鳥座。另一是鳥柱，柱上有紋樣。整個圖像，非常奇特。蛇紋上欄是鋸齒紋，腹飾上下欄是連珠紋，底爲三角形幾何紋樣。這類蛇紋在湖南的越器上發現多起，它應是揚越族的風俗。

　　菱紋尊，廣西恭城加會出土（圖三十六），頸飾方格狀交連雲紋，上欄爲鋸齒紋。腹部大斜方格呈菱形，邊圍二道連珠紋，菱紋的上下等分，成兩個三角形幾何紋圖案，菱紋單位圖案的連續，其上下空隙，亦成三角形幾何紋圖案。圈足飾回紋，回紋根部的轉角處呈刺尖狀放寬，但沒有使用刀刃形飾。圈足的下欄亦爲鋸齒紋。

　　此外，還發現了有肩尊，大口，廣肩，腹部較低，所飾均爲交連紋。

　　卣是土墩墓青銅器中最重要的酒器，但是卣的形體一般都有或大或小的變化，一般形體都做得有些臃腫，且都屬於土著的紋飾系統。

　　鳳紋卣，屯溪 1 號墓出土，編號爲 93（圖三十七），器體側面較厚，正面寬度縮小，上下比例比較接近。提梁的龍首的角呈丁字形，龍首下緣平，有點像蓋子。腹飾四組雙鳳紋，每一組雙鳳側首回顧，長冠透迤，彼此相交。這是按照 3 號墓出土的西周鳳紋卣的相同紋飾而設計的紋樣，但是圖像意趣大變，由於器形偏高，頸上加了一圈較寬的鳳紋，因而腹部的地位反而壓縮偏狹，於是就設置了四組鳳紋。邊欄都是連珠紋。下欄還加了兩條很細的絢紋，愈加使邊欄加寬而縮小了主紋的地位（圖三十八）。屯溪同墓另一卣編號爲 94，形制和 93 相同，器高祇有微小的出入，全器飾對稱的橫縱交連紋，非常複雜。

　　蛇紋卣（圖三十九），湖南衡陽出土，春秋中晚期。此爲卣類中之大器，高 50、口徑 24.4 釐米。器體似扁壺，腹部特寬，接近底部。蓋較低，上有一條橫向的透雕棱脊，極爲華麗。主體紋飾前後相同，上部中央爲一蟾蜍，具四足，惟口吻平，做得有點像昆蟲，兩側各有一條頭

圖三十五　蛇紋尊（廣西恭城加會出土）

圖三十六　菱紋尊（廣西恭城加會出土）

圖三十七　鳳紋卣（屯溪 1 號墓 93 號卣）

圖三十九　蛇紋卣（湖南衡陽出土）

圖三十八　鳳紋卣紋飾拓本

向下的蛇,這和廣西恭城加會尊上的紋飾題材是相同的。下有兩條垂直卷尾蛇,頭向對準蟾蜍,腹兩側各置一卷尾蛇。其外有一似錨形的界欄,實際和衡山霞流胡家灣蛇紋尊上似楓葉的條紋相同,但卣上此紋顯得扁長,地紋是瀾條的幾何形雲紋,形狀變化很多,布局靈活。提梁兩端的龍首稍長,下面平整,和屯溪 1 號墓的提梁很相似。圈足飾比較複雜的交連雲紋。卣體如此之大,紋飾極爲工細,而且在湖南一共出土了三器,一出於湘潭,一出於岳陽。後者紋飾不同,且有人執戈之形,在越族青銅器中無疑是重器,足見越人對於西周文化的仰慕之深。

三、新干大洋洲沙丘中出土的 B$_1$ 類器物

大洋洲出土的器物,包括:(一)商代的器物,(二)商代的器物,但是經過後來改造的;(三)除了一、二類以外的其他器物,這是主要的部分。

沙丘中出土的商代器物。其中的獸面紋鼎(001)、囧紋鼎(003)、獸面紋方鼎(008)、獸面紋復底方鼎(013)、方腹提梁壺(卣、047)、四羊首罍(004)、獸面紋鬲(036)、獸面紋扁壺一、二(045、046)等等[①]。

獸面紋方鼎(008)耳上的立虎,不是一範所鑄,而是後來鑄造第三類器物時補鑄的。方鼎的鑄作和紋飾都比較粗率,而立虎的形狀和紋飾與第三類器物上的虎完全相同。以上列舉的雖然都是商器,但它們的時間差距很大,如鼎(008)的式樣,屬於二里岡上層或稍晚;獸面紋錐足提梁壺(049)爲二里岡上層之後、殷墟早期之前的商代中期器;獸面紋鼎(001)、囧紋鼎(003)、獸面紋鬲(036)、四羊首罍(044)、方腹提梁壺(047)、獸面紋扁壺等,大都相當於殷墟中期之器,當然不一定是殷墟青銅作坊中的産品,但是同類的罍、扁壺和方腹有十字孔的提梁壺,殷墟曾經出過,紋飾未必相同。不少土墩墓出土器物反映,吳越地區存在著保存古代青銅禮器的習慣。屯溪墓、丹徒墓出土西周器,浙江安吉墓出土越人青銅器同時,還有商器伴存,而且器上還有銘文,這説明越人也保存商代的青銅禮器。大洋洲的器物表明,這些商代禮器是長時間有意識地聚集起來的,而且有一些是重器,大洋洲的古人對此非常珍視和崇敬。寶珍商周的遺物,大概是這些邊遠地區民族的共同習慣。以上是大洋洲商代器物的主要部分。

沙丘中出土的商器經過改造的情形。獸面紋錐足提梁壺(048)(圖四十),這件壺的形式極爲精細,雙目特巨,下承三錐形足,殷墟出土的器物中,錐形足器多屬早期,此器紋飾爲殷墟中期偏早而足爲錐形,但是提梁的龍首是殷墟中期的典型式樣,而且提梁過薄,疑器身爲殷墟早中期之際,而提梁爲相當於殷墟中期時損壞所配鑄,但是值得注意的是壺蓋,蓋上的紋飾非常粗獷(圖四十一),和器體完全不協調,而和大洋洲第三種的器物紋飾一致。由此可

知,第二次配鑄壺蓋的時間是在殷墟中期之後,器物到了新干地區再次修配的。

出土的商器經過改造的還有一對瓿,這對瓿在報告中稱爲"罐形鼎"(圖四十二)。器物因爲破損過甚,送來上海博物館修復。經細看,所謂"罐"實際上是一對相當於殷墟中期被截去圈足的瓿。這瓿的肩上有魚紋,和共出的鬲之頸上的魚紋相似,大約是同一地所鑄,但不會是殷墟的器。改造者將其截去圈足,截磨的痕跡還很清楚,然後在底上三處各鑽幾個孔,把事先鑄好的三足,放置在鑽孔的位置上,澆以銅汁,使其上下凝固,成爲鼎狀器物。現今,澆銅汁後鋪開的面還保留著原狀(圖四十三)。在瓿口用同樣方法再接鑄雙耳,痕跡更加清晰。這件材料值得重視的是補鑄的足,足上寬下小,面上有簡單粗糙的獸面紋(圖四十四),同於第三類器上的紋飾而更其簡疏,問題的關鍵在於鼎足的截面不是封閉的圓圈形,而是不封閉的"∪"形,無論商代或西周三足器如鼎鬲的足,都沒有這樣的做法,也沒有這樣粗而短的。唯一可以對比的例子,是土墩墓中出土的青銅器,江蘇丹陽司徒磚瓦廠出土 26 件窖藏青銅器中,I式鼎"柱足中空,斷面呈半圓形,向裏一面形成空缺"(圖四十五)。和"罐形鼎"的足形最爲近似,另一件 II式鼎,三足較長,截面也成"∪"形,空缺的一面朝裏。"罐形鼎"上述一特殊形式的足,和丹陽司徒 I式鼎的足竟是如此的肖似,這中間有着聯繫的因素在內,似乎是不容易否認的,這一情形對於大洋洲器物埋入年代的研究,是值得注意的參考材料。

大洋洲的第三部分器物數量很多,禮器以方鼎、圓鼎和扁足鼎爲大類,此外有大甗、假腹盤(原報告稱簋)和豆及犧首鈕鐘(原報告稱鎛)等。兵器和工具都是本地鑄造的,爲數不少。

這些本地某個中心鑄造的器物有幾個特點,(一)鑄作厚重,大大地超過第一、二部分器,有的非常厚,如錐足圓鼎的唇邊,幾乎成爲方形,器壁的厚度也遠遠超過兩周青銅器,如果這不是爲了擺濶,就是鑄造薄壁器有技術上的難題。(二)從現象看,這批青銅器是用塊範鑄造的,但奇怪的是,其中有些鼎的棱脊,採用了分鑄法,細察原器,痕跡可辨。這是刻意模倣古器的結果,用渾鑄法不能解決問題,才不得已而採用分鑄法。(三)本地鑄造的禮器中,沒有一件是酒器。禮器中重食器的現象似乎比西周時代還要嚴格,食器據發掘圖共放置七處以上,和一般的隨葬情形不一樣,看不出有規律的組合關係,和湖北黃陂盤龍城的商墓大不相同。共存的中原系商器中尚有酒器,酒器中衹有容器,沒有飲器,灌器衹有一件瓚。第三部分器物中沒有酒器的現象是十分奇怪的。有人説共存的陶罐可能是酒器。但這是説不通的,何以食器用貴金屬,而竟沒有一件青銅的酒器? 即使西周嚴屬地禁酒的時期,衹是不得酗酒,並不禁止祭祀用酒和必需的禮儀上用酒。所以成康時代的青銅酒器,目前存世的還有一定數量。這究竟是什麼現象,現在還難於作出解釋。(四)紋飾以倣照商代模式爲主,沒有淺浮雕,用大小不同的比較粗獷的回紋組成,製模者似乎故意不採用浮雕或高浮雕的商代青銅器紋飾作爲模式,他們以相當於殷墟第一期大量出現的用雷紋組成的獸面紋作

圖四十　獸面紋錐足提樑壺（048 號卣）

圖四十二　"罐形鼎"

圖四十一　壺蓋拓本

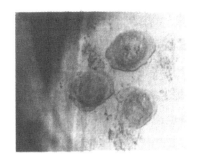

圖四十三　"罐形鼎"澆銅汁凝固原狀

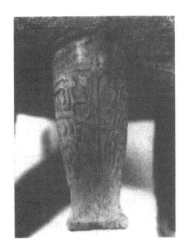

圖四十四　"罐形鼎"補鑄足局部圖

圖四十五　Ⅰ式鼎（江蘇丹陽司徒磚瓦廠出土）

爲模本,大大地加以簡化而形成的另一種本地的紋飾。而所表現的獸面紋,缺乏凝重莊嚴之感。(五)在器口沿和邊沿上大量使用燕尾紋,在一些工具上也以燕尾紋作裝飾。上文已經指出,湖南長沙、資興等地的春秋越族墓葬中發現的青銅鼎,也多有燕尾紋,如果這兩個相鄰地區同樣的燕尾紋有一定聯繫,那末按照墓的斷代,其間和春秋時期相隔約在 500 年以上,500 年來無變化,這種可能性極少,反過來,這是否對大洋洲埋存物的年代估計,提供了須要考慮的因素。

從以上三部分器分析來看,因爲第一、二部分器物中有相當於殷墟中期器,第二部分相當於殷墟中期的器物經過當地改造,這改造的時期大約是鑄造第三部分器的時期,因爲新干在當時爲蠻荒邊遠地區,這些器物能够搬遷到贛江流域當非易事,它和中原地區殷墟晚期直接衘接殷墟中期不同,器物的改造應在殷墟之後,而較少可能在此之前。大洋洲第三部分器的時代,似乎也應向後推移。

最後,關於三件鉦的問題。這三件鉦的形制和紋飾,都有越器的特徵,這類鉦北自山東,南至江蘇、安徽、浙江、福建、江西、湖南等地都有發現,都在越族的活動區域之內。其爲越器,決無問題。如果説,這些鉦(或稱鐃或大鐃)如某些學者所説是商器,而鑄造技術又是高水平的,最重者可達 103.5 公斤,紋飾莊麗,這重量可能還不是極限。這樣高水平的鑄造技術不是短期內所能形成的,那麼江南商代青銅文化之盛應該不輸北國了,歷史是不是漏記了這一大片土地上綿延了數百年的輝煌的江南青銅器文化呢? 看來,這樣的可能性是不存在的,鉦的本身也説明了這個問題,因爲鉦上有明顯的土墩墓係青銅器上的紋飾,而伴有青銅器的土墩墓,其時代很少能超過春秋早期。安徽潛山出土的一件鉦上,除了共鳴體上左右兩區的獸面紋以外,鼓部正中的紋飾是最典型的土墩墓紋飾(圖四十六),是很能説明問題的。

圖四十六　典型土墩墓紋飾拓本

變形獸面紋鉦的共鳴箱左右兩區,是以獸目爲中心的卷雲紋,這卷雲紋的綫條纖細勁利,舒卷自如,條紋中填充密集的連珠紋。紋飾中填充連珠紋的例子,見於丹陽司徒磚瓦廠出土的Ⅱ式簠(圖四十七),這應該是吳越文化青銅器上共有的裝飾手法。另一件變形獸面紋鉦的獸目呈橢方形,表面不是平整光滑,而是作螺旋形,這種獸目自然沒有中原器物上的紋飾可資比較,但是樂器上的枚成爲螺旋形狀則是在春秋中晚期,楚王領鐘、子璋鐘等枚都是螺旋紋。上海博物館一件具36個枚的鉦,也作橢圓的螺旋狀,這件鉦也是春秋器。螺旋紋的目和枚不一定完全相同,但是在突出物上採用這種特別的裝飾手法,是有其時代性的。大洋洲變形獸面紋鉦上的雲紋的中間和末端有物自器表凸起,中原系器物可以比較的是鑰鎛和吳者減鐘。這兩件樂器的鼓部紋飾,也有這種特徵,在一些器物龍紋的體幹上,這種現象並不少見。另一件鉤連紋鉦,主體紋飾的雷紋已完全蛻變消失,鉤連條紋而不填充雷紋,這大概是唯一的一例,也是最晚的形圖,戰國四山紋和五山紋鏡的山字形,就是從鉤連雷紋變化而來。山形的條紋中,和此鉦一樣,也不填雷紋,但是這件鉤連紋鉦的底邊上的套連雲紋,應該予以重視。套連雲紋作爲器物的邊緣,這是又一個實例。

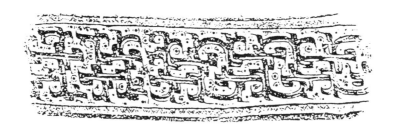

圖四十七　　Ⅱ式簠紋飾拓本

　　套連雲紋作爲越器或吳越器紋飾的特徵之一,的確應該很好注意,這對鑑別很有利。上海博物館藏有一獸面紋鼎,以前定爲殷墟晚期器,因爲它和殷末解體式獸面的某些特點相似。現在重新來審視這件器,發現它和大洋洲的器有聯繫,和土墩墓的器也有聯繫。這件鼎獸面紋的上欄是非常清晰的套連雲紋,查大洋洲的第三部分器的紋飾,並無套連雲紋的任何資料。但是在湖南的鉦上,長興的鉦上,安吉的禺上和丹陽的簠上,都是存在的。再看這鼎獸面紋解體的一段"ʃ"形體軀,和大洋洲鈕鐘上的解體紋樣完全一樣。而且和丹徒煙墩山土墩墓出土的蟠龍盉頸上"ʃ"形紋飾,也完全一致。這件鼎的特殊之處是獸面沒有鼻準,祇有紋飾下端中央有一"ᴗ"形條紋,而且也沒有口部的輪廓線。這是摹做商代解體式獸面的一件雖然成功而仍然體現地方特色的鼎,在沒有認識南方青銅器特點之前,很難區分開來。但是這一件紋樣的雕刻風格比大洋洲的青銅器紋飾細,很可能,做造商代和西周的青銅器而逼真的,決不止大洋洲一處。這是吳越地區青銅器一個不可忽視的重要現象。

　　以上所述,在大洋洲第三部分青銅器和土墩墓青銅器之間,存在着連接的紐帶,那麼,大洋洲伴存的三件鉦,和土墩墓系的青銅器,鉤連紋鉦上的邊飾套連雲紋,和土墩墓出土的青銅器也有聯繫,這樣,大洋洲青銅器上的燕尾紋,和湖南越器的燕尾紋,也可能有了連接的紐帶。這樣看來,大洋洲埋存的器物,難於早到商代,它們的複雜性,須要做很多工作,才能有透徹的瞭解。

　　吳越地區青銅器的研究,我認爲不能以中原商周青銅器發展的序列來套用,但是也不能不注意到中原商周青銅器對於吳越諸國青銅器鑄造工業的影響,而更主要的是,要從吳越青銅器大量考古資料的實際出發,作具體細緻的排比研究,從各種現象中尋求合理的解釋,得出真實的正確的結論。我個人以爲,吳越青銅器的研究相當複雜,史料的運用,作爲一支大的標尺,也不能不注意。如果完全離開歷史記載,則整理研究工作就會造成困難。本文偏重於具體資料的分析,進一步的探討,有待來日。

① 《上海博物館集刊》第四期,上海古籍出版社 1987 年版。

② 《東南文化》1988 年第 5 期。

③ 《考古學報》1959 年第 4 期。

④ 湖南省博物館:《長沙縣出土春秋時期越族青銅器》,《湖南考古輯刊》第二輯。

⑤ 鎮江博物館、丹陽縣文管會:《江蘇丹陽出土的西周青銅器》,《文物》1980 年第 8 期。

⑥ 鎮江博物館、丹徒縣文管會:《江蘇丹徒大港母子墩西周銅器墓發掘簡報》,《文物》1984 年第 5 期。

⑦ 鎮江博物館、丹徒縣文管會:《江蘇丹徒大港母子墩西周銅器墓發掘簡報》,《文物》1984 年第 5 期。

⑧ 江蘇省文管會:《江蘇丹徒縣煙墩山出土的古代青銅器》,《文物參考資料》1956 年第 1 期。

⑨ 浙江安吉縣博物館:《浙江安吉出土商代銅器》,《文物》1986 年第 2 期。

⑩ 江蘇省文管會:《江蘇丹徒縣煙墩山出土的古代青銅器》,《文物參考資料》1956 年第 1 期。

⑪ 江西省文物考古研究所、江西省新干縣博物館:《江西新干大洋洲商墓發掘簡報》,《文物》1991 年第 10 期。

　　(原載《吳越地區青銅器研究論文集》,香港雨木出版社,1997 年)

爵和斝的口沿爲什麼要設一對柱

　　在夏、商和西周的青銅禮器中，有一種稱之爲爵的器物，是很多人所熟知的。它的主體是一段有底的或扁或圓的筒形體，筒口的後部形成尖瓣狀的"尾"，前部有寬狹不同的槽形長"流"，"流"和上口的交會處往往設置一對小柱。執爵的鋬設在筒體的一側，底部是三條錐形足。這爲很多人所熟識的器形，爲什麼要設一對柱？它是不是有什麼特別的作用？這是青銅器鑒賞者所經常提出的問題，也沒有現成的答案。和爵柱相似的是青銅禮器斝的口上也設有一對柱，因爲斝沒有"流"，所以口上的柱相當突出而引人注目。商代晚期的斝柱裝飾性很強，柱頂上甚至有美妙的鳳鳥，這樣，斝柱的作用更加引起許多人的興趣。

　　這兩種青銅禮器上的柱，是否有使用功能，這個問題從來沒有任何古籍可以引徵。清代學者程瑤田企圖從儒家禮儀的角度去解釋這個問題。他認爲，爵上設柱是爲了防止飲用者仰着脖子喝酒失去儀態，雙柱的作用是，當爵杯舉得過高時，柱就會觸及臉部，促使飲者保持常態。但是這一解釋並不成功，因爲夏和商的爵柱多數極矮或甚矮，祇有商末之時，纔有一些稍高的爵柱出現，可見爵柱設計的初意並非如此。還有，斝的器形比較大，不能用來飲酒，古今學者都認爲它是灌酒器，那麼和爵相似的斝柱設置，當然也不能從飲酒的禮儀方面去解釋。

　　爵、斝的柱，有三種相繼的發展形式。夏代的柱，從出土或傳世的實物看，像是附在器沿內壁上的一顆釘子。頂端是"丁"形，有的是"コ"形，猶如鈎釘附在器上（圖一），有的柱釘向前傾斜。所有柱沒有任何裝飾，完全是實用性質的設置，這是爵和斝柱的第一種形式。商代早期這類柱還很多，與此同時，柱頂有的加了一個微凸的小圓片，圓片上出現了回字形即⊙狀圖樣，像一朵蘑菇，或稱之爲菌狀柱（圖二），柱體同樣很矮。這是柱上裝飾的開始，進一步的裝飾是柱頂變爲上小下張的帽狀，也有稱之爲傘形柱（圖三），而柱體也稍稍升高。這是柱的第二種形式。商末和西周早、中期的柱向高度發展，看上去比較細長，而且有的向器口的外沿傾斜，這是柱的第三種形式，也是最後的形式（圖四）。在悠久的近千年歷史時期內，柱始終是爵和斝形體特徵不可分割的一部分。第一種柱是純實用性的，第二種是實用性和裝飾性相結合,第三種是裝飾性的成分更多,但實用意義仍然是基本的。

　　由此看來,越是早期爵和斝上的柱,因爲没有裝飾,越能顯出它的實用特點。譬如,商代早期有一種單柱爵,爲數極少。單柱的做法是在"流"的末端設一略爲拱起的横樑,在横樑的中間設一單柱(圖五)。顯然,單柱爵是新穎的設計,但鑄造時合範技巧比較複雜,因此單柱的做法没有被普遍採用。上海博物館最近獲得一商代早期爵,祇有横樑而没有柱(圖六)。

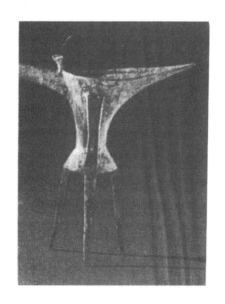 

圖一　二里頭爵

圖二　斝

圖三　斝

圖四　爵

樑是由兩根短棒稍有交叉地連接在一起的,鑄痕很清楚,棒的前端光圓,不能立柱。這件爵非常能够説明問題,無柱的獨樑必定是實用的,而且無柱樑和單柱、雙柱的作用也相同。不論是雙柱、單柱還是無樑柱,它們都是爲了固縛或懸掛與爵的實際使用有關的某種物件,這種物件必定與酒有關。

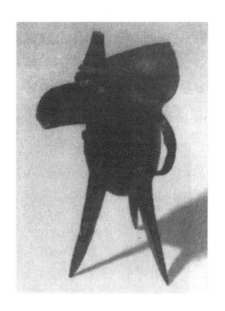

圖五　單柱爵

圖六　有樑無柱爵

　　古代的酒有兩類，一類是鬯和鬱鬯，鬯是用秬釀造的酒，鬱鬯是用芳香植物鬱金葉搗碎後和水煮汁，調和在秬鬯之中的酒。這酒專用於祭祀，亦用來沃洗大殮前的遺體。另一類是飲用的酒。按《周禮・天官・酒正》的説法，酒有五種，即所謂"五齊"：泛齊、醴齊、盎齊、緹齊、沈齊。這五種酒四種有渣滓，泛齊是渣滓上浮的酒；醴齊是渣滓和汁相混合的酒；盎齊是淡味蔥白色酒；緹齊和沈齊都是渣滓下沉的酒；在品味上，醴齊是上好的飲用酒，西周銅器中的長甶盉、師遽方彝、三年瘐壺和大鼎等銘文,都有周王饗醴的記載,而且鄭㭉叔壺和異仲壺等都自銘爲醴壺。醴是當時的上等酒,故不可以與渣滓一起飲用的,因此必需過濾。周代祭祀所用的鬱鬯因有鬯本身的渣和搗碎鬱金葉的渣,也要過濾,過濾稱爲"縮酒"。過濾的靈物是楚國的茅草,《左傳·僖公四年》記載齊國責備楚君:"爾貢包茅不入,王祭不共,無以縮酒,寡人是征。"茅草成束,竪立於地,酒澆在茅草上,渣滓濾去,酒汁滲入地下,仿佛神靈飲之。人飲酒必需用別的過濾物,此物誰也没有見過。但是,如果翻閱一下甲骨文,問題的綫索就出來了。甲骨文的爵字有以下幾種寫法:

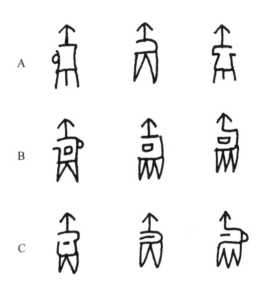

A 例是爵的形象,有簡繁之不同,器内没有它物。B、C 兩例之 C 是 B 的簡形,《戰後京津新獲甲骨集》中四—九片兩個爵字容器内一爲口形,另一以一小橫來表示。B 例是基本字形,A、C 是 B 的減筆。這個明確無誤的字形,表明爵體内有一個物件,這個物件必定和爵的功用有關係。這方框形或圓形的符號不代表酒,因爲其他酒器字如壺、酉等象形字都没有這樣的符號。水漿的符號以小點來表示,如益(溢)之作"𥂍",酒之作"酉"。現在的問題是:爵用以盛酒,何以能置它物? 與酒相聯繫的,祇能是濾酒渣的物體了。甲骨文爵字器腹中的□形和○形,就是表示過濾酒渣的某種物件,這是重要的現象,捨此很難有其他的解釋。

《周禮》五齊,泛、醴以上皆需縮酌,所謂"自醴以上尤濁",必需過濾方能供人飲用。西周白公父爵銘文云:"白公父乍金爵,用獻用酌,用享用孝。"白公父爵是西周晚期器,並不是三足有柱爵,而是無柱的圈足爵,這是不同類型的爵。有人喜歡改古人的本意,把這類有長寬鋬的爵稱之爲瓚。白公父爵銘文的重要意義在於:稱這有長寬鋬似小盉的器爲"金爵",而不是瓚,當時的禮制已有改變,三足有流爵已極少使用了;其次是第一次道出了爵的功用是"用獻用酌",不説明其爲飲器,和古代文獻中很不相同。爵以酌酒,泛和醴兩種酒都有渣滓,必定過濾後方能獻之酌之,而過濾物應該是網狀或囊狀之形,才能起作用。那末這網狀或囊狀物必須有或繫或懸的固定處,這個固定之處除了爵柱,難以有別的解釋,因而可以肯定,爵柱是饗醴縮酒簡單裝置的一部分。不論是單柱、獨樑或雙柱,作用相同。最合用的是雙柱,單柱、獨樑都被淘汰了。

爵柱是如此,斝柱的功用也是如此。斝是專用於裸禮中灌酒的,容量大,縮酒的裝置不同於爵柱而更爲壯實,雖然斝柱有很高的,那衹是藝術造型方面的設計,用於繫縛縮酒囊袋的作用則是相同的。

在爵和斝內過濾醴或有渣滓的酒,包括鬱鬯搗爛的葉片在內,是夏人和商人的習俗,西周早期沿用,這也是具體的飲酒禮。自西周中期始,周人用獻用酌不再採用有柱的爵和斝。祭神的鬯和鬱鬯,完全拿茅草來過濾,於是,商人的習俗最終消失,而設雙柱有縮酒功能的酒器,也就退出了禮器的行列。

在許多青銅爵中,有個別幾件有蓋爵是不設柱的,大抵是西周早期的器物。可能是周人採用不同的縮酒方法之後對爵形體改造的某種嘗試,這是個別的情形,對整體没有影響。

(原載《鑒賞家》第一輯,上海世界圖書出版公司,1995 年)

關於神面紋卣

前不久,在保利藝術博物館獲見西周時代的神面紋卣(圖版十八)。1998年5月,我在日本兵庫縣的一個朋友家中曾經有緣一睹這件卣,當時立即回想到以前在美國得克薩斯州納爾遜埃德金博物館所藏已久而未曾展出的一件方座簋,兩者紋樣極其相似,都是額上有彎曲下垂角、鼻眼近於人形的神面紋,張口咧牙,情態凝重端莊,没有一般商周青銅器上獸面紋的猙獰可畏感。今年5月,在紐約的一個私人精品收藏展覽會上見到一件裝飾同類紋樣的方座簋,形體巨大雄偉,裝飾頗似出於同一工匠之傑構。不久前見到這件神面紋卣,紋樣更有其獨特意匠,這是所見西周卣類器中最爲特殊一例。查閱所見各著録資料,除上述兩器外,未發現紋飾與之相同或相似的其他器物。

器蓋對銘"作氒(厥)寶障彝",無作器者名。

這件卣没有習慣地以細雷紋爲地,通體作浮雕。由於紋樣的凹凸面較大,如果内壁保持平整,則將大大增加器的重量,因而其内壁也與外壁作相應的凹凸面。這種處理方法既節省了銅料,也使器壁厚薄保持大體一致,從現代的鑄造工藝來看,它會使器物鑄造應力分佈較爲均勻。如果器壁内部與其他器物一樣平整,則突出的鼻梁兩翼的銅將會太過厚重,在銅液冷凝時造成應力不均,易致坼裂。這是此卣在鑄造工藝上的一個值得注意的特點。提梁當然是兩次鑄造的,口沿下的獸頭也是如此。

卣這一類器,出現在商代晚期,當時有兩種基本類型,一類是扁圓體,兩側弧腹交連處或比較尖鋭,或稍感圓渾,如商小子𠭯卣、斿父癸卣、二祀和六祀𠨘其卣等[①]。這類器一個共同的特點是腹部不下垂,腹徑的最寬處在中段,圈足的寬度明顯超過口徑。另一類是形體偏高,器形中段以上收束,腹部顯著下垂,腹徑的最寬處在下段,如戉箙卣、戈卣等[②]。但是,此種卣因器扁而寬偉,所以把提梁安裝的方法改左右向爲前後向,改進後的器蓋顯得過於收斂,因此在器的兩側各裝置闊厚且上翹的角,造成了器形莊嚴的平衡,這類豪華卣的提梁上還有凸出的龍頭或獸頭。至西周早期,高體的這類豪華型的卣仍然行用,而且腹部下垂得更爲凸出,如日本白鶴美術館的鳳紋卣即相當典型,但數量非常少,傳世器至今發現不過五六件,而且大部分已流落國外。

　　神面紋卣爲上述卣的進一步發展,卣的器形比例偏高,尤其是蓋特別高,没有折沿,渾然一體。卣蓋如帽形不折沿的形象開始出現在西周康王時期器上,如庚嬴卣③,今在美國福格美術博物館;與之紋飾相同的另一器在日本泉屋博古館。此外如叔趯父卣、員卣、瓢卣等④,都作這種帽形器蓋的形式。叔趯父卣爲康王稍晚之器。員卣是昭王時器,瓢卣亦爲西周中期昭穆間器。扶風莊白村出土的豐卣⑤,也作同樣器形,屬於穆王時期。這種具帽形蓋的卣,一般器體偏於低矮,且帽的兩側有退化了的角。形體低矮現象是西周中期卣的一般性傾向。

國外某私家所藏神面紋方座簋

　　提梁的兩端各置有獸頭,雙角和主體紋飾相似,鼻隆起,口中吐出似蛇信上捲的舌,舌尖分歧。提梁面上有蟒形的鱗節。象徵着吐蛇信獸的體軀。由於獸首造型相當形象,使厚實的卣體帶有幾分靈動感,並增加了整體造型的氣勢。提梁高而寬大,在上端兩邊另有一獸頭,角型爲外向下捲形。上端梁面上的紋樣和下段相同,中間有一竪立的分叉,爲兩獸共一尾,從側向看,捲角獸的體軀,末端各有一尾。這樣,提梁上各有兩尾頭形不同而身軀有鱗節的龍類幻想性動物。

　　器口正中上沿有一獸首,耳圓扁且大,長吻。這類獸頭以前稱爲“犧首”,後來寶雞茹家莊強伯墓出土井姬獸尊,獸頭即作此形,但獸頸粗短而身軀壯實,有定爲貘形尊的,尚不知西周是否有同於現今的馬來貘,但可備一說。強伯墓是西周中期墓。上海博物館所藏召卣提梁兩端也是此貘形獸的頭,召卣和召尊據銘文爲昭王時器,已近西周中期,由此可見這種獸頭的時代特點。

　　有了以上的比較材料,我們可據以瞭解,神面紋卣是西周卣的一種非常特殊的式樣。器體特高,在現有關於卣的資料中找不出造型與之相似的器物。我以前看到過香港徐氏藝術館藏有一體型與之相倣的高體卣,但蓋作有大角的折沿式,提梁設在正面。神面紋卣的棱脊值得注意,蓋側棱末段爲小的扁長體,其上即有尖端上翹的兩個微小的角,當時的設計者仍然象徵性地保存了卣蓋兩角的舊有模式。上段蓋頂四片棱脊均作鈎齒形,周邊相連,使豐厚的器形增加了一些剔透玲瓏的意趣。商周青銅器上的棱脊也稱爲扉棱,商器上的棱脊有單段的或大小兩段的形式,上有密集的 L 形、⊥形的條紋,但往往不鏤空,因爲此處是外範對合形成範縫之處,一般做得不講究,少數幾件也有鏤鑄得很精而透空的,如根津美術館的左、中、右三件方彝[⑥]、勾連雷紋壺、子漁尊及酗亞鉞等。而西周中期器上常見這樣的鏤空棱脊,有的做得非常講究,如成王方鼎、大保方鼎、何尊、旂尊、旂觥和旂方彝、令方彝、商尊、萊祖辛爵等[⑦]。表明本器的棱脊具有西周昭王、穆王時代的特色。

主題紋樣器和蓋一致,爲近似人面形的神,額上有一豎立的角,角尖向外下垂。這種角型也見於商代青銅器紋飾,如婦好小型圓鼎、子圍鼎、婦好偶方彝之主題紋飾及婦好盉等。這種角有一壯實的角基,再伸出一下垂的角尖,此類角型在商器中比較少見,而在西周器中更爲稀見。紋樣的雙目尤爲別緻。西周的獸面目紋,多作篆文臣字形,如貓科動物前眼角下少毛那一部分,商代殷墟早期紋樣中對此甚至很誇張。神面紋的雙目則似人目,上下眼瞼裹住眼球,和獸面目紋通常表現爲整體突出的形狀很不相同,改變了獸面紋猙獰情態,顯得有些祥和。鼻寬而有翼,器體紋樣的上唇並刻有兩條短道以示人中,蓋上的紋樣上也刻有一道人中。動物的上唇自鼻端作人字分開,沒有直條的人中。在青銅卣紋飾中,此爲首例。上述與此紋飾相類似的兩簋,神面中央有棱脊通到鼻端連接上唇,並無人中跡象。雖然紋樣的口中仍是嚙牙咧嘴,但設計師的意圖要將人的形貌與神的威力結合起來,並且凸顯人的象徵,則是比較清楚的。

商和西周青銅器上的獸面紋,大都是神的圖像,它們所配置的各種物像,是上古神話中諸神所特有的徽記。人們畏懾自然力而想像出來的各種神像,都是威猛的獸形或半獸半人的物像。具有部分人形的神,使世俗的人看了多少具有親和感。神面紋卣的裝飾,就是人創造神過程中某種願望的反映,因而是古神話難得的實物例證。

所有上古神話中的神人,它們被更迭的信仰所篩選、淘汰,保留下來的逐漸被賦予人的部分性格和外形,這就是人格神人的開始。人創造了神,也改造了它的外貌。西周時代,人形的神開始在青銅器上出現,我在海外曾見過西周末、春秋初所作乘龍的神人,衣冠市帶,儼然是人的形貌,其所乘的龍,則是一個螺號狀的容酒器。它的時代晚於神面紋卣。但神面紋卣的出現,已經爲上古神話的演變提供了訊號。戰國帛畫也出現了乘龍的神人。威猛的神基本上變爲人的形狀,大體上要到漢代,東漢晚期的神人鏡所提供的畫像上,黃帝、諸神和仙人都在雲氣中成爲大袖寬袍人的形象了。

　　有部分人形的神話性圖像,在青銅器上見到有一件銘文爲"禾大"的人面方鼎,今藏於湖南省博物館;一件蓋頂爲人面龍形的盉,今在美國華盛頓弗利爾美術館;另一件足部有人面蛇身物像的觥,也在該館。此外還有作猛虎食似人怪物的卣二器,今在法國巴黎池努奇博物館和日本京都泉屋博古館。上海博物館藏有一件虎食人首的轅飾,也頗通奇。保利藝術博物館能够得到這件罕見的神面紋卣,真是一大奇跡。

---

　　① 小子夆卣及圖形見林巳奈夫《殷周時代青銅器の研究》(殷周青銅器綜覽一)下册 259 頁卣 35,斿父癸卣見同頁卣 34。二祀邲其卣及六祀邲其卣今藏北京故宫博物院,圖形見《中國青銅器全集》(3),128—129 頁。

　　② 戉箙卣藏上海博物館,圖形見《中國青銅器全集》(4),170 頁。戈卣藏湖南省博物館,圖形見《中國青銅器全集》(4),160 頁。

　　③ 庚嬴卣藏美國哈佛大學福格美術博物館,圖形見林巳奈夫《殷周時代青銅器の研究》(殷周青銅器綜覽一)下册 279 頁卣 179。

　　④ 叔趯父卣見《考古》1979 年第 1 期《河北元氏縣西張村的西周遺址和墓葬》圖版玖之叁。員卣圖形見林巳奈夫《殷周時代青銅器の研究》(殷周青銅器綜覽一)下册 279 頁卣 175。軑卣藏日本根津美術館,圖形見同書 280 頁卣 185。

　　⑤ 豐卣圖形見《中國青銅器全集》(5),174 頁。

　　⑥ 根津美術館三件方盉圖形見《中國青銅器全集》(3),142—144 頁,勾連雷紋壺圖形見同書 92 頁,子漁尊見同書 98 頁。

　　⑦ 令方彝圖形見《中國青銅器全集》(5),124 頁,商尊見同書 145 頁,何尊見同書 144 頁,斿尊見同書 146 頁,斿觥見同書 97 頁,斿方彝見同書 123 頁,萉祖辛爵見同書 80 頁。

　　(原載《保利藏金》,嶺南美術出版社,1999 年)

實驗考古

商鞅方升和戰國量制

上海博物館爲了繼續貫徹執行黨的文物保護政策,積極地開展了文物保護工作。1966年徵集到著名歷史文物商鞅方升(圖版十九),以後,又獲得了一批珍貴的秦漢量器。像商鞅方升有如此重要歷史意義的文物和秦漢的一批量器能够得到妥善的保護,爲歷史研究提供實物資料,這件事情本身有力地證明了黨的文物政策的正確,以及在這個政策指導下所取得的重大成就。

商鞅方升舊名商鞅量,47年前曾發表過它的銘文和完全不準確的全形拓本,引起了學術界的注意①。但是長期以來,這件文物流存何處,下落不明。一些研究者書中轉引的都是最初發表的材料,由於沒有見到實物,造成了銘文解釋上的個別誤解和實測計算上的出入。現在我們根據實物重新進行了實測,並校對了銘文。

商鞅方升容積實測的數值如下:縱7、橫12.5、深2.27至2.3釐米。

方升周邊及四角平正垂直,完全可以按實測數值計算容積。我們沒有用水較量,是因爲局部附着的氧化物比較厚,恐量出的結果不準確。深2.27釐米是器的前端,是當時使用時口沿微有磨損之故,其餘三邊都是2.3釐米,所以計算時應以此爲準。根據實測計算,商鞅方升的容積爲201立方釐米,即等於水的相同毫升值。

以前商鞅方升的實測據記載是用"劉歆銅斛尺",這個尺度是根據新嘉量推算出來的,有三位以上的小數。由於計算者取小數值不同,其結果是計算值頗有差別,沒有一個是相同的。如184.5毫升,199.69毫升,0.200 634 29公升等等。前者是計算中的誤差,後者的計算數值與實際比較接近。

商鞅方升銘文爲(圖一):

十八年,齊遹(率)卿大夫(合文)來聘,冬十二月乙酉,大良造鞅爰積十六尊(寸)五分尊(寸)壹爲升。重泉。

廿六年,皇帝盡並兼天下諸侯,黔首大安,立號爲皇帝。乃詔丞相狀綰法度量則不一,歉疑者皆明壹之。臨。

圖一　商鞅方升銘文

銘文有兩點需要加以説明。第一是達字左上部爲厚銹掩蓋,而這種銹的性質是不宜剔去的,現左側尚存♀形。這個字以前大多數釋率,從銘刻實際看這樣解釋是對的。其次,末句有釋作"五分尊之一爲升",今按銘中没有"之"字,大約是拓本不清,將"壹"字誤析爲"之一"兩字了。

這個方升是秦孝公十八年即公元前344年商鞅變法時所規定的標準升。《史記‧商君列傳》説商鞅"爲田開阡陌封疆,而賦税平。平斗桶權衡丈尺"。從方升的銘文知道商鞅訂定統一的度量衡制是在公元前344年。

"爰積十六尊(寸)五分尊(寸)壹爲升",是説升的容量是十六又五分之一立方寸。"積"

就是容積。"壹"本是專一或統一的意思,用法如"歉疑者皆明壹之"的壹,但在這裏借用爲序數的一。以前據説用"劉歆銅斛尺"實測容量爲:5.4×3×1 等於 16.2 立方寸,這當然是完全理想的計數,但實際情況稍有出入,如一寸以 2.3 釐米計,則縱橫的尺度都畧微超過 3 寸和 5.4 寸。這種微小的差別可能是反映了手工鑄造中諸如造模和澆製及修整過程的出入。公元前 4 世紀中葉能够達到如此的精確度,在當時可算作相當高的水平了。我們測量了一件秦始皇方升(圖二),容積爲 6.9×12.4×2.33 釐米,等於 199.58 立方釐米,它的縱橫和深度的比例,也有微小的差異,一寸畧大於 2.3 釐米,然而總的容積還是相當準確的,與商鞅方升相比,誤差不到百分之一。始皇二十六年距孝公十八年時間相隔 122 年,商鞅規定的量制仍然爲秦始皇所採用,所謂統一度量衡,乃是秦始皇命令丞相隗狀和王綰,把商鞅既定的制度推行到全國。

圖二 始皇方升

作爲新興地主階級的代表,商鞅在秦國曾經堅决的採取了一系列政治和經濟的變法措施,這些措施部分地反映了當時社會生産力發展的客觀要求,在生産和社會發展方面,起了一定的進步作用。度量衡制度直接關係到農業和賦税政策,它的統一,有利於當時新興地主階級經濟的發展。商鞅方升,是反映了公元前四世紀中葉,秦國的新興地主階級在與奴隸制桎梏的鬥爭中,以新的剥削制度代替舊的剥削制度,以鞏固它們的政權和統一中國而採取的一系列政策措施中一件重要的實物例證,這就是商鞅方升的歷史價值。

公元前 221 年,秦統一中國後採取新的一致的量制,是出於當時現實需要。目前遺存的戰國時代的量器,有的與秦制相近,有的差別很大,這些遺物指明了當時量制是比較複雜的。以前有人根據有限的材料,認爲戰國量制比較一致的説法,值得重新考慮②。上海博物館所藏某些有關戰國量器的資料,説明秦以商鞅規定的量制代替列國複雜的量制,是一種必然的趨勢。現將上海博物館收藏的戰國量器或刻有容量校合的戰國器,用水進行實測,可以看出當時量制不一致的部分情況。

一、左關鍆,實測 2 070 毫升。

二、子禾子爸，實測 20 460 毫升。

三、陳純爸，實測 20 580 毫升。

以上田齊三量都是陳氏取得齊國政權以後設置在"左關"或"丘關"地方的公量，子禾子爸的銘文清楚地説明是關口上使用的量器。據實測以十鈉等於一爸，則一鈉大於秦制一斗，一爸大於秦制一斛。子禾子爸及陳純爸銘都説"左關之爸節於㮚爸"，可見當時正經歷着量制的變換過程。子禾子爸是公元前三世紀下半葉的器，比商鞅方升晚半個世紀以上。

四、大梁鼎（圖三）。銘文："鄴廿又七年，大鄴司寇肖（趙）乍（作）智鈄，爲量膚爭齋。""下官"。"下官"是第二次所刻。其中爭是半斗的專用字，《兩周金文辭大系圖録考釋》釋文 222 頁已有論述。這個字在布幣文字中普遍釋爲"半"字，按《漢書・陳勝項籍列傳》"今歲饑民貧，率食半菽"，孟康注："半，五升器名也。"這個"半"字就是"爭"字。這一半斗的專用字與從八從半的半字不同，但音讀相同，故能釋作半字。實測大梁鼎的容量是 3 570 毫升，如果以秦制來計算，假使半斗之䈅是小米，則 1 000 毫升煮熟了是怎麼也放不下的，它不同於現存戰國斗中任何的一例。魏以公元前 361 年遷大梁，因此魏又稱梁，梁二十七年祇有兩個可能，一是惠王二十七年，即公元前 343 年，一是安釐王二十七年，即公元前 250 年。此鼎形式屬於戰國晚期，故是魏安釐王二十七年器。

圖三　大梁鼎銘文

圖四　平安君鼎（三十三年）銘文

圖五　平安君鼎（三十二年）銘文

五、平安君鼎(圖四、五)。銘文:"卅二年,平安邦斦客,膚四分酓(即齋的簡寫)。五益(鎰)六釿半釿四分釿平。"(腹銘)"平安邦斦客,膚四分酓(齋)。"(蓋銘)以上爲第一次所刻。"卅三年,單左上官,宰憙□受平安君石它。"(腹銘)以上爲第二次所刻。膚四分齋,是容四分的粱,四分是合文。而"四分釿"是指重量,從整個的重量看是説四分之一釿,所以容量的四分合文也應是四分之一,全部重量是 6.75 釿。同樣的容量單位還見於梁二十五年鼎。平安君鼎實測 1 400 毫升,比較戰國其他的量制,相去很遠,因此它是另外一種量制。

六、尹壺。銘文:"尹,廿四斗。"實測容量爲 8 370 毫升,一斗之數相當於 2 092.5 毫升。

七、長陵盉(圖六)。銘文:"銅要鐈銖芷旻繻,又盍(蓋),鱳。容一斗二益。""長阠。"(以上第一次刻)"少腐。"(第二次刻)"同,長陵,一斗一升。"(第三次所刻)長阠即長子,在戰國爲趙地,一斗二益,可以看作是趙國的量制。這容量刻銘爲第二次刻銘者鑿去,但没有鑿盡,目驗可辨。《儀禮・喪服》"朝一益米。"注:"一益爲米一升二十四分升之一。"又《小爾雅・廣量》"一手之盛謂之溢",這就是説一益米等於一把米,爲當時的二十四分之一升。實測此器的容量是 2 325 毫升。如果一益米的注釋符合趙制,則一斗之數爲 2 306 毫升,一益之數爲 9.6 毫升。這器後來轉到長陵地方,因量制有變化,重新作了校合,一斗之數爲 2 114 毫升。此長陵不是漢長陵,字體明顯是屬於戰國的,但史書不載。

屌氏扁壺。銘文:"屌氏,三斗少半升。""今三斗二升少半升。""十六斤。"實測容量爲 6 400毫升,合"三斗少半升"的每斗之數爲 1 920 毫升,合"三斗二升少半升"的每斗之數爲 1 980毫升。

從以上材料可以歸結出兩點:一、戰國的量制經歷過一個比較複雜的變化過程,容量單位名稱有顯著不同,而相同的量制名稱,但單位容量也存在或大或小的不同程度的出入;二、當時人們對於量制單位容量的概念是比較強的,當地區的或時期先後的因素使量制有改變時,須要對用器重新進行校量,出現了一器校刻幾次容量的情況。現將以上量器列表如下:

國別	器　名	銘刻容量	實測容量 (毫升)	合單位容量 (毫升)
秦	商鞅方升	升	201	
齊	左關鈉	鈉	2 070	
齊	子禾子釜	釜	20 460	
齊	陳純釜	釜	20 580	
魏	大梁鼎	伞(半斗)	3 570	
趙	長陵盉一	一斗二益	2 325	斗 2 306 益 9.6
	長陵盉二	一斗一升		斗 2 114
	平安君鼎	四分	1 400	

（續表）

國　別	器　　名	銘刻容量	實測容量（毫升）	合單位容量（毫升）
	尹　　壺	四斗	8 370	斗 2 092.5
	屌氏壺一	三斗少半升	6 400	斗 1 920
	屌氏壺二	三斗二升少半升		斗 1 980

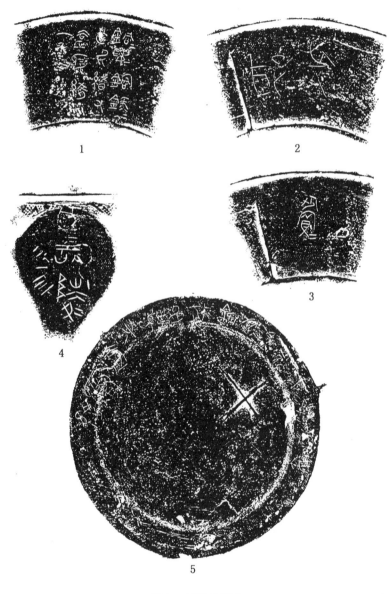

圖六　長陵盉銘文

這種量制不一致的情況,對於秦統一後財政和經濟的發展,不能不是障礙,這就是秦以商鞅規定的量制來統一全國量制的背景。

商鞅方升是很準確的秦制,傳世的始皇方升實測容積是 199.58 立方釐米,與商鞅方升比較,誤差不到百分之一,又秦橢量(圖七)實測爲 654 毫升,合當時容量爲三升少半升,即量三次合一斗,爲 1 962 毫升。因爲橢量不規則,比較難於做得精確,根據資料,個別的甚至有相差 10 毫升左右的,而方升則比較容易做得精確,著録的幾個方升,實測容量祇有微小的差別,如故宫博物院收藏的秦方升爲 200 毫升。

圖七　二世橢升

古代的量器是社會經濟發展過程中的産物,也是地主階級對農民進行剥削的一種工具。在階級社會裏,階級鬥爭是很激烈的,地主對農民的剥削非常殘酷。這裏所介紹的古代量器祇能看作是當時統治階級政權機關規定的一種所謂標準量制,但是,地主階級的層層剥削,是不受這些量器的限制的。

①《浦口温泉小志》,《商鞅量考》(1925 年),"商鞅量與商鞅尺"(《國學季刊》1935 年 5 卷 4 號)。

②《戰國度量衡畧説》中談到"秦始皇統一前的列國度量衡標準大致上是相近似而穩定的,差異和變化都不很大"(《考古》1964 年第 6 期)。《古代量器小考》一文中説"戰國時期的一斗,約當於今 1 870 毫升"(《文物》1964 年第 7 期)。

(原載《文物》1972 年第 6 期)

商周青銅雙音鐘

1978 年 5 月，湖北省隨縣曾侯墓出土一套青銅編鐘，懸挂在曲尺形三層鐘架上，架的横梁即鐘虡爲木製，梁柱即鐘笋係青銅鑄造的佩劍武士。三層共計 64 枚鐘。另有一鎛，懸於下層居中，鑄銘 31 字："唯王五十又六祀，返自西膓，楚王酓章作曾侯乙宗彝，寞之於西膓，其永時用享。"楚王酓章即楚惠王熊章，則此五十六祀即楚惠王五十六年，爲公元前 433 年。估計這 64 枚編鐘的鑄造年代與曾侯乙鎛不應相去過遠，大體上是春秋戰國之際的鑄品。每一層各組音色不相同，中間一層三組爲實際演奏所用，各組的數目是 11∶10∶10。下層大鐘音低而洪亮，有人認爲是作和聲之用。這批鐘在中國音樂史上是一次空前的大發現，在世界考古史上恐怕也是罕見的，需要作許多深入的研究。這批鐘無論在形制還是在樂律（temperament）方面都是相當完整的，64 枚編鐘的鼓部和旁鼓部都用銘文標出音名[①]。這樣，中國考古學家在此前不久發現的每一個鐘可能具有兩個頻率（frequency）音的看法得到了令人興奮的證實。每一個鐘具有兩個頻率音，這是中國商周鐘所固有的特點和優點，這在曾侯乙編鐘的鑄造中已經達到了最爲輝煌的頂點。這種效應，自然與中國鐘的形式和結構有關。但是否所有中國商周式鐘都是雙音鐘，這是需要探討的問題。這個問題，對兩周編鐘音階和樂律的發展具有相當重要的關聯。

一、商周鐘構造的基本特點及其發展

所謂商周式鐘，是指具有截面爲橄形的口部、中間凹下而成彎曲、頂部（舞）封閉的共鳴體，有甬或紐。商代的這種形式的鐘形器是一種執鐘，它是口部向上執在手中擊奏的，這種執鐘考古學家們稱之爲鐃。考古發掘出土的鐃，除殷墟五號墓是五個一組爲特例以外，其餘皆爲三個一組。商末周初又有一種鐃，因其形體過大祇能植於架上演奏[②]，形式完全是殷墟鐃的放大，這種鐃或稱大鐃，或稱爲鉦。因爲據《説文》鐃是"小鉦"，則鉦必然是大鐃了。但鉦或大鐃都出在殷墟以外地區,近幾年來湖南、安徽、江蘇、浙江等省都有出土,而尤以湖南出土爲多。據殷墟鐃的形式,毫無疑問,必然是兩周鐘的濫觴。由此我們可以知道,鐘的原始形式在中國青銅時代一經出現,就是採取兩側尖銳的扁圓體形式,不僅鐃是這種特殊的形狀,就是河南偃師二里頭文化中所出的早於商代二里崗期的單翼青銅鈴,也是橢扁體的形狀。兩者共鳴箱的特點,頗具相似之處。可見,中國青銅鐘的這種特有形式,很早就相對地固定下來了。

　　周初青銅樂器發現甚少,幾乎沒有正式的出土記錄。從形式的發展來看,西周中期已通行編懸的甬鐘,陝西長安普渡村出土的西周穆王時期長由墓編鐘[③]和寶雞強伯墓出土的編鐘[④]都已是甬鐘。傳世的有一種介於商鐃和甬鐘之間的甬中空而有幹的鐘,有的有扁形的枚,枚所佔的地位很廣,而鼓部的地位很狹(圖一,1),顯然是鐃與甬鐘的過渡形式[⑤]。可以說它是西周中期以前的鐘的形式,但這種鐘上限到什麼時期,現在還沒有資料可以判斷。這種鐘的共鳴體有擴展長度的趨勢,值得注意的是它已經有了枚這種引人注目的結構。

　　至於西周晚期的甬鐘,已經是眾所周知的發展非常成熟的形態了。如陝西省博物館所藏的扶風縣齊家村出土的柞鐘和仲義鐘[⑥],則都是有八枚成序列的編鐘,與長由墓編鐘三枚成序列相比較已大大地發展了。顯然,兩側尖銳的長體而呈扁圓的共鳴體,是鐘的特有形式。這種形式必然有相當的實用價值,才能穩定地沿用下來,它的形式上的局部改進,祇是爲了音響效果更加完善而已。至於西周晚期出現的有紐無枚截面畧呈長方而有較大橢角和口平的鐘,其特大者或稱爲鎛,則是另一種用途的青銅樂器,不在本文中討論。

　　春秋早期繼承西周的制度,至晚期而有所變化,原來平口截面作橢方形的紐鐘改造爲有兩銑的平口鐘,這種鐘也是大小相次編懸的,其發音方法和甬鐘相同,典型的如蔡侯墓出土的歌鐘。蔡侯墓的全套編鐘有平口的歌鐘、曲於的行鐘和曲于的鯀鐘構成。前兩類是紐鐘,後者是甬鐘。隨縣曾侯乙墓中層和下層的姑洗律甬鐘共有五組。中層兩組鐘枚的形式各不相同,有一組爲無枚。30 年來,全國各地出土了不少編鐘,大大地豐富了兩周鐘的研究資料。今將出土的地點、數目及時代制成附表(附表一)。

二、商周鐘的振動模式

　　鐘體爲空心,上頂封閉,下口侈大,近於筒形體。實驗證實,圓鐘激振以後,是按正"十"字的交叉節綫進行振動的,如下圖左所示。而如果從鐘口觀察,則是按兩個垂直交叉的扁圓形交替地作來回擺動,如下圖右所示。當激振鐘口 a 點時,aa′兩點同時向裏擠壓,其直角方位上的 bb′兩點則相應地向外延伸,整個鐘口暫時失去了正圓形。接着,由於鐘壁彈性的作用,aa′和bb′的向裏擠壓和向外延伸交換了位置。這樣鐘壁往返不斷的運動而産生了相應的頻率,從而發出了聲音。其中虛、實綫的四個交叉點是静止的,形成90°角的振節。這是一般圓鐘的振動模式。純粹的圓鐘激振鐘口任何一點,其振動模式都固定不變,所以改變圓鐘的敲擊部位,它的基音(fundamental)祇有一個。實際的圓鐘其上下的大小厚薄不一致,這種結構的變化導致了産生各種複雜的泛音(harmonics)或分音(partials),但其基頻(the frequency of fundamental)則僅有一個。

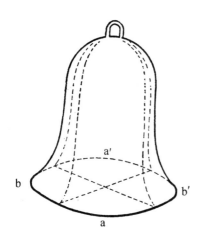
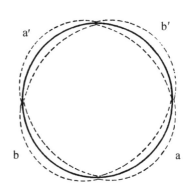

商周鐘的形式是扁圓體,兩銑的鋭角形成了兩條棱,鐘口的截面成葉狀而非圓形。這種特殊的結構造成了鐘壁振動時的制約。實驗測定,它有兩種振動模式,鼓部中間的敲擊點稱爲鼓,鼓音的振動模式見下圖左,aa′、bb′均爲振動之處。第二種振動模式激振點在兩銑和隧之間的旁鼓地位上,稱爲鼓音,鼓音的振動模式見下圖右,aa′、bb′點均爲振動之處。而圖左的 aa′bb′恰爲圖右的 aa′bb′的振節,反之亦然。商周鐘由於這種特殊的結構而造成的各自的振動模式和頻率,從而使一枚鐘能够具有發出兩個頻率音的作用。

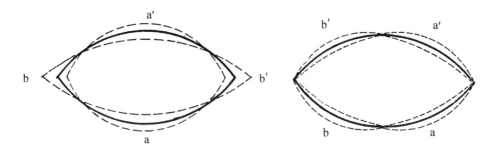

1977 年我們在測量陝西出土的秦公編鐘時,已經觀察到一鐘能够發出兩個頻率音。後來由於曾侯乙編鐘的出土,鐘上明確標有兩個音名,才得到確認。作爲檢驗的原則,我們對上海博物館所藏的 107 枚商鐘、西周鐘、春秋戰國鐘(包括少數鈴)以及宋代和清代倣造的商

周式鐘進行了頻率實測,發現每一鐘都具有能發雙音的特點。以下,我們將屬於商至戰國的 84 枚鐘,按其時代及鼓音旁鼓音的音程(interval)關係,列成表格。測量的方法是用 PB－2 型頻率儀通過激振器向鐘壁輸送頻率,然後再用微音器靠近鐘的振動部位,將音頻訊號送入示波器,與頻率儀發出的標準訊號比較,觀察示波器的李薩如圖形,聲音頻率直接由頻率儀讀數顯示出來。下面表中的音程關係是按一般音樂上所通用的小二度(minor second)、大二度(major econd)、小三度(minor third)、大三度(major third)、純四度(perfect fourth)、增四度(augmented fourth)和小六度(minor sixth)等音程概念表示。其換算的方法是:先按鼓音和旁鼓音的頻率求出其音分(cent)[⑦]差,再按一個半音關係(即一個小二度關係)等於 100 音分進行折算,不滿 100 音分的則按四捨五入取百位。這樣勢將造成某些介於兩個音程之間的關係,雖然人耳的聽覺能夠區別,而表中卻反映不出來,但這在統計上不能不這樣做,因而是須要加以說明的。

數量　音程 時代	小二度	大二度	小三度	大三度	純四度	增四度	小六度
商	1	4		2			1
西周早中期（無旋鐘）		3	2	2		1	
西周晚期	1	5	14	5	1		
春　秋	2	1	11	5	3		
戰　國	4	4	8	4	3	1	

　　從上表中可以看到,商鐘的鼓音和旁鼓音的關係,以大二度居多。西周早中期的無旋鐘,即過渡到西周有旋有枚的鐘,雖然也以大二度居多,但與其他音程的比數差並不特別顯著。至西周晚期有了明顯的變化,小三度的音程關係佔了大部分,春秋時期也占了半數。戰國時期小三度與其他音程關係的比數則大為減低,雖然小三度還佔有一定的比例。上海博物館的藏品雖不足以完整地顯示商周鐘的音程面貌,但因其數量較多,仍有一定程度的代表意義,至少可以作為一個重要的參考。

　　上表測定的結果證實了:1. 商周式鐘在鼓部和旁鼓部都有一定的音程關係,即都能發出兩個頻率音。2. 鼓音和旁鼓音之間各類音程的比數隨着時代的發展而複雜起來。3. 自西周晚期開始,音程的小三度關係很顯著,大三度也有所增加,隨着時代的發展,其他的音程關係也展開了。這裏要指出的是,曾侯乙編鐘的音程關係,小三度佔 47 枚,大三度佔 16 枚。小三度音程是其中的主要部分。

　　為了使對商周鐘的振動模式的瞭解不是停留在數字的概念上,須有直接的觀察加以證實。我們請上海博物館文物保護科學技術實驗室對商周鐘的振動模式作了激光全息攝影

(Holographic for display)，以便能够直觀地反映不同頻率振動區域的光干涉條紋影像，這是振幅(Oscillation amplitude)和位相的記録。

全息照相的步驟是：用壓電陶瓷晶片貼在古鐘邊緣的激振點上，通過音頻發生器選擇古鐘的固有頻率使其產生共振，在恒定振動狀態時，對古鐘作時間平均法全息攝影。我們對上海博物館所藏的兩個殷代鈇鐘和兩個周代甬鐘進行了全息攝影。下面發表的全息照片中鐘上的黑白條紋(Fringe)是古鐘特定頻率的振動區域所形成的光干涉條紋。由於振動體在振動時所發生的往返的周期性變化，往往在其兩個極端的位置停留的時間較其他位置停留的時間長得多，所以全息干片上記録的也是兩個極端位置的物體光波的最強波前干涉(Wave front interfer)圖像。這也就是古鐘的振型圖，也可以説是振動模式的光干涉圖。

照片所顯示重複的開口“Ω”形或閉合“O”形干涉條紋環的中心爲振動波腹的正中。因爲鐘體爲扁圓形，而全息形成的干涉條紋在正對記録介質的正軸方嚮最敏感，兩側向左右方嚮伸縮的變化引起光程改變很小，因此常常看不到干涉條紋，所以我們又拍攝了側視的振型照片，以便能够得到振型圖像的全面概念。干涉條紋的多寡是激振力的强弱所造成。由於鐘的振動模式是正背一致的，所以這裹祇顯示鐘的一個正面或側面的光干涉條紋。

古鐘振動模式全息攝影的記録圖像如下：

（一）商晚期　獸面紋鐃（圖一，2）

鼓音的頻率爲997 Hz，振型爲正視一個“U”形環，側視一個“U”形環（圖一，3、4）；

旁鼓音的頻率爲1 118 Hz，振型爲正視兩個“U”形環，側視兩個“U”形環（圖一，5；二，1）；

高頻分音 A 頻率爲2 701 Hz，振型爲正視兩個“U”形環（圖二，2）；

高頻分音 B 頻率爲2 950 Hz，振型爲正視三個“U”形環，側視兩個“U”形環（圖二，3、4）；

高頻分音 C 頻率爲4 580 Hz，振型爲正視近鐘口三個“U”形環，其下三個“O”形環，側視近鐘口兩個“U”形環，其下兩個“O”形環（圖二，5、6）。

（二）商晚期　亞醜鐃（圖三，1）

鼓音的頻率爲768 Hz，振型爲正視一個“U”形環，側視一個“U”形環；

旁鼓音的頻率爲867 Hz，振型爲正視兩個“U”形環，近舞部兩角另各有三條條紋，側視兩個“U”形環（圖三，2）；

高頻分音 A 頻率爲2 083 Hz，振型爲正視兩個“U”形環；

高頻分音 B 頻率爲2 183 Hz，振型爲正視三個“U”形環（圖三，3）；

高頻分音 C 頻率爲 3 279 Hz,振型爲正視近鐘口三個"U"形環,其下兩個"O"形環(圖三,4);

高頻分音 D 頻率爲 4 518 Hz,振型爲側視近鐘口三個"Ω"形環,其下三個"O"形環(圖版三,5)。

(三)西周晚期　雷紋鐘(圖四,1)

鼓音的頻率爲 358 Hz,振型爲正視一個"Ω"形環,側視一個"Ω"形環;

旁鼓音的頻率爲 444 Hz,振型爲正視一個"Ω"形環,近舞部兩角另各有三條條紋,側視兩個"Ω"形環(圖四,2);

高頻分音 A 頻率爲 1 004 Hz,振型爲正視兩個"Ω"形環,側視三個"Ω"形環(圖四,4);

高頻分音 B 頻率爲 1 124 Hz,振型爲正視三個"Ω"形環,側視兩個"Ω"形環;

高頻分音 C 頻率爲 1 785 Hz,振型爲正視三個"Ω"形環,側視三個"Ω"形環(圖四,3、5);

高頻分音 D 頻率爲 2 694 Hz,振型爲正視近鐘口四個"Ω"形環,其上兩個"O"形環(圖四,6)。

(四)春秋晚期　獸面蟠蛇紋鐘(圖五,1)

鼓音的頻率爲 865 Hz,振型爲正視一個"Ω"形環,側視一個"Ω"形環;

旁鼓音的頻率爲 1 045 Hz,振型爲正視兩個"Ω"形環,側視兩個"Ω"形環;

高頻分音 A 頻率爲 2 304 Hz,振型爲正視兩個"O"形環,側視三個"Ω"形環(圖五,2、3);

高頻分音 B 頻率爲 2 515 Hz,振型爲正視三個"Ω"形環,側視左爲一個"Ω"形環,右爲一個"O"形環(圖五,6);

高率分音 C 頻率爲 3 180 Hz,振型爲正視近鐘口三個"Ω"形環,其上三個"O"形環,側視近鐘口五個"Ω"形環,其上五個"O"形環。

上述四鐘的全息照相,有的因振型模糊而未予記錄。分音是振動體在振動時所發出的包括基音在內的各種頻率,高於基音的頻率也可稱爲泛音,它同基音組成複音,決定了樂音的音品。我們從以上的全息照相中可以看到,當敲擊鼓部時,古鐘的振型和一般圓鐘是基本相同的,全息照相的正視圖爲一個"Ω"形環,側視圖也是一個"Ω"形環,這種振型如從鐘口觀察,也就是按兩個垂直交叉的扁圓形交替地作來回擺動。這是第一個基音,也就是鼓音。但是當敲擊部位改變至鐘口一邊的四分之一或四分之三的部位附近時,由於鐘銑棱角造成了對振動的制約,形成了節綫,這時,敲擊點震動最烈,爲波腹正中,此至臨近鐘銑節綫爲波腹的二分之一,整個波腹長度占敲擊點至鐘銑節綫長度的二分之一以上,正好等於鐘銑至鐘口正中即鼓部的長度,鼓部也形成節綫。由於對應的關係鐘口一邊形成了兩個波腹,在全息照相中即正視兩個"∩"形環。這是又一個基音,即旁鼓音。我們曾試驗改變這一激振部位來尋找旁鼓音的振型,事實上是比較困難的。這種現象正是中國古鐘由於其獨特的民族形制而形成的特點。由於一鐘雙音大大地豐富了編鐘的音列,這又成了它的優點。全息照相

1　商鐘　　　　　　　　　　　　2　獸面紋鐃(商晚期)

3　獸面紋鐃(下同)　　　　　　4　同左(側視)　　　　　5　旁鼓音頻率的振型(正視)
　鼓音頻率的振型(正視)

圖一

1 旁鼓音頻率的振型(側視)

2 高頻分音 A 頻率的振型(正視)

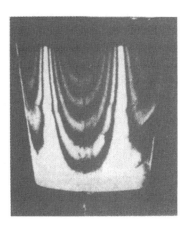

3 高頻分音 B 頻率(正視)

4 同左(側視)

5 高頻分音 C 頻率(正視)

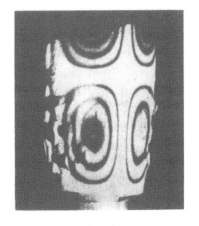

6 同左(側視)

圖二

1　亞醜鐃（商晚期）

2　亞醜鐃（下同）旁鼓音頻率振型（側視）

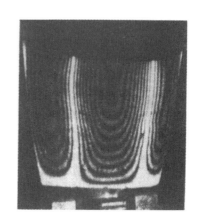

3　高頻分音 B 頻率（正視）

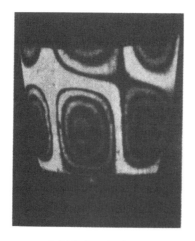

4　高頻分音 C 頻率（正視）

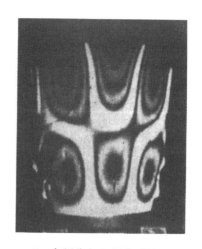

5　高頻分音 D 頻率（側視）

圖三

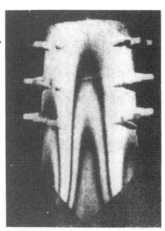

4　高頻分音 A
　頻率(側視)

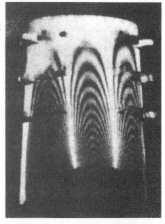

5　高頻分音 C
　頻率(正視)

1　雷紋鐘(西周晚期)

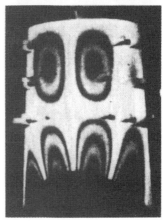

6　高頻分音 D
　頻率(正視)

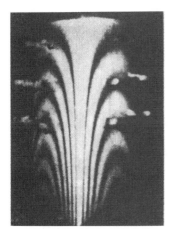

2　雷紋鐘(下同)旁鼓音頻率(側視)

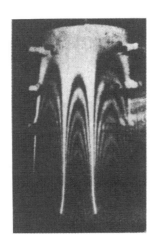

3　高頻分音 C 頻率(側視)

圖四

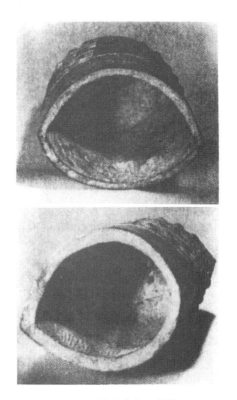

1　獸面蟠蛇紋鐘（春秋晚期）

4、5　四川涪陵出土編鐘

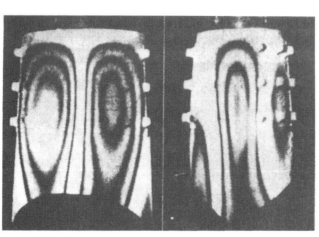

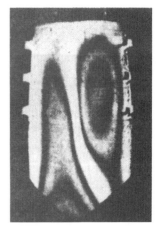

2　獸面蛇紋鐘高頻分音　　　3　同左（側視）　　　6　獸面蛇紋鐘高頻
　　A 頻率（正視）　　　　　　　　　　　　　　　　　　　分音 B 頻率（側視）

圖五

所反映的古鐘振型是非常複雜的,它在按基音頻率振動的同時,各個不同塊面又同時產生不同的振幅和頻率,如全息照相所示高頻分音的兩個"∩"形環、三個"∩"形環,近鐘口三至四個"∩"形環和其上的兩至三個"O"形環。這些分音組成複音,也就是古鐘所發的聲音。音高則由基音的頻率所決定。但是根據記載,一般西洋圓鐘的音高是依敲擊時的感覺而定,即所謂的敲擊音高,這個音高祇是接近於基音,而不是實際基音的高度。商周式古鐘却不同,它的感覺音高同實際基音的高度,及其所產生的振型,三者是完全一致的,並且一般來说,鼓音總是非常明確的,旁鼓音也比較的明確。這是中國古代商周式鐘的又一個特點和優點。

三、商周鐘的雙音在音階上的應用

商代的執鐘演奏家們必定會發現他們的執鐘能够發出兩個聲音,因爲祇要在鐘口沿次第敲打一遍,便會立即發現這個現象,這是細心和技術純熟的演奏家們不費任何困難就可以做到的。但是目前成組的鐃都沒有測定過旁鼓音。所以在實際上還難於作出判斷。殷墟五號墓出土了五個一組的鐃,顯然,殷人並未滿足於祇有三個音的音階的組鐃。下面是三組商鐃的鼓音實測:

河南溫縣小南張出土組鐃[8]:

頻率: 535.48 Hz?   783.99 Hz

音分: 6 040   6 700

故宮博物院所藏組鐃[9]:

頻率: 552.2 Hz   688.4 Hz   915.7 Hz

音分: 6 124   6 475   6 969

殷墟組鐃[⑩]:

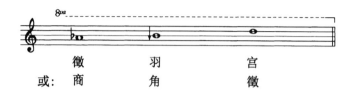

	徵	羽	宮
或:	商	角	徵

頻率：896.42 Hz　962.42 Hz　1 179.4 Hz

音分：6 932　　　　7 055　　　　7 407

商代組鐃音階(scale)比較簡單，可能因爲它主要是作爲節奏性的旋律樂器的關係。但我們並不排斥商鐃使用旁鼓音的可能性。根據目前已經掌握的商鐃鼓音和旁鼓音的音程關係，上述前兩組的鼓音，其與旁鼓音的音程祇須是大二度、小二度或大三度，就能構成合理的音階序列。殷墟五號墓爲五個一組的鐃，音域顯然是加寬了。但商鐃的音階有待於全面的測定後，始可作出正確的判斷。

鼓音和旁鼓音兩種頻率的有意識使用，在西周中晚期的編鐘上已極爲明顯。我們在陝西調查古鐘時，曾對 68 枚西周中晚期的編鐘，其中也包括寶雞太公廟出土的五枚秦公鐘[⑪]進行了實際音響試奏和録音。現在將其中分組清楚也比較完整的六組編鐘的音階揭舉如下，因爲這些鐘限於條件尚未作頻率測試，祇能按首調(moVable doh system)概念記譜，其中高音譜表(G clef)內的白符頭(white note)音爲鼓音，後面的黑符頭(black note)爲同鐘的旁鼓音。

勬伯墓編鐘:

羽	宮	角	徵	？(羽宮)

註：第三鐘耳音不清，以下例來看，當爲羽、宮。

馬王村二組編鐘[⑫]:

羽	角	徵	羽	宮

馬王村三組編鐘⑬：

羽　　宮　　角　　徵

柞鐘：

羽　宮　角　徵　羽　宮　角　徵　羽　宮　角　徵　羽　宮

仲義鐘：

羽　宮　角　徵　羽　宮　角　徵　羽　宮　角　徵　羽　宮

秦公鐘：

羽　　宮　　角　　徵　　羽　　宮　　角　　徵

　　秦公鐘據鐘銘，尚缺最後一鐘，而據樂律來看，也確缺少羽宮二音。因這一地區古鐘中較爲完整的音階都止於宮音。

　　從以上的音階構成關係來看，弰伯墓編鐘的音階應與馬王村以下的各組音階的構成一致。而柞鐘和仲義鐘都爲八枚編鐘組成，其第一、二編鐘的旁鼓音都不相諧，不能構成音階，第三種以後的旁鼓音則相諧而構成音階。這是有意識有選擇地控制旁鼓音和諧的實例。並且利用鼓音旁鼓音以設計音階分佈已經有了一定的規範。從秦公鐘來看，也是如此，祇是缺少了最後一鐘而已。秦公鐘是春秋早期所鑄，它沿用的仍是宗周和關中地區的舊制。我們對於這一批資料的分析大致可以獲得這樣的概念：1. 這一地區的兩周編鐘不用商音，這同部分商鐃不用商音似乎有某些聯繫之處。2. 西周中期已運用旁鼓音，音域已較寬，西周晚期的音階構成爲羽—宮—角—徵—羽—宮，以通用的唱名來表示，就是 la—do—mi—sol—la—do。3. 目前知道，西周晚期柞鐘和仲義鐘都是八個一組，起首兩鐘不用旁鼓音，起於羽音，止於宮音，音域達三個八度。這大約是西周編鐘發展最典型的例子。

西周編鐘使用旁鼓音有明確的標記，從許多鐘來看，凡使用旁鼓音的，其打擊部位都有一個獨立的鸞鳥紋或卷龍紋，凡是鼓上沒有這個標記的，其旁鼓音與整個音階不相諧和，或與後一鐘的鼓音相近，因而在其音階中沒有實際的使用價值。

信陽"䤉篖"編鐘是春秋戰國之際的楚國鑄品[14]。以前信陽編鐘曾測過鼓音的頻率，但是由於不知道有旁鼓音，因而對此鐘的研究[15]是不能反映全部的音階狀況的。不久以前，我們請中國科學院聲學研究所對信陽"䤉篖"編鐘的鼓音和旁鼓音的聲調頻率作了精確的測定。測定的方法是將鐘的各自聲調激發在穩定狀態，通過測共振頻率而得出，從而我們能夠知道"䤉篖"編鐘鼓音和旁鼓音的全部音高。以下將中國科學院聲學研究所測定的數值折算爲音分和音高，列成表格。每一鐘的 A 爲鼓音，B 爲旁鼓音。音高以 C_4 相當於通用的 C'（中央 C），A_4＝440 Hz，音分值爲 5 700 C 作爲基準折算。編鐘中的 1、3、5、10 這四枚鐘的旁鼓音在其他鼓音中都已出現過了，據西周編鐘使用旁鼓音的習慣，凡是重複出現的一般都不使用，而且兩音的音高也不完全一致。這樣，我們把信陽"䤉篖"編鐘的鼓音和旁鼓音放在整個音階結構中來考察，其序列如下：

信陽編鐘增加了許多半音音程，其中除清宮變宮二音外，十二律的其他各音齊備。第 9 鐘旁鼓音爲高八度清宮，它的鼓音和第 3 鐘的鼓音是相差一個八度的羽音。因此，很有可能第 3 鐘的旁鼓音原來也應爲清宮，由於鑄造誤差而偏低了。這樣，在十二律半音音階中就僅缺變宮一音，較前有了顯著的發展。第 13 鐘的鼓音和旁鼓音據其音高爲清徵和變宮，可能原應爲羽、宮二音，也是由於鑄造誤差而偏低。

鐘　號		頻　率	音　分　值	音　高	
1	A	508.5	5 950	$B_4^\sharp$	−50
	B	618.9	6 291	$D_5^\sharp$	−9
2	A	542.3	6 062	$C_5^\sharp$	−38
	B	673.8	6 438	$E_5^\sharp$	+38
3	A	608	6 260	$D_5^\sharp$	−40
	B	739.6	6 599	$F_5^\sharp$	−1
4	A	729.9	6 576	$F_5^\sharp$	−24
	B	881.7	6 903	A_5	+3
5	A	812.6	6 762	$G_5^\sharp$	−38
	B	978.4	7 083	B_5	−17
6	A	911.1	6 960	$A_5^\sharp$	−40
	B	1 059.7	7 222	C_6	+22
7	A	982.5	7 090	B_5	−10
	B	1 163.4	7 383	D_6	−17
8	A	1 092	7 274	$C_6^\sharp$	−26
	B	1 331.3	7 617	E_6	+17
9	A	1 213.5	7 456	$D_6^\sharp$	−44
	B	1 542.6	7 872	G_6	−28
10	A	1 483.6	7 804	F_6	+4
	B	1 645.7	7 984	G_6	−16
11	A	1 649.6	7 988	G_6	−12
	B	2 044.1	8 359	C_7	−41
12	A	1 819.1	8 157	$A_6^\sharp$	−43
	B	2 273.8	8 543	$C_7^\sharp$	+43
13	A	2 363.3	8 610	D_7	+10
	B	2 776.8	8 889	F_7	−11

　　隨縣曾侯乙編鐘是迄今所見規模最大的一套編鐘，如前所述爲春秋戰國之際器。這 64 枚編鐘的鼓音和旁鼓音都有明確的標音，這些標音名稱有許多是前所未知的，但我們可結合其音響，將其半音音階的階名序列排列如下：宮—㸚角—商—徵曾—宮角（鉭、中鎛）—㸚曾 —商角—徵（鼻鎛）—宮曾—㸚—商曾—徵角（徵顡）[16]。相當於現在一般用的十二律半音音

階的名稱。我們將已發表的測音材料的割肆律(姑洗)45 枚編鐘的實際音高列入附表(附表二),上層 19 枚紐鐘因不屬於同一律,暫不收入。

從表中可以看到,曾侯乙編鐘中層甬鐘,在三個八度之内幾乎可以構成完整的半音音階,而在這一音域之内,鼓音仍是其音階的基本骨幹,可以構成五聲、六聲以至七聲音階的結構。根據音樂演奏家們的實際試奏,其旋宮能力可達六宮以上,説明它已超越了古代三分損益法所産生的黄鐘十二律(Chinese 12lü)的局限,而使古代中國的音律達到空前未有的水平。但是,曾侯乙編鐘是獨特的卓越成就,而戰國的其他編鐘由於其條件的局限,或者其他地區的使用者尊卑的因素等等,其音階的使用尚未體現出普遍達到這一水平。

四、雙音鐘的使用和編鐘的産生

音律的發展首先是文化發展的重要標志,是在長期演奏中音階知識的積累和表達愈益高級的複雜樂章的需要。編鐘的出現,當然首先不是技術問題。但高超的製造樂器的技術,却能有助於音色的優美、音階的豐富和音域的寬闊。雙音鐘的有意識使用産生了兩周的編鐘的特有體制。編鐘的名稱出現較晚。《周禮·磬師》"擊編鐘"《初學記》卷十六引《三禮圖》:"凡鐘十六枚同爲一簨虡爲編鐘。"這是稱之爲編鐘的較早的記載。編鐘再早稱爲林鐘,西周編鐘的銘文中多稱大林鐘,林或作䔼、劃、譇。邢人鐘稱"大䔼鐘",克鐘或士父鐘稱"寶劃鐘"或"寶䔼鐘",虢叔旅鐘稱"大林龢鐘"。䔼林音通,大䔼鐘也就是大林鐘,簡稱爲林鐘。

大林不是律名,不論在文獻中的黄鐘十二律或曾侯乙編鐘銘文中的全部律名中,都没有大林這個律名。克鐘銘劃鐘則是大林鐘的簡稱,它與十二律名的林鐘是不同的概念。

1979 年陝西扶風出土的南宮乎鐘,其甬上銘云:"嗣土(徒)南宮乎乍(作)大䔼龢鐘,兹名曰無昊鐘。"顯然"無昊"(無射)是鐘的律名,而大䔼是鐘名。龢字説文所無,據鐘銘通例,其意或與龢鐘之龢義相應。曾侯乙編鐘中層與下層都爲姑洗律,即姑洗爲宮音。按比例,則南宮乎鐘以無昊律爲宮音,那末大林鐘必須是鐘名而不是律名了。

《國語·周語》景王二十三年:"王將鑄無射而爲之大林。"以往理解爲景王將鑄無射而結果錯鑄了大林,似乎以大林爲律名,這是不對的。今南宮乎鐘的甬銘也是鑄無射律而爲大䔼鐘,與景王相同,可見大林鐘就是編鐘。《廣雅·釋詁三》:"林,衆也",又"林,聚也"。《國語·周語》:"四間林鐘",也是指鐘數之衆多的意思。雙音鐘有八度以上的音域,其數衆多,編懸之似林聚植,故稱大林鐘或稱林鐘。

由此可見,音域較寬的雙音鐘的出現,因爲它的鼓音和旁鼓音的利用,及音階的固定次

序,必須編懸而便於演奏,故大林鐘的名稱是指寬音域的衆多的鐘而言,以別於簡單的組合;
而編鐘則是指各種的音階序列相編懸而言。傳世的邢人鐘存七枚,虢叔旅鐘存六枚克鐘存
五枚,都已不完整,原應在八枚或八枚以上,是具有相當音域寬度的雙音鐘,這是經過長期實
踐而形成西周的大林鐘或編鐘這一古代中國打擊樂器的獨特的形式和體制。

五、雙音鐘的校音

　　雙音鐘的鑄造必須有預期的正確的音程關係的效果,其鐘範的設計最爲關鍵。因爲對
頻率最具決定意義的是鐘壁體積的大小和厚薄;任何一種因素的改變,都將影響預定設計的
頻率的變化,所以至關重要的是陶範的製作。由泥範製成陶範在焙燒過程中還有陶範體
積的收縮問題,這也要影響到頻率的變化。而且在合範過程中還要保證分範子母口對合
的準確性,因爲尤其是大鐘,某一端的合範稍有不準,就將影響到鐘體的厚薄不均,而這
也要影響到頻率的設計。在鋼鐵鑄造之前的西周和春秋時代,沒有堅硬的利器能夠刻鑿
青銅鐘壁以校音。商鐃和西周及春秋早期的編鐘上,我們還沒有發現過用任何利器校音
的痕跡。商和西周鐘壁內的凹槽或凸條,所見都是模鑄的,沒有發現鑄後校音的跡象。
這樣,商和西周的鐘必須有一整套校正得相當準確的模具,而泥範則是從標準模具上翻
製出來的。

　　商或西周鑄鐘的標準模具雖然沒有發現,但山西侯馬春秋晚期鑄青銅器的遺址中曾發
現過翻青銅鐘外範的陶質母模。這種母模是以兩銑爲界的半體,如果在同樣的母模上翻製
兩次就可以對合成完整的外範。無疑,還必須有內範的母模。沒有標準模具,不能鑄造出合
乎要求的青銅鐘。外範上枚範是預先留好地位分別裝插進去的,那末範本身也要有母模才
行。鐘範的製作完全是規格化的。爲了合範準確,內範上在枚和舞的對應位置上常常有
"◁▷"形的支釘,其長的銳邊與外範保持若接若離的狀態,這樣保證內外範之間不會錯位而
影響器壁厚薄的準確性。有的支撐物接合得過緊,限擋了銅液的通過,在鐘體上部形成數條
長空隙。有的鐘的內壁保留有未穿孔的長條狀支釘凹痕。這種空隙有的人誤認爲是"發音
孔",其實這是不對的。在春秋戰國青銅器的被封閉的泥芯部件外面常常有這種穿孔的長條
痕,也是相同的現象。

　　春秋晚期至戰國青銅鐘的成品校音是採用刻鑿或塊焊的方法。我們在鐘壁內往往可以
看到這種刻鑿的痕跡。如四川涪陵出土的錯金編鐘,其中有五枚經過鑿刻校音(圖五,4、5),
鑿刻是降低音的高度。上海博物館藏品中有幾件鐘鑿刻得相當厲害,説明鑄造的誤差比較
大(圖六,1—4)。但在鑿刻過程中也會個別產生使鐘壁過薄的差錯,而降低了頻率,因此

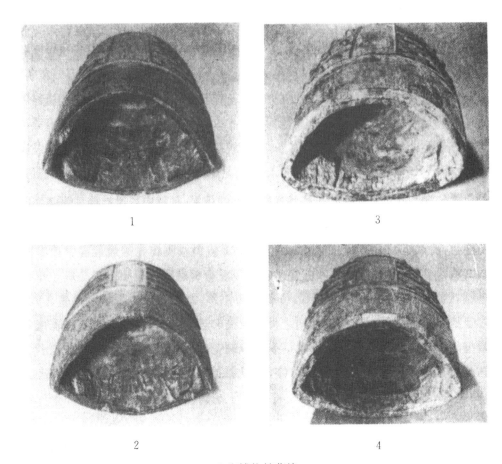

1　　　　　　　　　　　3

2　　　　　　　　　　　4

上海博物館藏鐘

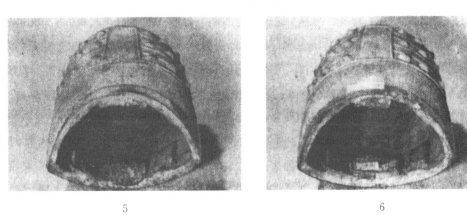

5　　　　　　　　　　　6

銅鐘焊銅痕跡

圖六

就需要補焊一些銅在器壁內部以提高其頻率(圖六,5、6)。但是也有校音後仍然不準的情況,這大多是一些頻率較高的小鐘,也有個別音不準,校驗者不甚嚴格而未採取措施,即使隨縣曾侯乙編鐘也有類似的情況⑰。

　　但是,上述校音的方法祇是某種補充,基本是在陶模上校準,對於雙音鐘來説,這種簡單的校正辦法還是方便的。

────────────────

　　① 隨縣擂鼓墩一號墓考古發掘隊:《湖北隨縣曾侯乙墓發掘簡報》,《文物》1979 年第 7 期。

　　②《博古圖》26.40。《中國古青銅器選》23 商象紋大鐃,文物出版社,1976 年。

　　③ 陝西省文物管理委員會:《長安普渡村西周墓的發掘》,《考古學報》1957 年第 1 期。

　　④ 寶鷄茹家莊西周墓發掘隊:《陝西省寶鷄市茹家莊西周墓發掘簡報》,《文物》1976 年第 4 期。

　　⑤ 陳夢家:《西周銅器斷代(五)》,《考古學報》1956 年第 3 期。

　　⑥ 陝西省文物管理委員會:《陝西興平、鳳翔發現銅器》,《文物》1961 年第 7 期。

　　⑦ 音分是音程對數值的計量方法之一,爲國際上所普遍採用。一音分(cent,縮寫作 C)是一個八度的 1/1 200,平均律將八度平分爲十二個半音,每半音等於 100 C。

　　⑧、⑩ 黃翔鵬:《新石器和青銅時代的已知音響資料與我國音階發展史問題(上)》,《音樂論叢》第一輯。

　　⑨ 李純一:《關於殷鐘的研究》,《考古學報》1957 年第 3 期。

　　⑪ 盧連城、楊滿倉:《陝西寶鷄縣太公廟發現秦公鐘、秦公鎛》,《文物》1978 年第 11 期。

　　⑫、⑬ 西安市文管處:《陝西長安新旺村、馬王村出土的西周銅器》,《考古》1974 年第 1 期。

　　⑭ 郭沫若:《信陽墓的年代與國別》,《文物參考資料》1958 年第 1 期。朱德熙《望簨屈欒解》斷爲楚器,見《方言》1978 年第 4 期 33 頁。

　　⑮ 楊蔭瀏:《信陽出土春秋編鐘的音律》,《音樂研究》1959 年第 1 期。

　　⑯ 黃翔鵬:《先秦音樂文化的光輝創造——曾侯乙墓的古樂器》,《文物》1979 年第 7 期。

　　⑰ 如隨縣曾侯乙鐘中層二組八號鐘的鼓音爲羽,十號鐘的旁鼓音爲商曾,九號鐘的旁鼓音爲徵角,三個音正好構成一個連續的半音音高序列,上下律之間按照三分損益律應有的音分差是:第一音和第二音之間爲 90 音分,第二音和第三音之間爲 114 音分,但事實上第一音和第二音之間竟達 156 音分,比應有的音分差增加了 66 音分,第二音和第三音之間祇有 14 音分,比應有的音分差減少了 100 音分;又如中層一組一號和二組一號鐘的鼓部都標羽音,但實際上它們的音高竟相差 86 音分,將近一個半音。以上誤差都是人耳所能明顯覺察的,但並未校正。

附 表 一

式別件數　　　　　　時代 出土地點		西周中晚期	春秋早期	春秋中晚期	戰 國
陝西	長安縣普度村長由墓	I_3			
	寶雞市茹家莊強伯墓	I_3			
	藍田縣紅星公社	I_1			
	扶風縣強家村	I_1			
	長安縣馬王村	I_{10}			
	扶風縣北橋生産隊	I_2			
	扶風縣齊鎮村東	I_1			
	扶風縣齊家村	I_8 I_8			
	扶風法門公社莊白一號窖藏	I_{21}			
	臨潼縣零口公社		I_{13}		
	寶雞縣太公廟村		I_5		
河南	三門峽市上村嶺虢國墓地 1052 號墓		I_1 II_9		
	信陽長臺關楚墓			II_{13}	
山西	侯馬上馬村 13 號墓			II_9	
	長治市分水嶺 270 號墓			I_8 II_9	
	長治市分水嶺 269 號墓			I_9 II_9	
	長治市分水嶺 14 號墓				I_2 II_3
	長治市分水嶺 126 號墓				II
	長治市分水嶺 25 號墓				I_5 II_9
山東	莒南大店鎮老龍腰一號墓			II_9	
	莒南縣大店鎮老龍腰二號墓			II_9	
	臨沂俄莊區花園公社			II_9	
	臨朐楊善公社				II_5
	諸城臧家莊				II_9
安徽	壽縣西門內蔡侯墓			I_{12} II_9	
	壽縣治淮工地戰國墓				II_3
	壽縣城墻修復工地戰國墓				II_{17}
江蘇	六合縣程橋公社一號墓			II_9	
	六合縣程橋公社二號墓			II_7	
江西	萍鄉市彭家橋河中	I_2			
	修水縣上杉公社曾家山				II_1
湖北	隨縣擂鼓墩曾侯乙墓				I_{45} II_{19}
湖南	韶山灌區洙津渡狗頭壩	I_1			
	平江縣瓮江紅茶初製廠				I_1
四川	涪陵小田溪一號墓				II_{14}
	涪陵小田溪二號墓				I_1
廣東	肇慶市北嶺松山			I_6	
	清遠縣馬頭崗			I_5	
	清遠縣馬頭崗			I_7	
廣西	恭城縣加會公社			I_2	

註：I 式爲甬鐘，II 式爲紐鐘，數字表示出土鐘數，未寫數字者，説明由於器物殘破而件數不明。

附表二　隨縣曾侯乙編鐘音高概況

贏孠鐘（田野號：中層一組）

	11	10	9	8	7	6	5	4	3	2	1
右旁鼓部音高	孠曾 F_4	宮曾 $^\flat A_4$	徵角 B_4^-	孠角 $^\sharp C_5$	徵曾 $^\flat E_5^-$	孠曾 $F_5^\sharp$	徵反 G_5	宮反 $C_6^\sharp$	孠曾 F_6	徵反 G_6	宮反 $C_7^{\sharp+}$
鼓部音高	商 D_4	宮角 E_4	客 G_4	孠 A_4^-	宮 C_5^-	商 D_5^-	下角 E_5^-	少孠 A_5	少商 D_6	角反 $E_6^\sharp$	孠反 $A_6^{\sharp+}$

琥鐘（田野號：中層二組）

	12	11	10	9	8	7	6	5	4	3	2	1
右旁鼓部音高	孠曾 F_4	宮曾 $^\flat A_4^+$	商曾 $^\flat B_4^{++}$	徵角 B_4^{--}	孠角 $^\sharp C_5$	徵曾 $^\flat E_5$	孠曾 F_5	徵反 G_5	宮反 C_6	孠曾 F_6	徵反 $G_6^\sharp$	宮反 C_7
鼓部音高	商 D_4^-	宮角 E_4^-	商角 $^\sharp F_4^+$	客 G_4	孠 A_4	宮 $C_5^{\pm0}$	商 D_5	下角 E_5^-	少孠 A_5	少商 $D_6^\sharp$	角反 $E_6^\sharp$	孠反 A_6^-

楑鐘（田野號：中層三組）

	10	9	8	7	6	5	4	3	2	1
右旁鼓部音高	徵角 B_3	孠角 $^\sharp C_4$	徵曾 $^\flat E_4$	孠曾 F_4	徵 G_4	宮 $C_5^\sharp$	孠曾 $^\sharp F_5$	徵反 $^\sharp G_5$	商曾 $^\flat B_5^-$	宮反 C_6
鼓部音高	客 G_3	孠 A_3	宮 C_4	商 D_4	宮角 E_4	孠 A_4	商 D_5	宮商 E_5	商角 $^\sharp F_5$	少孠 A_5

楑鐘（低音）（田野號：下層二、三組）

	三4	三3	三2	三1	二5	二4	二3	二2	二1
右旁鼓部音高	孠曾 $F_2^{\sharp++}$	宮曾 A_2^{--}	徵角 $^\flat B_2^{--}$	孠角 $^\sharp C_3^\sharp$	徵曾 $^\flat E_3^\sharp$	徵曾 $^\flat E_3^\sharp$	孠曾 $F_3^\sharp$	商曾 $^\flat A_3$	徵角 B_3^-
鼓部音高	商 $D_2^{\sharp++}$	鈤 E_2	客 $G_2^\sharp$	千 A_2^{--}	徵客 B_2^-	宮 C_3^-	商 D_3^-	中鎛 E_3	䣔鎛 G_3

楑鐘（倍低）（田野號：下層一組（佚））

	大孠 A_1	−1	−2	−3
右旁鼓部音高		徵曾 $^\flat E_2^{\sharp+}$	孠曾 F_2^-	↑
鼓部音高		宮 C_2^-	商 D_2^-	

註：實測誤差正負不及一個古代音差[Comma Mixma]的，直接以音名表示而不加符號；超過或將及距離一個古代音差的，在音名後附以＋或－；超過或將及距離兩個古代音差的，在音名後附以＋＋或－－；最高、最低音區中有調音不準的情況，其誤差已超過半音之半以上者，仍據標音銘文爲準，附以應有音名，在音名後附以＋＋＋或－－－。

（原載《考古學報》1981年第1期）

新莽無射律管對黃鐘十二律研究的啓示

　　新莽無射律管,青銅製造,殘長 7.76 釐米。刻銘二行:"無射。始建國元年正月癸酉朔日制"(圖一、圖二)。年字下半殘缺,正月二字據新莽量器及新莽大吕律管刻銘補①。銘文字口中的銹尚未清除乾净。此律管見於以下著録:《貞松堂集古遺文補遺》下三十五;《漢金文録》三之三十九;《小校經閣金文》十三之四一。今藏上海博物館。

　　就目前所知,十二律管作爲標準器留存於世的,唯一衹有這支無射,而還是一支殘管;但從它的刻銘補字可以估計出它的約略的長度,且可和文獻相印證。更重要的是無射律管有了確切的孔徑,而這個孔徑數據是以前任何文獻所不載的。它牽動了十二律管研究的一系列問題,這些問題對古代音樂史的解釋是頗有意義的。1972 年初,長沙馬王堆一號漢墓出土了竽律一套,共十二管,經實測證明是明器。這十二律管"如以其黃鐘管的尺度和音高爲基準,則其餘十一管都與三分損益律所應有的尺度和音高相去甚遠"②,不是實用律管。宋薛尚功《鐘鼎款識》十九·四著録的一支新莽大吕律管,銘爲"大吕。始建國元年正月癸酉朔日製"。字採用二行排列和新莽無射律管相同。這大約是當時律管刻銘的統一格式。但薛氏所著録的大吕律管久已無存。也無從得知其孔徑和實測長度。據銘文判斷,它必然是實用器。

　　由於十二律是從三分損益法計算產生,所以各管的長度、孔徑和頻率是彼此相聯繫的樂理現象,能够用數學精確地推算出來。儘管新莽無射律管長度已不完整,但由於其徑孔對十二律研究所具有的重要意義,我們特請上海計量測試局對孔徑完整的一端作了精密的米字形測定。測定的儀器是萬能工具顯微鏡。測定的結果如下: A 5.750, B 5.780, C 5.768, D 5.788。孔徑平均值爲 5.771,單位毫米。

　　這支無射律管的長度可以從以下幾個方面推測出它的近似值。一、從銘文排列的距離來看。一般地說,新莽政府的標準器——如青銅製造的一些標準量器,所刻的銘文比較工整和匀稱。無射律管也是如此。銘文中制字最長,無字微長,國字和日字較短。如果此兩字算上兩端留空的地位,則和其他字相比所缺甚微。考慮到缺字的筆畫只有年字可能稍長,今取起首"無射始"三字的地位,並假定下端管口留空與上端同爲 0.25 釐米,則全部的待補長度

圖一　新莽無射律管　　　　　　　　　　　　　圖二　新莽無射律管的銘文

是 3.9 釐米,加上年字以上的實際長度是 7.3 釐米,合計爲 11.2 釐米。估計此管長度當在這一數字左右,而不致於會有太大的變動。二、據孔徑可以推算此管的長度,因爲有了頻率和孔徑的數據,可以準確地計算出管的長度。據史書記載和研究者公認,黃鐘長九寸,孔徑三分。按照這一數字,在氣温 15℃ 的條件下閉口黃鐘管的頻率是 387.33 赫茲,按三分損益律推算無射的頻率是 697.98 赫茲。從新莽無射管的孔徑和這一頻率,無射的長度應是 11.215 釐米。我們最初估算的數字和這一數字很接近。當然,新莽無射管的實際長度,應該最大限度地接近於 11.215 釐米。三、另據長度按三分損益法計算,黃鐘長 20.79 釐米(漢制九寸),無射的長度是 11.54 釐米。若此,則無射的孔徑僅有 0.382 788 釐米。現在新莽無射律管孔徑既已放大,則其長度稍有縮短當然是很合理的。此管的外徑並不十分圓,這是由於腐蝕之故,在 1.045 至 1.08 釐米之間,實測的平均值是 1.062 釐米。

以上計算,均以公認的漢尺一尺合 23.1 釐米作爲折合數值。當然,現在要最精確地計算漢尺的絕對值是困難的,因爲至今爲止還没有發現一支漢代官方的標準尺,而一般的尺都有或多或少的鑄造誤差。目前定漢尺的長度都是按劉歆銅斛尺。也有認爲一尺之值是 23.088 64 釐米,但這裏也會有鑄造方面的誤差。現在我們取多數採用 23.1 釐米的數值。雖然數值不同得出的頻率也會有不同,但是考慮到兩者相差甚微,在聽覺效果上不致會有出入,所以我們對 23.088 64 釐米不另作折算。

多年來十二律管没有實物資料出土,而研究音律者又没有機會看到流傳的遺物,這就引起了對律管的懷疑,甚至懷疑到據三分損益法相生的十二律管是否真正存在過③。史書記載標準的律管是用銅製成的,《漢書·律志》很明確地説十二律管的製作"其法皆用銅",又説:"凡律、度、量、衡用銅者,名自名也。所以同天下、齊風俗也。銅之爲物至精,不爲燥濕寒暑變其節,不爲風雨暴露改其形。"這裏提到了用銅製作律、度、量、衡的優越性,主要是穩定不變形和抗腐蝕。銅製律管作標準定音器,音準變化小,自然較之竹木之類優越得多。至於用銅和同天下之同聯繫起來,這當然是附會之説,可以擯棄。現在我們得到青銅的新莽無射律管,證明史書的記載是正確的。青銅律管是否存在過的懷疑,我們現在可以涣然冰釋了。

根據新莽無射律管的測定和各項公式的計算資料,討論以下幾個問題。

一、關於黃鐘長度和孔徑的證實

黃鐘起十二律之始,其長度歷來有兩種説法。第一類是屬於絕對長度的;第二類是以比率數來表示長度的。

關於絕對長度的有兩説。一是黃鐘長三寸九分,見於《吕氏春秋·古樂篇》。查《太平御覽》卷十六及卷九六二引《吕氏春秋》説黃鐘爲三寸九分,但卷五六五却説黃鐘爲九寸。秦漢度制一尺之數合今 23.1 釐米,三寸九分合 9.009 釐米。十二律第一個音管如此之短,則其音之高可想而知。按三分損益法計算,應鐘的長度接近黃鐘的1/2,無射則爲1/2稍大。常識判斷,這是不可能的。經研究計算,也證明是實際上行不通的。近人於此也有合理的研究結論④。《吕氏春秋》關於黃鐘長度的説法,當以《太平御覽》卷五六五的引文爲是。二是黃鐘長九寸,其説見於《史記·律書》:"……置一而九三以之爲法,實如法,得長一寸。凡得九寸,命曰:黃鐘之宮。"又《漢書·律歷志》云:"五聲之本,生於黃鐘之律。九寸爲宮,或損或益,以定商、角、徵、羽。"黃鐘爲九寸,記載得相當明白,研究者多主此説。漢制九寸,合今 20.79 釐米。

關於黃鐘之比率長度,見於《史記·律書》的律數,"黃鐘長八寸十分一"。這不是實際的絕對長度,而是計算長度的比率。"寸"於此衹能説是十分,不是漢制一寸之長。在當時,分的十進位稱之爲寸,而不區別絕對長度的分或比率數的分。《史記索隱》:"律九九八十一,故云長八寸十分一。"如以九作爲除數,八寸十分一或八十一分還是九寸。因而,《史記》律數中十二律的幾寸幾分,都不是絕對長度,而是比率長度或計算長度的比率數。黃鐘八十一分爲九寸,則太簇七十二分除以九爲八寸,完全符合於三分損益律的絕對長度。又《史記》的"置一而九三以之爲法",説的是三自乘九次,即 $3^9 = 19\,683$,以爲除數;"實如法",即被除數和除數相等,所得之商爲一,就是一寸之長。據此,黃鐘的積實數是 177 147,除以 19 683,其數恰爲九,就是九寸。太簇的積實數是 157 464,除以 19 683,其數爲八,是爲八寸。採用這樣多位數字的優點是十二律的"積實數"都没有小數⑤。

現在,根據新莽無射律管口徑和三分損益律以黃鐘爲基準頻率計算,這個管的長度應爲 11.244 583 釐米,這與我們最初據銘文地位估計爲 11.2 釐米是很接近的。如果管徑也按三分損益法變化,則無射的長度應爲 11.54 釐米,兩者相差 0.296 釐米。由於長度相差的幅度很小,可以證明新莽無射律管的實際長度祇能是按三分損益法產生,而不能用其他的方法產生。同時,祇有黃鐘是九寸,纔能説明這個實際問題。

二、關於管徑的修正及其相關問題

律管必須校正管徑,纔能具有預期的頻率,但弦樂没有這個問題。按照三分損益法,弦樂比較理想。然而弦樂在很大程度上受到温度濕度的影響;没有管,弦的定音頗難。管定音準確,有賴於長度和管徑之間彼此相聯繫的變化規律。這種變化究竟如何,古人的説法並不一致。總起來分爲兩類:

(一)管徑不變説。《禮記·月令》"律中太簇",鄭注:"凡律空圍九分。"孔疏:"以黃鐘爲諸律之首,諸律雖長短有差,其圍皆以九分爲限。"蔡邕《月令章句》云:"黃鐘之管長九寸,孔徑三分,圍九分,其餘皆稍短,唯大小圍數無增減。"

(二)十二律管孔徑改變説。《漢書·律歷志》顔注引孟康曰:黃鐘"律孔徑三分,參天之數也;圍九分,終天之數也"。"林鐘長六寸,圍六分"。"太簇長八寸,圍八分"。據此,孔圍是管長的1/10,或孔圍乘 10 等於管長。孟康很明確的説十二律用三分損益法計算,但其圍必須改變,否則不能合乎十二律所要求的諸音高。

長度照三分損益法而管徑一律規定爲三分,不作任何校正,當然不會產生與其相適應的三分損益律的頻率。因爲任何吹管樂器都是因一端吹入氣流,引起管內空氣柱振動,形成駐波發生樂音的。爲實驗所證明,開口管兩端都是波腹,它的基音波長是管長加5/3管徑的 2 倍。閉口管末端空氣不能振動,總是波節,它的基音波長則等於管長加5/3管徑的 4 倍。基於此,祇有管長和管徑同時按三分損益法變化,纔能求得按三分損益法變化的基音波長。頻率等於空氣的傳音速度除以基音波長,所以,頻率按三分損益法變化,必須有賴於基音波長的同時反向變化。由此可見,管徑的變化是十分重要的,管徑不變説顯然是不對的。孟康的管徑改變説是合乎樂理的,從他所舉的黃鐘、林鐘和太簇三個長度和管徑來看,他完全是按照嚴格的數學方法計算而得的。爲了説明問題和比較起見,我們將十二律按科學方法求出的管徑,同按孟康原則求出的管徑作比較列表於下,並求出它相應的頻率。同時,爲在多方面作比較,我們還計算了音分值及音分值差。這是一種較爲精確地計算兩音距離的單位,每音分爲十二平均律半音的百分之一。下表十二律長度都換算成公制。十二律都爲閉口管，此類管子，若没有哨口，作開口管吹，根本無法吹響。求閉口管頻率的公式是：

$$f = \frac{34\,000(s)}{4\left(L + \frac{5}{3}d\right)}$$

f 爲頻率，L 爲管長，d 爲管徑；條件是在 15℃ 下空氣的傳音速度爲 34 000 釐米/秒。由此反推管徑的公式是：

$$d = \frac{\dfrac{s}{f} - 4L}{\dfrac{5 \times 4}{3}}$$

管長公式：

$$L = \frac{\dfrac{s}{f} - \dfrac{d \times 5 \times 4}{3}}{4}$$

這裏必須説明，關於蕤賓生大吕是上生抑下生，歷來説法不一。《吕氏春秋》、《淮南子》、《史記·律書·律數》、《後漢書·律歷誌》等皆以爲上生，而《史記·律書·生鐘分》及《漢書·律歷志》却以爲下生。祇有做出合理的判斷，纔能得出合乎規律的十二律相生序列。根據計算，蕤賓應上生大吕。因爲十二律諸音音高理應都在一個八度音區之内，蕤賓三分益一上生大吕，則大吕音高在黄鐘太簇之間，十二律都在八度内。設黄鐘爲 C 音，各律之古代音差不計算在内，十二律相生的各律音高約略如下：

黄鐘(C)——三分損一——→林鐘(G)——三分益一——→太簇(D)——三分損一——→

南吕(A)——三分益一——→姑洗(E)——三分損一——→應鐘(B)——三分益一——→

蕤賓(F♯)——三分益一——→大吕(C♯)——三分損一——→夷則(G♯)——三分益一——→

夾鐘(D♯)——三分損一——→無射(A♯)——三分益一——→仲吕(E♯)

按其音高秩序排列如下：

C　C♯　D　D♯　E　E♯　F♯　G　G♯　A　A♯　B

黄　大　太　夾　姑　仲　蕤　林　夷　南　無　應
鐘　吕　簇　鐘　洗　吕　賓　鐘　則　吕　射　鐘

如若蕤賓三分損一下生大呂，則蕤賓以下大呂、夾鐘、仲呂三律之音高就發生變化：

$$蕤賓(F^\#) \xrightarrow{三分損一} 大呂(C_1^\#) \xrightarrow{三分益一} 夷則(G^\#) \xrightarrow{三分損一}$$

$$夾鐘(D_1^\#) \xrightarrow{三分益一} 無射(A^\#) \xrightarrow{三分損一} 仲呂(E_1^\#)$$

十二律音高秩序的排列也隨之而發生變化如下：

| C | D | E | F# | G | G# | A | A# | B | C₁# | D₁# | E₁# |

黃　太　姑　蕤　林　夷　南　無　應　大　夾　仲
鐘　簇　洗　賓　鐘　則　呂　射　鐘　呂　鐘　呂

其中大呂、夾鐘、仲呂三律都超越在八度之外，比原來的音高了一個八度，十二律音高序列混亂。《史記索隱》："案律有十二，陽六爲律：黃鐘、太簇、姑洗、蕤賓、夷則、無射；陰六爲呂：大呂、夾鐘、仲呂、林鐘、南呂、應鐘。""呂亦稱閒，故有六律六閒之說，元閒大呂，二閒夾鐘是也。"閒者，居於二律之中閒也。大呂"元閒"，其位當於六呂之首，在首律黃鐘與二律太簇之間。因此，也祇有當蕤賓三分益一上生大呂時，其管長和音高纔符合這樣的位置。

　　以下是按十二律相生順序排列的各項計算數值：

律名	頻率	管長	管徑	孟康管徑	孟康頻率	孟康音分值	三分損益律音分值	音分值差
黃　鐘	387.33	20.79	0.693 000 0	0.693 000 0	387.33	0	0	0
林　鐘	581.00	13.86	0.462 046 2	0.462 000 0	581.00	702.33	702	+0.33
太　簇	435.75	18.48	0.616 006 3	0.616 000 0	435.75	204.48	204	+0.48
南　呂	653.62	12.32	0.410 670 9	0.410 666 7	653.62	906.02	906	+0.02
姑　洗	490.22	16.43	0.545 610 3	0.547 666 7	490.12	407.77	408	−0.23
應　鐘	735.33	10.95	0.365 707 5	0.365 000 0	735.40	1 110.10	1 110	+0.10
蕤　賓	551.49	14.60	0.487 610 1	0.486 666 7	551.55	612.65	612	+0.65
大　呂	413.62	19.47	0.648 146 7	0.649 000 0	413.59	114.00	114	0
夷　則	620.43	12.98	0.432 136 1	0.432 666 7	620.39	815.93	816	−0.07
夾　鐘	465.32	17.31	0.574 182 1	0.577 000 0	465.20	317.68	318	−0.32
無　射	697.98	11.54	0.382 788 0	0.384 666 7	697.80	1 019.22	1 020	−0.78
仲　呂	523.49	15.38	0.514 384 4	0.512 666 7	523.58	522.17	522	+0.17

　　說明："管徑"項數據皆以三分損益律頻率及管長爲據反推得出。"孟康管徑"中黃鐘、林鐘、太簇的孔徑及長度是孟康之說中原有的，其餘系據孟康的孔徑爲管長1/30的原則求出；"孟康頻率"及"孟康音分值"則根據孟康管徑計算。此三管如按十二律長短順序排列分別爲1、3、8，這樣對其餘各管形成了限制數。據樂理計算，符合三分損益法原則。本表除管徑兩項保留七位小數外，其他均保留兩位小數。長度單位釐米，下表同。

　　從上表可以看出,孟康的計算是合乎科學原則的。依照他的管長管徑變化原則所得之十二律頻率,同三分損益律的應有頻率是基本一致的,其音分值差都在小數點以下。從他的時代來説,表現出樂理的數學計算水平相當高。上表中的孔圍數,沒有另作計算,傳統的説法黃鐘"徑三圍九",徑三是絕對值,而圍九則是粗計之數。因爲 π = 3.141 6,設孔徑爲3,孔圍應是 9.464 1,而不是整數9。我們知道,劉歆的 π = 3.154 7,照此計算,孔圍是 9.462,比前者微大。孟康的林鐘和太簇的孔徑和長度之比,和黃鐘一樣都是 1∶30,圍與長是 1∶10。由於徑爲絕對值,對 π 的不同認識,祇改變圍長之比,徑長之比不變。計算管律,依據的是孔徑和管長兩個數據,與圍無涉,因此 π 不同,並不影響對頻率的計算。若以圍爲絕對值,則兩種 π 的差距勢必改變孔徑數據,其效果如何? 我們據 π = 3.141 6 計算了各律的音分值,並將此音分值和上表的孟康音分值相比之差爲:黃鐘 4.384 6、林鐘 3.989 2、太簇 3.987 8、南吕 3.983 8、姑洗 4.382 4、應鐘 4.385 6、蕤賓 3.585 6、大吕 3.985 6、夷則 3.990 2、夾鐘 3.990 2、無射 4.384 8、仲吕 3.982。全部差數不過 4 音分左右。聽覺能力最強的人,祇不過能辨出"十六分之一音",即 13 音分左右,因此,4 音分在人的聽覺上是區別不出來的。而實際使用的律管,當然必須是精確的,但無法做到絕對純粹,因此,這種差別在當時條件下實際意義並不大。

　　但是黃鐘孔圍應略大於九分,這個道理,漢代的律官們似乎是應該知道的。劉歆在新莽政權中任羲和,律官是他的下屬。劉歆的 π = 3.154 7,比更古的圓周率"徑一圍三",已有進步,但沒有運用到計算律管上去。對於這一原因可能的解釋是,徑三圍九即便在漢代也是非常古老的標算黃鐘律管的傳統方法,更改不易。用劉歆的圓周率計算,其誤差也無法聽出來。因而,對律管的計算一直到孟康仍然是採用這"徑三圍九"的説法。

　　如果口徑三分即 0.693 釐米不變,則所求出的各律頻率和音分值大相差異,是完全不合理的,列表如下:

律　名	管　長	頻　率	音分值	律　名	管　長	頻　率	音分值
黃　鐘	20.79	387.33	0	蕤　賓	14.60	539.51	573.98
林　鐘	13.86	566.10	657.29	大　吕	19.47	412.12	107.62
太　簇	18.48	439.90	192.92	夷　則	12.98	601.34	761.72
南　吕	12.32	630.80	844.23	夾　鐘	17.31	460.33	299.35
姑　洗	16.43	483.37	383.85	無　射	11.54	669.55	947.87
應　鐘	10.95	702.19	1 029.98	仲　吕	15.58	514.06	490.68

　　與上表三分損益律應有的音分值相比,林鐘音分值低 44.71,太簇音分值低 11.08,無射

音分值低 72.13,蕤賓音分值低 38.2,應鐘音分值低 80.02,以此音高,根本無法成調。

　　從已知新莽律管的孔徑和從三分損益法計算無射的頻率,我們可以知道新莽無射律管的應有長度是 11.215 釐米。孔徑比計算的 0.389 釐米增加了 0.194 釐米,按比例,變化得相當大,長度變化相比之下顯得較小,孟康的説法與實際情況不盡符合。

　　原因何在? 我們通過實驗對此作了探索。以原理而言,十二律的管長和口徑都計算出來了,但它的實際效果怎樣,需要由實踐來檢驗。我們做了三支銅管,第一支的管長和孔徑如黃鐘,第二支的孔徑和應有長度如新莽無射律管,第三支的孔徑和長度如三分損益法計算所得之無射管。這三支管我們請精於吹管笛的專業工作者進行了試吹,第一第二管都可以順利地吹出音來,兩音的距離符合黃鐘與無射間應有的音程關係。第三管孔徑過小,有相當演奏水平的熟練的吹管者費了好大的勁,還不能吹出滿意的音來,噪聲很大,偶爾吹出一個較純的音,是和第二管一致的,但音量要輕得多。因此,這樣小的孔徑在理論上解釋是可以的,但不能實際使用。要使理論應用於實際,必須另作校正。我們可以看到,校正是從兩個方面着手的。首先,使孔徑改變到能在實用中順利吹響,並且要有足够的音量;在長度方面則是在遵循三分損益法的原則前提下微有校正,使它略短些,以適應於預期的音高。夾鐘的孔徑是 0.574 182 1 釐米,這個計算數字已較新莽無射管爲小,所以,孔徑較夾鐘爲小的其他各律,不可能小於新莽無射律管的孔徑。因此,大吕和太簇如果採用三分孔徑,其長度也祇要微作校正,就可以達到應有的音高了,大吕祇要減少 0.07 釐米,太簇也祇須減少 0.13 釐米。夾鐘以下如採用與新莽無射律管相同的孔徑,則諸管之長也祇須微作校正就能符合要求,祇是應鐘校正略微大一些。在當時採用這種方法有没有可能呢? 我們認爲這個可能性是存在的。因爲十二律採用兩種管徑至少有兩個好處:一是製作方便,製作兩種規格的孔徑範芯要比製作十二種規格方便得多,製作的準確率也高;二是製成後校正很容易。下面是據兩種孔徑計算製成的十二律管長校正表,並據此製作了十二律管複製品(圖三)。

律　　名	管　　徑	校正後管長	三分損益法管長	管長校正數
黄　鐘			20.79	
大　吕	0.693	19.40	19.47	0.07
太　簇		18.35	18.48	0.13
夾　鐘		17.31	17.31	0
姑　洗	0.577 1	16.38	16.43	0.05
仲　吕		15.28	15.38	0.10
蕤　賓		14.45	14.60	0.15

律　　名	管　　徑	校正後管長	三分損益法管長	管長校正數
林　　鐘		13.67	13.86	0.19
夷　　則		12.74	12.98	0.24
南　　呂	0.577 1	12.04	12.32	0.28
無　　射		11.22	11.54	0.32
應　　鐘		10.60	10.95	0.35

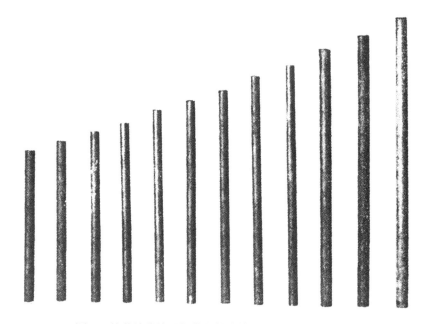

圖三　據黃鐘律管及新莽無射律管復原的黃鐘十二律管

三、黃鐘律與度量的關係

　　黃鐘作爲十二律的基準，不僅在文獻中的樂理推算有着詳細的記載，而且更爲上述的各項計算數字所證實。值得注意的是，在《漢書·律志》及新莽和東漢的量器刻銘中，都反映了度量與黃鐘有關，甚至極而言之，以爲度量起源於黃鐘。在較早的文獻中是沒有這種記載的，大體上，這是漢代律官們的看法。

　　《漢書·律歷志》：“度者，分、寸、尺、丈、引也，所以度長短也。本起（於）黃鐘之長，以子穀秬黍中者（度之）九十（黍，得）黃鐘之長”[⑥]；又：“量者，龠、合、升、斗、斛也，所以量多少也。

本起於黃鐘之龠,用度數審其容,以子穀秬黍中者千有二百實其龠";又:"權者,銖、兩、斤、鈞、石也,所以稱物平施,知輕重也。本起於黃鐘之重,一龠容千二百黍,重十二銖";又:"石者,大也,權之大者也……重百二十斤者,十二月之象也。終於十二辰而復於子,黃鐘之象也。"這裏提出了"本起於黃鐘之長"、"黃鐘之龠"、"黃鐘之重"和"黃鐘之象"等問題。所謂"黃鐘之龠"、"黃鐘之重"和"黃鐘之象",都是從"黃鐘之長"引伸出來的。試問,黃鐘是律管,哪裏會有重量標準。至於一石之重是"黃鐘之象",更是牽强附會。但"黃鐘之長"確實是存在的。所謂"以子穀秬黍中者度之九十黍,得黃鐘之長",我們用普通之黍(小米)縱向排列,十黍之和非常接近於漢尺一寸之數,僅有微小的出入。九十黍中等子實的排列爲黃鐘之長,是漢代律官們形象地説明黃鐘長度的一種方法,但用黍究竟不會很準確,所以還有各項比率數來説明黃鐘管長爲九寸。但黃鐘九寸或九分其一爲寸,對度量的製作衹能是校量或比較的標準值,而不能是分寸長短起源於黃鐘,因黃鐘九寸,本身已被度量過。

可是,漢代的律管制定者們何以如此重視黃鐘呢? 黃鐘由於其絕對音高而定其長度,在當時條件下,這種方法是比較精確的,而且質地是青銅,溫差對它的影響很小。因此,律官們把黃鐘的管長單位值,作爲校準度量的標準工具。被黃鐘校準的長度,就可以稱之爲"黃鐘之長"。所謂量"本起於黃鐘之龠,用度數審其容",這是説以黃鐘律的長度單位值或以此校準的尺度數來標定龠的容積。我們姑不論漢以後關於度量的著作中對黃鐘的孔徑和長度有着多少混亂的説法,但在漢代包括新莽在內,黃鐘的長度在官府衹能有一個標準,這就是九寸,而不可能有其他的法定標準。

黃鐘之作爲校量工具,在器的銘文中也有記載。新莽嘉量銘:"律嘉量篇,方寸而圜其外,庣旁九毫,冥百六十二分,深五分,積八百一十,容如黃鐘。"又漢光和二年斛銘"大司農以戊寅詔書,和分之日,同度量,均衡石,桷斗桶,正權概。特更爲諸州作銅斗斛、稱、尺,依黃鐘律歷九章算術,以鈞長短、輕重、大小,用齊七政"云云。這裏所説"容如黃鐘"和"起於黃鐘"有相當大的差別,"容如"是一個比較或校量的問題,實質也是如此。説"依黃鐘律歷九章算術",當是依黃鐘律長度爲準則,用九章算術中的"方田"、"少廣"等章的方法計算,"方田"是求平面形面積,"少廣"是計算"積、冪、方、圓"。

新莽龠的"容如黃鐘",具體地説可以有兩種理解:一是,龠的容積爲八百一十分,而黃鐘律管本身管口洞開,衹是在吹奏時封閉下口,它當然不是容器,不能作爲測定容積之用。我們以 $\pi R^2 \times H =$ 圓柱體的容積,計算黃鐘的積爲 7.709 788 立方釐米,這個數字和龠的積爲 10 立方釐米完全合不起來。但是黃鐘管孔圓柱面積是孔圍九分乘以九寸,其積爲八百一十分,和龠的容積數值相同。應該指出,這兩個相同數值的性質是不同的,爲了强調黃鐘的重要性,新莽的律官們以此作了不甚妥善的比較。此外,在黃鐘和龠之間再也找不出數值上有其他共同之點了。這是一種理解。其次,因爲龠是新莽五量中最小的計量單位,所以有必要説明計算龠的容積的長度單位與黃鐘的長度單位相同。

總之,在漢代的文獻與遺物中,都説明了黃鐘對度量存在一定的校量關係。人們所以選黃鐘作爲校訂長度的工具,並且反覆予以強調,這當然是由於他們認識到黃鐘是以絕對音高定長度,比之其他方法定長度要準確得多。這種認識和其所採用的方法,在當時的歷史條件下,是相當先進的。可是,以黃鐘律作爲校度量的標準這一方法被漢儒擴大到解釋度量衡的一切現象,並故弄玄虛地説"黃鐘子爲天正",還有"陰陽合德,氣鍾於子,化生万物者也",等等,不一而足。這就使得對黃鐘律的闡説帶有濃重的神秘色彩。把科學劃入陰陽五行和三統説的範疇,是那個時代的特點,也是漢儒的政治需要,這就掩蓋了黃鐘以音高定長度的精確性和對度量校正的優越性的最本質之點。

---

① 新莽籥銘:"律嘉量籥,方寸而圜其外,庣旁九毫,冥百六十二分,深五分,積八百一十分,容如黃鐘",反面銘:"始建國元年正月癸酉朔日製。"此器出土於 1969 年咸陽市底張灣公社布里大隊。又新莽撮銘:"律撮,方五分而圜其外,庣旁四毫,冥四十分五釐,深四分,積百六十二分,容四圭",柄上銘文:"始建國元年正月癸酉朔日製。"

②《長沙馬王堆一號漢墓》上集第 107—110 頁,其中説"各管尺度和音高均與漢制不符。以黃鐘管爲例,漢制長九寸,圍徑三分,頻率則應爲 387.332 V.D,合 5 479 音分,其音高爲 G_4 - 21。但這套竽律却無一管符合於漢制。如以其黃鐘管的尺度和音高爲基準,則其餘十一管都與三分損益律所應有的尺度和音高相去甚遠"。結論是:"這套竽律不是實用的樂器,而是爲隨葬製作的明器。"

③ 楊蔭瀏:《中國古代音樂史稿》第 87 頁:"關於樂律的理論,最早的計算方法是根據管的長度或弦的長度計算的。究竟是根據管的長度還是根據弦的長度,歷來的看法,很不一致。但從音響的原理看,從現在實際上存在的琴上的音位看,又從管上從來沒有找到具體實例的這一事實看,則斷定它爲弦的長度,大致是不錯的。戰國編鐘所發音階各音的高低關係也是符合於弦律的。這足以使我們對於三分損益管律是否真正存在的懷疑,更爲加深。"弦律符合於三分損益法,這一點是沒有問題的。但是弦極不穩定,需要經常校音,沒有定音器,很難説弦能被校準。所以,有絕對音高的管律是必須要有的。

④ 陳奇猷:《黃鐘管長考》,《中華文史論叢》第一輯第 183 頁。

⑤ 丘瓊蓀:《歷代樂志律誌校釋》中之《史記·律書》部分,解釋得很詳細。

⑥ 文中增損悉依《樂書要録》。

（原載《上海博物館館刊》第一期,上海古籍出版社,1981 年,本文與潘建明先生合作撰寫）

漢代青銅蒸餾器的考古考察和實驗

來　源

50 年代，上海市各煉銅廠熔銅原料中使用了大量的廢雜銅，這些廢雜銅是各地廢品收購站中收集起來的。當時廣大的農村興修水利，在挖掘溝渠時難免發現地下的文物，其中包括了一些古銅器、古錢等物品，這些古物有的沒有交到文物保護機構，於是就當作廢品送到了回收站。有鑑於這一情況，從 50 年代初開始上海博物館在市內主要的煉銅廠派駐有專業人員，他們的任務是從廢銅中揀選出古物。漢代的青銅蒸餾器，即是 1956 年從上海冶煉廠堆積如山的廢銅中揀選出來的，我在整理選出的古青銅器時發現了它，可惜它的出土地點已經無法瞭解。顯然，此器有相當的研究價值。1959 年，此器展出於漢代陳列室，標明是"蒸餾器"，但是一直沒有引起學者們的注意。1983 年 5 月，在鄭州的中國考古學會第四次年會上，我曾撰文並發言介紹了這件器物，但是考古界祇有少數學者對此有興趣，所撰的文章因爲實驗未全部做完，也就沒有正式發表。此器在 1985 年存入保管庫房，遂不爲世人所知。

一、青銅蒸餾器的考古學考察

此器被發現時比較完整，上部的甑已經被壓過，器口略有變形，口部出現一條短的裂縫，隨即予以修復，口部略微的變形則保持原貌而沒有予以校正。下部的釜底有幾個小的腐蝕孔，沒有修復，祇是在實測容積時暫時作了堵塞，現仍保持原樣。器物表層上的鏽斑也是原有的，鏽層比較薄，沒有發現有害鏽，原有的鏽因能起到保護器物的作用，所以沒有給以新的防鏽處理（圖版二十，圖一）。

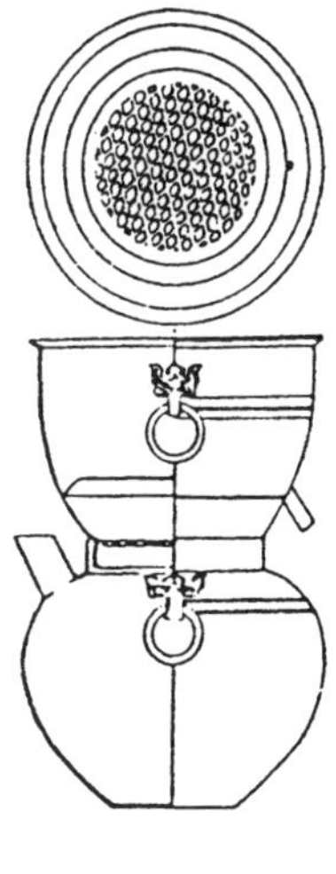

圖一　蒸餾器剖視

（一）形　　制

　　器物的整體形象，和通常所見的漢代用釜甑組合成的甗相似，如果沒有甑上收集蒸餾液的流管和釜上加注被蒸餾液料的流管，則它的外形和漢代的釜、甑沒有什麼區別（圖二）。漢代的甗，都是可分離的甑、釜接合體，這件器物也是同樣的。漢墓明器陶竈上這種甑、釜分體甗是屢見不鮮的，如洛陽燒溝漢墓出土之諸式陶竈上的甗，都是如此（圖三），祇是甑釜高低有所不同而已。其中Ⅰ式甑的甑體外形口部不侈，與本器比較接近，釜體則同於Ⅱ式[①]。同類的甑體，亦見於《南昌東郊西漢墓》之滑石所製的甑（M 3：1，圖四）[②]，從洛陽地區漢墓分期來看，比較而言，江西的滑石

圖二　蒸餾器甑及流管

甑，也是西漢中期的。甘肅武威雷臺漢墓出土釜甑分體式的甗，甑的周壁也與Ⅱ式相似，祇是口沿較寬（圖五）[③]。又，雲南昭通大關岔河東漢崖墓中出土的釜甑分體式的甗，其甑的形式亦屬Ⅱ式，器壁和箅的構造與本器相當接近，但是沒有圈足，在這個意義上，本器應較大關岔河的甗時代稍早（圖六）[④]。可以說，Ⅱ式的甑自西漢中期至東漢早期的遺物中都有所發現。

　　本器甑的形式，據以上材料此器可以確定爲漢式甑，但是與一般甑不同的是，它除了有網格形的箅以外，在箅的上面與內壁連鑄有一周微呈凸弧形的邊和箅之間形成了一個特殊的空間。弧形邊的上面和甑壁連接處形成一周槽，槽道上開有一孔洞，洞外連鑄一向下傾斜的小管。這甑的網格形孔比較小，爲 12 與 11 根筋條交叉鑄成（圖七）。顯然，弧邊和箅之際的特殊空間，有兩層作用，一層是蒸發的氣體通過箅孔遇甑壁冷凝成液體後流向槽道聚集起來，通過流孔，排出甑外，這兩部分可以稱之爲集流槽和排流管；第二層是在箅上放置某種待蒸餾的物品，通過蒸氣分解，混入氣體冷凝後，獲得蒸餾所需的成分。這個甑內特殊的空間，可以稱之爲儲料室，蒸氣通過儲料室取得某種蒸餾的成分，當然也可以不儲料而放置若干載體起到分餾作用而逕直取得釜內溶液的蒸餾成分。

　　甑釜合體通高 45.5 釐米。

　　甑體的實測數據如下：高 21.1—22.3 釐米，口外徑 28.8—32.2 釐米，口內徑 26.2—29.9 釐米。甑的圈足高 2.7 釐米。箅徑 17.7 釐米。儲料室弧形邊寬 2.6—2.9 釐米，口徑 17.1—18.1 釐米，儲料室的容積約爲 1 900 毫升。儲料室上口至甑的口部爲凝露室，容積約爲 7 500 毫升。這甑缺少一個穹形的蓋，實際上凝露室連蓋的容積數值應該超出很多。排

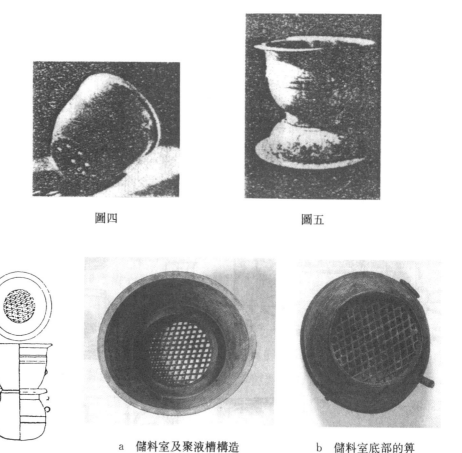

圖四　　　　　　　　　　　　　圖五

a　儲料室及聚液槽構造　　　　　　b　儲料室底部的算

圖六　　　　　　　　　　圖七

流管長 4.1 釐米，内徑 1—1.3 釐米。

　　這件青銅蒸餾器下部的釜除了多出了一條斜置的流管之外，同於漢代所習見的釜（圖八）。漢釜有接近圓形和扁圓形的兩類，有的中腹鑄有一圈平邊，那是爲了在竈穴上擱置而設計的，有的則没有這圈平邊，因爲依靠龐大的器腹，也能在竈穴上支撑住。本器的釜屬於後一種。洛陽燒溝漢墓出土的Ⅱ式陶竈上的釜⑤，長沙馬王堆一號漢墓出土的陶釜，與本器的釜大致相同而稍矮（圖九）⑥，廣州西漢前期墓陶竈上的釜，也有同一類型的（圖十）⑦。這件釜上斜置的流管底部爲一小方孔，俯視猶如一方孔圜錢（圖十一）。這個流的小方孔是加被蒸餾的液體並控制氣壓的，可以通過釋放適量的氣體加以調節，這個設計對塞在流管中塞子的密封控制很有效。釜的外底有大片燒黑的煤炱，表明曾多次使用過。這件釜的外壁有明顯的陶範對合的範綫鑄痕。青銅器上陶範的範綫鑄痕在漢以後的青銅器上已不再存在，表明公元 3 世紀以後青銅器的鑄造已普遍採用了失蠟法，陶範鑄造法已徹底被排除。這釜上留存的範綫，也明確地表現了它的時代特徵。宋元時代做古的青銅器上也絶没有範綫的痕蹟。

圖八　釜及注液管

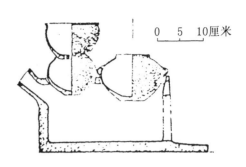

圖十

圖九

圖十一　釜注液管方孔

釜體實測：高 26.2 釐米，圈足高 3 釐米，口內徑 17.4 釐米，腹外徑 31.1—31.3 釐米，底外徑 12.5—13.3 釐米。注液管長 6.7 釐米，徑 3.8—4.2 釐米，管底方孔 1.2—1.3 釐米。注液管下端至底部實測容積 10 500 毫升。

近聞安徽省博物館展出天長縣漢墓出土一青銅蒸餾器，形制及蒸餾裝置與本器相似。

（二）裝　　飾

此甗上部甑的外壁沿鋪首之繫孔平行飾一周箍紋，箍紋似帶狀，上下兩邊略爲高出器表，中間另有一道突出似弦紋的綫條。這種箍紋在鑄造要求上具有強筋的作用，兼能作爲簡單的裝飾。這類具有實用意義的裝飾開始於戰國末期，盛行於兩漢，漢以後的青銅器較少發現,這類裝飾絶少見。這類裝飾的器,屬於戰國的,見於陝西銅川戰國墓之蒜頭青銅壺(圖十二)⑧,全器共有四道箍紋。戰國晚期李三孤堆楚幽王陵中出土的巨甗,甑上也有同樣的箍紋。見於西漢的有山西右玉出土的河平三年(公元前26年)青銅熊足酒樽,沿着鋪首環以一周箍紋,中間弦紋較細,本器箍紋與之相似(圖十三)⑨。陝西茂陵陪葬冢出土的青銅臼的中腰箍紋很寬,中間弦紋較細,茂陵陪葬冢爲西漢中期,這種箍紋大約是當時的標準或流行的式樣(圖十四)⑩。又江蘇揚州邗江西漢中晚期墓葬中出土的青銅洗也有相似的箍紋(圖十五)⑪,胡場五號漢墓出土一青銅洗的箍紋與之相同,據墓中牘文推定墓主卒年爲公元前71年(圖十六)⑫。陝西岐山縣博物館的黄山銅鋗,沿鋪首水平綫亦有一周箍紋,不過中間的弦紋略粗(圖十七)⑬。江蘇盱眙漢墓出土的青銅洗和青銅簋都有箍紋,中間的弦紋也較粗(圖十八)⑭,爲西漢中晚期之器。山東巨野西漢墓的青銅鼎腹上也有此類箍紋(圖十九)⑮。廣州西漢中期墓出土的博山爐,一件飾較細弦紋的箍條,一件飾弦紋和上下邊均匀的箍條紋(圖二十)⑯。東漢青銅器上的箍紋也常見,如湖南資興東漢墓出土的洗和酒鑑上有條紋比較均匀或中間更粗弦條的箍紋,其時代爲東漢中期(圖二十一)⑰。不過東漢後期有的箍紋中間弦紋較寬而上下兩邊較狹,呈現出箍紋的退化現象(圖二十二)⑱。雲南昭通漢墓出土青銅甗的甑上的箍紋,異變爲上下邊極狹,中間較寬的帶狀⑲。至三國魏晉時代,這類紋

圖十二

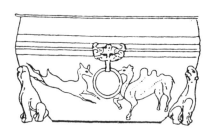

圖十三

圖十四

圖十五

圖十六

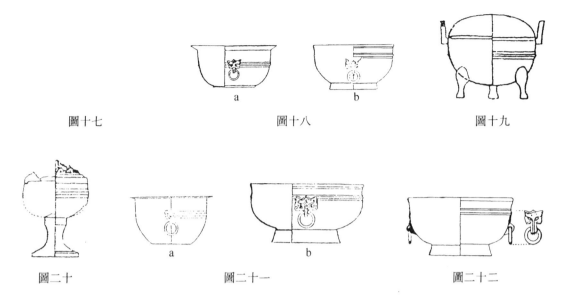

圖十七　　　　　　　　圖十八　　　　　　　　圖十九

圖二十　　　　　　　　圖二十一　　　　　　　　圖二十二

飾已基本退化，而當時青銅器隨葬甚少，對比材料難以發現。

　　漢代青銅蒸餾器甑上的箍紋與西漢中晚期的箍紋特徵比較接近，湖北光化西漢墓出土一釜甑分體式的甗，其甗上箍紋的式樣與青銅蒸餾器的式樣非常接近，都是上下兩邊甚寬，中間弦紋甚細，爲武帝時器[20]。從以上各種箍紋的對比可知，此蒸餾器的箍紋時代特徵比較接近於西漢中晚期至東漢早期。

　　甑及釜上均有形狀相同的鋪首，各啣一環（圖二十三 a、b）。漢代的青銅壺、鈁、鋗、篕、

a　　　　　　　　　　　　　　　　b

圖二十三

甗等大都飾有鋪首,這是漢器裝飾的特點,以上各註引用的材料中,也屢見不鮮。但是鋪首
獸面的額頂和雙角的做法,頗有不同,通常有兩角彎曲相嚮式的,有彎曲相背式的,有分枝角
形的,有連額頂呈山字形的。本器的鋪首式樣屬彎曲角尖相背的一類,實際遺存物以相嚮的
角尖比較多。今選擇若干種不同鋪首的式樣以作比較,諸如廣州西漢前期墓的鋪首各形式
(圖二十四)[21],山東西漢齊王墓諸鋪首樣式(圖二十五)[22],其中僅圖二十五之 a 爲相背角型,
但和本器的鋪首不相似。與本器鋪首最爲近似的,有江蘇盱眙東陽漢墓 M4 的銅盆和銅簋
上的鋪首[23],以及湖南資興東漢墓出土的青銅酒鑑上的鋪首。前者爲西漢晚期器,後者爲東
漢早期,本器鋪首式樣的行用時期,與此相距不應過遠。

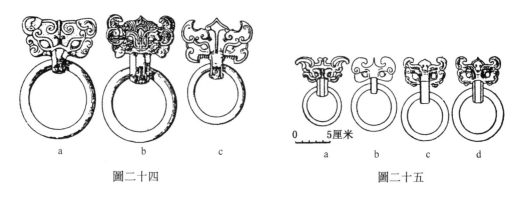

圖二十四　　　　　　　　　　　　　　　圖二十五

　　以上,就蒸餾器的甑、釜形制和紋飾分別就考古發掘材料,作了對比考察,以上各點論證
説明,青銅蒸餾器的鑄造年代的判斷,放在西漢晚期至東漢早期這一階段,較爲穩妥。

(三) 蓋 的 討 論

　　這件蒸餾器蓋業已遺失,因而需根據漢甗的形制來推測蓋的可能形狀。上海博物館所
藏一戰國帶流甗的頂蓋爲圓穹形,這是甗蓋的較早形式。山西朔縣漢墓中出土的青銅竈上
的甑,其口上所覆的蓋,也似倒置的甑形,頂是封没的,高度略矮於下部的甑,甑、蓋合體有相
當的高度[24]。甗的蓋子需要如此的高度,顯然是爲了造成一個充滿蒸氣的環境,使甑中的食
物接觸足够的熱量而均匀地蒸熟。甑蓋之多例出土,是估計蒸餾器蓋形狀的重要參考(圖二
十六 a、b、c),由此可以得出一合理的推想,即按漢甗形體設計的蒸餾器,它的蓋子不會是
很低的。但是,我們應該注意到,蒸餾器的口徑微小於腹徑,依照常理造型,蓋壁是器壁的自
然延長,因而從延長線的合理性來看,蒸餾器蓋子的高度必定稍低於甑高。這也是設計甑蓋
的一個依據。另一個值得注意的是,青銅蒸餾器的口部唇邊是向上傾斜形的,和通常甑口部
唇邊爲平的不同,這也是一個必須注意到的迹象,説明蒸餾器的蓋邊須有與之適應的設計,
蓋邊和口部的唇方能牢靠地合在一起,避免水平移動的可能,提高密合的可靠性。這些,都

是鑄作蒸餾器蓋的重要參考。但是，器蓋已經遺失，不能復原，實際高度已不可知，參照以上的情況，我們分別做了一個高 10 釐米和 13 釐米的圓穹形蓋，作爲實驗之用，從形制的合理和使用的有效性來看，以較高的圓穹形蓋爲最相宜。

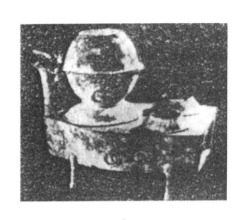
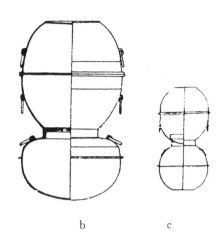

圖二十六

天長縣漢墓出土的蒸餾器原有蓋，但不知何故沒有展出，據參加發掘者滁縣地區文物保護科技研究所所長劉樂山的回憶，蓋子是圓頂的，並且周邊有一槽，槽上有一流可以注入爲冷却而用的液體。我在前幾年設計蓋子時，也恰恰想到了這樣的裝置。

二、青銅蒸餾器的實驗

這具蒸餾器能否起實際的蒸餾作用，我作了幾次實驗。第一次實驗使用原來的甑，因爲釜蝕有孔洞，故改製了一個容量最接近的鋁鍋作爲蒸餾煮水之用，效能與釜相同。甑蓋因爲壓力而微有變形，因而配製了一個高 10 釐米的穹形蓋。所以這個實驗是利用原有蒸餾器的主體部分，其他配件在盡可能不改變原來效能的條件下進行。所使用的蒸料是上海酒廠提供的釀造七寶大麴（一種燒酒）的酒醅，由於儲料室容積不大，一次裝醅 0.8 公斤，釜中的水煮沸後，在 20 分鐘內從蒸餾室注出酒液 50 毫升，反覆進行多次。測量蒸餾液的酒度爲20.4—26.6。若蒸餾時間延長至 30 分鐘，實測酒度爲 14.7—15.5。酒醅放置三天，酒精部分自然蒸發，仍以同劑量用 20 分鐘蒸餾，則含酒度降爲 14.7—15.5。幾次實驗證明，用七寶大麴酒醅蒸餾出酒，以 20 分鐘最爲相宜，過此時間酒味即淡，蒸餾水分急劇增加。以上蒸餾過程，都是在室溫 13℃ 下的自然冷却。這個實驗初步證明，推斷這件漢器的性質爲蒸餾器是正確的。

在以上實驗的基礎上,需要做幾次不同酒液的蒸餾實驗,以瞭解這件蒸餾器的效能。爲了保護文物安全,我按照器物的原大,做了一個青銅質的複製品,作爲實驗之用,複製的蒸餾器是用砂型製造的,比原來的厚一些。但是銅的散熱較快,對冷却不致有顯著的影響。

用複製的蒸餾器所作的第一個實驗是用燒酒作爲蒸餾原料直接置於釜中加熱蒸餾,室溫是 11℃。爲了加強冷却的效果,在蓋上澆有冷水和蓋濕冷的布塊。採用這種措施是由於估計到蒸餾器的設計者已經瞭解到蒸餾器冷却的簡單作用。自然冷却措施的實驗,已在上述的原器上做過了。實驗的結果如下:

　　燒酒原液酒度 51.5;

　　蒸餾出酒酒度 79.4。

這一實驗表明,蒸餾器對於高酒度酒液的濃縮,是頗有效能的。

其次用紹興黃酒型酒液蒸餾,因爲紹興黃酒中含有蔗糖、焦麥和添加水的成分,不能直接測出酒度,故而首先須蒸餾出純酒液,測出酒度,實驗結果如下:

　　黃酒原液酒度 15.5;

　　蒸餾出酒液酒度 42.5。

以上兩項實驗表明,直接用高度或低度酒液蒸餾的效能,都有令人滿意的結果。

但是,這件器的儲料室的構造表明,它應具有獨特的作用。甑底設算可能有幾種意圖,首先是爲了間隔待蒸餾的酒醅或藥料香料之類而設計的,最初的實驗就是使用原器在儲料室中放置酒醅蒸餾的。此外,還用原器蒸餾過桂皮,在儲料室中填裝了桂皮進行蒸餾,結果在蒸餾液中出現了桂皮油的油氣,香味極濃,這些蒸餾液至今已保存了七年,香味仍然很好。其次可能是爲了提高蒸餾液有效成分純度的需要之用。如果在儲料室內填放密集的填料,釜內的低度酒或其他待蒸餾的液體,加熱後通過填料層,起到簡單的分餾作用,這是因爲上升的氣體一部分上升冷却凝露,另一部分在填料層內迴環流動,再上升成純度更高的凝露,這兩種凝露不斷地彙集,因而總的就提高了蒸餾液的質量。這種推想之所以能够成立,是因爲在蒸餾的操作過程中這個道理極其容易被發現。對此,做了三種實驗:

一、用崇明型白酒作爲蒸餾的原料,不用填料和使用填料的效果是:採用白酒 13.6 度的原液,直接蒸餾所得的酒是 38.0 度,採用同樣的原液,蒸餾時儲料室內填滿茴香,蒸餾所得的酒是 51.7 度,蒸餾酒內有濃烈的茴香味,顯著地提高了酒度。

二、儲料室內填放三層紗布或不填放紗布,用 9.8 度的崇明型白酒 5 公斤作原料,蒸餾的試驗結果如下：

	不加載填料蒸出酒的度數	加載三層紗布蒸出酒的度數	餾出液的體積範圍
1	40.6	49.6	0—200 CC
2	39.6	42.4	200—300 CC
3	28.8	35.0	300—400 CC
4	26.1	23.8	400—500 CC
5	17.5	19.0	500—600 CC
6	13.5	11.4	600—700 CC
7	11.5	10.5	700—800 CC
8	10.2	6.9	800—900 CC
9	8.6	3.9	900—1 000 CC
10	6.7	2.9	1 000—1 100 CC
11	4.5	1.3	1 100—1 200 CC

三、考慮到填充物可採用密填的其他纖維質也是極其可能的，我採用了絲瓜筋作爲填充物或不加絲瓜筋填充，並且用 5 公斤 3.4 度的低度酒，實驗的結果如下：

	不加填料蒸出酒的度數	鋪上絲瓜筋 10 釐米高蒸出酒的度數	餾出液的體積範圍
1	19.4	36.4	0—100 CC
2	18.1	35.8	100—200 CC
3	15.5	29.6	200—300 CC
4	11.9	24.1	300—400 CC
5	11.4	17.1	400—500 CC
6	10.6	12.3	500—600 CC
7	9.4	9.2	600—700 CC
8	7.7	5.4	700—800 CC
9	6.0	3.9	800—900 CC
10	4.2	2.4	900—1 000 CC

以上第二第三次實驗加溫控制酒液一滴一滴地滴出，速度不快。此項實驗可以看出，漢代蒸餾器業已具備了分餾的效能。

此蒸餾器除了進行簡單蒸餾和分餾外，還能用來進行水氣蒸餾，如果在儲料室中裝載傳統的中草藥，將甑上的排流管和釜上的注液管對應地接起來，並加以有效的封閉，那麼整個蒸餾狀態將形成一個迴路，蒸餾的結果是可以將中草藥中不穩定的高沸點物質在 100℃餾出，從而避免蒸出物的分解。

用桂皮和茴香等天然原料放在儲料室中進行水氣蒸餾，結果分別蒸出了沸點爲 24—26℃的黃色桂皮油（Chinese Cinnamon oil）和沸點爲 160—220℃的黃色茴香油㉒，這些物質常作爲藥用或香料的原料。

以上的各種實驗表明，此蒸餾器的用途可能是多方面的，它既可以蒸餾酒，又可以提取花露或蒸取某種藥物的有效成分等等。總之，在公元 1 世紀左右，中國已經有了青銅蒸餾器，則是一個確定的事實。

漢代蒸餾器的實驗，得到了上海博物館文物保護和考古研究實驗室諸同仁的幫助，在複製蒸餾器時曾委託譚德睿同志主持其事，特此一並致謝。

---

①⑤《洛陽燒溝漢墓》圖五七、五八。

② 江西省博物館：《南昌東郊西漢墓》，《考古學報》1976 年第 2 期 182 頁，圖版捌之 3。

③ 甘肅省博物館：《武威雷臺漢墓》，《考古學報》1974 年第 2 期 98 頁，圖版拾貳之 2。

④⑲ 雲南省文物工作隊：《雲南大關、昭通東漢崖墓清理報告》，《考古》1965 年第 3 期 120 頁，圖三之 7，圖版五之 4。

⑥《長沙馬王堆一號漢墓》124 頁，圖一〇八之 8。

⑦《廣州漢墓》第二章《西漢前期墓葬》128 頁，圖七一之 2。

⑧ 盧建國：《陝西銅川發現戰國銅器》，《文物》1985 年第 5 期 46 頁，圖一四。

⑨ 郭勇：《山西省右玉出土的西漢銅器》，《文物》1963 年第 11 期 4 頁，圖八、九，圖版叁之一。

⑩ 咸陽地區文管會、茂陵博物館：《陝西茂陵一號無名冢一號從葬坑的發掘》，《文物》1982 年第 9 期 14 頁，圖四六。

⑪ 揚州博物館、邗江縣文化館：《江蘇邗江縣胡場漢墓》，《文物》1980 年第 3 期 10 頁，圖一二之 2。

⑫ 揚州博物館、邗江縣文化館：《江蘇邗江胡場五號漢墓》，《文物》1981 年第 11 期 21 頁，圖二二。

⑬ 龐文龍：《陝西岐山縣博物館收藏的漢代銅銷》，《文物》1983 年第 10 期 50 頁，圖一。

⑭ 南京博物院：《江蘇盱眙東陽漢墓》，《考古》1979 年第 5 期 422 頁，圖十之 7、8。

⑮ 山東荷澤地區漢墓發掘小組：《巨野紅土山西漢墓》，《考古學報》1983 年第 4 期 478 頁，圖七之 2。

⑯《廣州漢墓》第三章《西漢中期墓》231 頁，圖一三六之 6、7。

⑰ 湖南省博物館：《湖南興資東漢墓》，《考古學報》1984 年第 1 期 92 頁，圖三八之 6、7。

⑱《廣州漢墓》第三章《西漢中期墓》436 頁，圖四。

⑳ 湖北省博物館：《光化五座墳西漢墓》，《考古學報》1976 年第 2 期 158 頁，圖版貳之 5。

㉑《廣州漢墓》第二章《西漢前期墓葬》132 頁，圖七四之 1、2、3。

㉒ 山東淄博市博物館：《西漢齊王墓隨葬器物坑》，《考古學報》1985 年第 2 期 234 頁，圖一一之 1、2、3、4。

㉓《江蘇盱眙東陽漢墓》,《考古》1979 年第 5 期 422 頁,圖十之 3、7。

㉔ 平朔考古隊:《山西朔縣秦漢墓發掘簡報》,《文物》1987 年第 6 期 19 頁,圖四六之 4,圖版五之 2。

㉕ 高銛編譯:《化學藥品辭典》,科學技術出版社出版,55 頁,152 頁。

（原載《上海博物館集刊》第六期"建館四十周年特輯",上海古籍出版社,1992 年）